文/白/对/照

綱鑑易知錄

二

〔清〕吴乘权 编撰
张宏儒 主编

团结出版社

目 录

纲鉴易知录卷十六
汉纪 孝宣皇帝 …………………………………………………… *654*

纲鉴易知录卷十七
汉纪 孝宣皇帝 …………………………………………………… *698*
　　　孝元皇帝 …………………………………………………… *700*
　　　孝成皇帝 …………………………………………………… *722*

纲鉴易知录卷十八
汉纪 孝成皇帝 …………………………………………………… *746*
　　　孝哀皇帝 …………………………………………………… *760*
　　　孝平皇帝 …………………………………………………… *778*

纲鉴易知录卷十九
汉纪（附王莽） 孺子婴 …………………………………………… *790*
　　　　　　　 淮阳王 …………………………………………… *804*

东汉纪　世祖光武皇帝 …… 824

纲鉴易知录卷二十

东汉纪　光武皇帝 …… 834

纲鉴易知录卷二一

东汉纪　光武皇帝 …… 884
　　　　显宗孝明皇帝 …… 908

纲鉴易知录卷二二

东汉纪　孝明皇帝 …… 922
　　　　肃宗孝章皇帝 …… 930
　　　　孝和皇帝 …… 948
　　　　孝殇皇帝 …… 956
　　　　孝安皇帝 …… 958

纲鉴易知录卷二三

东汉纪　孝安皇帝 …… 968
　　　　孝顺皇帝 …… 978
　　　　孝冲皇帝 …… 998
　　　　孝质皇帝 …… 998
　　　　孝桓皇帝 …… 1000

纲鉴易知录卷二四

东汉纪　孝桓皇帝 …… 1012

孝灵皇帝 …………………………………………………… *1036*

纲鉴易知录卷二五

东汉纪 孝灵皇帝 …………………………………………… *1056*
　　孝献皇帝 …………………………………………………… *1068*

纲鉴易知录卷二六

东汉纪 孝献皇帝 …………………………………………… *1104*

纲鉴易知录卷二七

东汉纪 孝献皇帝 …………………………………………… *1146*
后汉纪(附魏吴二僭国) 昭烈皇帝 ………………………… *1162*
　　后皇帝 ……………………………………………………… *1174*

纲鉴易知录卷二八

后汉纪 后皇帝 ……………………………………………… *1190*

纲鉴易知录卷二九

后汉纪 后皇帝 ……………………………………………… *1238*
晋纪 世祖武皇帝 …………………………………………… *1256*

纲鉴易知录卷十六

汉纪

孝宣皇帝

【纲】甲寅，三年，春三月，赐胶东相王成爵关内侯。 【目】诏曰："胶东相王成，劳来不怠，流民自占八万余口，治有异等之效。其赐成爵关内侯，秩中二千石。"后诏问郡、国上计长史、守丞以政令得失，或对言："前胶东相成，伪自增加，以蒙显赏。"是后俗吏多为虚名云。

【纲】夏四月，立子奭为皇太子。 【目】霍显闻立太子，怒不食，曰："此乃民间时子，安得立！即后有子，反为王邪？"复教后毒太子。数召赐食，保阿辄先尝之；后挟毒不得行。

【纲】五月，丞相贤致仕。 【目】贤以老病乞骸骨；赐黄金、安车、驷马，罢就第。丞相致仕，自贤始。

【纲】六月，以魏相为丞相，丙吉为御史大夫。

【纲】以疏广为太子太傅，兄子受为少傅。 【目】太子外祖父平恩侯许伯，以为太子少，白使其弟中郎将舜监护太子家。上以问广，广对曰："太子，国储副君，师友必于天下英俊，不宜独亲外家。且太子官属已备，复使舜护太子家，示陋，非所以广太子德于天下也。"上善其言，以语魏相，相免冠谢曰："此非臣等所能及。"广由是见器重。

【纲】大雨雹。以萧望之为谒者。 【目】京师大雨雹，大行丞

孝宣皇帝

【纲】地节三年（甲寅，前67），春三月，赏赐给胶东国丞相王成关内侯的爵位。 【目】宣帝下诏说："胶东国丞相王成，勤勉奋发，在本地定居的流民已经有八万余人，他治理郡国有特殊的成效。赏赐给他关内侯爵位，俸禄为中二千石。"后来又下诏询问各郡国来朝廷呈报户籍的长史、守丞对朝廷政令的得失，有的人回答说："前胶东国丞相王成擅自增加户口，虚报朝廷，因此还获得表彰和奖赏。"从此以后，很多没有才能的官吏都虚报成绩来骗得美名。

【纲】夏四月，宣帝立儿子刘奭为皇太子。 【目】霍显听说立刘奭为皇太子后非常生气，连饭都不吃，她说："他是皇帝为平民时生的儿子，怎么可以立他为皇太子，将来皇后生了儿子，难道反被立为王吗？"霍显曾多次教皇后毒死皇太子刘奭。几次召唤刘奭并赐给他食物，保护皇太子的人总要先品尝一下，皇后虽然拿着毒药，但总是没有机会下手。

【纲】五月，丞相韦贤辞职。 【目】韦贤因年老有病而请求辞去官职，宣帝赏赐给他黄金、用四匹马拉的精致的小车送他回家。丞相辞去职务的事是从韦贤开始的。

【纲】六月，任命魏相为丞相，任命丙吉为御史大夫。

【纲】任命疏广为太子太傅，疏广哥哥的儿子疏受为少傅。 【目】皇太子的外祖父平恩侯许伯认为皇太子年纪幼小，于是就向宣帝建议让他的弟弟中郎将许舜来监护皇太子。宣帝询问疏广对这件事的看法，疏广回答说："太子是国家的储君，他的教师和朋友必须是天下英俊人才，不应该只和外祖父家亲近。况且太子应有的官属都已经具备，再用许舜来监护太子，表现出见识短浅，不是在天下宣扬皇太子品德的好办法。"宣帝认为他讲的话很对，并把这番话告诉了魏相，魏相摘下帽子歉意地说："这种见识我是达不到的。"由于这件事，疏广更加得到宣帝的重用。

【纲】下大冰雹。任命萧望之为谒者。 【目】京师长安下了大冰

萧望之上疏言："陛下思政求贤，尧、舜之用心也；然而善祥未臻，阴阳不和，是大臣任政，一姓专权之所致也。附枝大者贼木心，私家盛者公室危。惟陛下躬万机，选同姓，举贤才，以为腹心，与参政谋，明陈其职，以考功能，则庶事理矣。"上素闻望之名，拜为谒者。

【纲】秋九月，地震。诏求直言，省京师屯兵，罢郡国宫馆，假贷贫民。

【纲】以张安世为卫将军，诸军皆属。以霍禹为大司马，罢其屯兵。　【目】霍氏骄侈纵横，上颇闻霍氏毒杀许后，而未察，乃徙光女婿未央卫尉范明友、中郎将羽林监任胜、长乐卫尉邓广汉为他官，更以张安世为卫将军，两宫卫尉、城门、北军兵属焉。以霍禹为大司马，罢其屯兵官属，诸领胡、越骑、羽林及两宫卫尉屯兵，悉易以所亲信许、史子弟代之。

【纲】冬十二月，置廷尉平。　【目】初，孝武之世，使张汤、赵禹之属，条定法令，作见知故纵、监临部主之法，缓深故之罪，急纵出之诛。其后奸猾巧法，转相比况，郡国承用者，或罪同而论异，奸吏因缘为市，所欲活则傅生议，所欲陷则予死比，议者咸冤伤之。廷尉史路温舒上书曰："臣闻秦有十失，其一尚存，治狱之吏是也。夫狱者，天下之大命也，死者不可复生，绝者不可复属。《书》曰：'与其杀不辜，宁失不经。'今治狱吏则不然，上下相驱，以刻为明，深者获公名，平者多后患。故治狱之吏皆欲人死，非憎人也，自安之道，在人之死。夫人情，安则乐生，痛则思死，捶楚之下，何求而不得！故俗语曰：'画地为狱，议不入；刻木为吏，期不对。'此皆疾吏之

霓，大行丞萧望之上奏宣帝说："陛下一心想处理好朝政，寻求有才能的人，这和当年尧、舜的用心是一样的。然而吉祥未来，阴阳不和，这是由于大臣们把持朝政、一家人独断大权所导致的。如果树上的枝叉大了就会损害主干的发育，私人强盛了就会危害公室。只希望陛下能亲自处理朝政，在同族中和民间挑选有才能的人，把他们看作是自己的心腹之人，让他们参政议政，明确告诉他们各自的职责，然后按他们的职责来考核他们的功劳和才能，这样所有的事情就会处理好。"宣帝平素就听说过萧望之的大名，于是任命他为谒者。

【纲】秋九月，发生地震。宣帝下诏寻求能直言极谏的人，又亲自视察了驻扎在京师的军队，罢除了各郡国的宫馆，对贫民百姓发放借贷。

【纲】任命张安世为卫将军，各路军队都归他管理。任命霍禹为大司马，解除了他所属的驻军。【目】霍氏一家骄侈专横。宣帝已经听说霍显毒死许皇后一事，只是还没有来得及调查，于是调霍光的女婿未央卫尉范明友、中郎将羽林监任胜、长乐卫尉邓广汉充任别的官职，重新任命张安世为卫将军，两宫卫尉、城门、北军的军队都归他统管。任命霍禹为大司马，解除了他所属的驻军；所有统领胡人和越人骑兵、羽林军以及两宫卫尉的驻军，全部换为宣帝所亲信的许、史两家的子弟来充任。

【纲】冬十二月，设置了廷尉平官。【目】当初，汉武帝时期，曾派张汤、赵禹之流来制定法令，他们规定了如果看到或者知道某人犯罪而不举报，监管那里的官员应当连坐的法令，对那些用刑较严或冤枉好人的官员可以从宽处理，而对那些能宽容罪人的官员则要立即处于死刑。从此以后，奸猾的官吏们曲意执法，互相攀比。而各郡国所执行的法律条文每相矛盾，同样的罪判决却不一样，那些奸猾的官吏们也就因此而像市场上做交易似的，想让他活下来的就按能保全生命的条文去议定，想让他死去时就按判处死刑的条文去相比，人们议论起这些事来时都感到很冤枉哀伤。廷尉史路温舒上奏皇帝说："我听说秦国有十种重大的过失，现在有一种仍然存在，这就是管理监狱的官吏执法严酷。管理监狱的人如同掌管着天下人的性命，判处死刑的人不可以使

风,悲痛之辞也。唯陛下省法制,宽刑罚,则太平之风可兴于世。"上善其言,诏以"廷史任轻禄薄,置廷尉平,秩六百石,员四人,每季秋后请谳"。

涿郡太守郑昌上疏言:"明主躬垂明听,虽不置廷平,狱将自正;若开后嗣,不若删定律令。律令一定,愚民知所忌,奸吏无所弄矣。今不正其本,而置廷平以理其末,政衰听怠,则廷平将招权而为乱首矣!"

【纲】乙卯,四年,夏五月,山阳、济阴雨雹杀人。

【纲】秋七月,霍氏谋反,伏诛,夷其族。皇后霍氏废。 【目】霍显及禹、山、云自见日侵削,数相对啼泣自怨。谋令太后为博平君置酒,召丞相、平恩侯以下,使范明友、邓广汉承太后制引斩之,因废天子而立禹。事觉,七月,云、山、明友自杀,禹要斩,显及诸女昆弟皆弃市。与霍氏相连坐诛灭者数十家。皇后霍氏废,处昭台宫。封告者皆为列侯。

他们再复活，损坏肢体的人不能使他们再恢复健全，所以《尚书》上说：'与其杀死无罪的人，不如失于宽容。'今天管理监狱的官吏却不是这样，上下级官吏就像打架斗殴一样，都以用法苛刻为贤明，用法严酷的官吏就会得到'公正'的美称，执法平允的官吏反而后患无穷。所以，凡是管理监狱的官吏都想置人于死地，并不是他们憎恨那个犯罪的人，而是自己想保全自己的方法就是想法置人于死。人之常情，是平安时就想活着，痛苦时就想死去，严刑拷打之下，什么样的口供还得不到？所以俗话讲：'即使画地为狱也不能进去，刻木为吏也不能对着他。'这些都是人们痛恨酷吏、感到心中悲痛的一种愤怒之词。只有请求陛下删减法令，放宽刑罚，这样太平盛世才可以在现在重现。"宣帝很赞称路温舒所讲的话，于是颁下诏书认为"廷史的权力小，俸禄少，应再设置廷尉平官，俸禄六百石，设置四个人。每年秋后，对当年的案件作出最终判决"。

涿郡太守郑昌上书说："如今贤明的君主亲自主持诉讼，俯察民情，即使不增设廷尉平官，监狱的事情也将会自己走上正轨。如果想让后世得到启发，不如删减法令。律令一旦确定下来，百姓们就会知道哪些事情是不能做的，奸猾的官吏们也就没有机会愚弄老百姓了。现在不是从根本上来纠正过失，而是设置廷尉平官在一般事情上做点补救，将来一旦政治衰败，陛下也不亲自督察，那时廷尉平官将会独揽大权，成为发生动乱的罪魁祸首。"

【纲】地节四年（乙卯，前66），夏五月，山阳郡（治所在今山东金乡县西北）、济阴郡（治所在今山东定陶县西北）降了冰雹，有人被冰雹砸死。

【纲】秋七月，霍氏阴谋反叛，被判处死刑，并诛灭了霍氏全家族。皇后霍成君被废掉。　【目】霍显和霍禹、霍山自己感到他们的权力一天一天被取消，曾多次聚集在一起相对哭泣，自怨自艾。他们曾密谋让太后为博平君设置酒宴，让范明友、邓广汉奉太后之命把她杀死，因而乘机将汉宣帝废掉，而立霍禹为皇帝。结果事情被发现，七月，霍云、霍山、范明友自杀，霍禹被判处腰斩，霍显以及她的儿女、兄弟都被在街市上当众处死。被霍氏一家牵连犯罪诛杀的有数十家。皇后霍成

初，霍氏奢侈，茂陵徐生上疏言："霍氏泰盛，陛下即爱厚之，宜以时抑制，无使至亡！"书三上，辄报闻。至是，人为徐生上书曰："臣闻客有过主人者，见其竈直突，旁有积薪，客谓主人：'更为曲突，远徙其薪，不者且有火患！'主人不应。俄而失火，邻里共救之，幸而得息。于是杀牛置酒，谢其邻人，灼烂者坐于上行，余各以功次坐，而不录言曲突者。人谓主人曰：'乡使听客之言，不费牛酒，终无火患。今论功而请宾，曲突徙薪无恩泽，焦头烂额为上客邪？'主人乃寤而请之。今茂陵徐福，数上书言霍氏且有变，宜防绝之。乡使福说得行，则国无裂土出爵之费，臣无逆乱诛灭之败。往事既已，而福独不蒙其功，唯陛下察之。"上乃赐福帛十匹，以为郎。

帝初立，谒见太庙，大将军光骖乘，上严惮之，若有芒刺在背。后张安世代光骖乘，上从容肆体，甚安近焉。故俗传霍氏之祸，始于骖乘。

【纲】九月，以朱邑为大司农。【目】邑少为桐乡啬夫，廉平不苛，以爱利为行，未尝笞辱人，存问孤老，吏民爱敬之。迁北海太守，以治行第一，入为大司农，惇厚笃于故旧，公正不可交以私。身为列卿，居处俭节，禄赐以共族党，家无余财。及卒，天子下诏称

君也被废掉,囚禁在昭台宫。那些告发霍氏一家谋反的人都被封为列侯。

当初,霍氏一家骄横奢侈,茂陵人徐福上书说:"霍氏一家太强盛,陛下如果想厚爱他们,就应该随时限制他们,不要让他们发展到毁灭自己的地步。"徐福曾三次上书,但没有看到对霍氏一家采取什么措施。到了霍氏一家被诛杀后,有人为徐福上书说:"我曾听说有个客人路过主人家时,看见主人家炉灶的烟囱是直的,旁边还堆着干柴,于是客人就对主人说:'应该把烟囱改成弯曲的,如果不这样做,就有发生火灾的后患。'主人听后没有理睬。过了不久就发生了火灾,邻家们都来一起帮助救火,幸而把火熄灭。于是主人又杀牛又摆酒席来感谢帮助救火的邻家,被火烧伤的人坐在上座,其余的人都各自按功劳大小的次序坐下,但没有请劝他把烟囱改弯曲的那个人。有人对主人说:'如果一开始就听了那位客人的话,就不用浪费摆这些酒席,也就不会发生这次火灾。现在论功请客,却没有对当初建议你把烟囱改弯曲、搬走干柴的人表示感谢,难道那些被烧得焦头烂额的人是上宾吗?'主人才醒悟过来,请了那位劝他的人。现在茂陵人徐福曾多次上书皇帝讲霍氏一家将会发生叛变,应当防止杜绝他们叛乱。假使徐福所反映的情况能够采取一些措施,国家就不用分割土地,分封侯爵,臣下们也就没有因叛乱而被诛杀的可能,事情已经过去,而只有徐福没有受到嘉奖,请陛下能够复察一下这件事。"于是宣帝赏赐徐福十匹绸缎,任命他为郎官。

宣帝刚登帝位的时候,曾去进谒汉高祖庙,大将军霍光陪同乘车前往,宣帝非常害怕霍光,就像芒刺在背。后来张安世代替了霍光陪皇帝乘车,宣帝才感到从容舒服,他们相处得很亲近。所以民间也传说,霍氏一家的祸患早在霍光陪同宣帝时就产生了。

【纲】九月,任命朱邑为大司农。 【目】朱邑年轻的时候是桐乡的一个啬夫,他清廉公平不苛刻,他以爱人利物为宗旨,从没有用杖打过人,他经常照顾慰问那些孤寡老人,所以官吏和百姓们都很喜欢和敬重他。他提升为北海太守后,因为政绩名列第一,又被任命为大司农。他很敦厚,对过去的朋友们也忠诚厚道;他办

扬，赐其子金百斤以奉祀。

【纲】以龚遂为水衡都尉。　【目】先是，渤海岁饥，盗贼并起。上选能治者，丞相、御史与龚遂，拜渤海太守。召见，问："何以治盗贼？"对曰："海濒遐远，不沾圣化，其民困于饥寒而吏不恤，故使陛下赤子盗弄陛下之兵于潢池中耳。今欲使臣胜之邪，将安之也？"上曰："选用贤良，固欲安之也。"遂曰："臣闻治乱民，犹治乱绳，不可急也；惟缓之，然后可治。臣愿丞相、御史且无拘臣以文法，得一切便宜从事。"上许焉，加赐黄金赠遣。乘传至渤海界，郡发兵以迎，遂皆遣还。移书敕属县："罢逐捕吏，诸持田器者皆为良民，吏无得问；持兵者乃为贼。"遂单车至府。盗贼闻遂教令，即时解散，弃其兵弩而持钩、鉏，于是悉平，民安上乐业。遂乃开仓廪假贫民，选用良吏尉安牧养焉。齐俗奢侈，好末技，不田作。遂躬率以俭约，劝民务农桑。民有带持刀剑者，使卖剑买牛，卖刀买犊，曰："何为带牛佩犊！"劳来循行，郡中皆有畜积，讼狱止息。至是入为水衡都尉。

【纲】丙辰，元康元年，春正月，初作杜陵。

【纲】夏五月，追尊悼考为皇考，立寝庙。　【目】有司复言悼园宜称尊号曰"皇考"，于是立庙。

【纲】杀京兆尹赵广汉。　【目】赵广汉好用世吏子孙，新进年

事公正，不交私人关系。他身为列侯公卿，生活上却很勤俭节约，他的俸禄和赏赐全都供给了族人和朋友，自己家中却没有多余的财产。等到他死了以后，天子下诏书大大地赞扬了他一番，并赏赐给他儿子一百斤黄金来祭祀朱邑。

【纲】任命龚遂为水衡都尉。　【目】从前，渤海郡（治所在今河北沧州市东南）发生灾荒，盗贼群起。宣帝挑选能够治理渤海郡的人，丞相、御史都一致推举龚遂，宣帝任命他为渤海太守。宣帝召见他，问他说："你用什么办法来治理那里的盗贼呢？"龚遂回答说："海边离京师很远，没有受到圣明君主的教化，当那里的百姓受到饥寒困苦时，当地的官吏也不安慰体贴他们，这样就使陛下的子民偷盗了陛下的刀枪在池塘边玩弄起来，今天陛下是想派我去战胜他们呢，还是去安抚他们呢？"宣帝说："选用贤良大臣，就是想让他去安抚他们。"龚遂说："我听说治理动乱的百姓就像治理乱绳一样，不可急于求成，只有先使形势缓和下来，然后才可以去治理。我希望丞相、御史不要用严苛的法令条文来约束我，请允许我见机行事。"宣帝答应了他的请求，并加赐黄金来为他送行。龚遂乘坐驿车来到渤海郡的边界上，渤海郡派出部队前来迎接，龚遂都把他们又派回去，同时下令所属各县："罢免追捕盗贼的官吏。凡是手持农具的人都是良民百姓，地方官吏不要过问他们，凡是手持兵器的人才是盗贼。"龚遂一个人乘车到了渤海郡府。盗贼们听到龚遂的命令后，马上就都解散，丢弃了兵枪弓箭，拿起了镰刀锄头，于是平息了全部动乱，百姓们安居乐业。龚遂于是打开粮仓，借给贫困的百姓，选派好的官吏来管理那里。齐地的风俗比较奢侈，人们喜欢经商，不喜欢耕田种地。龚遂便亲自带头勤俭节约，鼓励人们努力耕田植桑。对百姓中持刀带剑的人，都要劝他们卖掉刀剑买回牛马，并劝他们说："何不带牛佩犊？"龚遂反复地巡行检查，郡中的百姓都有了积蓄，狱讼案件也没有再发生。到了这个时候就调他到朝廷担任水衡都尉。

【纲】元康元年（丙辰，前65），春正月，开始修建杜陵。

【纲】夏五月，追尊悼考为皇考，建立了皇考庙。　【目】有关官员再次上奏说应该尊称悼园为皇考。于是修建了皇考庙。

【纲】杀死了京兆尹赵广汉。　【目】赵广汉喜欢使用那些刚刚进

少者,见事风生,无所回避,率多果敢之计,莫为持难。以私怨论杀男子荣畜,人上书言之,事下丞相、御史按验。广汉疑丞相夫人杀侍婢,欲以胁丞相。乃将吏卒入丞相府,召其夫人跪庭下受辞,收奴婢十余人去。丞相上书自陈,事下廷尉治,不如广汉言。上恶之,下广汉廷尉。吏民守阙号泣者数万人,竟坐要斩。广汉廉明,威制豪强,小民得职,百姓追思歌之。

【纲】以萧望之为平原太守,复征入守少府。 【目】上选博士、谏官通政事者补郡、国守相,以谏大夫萧望之为平原太守。望之上疏曰:"陛下哀愍百姓,出谏官以补郡吏。然朝无诤臣,则不知过,所谓忧其末而忘其本者也。"上乃征望之入守少府。

【纲】以尹翁归为右扶风。 【目】翁归为人,公廉明察。为东海太守,过辞廷尉于定国,定国欲托邑子与翁归,语终日,不敢见。曰:"此贤将,汝不任事也,又不可干以私。"郡中吏民贤不肖及奸邪罪名,尽知之。县各有记籍,披籍取人,以一警百,吏民皆服,改行自新。以治郡高第,入为右扶风,选用廉平,以为右职。接待以礼,好恶同之。其负翁归,罚亦必行。缓于小弱,急于豪强,课常为三辅最。其在公卿间,清洁自守,语不及私,然温良谦退,不以行能骄人,故尤得名誉。

入官府而又年轻的世宦子孙，遇事雷厉风行，无所回避，大都果敢决断，没有人敢为难他们。赵广汉因为私人恩怨杀了一个名叫荣畜的男子，有人上书告发了这件事，宣帝把这件事交给丞相、御史来查办。赵广汉怀疑丞相的夫人也曾杀死过奴婢，打算以此来威胁丞相。于是他率领所属部下吏卒进入丞相官府，召唤丞相夫人跪在地下接受他的询问，并抓了十几个奴婢离去，丞相亲自上书报告了这件事，宣帝把这件事交给廷尉来查办，查办的结果并非如赵广汉所讲的那样。宣帝非常厌恶赵广汉，于是命令廷尉把赵广汉逮捕入狱。有几万官吏和百姓守在皇宫门前号啕大哭，赵广汉也终因犯罪而被处以腰斩。赵广汉做官廉洁清明，用他的威风制住了豪强，百姓们安居乐业，人们很怀念他，并唱歌来歌颂他。

【纲】任命萧望之为平原郡（治所在今山东平原县西南）郡守，后来又调任少府官。　【目】宣帝在博士、谏大夫官中挑选精通政事的人来充任郡守和封国丞相，任命谏大夫萧望之为平原郡太守。萧望之上书说："陛下哀怜百姓，挑选出谏大夫官来充任郡太守，然而朝廷内如果没有直言相劝的大臣，陛下就不会知道自己的过失，这就像所说的只顾虑细小末节而忘记了根本大事。"皇帝于是又征调萧望之任少府官。

【纲】任命尹翁归为右扶风官。　【目】尹翁归为人正直廉洁，看问题较锐敏。在任东海郡（治所在今山东郯城县北）太守时，去告别廷尉于定国，于定国想为同乡人请托，与尹翁归谈了一天，仍不敢让同乡人去见尹翁归。于定国说："尹翁归是个贤将，你没有完成好自己的事，更不可以以私事去求他。"尹翁归对郡中官吏百姓的好坏以及邪恶之徒的罪状都了如指掌。所属各县都有专门的记载，他查阅记载、逮捕罪犯，为的是以一警百，官吏和老百姓们都很佩服他，罪犯也都能改过自新。因为他治理郡有功劳，被提拔为右扶风官，他选用廉洁公平的人担任高级职务。对他们都以礼相待，一视同仁。对辜负了尹翁归的人，也一定会进行处罚。对于弱小的人就宽容一些，对于豪强们他就抓紧处理，每次对他考核，常常在三辅中名列前茅。在所有的公卿当中，他廉洁自守，从不谈及个人私事。他的性情温良恭让，从不以他的品行和才能

【纲】莎车叛,卫侯冯奉世矫发诸国兵击破之,以奉世为光禄大夫。 【目】上令群臣举可使西域者,前将军韩增举冯奉世,以卫候使持节送诸国客。会莎车王弟呼屠征,与旁国共杀其王万年及汉使者自立,歃血叛汉。奉世以节谕告诸国,发其兵,进击莎车,攻拔其城。莎车王自杀,传首长安。帝召见韩增曰:"贺将军所举得其人。"议封奉世,萧望之以为"奉世擅矫制发兵,虽有功效,不可以为后法。即封奉世,开后奉使者利要功万里之外,为国家生事于夷狄,渐不可长"。乃以为光禄大夫。

【纲】丁巳,二年,春二月,立倢伃王氏为皇后。 【目】上欲立皇后,惩艾霍氏欲害皇太子,乃选后宫无子而谨慎者,立长陵王倢伃为皇后,令母养太子。

【纲】夏五月,诏二千石察其官属治狱不平者。郡国被疾疫者,毋出今年租。

【纲】匈奴扰车师田者,诏郑吉还屯渠犁。 【目】匈奴大臣皆以为"车师地肥美,使汉得之,多田积谷,必害人国,不可不争",数遣兵击车师田者。郑吉将渠犁田卒救之,为匈奴所围。吉上言"愿益田卒"。上与赵充国等议,欲因匈奴衰弱,击其右地,使不敢复扰西域。魏相谏曰:"臣闻救乱诛暴,谓之义兵,兵义者王。敌加于己,不得已而起者,谓之应兵,兵应者胜。争恨小故,不忍愤怒者,谓之忿兵,兵忿者败。利人土地货宝者,谓之贪兵,兵贪者破。恃国家之大,矜民人之众,欲见威于敌者,谓之骄兵,兵骄者灭。间者,匈奴

在别人面前骄傲，所以深得人们的赞誉。

【纲】莎车国（都莎车城，今新疆莎车）叛乱，卫侯冯奉世假称皇帝命令调发各国军队去打败了莎车国。宣帝任命冯奉世为光禄大夫。【目】宣帝命令大臣们推荐能够出使西域的人，前将军韩增推荐冯奉世以卫侯的身份拿着符节去护送各国的客人。正好遇上原莎车国王的弟弟呼屠征与别的邻国联合起来一起杀死了莎车国王和汉朝的使者而自立为王，盟誓一起叛背汉朝。这时冯奉世以汉宣帝的命令告谕各国国王，同时调发他们的部队，一起向莎车国发起攻击，最后攻破了莎车国都城。莎车国国王呼屠征自杀，将他的头用驿车送回长安。宣帝召见韩增说："恭贺将军所推荐的人。"大家商议如何分封冯奉世，萧望之认为"冯奉世擅自假传皇帝命令而发动进攻，虽然取得了成效，但不可以让后世效法。如果分封冯奉世，就会使以后奉命出使西域的人把冯奉世作为榜样，在万里之外建立功业，使国家在夷狄地区陷入纠纷之中，这种做法不可助长"。于是宣帝任命冯奉世为光禄大夫。

【纲】元康二年（丁巳，前64），春二月，立王倢伃为皇后。【目】宣帝打算封立皇后，但由于想起霍成君想害死皇太子的事，于是决心挑选宫中没有儿子而且办事谨慎的人为皇后，最后立长陵王倢伃为皇后，并让她作为母亲来抚养皇太子。

【纲】夏五月，宣帝下诏俸禄为二千石的官，让他们督察自己所管辖下的那些处理案件不公平的人。受疾病和瘟疫所害的郡，不交纳今年的租税。

【纲】匈奴人侵扰在车师种田的人们，宣帝下诏书让郑吉返回去驻扎在渠犁（今新疆尉犁县西境）。【目】匈奴的大臣们都认为"车师地区的土地又肥又美，如果让汉朝占据那里，既增加了土地，又增加了粮食，这样就一定会谋害别的国家，不可不争"，所以就多次派兵攻打在车师那里种田的汉朝士卒。郑吉率领在渠犁种田的士卒前来援救在车师种田的士卒，结果被匈奴的军队包围。郑吉上书说"希望能增加屯田的士卒"。宣帝就和赵充国等人商议这件事，并打算乘匈奴衰弱，向匈奴的右边发起进攻，使他们不敢再来侵扰西域地区。魏相规劝说："我听说解救危乱，诛杀凶暴，这样的军队可以称之为'义兵'，正义的

未有犯于边境,虽争屯田车师,不是致意中。今闻诸将军欲兴兵入其地,臣愚不知此兵何名者也!按今年计子弟杀父兄、妻杀夫者,凡二百二十八人,臣愚以为此非小变也。今左右不忧此,乃欲报纤介之忿于远夷,殆孔子所谓'吾恐季孙之忧不在颛臾而在萧墙之内也'。"上乃遣常惠将骑往车师迎郑吉吏士还渠犁。

相好观汉故事,数条汉兴已来国家便宜行事,及贾谊、晁错、董仲舒等所言,奏请施行之。敕掾史按事郡国,及休告,还府,辄白四方异闻。或有逆贼、灾变,郡不上,相辄奏言之。与丙吉同心辅政。

【纲】以萧望之为左冯翊。 【目】帝以萧望之经明持重,论议有余,材任宰相,欲详试其政事,复以为左冯翊。望之从少府出为左迁,即移病。上使侍中谕意曰:"所用皆更治民以考功。君前为平原太守日浅,故复试之于三辅,非有所闻也。"望之即起视事。

【纲】戊午,三年,春三月,封故昌邑王贺为海昏侯。

【纲】封丙吉等为列侯,故人阿保赐物有差。 【目】丙吉为人深厚,不伐善,自曾孙遭遇,绝口不道前恩。会掖庭宫婢自陈尝有阿

军队可以称王天下。如果敌人强加兵于自己,不得已而奋起还击,这样的军队叫做'应兵',被迫奋起还击的军队可以取得胜利。因为很小的原因而忍不住愤怒出兵,这样的军队叫做'忿兵',忿兵一定会吃败仗。贪图别国的土地财宝的军队叫做'贪兵',贪兵一定会被别人攻破。依仗国家强大,自认为人口众多,想在敌人面前显示自己的威风的军队称之为'骄兵',骄兵一定会被别人消灭。近来,匈奴的军队没有侵犯我国的边境,虽然争夺在车师屯田,但不必记在心中。现在听说各位将军准备率兵进攻匈奴,依我愚见,不知这次出发用什么名义。据统计,在今年子弟杀死父兄、妻子杀死丈夫的人共有二百二十八人,依我愚见,这不是小的变化。现在陛下的左右大臣们不忧虑这些事情,仍想到遥远的蛮夷地区去报复那些小的仇恨,这大概就像孔子所讲的'我担心季孙所忧虑的并不在颛臾,而是在萧墙之内'。"宣帝于是派遣常惠率领骑兵到车师迎接郑吉及其士卒退回渠犁。

魏相喜欢查看汉朝过去的档案记载,曾提出几件自汉朝建立以来对国家有利而且应该执行的事情,以及贾谊、晁错、董仲舒等人所提的建议,一起奏报宣帝请求执行落实。同时命令在各郡国处理公事及告老还乡的官员们在回府后要汇报在各地所听到的各种传闻。如果有叛逆盗贼、灾情异变等,各郡国不上报,魏相就亲自上奏报告皇帝。魏相和丙吉二人同心协力辅佐朝政。

【纲】任命萧望之为左冯翊。　【目】宣帝认为萧望之精明稳重,在议论政事时很有见解,他的才能足可以出任宰相,打算详细地考察一下他处理政事的能力,所以就又任命他为左冯翊。萧望之从少府降任左冯翊后,就上报说自己身体有病。于是宣帝就派侍中去说明意图:"现在让你当左冯翊是想进一步考察你治理百姓的能力。你原来任平原太守的时间较短,所以才又调你到三辅进行考察,并不是听到你有什么传闻。"萧望之听后就起身上任去了。

【纲】元康三年(戊午,前63),春三月,分封原来的昌邑王刘贺为海昏侯。

【纲】分封丙吉等为列侯,原来曾保护过汉宣帝的人都根据不同情况赏赐给不同的财物。　【目】丙吉为人忠厚,从不夸耀自己的才能和

保之功,辞引使者丙吉知状。上亲见问,然后知吉有旧恩而终不言,大贤之。

　　初,张贺尝为弟安世称皇曾孙之材美及征怪,安世辄绝止,以为少主在上,不宜称述曾孙。及帝即位而贺已死,上谓安世曰:"掖庭令平生称我,将军止之,是也。"诏曰:"朕微眇时,丙吉、史曾、许舜皆有旧恩,张贺辅导朕躬,修文学经术,恩惠卓异,厥功茂焉。《诗》不云乎:'无德不报。'封贺子彭祖及吉、曾、舜皆为列侯。"故人尝有阿保之功者,皆受官禄、田宅、财物,各以恩深浅报之。吉临当封,病,上忧其不起。夏侯胜曰:"有阴德者,必享其禄。今吉未获报,非死疾也。"果愈。张安世自以父子封侯,在位太盛,乃辞禄。安世谨慎周密,每定大政,已决,辄移病出。闻有诏令,乃惊,使吏之丞相府问焉。自朝廷大臣,莫知其与议也。尝有所荐,其人来谢,安世大恨,以为"举贤达能,岂有私谢邪"!绝弗复为通。有郎功高不调,自言,安世曰:"君之功高,明主所知,人臣执事何短长,而自言乎!"绝不许。已而郎果迁。

　　【纲】夏六月,立子钦为淮阳王。
　　【纲】疏广、疏受请老,赐金遣归。　【目】皇太子年十二,通《论语》《孝经》,太傅疏广谓少傅受曰:"吾闻'知足不辱,知止不殆'。今宦成名立如此,不去,惧有后悔。"即日俱移病,上疏乞

功劳。自从宣帝登位以后,他闭口不谈以前对皇帝的恩情。正好遇上掖庭宫的奴婢自己陈述曾有保护宣帝的功劳,掖庭宫奴婢说丙吉知道当时的情况。宣帝亲自召见并询问了丙吉后才知道丙吉对自己有旧恩,但他始终没有讲过,于是对他更加钦佩。

当初,张贺曾经在他的弟弟张安世面前赞扬皇曾孙的美才和神灵,张安世总是制止他,认为年轻的皇帝在上,不应当赞扬皇曾孙。等到宣帝即位时,张贺已经去世,宣帝对张安世说:"掖庭令张贺无缘无故赞扬我,将军当时制止他那样做是对的。"后来宣帝下诏说:"朕还低微的时候,丙吉、史曾、许舜对朕都有旧恩,张贺亲自辅导朕学习文学经术,他给朕的恩惠更是与众不同,他的功劳是很大的。《诗经》上不是讲'没有不报的恩德'。现在分封张贺的继子彭祖和丙吉、史曾、许舜为列侯。"凡是过去对皇曾孙有过抚育之功的人,都赐给了他们官禄、田宅、财物,各自按照过去对自己恩情的深浅报答了他们。丙吉临受封时身体患病,宣帝担心他因病起不了床。夏侯胜说:"凡是积有阴德的人,一定会享受福禄。现在丙吉还没有获得回报,不会因病而死。"后来丙吉的病果然全部好了。张安世自己认为父子都得到封侯,所处的地位太显盛,就辞去了俸禄。张安世办事很谨慎周密,每次商议国家大事时,只要方案一定,他就称病退出。听说皇帝下了诏令时,总是装作惊讶的样子,还要派他手下的官吏到丞相府去询问一番。所有的朝廷大臣们都不知道他参与商议大事。他曾经推荐过一个人做官,这个人来向他致谢,张安世很怨恨他,认为"为国家举贤荐能,怎么能来感谢私人呢"?就谢绝了这个人,从此就不再和这个人来往。有个郎官有较大的功劳,但没有得到提拔,他亲自向张安世请求提拔,张安世说:"你有很大的功劳,君主自然会知道,我们作为大臣,为人办事,怎么能自己来评论长短呢?"于是谢绝了他,没有答应他的请求。但不久以后这位郎官就提拔了。

【纲】夏六月,宣帝立他的儿子刘钦为淮阳王。

【纲】疏广、疏受请求告老还乡,宣帝赏赐给他们黄金,然后送他们回去。 【目】皇太子刘奭已经十二岁了,能够通晓《论语》《孝经》。太傅疏广对少傅疏受说:"我听说'知道满足的人不会受侮辱,知道进

骸骨。上皆许之，加赐黄金二十斤，皇太子赠以五十斤。公卿、故人设祖道，供张东都门外，送者车数百两。道路观者皆曰："贤哉二大夫！"或叹息为之下泣。广、受归乡里，日令其家卖金供具，请族人、故旧、宾客，与相娱乐。或劝以为子孙立产业者，广曰："吾岂老悖不念子孙哉！愿自有旧田庐，令子孙勤力其中，足以共衣食，与凡人齐。今复增益之，以为赢余，但教子孙怠惰耳。贤而多财则损其志，愚而多财则益其过。且夫富者，众之怨也。吾既无以教化子孙，不欲益其过而生怨。又此金者，圣主所以惠养老臣也，故乐与乡党、宗族共飨其赐，以尽吾余日，不亦可乎！"于是族人悦服。

【纲】以颍川太守黄霸守京兆尹，寻罢归故官。 【目】黄霸为颍川太守，力行教化而后诛罚，务在成就全安长吏。许丞老，病聋，督邮白欲遂之。霸曰："许丞廉吏，虽老，尚能拜起送迎，重听何伤？"或问其故，霸曰："数易长吏，送故迎新之费，及奸吏因缘，绝簿书，盗财物，公私费耗甚多，皆出于民。所易新吏，又未必贤，或不如其故，徒相益为乱。凡治道，去其泰甚者耳。"霸以外宽内明，得吏民心，户口岁增，治为天下第一。征守京兆尹，寻坐法，贬秩，诏复归颍川为太守。

退的人不会有危险'。如今我们官位已高,名声也大,如果这时还不肯离去,恐怕会后悔的。"当天疏广、疏受两个人就都声称有病而上书皇帝请求辞职回乡。宣帝都答应了他们的请求,并赏赐给他们二十斤黄金,皇太子刘奭也赠送了他们五十斤黄金。公卿大臣和故老朋友们都设宴为他们饯行,宴席就设在东都门外,来为他们送行的车辆就有好几百。在道路两旁观看的人们都说:"两位大夫真是太贤明了。"甚至有的人为他们辞去职务而感到叹息落泪。疏广、疏受回到家乡后,每天都让家人去卖了黄金来摆设宴席,请一些同族的人们和故旧朋友、门客等,和他们一起欢乐。也有人劝疏广为他的子孙们置办一些产业,疏广回答说:"我难道是老糊涂而不挂念子孙的吗?我家本来就有田地房宅,只要子孙们能在田地中努力耕作,足可以供给他们吃穿所用,与普通人过着同样的生活。如果现在再给他们增加产业,让他们有了盈余,这样只会使子孙懒惰。如果贤能的人有了很多的财富就会损害他们的志气,愚蠢的人有了很多的财富就会增加他们的过错。况且财富多的人,大家就会怨恨他们,我既然没有教化子孙的才能,也不想使他们增加过错而招致别人对他们的怨恨。再说这些黄金是圣主用来抚养老臣的,所以我乐于和乡亲、同宗的人来共同享受这些赏赐,来度过我的余生,不也是可以的吗?"于是同族的人们都对他心悦诚服。

【纲】任命颍川郡太守黄霸为京兆尹,不久又罢免了他的京兆尹让他归任原来的颍川郡太守。 【目】黄霸任颍川太守时,尽力推行教化,然后才实行诛罚,一心一意在成就和保全他的部下官吏。许县县丞年纪已老,双耳已聋,督邮官告诉黄霸想赶他回家。黄霸说:"许丞是个廉洁的官吏,虽然他年纪已经老了,但仍能够拜起迎送,耳聋有什么关系?"有人问他这样做的原因,黄霸说:"如果不断地更换官吏,送旧迎新的费用,而那些奸吏会乘机销毁账簿,盗取财物,盗窃的财物、公私费用和耗损就会有很多,这些财物都是来自老百姓。所更换的新官吏也未必就贤明,如果有不如原来的,只能是互相增加混乱。治理地方的方法,就是免去那些不称职的人。"黄霸因为外宽内明,所以很得官吏和百性的爱戴,户口每年都有增加,他治理地方的成绩为全国第一。于是调任他为京兆尹。不久,因为犯了法,降低了他的爵位和俸禄,宣帝下诏

【纲】己未,四年,春正月,右扶风尹翁归卒。

【纲】大司马、卫将军、富平侯张安世卒。

【纲】以韦玄成为河南太守。 【目】初,扶阳节侯韦贤薨,长子弘有罪入狱,家人矫贤令,以次子玄成为后。玄成深知其非贤雅意,即佯狂不应召。大鸿胪奏状,章下丞相、御史案验。玄成友人侍郎章奕上疏言:"圣王贵以礼让为国,宜优养玄成,勿枉其志,使得自安衡门之下。"而丞相、御史遂以玄成实不病,劾奏之。有诏勿劾,引拜;玄成不得已受爵。帝高其节,以为河南太守。

【纲】庚申,神爵元年,春正月,帝如甘泉,郊泰畤。三月,如河东祠后土。遣谏大夫王褒求金马、碧鸡之神。 【目】上颇修武帝故事,谨斋祀之礼。以方士言,增置神祠。闻益州有金马、碧鸡之神,遣褒持节求之。

初,上闻褒有俊才,召见,使为《圣主得贤臣颂》,其辞曰:"夫贤者,国家之器用也,故君人者,勤于求贤,而逸于得人。昔贤者之未遭遇也,图事揆策,则君不用其谋;陈见悃诚,则上不然其信。及其遇明君也,运筹合上意,谏诤即见听,进退得关其忠,任职得行其术。故世必有圣知之君,而后有贤明之臣。故虎啸而风烈,龙兴而致云,蟋蟀俟秋吟,蜉蝣出以阴。明明在朝,穆穆布列,聚精会神,相得益彰。故圣主必待贤臣而弘功业,俊士必俟明主以显其德。上下俱欲,欢然交欣,翼乎如鸿毛遇顺风,沛乎如巨鱼纵大壑,休征自至,寿考无疆。何必偃仰屈伸若彭祖,呴嘘呼吸如乔、松哉!"上颇好神仙,故褒对及之。后京兆尹张敞亦劝上斥远方士,游心帝王之

又让他回到颍川任颍川郡太守。

【纲】元康四年（己未，前62），春正月，右扶风尹翁归去世。

【纲】大司马、卫将军、富平侯张安世去世。

【纲】任命韦玄成为河南郡太守。　【目】当初，扶阳节侯韦贤去世时，他的长子韦弘因为犯罪被关在监狱里，他的家人假传韦贤有遗命，由次子韦玄成为继承人。韦玄成深知这并不是他父亲韦贤的本意，就假装成疯子不去应召。大鸿胪把这些情况奏报给宣帝，宣帝把这件事批给丞相、御史去查验落实。韦玄成的朋友侍郎章奕上书说："圣明的君王都推崇礼让治国，应当很好地保护韦玄成，不要违背他的意志，让他自己安心地过贫苦生活。"而丞相、御史都认为韦玄成确实没有疯病，向宣帝奏报弹劾他。宣帝下诏说不必弹劾他，仍让他继承爵位。韦玄成不得已，接受了爵位。宣帝对他的高风亮节十分赞赏，于是任命他为河南郡太守。

【纲】神爵元年（庚申，前61），春正月，宣帝来到甘泉宫，在泰畤进行郊祭。三月，宣帝来到河东（今山西夏县），在那里祭祀后土。并派遣谏大夫王褒去寻求金马、碧鸡之神。　【目】宣帝很重视武帝寻求神仙和长生不死药的事情，对斋戒、祭祀的礼仪非常谨慎。他听取了方士的建议，增建了不少祭祀神的祠堂。他听说益州（今云南晋宁县东北）有金马、碧鸡之神，就派遣王褒拿着符节去寻找这些神灵。

当初，宣帝听说王褒才能出众，就召见了他，并让他做了一篇《圣主得贤臣颂》。这篇颂辞说："贤明的人是国家有用的人才，所以做君主的，在寻找贤明的人方面不辞劳苦，才能因得到贤人而得享安逸。从前，贤能的人在没有遇到圣明君主时，虽然也献计献策，但君主并不采纳他们的谋略；虽然也陈述过自己真诚的建议，但君主并不相信他们讲的会那样真诚。等到他们遇到圣明的君主后，他们的谋划就会符合君主的心意，他们的进谏规劝都会被君主采纳，无论进退都会表现出他们的一片忠心，如果担任官职，他们的才能就会施展出来。所以，世上必须有了圣明的君主然后才会出现贤明的大臣。所以，猛虎吼啸风就会更大，神龙飞跃云彩就会翻滚，蟋蟀到秋天才鸣叫，蜉蝣在阴天才会出现。圣明的君主在上，贤能的大臣在下，聚精会神，相得益彰。所

术,由是悉罢尚方待诏。

【纲】谏大夫王吉谢病归。 【目】上颇修饰宫室、车服,外戚许、史、王氏贵宠。谏大夫王吉上疏曰:"陛下惟思世务,将兴太平,诏书每下,民欣然若更生。臣伏思之,可谓至恩,未可谓本务也。臣闻宣德流化,必自近始。故宜谨选左右,审择所使。左右所以正身,所使所以宣德,此其本也。安土治民,莫善于礼。愿陛下述旧礼,明王制,驱一世之民,跻之仁寿之域,则俗何以不若成、康,寿何以不若高宗!古者衣服、车马,贵贱有章,今上下僭差,是以贪财诛利,不畏死亡。外家及故人,可厚以财,不宜居位。"上以其言为迂阔,吉遂谢病归。

【纲】先零羌杨玉叛,夏四月,遣后将军赵充国将兵击之。【目】先零羌侯杨玉背畔,攻城邑,杀长吏。赵充国年七十余,上老之,使丙吉问"谁可将者?"对曰:"无逾于老臣者矣!"上问"度当用几人?"充国曰:"百闻不如一见。兵难隃度,臣愿驰至金城,图上方略。羌戎小夷,逆天背畔,灭亡不久。愿陛下以属老臣,勿以为忧!"上笑曰:"诺。"大发兵,遣充国将之,以击西羌。

以，圣明的君主必须有贤能的大臣才能光大功业，贤能的大臣必须依靠圣明的君主才能显示出他的才德。上下同心协力，相处得非常融洽，这样，就像鸿毛遇上了顺风任凭飞翔，就像巨鲸遨游在大海里汹涌澎湃，祥瑞自然会降临，寿命自然会无疆。又何必要俯仰屈伸像彭祖那样，呼吸吐呐像王乔、赤松子那样呢？"宣帝很喜欢求神求仙，所以王褒在文章中特别谈到了这些。后来京兆尹张敞也劝宣帝把那些方术之士打发得远远的，专心于帝王的事业。因此宣帝就全部送走了方术之士。

【纲】谏大夫王吉宣称身体有病，辞官回乡。 【目】宣帝很重视修饰宫室、车服，外戚许、史、王三家也很尊贵受宠。谏大夫王吉上书宣帝说："陛下一心考虑国家大事，国家将要出现太平盛世，每次诏书下达时，百姓们就像获得新生一样欢欣鼓舞。我坐下来沉思这个问题，这可以说是对百姓最大的恩德，但不能说是做到了根本上。我听说，宣示圣德，广布教化，一定要从最近开始。所以应当谨慎地选择左右大臣，严格审查他们的所作所为。左右大臣能够以身作则，他们的所作所为能够宣示圣德，这才是根本的事情。使君主安逸，百姓得到治理，没有比推行礼治更好的。希望陛下能修纂旧的礼仪，明确王制，使天下的百姓都能达到懂得仁义、活得长寿的境界，这样，国家的风俗怎么会不如周成王、周康王时期呢？陛下的寿命怎么会不如商朝的高宗呢？古时候的衣服车马、尊卑贵贱是有规定的，现在上下混乱不分，所以有人为贪图财物、追求利禄连死都不怕。外戚以及陛下的亲朋故友，可以赏赐丰厚的财产，但不应当授给爵位。"宣帝认为王吉所讲的话十分迂腐，王吉就宣称身体有病，辞官回乡。

【纲】先零羌侯杨玉背叛汉朝。夏四月，宣帝派遣后将军赵充国率兵攻打杨玉。 【目】先零羌侯杨玉背叛汉朝，攻打城邑，杀戮官吏。赵充国已经有七十多岁了，宣帝认为他年纪已老，派丙吉去问他："谁可以任率军打仗的将领？"他回答说："没有能超过老臣我的人。"宣帝问他说："估计应当派多少人？"赵充国回答说："百闻不如一见。作战的事是难以预测的，我希望亲自前往金城（今甘肃省兰州市），先画出地图，然后作出作战计划。先零羌是个小的民族，他们逆天背叛天子，不久就会灭亡。请陛下将这件事情交给老臣来办，不必担忧。"宣帝笑着

【纲】六月,有星孛于东方。

【纲】秋七月,充国引兵击叛羌,叛羌多降。诏复遣将军辛武贤等将兵击之。寻诏罢兵,留充国屯田湟中。 【目】六月,赵充国至金城,常以远斥候为务,行必为战备,止必坚营壁,尤能持重,爱士卒,先计而后战。西至部都尉府,日飨军士,士皆欲为用。虏数挑战,充国坚守,欲以威信招降罕、开及劫略者,解散虏谋,徼其疲剧,乃击之。酒泉太守辛武贤奏言:"以七月分兵出击罕、开,冬复击之,虏必震坏。"天子下其书。充国以为"先零首为畔逆,当捐罕、开暗昧之过,先行先零之诛,以震动之,宜悔过反善,此全师保胜安边之策。"天子下其书。议者咸以为"先零兵盛,而负罕、开之助,不先破罕、开,则先零未可图也。"上乃拜许延寿强弩将军,武贤破羌将军,诏充国引兵并进击罕、开。充国上书,以为"先诛先零,则罕、开之属不烦兵而服;不服,涉正月击之。"七月,玺书报从充国计,后罕、开竟不烦兵而下。

上诏武贤等以十二月与充国合击先零。时羌降者万余人矣,充国度其必坏,欲罢骑兵,屯田以待其敝。作奏未上,会得进兵玺书,遂上屯田奏曰:"羌易以计破,难用兵碎也,故臣愚以为击之不便!

说:"就这么办。"于是汉朝派出大量军队,派遣赵充国率领这些军队前去进攻西羌。

【纲】六月,东方出现彗星。

【纲】秋季七月,赵充国率领部队向背叛汉朝的西羌发动进攻,结果有很多羌人投降了汉朝。宣帝下诏又派遣将军辛武贤等率兵进攻西羌。不久宣帝下诏停止进攻,留下赵充国在湟中(今青海湟水两岸一带)负责屯田。 【目】六月,赵充国到达金城后,经常向远处派遣一些侦察兵侦察敌情,他认为这是当时的主要任务,每次军队行进时都要做好作战的准备,每次休息时一定要坚营壁垒,他非常稳重,爱护士卒,每次都是先想好了作战计划后才进行战斗。他向西到达西部都尉府(今青海湟源),每天都慰劳士卒,士卒们都愿意接受他的指挥。西羌的军队曾多次挑战,赵充国一直坚守阵地,不迎战。他想用自己的威信来使䍐、开部落以及被䍐、开部落所管辖的其它一些部落投降,粉碎䍐、开部落的阴谋,等到他们疲惫不堪时,再向他们发起进攻。酒泉太守辛武贤上奏说:"七月兵分两路向䍐、开发起进攻,到冬季时再度出击,这样䍐、开部落一定会被吓坏。"宣帝把他的奏书发下去征求意见。赵充国认为:"先零羌部落首先背叛了汉朝,应当先不追究䍐、开部落不明白内情的过错,首先诛伐先零羌,以此来震动䍐、开等部落,让他们悔过自新。这是全军既能保证取胜又能安定边境的最好方法。"宣帝又把他的奏书发给公卿大夫征求意见,大家都认为:"先零部落兵力强盛,又有䍐、开部落的帮助,如果不先击破䍐、开部落,先零部落就不可能攻下来。"于是宣帝任命许延寿为强弩将军,辛武贤为破羌将军,并下诏赵充国,让他率兵一起前进,向䍐、开部落发起进攻。赵充国上书认为:"只要首先击败先零部落,䍐、开等部落用不着出兵攻击他们就会投降,如果䍐、开部落不投降,过了正月再向他们发起进攻。"七月,宣帝下令,采纳了赵充国的想法。后来,竟没有发动进攻,䍐、开部落就不战而降。

宣帝下诏辛武贤等人,让他们在十二月时和赵充国联合攻击先零。当时,西羌部落已有一万多人投降了汉朝,赵充国估计西羌部落一定会攻破,所以想撤掉骑兵,让一部分士卒在那里屯田,来等待西羌部

计度临羌东至浩亹，羌虏故田及公田，民所未垦，可二千顷以上。臣愿罢骑兵，留步兵分屯要害处，浚沟渠，治湟陿，人二十畮，益积畜，省大费。谨上田处及器用簿。"上报曰："即如将军之计，虏当何时伏诛？兵当何时得决？熟计其便，复奏！"充国上状曰："臣闻帝王之兵，以全取胜，是以贵谋而贱战。百战而百胜，非善之善者，故先为不可胜，以待敌之可胜。臣谨条不出兵留田便宜十二事，留屯田得十二便，出兵失十二利，唯明诏采择！"

充国奏每上，辄下公卿议。魏相曰："臣愚不习兵事利害。后将军数画军策，其言常是，臣任其计可必用也。"上于是诏罢兵，独充国留屯田。

【纲】以张敞为京兆尹。 【目】初，敞为山阳太守。时胶东盗贼起，敞自请治之。拜胶东相，明设购赏，传相斩捕，国中遂平。时长安多盗，上以问敞。敞以为可禁，乃以为京兆尹，敞求得偷盗酋长数人，召见责问，令致诸偷以自赎，一日得数百人，由是市无偷盗。敞赏罚分明，而时时越法，有所纵舍；本治《春秋》，以经术自辅，不纯用诛罚，以此能自全。朝廷有大议，引古今处便宜，公卿皆服。

落的自行灭亡。赵充国的奏章已写好，但还没有送上，正好在这个时候接到了宣帝指示进军的命令，赵充国于是上奏请求屯田说："西羌人容易用计谋来攻破，但难以用兵力来把他们打败。所以，我的愚见认为向他们发起进攻不是上策。我估计临羌（今青海湟源县东南）向东至浩亹（今甘肃永登县西南），西羌部落原来的耕田以及没有开垦出来的荒田共有二千顷以上，我请求撤掉骑兵，留下部分步兵分别驻扎在要害的地方，在那里疏通沟渠，治理湟陿（今青海西宁市东），每人二十亩，这样既容易积蓄，又节省了大量费用。现在呈上屯田的计划和所需器具的清册。"宣帝下诏说："如果按照将军的计划，西羌叛背的人什么时候才可以消灭？战争何时才能结束？再仔细研究一下，重新上奏。"赵充国又上奏说："我听说帝王的军队，能保全自己而取得胜利，所以应当重视谋略而轻视作战，百战百胜，并不是好的里面最好的，所以要先立于不败之地，来等待战胜敌人的机会。臣列出十二条不出兵作战、留兵屯田的便利方法。留兵屯田有十二项便利，出兵打仗有十二项失利，请陛下明确下诏选择采纳我的建议。"

赵充国的每次奏书，宣帝都要发给公卿大臣们去商议。魏相说："臣下愚昧，不懂得军事上的利害关系，后将军赵充国曾多次策划作战计划，他所讲的经常是正确的，我保证他的谋划一定可以行得通。"宣帝于是下诏撤掉骑兵，只留下赵充国在那里负责屯田。

【纲】任命张敞为京兆尹。　【目】当初，张敞任山阳太守。那时胶东盗贼群起，张敞亲自请求去治理盗贼。任命他为胶东国丞相，他公开设立了悬赏条件，通过盗贼互相告发牵连而进行抓捕，于是国中安定下来。当时长安地区的盗贼也很多，宣帝询问张敞怎么治理。张敞认为可以禁止盗贼，于是任命他为京兆尹官。张敞调查了解到好几个盗贼的头目，并把他们召来审讯责问，叫他们把那些盗贼引来，以此来立功赎罪，结果一天之内就抓获几百盗贼，从此，长安街市上就没有盗贼了。张敞办事赏罚分明，但也常常不拘泥于法律规定，有时也宽赦罪犯。他以研究《春秋》大义为根本，以经术道理为辅助，不单纯采用诛罚，因此也能够保全自己。如果朝廷要商议大事，他总是引经据典，处理得十分恰当，公卿大臣们对他非常佩服。

【纲】辛酉,二年,春二月,凤皇、甘露降集京师,赦。

【纲】夏五月,赵充国振旅而还。秋,羌斩杨玉以降,置金城属国以处之。 【目】赵充国奏言:"羌本可五万人,除斩、降、溺、饥死、定计遗脱,不过四千人。羌靡忘等自诡必得,请罢屯兵!"奏可。充国振旅而还。秋,羌若零等共斩杨玉首,帅四千余人降。初置金城属国以处降羌。

【纲】秋九月,司隶校尉盖宽饶自刭北阙下。 【目】司隶校尉盖宽饶刚直公清,数犯上意。时方用刑法,任中书官,宽饶奏封事曰:"方今圣道浸微,儒术不行,以刑余为周、召,以法律为《诗》《书》。"又引《易传》言:"五帝官天下,三王家天下。家以传子孙,官以传贤圣。"书奏,上以为宽饶怨谤,下其书。执金吾议,以为"宽饶旨意欲求禅,大逆不道!"谏大夫郑昌上书讼宽饶曰:"臣闻山有猛兽,藜藿为之不采;国有忠臣,奸邪为之不起。宽饶进有忧国之心,退有死节之义,上无许、史之属,下无金、张之托,直道而行,多仇少与。上书陈事,有司劾以大辟。臣幸得从大夫之后,官以谏为名,不敢不言。"上竟下宽饶吏,宽饶引佩刀自刭北阙下,众庶莫不怜之。

【纲】以郑吉为西域都护。 【目】匈奴日逐王先贤掸,与握衍朐鞮单于有隙,率其众降汉,使人至渠犁与郑吉相闻。吉发诸国五万人迎之,将诣京师。吉威振西域,遂并护车师以西北道,故号

【纲】神爵二年（辛酉，前60），春二月，凤凰聚集在长安，甘露也降落在长安，大赦天下。

【纲】夏五月，赵充国率军返回。秋季，羌人杀死了先零首领杨玉，然后投降了汉朝。汉朝设置了金城属国，把投降了的羌人安置在那里。 【目】赵充国上奏说："羌族部落本来只有五万人，除了斩杀、投降、淹死、饿死的人外，共计逃亡的人不过四千人。羌人靡忘等自己要求归降，一定可以擒获，请求撤除屯兵。"宣帝批准了他的奏书。于是赵充国率军返回。秋季，羌人若零等一起斩杀了先零首领杨玉，率领四千余人归降了汉朝。汉朝设置了金城属国，把投降的羌人安置在那里。

【纲】秋九月，司隶校尉盖宽饶在北门外自杀。 【目】司隶校尉盖宽饶性情刚直、公正、清廉，曾多次违背宣帝的旨意。当时，宣帝正注重应用刑法，任用宦官，盖宽饶送上密封奏章说："如今圣人之道逐渐衰弱，儒家的学术也推行不开，陛下把宦官当作周公、召公，把法律当作《诗经》《尚书》。"他又征引《易传》说："五帝时视天下为公，三王时视天下为家。视为家者就传给了子孙，视为公者就传给了圣贤。"奏书呈上以后，宣帝认为盖宽饶心怀怨恨，对国家进行诽谤，于是把他的奏书交给执金吾处理。执金吾认为："盖宽饶奏书的主要意思是想请求禅让帝位，这是大逆不道。"谏大夫郑昌上书给盖宽饶辩护说："我听说山中如果有了猛兽，连藜藿菜都没有人敢去采摘；国家如果有了忠臣，邪恶奸佞之事就不会发生。宽饶他进有忧国之心，退有死节之义，他在上面和许广汉、史高两家不是亲属关系，在下面没有金日磾、张安世二人的支持。因为他按章办事，所以仇人多而朋友少。他上书陈述国家大事，而有关官员却以死罪来弹劾他。臣下有幸跟随在大夫的后面，我所任的官以'谏'为名，所以不敢不讲出我的看法。"后来宣帝竟撤消了盖宽饶的官，宽饶也就用佩刀在北门外自杀了，人们对他的死莫不痛惜。

【纲】任命郑吉为西域都护。 【目】匈奴日逐王先贤掸和握衍朐鞮单于有矛盾，所以日逐王先贤掸率领他的部下归服了汉朝，并派人到渠犁把这件事告诉了郑吉。郑吉征调了各国五万人前去迎接日逐王先贤掸，并准备领他到京师。郑吉威振西域，于是他兼管着车师以西的北

都护。都护之置自吉始。于是中西域而立幕府，治乌垒城，去阳关二千七百余里，督察乌孙、康居等三十六国，汉之号令班西域矣。

【纲】壬戌，三年，春三月，丞相高平侯魏相卒。

【纲】夏四月，以丙吉为丞相。 【目】吉尚宽大，好礼让，掾吏有罪，辄与长休告，务掩过扬善，终无所案。曰："以公府而有案吏之名，吾窃陋焉！"后人因以为故事。尝出，逢群斗死伤，不问；逢牛喘，使问"逐牛行几里矣"？或讥吉失问，吉曰："民斗，京兆所当禁；宰相不亲小事，非所当问也。方春，未可热，恐牛近行，用暑故喘，此时气失节。三公调阴阳，职当忧。"时人以为知大体。

【纲】秋七月，以萧望之为御史大夫。

【纲】八月，益小吏俸。 【目】诏曰："吏不廉平，则治道衰。今小吏皆勤事，而俸禄薄，欲无侵渔百姓，难矣！其益吏百石已下俸十五。"

【纲】以韩延寿为左冯翊。 【目】始，延寿为颍川太守，承赵广汉之后，俗多怨雠，延寿教以礼让。黄霸代之，因其迹而大治。延寿接待下吏，恩施甚厚而约誓明。或欺负之者，延寿痛自刻责，吏闻者自伤悔，或自刺死。为东郡太守三岁，令行禁止，断狱大减，由是入为冯翊。行县至高陵，民有昆弟讼田，延寿大伤之，曰："幸得备位为郡表率，不能宣明教化，至令民有骨肉争讼，咎在冯翊！"是日移病，入卧传舍，闭阁思过。于是讼者自悔，愿以田相移，终死不敢

道，所以号称都护。都护一官的设置是从郑吉开始的。于是他在西域的中部设立了幕府，治所在乌垒城（在今新疆轮台县东北小野云沟附近），这里距阳关有二千七百多里，他负责督察乌孙、康居等三十六国，从此，汉朝的命令在西域地区也得以通行。

【纲】神爵三年（壬戌，前59），春三月，丞相高平侯魏相去世。

【纲】夏四月，任命丙吉为丞相。 【目】丙吉心胸宽大，崇尚礼让，如果他的左右官吏犯了罪，他就让这些官吏请长假回家休息，专门掩盖他们的过错而宣扬他们的优点，所以这些官吏始终都没有一个人被查办。他常说："公府里有了官吏犯罪的名声，我私下以为这是很鄙陋的。"后来的人都把这件事作为惯例。他曾经出去办事，正好遇上有人打群架，有伤有死，但他并不过问；如果遇到耕牛喘气，他就要派人去询问"赶着牛跑了多少里路"？有人讥笑丙吉不该询问这些事，丙吉回答说："老百姓斗殴打架，是京兆尹所应当禁止的事，宰相不亲自过问这些小事，因为这些不是宰相过问的事。正当春天的时候，还不应很热，害怕牛走得并不远，却因为天气太热而喘息，这意味着气候不合节令。三公之职是调和阴阳，因为职责所在，所以应当担忧。"当时的人们都认为他很识大体。

【纲】秋七月，任命萧望之为御史大夫。

【纲】八月，增加小官吏的俸禄。 【目】宣帝下诏说："如果官吏不能够廉洁公正，管理国家的政策就会衰败。如今小官吏们做事都很勤恳，但俸禄很低，所以想不让他们敲诈老百姓是很难的，从此给那些俸禄在百石以下的官吏增加一半俸禄。"

【纲】任命韩延寿为左冯翊。 【目】当初，韩延寿任颍川太守，他是在赵广汉之后继任的，当时民间的怨仇很多，韩延寿以礼义让来教育百姓。后来黄霸接替韩延寿的颍川太守，仍按照韩延寿的方法来管理颍川，结果颍川大治。韩延寿对待下属官吏，都施以很厚重的恩德，但是对他们的约法也很严明。有时发现欺骗或违背他的意愿的人时，韩延寿总是深深地责备自己，那些官吏听到以后自己就会悔恨痛心，也有的人自杀身死。他出任东郡太守一共三年，做到了有令就行，有禁就止，各类案件大大减少，因此就调他出任冯翊。当他巡视到高陵（治所在今

争。郡中歙然，传相敕厉。恩信周遍二十四县，莫敢以辞讼自言者，推其至诚，吏民不忍欺绐。

【纲】癸亥，四年，夏四月，赐颖川太守黄霸爵关内侯。 【目】霸在郡八年，政事愈治。是时凤皇、神爵数集郡国，颖川尤多，于是赐爵关内侯。后数月，微霸为太子太傅。

【纲】冬十月，凤皇集杜陵。

【纲】河南太守严延年弃市。 【目】延年阴鸷酷烈，冬月，传属县囚，会论府上，流血数里，河南号曰"屠伯"。延年素轻黄霸，见其以凤皇被褒赏，心内不服。郡界有蝗，府丞义出行蝗，延年曰："此蝗岂凤皇食邪？"义恐见中伤，乃上书言延年罪，因自杀以明不欺。事下按验，得其怨望、诽谤数事，坐不道，弃市。

初，延年母从东海来，适见报囚，大惊，谓延年曰："天道神明，人不可独杀。我不意当老见壮子被刑戮也！行矣，去汝东归，扫除墓地耳！"后岁余果败，东海莫不贤智其母。

【纲】甲子，五凤元年，冬十二月朔，日食。

陕西高陵县西南）时，有兄弟俩因争执田产来告状。韩延寿对这件事很感悲伤，他说："我有幸担任左冯翊的职位，应当成为郡民的表率，但我没有能阐明教化，致使百姓中有骨肉之间发生争讼的事，这个责任全在冯翊。"当天就推托有病，回到旅舍里卧床不起，闭门思过。在这种情况下，原来争讼的人自己也深感悔恨，愿意把田产让给对方，到死也不敢再发生争讼。从此，郡中百姓和睦相处，互相告诫勉励。韩延寿的恩德和信义传遍了周围二十四个县，再没有敢因为争执而到官府打官司的，人们之间相处都推心置腹，以诚相待，谁也不忍心去欺骗别人。

【纲】神爵四年（癸亥，前58），夏四月，赏赐给颍川太守黄霸关内侯爵位。　【目】黄霸任颍川太守已经八年，郡中政事治理得越来越出色。这时，凤凰、神雀曾多次聚集在各郡国，而颍川郡聚集得更多一些，于是宣帝赏赐给黄霸关内侯的爵位。又过了几个月后，宣帝又征调黄霸任太子太傅。

【纲】冬季十月，凤凰聚集在杜陵。

【纲】河南郡太守严延年因犯罪在街市当众处斩。　【目】严延年阴险酷烈，每年十月，将所属各县的囚犯传到郡府来审判，因为大批斩杀囚犯，流血数里，因此河南郡的人们称他为"屠伯"。严延年平素看不起黄霸，见黄霸因为凤凰的聚集而受到宣帝的表扬和奖赏，内心不服。正好河南郡内发生蝗灾，河南郡府丞义到各县去视察蝗灾情况。严延年对他说："这些蝗虫不正好是凤凰的食物吗？"府丞义怕受到严延年的陷害，于是就上书控告严延年的罪行，后来他也因此自杀，为的是表明自己没有欺骗严延。宣帝将此事交给下属官吏去查实，结果了解到严延年怨恨、诽谤朝廷的几件事，因此他犯了大逆不道的罪，在街市上当众斩杀。

当初严延年的母亲从东海来看望他时，正好遇上处决囚犯，她感到非常惊讶，于是对严延年说："天道神明，人不可以随意杀害，我不想在老年时看到正在壮年的儿子被判刑处死。我要走了，离开你回到东海郡，去打扫清除一下墓地。"一年多以后，严延年果然被斩杀，东海郡的人们没有一个人不夸赞严延年母亲的贤明、智慧。

【纲】五凤元年（甲子，前57），冬十二月初一，发生日食。

【纲】杀左冯翊韩延寿。 【目】韩延寿代萧望之为左冯翊。望之闻延寿在东郡时,放散官钱千余万,使御史案之。延寿即部吏案较望之在冯翊时禀牺官钱,放散百余万。望之自奏:"职在总领天下,闻事不敢不问,而为延寿所拘持。"上由是不直延寿,各令穷竟。望之卒无事实,而延寿以车服、侍卫奢僭逾制等数事,竟坐弃市,百姓莫不流涕。

【纲】乙丑,二年,秋八月,左迁萧望之为太子太傅。

【纲】免光禄勋、平通侯杨恽为庶人。 【目】杨恽廉洁无私,然伐其行能,又性刻害,好发人阴伏,由是多怨。与太仆戴长乐相失,长乐上书告恽以主上为戏,语尤悖逆,诏免为庶人。

【纲】丙寅,三年,春正月,丞相博阳侯丙吉卒。 【目】吉病,上临,问以"谁可以自代者"?吉荐杜延年、于定国、陈万年。薨,谥曰定。后三人居位皆称职,上称吉为知人。

【纲】二月,以黄霸为丞相。 【目】霸材长于治民,及为丞相,功名损于治郡。时京兆尹张敞舍鹖雀飞集丞相府,霸以为神雀,议欲以闻。后知从敞舍来,乃止。敞奏:"挟诈伪以奸名誉者,必先受戮,以正明好恶。"霸甚惭。时史高以外戚贵重,霸荐高可太尉。天子使尚书召问霸:"太尉官罢久矣。夫宣明教化,通达幽隐,使狱无冤刑,邑无盗贼,君之职也。将相之官,朕之任焉。高帷幄近臣,朕所自亲,君何越职而举之?"霸免冠谢罪,数日,乃决,自是后不敢复有所请。然自汉兴言治民吏,以霸为首。

【纲】左冯翊韩延寿被斩杀。 【目】韩延寿代替萧望之出任左冯翊。萧望之听说韩延寿在东郡时曾经挥霍公款一千多万钱,于是就派御史去查办这件事。韩延寿听说后也马上派人去调查萧望之任左冯翊时挥霍粮食和祭祀用品百余万钱的情况。萧望之亲自上奏说:"我的职责是监察天下各郡国,听到举报的事就不敢不问,如今却受到韩延寿的要挟。"宣帝因此认为韩延寿不对,分别下令追究到底。结果,萧望之始终没有被查出事实,而韩延寿却被查出在车辆、衣服、侍卫等方面奢侈越制的事情有好几件,最终被判处在街市上当众处死,百姓们没有不因此而悲痛流涕的。

【纲】五凤二年(乙丑,前56),秋八月,萧望之被贬为太子太傅。

【纲】罢免光禄勋、平通侯杨恽为平民百姓。 【目】杨恽为政廉洁无私,但喜欢夸耀自己的才能,又性情苛刻,爱揭发别人的隐私。他和太仆戴长乐互不相容,戴长乐上书宣帝告发杨恽拿皇上开玩笑,语言非常悖逆。宣帝下诏将杨恽免为平民百姓。

【纲】五凤三年(丙寅,前55),春正月,丞相博阳侯丙吉去世。【目】丙吉身体有病,宣帝亲自去看望他,并问他"谁可以代理他出任丞相"?丙吉推荐杜延年、于定国、陈万年。丙吉去世,谥号曰定。后来杜延年、于定国、陈万年三人在担任丞相时都很称职,宣帝夸奖丙吉有认识人的品行和才能的眼力。

【纲】二月,任命黄霸为丞相。 【目】黄霸的长处在于治理百姓,但出任丞相以后,他的功绩和名誉都比在治理郡时有所下降。当时,京兆尹张敞家的鹖雀飞集到丞相府,黄霸认为是神雀,便和人商量,准备奏报。后来他知道了这些鹖雀是从张敞家飞来的,于是就停止上奏。张敞上奏说:"如果有弄虚作假欺世盗名的人,一定要首先诛杀,以此来表明好坏善恶的标准。"黄霸听后感到非常惭愧。当时史高因为外戚的关系地位十分尊贵,黄霸推荐史高出任太尉。天子派遣尚书召见并询问黄霸说:"太尉这一官职已经撤消了很久,宣明政教风化,沟通上下之间的情况,使监狱中没有冤枉的案件,城乡中不发生盗贼,这些是你的职责。至于任命将相官职,是朕的责任。史高是宫廷的亲近大臣,朕

【纲】丁卯,四年,春,匈奴呼韩邪单于称臣,遣弟入侍。减戍卒什二。

【纲】籴三辅近郡谷供京师,初置常平仓。 【目】自元康以来,比年丰稔,谷石五钱,大司农中丞耿寿昌奏言:"岁丰谷贱,农人少利。故事:岁漕关东谷四百万斛,用卒六万人。宜籴三辅、弘农、河东、上党、太原郡谷供京师,可省漕卒过半。"又白:"令边郡皆筑仓,以谷贱增其价而籴,以利农,谷贵时减价而粜,名曰常平仓。"民便之,诏赐寿昌爵关内侯。

【纲】夏四月朔,日食。

【纲】杀故平通侯杨恽。 【目】恽既失爵位,家居治产业,以财自娱。其友人孙会宗与恽书,为言"大臣废退,当阖门惶惧,为可怜之意。不当治产业,通宾客,有称誉。"恽,宰相子,有材能,少显朝廷,一朝以日晻昧语言见废,内怀不服,报书曰:"窃自思念,过已大矣,行已亏矣,当为农夫以没世矣。田家作苦,岁时伏腊,烹羊、炰羔,斗酒自劳,酒后耳热,仰天拊缶而呼乌乌,其诗曰:'田彼南山,芜秽不治;种一顷豆,落而为萁。人生行乐耳,须富贵何时!'是日也,拂衣而喜,奋袖低昂,顿足起舞,诚淫荒无度,不知其不可也。"又恽兄子谭谓恽曰:"侯罪薄,又有功,且复用。"恽曰:"有功何益?县官不足为尽力!"谭曰:"县官实然。盖司隶、韩冯翊皆尽力吏也,俱坐事诛。"或上书告"恽骄奢,不悔过,日食之咎,此人所致。"章下,廷尉当恽大逆无道,腰斩。

会亲自去了解的,你为什么要越过职权来推荐他呢?"黄霸听后摘下帽子,请求恕罪。过了几天,才决定免除他的罪过。从此以后,黄霸不敢再请求任免官吏。然而自从汉朝兴起以来,说到治理百姓的官吏,应当首推黄霸。

【纲】五凤四年(丁卯,前54)春,匈奴呼韩邪单于向汉朝称臣,并派遣他的弟弟到长安来侍奉皇帝。汉朝减少了戍守在边塞的士卒十分之二。

【纲】收购三辅附近郡国的粮食来供应京师,开始设置常平仓。【目】自从元康以来,连年丰收,每石谷值五钱。大司农中丞耿寿昌上奏说:"由于连年丰收,粮价很贱,农民得到的利益很少。依照过去的惯例:每年从关东运送粮食四百万斛供应京师,需要六万士卒的人力。应当收购三辅、弘农、河东、上党、太原郡的粮食来供应京师,可以省掉一半多运输的士卒。"又说:"命令沿边各郡都修建粮仓,在粮价便宜的时候稍加一点价买进来,以利于农民,在粮价贵的时候稍减去一点价卖出去,定名为'常平仓'。"老百姓认为这样做很好。宣帝下诏赏赐耿寿昌官内侯爵。

【纲】夏四月初一,出现日食。

【纲】斩杀了原来的平通侯杨恽。 【目】自从杨恽失去侯爵以后,就住在家里购置产业,以财富来自我享乐。他的朋友孙会宗给杨恽写信说:"大臣被罢免退位以后,应当闭门不出,恐惧不安,做出很可怜的样子。不应当购置产业,交结宾客,使名声在外。"杨恽是丞相的儿子,很有才能,年轻时就显耀于朝廷,一时因为受暗昧的语言中伤而被罢免侯爵,内心很不服气,于是就给孙会宗回信说:"我私下自己思量,过错已经是很大了,行为也有亏欠,应当做一个农夫,以此来度过一生。田间劳作虽然辛苦,但每年三伏腊月宰羊杀羔,再来一斗美酒,慰劳自己,酒后耳朵发热,仰天击盆,纵声高歌,歌词是:'南山上的田地一片荒凉,种下一顷豆子,落地长成豆秧。人生应当及时行乐,要想富贵后再享乐,那将等到何时?'到了这一天,脱掉衣服痛痛快快地高兴一场,甩起袖子,顿足起舞,即使是荒淫无度,也不知有何不可。"杨恽哥哥的儿子杨谭也对杨恽说:"你的罪很轻,又有功劳,将来还会起用你。"杨恽

【纲】匈奴郅支单于攻呼韩邪单于走之,遂都单于庭。

【纲】戊辰,甘露元年,春,免京兆尹张敞官,复以为冀州刺史。 【目】杨恽之诛,公卿奏敞恽之党友,不宜处位。上惜敞材,独寝其奏,不下。敞使掾絮舜案事,舜私归其家曰:"五日京兆耳,安能复案事。"敞闻,即收舜系狱验治,竟致其死事。会立春,行冤狱使者出,舜家载尸自言,使者奏敞贼杀不辜;上欲令敞得自便,即先下前奏,免为庶人。敞诣阙上印绶,便从阙下亡命。数月,京师吏民解弛,枹鼓数起,而冀州部中有大贼,天子使使者即家召敞。妻子皆泣,敞独笑曰:"吾身亡命为民,郡吏当就捕。令使者来,此天子欲用我也。"装随使者诣公车。上引见,拜冀州刺史,到部,盗贼屏息。

【纲】以韦玄成为淮阳中尉。 【目】皇太子柔仁好儒,见上所用多文法吏,以刑绳下,尝侍燕,从容言:"陛下持刑太深,宜用儒生。"帝作色曰:"汉家自有制度,本以霸、王道杂之;奈何纯任德教用周政乎!且俗儒不达时宜,好是古非今,使人眩於名实,不知所守,何足委任!"乃叹曰:"乱我家者太子也!"上由是疏太子,而爱次子淮阳宪王钦,常欲立之,然因太子起于微细,上少依许氏,及即位而许后以弑死,故弗忍也。久之,上拜韦玄成为淮阳中尉,以玄成

说:"有功劳又有什么好处?县官并不值得为他效力。"杨谭说:"县官确实是如此。司隶、韩冯翊都是尽力效劳的官吏,但都因为犯罪被诛杀。"有人上书告发杨恽说:"杨恽骄傲奢侈,不想悔过,日食的出现,就是因为这个原因。"宣帝下令廷尉查办此事,杨恽当判大逆不道罪,处以腰斩。

【纲】匈奴郅支单于进攻并赶跑呼韩邪单于,于是在单于王庭建立都城。

【纲】甘露元年(戊辰,前53)春,罢免了京兆尹张敞的官爵,又重新任命他为冀州刺史。 【目】杨恽被斩杀以后,公卿们上奏说张敞是杨恽的朋党,不应当再身处官位。宣帝可惜张敞的才能,独自把奏章搁置起来,不交付官吏查办。张敞派遣絮舜去查办案件,絮舜私自回家说:"还能当五天的京兆尹,怎么还能来查办案件?"张敞听说之后,就逮捕絮舜入狱,竟然给他列了应判死刑的事情。正好遇上立春,朝廷派出查办冤狱的使者出巡,絮舜的家人用车拉着絮舜的尸体亲自控告张敞,使者上奏说张敞滥杀无辜。宣帝想让张敞自便,于是就先下发以前的奏书,将他贬为平民百姓。张敞到宫门交还印绶时,便从宫门前逃跑了。几个月以后,京师的官民们都懈怠职守,追捕盗贼的警鼓此起彼伏,在冀州的中部也出现大贼,天子派遣使者到张敞家征召张敞。他的妻子儿女都痛哭流涕,只有张敞笑着说:"我身为逃命的平民,郡吏应当来逮捕我。今天是朝廷的使者到来,这是天子又打算起用我。"于是收拾了一下行装,跟着使者上了公车。宣帝召见了他,并任命他为冀州刺史,张敞到任以后,盗贼就全部平息下来。

【纲】任命韦玄成为淮阳中尉。 【目】皇太子性情仁厚,喜欢儒学,他看到皇帝任用的官吏多是精通法律的人,用刑法来统治官吏。有一次,他陪宣帝吃饭的时候,从容地对宣帝说:"陛下执行的刑罚太重,应当起用一些儒生。"宣帝脸色大变,说:"汉朝有自己的制度,本来是用王道和霸道掺杂使用的,怎么能够纯粹使用德教,使用周代的政治呢?况且平庸的儒生不懂时宜,崇拜古人古事,认为今不如昔,使人们搞不清什么是名,什么是实,不知道应当遵守什么,怎么可以委任他们做官呢?"于是又叹息地说:"败坏我家基业的人就是太子啊!"

尝让爵于兄，欲以感喻宪王，由是太子遂安。

【纲】匈奴两单于，皆遣子入侍。

【纲】夏四月，黄龙见。

【纲】己巳，二年，夏四月，营平侯赵充国卒。

【纲】匈奴款塞请朝。　【目】匈奴呼韩邪单于款五原塞，愿奉国珍，朝三年正月。诏有司议其仪，丞相、御史曰："圣王之制，先京师而后诸夏，先诸夏而后夷狄。单于朝贺，宜如诸侯王，位次在下。"萧望之以为："单于非正朔所加，故称敌国，宜待以不臣之礼，位在诸侯王上。"天子采之，诏令单于位在诸侯王上，赞谒称臣而不名。

从此疏远了太子而喜欢次子淮阳宪王刘钦，经常打算立他为继承人。然而因为太子刘奭出生在宣帝微贱的时候，宣帝年轻的时候全是依靠着许氏一家，等到他即皇帝位后，许皇后被人所杀，所以又不忍心废黜刘奭。过了很长一段时间后，宣帝任命韦玄成为淮阳中尉，因为韦玄成曾经坚持把侯爵让给他的哥哥，想用这件事来暗示淮阳宪王刘钦，因此太子刘奭的地位才得以稳定。

【纲】匈奴两个单于都派遣儿子到长安来侍奉汉朝。

【纲】夏四月，出现黄龙。

【纲】甘露二年（己巳，前52），夏四月，营平侯赵充国去世。

【纲】匈奴单于抵达边塞，请求朝见汉宣帝。　【目】匈奴呼韩邪单于到达五原塞（今内蒙古包头西北），希望向汉朝奉献国宝，在甘露三年正月前来朝见汉宣帝。宣帝下诏有关官员商议接见单于的礼仪，丞相、御史们说："古时候圣明君王的制度是先京师然后是郡国，先郡国而后是夷狄。匈奴单于来朝见皇帝，使用的礼仪应当像诸侯王一样，但位次应排在各诸侯王的下面。"萧望之认为："单于并不是汉朝的臣属，所以称之为敌国，不应当采用臣下的礼仪来对待他们，他的位次应当在诸侯王之上。"宣帝采纳了他的建议，并下诏命令单于的位次应当在诸侯王之上，拜谒时只称臣，不称名。

纲鉴易知录卷十七

汉纪

孝宣皇帝

【纲】庚午，三年，春正月，匈奴呼韩邪单于来朝，还居幕南塞下。 【目】上幸甘泉，郊泰畤。匈奴呼韩邪单于来朝，上还，单于就邸长安，置酒建章宫飨赐之。二月，遣归国。单于请居光禄塞下，自是乌孙以西至安息诸国近匈奴者，咸尊汉矣。

【纲】画功臣于麒麟阁。 【目】上以戎狄宾服，思股肱之美，乃图画其人于麒麟阁，署其官爵姓名，惟霍光不名，曰"大司马、大将军、博陆侯，姓霍氏"，其次张安世、韩增、赵充国、魏相、丙吉、杜延年、刘德、梁丘贺、萧望之、苏武，凡十一人，皆有功德，知名当世。

【纲】凤皇集新蔡。
【纲】丞相霸卒，以于定国为丞相。
【纲】诏诸儒讲《五经》异同于石渠阁。 【目】诏诸儒论《五经》异同，萧望之等平奏，上亲称制临决。立梁丘《易》、夏侯《尚书》、谷梁《春秋》博士。

【纲】皇孙骜生。 【目】皇太子所幸司马良娣，病死，太子忽忽不乐。帝令皇后择后宫家人子，得元城王政君，送太子宫。政君，故绣衣御史贺之孙女也，是岁，生成帝于甲馆画堂，为世适皇孙。帝爱之，自名曰骜，字太孙，常置左右。

【纲】壬申，黄龙元年，春三月，有星孛于王良、阁道，入紫微

孝宣皇帝

【纲】甘露三年（庚午，前51），春正月，匈奴呼韩邪单于前来朝见，在返回的时候住在沙漠南部边塞。　【目】宣帝到达甘泉，在泰畤举行了祭祀活动。匈奴呼韩邪单于前来朝见。宣帝回宫，单于住在了长安。宣帝在建章宫摆了酒席，款待匈奴单于。二月，派人送匈奴单于回国。匈奴请求住在光禄塞。从此以后，乌孙以西至安息间靠近匈奴的各国都尊敬服从汉朝。

【纲】把有功之臣的像画在麒麟阁内。　【目】宣帝因为戎狄外族都臣服了汉王朝，他回想起一些辅佐大臣们的功劳，于是就在麒麟阁内画了这些人的像，并署上他们的官爵姓名。只有霍光的像没有写名字，只写了"大司马、大将军、博陆侯，姓霍氏"几个字，其次是张安世、韩增、赵充国、魏相、丙吉、杜延年、刘德、梁丘贺、萧望之、苏武，一共十一人，这些人都有功德，在当时知名度很高。

【纲】凤凰飞集在新蔡（今河南省新蔡）。

【纲】丞相黄霸去世。任命于定国为丞相。

【纲】汉宣帝下诏各儒生在石渠阁讲述对《五经》理解的异同。【目】宣帝下诏各儒生讲述对《五经》理解的异同，萧望之如实上奏，最后由宣帝亲自裁决。结果决定立梁丘贺注解的《易经》、夏侯胜和夏侯建注解的《尚书》、谷梁赤注解的《春秋》作为官方正本，并设置了各博士官。

【纲】皇孙刘骜出生。　【目】皇太子所宠幸的司马良娣因病去世，太子闷闷不乐。宣帝命令皇后选择一个后宫嫔妃家里的女子，后来选择了元城人王政君，并把她送进了太子的宫中。王政君，是原来绣衣御史官王贺的孙女。就在这一年，王政君在甲馆画堂生了成帝，成为嫡系皇孙。宣帝特别喜欢他，亲自给他起名叫骜，字太孙，宣帝经常把他带在身边。

【纲】黄龙元年（壬申，前49），春三月，彗星出现在王良、阁道星

宫。

【纲】帝寝疾,以史高为大司马、车骑将军,萧望之为前将军、光禄勋,周堪为光禄大夫,受遗诏辅政,领尚书事。冬十二月,帝崩。

【纲】太子奭即位,尊皇太后曰太皇太后,皇后曰皇太后。

孝元皇帝

【纲】癸酉,孝元皇帝初元元年,春正月,葬杜陵。

【纲】三月立倢伃王氏为皇后。

【纲】以公田及苑振业贫民,赋贷种食。

【纲】夏六月,大疫,诏损膳,减乐府员,省苑马,以振困乏。

【纲】秋九月,关东大水,饥。

【纲】以贡禹为谏大夫。罢宫馆希幸者,减谷食马、肉食兽。
【目】上素闻王吉、贡禹皆明经洁行,遣使者征之。吉道病卒。禹至,拜为谏大夫。问以政事,禹言:"古者人君节俭,什一而税,亡他赋役,故家给人足。惟陛下深察古道,从其俭者。天生圣人,盖为万民,非独使自娱乐而已也。"天子善其言,下诏令诸宫馆希御幸者,勿缮治;太仆减谷食马,水衡省肉食兽。

【纲】置戊、己校尉,屯田车师故地。
【纲】甲戌,二年,春正月,下萧望之、周堪及宗正刘更生狱,皆免为庶人。 【目】史高以外属领尚书事,萧望之、周堪为之副。

之间，后来移至紫微。

【纲】宣帝得病卧床，任命史高为大司马、车骑将军，萧望之为前将军、光禄勋，周堪为光禄大夫，让他们接受遗诏，共同辅政，主管尚书事务。冬季十二月，汉宣帝去世。

【纲】皇太子刘奭即皇帝位，尊皇太后为太皇太后，皇后为皇太后。

孝元皇帝

【纲】孝元皇帝初元元年（癸酉，前48），春正月，将汉宣帝安葬在杜陵。

【纲】三月，立婕妤王政君为皇后。

【纲】元帝下令用公田及皇家林苑来帮助贫民振兴家业，并借贷给贫民粮种和粮食。

【纲】夏六月，发生大的传染病。元帝下诏减省饭菜，减少乐府的官员，减少皇家马匹，以此来赈济难民。

【纲】秋九月，关东发生大水灾，发生饥荒。

【纲】任命贡禹为谏大夫。停止在皇帝很少去的地方修建宫馆，减少用来喂马的谷物、减少用来喂野兽的肉类。　【目】元帝平素听说王吉、贡禹精通经术，品行廉洁，就派遣使者去征召他们。王吉在路上得病去世。贡禹到了之后，元帝任命他为谏大夫。元帝向他询问如何治理国家，贡禹回答说："古代的君主都很节俭，除了征收十分之一的赋税外，再没有其它赋税和劳役，所以家家户户可以自给自足。请陛下能深深考察古代治理国家的方法，学习那些节俭的君主。天生圣人，大概是为了给百姓造福，并不是只为了自己娱乐而已。"元帝认为他的建议很好，于是颁布诏令：皇帝很少去的各宫馆不要再进行建设和修缮；太仆要减少用来喂马的谷物，水衡要减少用来喂野兽的肉类。

【纲】设置戊、己校尉官，在车师原来屯田的地方继续屯田。

【纲】初元二年（甲戌，前47），春正月，将萧望之、周堪以及宗正刘更生逮捕入狱，将他们全部免为平民百姓。　【目】史高因为是外戚的关系主管着朝政大事，萧望之、周堪是他的副手。萧望之、周堪都因为

望之、堪皆以师傅旧恩，天子任之，数言治乱，陈王事。选白宗室明经有行谏大夫更生给事中，与侍中金敞并拾遗左右。四人同心谋议，史高充位而已，由是与望之有隙。

中书令弘恭、仆射石显，自宣帝时久典枢机；帝即位多疾，以显中人，无外党，遂委以政，事无大小，因显白决，贵幸倾朝。显为人巧慧习事，能深得人主微指，内深贼，持诡辞，以中伤人，与高为表里。

望之等患苦许、史放纵，又疾恭、显擅权，建白以为："中书政本，国家枢机，宜以通明公正处之。武帝游宴后庭，故用宦者，非古制也。宜罢中书宦官，应古不近刑人之义。"议久不定，出更生为宗正。恭、显奏："望之、堪、更生朋党，相称誉，数谮诉大臣，毁离亲戚，欲以专擅权势。为臣不忠，诬上不道，请谒者召致廷尉。"时上初即位，不省召致廷尉为下狱，乃可其奏。后上召堪、更生，曰"系狱"。上大惊曰："非但廷尉问邪？"以责恭、显，皆叩头谢。上曰："令出视事。"恭、显使高言："上新即位，未以德化闻于天下，而先验师傅。既下狱，宜因决免。"于是赦望之罪，收印绶，及堪、更生皆免为庶人。

【纲】陇西地震。

是元帝的老师，有旧恩，所以元帝起用他们，经常讨论国家的治乱，陈述朝廷大事。萧望之推荐出身皇族、又精通经术、品行高尚的谏大夫刘更生出任给事中，与侍中金敞同在元帝左右辅佐。四人同心为国谋划大事。史高只不过是在高位上充数而已，因此，史高和萧望之之间就有了裂痕。

中书令弘恭、仆射石显自宣帝时一直主持中枢机要；元帝即位以后，身体经常有病，因为石显是宦官，又没有党羽，就把朝政委托给他，事无大小，都由石显转奏皇帝来决定，在朝廷官员中他最显贵。石显为人，非常聪明，也很懂事故，能够深深地领会元帝内心的旨意，他内心深处却很奸诈，经常用一些诡辩的语言来中伤别人，他和史高内外勾结。

萧望之等人为许、史两家的骄奢放纵深感忧患，又痛恨弘恭、石显独揽大权，就向元帝提出建议："中书是朝政的根本，国家的机要机关，应该由光明正大的人来担任这项工作。武帝经常在后宫宴请玩乐，所以用的是宦官，这也并不是古代的传统制度。应当罢免中书的宦官，这才符合古代不亲近受过刑罚的人的大义。"这件事朝廷议论了好久，但没有最后决定，于是就调刘更生出宫改任宗正。弘恭、石显上奏说："萧望之、周堪、刘更生是朋党，他们互相吹捧，曾多次诋毁朝廷大臣，挑拨离间骨肉亲戚，打算以此来独揽大权。作为臣下这是不忠的行为，诬陷上面是不道的行为，请求派遣谒者把此事上报给廷尉处理。"当时元帝刚即位不久，不明白上交给廷尉就是逮捕入狱的意思，就批准了弘恭、石显的奏书。后来元帝想召见周堪、刘更生，人们告说："已经逮捕入狱。"元帝非常惊讶地说："不是只让廷尉去查问一下吗？"并以此谴责了一番弘恭和石显，弘恭、石显赶忙叩头请罪。元帝说："让他们出来处理事情。"于是弘恭、石显派史高去对元帝说："陛下刚刚即位，还没有让全国人民听见你的德化教育，就先查办了师傅。既然已经逮捕入狱，就应该因此决定罢免了他们的官爵。"于是元帝下诏赦免了萧望之的罪行，收回了他任官的印信，至于周堪、刘更生二人，都被免为平民百姓。

【纲】陇西（今甘肃临洮）发生地震。

【纲】罢黄门狗马,以禁囿假贫民,举直言极谏之士。

【纲】夏四月,立子骜为皇太子。

【纲】赐萧望之爵关内侯,给事中,朝朔望。

【纲】关东饥。秋七月,地复震。

【纲】以周堪、刘更生为中郎,寻系狱,免。冬十二月,萧望之自杀,以宦者石显为中书令。 【目】上复征周堪、刘更生,欲以为谏大夫,恭、显白以为中郎。上器重萧望之不已,欲倚以为相;恭、显、许、史皆侧目。更生乃使其外亲上变事,言"地震殆为恭等,宜退恭、显以章蔽善之罚,进望之等以通贤者之路。"恭、显疑其更生所为,白请考奸诈。辞服,遂逮系狱,免为庶人。

会望之子伋亦上书讼望之前事,事下有司,复奏:"望之教子上书,失大臣体,不敬,请逮捕。"恭、显等知望之素高节,不讪辱,建白:"望之前幸不坐,复赐爵邑,不悔过服罪,深怀怨望,自以托师傅,终必不坐,非颇屈望之于牢狱,塞其怏怏心,则圣朝无以施恩厚!"上曰:"太傅素刚,安肯就吏!"显等曰:"人命至重,望之所坐,语言薄罪,必无所忧。"上乃可其奏。显等令谒者召望之,望之以问门下生朱云,云好节士,劝望之自裁。望之仰天叹曰:"吾尝备位将相,年逾六十矣,老入牢狱,苟求生活,不亦鄙乎!"饮鸩自杀。天子闻之惊,拊手曰:"曩固疑其不就牢狱,果然杀吾贤傅!"却食涕泣,哀动左右。召显等责问,以议不详,皆免冠谢,良久然后已。是岁恭死,遂以显为中书令。

【纲】撤销了黄门寺饲养御狗、御马,并将皇家苑内的土地借给贫苦百姓来耕种,推荐敢直言进谏的人士。

【纲】夏四月,元帝立儿子刘骜为皇太子。

【纲】赏赐萧望之关内侯爵位,兼任给事中,每月初一、十五朝见。

【纲】关东发生饥荒。秋七月,又发生了地震。

【纲】任命周堪、刘更生为中郎官,不久又逮捕入狱,免为平民。冬十二月,萧望之自杀。任命宦官石显为中书令。 【目】元帝再次征召周堪、刘更生,打算任命他们为谏大夫,弘恭、石显建议任命他们为中郎官。元帝一直器重萧望之,打算依靠他让他出任丞相,弘恭、石显以及许家、史两家对此事都很愤恨。刘更生于是让他的亲戚就地震灾难的事上书说:"发生地震,大概是因为弘恭等人的所作所为,应该罢免弘恭、石显等人来表示对包庇邪恶的处罚,提拔萧望之等人来疏通招纳贤能的道路。"弘恭、石显怀疑这件事是刘更生干的,奏请追究其中的奸诈。元帝答应了他们的请求,于是将刘更生逮捕入狱,免为平民百姓。

正好萧望之的儿子萧伋也上书诉说萧望之以前的冤枉事,元帝将此事交给有关官员处理,有关官员回奏说:"萧望之教子上书,有失大臣体统,是不敬的行为,请求将他逮捕。"弘恭、石显等人很了解萧望之平素的高尚气节,不会接受这种屈辱,所以就又建议说:"萧望之以前的事情侥幸没有牵连犯罪,所以才又赏赐给他爵位和封邑,但他仍不肯悔过认罪,心中深怀怨恨。他自认为是陛下的师傅,最终也不会治罪。如果不用监狱的痛苦来使他屈服,堵塞他那不服气的心情,陛下今后就无法再施大的恩泽给他。"元帝说:"太傅平素性情刚愎,他怎么肯接受逮捕入狱。"石显等说:"人的性命至关重大。萧望之犯的罪,只是因为说话而犯了小罪,一定不会有什么可担忧的。"于是元帝同意了他们的奏请。石显等人命令谒者去召唤萧望之,萧望之来征询他门下的学生朱云的意见,朱云是尚崇节操的士人,所以就劝萧望之自杀。萧望之抬起头望着天感叹地说:"我曾经位居将相,现在已经超过六十岁了,这么老的年纪被关进监狱去苟且求生,不也是很鄙贱的吗?"于是喝下了毒酒,自杀身亡。元帝听到这件事后,感到非常惊讶,拍手叹息地说:

【纲】乙亥，三年，春，罢珠崖郡。　【目】珠崖、儋耳郡，在海中洲上，率数年一反，杀吏，汉辄发兵击定之。至是，诸县叛，上谋于群臣，欲大发军。待诏贾捐之曰："臣闻尧、舜、禹三圣之德，地方不过数千里，东渐于海，西被于流沙，朔南暨声教。言欲与声教则治之，不欲与者不强治也。臣愿遂弃珠崖，专用恤关东为忧！"上从之。

【纲】夏，以周堪为光禄勋，张猛为光禄大夫、给事中。

【纲】丁丑，五年，春正月，以周子南君为周承休侯。

【纲】夏六月，以贡禹为御史大夫。罢盐铁官、常平仓及博士弟子员数。

【纲】匈奴郅支单于杀汉使者，西走康居。

【纲】戊寅，永光元年，春，郊泰畤。　【目】上郊泰畤，礼毕，因留射猎。御史大夫薛广德曰："关东困极，人民流离，陛下日撞亡秦之钟，听郑、卫之乐，臣诚悼之。今士卒暴露，从官劳倦，陛下亟反宫，思与百姓同忧乐，天下幸甚！"上即日还。

【纲】诏举质朴、敦厚、逊让、有行者。

【纲】三月，雨雪、陨霜、杀桑。

【纲】秋，上酎祭宗庙。　【目】上出便门，欲御楼船。薛广德

"本来我就怀疑他不肯入狱,果然杀死了我的好师傅。"他拒绝进食,痛哭流涕,他的悲哀感动了左右大臣。后来元帝召见石显等人来责问这件事,石显等人认为当时议论不周,都摘下了帽子,叩头请罪。过了很久,这件事情才算了结。这一年,弘恭也去世了,于是任命石显为中书令。

【纲】初元三年(乙亥,前46)春,撤销了珠崖郡(治所在今广东琼山县东南)。 【目】珠崖郡、儋耳郡(治所在今广东儋县西北南滩)在海南岛上,大概隔几年就反叛一次,杀害汉朝官吏,汉朝就派兵去讨伐平定。到了这时,各个县都反叛汉朝,元帝和各位大臣商量,打算派出大量军队前去讨伐。待诏贾捐之说:"我听说尧、舜、禹三位有圣德的君主,国家方圆不过几千里,东到海边,西至沙漠,朔方以南都是被管辖的地区。他们声称,愿意接受管辖的就去治理他们,不愿意接受管辖的就不要去强求治理他们。我希望放弃珠崖郡,专心来赈济关东老百姓的困难。"元帝听从了他的建议。

【纲】夏季,任命周堪为光禄勋,张猛为光禄大夫、给事中。

【纲】初元五年(丁丑,前44),春正月,任命周子南君姬延为周承休侯。

【纲】夏六月,任命贡禹为御史大夫。撤销了盐铁官、常平仓,减少了博士弟子的名额。

【纲】匈奴郅支单于杀死了汉朝派去的使者,向西逃到了康居(约在今巴尔喀什湖与咸海之间)。

【纲】永光元年(戊寅,前43)春,元帝在泰畤举行了祭祀活动。【目】元帝在泰畤举行了祭祀活动,祭祀仪式结束以后,就留在那里打猎。御史大夫薛广德说:"关东地区极其贫困,百姓流离失所,陛下却每天撞击亡秦的大钟,听着郑国、卫国的音乐,我确实为之感到痛惜。现在陛下的护卫军队暴露在野外,随从陛下的官员疲惫不堪。陛下应该赶快返回宫内,与老百姓同忧同乐,这才是天下最庆幸的事情。"元帝当天就返回宫内。

【纲】元帝下诏要求举荐质朴、敦厚、谦逊、品行好的人。

【纲】三月,天降雨雪,又降了霜,桑叶被冻落。

【纲】秋季,元帝祭祀了祖庙。 【目】元帝出了长安城的便门,

当乘舆车,免冠顿首曰:"宜从桥。"诏曰:"大夫冠。"广德曰:"陛下不听臣,臣自刎,以血污车轮,陛下不得入庙矣!"上不悦。先驱张猛进曰:"臣闻主圣臣直。乘船危,乘桥安,圣主不乘危。御史大夫言可听。"上曰:"晓人不当如是邪!"遂从桥。

【纲】大饥。丞相定国、御史大夫广德罢。

【纲】城门校尉诸葛丰有罪,免。左迁周堪为河东太守,张猛为槐里令。 【目】石显惮堪、猛等,数潜毁之。刘更生惧其倾危,上书曰:"臣闻舜命九官,济济相让,和之至也。众贤和于朝,则万物和于野,故箫《韶》九成,而凤皇来仪。至周幽、厉之际,朝廷不和,转相非怨,则日月薄食,水泉沸腾,山谷易处,霜降失节。由此观之,和气致祥,乖气致异,祥多者其国安,异众者其国危,天地之常经,古今之通义也。正臣进者,治之表也;正臣陷者,乱之机也。夫执孤疑之心者,来谗贼之口;持不断之意者,开群枉之门。谗邪进则众贤退,群枉盛则正士消。今以陛下明知,诚深思天地之心,考祥应之福,灾异之祸,杜闭群枉之门,广开众正之路,使是非炳然可知,则百异消灭而众祥并至,太平之基,万世之利也。"

是岁,夏寒,日青,显及许、史皆言堪、猛用事之咎。上内重堪,又患众口之浸润,无所取信。时长安令杨兴以材能幸,常称誉堪,上欲以为助,乃问兴:"朝臣斫斫不可光禄勋,何邪?"兴倾巧,谓上

准备登上御用楼船。薛广德拦住了随从元帝的车队,脱下帽子叩头说:"应该从桥上通过。"元帝传话说:"让大夫戴上帽子。"薛广德说:"陛下如果不听从臣下的建议,臣下就自杀,用鲜血来染红车轮,这样陛下就不能进入祖庙了。"元帝听了很不高兴。在前面负责开道的张猛说:"我听说君主圣明,臣下就会耿直。乘船比较危险,走桥上过比较安全,圣明的君主不应该冒险。御史大夫的话应当听从。"元帝说:"开导人不是应当这样吗?"于是就从桥上通过。

【纲】全国发生严重饥荒。丞相于定国、御史大夫薛广德被罢免官职。

【纲】城门校尉诸葛丰因为犯了罪,被免除官职。降周堪为河东太守,降张猛为槐里县令。 【目】石显惧怕周堪、张猛等人,曾多次诋毁他们。刘更生害怕危及自己,就上书说:"我听说舜任命的九官,大家济济一堂,互相礼让,达到了和睦相处的顶点。如果众多的贤能大臣能够在朝廷和睦相处,万物在田野就会长得协调,所以用箫吹九遍《韶》乐,凤凰就会飞来朝拜。到了周朝幽王、厉王的时候,朝廷官员不能和睦相处,互相排斥怨恨,日月相掩食,泉水变热沸腾,山谷改变位置,霜降失去时节。由此看来,和睦地相处可以带来祥瑞,互相怨恨可能引起灾异。祥瑞的事情多,国家就会安定;灾异的事情多,国家就会危险,这是天经地义的道理,古往今来都是这样。正直的大臣能够得到提拔,是国家能得到治理的表现;正直的大臣如被诬陷,是国家遭受动乱的原因。心怀猜忌就会引发谗言陷害,不能当机立断就会使奸邪流行。那些邪恶的人得到提拔,有贤能的人就会引退;奸臣们如果强盛,正直的士人就会减少。现在陛下很贤慧聪明,如果能够思考天地之心,考虑祥瑞所带来的幸福和灾异所带来的祸患,杜绝产生邪恶之门,开辟光明正大之路,使是非昭然可知,就可以消灭各种灾异而使众多祥瑞的事情到来,这就是太平盛世的基础,子孙万代的利益。"

这一年夏季寒冷,太阳发出青光,石显以及许、史两家都说是周堪、张猛执政的过失。元帝内心很器重周堪,但又担心人言可畏,无法取信于人。当时的长安令杨兴因为有才能而得到元帝的宠幸,他经常称赞周堪,元帝想得到他的帮助,就询问杨兴说:"朝廷大臣们都

疑堪，因顺指曰："堪非独不可于朝廷，自州里亦不可也。臣见众人前以堪为当诛，故言堪不可诛伤，为国养恩也。"上曰："然，今宜奈何？"兴曰："臣愚以为可赐爵食邑，勿令典事。明主不失师傅之恩，此最策之得也。"上于是疑之。

城门校尉诸葛丰以刚直著名，上书告堪、猛罪。上不直丰，乃诏御史："丰前数称言堪、猛之美，今怨堪、猛。告按无证之辞，暴扬难验之罪，毁誉恣意，不顾前言，其免为庶人！丰言堪、猛贞信不立，朕闵而不治，又惜其材能未有所效，其左迁堪为河东太守，猛槐里令。"

【纲】待诏贾捐之弃市。 【目】贾捐之与杨兴善。捐之数短石显，以故不得官，希复进见。兴新以材能得幸，捐之谓曰："使我得见，言君兰，京兆尹可立得。"兴曰："君房下笔，言语妙天下。使君房为尚书令，胜五鹿充宗远甚。"捐之曰："令我得代充宗，君兰为京兆，京兆郡国首，尚书百官本，天下真大治，士则不隔矣！"捐之复短显，兴曰："显方信用，今欲进，且与合意，即得入矣。"即共为荐显奏，称誉其美，又共为荐兴奏，以为可试守京兆尹。显闻，白之上，乃下兴、捐之狱，令显治之。捐之竟坐罔上不道，弃市；兴髡钳为城旦。

【纲】己卯，二年，春二月，赦。
【纲】以韦玄成为丞相。

您嫉光禄勋周堪，这是为什么呢？"杨兴很狡猾，认为元帝对周堪产生了疑心，就顺着元帝的意思说："周堪不但不可以在朝廷做官，就是州里的官吏也不能让他担任。我听说大家以前认为周堪应当诛杀，我当时所以说周堪不可以诛杀，是为了维护国家的恩德。"元帝说："然而今天应该怎么办呢？"杨兴回答说："依臣愚见，可以赏赐给他爵位和封邑，不要让他管理政事。圣上不要对他失去师傅的恩情，这是最好的策略。"于是元帝对周堪产生了怀疑。

城门校尉诸葛丰因刚强正直而闻名，他上书告发周堪、张猛。元帝认为诸葛丰不正直，于是向御史下诏说："诸葛丰从前曾多次赞扬周堪、张猛的美德，今天又怨恨周堪、张猛。他控告的都是些没有证据的话，他揭发的都是些无法查证的罪，随意诋毁和赞扬，不顾自己从前所讲过的话，将他免为平民百姓。诸葛丰说周堪、张猛没有忠贞信守，朕很怜悯他们，不想治他们罪，又可惜他们的才能还没有来得及报效国家，所以贬周堪为河东太守，贬张猛为槐里县令。"

【纲】待诏贾捐之在街市斩首示众。　【目】贾捐之和杨兴的关系很好。贾捐之曾多次讲石显的坏话，所以一直得不到一个官位，也很少有机会见到元帝。杨兴刚刚因为有才能而得到元帝的宠幸，贾捐之就对他说："假使能让我见到皇上，我就在皇上面前夸奖君兰你，京兆尹这个官你马上就可以得到。"杨兴说："你的文章，言语妙天下。假使你能出任尚书令，可以远远超过五鹿充宗。"贾捐之又说："假使我能够代替五鹿充宗，你出任京兆尹，京兆尹是郡国中最重要的官，尚书是百官中最主要的，天下果真会得到大治，也可广开贤路了。"贾捐之又说起石显的坏话。杨兴说："石显正受到皇帝的信用，如果现在想得到提拔，暂且迎合他的心意，就可得到任用。"于是二人一起上奏举荐石显，称赞他的美德，同时又一起上奏举荐杨兴，认为可以让杨兴担任京兆尹。石显听说这件事后就呈报了元帝，元帝下令将杨兴、贾捐之逮捕入狱，命令石显来查办他们。结果贾捐之犯了欺骗皇帝大逆不道之罪，在街市斩首示众，杨兴被剃光头发，罚做城旦。

【纲】永光二年(己卯，前42)，春二月，大赦天下，

【纲】任命韦玄成为丞相。

【纲】三月朔,日食。

【纲】夏六月,赦。

【纲】以匡衡为光禄大夫。　【目】上问给事中匡衡以地震、日食之变,衡上疏曰:"臣窃见大赦之后,奸邪不为衰止,今日大赦,明日犯法,相随入狱,此殆导之未得其务也。夫朝廷者,天下之桢干也。公卿相与循礼恭让,则民不争;好仁乐施,则下不暴;上义高节,则民兴行;宽柔和惠,则众相爱。此四者,明主之所以不严而成化也。教化之流,非家至而人说之也;朝迁崇礼,百僚敬让,道德之行,由内及外,自近者始,然后民知所法,迁善日进而不自知也。臣闻天人之际,事作乎下者,象动乎上,阴变则静者动,阳蔽则明者晻。陛下只畏天戒,哀闵元元,近中正,远巧佞,然后大化可成,礼让可兴也。"上说,迁衡为光禄大夫。

【纲】秋七月,陇西羌反,遣右将军冯奉世将兵击之。冬十一月,大破之。　【目】陇西羌反,右将军冯奉世曰:"羌虏近在境内背叛,不以时诛,无以威制远蛮,臣愿帅师讨之!"上问用兵之数,对曰:"今反虏无虑三万人,法当倍用六万人。"于是遣奉世到陇西,上为发六万余人。十一月,羌虏大破,斩首数千级,余皆走出塞。诏罢吏士,颇留屯田备要处,赐奉世爵关内侯。

【纲】庚辰,三年,春三月,立子康为济阳王。

【纲】冬十一月,地震,雨水。

【纲】三月初一,出现日食。

【纲】夏六月,大赦天下。

【纲】任命匡衡为光禄大夫。　【目】元帝向给事中匡衡询问发生地震、日食的原因,匡衡上书说:"臣见大赦后,奸恶的人和事并没有减少和停止,今日大赦,明日又犯法,接着又被逮捕入狱,这大概是因为引导他们没有抓住要点。朝廷是掌管国家命运的中枢机关。公卿如果能和睦相处,都能礼义恭让,那么老百姓就不会发生争讼;如果能施行仁义道德,乐于助人,那么下面的人就不会发生粗暴行为;在上面的有高尚的节义,百姓就会有好的品行;在上面的人能宽柔和惠,大家就能相亲相爱。这四个方面的事情,是圣明的君主不用严厉,百姓也能受到教化的原因。推行教化一类的事情,并不用挨家挨户派人去劝说他;朝廷能够崇尚礼义,百官能够互敬互让,道德行为,由内及外,从最亲近的人开始,人们然后知道应当效法谁,善良的行为不知不觉地就会逐日增加。我曾听说天道和人事间的关系,下面发生的事情,上面也会有某种迹象,太阴如果发生变化就会发生地震,太阳如果被掩盖住就会发生日食。陛下如果敬畏上天的警告,怜悯百姓,接近正直的人,疏远奸佞的人,然后教化就可以实现,礼让的美德也将会盛行。"元帝很高兴,提拔匡衡为光禄大夫。

【纲】秋七月,陇西羌人反叛,派遣右将军冯奉世率兵前去讨伐。冬十一月,把陇西羌人打得大败。　【目】陇西羌人发生反叛,右将军冯奉世说:"羌人最近在境内背叛,如果不及时消灭,就没有威力来控制远方的蛮夷,我请求率军前往讨伐他们。"元帝问他用多少兵力,冯奉世回答说:"现在反叛的羌人不过三万人,按照兵法应当增加一倍,用六万人。"于是元帝派遣冯奉世到陇西,并为他派出六万余人的兵力。十一月,羌人被打得大败,斩杀了几千人,其余的都逃出了塞外。元帝下诏停止战斗,但要留下相当一部分人在那里屯田,防备要塞地方。元帝赏赐冯奉世关内侯爵位。

【纲】永光三年(庚辰,前41),春三月,元帝立他的儿子刘康为济阳王。

【纲】冬十一月,发生地震,天降雨水。

【纲】复盐铁官。置博士弟子员千人。

【纲】辛巳,四年,夏六月晦,日食。以周堪为光禄大夫,张猛为大中大夫。猛自杀。 【目】上以日食,召诸前言日变在周堪、张猛者责问,皆稽首谢。因下诏称堪之美,征拜光禄大夫,领尚书事,猛复为大中大夫、给事中。石显筦尚书,尚书五人皆其党,堪希得见,常因显白事,事决显口。会堪疾瘖,不能言而卒。显诬谮猛,令自杀于公车。

【纲】冬十月,罢祖宗庙在郡国者。

【纲】作初陵,不置邑徙民。

【纲】壬午,五年,秋,颍川大水。

【纲】冬十二月,以匡衡为太子少傅。 【目】上好儒术,文辞,颇改宣帝之政。言事者多进见,人人自以为得上意。又傅昭仪及济阳王康,爱幸逾于皇后、太子。衡上疏曰:"臣闻治乱安危之机,在乎审所用心。《传》曰:'审好恶,理性情,而王道毕矣。'治性之道,必审己之所有余,而强其所不足,盖聪明疏通者戒于太察,寡闻少见者戒于雍蔽,勇猛刚强者戒于太暴,仁爱温良者戒于无断,湛静安舒者戒于后时,广心浩大者戒于遗亡。必审己之所当戒,而齐之以义,然后中和之化应,而巧伪之徒不敢比周而望进。臣又闻室家之道修,则天下之理得,故《诗》始《国风》,《礼》本冠、婚,所以原情性而明人伦,正基兆而防未然也,故圣王必慎后妃之际,别适长之位。卑不逾尊,新不先故,所以统人情而理阴气也;如当亲者疏,当尊者卑,则巧佞之奸因时而动,以乱国家。故圣人慎防其端,禁于未然,不以私恩害公义。《传》曰:'正家而天下定矣!'"

【纲】恢复了盐铁官。设博士弟子一千人。

【纲】永光四年（辛巳，前40），夏六月三十日，出现日食。任命周堪为光禄大夫，张猛为大中大夫。后来张猛自杀。 【目】因为发生日食，元帝召集以前曾说过出现日食是因为周堪、张猛的人加以责问，他们都低头请罪。因此，元帝下诏赞扬周堪的美德，任命他为光禄大夫，兼任尚书事，又恢复了张猛的大中大夫、给事中。石显主管尚书，任尚书的五个人都是他的同党。周堪很少能见到元帝，经常是通过石显来反映事情，大小事情都是石显说了算。恰巧周堪嗓子得了病，说不出话来，就去世了。石显乘机诬陷张猛，并强迫他在公车上自杀。

【纲】冬十月，撤除了设在各郡国的祖宗庙。

【纲】修筑初步预想的陵园，但不设封邑不迁移百姓。

【纲】永光五年（壬午，前39）秋，颍川发生水灾。

【纲】冬十二月，任命匡衡为太子少傅。 【目】元帝喜好儒家的学术和文章，对宣帝时的政策作了很大更改。凡对朝政提建议的人多数被元帝召见过，每个人都自认为和元帝的想法相符。这时傅昭仪和济阳王刘康受到元帝的宠爱远远超过了皇后、皇太子。匡衡上书说："我听说治乱安危的关键，在于明了人们的用心。《诗传》上说：'要仔细观察哪些事是所喜欢的，哪些事是所厌恶的，顺应情理，圣王治理的方法就是这些。'治理性情的方法就是一定要了解哪些是自己的长处，然后来加强自己的不足之处，大概聪明通达的人应该防止过分明察，少见寡闻的人应该防止看问题狭窄，勇猛刚强的人应防止过分强暴，仁爱温良的人应防止优柔寡断，恬静安逸的人应防止耽误良机，心胸宽广的人应防止疏忽遗漏。一定要搞清楚自己所应该防止的方面，并用大义统一起来，然后才能实现万事和谐，而那些机巧伪诈的人就不敢结党营私而指望得到提拔。我又听说，如果家庭能够安祥和睦，天下就会治理得好，所以《诗经》由《国风》开篇，《礼记》的根本是冠礼、婚礼，为的是说明性情的本源和人伦关系，打好基础，防患于未然。所以圣明的君王一定要慎重地处理好皇后和妃嫔之间的关系，区别开嫡子和庶子的位置，使卑贱的不能超过尊贵的，新人不能超过旧人，为的是掌握人情、调理阴阳。如果应该亲近的反而疏远了，应当尊贵的反而卑贱了，

【纲】河决。　【目】初，武帝既塞宣房，后河复北决于馆陶，分为屯氏河，东北入海，广深与大河等，故因其自然，不堤塞也。是岁，河决清河灵鸣犊口，而屯氏河绝。

【纲】癸未，建昭元年，春正月，陨石于梁。

【纲】甲申，二年，秋，杀魏郡太守京房。　【目】房学《易》于焦延寿。延寿常曰："得我道以亡身者，京生也。"其说长于灾变，分六十卦，更直日用事，以风雨寒温为候，各有占验。以孝廉为郎，屡言灾异有验，天子说之，数召见问。房对曰："古帝王以功举贤，则万化成，瑞应著；末世以毁誉取人，故功业废而致灾异。宜令百官各试其功，灾异可息。"诏使房作其事，房奏考功课吏法，上意乡之。时石显颛权，五鹿充宗为尚书令，用事。房尝宴见，问上曰："幽、厉之君何以危？所任者何人也？"上曰："君不明，而所任者巧佞。"房曰："齐桓公、秦二世亦尝闻此君而非笑之，然则任竖刁、赵高，政治日乱，盗贼满山，何不以幽、厉卜之而觉寤乎？"上曰："唯有道者能以往知来耳。"房因免冠顿首，曰："陛下视今为治邪，乱邪？"上曰："亦极乱耳；今为乱者谁哉？"房曰："明主宜自知之。"上曰："不知也，如知，何故用之！"房曰："上最所信任，与图事帷幄之中，进退天下之士者是矣。"房指谓石显，上亦知之，谓房曰："已谕。"房罢出，后上亦不能退显也。显、充宗疾房，欲远之，建言以房为魏郡太守，得以考功法治郡。房去月余，竟征下狱。显告房与妻父张博为淮阳宪王作求朝奏草，诽谤天子，诖误诸侯王，皆征下狱，弃市。

机巧奸诈的人就会乘机而动，使国家动乱。所以圣人特别注意预防这类事的端倪，防患于未然，不因私人恩怨来损害公认的大义。正如《周易》卦辞中所讲的：'家庭管理好了，天下就会安定。'"

【纲】黄河决口。　【目】当初，汉武帝在宣房宫那里堵住了黄河决口，后来黄河又在北面的馆陶决口，分出一条屯氏河，从东北方向流入海里，它的宽度和深度与黄河相等，所以就因其自然，没有再堵塞它。到了这一年，黄河在清河郡灵县鸣犊口决口，从此屯氏河就干涸了。

【纲】建昭元年（癸未，前38），春正月，陨石落在梁国（今河南商丘市南）。

【纲】建昭二年（甲申，前37）秋，杀了魏郡太守京房。　【目】京房从焦延寿学习《易经》。焦延寿经常说："能得到我的学问但因此而亡身的人就是京房。"焦延寿的学问是善长于推测灾变，分为六十卦，再将卦分别对上相应的日子来推算事情，以风雨寒温变化为征候，都各有应验。京房通过举孝廉被任为郎官，经常讲灾异的变化，得到验证，因此天子也很喜欢他，曾多次被召见询问。京房回答说："古代帝王论功举贤，所以万事如意，出现祥瑞。衰亡的时候则是凭借大家的评价来任免官员，所以功业荒废，招来灾变。应当命令百官各尽其能来建立功劳，灾变就可以停止。"元帝下诏派京房主管这件事，京房奏上了考核功绩的规定，元帝的想法倾向京房。当时石显正独揽大权，五鹿充宗任尚书令，当权主事。有一次，京房被元帝宴请召见，问元帝说："像周幽王、周厉王那样的君主为什么会出现危险？他所任用的是些什么样的人？"元帝说："君主昏庸，任用的人机巧奸诈。"京房说："齐桓公、秦二世也曾听说过这些君主，并非难讥笑他们，然而齐桓公、秦二世任用竖刁、赵高，以致政局一天比一天混乱，满山遍野都是盗贼，怎么他们不用幽王、厉王的事例来占卜一下，从而使自己觉悟起来呢？"元帝说："只有懂得治理国家方法的人才能通过过去的事情来预测将来。"京房摘下帽子叩头说："陛下认为今天的时局是治世还是乱世？"元帝说："已经到了非常混乱的地步，但是今天使国家发生混乱的人是谁呢？"京房说："圣明的君主应该知道这些。"元帝说："朕不知道，如果知道是谁，为什么还要任用他呢？"京房说："就是陛下最信任的，

【纲】下御史中丞陈咸狱,髡为城旦。 【目】陈咸数毁石显,久之,坐与槐里令朱云善,漏泄省中语,与云皆下狱,髡为城旦。

显威权日盛,与中书仆射牢梁、少府五鹿充宗结为党友,诸附倚者皆得宠位。民歌之曰:"牢邪,石邪,五鹿客邪!印何累累,绶若若邪!"显闻众人匈匈,言己杀萧望之,恐天下学士讪己。以贡禹明经著节,乃使人致意,深自结纳,因荐禹历位九卿,礼事之甚备。议者于是或称显,以为不妒潜望之矣。显之设变诈以自解免,取信人主者,皆此类也。

【纲】闰八月,太皇太后上官氏崩。
【纲】冬,齐、楚地震,大雨雪。
【纲】乙酉,三年,夏六月,丞相玄成卒。秋七月,以匡衡为丞相。
【纲】冬,西域副校尉陈汤矫制发兵,与都护甘延寿袭击匈奴郅支单于康居,斩之。 【目】汉遣使三辈至康居求谷吉等死,郅支困辱使者,不奉诏。陈汤为人沉勇,有大虑,与甘延寿谋袭击郅支。延寿欲奏请,汤曰:"国家与公卿议,大策非凡所见,事必不从。"会延寿病,汤独矫制发诸国兵及屯田吏士合四万余人,进薄康居城下,四面围城。发薪烧木城,四面火起,吏士大呼乘之,钲鼓声动地,康居引兵却;汉兵四面并入,郅支被创死,斩其首。

经常和他在帷幄之中密谋国家大事的，而且主管着任用罢免天下官吏的那个人。"京房指的是石显，元帝也知道，就对京房说："已经明白了。"京房告退以后，元帝还是未能罢免石显的职权。后来石显向元帝揭发京房和他妻子的父亲张博为淮阳宪王写了请求入朝的奏章，诽谤天子，贻误诸侯王，结果被逮捕入狱，最后在街市上处以斩刑。

【纲】将御史中丞陈咸逮捕入狱，被判处髡刑，罚做苦工。 【目】陈咸多次诋毁石显，过了很长一段时间后，石显指控他与槐里县令朱云关系好，泄漏朝廷机密，陈咸和朱云都被逮捕入狱，被判髡刑，罚做苦工。

石显的威势权力一天比一天强盛，他和中书仆射牢梁、少府五鹿充宗结为朋党，所有投靠他们的人都得到了高官厚禄。民间歌谣说："牢梁、石显、五鹿充宗的门客们啊！印信多么多，印绶多么长！"石显听说众人对他议论纷纷，说他杀死了萧望之，他害怕天下的学士都来非难他。因为贡禹很懂经术，品节也高尚，于是石显派人向他致意，和他深相交结，因此推荐贡禹历任九卿，对他以礼相待，无微不至。议论石显的人因此也有人称赞石显，认为他不会嫉妒毁谤萧望之。石显采用诡诈的手段开脱自己，换取皇帝对自己的信任，都和这类情况一样。

【纲】闰八月，太皇太后上官氏去世。

【纲】冬，齐、楚地区发生地震，下了大雪。

【纲】建昭三年（乙酉，前36），夏六月，丞相玄成去世。秋七月，任命匡衡为丞相。

【纲】冬季，西域副校尉陈汤假传皇帝命令调发军队，与都护甘延寿在康居袭击并杀死郅支单于。 【目】汉朝曾三次派遣使者到康居去查询谷吉等人的死亡情况，郅支给汉朝的使者制造困难，并侮辱他们，不接受诏命。陈汤性格沉着勇敢，有深谋大略，于是就和甘延寿商量袭击郅支。甘延寿想先奏报请示一下，陈汤说："皇上一定会召集公卿商量，那些平庸官僚不懂大计，一定不会听从我们的意见。"正好甘延寿生了病，于是陈汤就假传皇帝命令，调发各国的军队以及在那里屯田的士卒共四万余人，逼近康居城下，从四面包围了康居城然后堆积柴草，放火焚烧木城，结果四面起火，将士们一边呼喊，一边乘火攻

【纲】丙戌,四年,春正月,传首至京师,县稿街十日。

【纲】蓝田地震,山崩,壅霸水。安陵岸崩,壅泾,水逆流。

【纲】丁亥,五年,秋七月,徙济阳王康为山阳王。

【纲】戊子,竟宁元年,春正月,匈奴单于来朝。 【目】匈奴呼韩邪单于闻郅支既诛,且喜且惧,入朝,自言愿婿汉氏以自亲。帝以后宫良家子王嫱字昭君赐之。单于上书:"愿保塞,请罢边备塞吏卒,以休天子人民。"议者皆以为便。郎中侯应习边事,以为不可许,上十策论之。对奏,天子使车骑将军嘉谕单于,单于称谢,归。号昭君为宁胡阏氏。

【纲】三月,以张谭为御史大夫。 【目】初,石显见冯奉世父子为公卿著名,女又为昭仪,心欲附之,荐昭仪兄逡修敕,宜侍帷幄。天子召见,逡因言显颛权,上怒,罢逡。及御史大夫缺,在位多举逡兄大鸿胪野王。上以问显,显曰:"九卿无出野王者,然亲昭仪兄,臣恐后世必以陛下度越众贤,私后宫亲以为三公。"上曰:"善,吾不见是!"因诏曰:"刚强坚固,确然无欲,大鸿胪野王是也。心辩善辞,可使四方,少府五鹿充宗是也。廉洁节俭,太子少傅张谭是也。其以少傅为御史大夫。"

【纲】以召信臣为少府。 【目】信臣先为南阳太守,后迁河南,治行常第一。视民如子,好为民兴利,躬劝耕稼,开通沟渎,户口增倍。吏民亲爱,号曰"召父"。征为少府,请诸离宫希幸者勿复治,省

城，征鼓声震天动地，康居方面率兵逃跑，汉朝士卒从四面一起进攻，郅支受伤死亡，汉兵砍下了他的脑袋。

【纲】建昭四年（丙戌，前35），春正月，郅支的人头被传送到京师长安，在桑街悬挂了十天。

【纲】兰田地震，高山崩塌，堵塞了霸水。安陵的堤岸崩塌，堵塞了泾水，泾水逆流。

【纲】建昭五年（丁亥，前34），秋七月，调迁济阳王刘康为山阳王。

【纲】竟宁元年（戊子，前33），春正月，匈奴单于前来朝见。
【目】匈奴呼韩邪单于听说郅支被诛杀，又高兴又害怕，于是前来朝见，他亲自讲愿意做汉朝的女婿和汉朝亲近，元帝将后宫里良家女子王昭君赏赐给呼韩邪单于。单于上书说："我愿意保卫边塞，请求撤除边防要塞的士卒，使天子和百姓得以休息。"议事者都认为方便可取。郎中侯应熟习边塞上的事情，认为不可以答应单于的请求，并上奏十条理由加以论证。当面上奏后，元帝派遣车骑将军许嘉晓谕单于，单于表示感谢后就回国了。呼韩邪单于称王昭君为宁胡阏氏。

【纲】三月，任命张谭为御史大夫。【目】当初，石显看到冯奉世父子都做了公卿名声显赫，女儿又做了昭仪，想依靠冯奉世，就向皇帝推荐昭仪的哥哥冯逡，说他有美德，应该在宫中侍奉皇帝。元帝召见冯逡，冯逡因此大讲石显专权，元帝十分生气，就停止提拔冯逡。等到御史大夫出现空缺时，在官位上的很多人都推荐冯逡的哥哥大鸿胪冯野王。元帝因此询问石显，石显说："九卿中没有一个人能超过冯野王的，然而他是昭仪的亲哥哥，臣下害怕后世的人一定会认为是陛下压制其他贤能的人，偏爱后宫亲戚，把他们提拔为三公九卿。"元帝说："很好，我没有看到这一点。"于是下诏说："刚强正直，昭然无私，大鸿胪冯野王是这样的人。明白事理，善于言辞，可以出使四方，少府五鹿充宗是这样的人。廉洁节俭，太子少傅张谭是这样的人。现在任命太子少傅张谭为御史大夫。"

【纲】任命召信臣为少府。【目】召信臣原先是南阳太守，后来调到河南郡，他治理郡县的成绩经常是全国第一。他视民如子，喜欢为民谋求利益，亲自劝导人们努力耕作，开辟河渠，在他管辖的地区人口成

乐府诸戏及太官不时非法之物，岁省费数十万。

【纲】夏，封甘延寿为义成侯，赐陈汤爵关内侯。 【目】甘延寿、陈汤既至，论功，石显、匡衡以为"延寿、汤擅兴师矫制，幸得不诛；如复加爵土，则后奉使者争欲乘危徼幸，生事于蛮夷，为国招难"。帝内嘉延寿、汤功，而重违衡、显之议，久之不决。刘问上疏曰："论大功者不录小过，举大美者不疵小瑕。贰师将军李广利捐五万之师，靡亿万之费，经四年之劳，而仅获骏马三十匹，虽斩宛王毋寡之首，其私罪恶甚多，孝武以为万里征伐，不录其过，遂封拜为侯。今康居之国强于大宛，郅支之号重于宛王，杀使者罪甚于留马，而延寿、汤不烦汉士，不费斗粮，比于贰师，功德百之。"于是诏赦延寿、汤罪，令公卿议封焉。封延寿为义成侯，赐汤爵关内侯。

【纲】五月，帝崩。六月，太子骜即位，尊皇太后曰太皇太后，皇后曰皇太后。

【纲】以元舅王凤为大司马、大将军，领尚书事。

【纲】秋七月，葬渭陵。

孝成皇帝

【纲】己丑，孝成皇帝建始元年，春正月，石显以罪免归故郡，道死。

【纲】有星孛于营室。

【纲】封舅王崇为安成侯，赐谭、商、立、根、逢时爵关内侯。

倍增长。官民之间相互敬爱,老百姓称他为"召父"。后来他被征调任少府,他请求皇帝很少去的离宫以后不再修缮,减省乐府里各种表演及太官那里不适时、不合法的东西,这样一年节省的费用有几十万。

【纲】夏季,封甘延寿为义成侯赏赐给陈汤关内侯爵。 【目】等到甘延寿、陈汤返回长安以后,就评论他们的功劳。石显、匡衡认为"甘延寿、陈汤假传皇帝命令、擅自发动战争,不遭诛杀就是侥幸,如果再给他们加封爵位和土地,那么以后再有奉诏出使的人都会冒着生命危险去侥幸取得成功,在蛮夷地区制造事端,给国家带来灾难"。元帝心里赞许甘延寿、陈汤的功劳,而又难以反对匡衡、石显的意见,过了很长时间也没有定下来。刘向上书说:"在评论大的功劳时不能计较那些小的错误,在赞扬大的美德时不能抓住一点瑕疵不放。贰师将军李广利损失了五万大军,所耗费用高达亿万,经过四年之久的辛勤作战,仅仅得到三十匹骏马,虽然斩杀了大宛国国王毋寡,但他自己的罪恶也很多。孝武帝认为在万里之外征伐,不能追究他的过失,于是封他为侯。如今康居国比大宛国强大,郅支的影响也大大超过大宛国王,而杀死汉朝使者的罪行远远超过不贡献马匹的罪行,甘延寿、陈汤没有调用汉朝内地的士卒,没有浪费一斗粮食,和贰师将军相比,他的功德百倍于贰师将军。"于是元帝下诏赦免甘延寿、陈汤的罪行,命令公卿们商议如何分封甘延寿、陈汤。后来封甘延寿为义成侯,赏赐陈汤关内侯爵位。

【纲】五月,元帝去世,六月,太子刘骜即皇帝位,尊皇太后为太皇太后,皇后为皇太后。

【纲】任命刘骜的舅舅王凤为大司马、大将军,主管尚书事。

【纲】秋七月,将元帝安葬在渭陵(今陕西咸阳县东北)。

孝成皇帝

【纲】孝成皇帝建始元年(己丑,前32),春正月,石显因犯罪被罢免官职,送回本郡,半路上去世。

【纲】在营室星座旁出现彗星。

【纲】成帝封他的舅舅王崇为安成侯,赏赐王谭、王商、王立、王根、王逢时关内侯爵。

【纲】夏四月,黄雾四塞。 【目】诏博问公卿、大夫无有所讳。谏大夫杨兴等对,皆以为"阴盛侵阳之气也。高祖之约,非功臣不侯;今太后诸弟皆以无功为侯,外戚未曾有也"。大将军凤惧,上书辞职,优诏不许。

【纲】秋八月,有两月相承,晨见东方。

【纲】庚寅,二年,春三月,立皇后许氏。 【目】后,车骑将军嘉之女也。元帝伤母恭哀后居位日浅,而遭霍氏之辜,故选嘉女以配太子。

【纲】辛卯,三年,秋,大雨,京师民讹言大水至。 【目】关内大雨四十余日。京师民相惊,言大水至,奔走相蹂躏,老弱号呼,长安中大乱。大将军凤以为:"太后与上及后宫可御船,令吏民上城避水。"群臣皆从凤议。左将军王商独曰:"自古无道之国,水犹不冒城郭。今何因当有大水一日暴至,此必讹言!不宜令上城,重惊百姓。"上乃止。有顷,稍定,问之,果讹言。上于是美壮商之固守,数称其议,而凤大惭恨。

【纲】冬十二月朔,日食。夜,地震未央宫殿中。诏举直言极谏之士。

【纲】越嶲山崩。

【纲】丞相乐安侯匡衡有罪,免为庶人。 【目】坐多取封邑四百顷,监临盗所主守直十金以上,免为庶人。

【纲】壬辰,四年,春正月,陨石于亳四,于肥累二。

【纲】夏四月，天降黄雾，遮天盖日。 【目】成帝下诏广泛询问公卿、大夫们发生黄雾的原因，让他们直言不讳。谏大夫杨兴等都认为是"因为阴气太盛，压倒阳气。高祖时曾经有约定，没有功劳的大臣不得封侯，现在太后的各个弟弟都没有功劳，却都封为侯爵，对外戚的这种分封是从未有过的"。大将军王凤感到害怕，于是上书请求辞职。成帝下诏慰留，没有答应他的请求。

【纲】秋八月，有两个月亮相继在某天早晨出现在东方。

【纲】建始二年（庚寅，前3），春三月，立许氏为皇后。 【目】许氏皇后是车骑将军许嘉的女儿。元帝非常痛惜他的母亲恭哀后在位时间很短，就被霍氏所害，所以就选择了许嘉的女儿婚配太子。

【纲】建始三年（辛卯，前30）秋，天降大雨，京师的老百姓传谣说洪水就要到来。 【目】关内下了四十多天大雨。京师的百姓们都感到惊恐，传说洪水将要到来，在逃奔中相互践踏，年老体弱的人呼叫连天，长安城中一片混乱。大将军王凤认为："太后和皇上以及后宫的人们可以乘船避水，命令其它官吏和老百姓上城墙上避水。"所有的大臣们都听从了王凤的建议。只有左将军王商一个人说："自古以来暴虐无道的王朝发生大水也没有淹过城郭，今天为什么会一天之内大水就会突然到来？这一定是谣言，不应该命令他们登上城墙，这样会加重老百姓的惊恐。"于是成帝下令停止登城。过了一会儿人们逐渐安定下来，一查问，果然是谣传。于是成帝赞美王商勇敢镇静，多次称赞他的决定，而王凤感到大为惭愧。

【纲】冬十二月初一，出现日食。夜晚，未央宫里发生地震。成帝下诏举荐敢直言劝谏的士人。

【纲】越郡发生山崩。

【纲】丞相乐安侯匡衡犯了罪，被免为平民百姓。 【目】匡衡犯了在封邑中多侵占四百顷土地以及监督临视所主管的部门时盗取十金以上的罪，被免为平民百姓。

【纲】建始四年（壬辰，前29），春正月，在亳县降下四块陨石，在肥累降下二块陨石。

【纲】罢中书宦官,初置尚书员五人。

【纲】以王商为丞相。

【纲】夏四月,雨雪。复召直言极谏之士,诣白虎殿对策。【目】时上委政王凤,议者多归咎焉。谷永知凤方柄用,阴欲自托,乃曰:"方今四夷宾服,皆为臣妾。骨肉大臣有申伯之忠,无重合、安阳、博陆之乱。窃恐陛下听晻昧之瞽说,归咎无辜,重失天心,不可之大者也。陛下诚深察愚言,解偏驳之爱,平天覆之施,使列妾得人人更进。益纳宜子妇人,毋择好丑,毋避尝字,以慰释皇太后之忧愠,解谢上帝之谴怒,则继嗣蕃滋,灾异讫息矣。"杜钦亦仿此意。上皆以其书示后宫,以永为光禄大夫。

【纲】秋,桃、李实。

【纲】河决。 【目】时大雨水十余日,河大决东郡金堤,凡灌四郡三十二县。

【纲】以王尊为京兆尹。

【纲】大将军凤奏以陈汤为从事中郎。 【目】上即位之初,丞相匡衡复奏:"陈汤奉使颛命,盗所收康居财物。"汤坐免。后以言事不实,下狱,当死。谷永上疏讼汤曰:"君子闻鼓鼙之声,则思将帅之臣。'汤前斩郅支,威震百蛮。今坐言事非是,幽囚久系,欲致之大辟。夫犬马有劳于人,尚加帷盖之报,况国之忠臣者哉!窃恐陛下忽于鼓鼙之声,而忘帷盖之施,非所以励死难之臣也!"书奏,诏出汤,夺爵为士伍。会西域都护段会宗为乌孙所围,驿骑上书,愿发城郭、敦煌兵以自救。大将军凤言:"汤多筹策,习外国事,可问。"上召汤,示以会宗奏。汤对曰:"臣以为此必无可忧也。"上曰:"度何时解?"汤知乌孙瓦合,不能久攻,屈指计其日曰:"不出五日,当有吉语闻。"居四日,军书到,言已解。大将军凤奏以为从事中郎,幕府

【纲】撤销中书宦官,初次设立五名尚书。

【纲】任命王商为丞相。

【纲】夏四月,天降雪。成帝又召集敢直言劝谏的士人到白虎殿回答皇帝的策问。　【目】当时成帝将朝政委托给王凤,参加对策的人多将天灾归咎于王凤。后来谷永深知王凤正掌握实权,想暗暗地投靠王凤,于是他说:"当今四方外族归服,都成为汉朝的臣属。外戚大臣中有像申伯那样的忠臣,不会发生像重合侯马通、安阳侯上官桀、博陆侯霍禹那样的叛乱。我只担心陛下听信愚昧之人的胡言乱话,归罪于无辜之人,大大地失去上天的心意,这是万万不可以的。陛下如果能够深深地体察我的话,解除偏心私爱,能公平合理地对待人,使各个嫔妃人人都能侍奉皇帝。然后再接纳一些能够生育子女的妇人,不要管她长得美丑,不必避忌她是否嫁过人,以此来慰解皇太后的忧愁,解除上帝的谴责和愤怒,就会后代繁衍,消除灾异。"杜钦也仿照谷永的意思上书。成帝都把这些上书拿给后宫看,任命谷永为光禄大夫。

【纲】秋季,桃树、李树果实丰满。

【纲】黄河决口。　【目】当时下了十几天大雨,黄河在东郡金堤决口,淹了四个郡三十二个县。

【纲】任命王尊为京兆尹。

【纲】大将军王凤上奏请求任命陈汤为从事中郎。　【目】成帝刚即位时,丞相匡衡反复上奏说:"陈汤奉命出使西域,在那里窃取了从康居收回来的财物。"陈汤因此犯罪被免除官职。后来又因他讲的不符合事实,被逮捕入狱,依罪应判处死刑。后来谷永上书为陈汤辩护说:"君子听到战鼓之声,就会思念将帅之臣。陈汤从前斩杀了郅支,威震百蛮。今天他犯了说话不符合事实的罪,长期囚禁在监狱里,想判处他死罪。那些对人有功的犬马死后还要用帷帐给它盖起来以示回报,何况对国家有过战功的忠臣呢?我只害怕陛下忽略了战鼓之声,忘记了帷盖的用处,这不是鼓励为国效死的那些忠臣的方法。"上书奏上以后,成帝下诏释放了陈汤,但剥夺了爵位,被免为一般士卒。这时正好遇上西域都护段会宗被乌孙国的军队包围,段会宗派人骑驿马上书,请求派西域各城的军队和驻在敦煌的军队来进行援救。大将军王凤说:

事壹决于汤。

【纲】癸巳,河平元年,春,以王延世为河堤使者,塞河决。
【目】杜钦荐王延世为河堤使者。延世以竹落长四丈,大九围,盛以小石,两船夹载而下之。三十六日,堤成。赐延世爵关内侯。

【纲】甲午,二年,春正月,沛郡铁官冶铁飞。
【纲】夏,徙山阳王康为定陶王。
【纲】悉封诸舅为列侯。 【目】王谭为平阿侯,商为成都侯,立为红阳侯,根为曲阳侯,逢时为高平侯。五人同日封,故世谓之"五侯"。

【纲】免京兆尹王尊官,复以为徐州刺史。 【目】御史大夫张忠奏京兆尹王尊罪,尊坐免官,吏民多称惜之。湖三老公乘兴等上书讼:"尊治京兆,尽节劳心,夙夜思职,拨剧整乱,诛暴禁邪,皆前所稀有。昨以京师贼乱,选用为卿;贼乱既除,即以佞巧废黜。一尊之身,三期之间,乍贤乍佞,岂不甚哉!"于是复以尊为徐州刺史。

【纲】乙未,三年,春二月,犍为地震,山崩,壅江,水逆流。

【纲】秋八月晦,日食。
【纲】求遗书。 【目】上以中秘书颇散亡,使谒者陈农求遗书

"陈汤很有谋略，又熟习外国的事情，可以问他。"成帝召见陈汤，将段会宗的奏书拿出来给他看。陈汤回答说："臣下认为这件事绝对没有什么可忧虑的。"成帝问他说："估计什么时候可以解除包围？"陈汤深知乌孙国的军队是乌合之众，不能久攻，于是他屈指算了一下日期，回答说："不出五天，一定会有好消息。"过了四天后，段会宗的军书送到，说已经解除包围。大将军王凤上奏认为可以任陈汤为从事中郎，幕府的事全部由陈汤来决定。

【纲】河平元年（癸巳，前28）春，任命王延世为河堤使者，前去堵塞黄河的决口。　【目】杜钦推荐王延世任河堤使者。王延世用四丈长、九个人合抱那么粗大的竹笼，里面全部装满小石块，用两只船夹着送入水中。三十六天以后，河堤就修成了。成帝赏赐给王延世关内侯爵。

【纲】河平二年（甲午，前27），春正月，沛郡铁官正在冶炼的铁飞散。

【纲】夏季，调迁山阳王刘康为定陶王。

【纲】成帝将他的舅父们全部封为列侯。　【目】王谭被封为平阿侯，王商被封为成都侯，王立被封为红阳侯，王根被封为曲阳侯，王逢时被封为高平侯。五人是同一天被分封的，所以世人称他们为"五侯"。

【纲】罢免京兆尹王尊的官职，重新任命他为徐州刺史。　【目】御史大夫张忠奏告京兆尹王尊的罪行，王尊因罪被免除官爵，官吏和老百姓们都为他感到惋惜。湖县三老公乘兴等人上书为王尊辩护说："王尊治理京兆时，尽心尽力，日日夜夜在想着自己的职责。他拨乱反正，铲除凶暴，禁止奸邪，都是以前很少有过的。原来因为京师盗贼动乱，他被推选担任京兆尹。现在盗贼的动乱被消除了，他却被指控为奸巧而被罢黜，同样是王尊一个人，三年之间，一会儿贤能，一会儿奸佞，这难道不是太过分了吗？"于是成帝又重新任命王尊为徐州刺史。

【纲】河平三年（乙未，前26），春二月，犍为郡地震，大山崩裂，堵塞了长江，江水逆流。

【纲】秋八月三十日，出现日食。

【纲】访求失传的书籍。　【目】成帝认为内宫的藏书有很多被散佚，就派遣谒者陈农在全国访求失传的书籍，同时下诏让光禄大夫刘

于天下。诏光禄大夫刘向较之。向以王氏权位太盛，而上方向《诗》《书》古文，乃因《尚书·洪范》，集合上古以至秦、汉符瑞、灾异之记，推迹行事，连傅祸福，著其占验，比类相从，各有条目，凡十一篇，号曰《洪范五行传论》，奏之。天子心知向忠精，故为凤兄弟起此论也，然终不能夺王氏权。

【纲】丙申，四年，春正月，匈奴单于来朝。 【目】丞相王商多质，有威重，容貌绝人。单于来朝，拜谒商，仰视，大畏之，迁延却退。上闻而叹曰："真汉相矣。"

【纲】三月朔，日食。

【纲】夏四月，诏收丞相乐昌侯商印、绶，商以忧卒。 【目】琅邪太守杨肜与王凤连昏，其郡有灾害，商按问之。凤以为请，商不听，竟奏免肜。奏寝不下。凤以是怨商，阴求其短，使人告商淫乱事。天子以为暗昧之过，不足以伤大臣。凤固争之，诏收商丞相印、绶。商免相三日，发病欧血薨。有司奏请除国邑，诏子安嗣侯。

【纲】以张禹为丞相。

【纲】罽宾遣使来献。

【纲】山阳火生石中。

【纲】丁酉，阳朔元年，春二月晦，日食。

【纲】冬，下京兆尹王章狱，杀之。 【目】时大将军凤用事，上谦让无所颛。左右尝荐刘向少子歆，召见，说之，欲以为中常侍；召取衣冠，临当拜，左右皆曰："未晓大将军。"上曰："此小事，何须关大将军！"左右叩头争之，上于是语凤，凤以为不可，乃止。

向加以校正。刘向认为外戚王氏的权力和地位太强盛，而成帝正喜欢古文《诗经》《尚书》，于是根据《尚书·洪范》，汇集从上古以来至秦汉间祥瑞、灾异的记载，推究人事，附会人间祸福，记下应验的占卜，分类排比，各立题目，共有十一篇，起名叫《洪范五行传论》，上奏给成帝。成帝从内心深知刘向的忠心，因为王凤的兄弟们权势太重才写了这本书，但最终还是没有能剥夺王氏的权力。

【纲】河平四年（丙申，前25），春正月，匈奴单于前来朝见。
【目】丞相王商非常质朴，很稳重，容貌也很漂亮。匈奴单于来朝见，拜见了王商，单于抬头看了王商一眼，非常敬畏他，慢慢地才退了出去。成帝听说以后感叹地说："真是汉朝的丞相啊！"

【纲】三月初一，发生日食。

【纲】夏四月，成帝下诏收缴丞相乐昌侯王商的印信和绶带。王商因为忧虑而去世。　【目】琅邪太守杨肜和王凤是婚姻亲戚，琅邪郡发生了灾害，由王商查办。王凤为杨肜去说情，王商没有听从，反而上奏请求罢免杨肜。奏书送上去后迟迟没有批复。王凤因此怨恨王商，秘密调查他的短处，并派人告发王商淫乱的事情。成帝认为这些暗昧的过错，不足以伤害大臣。王凤坚持要追究王商，因此成帝下诏收缴王商丞相的印信和绶带。王商被罢免三天以后就得了病，最后吐血而死。有关官员上奏请求取消王商的封国和采邑，成帝下诏让王商的儿子王安继承了侯爵。

【纲】任命张禹为丞相。

【纲】西域罽宾国派遣使者来向汉朝贡献。

【纲】在山阳的石头中冒出了火焰。

【纲】阳朔元年（丁酉，前24），春二月三十日，发生日食。

【纲】冬季，将京兆尹王章逮捕入狱，并杀死了他。　【目】当时大将军王凤掌握大权，成帝软弱谦让，没有实权。成帝左右大臣曾经推荐刘向的小儿子刘歆，成帝召见了刘歆，非常喜欢他，打算任命他为中常侍。成帝命令去取中常侍的衣冠，临近任命刘歆时，左右大臣都说："此事还没有告知大将军王凤。"成帝说："这种小事，何必麻烦大将军。"左右大臣叩头坚持要通知王凤，于是成帝就把这件事告诉了王

京兆尹王章素刚直敢言，虽为凤所举，非凤专权，不亲附凤，乃奏封事，言："日食之咎，皆凤专权蔽主之过。"上召见谓章曰："君试为朕求可以自辅者。"于是章荐琅邪太守冯野王忠信质直。上自为天子时，数闻野王名，方倚欲以代凤。凤闻之，称病，上疏乞骸骨。上优诏报凤，强起之。上使尚书劾章罪，下章吏。廷尉致其大逆，章竟死狱中。自是公卿见凤，侧目而视。

【纲】以薛宣为左冯翊。　【目】宣为郡，所至有声迹。宣子惠为彭城令，宣尝过其县，心知惠不能，不问以吏事。或问宣："何不教戒惠以吏职？"宣笑曰："吏道以法令为师，可问而知。及能与不能，自有资材，何可学也！"宣为冯翊，属令有杨湛、谢游，皆贪猾不逊，皆解印、绶去。又频阳多盗，令薛恭本孝者，职不办。粟邑僻小，易治，令尹赏久用事吏。宣即奏二人换县，数月两县皆治。宣得吏民罪名，即告其县长吏，使自行罚，曰："不欲代县治，夺贤令长名也。"

【纲】戊戌，二年，夏四月，以王音为御史大夫。　【目】于是王氏愈盛，郡国守相、刺史皆出其门。五侯群弟争为奢侈，赂遗珍宝，四面而至。音通敏人事，好士养贤，倾财施予以相高尚，宾客竞为之声誉。刘向上封事极谏曰："王氏与刘氏势不并立，如下有泰山之安，则上有累卵之危。陛下为人子孙，守持宗庙，而令国祚移于外亲，降为皂隶，纵不为身，奈宗庙何！妇人内夫家而外父母家，此亦

凤，王凤认为不能任命刘歆为中常侍，于是就不再任命。

京兆尹王章平素刚强耿直敢说话，虽然他是被王凤所推荐的，但反对王凤独揽大权，不亲近依附王凤，于是就秘密上奏说："之所以发生日食，都是因为王凤独揽大权、蒙蔽君主的过错所造成的。"成帝召见了王章，并对王章说："请你试为朕寻找一位可以辅政的人。"于是王章就向成帝推荐琅邪郡太守冯野王，说他忠诚正直。成帝自从当上太子时，就曾多次听说冯野王的大名。成帝正准备依靠他来代替王凤。王凤听说这件事后，声称身体有病，上书请求辞职退休。成帝于是又很客气地下诏挽留王凤，勉强地又起用了他。成帝还让尚书弹劾王章的罪行，将王章交给官吏查办。廷尉给王章罗织成大逆的罪行，王章竟然死在狱中。从此以后，公卿见了王凤都侧目而视，

【纲】任命薛宣为左冯翊。【纲】薛宣任郡守时，无论到什么地方都有成绩。薛宣的儿子薛惠任彭城县令时，薛宣曾经过彭城县，心中知道薛惠没有这个才能，所以也就没有过问他做官的事。有人问薛宣说："你为什么不告诫一下薛惠任县令应尽的职责呢？"薛宣笑着说："为官之道应以法令为师，一问就可以知道。至于有没有才能，自有天分，怎么可以学到呢？"薛宣出任左冯翊后，下属县令中有叫杨湛、谢游的两个人，都贪图利益、狡猾不逊，于是收缴了他们的印信和绶带让他们离去。频阳有很多盗贼，县令薛恭本来是个孝子，但没有尽好他的职责。粟邑县又僻又小，很容易治理，县令尹赏在那里当了很长时间县令。薛宣就上奏请求这两个人调换一下，几个月以后，两个县都得到治理，薛宣听到官吏和百姓有罪后，就去告诉他们里的长吏，让他们自行处罚，他说："不想代替县官治事，去夺贤能县令的名声。"

【纲】阳朔二年（戊戌，前23），夏四月，任命王音为御史大夫。【目】这时，王氏的权力越来越强盛，郡国的太守、丞相、刺史都出自王氏的门下。平阿侯王谭、成都侯王商、红阳侯王立、曲阳侯王根、高平侯王逢时五兄弟争着比赛奢侈，赠送给他们的各种珍宝从四面八方涌来。王音很通晓人事，喜欢招贤纳士，把全部的财产都送给他们以表示高尚，宾客们都争相为他说好话。刘向秘密上书极力规劝说："王氏和刘氏势不两立，如果王氏像泰山那样安稳，那么皇上就会有累卵那样的

非皇太后之福也。"书奏,天子召见向,叹息悲伤其意,曰:"君且休矣,吾将思之!"然终不能用其言。

【纲】秋,关东大水。

【纲】定陶王康卒。

【纲】己亥,三年,春,陨石东郡八。

【纲】秋八月,大司马、大将军凤卒。九月,以王音为大司马、车骑将军。诏王谭位特进,领城门兵。　【目】凤病疾,上临问之,执手涕泣曰:"将军病,如有不可言,平阿侯谭次将军矣!"凤顿首泣曰:"谭等虽至亲,行皆奢僭,不如御史大夫音谨敕,臣敢以死保之!"初,谭倨,不肯事凤,而音敬凤,卑恭如子,故凤荐之。凤薨,上以音代凤,而诏谭领城门兵。由是谭、音相与不平。

【纲】庚子,四年,夏四月,雨雪。

【纲】以王骏为京兆尹。　【目】先是京兆有赵广汉、张敞、王尊、王章,至骏,皆有能名,故京师称曰:"前有赵、张,后有三王。"

【纲】辛丑,鸿嘉元年,春正月,以薛宣为御史大夫。

【纲】二月,帝始为微行。　【目】上始为微行,出入市里郊野,远至旁县,斗鸡、走马,常自称富平侯家人。富平侯者,侍中张放也,宠幸无比,故假称之。

【纲】三月,丞相禹罢。夏四月,以薛宣为丞相。

【纲】壬寅,二年,春三月,飞难集未央宫承明殿。

危险。陛下身为刘氏子孙,应该守护宗庙,如果让国家的命运掌握在外戚手中,使刘氏降为皂隶,陛下即使不为自身,又怎样来对待祖先宗庙呢?妇人们本应首先亲近丈夫家而后才是自己父母家,这也不是皇太后的福气。"奏书送上去以后,天子召见刘向,并为他的一片心意感到悲伤叹息,说:"你不必再多说了,我将会思考这个问题。"但最终还是没有能采纳刘向的建议。

【纲】秋季,关东发生大水。

【纲】定陶王刘康去世

【纲】阳朔三年(己亥,前22)春,在东郡落下八块陨石

【纲】秋八月,大司马、大将军王凤去世。九月,任命王音为大司马、车骑将军。成帝下诏任命王谭为特进,主管城门兵。 【目】王凤病得厉害,成帝亲自去慰问他,并拉着他的手哭着说:"将军患病,如果发生难言之事,平阿侯王谭将接任大将军。"王凤一边叩头一边哭着说:"王谭等人虽然是我的至亲,但他们的作风都奢侈越分,不如御史大夫王音谨慎小心,臣下敢以死来担保他。"起初,王谭很骄傲,不肯侍奉王凤,而王音很尊敬王凤,恭敬如子,所以王凤就推荐王音。王凤去世以后,成帝用王音接替了王凤的职务,而下诏让王谭主管城门兵。因此,王谭和王音互相不满。

【纲】阳朔四年(庚子,前21),夏四月,降雪

【纲】任命王骏为京兆尹, 【目】在这以前,担任过京兆尹的有赵广汉、张敞、王尊、王章,直到王骏,他们都以才干著名,所以京师人称道说:"前有赵、张,后有三王。"

【纲】鸿嘉元年(辛丑,前20),春正月,任命薛宣为御史大夫

【纲】二月,成帝开始微服私行。 【目】成帝开始微服私行,经常出入于市里郊野,远处到了相邻的县,在那里斗鸡、骑马,经常自称是富平侯家人。富平侯就是侍中张放,他特别受到成帝的宠幸,所以就假称是富平侯家人。

【纲】三月,丞相张禹被免去官职。夏四月,任命薛宣为丞相。

【纲】鸿嘉二年(壬寅,前19),春三月,有野鸡飞集在未央宫承明殿上。

【纲】夏五月,陨石于杜邮三。

【纲】癸卯,三年,夏,大旱。

【纲】冬十一月,废皇后许氏。 【目】初,许皇后与班倢伃皆有宠。上尝游后庭,欲与倢伃同辇,辞曰:"辞古图画,圣贤之君皆有名臣在侧,三代末主乃有嬖妾。今欲同辇,得无近似之乎!"上善其言而止。太后闻之,喜曰:"古有樊姬,今有班倢伃!"后上微行过阳阿主家,悦歌舞者赵飞燕,召入宫,大幸。有女弟,复召入,姿性尤酖粹。有宣帝时披香博士淖方成在帝后,唾曰:"此祸水也,灭火必矣!"姊、弟俱为倢伃,贵倾后宫。于是潜告许皇后、班倢伃祝诅主上。许后废处昭台宫。考问班倢伃,对曰:"妾闻'死生有命,富贵在天',修正尚未蒙福,为邪欲以何望!使鬼神有知,不受不臣之愬;如其无知,愬之何益!故不为也。"上善其对,赦之。倢伃恐久见危,乃求共养太后于长信宫,上许焉。

【纲】甲辰,四年,秋,河水溢。

【纲】冬,王谭卒,诏王商位特进,领城门兵。

【纲】乙巳,永始元年,夏四月,封赵临为成阳侯。下谏大夫刘辅狱,为鬼薪论。 【目】上欲立赵倢伃为皇后,皇太后嫌其所出微,甚难之,乃先封倢伃父临为成阳侯。谏大夫刘辅上言:"臣闻天之所兴,必先赐以符瑞;天之所违,必先降以灾变,此自然之占验也。昔武王、周公,承顺天地,以飨鱼、乌之瑞,然犹君臣祗惧,动色相戒。况于季世,不蒙继嗣之福,屡受威怒之异者乎!虽夙夜自责,改过易行,畏天命,念祖业,妙选有德之士,考卜窈窕之女,以承宗

【纲】夏五月，在杜邮落下三块陨石。

【纲】鸿嘉三年（癸卯，前18）夏，发生大旱。

【纲】冬十一月，废了皇后许氏。　【目】当初，许皇后和班倢伃都受到宠爱。成帝曾到后庭院去游玩，想和班倢伃同乘一辆车，班倢伃推辞说："我看过古代的图画，圣贤的君主都有名臣站在身旁，而三代的末世君主才有嬖妾在身旁。现在陛下想和我同乘一辆车，该不会和那种情况近似吧？"成帝认为她讲的话是对的，就打消了一同乘车的想法。太后听说这件事后，高兴地说："古有樊姬，今有班倢伃。"后来成帝便装出行，在经过阳阿主家时，对他家的歌舞女赵飞燕特别喜欢，于是就把她召入宫内，非常宠爱她。赵飞燕有个妹妹，后来也被召入宫内，她的姿态容貌都很出众。有一位宣帝时的披香博士名叫淖方成的当时站在成帝的身后，边唾边说："这是祸水啊，灭火德者一定是她。"赵飞燕的姐姐和妹妹都被封为倢伃，在后宫中最为显贵。于是，赵飞燕就诬陷许皇后、班倢伃诅咒皇上。后来许皇后被废，住在昭台宫。在拷问班倢伃时，班倢伃回答说："我听说'死生有命，富贵在天'，善良正派的人尚且享受不到幸福，为恶邪端的人又有什么希望呢？假使鬼神有知，就不会接受那些不忠之臣的申诉；如果鬼神无知，申诉又有什么益处呢？所以我不申诉。"成帝认为她回答得很好，就赦免了她。班倢伃害怕时间长了出现危险，就请求到长信宫侍奉太后，成帝答应了她的请求。

【纲】鸿嘉四年（甲辰，前17）秋，黄河泛滥。

【纲】冬季，王谭去世。成帝下诏任命王商为特进，主管城门兵。

【纲】永始元年（乙巳，前16），夏四月，封赵临为成阳侯。谏大夫刘辅被逮捕入狱，判处三年徒刑，罚他上山给宗庙打柴。　【目】成帝打算立赵倢伃为皇后，但皇太后认为她出身卑贱，所以阻止成帝。于是成帝就先封赵倢伃的父亲赵临为成阳侯。谏大夫刘辅上书说："我听说上天所高兴的事，一定会先赏赐给人间祥瑞；上天所反对的事，一定会先给人间带来灾难，从古到今都是这样。从前武王、周公顺应天地，上帝就赏赐给他们白鱼、乌鸦等祥瑞，但他们君臣仍然对天地很敬畏，用脸色来互相告诫。何况处在末世，又没有蒙受到继承人的福气，屡次

庙，顺神祇心，塞天下望，子孙之祥，犹恐晚暮！今乃触情纵欲，倾于卑贱之女，欲以母天下，惑莫大焉！"书奏，诏收缚，系掖庭秘狱。于是将军辛庆忌、廉褒、光禄勋师丹、大中大夫谷永俱上书救援，乃徙系辅共工狱，减死一等，论为鬼薪。

【纲】五月，封太后弟子莽为新都侯。 【目】太后兄弟八人，独弟曼早死不侯，子莽幼孤。五侯子乘时侈靡，以舆马声色佚游相高。莽因折节为恭俭，勤身博学，外交英俊，内事诸父，曲有礼意。大将军凤病，莽侍病，亲尝药。凤且死，以托太后及帝，拜黄门郎。久之，成都侯商又请分户邑封莽，当世名士戴崇、金涉、陈汤亦咸为莽言，由是封为新都侯，迁骑都尉、光禄大夫、侍中。宿卫谨敕，爵位益尊，节操愈谦，振施宾客，家无所余，虚誉隆洽，倾其诸父矣。敢为激发之行，处之不惭恶。尝私买侍婢，昆弟怪之，莽因曰："后将军朱子元无子，莽闻此儿种宜子，为买之。"即日以婢奉博，其匿情求名如此。

【纲】六月，立倢伃赵氏为皇后。 【目】后既立，宠少衰，而其女弟绝幸，为昭仪，居昭阳宫，皆以黄金、白玉、明珠、翠羽饰之，自后宫未尝有焉。后居别馆，多通侍郎、宫奴多子者，然卒无子。光禄大夫刘向以为"王教由内及外，自近者始"，于是采取《诗》《书》所载贤妃、贞妇、兴国显家及孽嬖为乱亡者，序次为《列女传》，及采传记行事，著《新序》《说苑》，奏之。数上疏言得失，陈法戒，上虽

遭受上天发怒降下的灾异!虽然白天晚上都在自我反省,改过易行敬畏天命,思念祖业,精心挑选有高尚道德的人家,考查卜问窈窕淑女,以此来继承祖庙顺应神灵,满足天下人们的愿望,得子得孙的福气还恐怕来得很晚。现在陛下触情纵欲,一心迷恋出生卑贱的女人,并打算把她立为皇后,这是莫大的错误。"上书奏上以后,成帝下诏逮捕刘辅,把他囚禁在宫廷的秘密监狱里。将军辛庆忌、廉褒、光禄勋师丹、大中大夫谷永都上书解救刘辅,于是才将刘辅迁到共工狱,按死刑减罪一等,判处他上山为宗庙打柴。

【纲】五月,封太后弟弟的儿子王莽为新都侯。 【目】太后有兄弟八人,只有她的弟弟王曼死的早,没有封侯,王曼的儿子王莽从小就成为孤儿。五侯的儿子在当时都很奢侈,在车马声色游玩方面互相攀比高低。而王莽却强自克制,恭谨俭朴,勤奋苦学。在外交结的是英俊豪杰,在家能侍奉各位父辈,恭顺有礼貌。大将军王凤有病时,王莽侍奉王凤,亲口尝药。王凤将要去世时,把王莽托付给太后和成帝,让他担任黄门郎。过了很久以后,成都侯王商又请求将自己的封邑分出一部分封给王莽,当时的名士戴崇、金涉、陈汤等人也都为王莽说话,因此又封王莽为新都侯,提升为骑都尉、光禄大夫、侍中。王莽值宿宫禁谨慎小心,他的爵位越尊贵,节操越谦虚。他把家产全送给了宾客,而自己却家无余物,虚假的声誉传遍了全国,大大地压倒了他的父辈。他敢做矫揉造作的事,而又不感到惭愧。他曾私下买了个奴婢,兄弟们都责怪他,王莽却说:"后将军朱子元没有儿子,我听说这个奴婢能生儿子,所以我就为他买下。"当天就把那个奴婢送给了朱子元,他就这样隐瞒真情求取名誉。

【纲】六月,立婕妤赵飞燕为皇后。 【目】赵飞燕被立为皇后以后,成帝对她的宠爱稍有减少,而她的妹妹却极受宠爱,被立为昭仪,住进了昭阳宫,她的住处全部用黄金、白玉、明珠、翠羽装饰起来,自从有了后宫还没有过这种情况。赵皇后住在别的馆舍里,她曾多次私通侍郎和宫奴中儿子多的人,但最终还是没生儿子。光禄大夫刘向认为,"君主的教化应该由内及外,从接近君王的人开始"。于是就摘抄了《诗经》《尚书》中所记载的有关贤妃、贞妇、兴国显家以及受宠者作

不能尽用,然内嘉其言,常嗟叹之。

【纲】秋八月,太皇太后王氏崩。

【纲】九月,黑龙见东莱。

【纲】是月晦,日食。

【纲】丙午,二年,春正月,大司马、车骑将军音卒。 【目】王氏唯音为修整,数谏正,有忠直节。

【纲】二月,星陨如雨。是月晦,日食。

【纲】三月,以王商为大司马、卫将军。

【纲】侍中张放,以罪左迁北地都尉。 【目】上尝与张放等宴饮禁中,时乘舆幄坐屏风,画纣醉踞妲己,作长夜之乐。侍中班伯久疾新起,上顾指画而问曰:"纣为无道,至于是乎?"对曰:"《书》云'乃用妇人之言',何有踞肆于朝?所谓众恶归之,不如是之甚者也!"上曰:"苟不若此,此图何戒?"对曰:"'沉湎于酒',微子所以告去也。'式号式呼',《大雅》所以流连也。《诗》《书》淫乱之戒,其原皆在于酒。"上乃喟然叹曰:"吾久不见班生,今日复闻谠言!"放等因罢出。后上诸舅风丞相、御史奏放罪恶,上不得已,左迁放为北地都尉。

【纲】冬十一月,策免丞相宣及御史大夫翟方进。复以方进为丞相,孔光为御史大夫。 【目】方进以经术进,其为吏,用法刻深,任势立威,峻文深诋,中伤甚多。孔光领尚书,典枢机十余年,守法度,修政事,上有所问,据经法,以心所安而对,不希旨苟合;如或不从,不敢强争,以是久而安。时有所言,辄削草稿,以为彰主之过以

乱使国家灭亡的内容，按次序编成《列女传》一书，同时还摘抄了一些传记故事，编成《新序》《说苑》二书，上奏给皇帝。他还多次上书谈论国家的得失，陈述一些应该注意的事情。成帝虽然没有能全部采纳他的建议，然而内心却很赞赏他所讲的内容，经常为之感叹。

【纲】秋八月，太皇太后王氏去世。

【纲】九月，在东莱出现黑龙。

【纲】这月三十日，出现日食。

【纲】永始二年（丙午，前15），春正月，大司马、车骑将军王音去世。 【目】王氏家族中只有王音善良正派，曾多次规劝成帝改正错误，有忠诚正直的节操。

【纲】二月，陨石像下雨一样降下来。这一月的三十日出现日食。

【纲】三月，任命王商为大司马、卫将军。

【纲】侍中张放因犯罪被贬为北地都尉。 【目】成帝曾和张放等人在宫中宴饮，当时成帝的车帷屏风上画着纣王喝醉酒后靠着妲己作长夜之乐。侍中班伯久病初愈，成帝回过头来指着画问班伯说："殷纣王无道，到了这种程度了吗？"班伯回答说："《尚书》中讲纣王说过'听从妇人的话'，哪有在朝廷中这样放肆的？这就是所说的一切坏处都集中到他一个人身上，没有这么厉害。"成帝说："如果不像这样的话，这幅图画还有什么可戒鉴的呢？"班伯回答说："纣王沉湎于酒，微子因此离开他。他喝醉了就大号大叫，《诗经·大雅》因此为之叹息。《诗经》《尚书》劝戒淫乱，都是因为酒引起的。"成帝于是喟然叹息地说："我很久没有看到班生了，今天又听到了他的正直之言了。"张放等人因此而退出了宴席。后来成帝的各位舅舅婉言劝说丞相、御史等奏告张放的罪恶，成帝不得已，将张放贬任北地都尉。

【纲】冬季十一月，成帝下策书罢免了丞相薛宣和御史大夫翟方进。不久又任命翟方进为丞相，任命孔光为御史大夫。 【目】翟方进因为精通经术才得到提拔，他做官时用法苛刻，以势立威，用严厉的条文诋毁别人，中伤了很多人。孔光主管尚书事，掌握机要大权已经有十多年了。他遵守法规，善于处理政事。成帝有什么询问的，他都引经据典，心安理得地回答所问，从不猜测旨意来迎合皇帝。如果成帝有时不

奸忠直,人臣大罪也。有所荐举,惟恐其人之闻知。沐日归休,兄弟妻子燕语,终不及朝省政事。或问光:"温室省中树,皆何木也?"光默不应,更答以他语,其不泄如是。

听从他的,他也不强争,因此他长期安然无祸。有时有要上奏皇帝的,上奏后就把草稿销毁,他认为宣扬君主的过错来求得忠诚正直的名誉,是做大臣的最大罪过。如果有所举荐,唯恐被举荐的人听到。假日回家休息,和兄弟妻子在饭桌上闲谈时,从来不涉及朝廷政事。有人问孔光说:"温室殿中,都是些什么样的树?"孔光默然不回答,或换些其它的话来回答,他不泄露朝中秘事就像这样。

纲鉴易知录卷十八

汉纪

孝成皇帝

【纲】丁未,三年,春正月晦,日食。

【纲】冬十一月,故南昌尉梅福上书,不报。 【目】福数因县道上变事,辄报罢,至是复上书曰:"昔高祖纳善若不及,从谏如转圜,故天下之士云合归汉,此高祖所以无敌于天下也。孝文皇帝循高祖之法,加以恭俭,天下治平。孝武皇帝好忠谏,说至言,天下布衣各励志竭精以赴阙廷,汉家得贤,于此为盛。士者国之重器,得士则重,失士则轻。臣数上书求见,辄复报罢。臣闻齐桓之时,有以九九见者,桓公不逆,欲以致大也。今臣所言,非特九九也。陛下距臣者三矣,此天下士所以不至也。今欲致天下之士,有上书言可采取者,秩以升斗之禄,赐以一束之帛,则嘉谋日闻于上矣。故爵禄者,天下之砥石,高祖所以厉世摩钝也。今陛下既不纳天下之言,又加戮焉。天下以言为戒,最国家之大患也。方今君命犯而主威夺,外戚之权日以益隆,陛下不见其形,愿察其景!建始以来,日食、地震,以率言之,三倍春秋,水灾亡与比数,阴盛阳微,金铁为飞,此何景也?汉兴以来,社稷三危,吕、霍、上官,皆母后之家也。自霍光之贤,不能为子孙虑,故权臣易世则危。势陵于君,权隆于主,然后防之,亦无及已!"上不纳。

孝成皇帝

【纲】永始三年(丁未,前14),春正月三十日,出现日食。

【纲】冬十一月,原来的南昌尉梅福上书,但没有答复。 【目】梅福因多次通过县里上报动乱的事情,总是没有答复,这时他又上书说:"从前汉高祖接受好的建议唯恐来不及,听从劝谏就像转个圆圈那么容易,所以天下的人才都云集到汉王朝,这就是汉高祖之所以无敌于天下的原因。孝文皇帝遵循了汉高祖的做法,再加上他十分恭俭,所以天下治理得十分太平。孝武皇帝喜欢忠言规劝,谈论至理,全天下的百姓都竭尽全力到朝廷献计献策,汉朝得到贤能的人才,因此国家昌盛。贤能的人是国家重要的财富,有了贤能的人才国家就会显得重要,没有贤能的人才国家就会显得无足轻重。臣多次上书请求召见,但每次都没有答复。我听说在齐桓公时,有以'九九乘法'请求召见的人,桓公没有阻挡,他是想得到更大的建议。现在我所讲的,并非只是'九九乘法',陛下已经三次拒绝,这正是天下的贤能人才不能召来的原因。现在如果想召来天下有用的人才,就应该对上书提出过可采纳的建议的人安排一个有斗升俸禄的职位,赏赐给他一束丝帛,陛下就会每天都能听到好的谋略和建议。所以官爵、俸禄的一类事情,只不过像天下的磨刀石,高祖是用它来激励世人的。现在陛下既不采纳天下人的建议,反而大肆杀害这些人。天下的人以进言为戒,这是国家最大的祸患。如今君主的权力受到了侵犯,君主的威力受到了剥夺,外戚的权力一天比一天强大。陛下看不到具体现象,但要考察一下它的影响。建始年间以来,经常发生日食、地震,按频率来说,是春秋时期的三倍,而发生水灾的次数更无法相比。阴盛阳衰,金铁为飞,这是什么情景?自从汉朝建立以来,国家曾出现过三次危险,吕氏、霍氏、上官氏都是皇太后家的人。即使如霍光那么贤明,也没能为子孙后代考虑周全,所以说掌管大权的大臣一旦换了朝代就会出现危险。势力凌驾到君主之上,权力超过了君主,出现这种情况以后再去防范他们,就来不及了。"成帝没采纳他的建议。

【纲】戊申,四年,夏,大旱。

【纲】秋七月晦,日食。

【纲】以何武为京兆尹。 【目】武为吏,守法尽公,进善退恶,其所居无赫赫名,去后常见思。

【纲】己酉,元延元年,春正月朔,日食。

【纲】夏四月,无云而雷,有流星东南行,四面如雨。

【纲】秋七月,有星孛于东井。 【目】上以灾变,博谋群臣。谷永对曰:"建始以来,群灾大异,多于《春秋》所书。下有其萌,然后变见于上。愿陛下正君臣之义,无复与群小媟嬻燕饮。修后宫之政,抑远骄妒之宠。朝觐法驾而后出,陈兵清道而后行,无复轻身独出,饮食臣之家。三者既除,内乱之路塞矣。比年郡国伤于水旱,而有司奏请加赋,市怨趋祸之道也。愿陛下勿许其奏,益减奢泰,振赡困乏,诸夏之乱,庶几可息!"

刘向上书曰:"秦、汉之易世,惠、昭之无后,昌邑之不终,孝宣之绍起,皆有变异著于汉纪。天之去就,岂不昭昭然哉!天文难以相晓,愿赐清燕之间,指图陈状。"上辄入之,然终不能用也。

【纲】冬十二月,大司马、卫将军商卒。以王根为大司马、骠骑将军。

【纲】故槐里令朱云言事得罪,既而释之。 【目】安昌侯张禹,以天子师,每有大政,必与定议。时吏民多上书言灾异王氏专政所致,上至禹第,辟左右,亲以吏民所言示禹。禹自见年老,子孙

【纲】永始四年（戊申，前13）夏，发生大旱。

【纲】秋七月三十日，出现日食。

【纲】任命何武为京兆尹。　【目】何武任官吏，遵守法令，一心为公，褒奖善良的行为，打击邪恶的行为，在他任职的地方虽然没有留下赫赫的名声，但调离之后人们常常怀念他。

【纲】元延元年（己酉，前12）春，正月初一，出现日食。

【纲】夏四月，天上无云而响起了雷声有流星向东南飞去，四周就像下雨一般。

【纲】秋七月，在东井宿出现彗星。　【目】成帝因为发生灾变，所以广泛征求群臣意见，谷永回答说："自建始以来，曾发生了多次大的灾异，远远超过《春秋》上所记载的。如果下面萌发动乱的念头，上面就会出现动乱。希望陛下明确君臣大义，不要再和小人在一起宴饮。加强对后宫的管理，抑制疏远那些骄横嫉妒的宠妃。朝见皇太后时要乘坐御驾后再出宫，要布置好卫兵和清理了道路以后再出行，再不要一个人独自出宫，或到臣妾家里吃饭饮酒。如果这三方面能够禁止的话，内部发生动乱的渠道就能堵塞。这几年来郡国连续发生水旱灾害，有关官员奏请增加赋税，这是引起百姓的怨恨和招来祸患的做法。希望陛下不要答应他们的奏请，进一步减少奢侈，赈济贫困的百姓，这样，各地的动乱也许会得到平息。"

刘向上书说："秦、汉改朝换代，惠帝、昭帝没有后嗣，昌邑王被废黜，孝宣帝的中兴，每次都发生过变异而记载在汉纪中，上天的取舍，难道不是十分清楚的吗？天象是难以讲明白的，请求陛下赐我轻闲的时间，我指着图给您讲述这些情况。"成帝马上就召他进宫，但是最终没有采纳他的建议。

【纲】冬十二月，大司马、卫将军王商去世。任命王根为大司马、骠骑将军。

【纲】原来的槐里县令朱云因为反映事情而犯了罪，不久就又释免了他。　【目】安昌侯张禹是天子的老师，每逢有了朝廷大政，一定要让他参与议定。当时有很多吏民上书说发生灾异是因为王氏独揽大权所致，成帝到了张禹的住宅后，让左右的人回避，亲自把吏民所讲的

弱，恐为王氏所怨，谓上曰："《春秋》日食、地震，或为诸侯相杀，夷狄侵中国。灾变之意，深远难见，故圣人罕言命，不语怪神，性与天道，自子贡之属不得闻，何况浅见鄙儒之所言。陛下宜修政事以善应之，此经义意也。新学小生，乱道误人，宜无信用。"上雅信爱禹，由此不疑王氏。

故槐里令朱云上书求见，公卿在前，云曰："今朝廷大臣，上不能匡主，下无以益民，皆尸位素餐，孔子所谓'鄙夫不可与事君，苟患失之，无所不至'者也。臣愿赐尚方斩马剑，断佞臣一人头，以厉其余！"上问"谁也？"对曰："安昌侯张禹。"上大怒曰："小臣居下讪上，廷辱师傅，罪死不赦！"御史将云下，云攀殿槛，槛折。云呼曰："臣得下从龙逄、比干游于地下，足矣！未知圣朝何如耳！"于是左将军辛庆忌免冠，叩头殿下曰："此臣素著狂直，使其言是，不可诛；其言非，固当容之。臣敢以死争！"庆忌叩头流血，上意解，然后得已。及后当治槛，上曰："勿易，因而辑之，以旌直臣！"

【纲】辛亥，三年，春正月，岷山崩，壅江三日，江水竭。【目】刘向曰："昔周岐山崩，三川竭，而幽王亡。岐山者，周所兴也。汉家本起于蜀、汉，今所起之地山崩、川竭，星孛又及摄提、大角，从参至辰，殆必亡矣！"

【纲】壬子，四年，春正月，中山王兴、定陶王欣来朝。

【纲】陨石于关东二。

讲给张禹听。张禹自认为已经年老，子孙又幼弱，担心被王氏所怨恨，就对成帝说："《春秋》上所记载的日食、地震，有的是因为诸侯们互相攻杀引起的，有的是因为夷狄侵略中国引起的。发生灾异的含义，既深远又难以讲清楚，所以孔圣人很少谈论命运，也不谈论鬼神、性命与天道，子贡那些人就没有听孔子说过，更何况那些见识浅薄的儒生呢？陛下应该使政事清明，用善行回报上天，这才是儒家经典的真正含义。那些刚刚求学的学生，胡言乱语，误事误人，不应该相信和起用他们。"成帝非常相信和喜爱张禹，从此也就不再怀疑王氏家族。

原来的槐里县令朱云上书请求召见，在公卿们面前，朱云说："现在的朝廷大臣，对上不能帮助君主，对下不能给百姓带来利益，都坐在位上白吃饭，正像孔子所讲不能让'卑鄙的人侍奉君主，他们都怕失去官位，所以无所不为'的人一样。我希望陛下赐给我尚方斩马剑，砍下一个奸佞大臣的头，以此来教训其余的人。"成帝问他说："杀谁呢？"朱云回答说："安昌侯张禹。"成帝非常生气地说："小臣身居下层竟敢诋毁朝廷大臣，在朝廷侮辱师傅，罪死不赦！"御史们把朱云押出朝廷，朱云紧紧抓住宫殿的栏杆，栏杆被拉断。朱云高呼说："我能够跟随龙逄、比干游于地下，也就心满意足了。但不知道圣朝会怎么样？"在这个时候，左将军辛庆忌脱下帽子在殿下叩头说："这个人平素就以狂妄直率著名，如果他说对了就不要杀掉他，如果他说错了也应该宽容他。我冒死来向陛下请求。"辛庆忌因叩头前额鲜血直流，成帝的怒气解除之后，事情才算了结。等到后来要修整栏杆时，成帝说："不要更换，就按照原来的修整一下，用它来表彰直率的大臣。"

【纲】元延三年（辛亥，前10），春正月，岷山发生崩塌，长江被堵塞了三天，江水枯竭。　【目】刘向说："从前在周朝时岐山发生崩塌，三条河流被堵塞枯竭，周幽王被杀害。岐山是周朝兴起的地方。汉朝是在蜀、汉地区兴起的，现在汉王朝兴起的地方发生山崩、河流枯竭，彗星又扫过摄提、大角，从参宿到了辰宿，恐怕国家一定会灭亡。"

【纲】元延四年（壬子，前9）春正月，中山王刘兴、定陶王刘欣来朝见成帝。

【纲】在关东落下两块陨石。

【纲】大司农谷永免。 【目】王根荐谷永,征为大司农。永前后所上四十余事,略相反复,专攻上身与后宫而已;党于王氏,上亦知之,不甚亲信也。岁余,以病免,数月卒。

【纲】癸丑,绥和元年,春二月,立定陶王欣为皇太子。

【纲】封孔吉为殷绍嘉侯。三月,与周承休侯皆进爵为公。【目】初,诏求殷后,分散为十余姓,推求其嫡,不能得。匡衡、梅福皆以为宜封孔子世为汤后,上从之。

【纲】夏,建三公官。大司马根去将军号,改御史大夫何武为大司空。

【纲】秋八月,中山王兴卒。

【纲】冬十一月,立楚孝王孙景为定陶王。

【纲】卫尉淳于长有罪,下狱死;废后许氏自杀。以王莽为大司马。 【目】卫尉、侍中淳于长有宠,贵倾公卿,许后赂遗长,欲求复为婕妤。长受,诈许为白上,立以为左皇后。王莽心害长宠,白之,下长狱,死狱中。废后自杀。上以莽首发大奸,称其忠直,王根因荐莽自代,遂以莽为大司马,时年二十八。莽既拔出同列,继四父而辅政,欲令名誉过前人,遂克己不倦,聘诸贤良以为掾史,赏赐、邑钱悉以享士。愈为俭约,母病,公卿列侯遣夫人问疾,莽妻迎之,衣不曳地,布蔽膝,见之者以为僮使,问知其夫人,皆惊。其饰名如此。

【纲】罢免了大司农谷永的官爵。　【目】王根推荐谷永,后来被任命为大司农。谷永前后共上奏过四十余件事情,反来复去基本相同,其内容主要是攻击成帝和后宫的事情;他是王氏家庭的党羽,成帝也知道这些,所以就不很亲信他。一年多以后,因为身体有病而被免去大司农,又过了几个月后就去世了。

【纲】绥和元年(癸丑,前8),春二月,立定陶王刘欣为皇太子。

【纲】封孔子十三世孙孔吉为殷绍嘉侯。三月,他和周承休都封为公爵。　【目】当初,成帝下诏寻找殷朝的后裔,后来发现他们已分散成十几个姓,想推算出他们当中哪一支为嫡系后代,结果没有推算出来。匡衡、梅福都认为应该封孔子的后代为商汤的后裔,成帝听从了他们的建议。

【纲】夏季,重新设立三公官。去掉了大司马王根的将军称号,改御史大夫何武为大司空。

【纲】秋八月,中山王刘兴去世。

【纲】冬十一月,立楚孝王孙刘景为定陶王。

【纲】卫尉淳于长犯了罪,被逮捕入狱,后来死在狱中。许氏皇后被废弃,自杀而死。任命王莽为大司马。　【目】卫尉、侍中淳于长很受成帝的宠幸,他在公卿中是最显贵的。许皇后贿赂淳于长,想请求恢复她为倢伃。淳于长接受了许皇后的贿赂,假装答应为她向成帝请求,立她为左皇后。王莽内心嫉妒淳于长受到宠爱,尊贵的地位倾动公卿,就将此事上告了皇帝。于是就把淳于长逮捕入狱,后来淳于长死在狱中。被废的许皇后自杀。成帝认为王莽首先揭发出这次大阴谋,称赞他忠诚正直,王根也因此推荐王莽代替自己。于是成帝任命王莽为大司马,当时他才二十八岁。王莽已经远远超出他的同辈人,是继四位叔父以后又一位辅佐皇帝的人,他也想使自己的名声超过前人,就不断地克制约束自己,聘任各类贤良人士出任橡史,将皇帝赏赐给自己的封邑和钱财全部分享给他的下属官吏。同时他更加节俭,他的母亲生了病,公卿列侯都各自派出夫人去慰问王莽的母亲,王莽的妻子出去迎接,衣服的长度还拖不到地上,外衣的长度刚刚遮住膝盖,看到她的人都认为是王莽家的奴婢,经过询问,才知道是王莽的夫人,大家都感到惊讶。王莽

【纲】罢刺史,置州牧。

【纲】诏立辟雍,未作而罢。 【目】犍为郡于水滨得古磬十六枚,议者以为善祥。刘向因是说上:"宜兴辟雍,设庠序,陈礼乐,以风化天下。或曰:不能具礼。礼以养人为本,如有过差,是过而养人也。刑罚之过,或至死伤,今之刑非皋陶之法也,而有司请定法,削则削,笔则笔。至于礼乐,则曰不敢,是敢于杀人,不敢于养人也。夫教化之比于刑法,刑法轻,是舍所重而急所轻也。教化,所恃以为治也;刑法,所以助治也。今废所恃而独立其所助,非所以致太平也。"帝以向言下公卿议,丞相、大司空奏请立辟雍,未作而罢。

时又有言:"孔子布衣,养徒三千人,今天子太学弟子少。"于是增弟子员三千人,岁余复如故。

向常显讼宗室,讥刺王氏,其言痛切,发于至诚。上数欲用向,辄下为王氏及丞相、御史所持,故终不迁,居列大夫前后三十余年而卒。后十三岁而王氏代汉。

【纲】甲寅,二年,春二月,丞相方进卒。 【目】时荧惑守心,郎贲丽善为星,言大臣宜当之。上乃召见方进,赐册责让,使尚书令赐上尊酒十石,养牛一。方进即日自杀。上秘之,遣九卿册赠印、绶、赐乘舆秘器,亲临吊者数至,礼赐异于他相故事。

【纲】三月,帝崩。 【目】帝素强,无疾病。时楚王、梁王来朝,明旦,当辞去。又欲拜孔光为丞相,已刻侯印、书赞。昏夜平善,

巧取美名竟如此这般。

【纲】撤销刺史，设置州牧。

【纲】成帝下诏设立学堂，还没有开始修建就又停止了。 【目】犍为郡在水边得到十六个古磬，议论此事的人都认为是吉祥好事。刘向因此就劝成帝说："应当设立学堂学府，陈设礼器乐器，以此来教育天下。有人说：不能全靠礼教。礼教是以培养人才为主要目的，如果发生什么差错，也是为了培养人才才出现差错。使用刑罚也会出现差错，有的还会造成死伤，今天所用的刑罚，已经不是皋陶时的刑罚，而有关官员请求制定刑罚，所以就删的删，改的改。至于说到礼乐的事，就说不敢动，这是敢于杀人而不敢教育人。教育和刑法相比较来看，刑法是次要的，这样做是舍弃重要的而急于去办次要的。教化是治理国家的主要手段，刑法是辅助治理国家的工具。今天舍弃了主要手段而去扶持辅助工具，是不能够使天下太平的。"成帝把刘向所讲的话交给公卿们去议论，丞相、大司空都上奏请求设立学堂，结果还没有修建就又停止了。

当时还有人说："孔子是个平民，却养有三千弟子。现在天子太学的弟子太少。"于是就将弟子的名额增加到三千名。一年多以后，又恢复到原来的名额。

刘向经常公开指责宗室，讥讽王氏家族，他的言辞非常痛切，是发自内心的忠诚。成帝也曾多次想起用刘向，但被王氏一家以及丞相、御史所阻挠，所以始终没有能得到提拔，位居大夫之列前后共有三十余年，后来就去世了。刘向去世十三年后王氏篡夺了刘氏汉朝政权。

【纲】绥和二年（甲寅，前7），春二月，翟丞相方进去世。 【目】当时荧惑出现在心宿旁边，郎官贲丽很会看星象，说大臣应当代替天子去受灾祸。于是成帝召见翟方进，并下诏责备他，同时派尚书令赐给翟方进好酒十石，肥牛一头。翟方进当天自杀。成帝对这件事十分保密，并故意下令派遣九卿去赠送给翟方进印信绶带、车马冥器等表示哀悼。成帝也几次亲自去吊唁，对待翟方进的礼节、赏赐和过去他对待其他丞相的礼仪大不一样。

【纲】三月，成帝去世。 【目】成帝平时身体强壮，没有病。当时楚王刘衍、梁王刘立来朝见成帝，第二天早晨他们就要离开京师返回封

乡晨欲起,不能言而崩。民间谨哗,咸归罪赵昭仪。皇太后诏大司马莽杂治,问皇帝起居发病状,赵昭仪自杀。

【纲】以孔光为丞相。

【纲】夏四月,太子欣即位。尊皇太后曰太皇太后,皇后曰皇太后。

【纲】葬延陵。

【纲】追尊定陶共王为定陶共皇。

【纲】五月,立皇后傅氏。

【纲】尊定陶太后傅氏曰定陶共皇太后,丁姬曰定陶共皇后。封丁明、傅晏皆为列侯。

【纲】六月,诏刘秀典领《五经》。 【目】王莽荐刘歆为侍中,贵幸,更名秀。上复令典领《五经》,卒父前业。秀于是总群书而奏其《七略》,有《辑略》《六艺略》《诸子略》《诗赋略》《兵书略》《术数略》《方技略》。其叙诸子,分为九流:曰儒,曰道,曰阴阳,曰法,曰名,曰墨,曰纵横,曰杂,曰农。以为:"九家皆起于王道既微,诸侯力政,时君世主,好恶殊方,是以九家之术,蜂出并作,各引一端,崇其所善,虽有蔽短,合其要归,亦《六经》之支流余裔;使其人遭明王圣主,得其所折中,皆股肱之材已。仲尼有言:'礼失而求诸野。'方今去圣久远,道术缺废,无所更索,彼九家者,不犹愈于野乎!若能修六艺之术,而观此九家之言,舍短取长,则可以通万方之略矣。"

【纲】诏限民名田,不果行。 【目】初,董仲舒说武帝,以"秦除井田,民得卖买,富者田连阡陌,贫者无立锥之地,小民安得不

国。成帝又打算任孔光为丞相，已经刻好了封侯爵的印信和写好了封侯爵的诏书。夜间还一直很好，到了第二天早晨，成帝想起床，但是不能说话，而后就去世了。民间对此事谣言哗然，都归罪于赵昭仪。皇太后下令让大司马王莽去调查处理这件事，并询问皇帝起居发病的情况，赵昭仪自杀。

【纲】任命孔光为丞相。

【纲】夏四月，太子刘欣即位，尊皇太后为太皇太后，皇后为皇太后。

【纲】把成帝安葬在延陵（今陕西咸阳西北）。

【纲】追尊定陶共王为定陶共皇。

【纲】五月，立皇后傅氏。

【纲】尊定陶太后傅氏为定陶共皇太后，丁姬为定陶共皇后。封丁明、傅晏为列侯。

【纲】六月，诏令刘秀负责整理五经。　【目】王莽推荐刘歆为侍中，因为他地位显贵而且很得宠幸，于是就改名为刘秀。哀帝又下令让他负责整理五经，完成他父亲刘向没有完成的事业。于是刘秀汇总群书，分类编成《七略》一书，其中包括《辑略》《六艺略》《诸子略》《诗赋略》《兵书略》《术数略》《方技略》。在叙述诸子时又分为九种学派：儒家、道家、阴阳家、法家、名家、墨家、纵横家、杂家、农家。他认为："九种学派都是在王道衰弱时兴起来的，那时诸侯鼎立，当时的君主的好恶也各不一样，所以九家学派同时蜂拥而起，各执一端，推崇自己所喜欢的，虽然也掩盖各自的短处，但总结它们的要点，也都是《六经》的支派。如果让那些人遇上圣明的君主，把他们折中一下，都可以成为栋梁之才。孔子曾经说过：'古代的礼仪虽然失传，但可以到野外去寻求。'现在离开圣人已经很久了，当时的道术也残缺废止，无法再找到，这九家学派，不是比野外还要远吗？如果能够学习《六艺》之术，再看看这九家学派的论述，取长补短，就可以精通各种方略。"

【纲】哀帝下诏限制百姓占田的数额，但实际上没有执行。　【目】当初，董仲舒劝说武帝，认为："秦朝废除井田，百姓可以买卖土地，结

困？古井田法虽难卒行，宜少近古。限民名田以赡不足，塞并兼之路；去奴婢，除专杀之威；薄赋敛，省徭役，以宽民力，然后可善治也！"至是，师丹复建言："今累世承平，豪富吏民，赀数巨万，而贫弱愈困，宜略为限。"天子下其议，丞相、大司空奏请："自诸侯王、列侯、公主名田各有限；关内侯、吏、民名田皆毋过三十顷；奴婢毋过三十人，期尽三年；犯者没入官。"时田宅、奴婢贾为减贱，贵戚近习皆不便也，诏书且须后，遂寝不行。

【纲】秋七月，罢大司马莽就第，以师丹为大司马。【目】初，太皇太后诏大司马莽就第，避帝外家；莽既上疏乞骸骨，罢就第，乃以师丹为大司马。

【纲】九月，地震。【目】自京师至北边，郡国三十余处地震。

【纲】求能浚川疏河者。【目】骑都尉平当使领河堤，奏："按经义，治水有决河深川，而无提防壅塞之文。宜博求能浚川疏河者。"上从之。待诏贾让奏言："治河有上、中、下策。夫土之有川，犹人之有口也，治土而防其川，犹止儿啼而塞其口，岂不遽止，然其死可立而待也。故曰：'善为川者决之使道，善为民者宣之使言。'今徙冀州之民当水冲者，决黎阳遮害亭，放河使北入海，此上策也。多穿漕渠于冀州地，使民得以溉田，分杀水势，此中策也。若乃缮完故堤，增卑倍薄，劳费无已，数逢其害，此下策也。"

果富人的土地连成一片,而穷人却无立锥之地,百姓怎么能够不困苦呢?古代的井田制虽然难以马上执行,但应该稍微学习古代制度,限制百姓占田的数额,用这种方法来弥补那些不足的人,堵塞兼并土地的渠道;废除奴婢,取消随意杀死奴婢的权力;减轻赋税,减少徭役,放宽对百姓的限制,这样国家就可以治理得很好。"到这时,师丹又建议说:"现在连续几代盛世太平,富有的吏民们家产万贯,然而贫穷的人越来越困难,应该略加限制。"天子把他的建议交给下面去讨论,丞相、大司空都上奏请求:"从诸侯王、列侯、公主以下占有的田地应该各自都有限额;关内侯、吏、民占有的田地都不能超过三十顷;使用的奴婢不能超过三十人,期限为三年;如果违犯了这些规定的,全部没收充公。"当时,田宅、奴婢的价钱都降得很贱,皇亲贵戚们感到这些规定对他们很不利。哀帝下诏姑且推后执行,于是搁置不行。

【纲】秋七月,罢免大司马王莽官职,让他回家,任命师丹为大司马。 【目】当初,太皇太后下令让大司马王莽辞官回家。王莽就上书请求辞官回家,于是任命师丹为大司马。

【纲】九月,发生地震。 【目】从京师至北方边境的郡国中有三十余处发生地震。

【纲】访求能疏通黄河水道的人。 【目】骑都尉平当被派去兼管河水堤防,他上奏说:"按照经书上的记载,治理水患有挖开河堤或加深河床的方法,但没有修筑河堤和堵塞河流的方法。应该广泛访寻能够疏通河道的人。"哀帝听从了他的建议。待诏贾让上奏说:"治理河水有上中下三种方法。地上有河流就像人长有口一样。如果修治河堤来防止河水泛滥,就像不想让孩子哭而堵上了他的嘴一样,这是会立刻制止,但孩子马上也就会死亡。所以说:'善于治理河流的人是挖开河堤来疏导河流,善于管理百姓的人是引导他们畅所欲言。'现在迁走冀州那些面临洪水危险的人,挖开黎阳遮害亭的河堤,放开河水向北流入海中,这是最好的办法。在冀州多修一些水渠,让老百姓用这些水来灌溉农田,分弱水势,这是中等的方法。如果是继续维修原来的河堤,将低处加高,薄的加厚,没完没了地浪费人力物力,还会再遭水患,这是最下策。"

【纲】冬十月，策免大司空武，遣就国，以师丹为大司空。

孝哀皇帝

【纲】乙卯，孝哀皇帝建平元年，春正月，陨石于北地十六。

【纲】以傅喜为大司马。

【纲】秋九月，陨石于虞二。

【纲】策免大司空、高乐侯丹为庶人，复赐爵关内侯。　【目】冷褒、段犹等奏言："定陶共皇太后、共皇后，皆不宜复引定陶藩国之言，以冠大号；车马、衣服宜皆称皇之意，又宜为共皇立庙京师。"上下其议，群下多顺指，言："母以子贵，宜立尊号以厚孝道。"惟丞相光、大司马喜、大司空丹以为不可。丹曰："圣王制礼，取法于天地。尊卑之礼明，则人伦之序正。尊卑者，所以正天地之位，不可乱也。今定陶共皇太后、共皇后车服与太皇太后并，非所以明'尊无二上'之义也。定陶共皇号谥已前定，义不得复改。'为人后者为之子'，故为所后服斩衰三年，而降其父母期，明尊本祖而重正统也。孝成皇帝为共皇立后，奉承祭祀，令共皇长为一国太祖，万世不毁。陛下既继体先帝，义不可复奉定陶共皇祭。今欲立庙于京师，而使臣下祭之，是无主也。又亲尽当毁，空去一国太祖不堕之祀，而就无主当毁不正之礼，非所以尊厚共皇也。"丹由是浸不合上意。又使吏书奏，吏私写其草；丁、傅子弟闻之，使人上书告"丹上封事，行道人遍持其书"。事下廷尉，劾丹大不敬；遂策免丹，诏丹上大司空、高乐侯印绶，罢归。尚书令唐林上疏曰："丹亲傅圣躬，位在三公，所坐者微，免爵太重。惟陛下裁之！"诏赐丹爵关内侯。

【纲】冬十月，下诏罢免了大司空何武，送他回到封国，任命师丹为大司空。

孝哀皇帝

【纲】孝哀皇帝建平元年（乙卯，前6），春正月，在北地落下十六块陨石。

【纲】任命傅喜为大司马。

【纲】秋九月，在虞落下两块陨石。

【纲】下诏罢免大司空、高乐侯师丹为平民百姓。后来又赐师丹关内侯爵。　　【目】冷褒、段犹等上奏说："定陶共皇太后、共皇后都不应该再把'定陶'国名加在尊号之上；车马、衣服都应该符合'皇'的身份，同时还应该在京师为共皇立庙。"哀帝把这个奏议交给大臣们讨论，很多大臣都顺从这个建议，并说："儿子尊贵，母亲也应该尊贵，应该立尊号来加强孝道。"只有丞相孔光、大司马傅喜、大司空师丹认为不可以这样做。师丹说："圣王制定的礼仪是取法于天地的。尊卑的规定明确后，人伦的顺序就能摆正。尊卑的原则是确定天地的位置，不可以混乱。现在定陶共皇太后、共皇后的车马衣服和太皇太后的车马衣服一样，不能明确'尊无二上'的意思。定陶共皇的谥号在以前已经确定下来，按道理是不能再改动了。'是谁的继承人就是谁的儿子'，所以要穿上孝服为某人守孝三年，而对生身父母只需守孝一年，这是为表明尊重继承的祖先，保持正统。孝成皇帝为共皇选定继承人，继续来侍奉祭祀祖庙，使共皇长久成为一国太祖，万世不灭。陛下已经继承了先帝，按道理不可以再供奉祭祀定陶共皇。现在又想在京师为共皇立庙，让臣下去祭祀她，这就成了无主的祭礼了。另外，在亲情没有了的时候祖庙就应该拆除，放弃永远存在祭祀的一国太祖而去祭祀一个应当毁掉的无主之庙，这不符合礼仪，也不是很好地尊崇共皇的作法。"师丹从此也就慢慢地不合哀帝的心意了。后来师丹又让下属官吏代写奏书，官吏偷偷地抄写下底稿；丁、傅两家子弟听说这件事后，就派人上书告发说"师丹呈上亲启密奏，但路上的人都拿着他的奏书"。哀帝将这件事交给廷尉处理，廷尉弹劾师丹犯了大逆不敬之罪；于是哀帝下

【纲】冬十月,以朱博为大司空。

【纲】中山王太后冯氏及其弟宜乡侯参皆自杀。 【目】中山王箕子,幼有眚病,祖母冯太后自养视,数祷祠解。上遣中郎谒者张由将医治之。由素有狂易病,病发西归,因诬冯太后祝诅上及傅太后。初,傅太后与冯太后并事元帝为倢伃,尝从幸虎圈,熊逸出攀槛,傅倢伃等皆惊走,冯倢伃直前当熊而立。上问之,对曰:"猛兽得人而止。妾恐熊至御坐,故以身当之。"帝嗟叹,倍敬重焉。傅倢伃惭,由是有隙,常追怨之。因是遣中谒者令史立治之,立受傅太后指,诬奏云:"祝诅,谋杀上立中山王。"责问冯太后,无服辞。立曰:"熊之上殿何其勇,今何怯也!"太后还谓左右:"此乃中语,前世事,吏何用知之?欲陷我故也!"乃饮药自杀。弟宜乡侯参,召诣廷尉,亦自杀。

【纲】丙辰,二年,春正月,有星孛于牵牛。

【纲】策免大司马喜。罢三公官,复以朱博为御史大夫,丁明为大司马、卫将军。

【纲】夏,遣高武侯傅喜就国。

【纲】策免丞相、博山侯光为庶人,以朱博为丞相。 【目】孔光自议继嗣持异,又重忤傅太后指,策免为庶人。以朱博为丞相,临延登受策,有大声如钟鸣殿中。以问黄门侍郎扬雄及李寻。寻对曰:"此《洪范》所谓鼓妖者也。人君不聪,为众所惑,空名得进,

诏罢免师丹,命令师丹交回大司空、高乐侯的印信和绶带,免官回家。尚书令唐林上书说:"师丹亲自教导辅佐陛下,位居三公,犯的罪很小,而免去他的官爵太重。请求陛下重新裁决。"于是哀帝下诏赏赐师丹关内侯爵。

【纲】冬十月,任命朱博为大司空。

【纲】中山王太后冯氏和她的弟弟宜乡侯冯参都自杀了。 【目】中山王刘箕子从小就患有眼病,他的祖母冯太后亲自抚养他,曾多次到庙里祈祷,请求上帝为他除病。哀帝派遣中郎谒者张由陪医生前去给他治疗。张由平素精神失常,这时突然发病,回到长安,趁机诬陷说冯太后诅咒哀帝和傅太后。当初,傅太后和冯太后一并都是元帝的婕妤,曾经陪同元帝前往虎圈观赏野兽,突然一只熊跑了出来,攀着栏杆想上殿堂,傅婕妤等人都被吓跑,冯婕妤却勇敢上前,站在熊的前面。元帝问她,她回答说:"猛兽只要抓住一个人后就会停止。我害怕熊走到陛下的座位那里,所以就用身体来挡住它。"元帝感激赞叹,倍加敬重冯婕妤。傅婕妤感到很惭愧,从此和冯婕妤产生了矛盾,每当想起这件事就常怨恨她。因此派中谒者令史立去查办她,史立接受了傅太后的旨意,就诬奏:"冯太后想诅咒谋杀皇上,另立中山王。"在审问冯太后时,她没有接受他的诬告。史立说:"当初熊攀拦上殿的时候怎么那样勇敢,而今天又这般害怕?"冯太后回去以后对她左右的人说:"这是在宫中讲的话,是以前发生的事情,这个官吏怎么会知道呢?是打算陷害我的缘故。"就喝了毒药自杀。她的弟弟宜乡侯冯参被召至廷尉那里,也自杀了。

【纲】建平二年(丙辰,前5),春正月,牵牛星旁出现彗星。

【纲】哀帝下令罢免了大司马傅喜。取消了三公,重新任命朱博为御史大夫,丁明为大司马、卫将军。

【纲】夏季,遣送高武侯傅喜回到封国。

【纲】哀帝下令罢免丞相、博山侯孔光为平民百姓。任命朱博为丞相。 【目】孔光自从在成帝时讨论继承人的问题提了不同意见,又不顺从傅太后的旨意,所以就被免为平民百姓。任命朱博为丞相,当朱博临近登殿接受任命时,从殿中传出像钟响一样的大声音。哀帝因此就问黄门侍郎扬雄和李寻。李寻回答说:"这就是《洪范》中所讲的'鼓

则有声无形,不知所从生。宜退丞相以应天变。"雄亦以为"听失之象",且曰:"博为人强毅多权谋,宜将不宜相,恐有凶恶亟疾之怒。"上不听。

【纲】诏共皇去定陶之号,立庙京师。尊共皇太后傅氏为帝太太后,共皇后丁氏为帝太后。

【纲】免关内侯师丹为庶人。遣新都侯王莽就国。

【纲】罢州牧,复置刺史。

【纲】六月,太后丁氏崩。

【纲】秋八月,丞相博有罪,自杀。

【纲】冬十月,以平当为丞相。

【纲】丁巳,三年,春三月,丞相当卒。 【目】上召欲封当,当病笃,不应召。或谓当:"不可强起受印,为子孙邪?"当曰:"吾居大位,已负素餐;受印还死,死有余罪。不起,所以为子孙也!"乞骸骨,不许。至是薨。

【纲】有星孛于河鼓。

【纲】夏四月,以王嘉为丞相。

【纲】嘉上疏曰:"孝文时吏居官者,或长子孙,以官为氏,仓氏、库氏,则仓库吏之后也;其二千石长吏亦安官乐职,然后上下相望,莫有苟且之意。其后稍稍变易,公卿以下转相促急,举劾苛细,发扬阴私,送故迎新,交错道路。二千石益轻贱,吏民慢易之。唯陛下留神于择贤,记善忘过,容忍臣子,令尽力者有所劝,此方今急务也。"

【纲】冬十一月,无盐危山土起,瓠山石立。东平王云坐祠祭祝

妖'。君主不广闻博听，就会被人所迷惑，徒有虚名的人得到提拔时，就会出现这种有声无形的现象，不知声音从哪里发出的。应该先不提拔丞相来顺应上天的变异。"扬雄也认为是"君主不能广听博闻的表现"，而且他还说："朱博性格刚毅，善于谋略，适合当将领而不适合当丞相，恐怕会带来凶恶与危险。"哀帝没有听他们的话。

【纲】哀帝下诏定陶共皇去掉"定陶"二字，在京师建立共皇祭庙。尊共皇太后傅氏为帝太太后，共皇后丁氏为帝太后。

【纲】罢免关内侯师丹为平民百姓。遣送新都侯王莽回到封国。

【纲】撤销州牧，重新设立刺史。

【纲】六月，太后丁氏去世。

【纲】秋八月，丞相朱博犯罪自杀。

【纲】冬十月，任命平当为丞相。

【纲】建平三年（丁巳，前4），春三月，丞相平当去世。【目】哀帝召见平当，打算封他爵位，但由于平当病重，没能应召。有人对平当说："难道不能勉强起来去接受印信，为子孙打算吗？"平当说："我身居高位，已经辜负了国家在白吃饭；如果接受印信，回家后就死去，这样都死有余罪。不起来去接受印信，这才是为了子孙后代。"后来他请求辞职，哀帝没有答应。到了这时他就去世了。

【纲】在河鼓星旁出现彗星。

【纲】夏四月，任命王嘉为丞相。

【纲】王嘉上书说："孝文帝时任官吏的人，他们的长子长孙有的以官为氏，如仓氏、库氏就是仓库官吏的后代；官秩在二千石的官员们也安于官位，乐于尽职，然后上下官吏都互相勉励，没有苟且随便的想法。在这以后又稍稍有所变化，公卿以下的官员更换又快又急，检举弹劾的事又苛刻又琐细，互相揭发隐私，送旧官迎新官的人在路上来来往往。二千石的官更加轻贱，小官吏和百姓也看不起他们。希望陛下要留神选择贤能的人才，记住他们的优点，忘掉他们的过错，对臣下能够容忍，要对尽心竭力的人有所鼓励，这是当务之急。"

【纲】冬十一月，无盐危山的土突然隆起，瓠山的石头自行立起。

诅自杀；以孙宠为南阳太守，息夫躬为光禄大夫。 【目】无盐危山土自起覆草，如驰道状；又瓠山石转立。东平王云及后谒，自之石所祭祀之。息夫躬、孙宠相与谋曰："此取封侯之计也！"乃因中常侍宋弘上变事，告焉。时上被疾，多所恶，逮谒验治。云自杀，谒弃市。擢宠为南阳太守，弘、躬皆光禄大夫。

【纲】戊午，四年，春正月，大旱。

【纲】关东民讹言行筹。 【目】关东民无故惊走，持稿或掫一枚，传相付与，曰："行西王母筹。"

【纲】封傅商为汝昌侯。

【纲】二月，下尚书仆射郑崇狱，杀之。免司隶孙宝为庶人。【目】侍中董贤为人，美丽自喜，性和柔便辟，得幸于上，贵震朝廷。常与上卧起，妻得通籍殿中。女弟为昭仪，父恭为少府。诏将作大匠为贤起大第北阙下，穷极技巧。又为贤起冢茔义陵旁，周垣数里。郑崇谏上，由是数以职事见责。尚书令赵昌因奏"崇与宗族通，疑有奸。"上责崇曰："君门如市人，何以欲禁切主上？"崇对曰："臣门如市，臣心如水。愿得考覆！"上怒，下崇狱。司隶孙宝上书曰："崇狱覆治，榜掠将死，卒无一辞；道路称冤。疑昌与崇内有纤芥，浸润相陷。臣请治昌以解众心！"诏曰："司隶宝附下罔上，国之贼也！免为庶人。"崇死狱中。

【纲】夏六月，尊帝太太后傅氏为皇太太后。

【纲】秋八月，封董贤为高安侯，孙宠为方阳侯，息夫躬为宜陵侯。

东平王刘云犯了祠祭诅咒的罪，自杀身亡；任命孙宠为南阳太守，任命息夫躬为光禄大夫。　【目】无盐危山的土自行隆起盖住了草，就像驰道一样；瓠山的石头也转着竖立起来。东平王刘云和王后刘谒二人亲自到那块石头那里去祭祀。息夫躬、孙宠互相商量说："这是取得封侯的好方法。"就通过中常侍宋弘上书告发东平王刘云、王后刘谒的事情。当时哀帝身体有病，对很多事情他都讨厌，于是就逮捕王后刘谒来查问。最后刘云自杀，王后刘谒在街市上被斩杀。提拔孙宠为南阳太守，宋弘、息夫躬都被提拔为光禄大夫。

【纲】建平四年（戊午，前3）春正月，发生大旱。

【纲】关东的老百姓谣传行筹。　【目】关东地区的老百姓无故拿着禾秆或麻秆惊慌奔走，互相传递，说"这是为西王母传递畴具"。

【纲】封傅商为汝昌侯。

【纲】二月，将尚书仆射郑崇逮捕入狱，并把他杀死。罢免司隶孙宝为平民百姓。　【目】侍中董贤长得漂亮，自己觉得很高兴，性情柔和，会阿谀逢迎，很受皇帝的宠幸，在朝廷中特别显贵。他常和哀帝住在一起，他的妻子也能够向门卫通报姓名进入殿中。董贤的妹妹封为昭仪，父亲董恭为少府官。哀帝下诏将作大匠为董贤在北宫门外修建一座大的宅第，采用了最好技术。又为董贤在义陵的旁边修筑坟墓，围墙有好几里长。郑崇劝谏哀帝，因此多次因公事受到责备。尚书令赵昌也因此而上奏说："郑崇和刘氏宗族来往频繁，疑有阴谋。"哀帝就责问郑崇说："你家门庭若市，为什么还想禁止主上？"郑崇回答说："我的门庭若市，但我的心却像水一样清洁。希望陛下能够考查。"哀帝十分生气，就将郑崇逮捕入狱。司隶孙宝上书说："郑崇的案件已经查问，拷打得快要死了还不说一句话。道路上的人都说郑崇冤枉，我怀疑郑崇和赵昌之间有小的矛盾，因此用谗言来陷害郑崇。臣请求治理赵昌来解除众人的疑心。"哀帝下诏说："司隶孙宝欺上附下，是国家的大贼，罢免他为平民百姓。"后来郑崇也死在狱中。

【纲】夏六月，尊帝太太后傅氏为皇太太后。

【纲】秋八月，封董贤为高安侯，孙宠为方阳侯，息夫躬为宜陵侯。

【纲】左迁执金吾毋将隆为沛郡都尉。 【目】上发武库兵送董贤及上乳母王阿舍。执金吾毋将隆奏言："古者方伯专征，乃赐斧钺，汉家边吏距寇，赐武库兵。《春秋》之谊，家不藏甲，所以抑臣威，损私力也。今便辟弄臣，私恩微妾，而以天下公用，给其私门，契国威器，共其家备，建立非宜，以广骄僭，非所以示四方也。臣请收还武库。"上不悦。以其前有安国之言，左迁为沛郡都尉。

【纲】谏大夫鲍宣上书。 【目】曰："窃见孝成皇帝时，外亲持权，浊乱天下，奢泰无度，穷困百姓，是以日蚀且十，彗星四起。危亡之征，陛下所亲见也，今奈何反覆剧于前乎！朝臣亡有大儒骨鲠之士，论议通古今，忧国如饥渴者。敦外亲、小僮、幸臣董贤等，在省户下，陛下欲与此共承天地，安海内，甚难！官爵，非陛下之官爵，乃天下之官爵也。陛下官非其人，而望天说、民服，岂不难哉！孙宠、息夫躬，奸人之雄，惑世尤剧，宜以时罢退；及外亲幼童，未通经术者，皆宜令休，就外傅。急征傅喜，使领外亲；何武、师丹、孔光、彭宣、龚胜，可大委任。陛下尚能容亡功德者甚众，曾不能忍武等邪！治天下者，当用天下之心为心，不得自专快意而已也。"宣语虽刻切，上以宣名儒，优容之。

【纲】匈奴单于上书请朝。 【目】匈奴单于请朝五年，上问公卿，以为"虚费府帑，可且勿许"。单于使辞去，未发，扬雄上书曰："臣闻六经之治，贵于未乱；兵家之胜，贵于未战。今单于来朝，国

【纲】贬执金吾毋将隆为沛郡都尉。　【目】哀帝拿武库的兵器送给董贤和他的乳母王阿舍。执金吾毋将隆上书说:"古代的方伯出去征伐时,皇帝才赐给他们斧钺,汉朝在边境抗拒敌人的官吏也要赐给武器。按照《春秋》的意思,私家不应收藏武器,这是为了限制大臣的威力和削弱私人的力量。现在对阿谀逢迎的弄臣、有私人恩惠的小妾,陛下却拿着国家的公用财产送给了私人,减少了保卫国家威力的武器,供给了私家使用,这样来树立威信是很不恰当的,同时也会使他们更加骄横,不能给四方的人们做出榜样。臣下请求把那些武器收回武库。"哀帝很不高兴。因为他以前为自己说过好话,所以贬他为沛郡都尉。

【纲】谏大夫鲍宣上书。　【目】谏大夫鲍宣上书说:"我看到孝成皇帝时,外戚掌握大权,天下混乱,他们奢侈无度,百姓十分贫困,所以就出现了十次日食和四次彗星。国家危亡的征兆,陛下是亲眼见过的,现在怎么比以前反而更厉害了呢?现在的朝廷大臣中没有精通儒家学术的正直之士,议论国家大事时不能贯通古今,没有如饥如渴为国家担忧的人。反而对外戚、小僮、宠臣董贤等特别厚待,使他们都身居要职,陛下想和他们共同掌管国家、安定海内,这是很难办到的。官爵,不是陛下的官爵,是天下的官爵。陛下的官吏用非其人,而希望上天高兴、百姓服从,难道不是更难了吗?孙宠、息夫躬是奸臣中的首恶,乱世惑众最为厉害,应当在适当的时候罢免他们。对那些外戚幼童、不精通儒家学术的人都应该让他们辞职休息,到外面投师学习。赶快征召傅喜,让他总领外戚;何武、师丹、孔光、彭宣、龚胜等人可以委任大事。陛下尚且能容忍那么多没有功德的人,怎么不能容忍何武等人呢?治理天下的人应当把天下人的心当作自己的心,不能只顾自己痛快。"鲍宣的话虽然尖刻严厉,哀帝认为鲍宣是有名的儒者,也就优待宽容了他。

【纲】匈奴单于上书请求朝见。　【目】匈奴单于请求在建平五年前来朝见,哀帝向公卿们询问这件事,大家认为"白白浪费国库的钱财,可以暂时不要答应"。单于的使者告辞后,还没有出发,扬雄上书说:"我听说六经中治理国家的方法,最好是在发生动乱以前就治理

家辞之，臣愚以为汉与匈奴从此隙矣。匈奴本五帝所不能臣，三王所不能制。以秦始皇之强，然不敢窥西河。以高祖之威灵，三十万众困于平城。高皇后时，匈奴悖慢；及孝文时，候骑至雍、甘泉。孝武设马邑之权，欲诱匈奴，徒费财劳师，一虏不可得见，况单于之面乎！其后深惟社稷之计，规恢万载之策，乃大兴师数十万，前后十余年，穷极其地，追奔逐北。自是之后，匈奴震怖，益求和亲，然而未肯称臣也。夫前世岂乐倾无量之费，役无罪之人，快心于狼望之北哉？以为不一劳者不久佚，不暂费者不永宁，是以忍百万之师，以推饿虎之喙，运府库之财，填卢山之壑，而不悔也。逮至元康、神爵之间，大化神明，鸿恩博洽，匈奴内乱争立，呼韩邪归化称臣，然尚羁縻之计，欲朝不距，不欲不强。今单于归义怀诚，国家虽费，不得已者也，奈何距之以开将来之隙乎！夫百年劳之，一日失之，费十而爱一，臣窃为国不安也！唯陛下少留意于未乱、未战，以遏边萌之祸。"书奏，天子寤焉，召还匈奴使者，更报书而许之。单于未发，会病，复遣使愿朝明年；上许之。

【纲】己未，元寿元年，春正月朔，以傅晏为大司马、卫将军，丁明为大司马、骠骑将军。是日，日食。寻罢晏，就第。

【纲】皇太太后傅氏崩，合葬渭陵，号孝元傅皇后。

【纲】孙宠、息夫躬以罪免，就国。以鲍宣为司隶。

好；兵家取胜的方法，最好是在战争以前就能取得胜利。现在单于准备来朝见，国家推辞了他们，我愚昧地认为从此汉朝和匈奴之间就会产生矛盾。匈奴人在五帝时也不能使他们臣服，三王时也不能控制。就是秦始皇那样强大，也不敢窥伺西河。高祖那样威风，三十万军队被困在平城。高皇后时，匈奴很傲慢。到了孝文帝时，匈奴的侦察骑兵进入到雍城、甘泉一带。孝武帝时，曾在马邑设下圈套，打算引诱匈奴进来，结果是白白地浪费了钱财，还劳累了军队，一个俘虏也没有抓获，何况见单于的面呢？在这以后武帝曾深深考虑国家大计，拟定了万年太平的策略，于是兴师动众数十万，前后长达十余年，打遍了匈奴的国土，把他们赶到了北边。从此以后，匈奴人震恐，更加盼望和汉朝和亲，但是仍然不想向汉朝称臣。前辈人难道是乐于去浪费无法计算的钱财，役使那些无罪的人，到北方的匈奴之地去求得一时痛快吗？而是因为不能付出辛苦就不能长久安逸，不能暂时浪费点钱财就不得永远安宁，所以才忍心调动百万之师，去催毁饿虎之口，调运国库的钱财，去填补庐山的山谷，而不感到后悔。到了元康、神爵年间，国泰民安，主上神明，皇恩广施，而匈奴国发生内乱，五个单于互相争位，呼韩邪归服汉朝称臣，这样汉朝尚且还采取笼络政策，愿意来朝见的从不拒绝，不愿来朝见的也不勉强。现在匈奴单于怀着真心诚意来归服汉朝，国家虽然有点浪费，这也是不得已的，怎么可以拒绝他们而使将来产生矛盾呢？百年的辛苦毁于一旦，费十而爱一，臣私下为国家感到不安，希望陛下在未发生动乱、战争之前稍加留意，来防止边境祸端的产生。"奏章送上去以后，天子就明白了，就召回匈奴的使者，更换了回报匈奴的国书，答应了匈奴单于来朝见的请求。单于还没有从匈奴动身就生了病，就又派遣使者请求明年再来朝见，哀帝又答应了匈奴单于的请求。

【纲】元寿元年（己未，前2），春正月初一，任命傅晏为大司马、卫将军，任命丁明为大司马、骠骑将军。这一天出现日食。不久又罢免了傅晏，送他回家。

【纲】皇太太后傅氏去世，和元帝合葬渭陵，称她为孝元傅皇后。

【纲】孙宠、息夫躬因为犯了罪被免去官职，送他们回到封国。任

【纲】下丞相新甫侯王嘉狱,杀之。 【目】上托傅太后遗诏,益封董贤二千户。王嘉封还诏书,谏曰:"臣闻爵禄、土地,天之有也。《书》曰:'天命有德,五服五章哉!'王者代天爵人,尤宜慎之;不得其宜,则众庶不服,感动阴阳,其害疾自深。高安侯贤,佞幸之臣,陛下倾爵位以贵之,单货财以富之,损至尊以宠之,流闻四方,皆同怨疾。里谚曰:'千人所指,无病而死。'臣常为之寒心!臣骄侵罔,阴阳失节,气感相动,害及身体。陛下寝疾久不平,继嗣未立,宜思正万事,顺天人之心,以求福祐;奈何轻身肆意,不念高祖之勤苦,垂立制度,欲传之于无穷哉!"

初,廷尉梁相治东平王云狱,心疑云冤,欲更覆治。尚书令鞠谭等以为可许。上以为顾望两心,幸云逾冬,无讨贼意,免相等皆为庶人。后数月,大赦,嘉荐"相等皆有材行,臣窃为朝廷惜之"。书奏,上不能平。及封还董贤事,上乃发怒,召嘉诣尚书责问以相等事。孔光等劾嘉"迷国罔上,不道"。诏召丞相诣廷尉诏狱。嘉喟然仰天叹曰:"幸得充备宰相,不能进贤、退不肖,以是负国,死有余责!"吏问贤、不肖主名,嘉曰:"贤孔光、何武不能进,恶董贤父子不能退。罪当死,死无所恨!"遂不食,呕血而死。元始中追谥曰忠,绍其封。

【纲】秋七月,以孔光为丞相。八月,以何武为前将军,彭宣为御史大夫。 【目】上览王嘉之对,思其言,故有是命。光复故爵。

命鲍宣为司隶。

【纲】将丞相新甫侯王嘉逮捕入狱,并把他杀死。 【目】哀帝假托傅太后的遗诏,给董贤又加封二千户采邑。王嘉把诏书封起来又送还哀帝,并劝他说:"我听说爵禄、土地是归上天所有。《尚书》上说:'上天任命有德的人当君王,规定了五种不同文彩的衣服来表示尊卑等级。'君王代替上天来给人封爵任官,尤其应当慎重,若使用不当,百姓就不服从,如果触动了阴阳,灾害就会加重。高安侯董贤是个靠谄媚得到宠爱的奸臣,陛下把全部爵位封给他使他显贵,把全部财货赏赐给他使他富足,损害了陛下的尊严来使他受宠,流言传遍了四方,大家都怨恨嫉妒他。乡里谚语说:'千夫所指,无病而死。'我常为他寒心。大臣们骄傲欺罔,阴阳失去规律,气感相动,损害了身体。陛下久病不愈,后嗣未立,应该考虑让万事纳入正规,顺应天人之心,以此来求得福祐,怎么能够不顾自己而肆意放纵,不思念高祖创业的勤劳辛苦,建立制度,而使基业无穷无尽地传给后代呢?"

当初,廷尉梁相查办东平王刘云的案件时,心中怀疑刘云受了冤枉,打算重新审查。尚书令鞠谭等认为可以答应梁相的要求。哀帝认为梁相等人存观望之意,企图把刘云一案拖延过冬天,没有讨贼的意思,于是哀帝就罢免梁相等人为平民百姓。几个月以后,大赦天下,王嘉又上书推荐说"梁相等人都很有才干和品行,我私下为朝廷惋惜"。奏书送给哀帝,哀帝看后很不满意。等到送回关于董贤封邑事情的诏书时,哀帝十分生气,下令让王嘉到尚书处,责问关于梁相等的事情。孔光等弹劾王嘉"迷惑国家,欺骗主上,大逆不道"。于是哀帝下诏命令丞相王嘉到廷尉诏狱。王嘉仰天叹息地说:"我有幸得以出任宰相,不能举荐贤能的人,不能罢黜奸恶的人,因此辜负了国家,死有余罪。"狱吏问他贤能和奸恶人的姓名,王嘉说:"贤能的人是孔光、何武,我未能举荐,奸恶的人是董贤父子,我未能罢黜。我罪当处死,死无遗憾。"于是绝食,吐血而死。元始年间,追谥曰忠,他的后代继承了他的封邑。

【纲】秋七月,任命孔光为丞相。八月,任命何武为前将军,彭宣为御史大夫。 【目】哀帝阅读王嘉的口供,反复思考他讲的话,所以才

【纲】下司隶鲍宣狱,髡钳之。 【目】丞相光行园陵,官属以令行驰道中。宣出逢之,使吏钩止,没入其车马,摧辱宰相。事下御史中丞。侍御史欲捕从事,宣闭门不纳,遂以距闭使者,大不敬不道,下狱。诸生举幡太学下,曰:"欲救鲍司隶者会此。"会者千人,遮丞相自言,又守阙上书;上竟抵宣罪。

【纲】冬十二月,以董贤为大司马、卫将军。 【目】上故令贤私过孔光。光闻贤来,警戒衣冠,出门待望,见贤车,却入,贤至中门,光入阁,既下车,乃出拜谒,送迎甚谨,不敢以宾客钧敌之礼。上喜,立拜光两兄子为谏大夫、常侍。贤由是权与人主侔矣。

后置酒麒麟殿,上从容视贤笑曰:"吾欲法尧禅舜,何如?"中常侍王闳进曰:"陛下承宗庙,当传子孙于无穷。统业至重,天子无戏言!"上默然,左右遣闳出。闳遂上书曰:"昔文帝幸邓通不过中大夫,武帝幸韩嫣赏赐而已,皆不在大位。今董贤无功封侯,列备鼎足,喧哗道路,不当天心。"上不从,亦不罪也。

【纲】庚申,二年,夏四月晦,日食。
【纲】五月,正三公分职。董贤为大司马,孔光为大司徒,彭宣为大司空。
【纲】六月,帝崩。 【目】帝睹孝成之世禄去王室,及即位,屡诛大臣,欲强主威以则武、宣,然以宠信谗谄,憎疾忠直,汉业由是

有这些任命。又恢复了孔光原来的爵位。

【纲】将司隶鲍宣逮捕入狱,判处髡刑。 【目】丞相孔光去巡视园陵,他的部下走到了天子所走的驰道上。鲍宣出来正好遇见,就派下属官吏拘捕了孔光的部下,没收了他们的车马,并对丞相孔光进行摧打侮辱。哀帝将此事交给御史中丞去查办,侍御史打算逮捕鲍宣的下属官吏,鲍宣关起门来不让侍御史进去。于是就以抗拒使臣、大不敬的理由逮捕鲍宣入狱。太学生举着旗帜会集在太学门前说:"愿意解救鲍司隶的人在此集合。"一会儿聚集了一千人,挡住丞相自行陈述,同时守住皇宫大门上书;哀帝终究让鲍宣服罪。

【纲】冬十二月,任命董贤为大司马、卫将军。 【目】哀帝故意让董贤私下去拜访孔光。孔光听说董贤要来拜访,马上布置好警戒,穿戴好衣冠,出门恭候。看到董贤的车驾来了,他就退回中门,董贤到了中门,孔光就退进客厅,等到董贤下车以后,孔光才出来拜谒。孔光对董贤的迎接送别都十分谨慎,不敢用对待同等宾客的礼节来对待董贤。哀帝对此事很高兴,立刻任命孔光哥哥的两个儿子为谏大夫、常侍。董贤的权力从此以后就和皇帝差不多一样了。

后来哀帝在麒麟殿为董贤等置办了酒席,哀帝从容地望着董贤说:"我想效法尧把帝位禅让给舜的做法,你觉得怎么样呢?"中常侍王闳进谏说:"陛下继承了宗庙,就应当无穷无尽地传给子孙后代。皇统帝业非常重要,天子不可以开玩笑。"哀帝没有说话,左右大臣送王闳出了宫。后来王闳上书说:"过去孝文帝宠幸邓通,也不过任命他为中大夫;孝武帝宠幸韩嫣,也不过给他一点赏赐而已,都没安排在重要位置上。现在董贤没有功劳而被封侯,他的位置足可与三公鼎立,大家在道路上议论纷纷,不符合上天的旨意。"哀帝没有听从他的话,也没有治他的罪。

【纲】元寿二年(庚申,前1),夏四月二十九日出现日食。

【纲】五月,明确三公的职责。董贤为大司马,孔光为大司徒,彭宣为大司空。

【纲】六月,哀帝去世。 【目】哀帝看到孝成帝时王室权力已落在王氏手中,等到他即位以后,曾多次诛杀大臣,打算效法武帝、宣帝来加

遂衰。

【纲】董贤以罪罢，即日自杀。 【目】太皇太后闻帝崩，即日驾之未央宫，收取玺、绶。召大司马贤，问以丧事调度，贤忧惧，不能对。太后曰："新都侯莽前奉送先帝大行，晓习故事，吾令莽佐君。"贤顿首："幸甚！"太后遣使者驰召莽。莽以太后指，使尚书劾贤不亲医药，禁止不得入宫殿。贤诣阙免冠徒跣谢，莽以太后诏，即阙下册收贤印、绶，罢归第。即日与妻皆自杀，家惶恐，夜葬。莽疑其诈死，发其棺至狱诊视，因埋狱中。收没入家财四十三万万，父恭与家属徙合浦。

【纲】太皇太后以王莽为大司马，领尚书事。 【目】太皇太后诏公卿举可大司马者，孔光以下皆举莽，独前将军何武、左将军公孙禄以为"惠、昭之世，外戚持权，几危社稷。今比世无嗣，方当选立近亲幼主，不宜令外戚持权"。于是武举禄，而禄亦举武。太皇太后自用莽为大司马，领尚书事。

【纲】秋七月，迎中山王箕子为嗣。 【目】太皇太后与莽议，遣车骑将军王舜使持节迎之。

【纲】贬皇太后为孝成皇后，徙孝哀皇后于桂宫，追贬傅太后为定陶共王母，丁太后为丁姬。

【纲】以甄邯为侍中。策免将军何武、公孙禄。遣红阳侯王立就国。 【目】莽以孔光名儒，相三主，太后所敬，天下信之，于是盛尊事光，引光女婿甄邯为侍中。劾奏何武、公孙禄，互相称举，免

强君主的威力，但是他却宠幸阿谀奉承的人，憎恨忠诚正直的人，汉朝的大业从此开始衰败。

【纲】董贤因罪被罢免官爵，当天他就自杀了。 【目】太皇太后听说哀帝去世后，当天就乘车到未央宫，收取了皇帝的印信。然后就召见董贤，询问他哀帝的丧事如何安排，董贤感到害怕，没有能回答上来。太后说："新都侯王莽从前办理过先帝的丧事，他熟习办理丧事的规矩，我让王莽帮助你办理。"董贤边叩头边说："太好了。"于是太后就派遣使者飞速召回王莽。王莽按照太后的旨意让尚书弹劾董贤不亲自为哀帝侍奉医药，禁止他进入宫殿。董贤到了未央宫门，摘掉帽子光着脚谢罪。王莽以太后的诏令马上就在未央宫门下没收了董贤的印信绶带，罢免了他的官爵，送回老家。当天，董贤就和他的妻子都自杀了。他的家人也很惶恐，连夜埋葬了他们。王莽怀疑他是装死，于是又打开他的棺材，拿到监狱去查验，因此也就埋在了狱中。后来没收了他的家产四十三万万，将他的父亲董恭和他的家人全部迁到合浦（今广东海康）。

【纲】太皇太后任命王莽为大司马，主管尚书事。 【目】太皇太后下诏让公卿们推荐可以担任大司马的人。孔光以下的人都举荐王莽，只有前将军何武、左将军公孙禄认为："在孝惠帝、孝昭帝时候，外戚掌握朝廷大权，给国家带来了危险。现在几代皇帝都没有后嗣，正应当推选亲近幼帝的人，不应该再让外戚掌握朝廷大权。"于是何武举荐公孙禄，而公孙禄也举荐何武。太皇太后亲自选用王莽为大司马，主管尚书事。

【纲】秋七月，迎接中山王刘箕子为皇帝的后嗣。 【目】太皇太后和王莽一起商议，派遣车骑将军王舜拿着符节去迎接中山王刘箕子。

【纲】贬皇太后赵飞燕为孝成皇后，让孝哀皇后搬到桂宫居住，追贬傅太后为定陶共王母、丁太后为丁姬。

【纲】任命甄邯为侍中。下令罢免了将军何武、公孙禄。遣送红阳侯王立回到封国。 【目】王莽认为孔光是当时的名儒，任三位皇帝的丞相，是太后所敬重的人，天下的人也对他信任，于是更加尊重和侍奉孔光，并推荐孔光的女婿甄邯为侍中。王莽上奏弹劾何武、公孙禄互

官就国。红阳侯立虽不居位，莽畏立，令光奏立罪恶，请遣就国。于是附顺者拔擢，忤恨者诛灭。以王舜、王邑为腹心，甄丰、甄邯主击断，平晏领机事，刘秀典文章，孙建为爪牙。莽色厉而言方，欲有所为，微见风采，党与承其指意而显奏之；莽稽首涕泣，固推让，上以惑太后，下用示信于众庶焉。

【纲】八月，废孝成、孝哀皇后就其园，皆自杀。

【纲】策免大司空宣，遣就国。　【目】彭宣以王莽专权，乃上印、绶，乞骸骨归乡里。莽白太后，策免宣，使就国，数年薨。

【纲】以王崇为大司空。
【纲】九月，中山王箕子即位。
【纲】太皇太后临朝，大司马莽秉政，百官总己以听。

【纲】以孔光为帝太傅，马宫为大司徒。
【纲】冬十月，葬义陵。

孝平皇帝

【纲】辛酉，孝平皇帝元始元年，春正月，益州塞外蛮夷献白雉。二月以孔光为太师，王舜为太保，甄丰为少傅。王莽为太傅，号安汉公。褒赏宗室、群臣。　【目】莽风益州，令塞外蛮夷自称越裳氏，重译献白雉。莽白太后，以荐宗庙。于是群臣盛陈莽功德："宜赐号曰安汉公，益户，畴爵邑。"太后诏尚书具其事。莽上书言："臣与孔光、王舜、甄丰、甄邯共定策；今愿独条光等功，寝置臣莽。"固让数四。称疾不起，太后乃诏光为太师、舜为太保，丰为少傅，邯封承阳侯。莽尚未起，群臣复上言："宜以时加赏元功。"太后乃以

相举荐,罢免了他们的官职,送他们回到封国。红阳侯王立虽然没有官位,但王莽很畏惧他,就命令孔光上奏王立的罪行,请求把他送回封国。在这种情况下依附顺从王莽的人都得到提拔,冒犯王莽的人都被诛灭。王莽把王舜、王邑视为心腹,甄丰、甄邯主管刑法,平晏负责朝廷机要,刘秀掌管文告诏书,孙建作为帮凶。王莽的表情很严厉,说话也公正,如果他打算干什么事情,只要稍微指示一下,他的朋党们就会按照他的旨意公开地上奏。王莽在受到提拔时总是泪流满面,坚决推让,对上迷惑太后,对下获取众人的信任。

【纲】八月,废掉孝成皇后和孝哀皇后,并送她们到成帝和哀帝的陵园,后来她们都自杀了。

【纲】下令罢免了大司空彭宣,送他回到封国。　【目】彭宣因为王莽独揽大权,就交回了印信和绶带,请求辞职回乡。王莽把这件事告诉了太后,太后下令免去了彭宣的官职,让他回到封国。几年以后,他就死了。

【纲】任命王崇为大司空。

【纲】九月,中山王刘箕子即位。

【纲】太皇太后临朝听政。大司马王莽执掌大权,所有百官都听从他指挥。

【纲】任命孔光为皇帝的太傅,任命马宫为大司徒。

【纲】冬十月,把哀帝安葬在义陵。

孝平皇帝

【纲】孝平皇帝元始元年(辛酉,1),春正月,益州塞外的蛮夷向汉朝贡献白野鸡。二月,任命孔光为太师,王舜为太保,甄丰为少傅。任命王莽为太傅,号安汉公。表扬赏赐宗室、群臣。　【目】王莽婉言劝说益州刺史,让塞外蛮夷自称越裳氏,经过几次翻译,向汉朝进贡白野鸡。王莽把这件事告诉了太后,并用它祭祀了宗庙。于是朝廷群臣大肆称赞王莽的功德,说:"应当赐号安汉公,增加他的采邑户数,让世世代代继承下去。"太后命令尚书来具体办理这件事。王莽上书说:"我和孔光、王舜、甄丰、甄邯共同制定政策;现在我希望只列举孔光等人的功劳,不要提我。"王莽坚决地推让过四次,就宣称有病不起。太后仍

莽为太傅，干四辅之事，号曰安汉公，益封二万八千户。于是莽为惶恐，不得已，起受太傅、安汉公号，让还益封事，复建言褒赏宗室、群臣，下至庶民鳏寡，恩泽之政，无所不施。又风公卿奏言："太后春秋高，不宜亲省小事。"令太后诏曰："自今以来，唯封爵乃以闻，他事安汉公平决。"于是莽权与人主侔矣。

【纲】夏五月，拜帝母卫姬为中山孝王后。【目】王莽恐帝外家卫氏夺其权，白太后："前哀帝立，背恩义，自贵外家，几危社稷。今帝以幼年复奉大宗，宜明一统之义，以戒前事，为后代法。"乃遣使即拜帝母卫姬为中山孝王后，赐帝舅宝、玄爵关内侯，皆留中山，不得至京师。

【纲】封公子宽为褒鲁侯，孔均为褒成侯。

【纲】壬戌，二年，春，黄支国献犀牛。【目】黄支在南海中，去京师三万里。王莽欲耀威德，故厚遗其王，令遣使贡献。

【纲】越巂郡上黄龙游江中。【目】太师光等咸称"莽功德比周公，宜告祠宗庙"。大司农孙宝曰："周公上圣，召公大贤，尚犹有不相悦，著于经典，两不相损。今风雨未时，百姓不足，每有一事，群臣同声，得无非其美者？"时大臣皆失色。会宝遣吏迎母，母道病，留弟家，独遣妻子。司直陈崇劾奏宝，坐免，终于家。

【纲】帝更名衎。
【纲】大司空崇免，以甄丰为大司空。

下诏任孔光为太师、王舜为太保、甄丰为少傅，甄邯被封为承阳侯。王莽称病还没有起来，群臣又上书说："应当及时赏赐王莽。"太后于是任命王莽为太傅，主管太师、太保、太傅、少傅的事，赐号安汉公，增加封邑到二万八千户。王莽感到惶恐，不得已，就起来接受了太傅、安汉公封号，但推辞退回了增加的封邑，同时他又建议褒扬赏赐宗室、群臣，下到孤寡平民，都要施行恩泽，无所不施。他又婉言劝说公卿们上奏说："太后年事已高，不应再亲自处理小事。"并让太后下诏说："从今以后只有封爵的事要报告我，其它的事都由安汉公等一起裁决。"于是王莽的权力和皇帝几乎相等。

【纲】夏五月，封平帝的母亲卫姬为中山孝王后。 【目】王莽害怕平帝外戚卫氏夺去他的权力，于是就告太后说："从前哀帝被立为皇帝后，他就忘恩负义，只顾使外戚显贵，几乎使国家发生危险。现在的皇帝年纪很小，又入继大宗，应当明确一统的大义，以前事为戒鉴，使后代来效法。"于是就派遣使者马上去封皇帝的母亲卫姬为中山孝王后，赐皇帝的舅舅卫宝、卫玄关内侯爵，让他们都留在中山国，不得到京师长安。

【纲】封公子宽为褒鲁侯，封孔均为褒成侯。

【纲】元始二年（壬戌，2）春，黄支国向汉朝贡献犀牛。 【目】黄支国在南海一带，距离京师长安三万里。王莽打算炫耀他的威德，所以就给黄支国国王送去丰厚的礼物，让黄支国国王派遣使者来向汉朝贡献。

【纲】越巂郡上报说有黄龙在长江中游动。 【目】太师孔光等人都认为"王莽的功德可以和周公相比，应当告祭宗庙"。大司农孙宝说："周公是大圣人，召公是大贤人，但两人之间还有不和悦的事，记载在经典中，但对两个人也没有什么损害。现在风雨不调，百姓不富裕，每逢有事，大臣们都异口同声，难道就不会有不称赞的吗？"当时大臣们听了都惊恐失色。这时正好遇上孙宝派遣官吏去迎接他的母亲，母亲在途中得了病，就住在了他的弟弟家，只是让他的妻子儿女回了家。司直陈崇上奏弹劾孙宝，孙宝因罪被免去官爵，最后死在家里。

【纲】平帝改名叫刘衎。

【纲】免去大司空王崇的官爵。任命甄丰为大司空。

【纲】大旱,蝗。

【纲】陨石于巨鹿二。

【纲】大夫龚胜、邴汉罢归。 【目】光禄大夫楚国龚胜、大中大夫琅邪邴汉,以王莽专政,皆乞骸骨。莽令太后策诏之曰:"朕愍以官职之事烦大夫,大夫其修身守道,以终高年。"皆加优礼而遣之。梅福亦知莽必篡汉,一朝弃妻子去,不知所之。人传以为仙,其后人有见福于会稽者,变姓名为吴市门卒云。

【纲】秋九月晦,日食。

【纲】癸亥,三年,春,聘安汉公莽女为皇后。

【纲】夏,安汉公莽杀其子宇,灭中山孝王后家,杀敬武公主及氾乡侯何武、故司隶鲍宣等数百人。 【目】莽长子宇非莽隔绝卫氏,私与卫宝通书,教卫后上书求至京师。莽不听,宇与师吴章及妇兄吕宽议,章以为莽好鬼神,可为变怪以惊惧之,因推类说令归政卫氏。宇即使宽夜持血洒莽第门,吏发觉之,莽执宇送狱,饮药死。尽灭卫氏支属,唯卫后在,吴章要斩。

初,章为当世名儒,教授千余人。莽以为恶人党,皆当禁锢,不得仕宦,门人尽更名他师。平陵云敞时为大司徒掾,自劾吴章弟子,收抱章尸归,棺敛葬之。莽因是狱,穷治党与,连引素所恶者悉诛之。元帝女弟敬武长公主,素非议莽;红阳侯立,莽尊属;平阿侯仁,素刚直;皆以太皇太后诏,迫令自杀。郡国豪杰,及汉忠直臣不附莽者,何武、鲍宣及王商、辛庆忌诸子,皆坐死,凡数百人,海内震焉。北海逢萌谓友人曰:"三纲绝矣,不去,祸将及人!"即解冠挂东都城门,归,将家属浮海,客于辽东。

【纲】发生旱灾、蝗灾。

【纲】在巨鹿落下两块陨石。

【纲】罢免了大夫龚胜、邴汉的官爵,送他们回家。 【目】光禄大夫楚国人龚胜、大中大夫琅琊人邴汉认为王莽独断专横,都请求辞去官职。王莽让太后下令说:"你们每天被官职上的事情缠身,我深表同情,你们可以回家修身养性,安享晚年。"都给了他们优厚的赏赐送他们回家。梅福也深知王莽一定会篡夺汉朝的政权,有一天早晨他丢下妻子女儿离开了家,不知去向。有人传说他成了神仙,后来有人在会稽看到了梅福,他改名换姓,在吴市当了看门卒。

【纲】秋九月三十日,出现日食。

【纲】元始三年(癸亥,3)春,聘安汉公王莽的女儿为皇后。

【纲】夏季,安汉公王莽杀了他的长子王宇,诛灭了中山孝王后一家,杀了敬武公主及氾乡侯何武、原来的司隶鲍宣等数百人。 【目】王莽的长子王宇不同意与卫氏隔绝,与卫宝私下通信来往,教卫后上书请求到京师。王莽拒绝了此事,王宇和他的老师吴章以及他妻子的哥哥吕宽商量这件事,吴章认为王莽相信鬼神,可以搞一些鬼怪的事情来吓唬他,使他感到害怕,然后通过这些鬼怪的事情来劝说他把政权让给卫氏。于是王宇就派吕宽在夜里拿着血洒在王莽的家门上,不料门吏发觉了这件事。王莽把王宇抓了起来并送进了监狱,让王宇喝了毒药毒死。后来把卫氏的亲属全部杀死,只留下了卫后一人。吴章也被判处腰斩。

起初,吴章是当时的名儒,他教有一千多学生。王莽认为那些人都是恶人的朋党,应当把他们都禁锢起来,不得当官。后来他的学生们都改名换姓投奔到别的老师门下。平陵人云敞当时任大司徒橡,自己承认说是吴章的弟子,把吴章的尸体收起来并送了回去,用棺材收敛埋葬了吴章。王莽通过这个案件,彻底追查他们的党羽,把自己平素怨恨的人也牵连进来,全部诛杀。元帝的妹妹敬武长公主平素就对王莽不满;红阳侯王立,是王莽的亲属;平阿侯王仁,平时性情刚直;王莽都用太皇太后的诏令强迫他们自杀。那些郡国中的豪杰之士以及汉朝忠诚正直又不附从王莽的人,如何武、鲍宣以及王商、辛庆忌等人全部都被处死,一共杀了数百人,震惊全国。北海郡人逄萌对他的朋友说:"三纲

【纲】甲子,四年,春二月,加安汉公莽号"宰衡"。

【纲】起明堂、辟雍、灵台,立乐经,征天下通经异能之士。

【纲】乙丑,五年,夏四月,太师光卒,以马宫为太师。

【纲】五月,加安汉公莽九锡。

【纲】冬十二月,安汉公莽弑帝。 【目】帝益壮,以卫后故,怨不悦。莽因腊日,上椒酒,置毒酒中,帝有疾。莽作策请命于泰畤,愿以身代,藏策金縢,置于前殿,敕诸公勿敢言。帝崩,葬康陵。

【纲】以平晏为大司徒。

【纲】太皇太后诏征宣帝玄孙,又诏安汉公莽居摄践阼。【目】太后与群臣议立嗣。时元帝世绝,而宣帝曾孙莽皆恶其长大,曰:"兄弟不得相为后。"乃悉征宣帝玄孙,选立之。

初,泉陵侯刘庆上书,言:"皇帝富于春秋,宜令安汉公摄行天子事,如成王、周公故事。"至是前辉光谢嚣奏,浚井得白石,有丹书,文曰"告安汉公莽为皇帝"。太后曰:"此诬罔天下,不可施行!"太保舜谓太后:"莽非敢有他,但欲称摄以重其权,镇服天下耳。"太后力不能制,乃下诏曰:"已征孝宣皇帝玄孙二十三人,差度宜者,以嗣孝平皇帝之后。玄孙年在襁褓,不得至德君子,孰能安之! 其令安汉公居摄践阼,如周公故事,具礼仪奏!"于是群臣奏言:"请安汉公践阼,如天子之制,祭赞曰'假皇帝',民臣谓之'摄皇

已绝，再不离去，大祸就会临头。"于是马上摘下官帽挂在东都城门上逃回了家，和家人一起渡过渤海，客居辽东。

【纲】元始四年（甲子，4），春二月，加封安汉公王莽的尊号为"宰衡"。

【纲】修建明堂、辟雍、灵台，设立乐经博士，在全国征召精通经术和有特殊才能的人。

【纲】元始五年（乙丑，5），夏四月，太师孔光去世。任命马宫为太师。

【纲】五月，加赐安汉公王莽九锡。

【纲】冬十二月，安汉公王莽杀死汉平帝。【目】平帝一天天长大了，因为卫后的缘故，很怨恨王莽，心中也不高兴。王莽乘过腊日，向平帝敬献椒酒，在酒中放了毒药，平帝喝了以后就得了病。王莽亲自写了祷文，到泰畤为平帝去请命，希望用自己的生命代替皇帝一死。后来把祷文放在了金縢里，安放在前殿，下令各位大臣不准泄露此事。后来平帝去世，安葬在康陵。

【纲】任命平晏为大司徒。

【纲】太皇太后下诏征召宣帝的玄孙。又下诏安汉公王莽代行皇帝的职权。【目】太皇太后和大臣们一起商议立皇帝的事。当时元帝的后代已经没有了，而王莽又厌恶宣帝的曾孙们长大成人，他说："平辈弟兄们不能继承帝位。"于是就征召宣帝的全部玄孙，从中选择一个立为皇帝。

当初，泉陵侯刘庆上书说："皇帝应该是年龄稍大一点的人当，应该让安汉公王莽代行皇帝的职权，就像周成王、周公过去那样。"这时，前辉光谢嚣也上奏说："在挖井的时候得到一块白石头，上面有红色的字，写着'告安汉公莽为皇帝'。"太后说："这是欺骗天下的人，不可以执行。"太保王舜对太后说："王莽也不敢有其它的想法，只是想代行皇帝的职权来加强自己的权力，以此来镇服天下。"太后的力量已经无法控制，于是下诏说："已经征召到孝宣皇帝的玄孙二十三人，要比较衡量一下挑选个合适的人来继承孝平皇帝的帝位。玄孙们都还在襁褓中，不能处理政事，如果没有品德高尚的君子，谁能来保护他们

帝'，自称曰'予'。平决朝事，常以皇帝之诏称'制'，其朝见太皇太后、皇帝、皇后皆服臣节。"诏曰："可。"

右西汉十二帝，共二百十四年，并王莽篡位合二百三十年。

呢？现在让安汉公来代行皇帝的职权，就像过去周公一样，准备好这方面的礼仪奏上来。"于是大臣们都上奏说："请安汉公代行皇帝的职权，按照天子的制度办事。祭祀的典礼中称'假皇帝'，百姓和大臣们称他为'摄皇帝'，自称为'予'。在裁决朝廷大事时通常用皇帝的诏书形式，称为'制'。在朝见太皇太后、皇帝、皇后时都按照臣属的礼节。"太皇太后下诏说："可以。"

以上西汉十二帝共二百一十四年，加上王莽篡位一共二百三十年。

纲鉴易知录卷十九

汉纪（附王莽）

孺子婴

【纲】丙寅，孺子婴居摄元年，春三月，立宣帝玄孙婴为皇太子，号曰"孺子"。

【纲】夏四月，安众侯刘崇起兵讨莽，不克，死之。　【目】安众侯刘崇与相张绍谋曰："莽必危刘氏，天下非之，莫敢先举，此乃宗室之耻也。吾帅宗族为先，海内必和。"从者百余人，遂进攻宛，不得入而败。

【纲】五月，太皇太后诏莽朝见称"假皇帝"。

【纲】冬十月朔，日食。

【纲】丁卯，二年，秋九月，东郡太守翟义起兵讨莽，立刘信为天子，三辅豪杰起兵应之。莽遣兵拒击，义战不克，死之，信亡走。【目】东郡太守翟义与姊子陈丰谋，举兵西诛不当摄者，立宗室严乡侯刘信为天子。义自号大司马、柱天大将军，移檄郡国，众十余万。莽闻之，惶惧不能食，乃拜孙建等为将军，击义。三辅豪杰赵朋、霍鸿等闻义兵起，自称将军，众至十余万。莽复拜王级为将军，击朋等。日抱孺子祷郊庙，会群臣而称曰："昔周公摄政而管、蔡挟禄父以畔。今翟义亦挟刘信而作乱。自古大圣犹惧此，况臣莽之斗筲！"群臣皆曰："不遭此变，不章圣德。"莽依《周书》作《大诰》，谕天下以当反位孺子之意。诸将东至陈留，与翟义会战，义败死，竟不得信。

孺子婴

【纲】孺子婴居摄元年（丙寅，6），春三月，立宣帝玄孙刘婴为皇太子，号称"孺子"。

【纲】夏四月，安众侯刘崇率领军队起来讨伐王莽，但没有攻下来，就被战死。 【目】安众侯刘崇和封国丞相张绍密谋说："王莽一定会危害刘氏，天下的人都反对他，但没有人敢带头起事，这是宗室的耻辱。我首先率领宗族的人起事，全国人一定会响应。"随从他的有一百多人，于是就向宛城发起进攻，结果没有攻进去就被打败了。

【纲】五月，太皇太后下诏王莽在朝见她时自称"假皇帝"。

【纲】冬十月初一，出现日食。

【纲】居摄二年（丁卯，7），秋九月，东郡太守翟义率兵讨伐王莽，立刘信为天子，三辅地区的豪杰之士也率兵起来响应他。王莽派兵抵御他们，翟义奋力抗战，但没有攻克，就被处死，刘信逃走。 【目】东郡太守翟义和他姐姐的儿子陈丰密谋率兵向西进攻，诛杀不应当代行皇帝职权的人，拥立宗室严乡侯刘信为天子。翟义自称为大司马、柱天大将军，并向各郡国发出告慰百姓的布告，他率领的军队已有十余万人。王莽听说这件事后，惊惶得吃不下饭，于是任命孙建等为将军，率兵向翟义发起攻击。三辅地区的豪杰之士赵朋、霍鸿等人听说翟义已经率兵起义，于是也自称将军，他们聚集的军队也有十余万。王莽又任命王级为将军，向赵朋等人发起进攻。王莽每天抱着孺子到郊外宗庙里祈祷，把大臣们都集中起来说："从前周公摄政时，管叔、蔡叔挟持着禄父叛变。现在翟义也挟持着刘信发动叛乱。自古以来的大圣人都怕发生这种事情，何况我这样没有才能的人呢？"大臣们都说："遇不到这样的变化，还显示不出你的圣德。"王莽依据《周书》也写了一篇《大诰》，告谕天下将来会把皇帝的职权还给孺子。各位将领都向东到达陈留（今河南开封东），和翟义的军队交战，翟义战败，被车裂而死，但没有抓到刘信。

【纲】戊辰，初始元年，春，地震。

【纲】三辅兵皆破灭。 【目】王级等击赵朋、霍鸿，皆殄灭，诸县悉平。莽乃置酒白虎殿，自谓威德日盛，大获天人之助，遂谋即真之事矣。

【纲】冬十一月，太皇太后诏莽号令、奏事毋言摄。

【纲】十二月，哀章作铜匮以献莽。莽自称新皇帝，更号太皇太后为新室文母太皇太后。 【目】梓潼哀章，学问长安，素无行，作铜匮为两简，日昏时，持至高庙，仆射以闻。莽至高庙，拜受金匮神禅，还坐未央宫前殿，即真天子位，建有天下之号曰新。以十二月朔为始建国元年正月之朔。莽请玺，太后不肯授。莽使王舜谕指，太后怒骂之曰："而属父子宗族，蒙汉家力，富贵累世，既无以报，受人孤寄，乘便利时夺取其国，不复顾恩义。人如此者，狗猪不食其余，天下岂有而兄弟邪！且若自以金匮符命为新皇帝，变更正朔，亦当自更作玺，传之万世，何用此亡国不祥玺为！我汉家老寡妇，旦暮且死，欲以此玺俱葬，终不可得！"因涕泣。舜言："莽必欲得玺，太后宁能终不与邪！"太后闻舜语切，恐莽欲胁之，乃出玺投之地曰："我老已死，如而兄弟今族灭也！"于是张永献符命，言太皇太后当为新室文母太皇太后，莽从之。

【纲】己巳，春正月，莽废孺子为定安公，孝平皇后为定安太后。

【纲】夏四月，徐乡侯刘快起兵讨莽，不克，死之。

【纲】莽禁不得买卖田及奴婢。 【目】莽更名天下田曰"王

【纲】初始元年（戊辰，8）春，发生地震。

【纲】三辅地区的军队都被消灭。　　【目】王级等人攻打赵朋、霍鸿，都被消灭了，各个县也都平息下来。于是王莽在白虎殿大摆酒宴，认为自己的威德一天比一天强盛，得到上天和百姓很大的帮助，因此就谋划正式登上帝位行使权力。

【纲】冬十一月，太皇太后下诏王莽，今后下发号令或上奏政事时就不要再讲"代理"。

【纲】十二月，哀章做成铜匮献给王莽。王莽自称为"新皇帝"，太皇太后改称为新室文母太皇太后。　　【目】梓潼人哀章在长安读书，向来没有什么品行，他做了个铜匮，又做了两枚简，在黄昏时，他拿着铜匮到了高庙，仆射把这件事报告了王莽。王莽就到高庙，接受天神命令禅位给他的金匮，回去以后，坐在未央宫的前殿，登上真天子的座位，建立新的王朝，号称"新"。以十二月初一为始建国元年正月初一。王莽请求授予御玺，太后不肯授给他。王莽就派遣王舜去传达他的旨意，太后听了以后十分生气，骂王莽说："你们父子及你的宗族，依靠汉朝的力量，几代人都享尽荣华富贵，还没有回报就乘托孤寄子的时候篡夺国家的政权，一点儿也不顾念恩义。如果一个人像这样，猪狗都不吃他剩下的饭菜，天下怎么会有你们这帮人呢？如果你们自己用金匮里的符命做新皇帝，变更正朔，也应当自己重新制作御玺，传之万世，为什么还要用这个亡国的御玺呢？我是汉室的一个老寡妇，早晚将会死去，我打算和这枚御玺一起埋葬，你们最终也不会得到。"因此太后痛哭流涕。王舜说："王莽一定想得到这枚御玺，太后难道能够一直不给他吗？"太后听王舜的话讲得很恳切，又害怕王莽来逼迫她，于是就拿出了御玺扔在地上，并说："我老了，已经快要死去，而你们这帮人也将会受到诛灭。"于是张永献上符命，说太皇太后应当称为新室文母太皇太后，王莽听从了他的建议。

【纲】新莽始建国元年（己巳，9）春正月，王莽废掉孺子而封他为定安公，封孝平皇后为定安太后。

【纲】夏四月，徐乡侯刘快率兵起来讨伐王莽，没有攻克而战死。

【纲】王莽下令禁止买卖田地和奴婢。　　【目】王莽把全国的土地

田"，奴婢曰"私属"，皆不得买卖。其男口不盈八，而田过一井者，分余田予九族乡里。敢有非井田圣制，无法惑众者，投诸四裔，以御魑魅。

【纲】冬，雷，桐华，大雨雹。
【纲】庚午，春二月，莽废汉诸侯王为民。

【纲】冬十二月，雷。
【纲】莽改匈奴单于为"降奴服于"，遣其将军孙建等击之。
【目】莽恃府库之富，欲立威匈奴，乃遣孙建等率十二将分道并出。

【纲】辛未，匈奴诸部分道入塞，杀守尉，略吏民，州郡兵起。
【目】单于怒曰："先单于受汉宣帝恩，不可负也。今天子非宣帝子孙，何以得立！"遣兵入云中塞，大杀吏民。历告左右部诸边王入塞，杀太守都尉，略吏民畜产，不可胜数。是时诸将在边，以大众未集，未敢出击。严尤谏曰："臣闻匈奴为害，所从来久矣，未闻上世有必征之者也。后世三家周、秦、汉征之，然皆未有得上策者也。周得中策，汉得下策，秦无策焉。周宣王时猃狁内侵，至于泾阳；命将征之，尽境而还。其视猃狁之侵，譬犹蟊虻，驱之而已，故天下称明，是为中策。汉武帝选将练兵，深入远戍，兵连祸结，二十余年，中国罢敝，匈奴亦创艾，而天下称武，是为下策。秦始皇筑长城之固，延袤万里，转输之行，起于负海，疆境既完，中国内竭，以丧社稷，是为无策。今天下比年饥馑，西北边尤甚，大用民力，功不可必立，臣伏忧之。"莽不听，转兵谷如故。吏民屯边者，所在放纵，而内郡愁于征发，民弃城郭，始流亡为盗贼。北边自宣帝以来，数世不见烟火之警，人民炽盛，牛马满野；及莽扰乱匈奴，与之构难，边民死亡系获，数年之间，北边虚空，野有暴骨矣。

改名叫做"王田"，改奴婢叫做"私属"，都不能擅自买卖。如果一家中男人不足八口而所占土地超过一井的，就要分出多余的部分土地交给亲属或乡里邻居。如果有敢反对井田圣制，目无法律迷惑群众的人，就把他们放逐到四方边塞去抵御山神鬼怪。

【纲】冬季，天空打雷，桐树开花，大降冰雹。

【纲】始建国二年（庚午，10），春二月，王莽废掉汉朝诸侯王为平民百姓。

【纲】冬十二月，天空打雷。

【纲】王莽改称匈奴单于为"降奴服于"，并派遣他的将军孙建等出击匈奴。　【目】王莽依仗国库储存富裕，打算在匈奴面前树立国威，于是派遣孙建等十二个将领分路出击匈奴。

【纲】始建国三年（辛未，11），匈奴各部分路进入塞内，杀死边塞守尉，抢掠那里的官吏和百姓，州郡起兵。　【目】匈奴单于生气地说："从前单于受到汉宣帝的恩惠不可以辜负。今天的天子并非宣帝的子孙，怎么可以立为皇帝呢？"于是派兵进入云中塞，大肆屠杀官吏和百姓。单于还一一动员左右部都尉、各沿边亲王攻进边塞，屠杀太守、都尉，抢掠官吏和百姓的牲畜和财产，不可胜数。当时驻扎在边塞的各位将领，都因兵众没有集合起来，所以不敢出击。严尤劝谏说："我听说匈奴危害中国，由来已久，没有听说前世有一定要征伐匈奴的人。后来周、秦、汉三朝征伐匈奴，但都没有采取上策。周朝采用的不过是中策，汉朝采用的是下策，秦朝根本就没有什么策略。周宣王时猃狁入侵，一直打进泾阳；周宣王命令将领们出击匈奴，把他们打出边境就班师回营了。周朝对待猃狁的入侵，就像对待蚊虫虱子一样，驱赶一下也就完了，所以天下人都称赞周宣王明智，这种情况应该是中策。汉武帝时挑选将领，训练士卒，到很远的地方去作战，结果兵连祸结，二十余年，中国疲惫不堪，匈奴也深受创伤，虽然天下人都称他勇敢，但这种情况属于下策。秦始皇修筑了坚固的长城，长达万里，运输粮食，从海滨开始，虽然边境得以保持完整，但国内财用枯竭，因此丧失了政权，这种情况根本就没有什么策略。现在全国连年发生灾荒，西北边境尤其严重，如果大量使用民力，也不一定能建立功业，我深深地忧虑这件

【纲】莽太师王舜死。

【纲】莽迎龚胜为太子师友祭酒；胜不食而卒。 【目】莽遣使者奉玺书、印绶迎龚胜，即拜为太子师友祭酒。胜称病笃，使者以印绶就加胜身，胜辄推不受，谓两子及门人高晖曰："吾受汉家厚恩，无以报；今年老矣，旦暮入地，谊岂以一身事二姓，下见故主哉！"语毕，遂不复饮食，积十四日死。

是时清名之士，又有琅邪纪逡、齐薛方、沛唐林、唐尊，皆以明经饬行显名。逡、两唐皆仕莽。莽以安车迎方，方因使者辞谢曰："尧、舜在上，下有巢、由。今明主方隆唐、虞之德，小臣欲守箕山之节。"莽说其言，不强致。郰麋郭钦为南郡太守，杜陵蒋诩为兖州刺史，亦以廉直为名。莽居摄，钦、诩皆以病免官，归乡里，卧不出户，卒于家。沛国陈咸，以律令为尚书，见何武、鲍宣死，叹曰："《易》说'见几而作，不俟终日。'吾可以逝矣！"即乞骸骨去职。莽篡位，召咸为掌寇大夫，咸谢病不肯应。三子参、丰、钦皆在位，咸悉令解官归乡里，闭门不出入，犹用汉家祖腊。人问其故，咸曰："我先人岂知王氏腊乎！"悉收敛其家律令、书文，壁藏之。又齐栗融、北海禽庆、苏章、山阳曹竟，皆儒生，去官，不仕于莽。

事。"王莽没有听从他的建议,继续像原来一样调运兵粮。驻扎在边境上的官吏和百姓十分放纵,而内地的百姓又发愁被征调到边境,都纷纷逃离城邑,开始流浪逃亡,成为盗贼。北方的边境自从汉宣帝以来,已经好几代看不到烟火的报警,人丁旺盛,牛马遍野。到了王莽扰乱匈奴,并和匈奴结下怨仇后,边境的百姓不是战死就是被俘,几年之间,北方边境空虚,野地里暴露着尸骨。

【纲】王莽的太师王舜去世。

【纲】王莽迎接龚胜担任太子师友祭酒;龚胜绝食而死。 【目】王莽派遣使者拿着玺书、印绶去迎接龚胜,马上拜他为太子师友祭酒。龚胜说他病重,使者把印绶佩戴在龚胜身上,龚胜推辞不受,对两个儿子和门人高晖说:"我受到汉朝的厚恩,还没有报答;现在我已经年老,随时都会死去,怎么可以以一身而侍奉两姓君主,死了之后我怎么去见原来的君主呢?"于是不再吃饭,过了十四天后就去世了。

当时清廉知名的人士还有琅琊人纪逡、齐人薛方、沛人唐林和唐尊,他们都因为精通经术、品行端正而闻名于世。纪逡和唐林、唐尊都在王莽手下做官。王莽曾用四匹马拉的车去迎接薛方,薛方通过使者向王莽推辞说:"尧、舜在上,下有巢父、许由。现在圣明的君主正宣扬唐尧、虞舜的美德,小臣想坚守箕山之节。"王莽赞赏他讲的这些话,不再勉强他到来。陇麇人郭钦任南郡太守,杜陵人蒋诩任兖州刺史,二人都因廉洁正直而出名。王莽代行皇帝的职权时,郭钦、蒋诩都因为身体有病而免去官职,回到家乡,闭门不出,在家里去世。沛国人陈咸,因通晓律令被任命为尚书,他看到何武、鲍宣被杀死以后,叹息说:"《易经》上说'见机行动,不要等到天黑。'我可以离开了。"于是马上就辞职回乡。王莽篡位后,召见陈咸让他担任掌寇大夫,陈咸声称身体有病而不肯答应。当时他的三个儿子陈参、陈丰、陈钦都在官位上,陈咸都让他们辞职回到家里,闭门不出,在年终祭祀道神时仍用汉朝规定的日子。人们问他其中的原因,陈咸说:"我的先人怎么会知道王莽腊祭的日子呢?"他把家中的律令、书文都收拾起来藏在墙壁中。还有齐人栗融,北海人禽庆、苏章,山阳人曹竟,都是儒生,都辞去了官职,不在王莽手下当官。

【纲】壬申,春,令民得卖田。 【目】莽性躁扰,不能无为,每有所兴造,动欲慕古,不度时宜,制度又不定;吏缘为奸,天下謷謷,陷刑者众。莽知民愁怨,乃令民食王田者,皆得卖之。

【纲】癸酉,春二月,太皇太后王氏崩。 【目】莽既改号太后为新室文母,绝之于汉,乃隳坏孝元庙,更为太后起庙,独置孝元庙故殿,以为文母篹食堂,名曰长寿宫;置酒,请太后坏之!既至,见庙废彻涂地,惊泣曰:"此汉家宗庙,皆有神灵,与何治而坏之!且使鬼神无知,又何用庙为!如令有知,我乃人之妃妾,岂宜辱帝之堂以陈馈食哉!"私谓左右曰:"此人慢神多矣,能久得佑乎!"饮酒不乐而罢。莽更汉家黑貂着黄貂;又改汉正朔、伏腊日。太后令其官属黑貂;至汉家正腊日,独与其左右相对饮食。至是崩,年八十四。葬渭陵。

【纲】十一月,彗星出。

【纲】甲戌,春三月晦,日食。

【纲】夏四月,陨霜杀草木。

【纲】六月,黄雾四塞。

【纲】乙亥,春,民讹言黄龙死。

【纲】丁丑,秋,临淮、琅邪及荆州绿林兵起。 【目】莽法令烦苛,民摇手触禁,不得耕桑,于是并起为盗贼。临淮瓜田仪等,依阻会稽长洲;琅邪吕母聚党数千人,杀海曲长,入海中为盗,其众浸多,至万数;荆州饥馑,更相侵夺,新市人王匡、王凤推为渠帅,众数百人,诸亡命者马武、王常、成丹等皆往从之,藏于绿林山中,数月间至七八千人。

【纲】始建国四年(壬申,12)春,下令百姓可以买卖土地。 【目】王莽性情急操,不能没有事情干,每次干事情,动不动就学习古代,不管当时的情况,一切制度无法确定下来;官吏趁机作乱,天下怨声载道,很多人都被抓进监狱。王莽知道老百姓又愁又恨,于是就下令百姓,凡是依靠国家土地生活的人都可以随便买卖土地。

【纲】始建国五年(癸酉,13),春二月,太皇太后王氏去世。【目】王莽改称太后为新室文母以后,就和汉朝断绝了关系,于是毁坏了孝元庙,另外为太后修建一了座祭庙,还单独保存原来孝元庙的一个殿作为文母吃饭的食堂,名叫长寿宫;王莽在长寿宫里摆了宴席,宴请太后。太后到了以后发现孝元庙被彻底毁坏,她感到惊恐悲伤,哭着说:"这是汉朝的宗庙,里面都有神灵,你为什么要把它们毁坏!假使鬼神无知,又何必修建祭庙呢?假使鬼神有知,我是祭庙主人的妃妾,难道应该侮辱元帝的庙堂,用它来摆设宴席吗?"她又偷偷对左右侍从说:"这个人太轻视神灵,能够得到长久的保佑吗?"宴席中因为发生了不愉快的事就结束了。王莽更换了汉朝穿黑貂的规定,改为穿黄貂;又改变了汉朝的正朔、腊祭的日子。太后命令她手下的官属穿黑貂;一到了汉朝的正朔、腊祭的日子,她独自和左右侍从相对饮食。到了这个时候就去世了,终年八十四岁。她埋葬在渭陵。

【纲】十一月,出现彗星。

【纲】天凤元年(甲戌,14),春三月三十日,出现日食。

【纲】夏四月,降了霜,花草树木被冻死。

【纲】六月,满天空都是黄雾。

【纲】天凤二年(乙亥,15)春,民间传说黄龙被摔死。

【纲】天凤四年(丁丑,17)秋,临淮(今江苏泗洪东南)、琅玡(今山东胶南西南)以及荆州绿林山(今湖北大洪山)等地起义。【目】王莽的法令烦琐苛刻,老百姓一动手就会触犯禁令,农桑得不到耕种,大家就一起起来当盗贼。临淮人瓜田仪等人盘据在会稽长洲(今江苏苏州);琅玡人吕母聚集同党数千人,杀死海曲(今山东日照西)县令到海上为盗,他的队伍越来越大,有一万多人;荆州因为发生灾荒,人们互相侵夺,新市(今湖北京山)人王匡、王凤被推为首领,聚众数

【纲】戊寅，春，莽大夫扬雄死。 【目】成帝之世，雄以奏赋为郎，给事黄门，与莽及刘秀并列；哀帝之初，又与董贤同官。莽、贤为三公，权倾人主，所荐莫不拔擢，而雄三世不徙官。及莽篡位，雄以耆老久次，转为大夫。恬于势利，好古乐道，欲以文章成名于后世，乃作《太玄》《法言》。用心于内，不求于外，人皆忽之，唯刘秀及范逡敬焉，而桓谭以为绝伦，巨鹿侯芭师事焉。刘棻尝从雄学作奇字，及棻坐事诛，辞连及雄。时雄较书天禄阁上，使者来欲收之；雄恐不能自免，乃从阁上自投下，几死。莽闻之，以雄不知情，诏勿问。然雄所作《法言》卒章，盛称莽功德可比伊尹、周公，后又作剧秦美新之文，以颂莽，君子病焉。

【纲】琅邪樊崇、东海刁子都等，兵皆起。 【目】琅邪樊崇起兵于莒，众百余人。群盗以崇猛勇，皆附之，一岁间至万余人。又有东海刁子都，亦起兵钞击徐、兖。莽遣使者发兵击之，不能克。

【纲】莽孙宗自杀。
【纲】庚辰，秋九月，大雨六十余日。
【纲】巨鹿男子马适求等谋诛莽，不克，死。

【纲】辛巳，春正月，莽妻死。太子临谋杀莽，事觉，自杀。

【纲】秋，关东大饥，蝗。
【纲】南郡秦丰兵起。 【目】丰聚众万人，平原女子迟昭平亦聚数千人。

百人，有些出来逃命的人如马武、王常、成丹等都去投靠了王匡、王凤，他们都隐藏在绿林山中，几个月间，聚集了七八千人。

【纲】天凤五年（戊寅，18）春，王莽的大夫扬雄去世。　【目】在汉成帝的时候，扬雄因奏赋担任郎官，在黄门供职，和王莽、刘秀平起平坐；在汉哀帝初期，曾和董贤任一样的官。王莽、董贤都是三公之一，他们的权力超过了皇帝，他们所推荐的人都得到提拔，而扬雄经历三代皇帝都没有得到提拔。到了王莽篡位以后，扬雄因为是宿老又长时间任一种官职，所以就被提拔为大夫。但他对势利看得很淡薄，好古乐道，打算以文章出名并传之后世，写成《太玄》《法言》。只是用心写书，不向外宣扬，因此当时人也没有重视他，只有刘秀和范逡很敬重他，而桓谭更认为他是绝伦无双，巨鹿人侯芭拜他为师。刘秀的儿子刘棻曾跟随杨雄写奇字，等到刘棻犯罪被诛杀时，供辞中牵连到扬雄。当时扬雄在天禄阁校书，差役来这里想逮捕他；扬雄也怕不能赦免，就从天禄阁上跳下来，差点儿摔死。王莽听说这件事后，以扬雄不知情，下诏停止追查他。在扬雄所撰写的《法言》最后一章中，盛赞王莽的功德，他认为王莽可以和伊尹、周公相比。后来他又写了评击秦朝赞美新莽美德的文章来歌颂王莽，受到君子们的指责。

【纲】琅琊人樊崇、东海人刁子都等人都率兵起义。　【目】琅琊人樊崇在莒（今山东莒县）起兵，聚集了一百多人。大家认为樊崇勇猛，所以都归附了他，一年之间，聚集了一万多人。还有东海人刁子都也起兵抢劫袭击徐州、兖州。王莽派遣使者率兵进攻他们，但没有取胜。

【纲】王莽的孙子王宗自杀。

【纲】地皇元年（庚辰，20），秋九月，下了六十多天大雨。

【纲】巨鹿男子马适求等人密谋诛杀王莽，结果没有成功，被处死。

【纲】地皇二年（辛巳，21），春正月，王莽的妻子去世。太子王临密谋杀害王莽，后来事情被发觉，他就自杀了。

【纲】秋季，关东地区发生大灾荒和蝗灾。

【纲】南郡人秦丰起兵。　【目】秦丰聚集了一万多人，平原女子迟昭平也聚集了数千人。

【纲】壬午,春二月,关东人相食。

【纲】夏四月,樊崇兵自号赤眉,莽遣其太师王匡、将军廉丹击之。　【目】初,樊崇等众既浸盛,乃相与为约:"杀人者死,伤人者偿创。"莽遣太师王匡、更始将军廉丹讨之。崇等恐其众与莽兵乱,乃皆朱眉以相识别,由是号曰赤眉。匡、丹合将锐士十余万人,所过放纵,东方为之语曰:"宁逢赤眉,不逢太师!太师尚可,更始杀我!"卒如田况之言。

【纲】蝗飞蔽天。

【纲】秋七月,荆州平林兵起。　【目】新市王匡等进攻随,平林人陈牧、廖湛复聚众千余人,号"平林兵"以应之。

【纲】赤眉破廉丹,诛之。

【纲】汉宗室刘縯及弟秀起兵舂陵,兴复帝室,新市、平林兵皆附之。　【目】初,长沙定王发生舂陵节侯买,买生戴侯熊渠,熊渠生考侯仁。仁以南方卑湿,徙封南阳之白水乡,与宗族往家焉。仁子敞嗣,莽时国除。节侯少子外为郁林太守,外生巨鹿都尉回,回生南顿令钦。钦娶湖阳樊重女,生三男:縯、仲、秀。縯性刚毅慷慨,有大节。秀隆准日角,性勤稼穑;縯常非笑之,比于高祖兄仲。秀尝过穰人蔡少公,少公颇学图谶,言"刘秀当为天子"。或曰:"是国师公刘秀乎?"秀戏曰:"何由知非仆邪!"坐者皆大笑。宛人李守好星历、谶记,尝谓其子通曰:"刘氏当兴,李氏为辅。"及新市、平林兵起,南阳骚动,通从弟轶谓通曰:"今四方扰乱,汉当复兴。南阳宗室,独刘伯升兄弟泛爱容众,可与谋大事。"通笑曰:"吾意也!"会秀卖谷于宛,通遣轶往迎秀,与相约结,定谋,归舂陵举兵。会縯召诸豪杰计议,分遣亲客于诸县起兵,縯自发舂陵子弟。子弟恐惧,皆亡匿;及见秀绛衣大冠,皆惊曰:"谨厚者亦复为之!"乃稍自安。

【纲】地皇三年（壬午，公元22），春二月，关东地区发生人吃人的事情。

【纲】夏四月，樊崇的部队自称赤眉军，王莽派遣太师王匡、将军廉丹率兵向赤眉军发起进攻。　　【目】当初，樊崇等人的队伍逐渐壮大以后，他们就互相约定："杀人者偿命，伤人者赔偿。"王莽派遣太师王匡、更始将军廉丹前往讨伐樊崇等人。樊崇等人害怕自己的队伍和王莽的队伍混乱认不清，就把眉毛涂成红色以便互相识别，因此号称"赤眉军"。王匡、廉丹一起率领着十余万精锐部队，所经过的地方都十分放纵，东方地区的人们给他们编了句歌谣说："宁逢赤眉，不逢太师！太师尚可，更始杀我！"正如田况所讲的一样。

【纲】蝗虫遮天盖日。

【纲】秋七月，荆州平林军起义。　　【目】新市人王匡等进攻随县（在今湖北随县），平林人陈牧、廖湛又聚集了一千余人，号称"平林军"，来应响王匡。

【纲】赤眉军打败了廉丹，并杀死了他。

【纲】汉朝宗室刘縯和他的弟弟刘秀在舂陵（今湖北枣阳南）起兵，恢复汉朝帝室，新市王匡、平林陈牧的军队都依附了他们。　　【目】当初，长沙定王刘发生下舂陵节侯刘买，刘买生下戴侯刘熊渠，刘熊渠生下考侯刘仁。刘仁因为南方低洼潮湿，所以又改封到南阳的白水乡，并和全家迁到那里居住。刘仁的儿子刘敞继承了刘仁的爵位，王莽篡位后又废除了他。舂陵节侯的小儿子刘外任郁林郡太守。刘外生下巨鹿都尉刘回，刘回生下南顿县令刘钦。刘钦娶了湖阳樊重的女儿为妻，生了三个男孩，名字叫刘縯、刘仲、刘秀。刘縯的性格刚毅慷慨，有大节。刘秀高鼻梁，天庭隆起，生性喜欢种庄稼；刘縯经常反对和讥笑他，把他和高祖刘邦的哥哥刘仲相比。刘秀曾经到过穰人蔡少公的家，蔡少公很喜欢学习图谶，他说"刘秀应当做天子"。有人问他说："是国师公刘秀吗？"刘秀开玩笑地说："你们怎么不知道是我呢？"在坐的人都开怀大笑起来。宛人李守很喜欢天文历学、谶书，他曾经对他儿子李通说："刘氏应当重新崛起，李氏做刘氏的辅佐。"到了新市、平林军起兵时，南阳地区也有骚动，李通的堂弟李轶对李通说："现在四面八方都在动

凡得子弟七八千人，部署宾客，自称"柱天都部"。秀时年二十八。縯使族人招说新市、平林兵，杀湖阳尉，进拔棘阳，李轶、邓晨皆将宾客来会。

【纲】冬十一月，汉兵与莽守将甄阜、梁丘赐战，不利，遂与下江合兵，袭取其辎重。　【目】刘縯欲进攻宛，与甄阜、梁丘赐战败，縯复收兵保棘阳。阜、赐乘胜留辎重于蓝乡，引精兵十万南临沘水，会下江兵五千余人至宜秋。縯与秀见王常，说以合从之利，常等即引军与汉军及新市、平林合，于是诸郡齐心同力，锐气益壮。十二月晦，潜师夜起袭取蓝乡，尽获其辎重。

淮阳王

【纲】癸未，春二月，新市、平林诸将共立更始将军刘玄为皇帝，大赦，改元。　【目】舂陵戴侯曾孙玄，在平林兵中，号"更始将军"。时汉兵已十余万，诸将议以兵无统一，欲立刘氏以从人望。南阳豪杰欲立刘縯，而新市、平林将帅惮縯威名，贪玄懦弱，先定策立之，然后召縯示其议。縯以为"宜且称王以号令；破莽，降赤眉，然后举尊号。"张卬不从。二月朔，设坛场于淯水上，玄即皇帝位，南面朝群臣；羞愧流汗，举手不能言。置公卿，拜縯为大司徒。

乱，汉室当重新兴起。南阳地区的刘氏宗室只有刘伯升兄弟博爱容纳人才，可以和他们商量大事。"李通笑着说："我也有这个意思。"正好碰上刘秀到宛地来卖谷子，李通就派李轶去迎接刘秀，并和刘秀结为朋友，他们共同商量、决定策略后，刘秀就回到舂陵准备起兵。正好这时刘縯也在召集各位豪杰之士商量举兵，并分别派遣亲近的宾客到各县起兵。刘縯亲自发动舂陵地区的年轻人。年轻人们感到害怕，纷纷逃离躲藏起来。等到他们看到刘秀穿着绛衣大冠时，都惊讶地说："谨慎忠厚的人也干起来了。"于是才逐渐安定下来。他们一共召集了七八千年轻人，安排好宾客，自称为"柱天都部"。刘秀当时二十八岁。刘縯派同宗的人前去招纳劝说新市、平林军，杀死湖阳尉，又继续攻下棘阳（今河南新野县北），李轶、邓晨都率领宾客来这里会合。

【纲】冬十月，汉兵和王莽的守将甄阜、梁丘赐交战不利，于是和下江军联合起来，袭击夺取了王莽军队的随军物资。 【目】刘縯打算进攻宛城，在和甄阜、梁丘赐交战时战败，刘縯又集结败军退守在棘阳。甄阜、梁丘赐乘胜追击，并把军用物资留在蓝乡，率领十万精锐部队抵达沘水，正好这时王常率领的下江兵五千余人也到了宜秋（今河南唐河县东南）。刘縯和刘秀去见王常，用联合作战的好处来劝说他，王常等人马上就率领军队和汉军以及新市、平林兵联合起来。在这种情况下各郡都齐心合力，军队的锐气更加强盛。十二月三十日，他们乘夜秘密起兵，袭取蓝乡，把王莽军的随军物资全部掳获。

淮阳王

【纲】汉帝刘玄更始元年（癸未，23），春二月，新市、平林兵诸位将领共立更始将军刘玄为皇帝。大赦天下，更换年号。 【目】舂陵戴侯刘熊渠的曾孙刘玄，在平林兵中，称更始将军。当时的汉兵已有十余万，诸位将领因为十余万军没有一个统一的统帅而在一起进行商议，大家想拥立刘氏来顺从人们的愿望。南阳的豪杰们想拥立刘縯，而新市、平林兵的将帅们害怕刘縯的威名，因为刘玄软弱无能，所以就先决定拥立刘玄，然后再召来刘縯商议。刘縯认为："应该先称王，发号施令，等到打败王莽、降服赤眉以后再称皇帝。"张卬没有听从刘縯的意见。二

【纲】三月,刘秀徇昆阳、定陵、郾,皆下之。

【纲】莽遣其司徒王寻、司空王邑,大发兵,会严尤、陈茂,夏五月,围昆阳。　【目】莽遣王寻、王邑发兵平定山东,征诸明兵法六十三家以备军吏,以长人巨无霸为垒尉,又驱诸猛兽虎、豹、犀、象之属以助威武。兵四十二万,号百万。五月,出颍川,与严尤、陈茂合。刘秀使王凤、王常守昆阳,夜与李轶等出城南门,于外收兵。时莽兵到城下者且十万,秀等几不得出。寻、邑纵兵围昆阳。

【纲】莽棘阳长岑彭以宛城降汉,玄入都之。　【目】岑彭守宛城,汉兵攻之数月,城中人相食,乃降。更始入都之。诸将欲杀彭,刘縯曰:"彭执心坚守,是其节也。今举大事,当表义士。"更始乃封彭为归德侯。

【纲】六月,刘秀大破莽兵于昆阳下,诛王寻。　【目】刘秀至郾、定陵,悉发诸营兵。六月朔,秀自将步骑千余为前锋,去大军四五里而陈,寻、邑亦遣兵数千合战。秀奔之,斩首数十级。诸将喜曰:"刘将军平生见小敌怯,今见大敌勇,甚可怪也!"秀复进,寻、邑兵却,诸部共乘之,斩首数百、千级。连胜,遂前,诸将胆气益壮,无不一当百。寻、邑陈乱,汉兵乘锐崩之,遂杀寻。城中亦鼓噪而出,中外合势,震呼动天地,莽兵大溃。会大雷、风,屋瓦皆飞,雨下如注,滍川盛溢,虎、豹皆股战,士卒溺死以万数,水为不流。邑、尤、茂轻骑逃去,尽获其军实辎重,关中震恐。于是海内豪杰翕然响应,皆杀其牧、守,自称将军,用汉年号,以待诏命。

月初一,在清水岸上设置了坛场,刘玄登上了皇帝位,面向南方接受群臣的朝拜;他感到羞愧,汗流满面,举起手但讲不出话来。他设置了公卿,任命刘缤为大司徒。

【纲】三月,刘秀率军攻打昆阳、定陵、郾城,都攻了下来。

【纲】王莽派遣他的司徒王寻、司空王邑率领大批军队出发,和严尤、陈茂联合起来,夏季五月,包围昆阳。 【目】王莽派遣王寻、王邑率兵出发去平定山东,征召了六十三位精通兵法的人担任军吏,任命身体高大的巨无霸为垒尉,同时还驱赶了一群虎、豹、犀牛、大象等猛兽来助威。一共有士卒四十二万,号称百万大军。五月,经过颍川,和严尤、陈茂的军队联合起来。刘秀派出王凤、王常坚守昆阳,在夜晚他和李轶等人出了昆阳城的南门,在外面征召士卒。当时,王莽的军队到达昆阳城下的将近十万人,刘秀等人差点儿不能出去。王寻、王邑放兵包围了昆阳城。

【纲】王莽的棘阳县令岑彭把宛城归降了汉兵,刘玄进入,并在此建都。 【目】岑彭坚守宛城,汉兵向宛城进攻了好几个月,由于城中人吃人,于是就投降了汉兵。刘玄进入城内,并在此建都。各位将领想杀死岑彭,刘缤说:"岑彭决心坚守宛城是他的大节,现在率兵投降,应当表彰义士。"于是刘秀封岑彭为归德侯。

【纲】六月,刘秀在昆阳城下大破王莽军队,杀了王寻。 【目】刘秀到了郾、定陵以后,调出所有军营里的军队。六月初一,刘秀亲自率领一千多步兵、骑兵作为前锋,在离开大军四五里的地方摆开阵势,王寻、王邑也派出几千士卒联合迎战。刘秀率兵冲击王寻、王邑的部队,斩杀了几十个人。各位将领都高兴地说:"刘将军平素遇见少量敌人都害怕,今天遇到大敌反而很勇敢,十分奇怪。"刘秀再次发动进攻,王寻、王邑的军队退却,各路军队乘机一起发动进攻,斩杀了千百个人。以后又节节取胜,步步前进,各位将领的胆量也越来越壮,没有一个人不是以一当百。王寻、王邑的阵势被打乱,汉兵乘势打垮了王寻、王邑的军队,并杀死了王寻。昆阳城中的士卒也击鼓出战,城里城外的军队联合起来,呼声震动天地,王莽的军队被打得大败。这时正好遇上天空打雷刮大风,屋顶上的瓦片都飞了起来,顷盆大雨从天而降,潢水横溢,虎、豹都直发抖,被淹死的士卒数以万计,河水被尸体堵塞而不能流

【纲】刘秀徇颍川，冯异以五县降。 【目】刘秀复徇颍川，屯兵巾车乡。郡掾冯异监五县，为汉兵所获。异曰："异有老母在父城，愿归据五城，以效功报德。"秀许之。异归谓父城长苗萌曰："诸将多暴横，独刘将军，所到不虏略。观其言语、举止，非庸人也。"遂与萌率五县以降。

【纲】玄杀大司徒縯，以刘秀为破虏大将军。 【目】新市、平林诸将以刘縯兄弟威名益盛，阴劝更始除之。縯部将刘稷闻更始立，怒曰："本起兵图大事者，伯升兄弟也。今更始何为者邪！"更始收稷，将诛之，縯固争，李轶、朱鲔因劝更始并执縯杀之。秀自父城驰诣宛谢。司徒官属迎吊秀，秀不与交私语，惟深引过而已，未尝自伐昆阳之功；又不敢为縯服丧，饮食言笑如平常。更始以是自惭，乃拜秀为破虏大将军，封武信侯。

【纲】秋，莽将军王涉、国师刘秀自杀。 【目】道士西门君惠谓涉曰："谶文刘氏当复兴，国师公姓名是也。"涉遂与秀及大司马董忠等谋劫莽降汉。谋泄，皆自杀。莽以军师外破，大臣内叛，左右无所信，忧懑不能食，但饮酒，啖鳆鱼；读军书倦，因凭几寐，不复就枕矣。

【纲】成纪隗嚣起兵应汉。 【目】成纪人隗崔、隗义同起兵以应汉。崔兄子嚣素有名，好经书，共推为上将军。移檄郡国，勒兵

动。王邑、严尤、陈茂轻装骑马逃跑，汉军掳获了王莽军队的全部随军物资，这一战役震惊了关中地区。于是全国各地的豪杰之士纷纷起来响应，杀死了他们所在地的州牧或郡守，自称将军，采用汉的年号，等待更始皇帝的诏命。

【纲】刘秀进攻颍川，冯异率领五个县一起投降了刘秀。 【目】刘秀再次进攻颍川，军队驻扎在巾车乡（今河南宝丰东南）。颍川郡掾冯异出来监察所管的五个县，结果被汉军抓获。冯异说："我有老母在父城，希望回去占据这五个县城，以此来报答恩德。"刘秀答应了他的请求。冯异回去以后对父城长苗萌说："将领们多数是粗暴蛮横的，只有刘将军所经过的地方都不被掳掠，从他的言语、举止来看，并非平庸之辈。"于是就和苗萌一起率领五个县投降了刘秀。

【纲】刘玄杀死大司徒刘縯，任命刘秀为破虏大将军。 【目】新市、平林兵的将领们认为刘縯兄弟的威名一天比一天强盛，就秘密劝说更始皇帝把他们除掉。刘縯的部将刘稷听说刘立为皇帝，非常生气地说："本来起兵图谋大事的人是伯升兄弟，现在刘玄想干什么呢？"更始皇帝逮捕了他，将要诛杀他的时候，刘縯坚决反对，因此李轶、朱鲔就劝更始皇帝一并将刘縯抓起来杀掉。刘秀听说后从父城赶快回到宛城谢罪。司徒刘縯的官属迎接刘秀并表示哀悼，刘秀不和他们谈私事，只是深深地自责而已，既不敢说自己亲自攻打昆阳的功劳，也不敢为刘縯穿丧服，饮食言谈和平常一样。更始因此而感到惭愧，于是任命刘秀为破虏大将军，封他为武信侯。

【纲】秋季，王莽的将军王涉、国师刘秀自杀。 【目】道士西门君惠对王涉说："预言未来凶吉的文字说刘氏会重新兴起，写的就是国师公的姓名。"王涉于是就和刘秀以及大司马董忠等人密谋劫持王莽投降更始皇帝。后来他们的密谋被泄露出去，都自杀身亡。王莽因为军队在外面被战败，大臣在朝内叛变，左右没有可以信得过的人，愁得不想吃饭，只是喝酒，吃鳆鱼；读兵书累了后就靠着几案休息一会儿，不再上床睡觉。

【纲】成纪人隗嚣起兵响应汉军。 【目】成纪人隗崔、隗义一起起兵响应汉军。隗崔哥哥的儿子隗嚣一向有名气，又喜欢经书，大家共

十万,徇陇西、武都皆下之。

【纲】公孙述起兵成都。 【目】茂陵公孙述起兵成都,自称辅汉将军,兼益州牧。

【纲】遣上公王匡攻洛阳,大将军申屠建攻武关。析人邓晔起兵,开关迎建。九月,入长安。孝平皇后自焚崩;众共诛莽,传首诣宛。 【目】更始遣王匡攻洛阳,中屠建、李松攻武关,三辅震动。析人邓晔、于匡起兵应汉。晔开武关迎汉兵,以弘农掾王宪为校尉,所过迎降。诸县大姓各起兵称汉将,率众随宪。李松、邓晔引军至华阴,而长安旁兵四会城下。九月朔,兵入;明日城中少年烧作室门,火及掖庭,黄皇室主曰:"何面目以见汉家!"自投火中而死。莽避火宣室,火辄随之。莽旋席随斗柄而坐,曰:"天生德于予。汉兵其如予何!"又明日,群臣扶莽之渐台,欲阻池水。餔时,众兵上台,斩莽首,分莽身,节解脔分之。申屠建以王宪得玺绶不上,收斩之,传莽首诣宛,县于市;百姓共提击之,或切食其舌。

【纲】王匡拔洛阳,诛莽守将王匡、哀章。

【纲】冬十月,玄北都洛。 【目】更始将都洛阳,以刘秀行司隶校尉,使前修宫。秀乃置僚属,作文移,从事司察,一如旧章。时三辅吏士东迎更始,见诸将过皆冠帻而服妇人衣,莫不笑之。及见司隶僚属,皆欢喜不自胜,老吏或垂涕,曰:"不图今日复见汉官威仪!"由是识者皆属心焉。更始遂北都洛。

同推举他为上将军。他向各郡国发出讨伐王莽的檄文,率兵十万,夺取了陇西、武都等地。

【纲】公孙述在成都起兵。 【目】茂陵人公孙述在成都起兵,自称辅汉将军,兼益州牧。

【纲】更始皇帝派遣上公王匡攻打洛阳,大将军申屠建攻打武关。析县人邓晔起兵,打开武关的城门迎接申屠建。九月,起义军进入长安城。孝平皇后自焚死亡;士卒们一起斩杀了王莽,把他的首级送到宛城。 【目】更始皇帝派遣上公王匡进攻洛阳,申屠建、李松进攻武关,三辅地区大为震动。析县人邓晔、于匡起兵响应汉军。邓晔打开武关城门迎接汉军,他任命弘农掾王宪为校尉,王宪所经过的地方的人们都出来投降。各县的世家大族也都聚众起兵,自称汉朝的将军,率领大家跟随王宪。李松、邓晔率领部队到达华阴(今陕西华阴县东西),而长安四周的士卒也都会集到城下。九月初一,军队进入长安城内;第二天,城里的年轻人烧了作室门,大火蔓延到后宫嫔妃居住的地方,黄皇室主说:"我还有什么脸见汉王室的家人。"于是跳进火中被烧死。王莽在宣室中躲避大火,然而大火却老跟着他。王莽在坐席上随着天文郎转动的斗柄所指的方向坐下来,说:"上天把圣德降给了我,汉兵能把我怎么样呢?"又过了一天,大臣们扶着王莽到了未央宫沧池的渐台上,想据池水抵抗。在吃晚饭的时候,士卒们登上渐台,砍下王莽的头,把王莽的身体砍开,并砍成碎块。申屠建因为王宪得到御玺、绶带不上交而斩杀了他。后来把王莽的头送到宛城,挂在街市上,百姓们一起击打它,有的人切下他的舌头吃掉。

【纲】定国上公王匡攻下洛阳城,杀死王莽的守城将领太师王匡和哀章。

【纲】冬十月,更始皇帝刘玄又向北在洛阳建都。 【目】更始皇帝准备在洛阳建都,任命刘秀为司隶校尉,派他前去修建宫殿。于是刘秀设置下属官吏,用正式公文通知所属各郡县的官员,一律按照过去汉朝的规定办。当时三辅地区的官吏到东边洛阳迎接更始皇帝,他们看到经过那里的官员们用布巾包着头,身上穿着妇女们的衣服,没有不讥笑的。等到他们看见司隶校尉刘秀的下属官员时,都高兴得身不由己,有些年老

【纲】以彭宠为渔阳太守。

【纲】以刘秀行大司马事,遣徇河北。

【纲】大司马秀至河北,除莽苛政,复汉官名。 【目】大司马秀至河北,所过郡县,考察官吏,黜陟能否,平遣囚徒,除王莽苛政,复汉官名。吏民喜悦,争持牛、酒迎劳,秀皆不受。

南阳邓禹杖策追秀,及于邺。秀曰:"我得专封拜,生远来,宁欲仕乎?"禹曰:"不愿也。但愿明公威德加于四海,禹得效其尺寸,垂功名于竹帛耳!"秀笑,因留宿。禹进说曰:"今山东未安,赤眉、青犊之属动以万数。更始既是常才,而不自听断,诸将皆庸人屈起,志在财币,争用威力,朝夕自快而已,非有忠良明智,深虑远图,欲尊主安民者也。明公素有盛德大功,为天下所向服,军政齐肃,赏罚明信。为今之计,莫如延揽英雄,务悦民心,立高祖之业,救万民之命,以公而虑,天下不足定也!"秀大悦,因令禹常宿止于中,与定计议;每任使诸将,多访于禹,皆当其才。

秀自缜死,每独居辄不御酒肉,枕席有涕泣处,主簿冯异独叩头宽譬,因进说曰:"更始政乱,百姓无依;人久饥渴,易为充饱。宜分遣官属,循行郡县,宣布惠泽。"秀纳之。骑都尉耿纯谒秀,退,见官属将兵法度不与他将同,遂自结纳。

的官吏感动得落泪说："没有想到今天又看见汉朝官吏的威仪。"从此有见识的人都从心中佩服刘秀。更始皇帝于是向北迁都洛阳。

【纲】任命彭宠为渔阳郡太守。

【纲】任命刘秀代理大司马，并派他去夺取黄河以北地区。

【纲】大司马刘秀到了黄河以北后，废除了王莽时的苛刻政策，恢复了汉朝的官名。　【目】大司马刘秀到了黄河以北后，所经过的郡县都要考察一下当地的官吏，罢免一些不称职的官吏，任用一些有才能的人，平反释放一些囚徒，废除了王莽时的苛刻政策，恢复了汉朝的官名。当地的百姓官吏们都感到高兴，争先恐后地拿着牛肉、酒来迎接慰劳刘秀，但刘秀都没有接受。

南阳人邓禹骑着马追赶刘秀，一直追到邺城。刘秀说："我有权封你做官，你远道而来，是想当官吗？"邓禹说："不希望当官。只希望您的威德能够遍及人间，我能够为您效尺寸之力，把我的功劳也记在史册中。"刘秀听后笑了笑，因此留他住下。邓禹进一步劝刘秀说："现在崤山以东还没有安定下来，赤眉、青犊军动则上万人。更始皇帝只是有一般才能，而又不亲自处理决定政事，所有将领都是平庸之辈突然崛起的人，目的就是为了钱财，争夺权力，只知自己一朝一夕痛快，没有忠诚正直、聪明贤惠、深谋远虑、尊主安民的人。您平素就有很大的功德，天下的人也都信服您，无论从政打仗都很严肃，赏罚明信。为了今天的国家着想，不如广泛招纳英雄，一心收服民心，重新创立高祖的大业，拯救万民的性命，从您的情况考虑，天下不难安定。"刘秀听了之后非常高兴，因此就让邓禹经常住在营中，和他一起商量定计，每次任命或派出将领，多数要征求邓禹的意见，结果和他的判断都相符。

刘秀自从刘縯死了以后，经常单独居住，不吃酒肉，枕席上也留下了他哭泣的泪迹，主簿冯异经常一个人叩头求他心宽一点，并劝他说："更始的政局一片混乱，百姓无依无靠；如果一个人很长时间又饥又渴，就很容易充饱肚子。应当分别派出下属官吏去巡行郡县，宣布对百姓的恩泽。"刘秀采纳了他的意见。骑都尉耿纯来拜见刘秀，退出来以后，他看到刘秀的下属官吏统率士卒的法令和其他将领不一样，于是自行与刘秀交结。

【纲】十二月，王郎称帝于邯郸。 【目】王莽时长安中有自称成帝子子舆者，莽杀之。邯郸卜者王郎缘是诈称真子舆，刘林等信之，与赵国大豪李育等入邯郸，立郎为天子。州郡响应。

【纲】甲申，二年，春正月，大司马秀北徇蓟。

【纲】二月，玄迁都长安。 【目】申屠建等迎更始迁都长安，居长乐宫。升前殿，郎吏以次列庭中；更始羞怍，俯首刮席，不敢视。诸将后至者，更始问："虏掠得几何？"左右皆宫省久吏，惊愕相视。

【纲】以李松为丞相，赵萌为右大司马。 【目】更始纳萌女为夫人，故委政于萌，日夜饮燕后庭，以至群小、膳夫皆滥授官爵。长安为之语曰："灶下养，中郎将。烂羊胃，骑都尉。烂羊头，关内侯。由是关中离心，四海怨叛。

【纲】大司马秀以耿弇为长史。 【目】耿况遣其子弇诣长安，弇时年二十一。至宋子，会王郎起，从吏曰："子舆，成帝正统；舍此不归，远行安之！"弇按剑曰："子舆弊贼，卒为降虏耳！我至长安，陈渔阳、上谷兵马，归发突骑以辚乌合之众，如摧枯折腐耳！公等不识去就，族灭不久也！"

弇闻大司马秀在卢奴，乃驰北上谒；秀留署长史，与俱北至蓟。秀将南归，弇曰："今兵从南方来，不可南行。渔阳太守彭宠，公邑人，上谷太守即弇父也。发此两郡，控弦万骑，邯郸不足虑也！"秀官属皆曰："死尚南首，奈何北行入囊中！"秀指弇曰："是我北道主人也。"

【纲】蓟城反，应王郎；大司马秀走信都、和戎，发兵击邯郸。

【纲】十二月，王郎在邯郸称帝。 【目】王莽新朝时，长安城中有自称是汉成帝的儿子名叫刘子舆的人，王莽把他给杀了。邯郸会占卜的王郎根据这件事就诈称是真的刘子舆，刘林等人也相信他。于是就和赵国有名的豪杰李育等人进入邯郸，立王郎为天子。各州郡纷纷响应。

【纲】更始二年（甲申，24），春正月，大司马刘秀向北夺取了蓟（在今北京市西南）。

【纲】二月，更始皇帝刘玄迁都长安。 【目】申屠建等人迎接更始皇帝迁都长安，住在长乐宫。他登上前殿时，官吏们按照次序排列在前殿的庭院中；更始皇帝感到羞愧，低头刮席，不敢看官吏们。将领们有迟到的人，更始皇帝就问他们说："抢到多少东西？"左右都是长期在宫中供职的官吏，彼此都惊愕相视。

【纲】任命李松为丞相，赵萌为右大司马。 【目】更始皇帝娶赵萌的女儿为夫人，所以把朝廷政事委托给赵萌，更始皇帝日日夜夜在后宫中宴饮，随便给那些群小、膳夫们授官爵。长安人给他编了个顺口溜说："灶下养，中郎将。烂羊胃，骑都尉。烂羊头，关内侯。"因此关中的人们和他离心离德，全国都怨恨他，叛变了他。

【纲】大司马刘秀任命耿弇为长史。 【目】耿况派遣他的儿子耿弇到长安，耿弇当时二十一岁。他到了宋子（今河北晋宁县西北）以后，正好遇上王郎起事，便跟随他的官吏说："刘子舆，是成帝的正统；不去归附他，你还要远走到哪里去呢？"耿弇按着刀剑说："刘子舆是个骗子，终究会成为俘虏。我到了长安，汇报了渔阳、上谷兵马安排的情况以后，回去就马上派出骑兵攻打那些乌合之众，一定像摧枯拉朽一般。你们这些人不识好坏，离死亡不远了。"

耿弇听说大司马刘秀在卢奴，于是马上骑马北上去拜见他；刘秀留下他任长史，并和刘秀一起北上到达蓟城。刘秀将要返回南边，耿弇说："现在部队从南方来，不可以再向南方去。渔阳太守彭宠是你的同乡，上谷太守是我的父亲。征发这两郡的士卒，指挥一万多骑兵，邯郸城不足以忧虑。"刘秀的属官们都说："死了以后头都要向着南方，为什么要向北进入别人囊中？"刘秀指着耿弇说："这是我北道的主人。"

【纲】蓟城军队反叛，响应王郎；大司马刘秀逃跑到信都、和戎，

【目】蓟中反，应王郎，城内扰乱；于是秀趣驾出城，晨夜南驰，至芜蒌亭。时天寒，冯异上豆粥。至下曲阳，传闻王郎兵在后。至滹沱河，候吏还白"河水流澌，无船，不可济"。秀使王霸往视之。霸恐惊众，还即诡曰："冰坚可渡。"遂前至河，河水亦合，乃渡，未毕数骑而冰解。至南宫，遇大风雨，入道傍空舍，冯异抱薪，邓禹爇火，秀对灶燎衣，冯异复进麦饭。至下博城西，惶惑不知所之。有白衣老人指曰："努力！信都为长安城守，去此八十里。"秀即驰赴之。时郡国皆已降王郎，独信都太守任光、和戎太守邳彤不肯。光自恐不全，闻秀至，大喜，彤亦来会。议者多欲西还，彤曰："王郎假名乌合，无有根本之固。明公奋二郡之兵以讨之，何患不克！今释此而归，岂徒空失河北，必更惊动三辅，堕损威重，非计之得者也。若明公无复征伐之意，则虽信都之兵犹难会也。何者？明公既西，则邯郸势成，民不肯捐父母，背成主，而千里送公，其离散亡逃可必也！"秀乃止。秀拜光、彤大将军，将兵以从。众稍合，至万人。移檄边郡，共击邯郸，郡县还复响应。

【纲】延岑据汉中，汉中王嘉击降之。

【纲】大司马秀以贾复、祭遵为将军。 【目】汉中王嘉荐校尉贾复及陈俊于大司马秀，秀以复为将军，俊为掾。秀舍中儿犯法，军市令祭遵格杀之，秀怒，命收遵。主簿陈副谏曰："明公常欲众军整齐，今遵奉法不避，是教令所行也。"乃以为刺奸将军，谓诸将曰：

派兵进攻邯郸。　【目】蓟城军队反叛，响应王郎，城内一片混乱；于是刘秀催促乘车出城，日夜兼程向南方逃跑，一直到达芜蒌亭。当时天气寒冷，冯异给刘秀端上豆粥让他喝。到了下曲阳以后，听说王郎的军队在后面追赶。来到滹沱河边，侦察官回来报告说"河水虽然流动，但没有船只，不能渡河"。刘秀又派王霸去察看。王霸害怕惊动大家，回来后就慌称："河冰很坚固，可以渡河。"于是就继续向前到了河边，河水也结了冰，因此就渡河，骑兵还没有过完冰就开了。到了南宫以后，遇上了大风雨，于是就进入路旁的空房子内，冯异抱来柴草，邓禹点着火，刘秀对着火坑烘烤衣服，冯异又给刘秀送来麦饭。到了下博城西边后，刘秀惶惑不知所去。有位穿着白衣服的老人指点说："要努力前进，信都是长安城的门户，离这里有八十里路。"刘秀听后马上就赶赴到那里。当时各郡国都已经投降王郎，只有信都太守任光、和戎太守邳彤不肯投降。任光认为自己不能保全自己，听说刘秀到来，非常高兴，这时邳彤也来相会。大家在议论时多数人想向西回到长安，邳彤说："王郎是冒充假名，纠集的是乌合之众，没有牢固的根基。如果您能激励两郡的兵力来讨伐他们，还担心打不败他们？如果今天放弃这里而回到长安，这难道不是白白地失掉黄河以北地区吗？而且也一定会再次惊动三辅地区，损坏威风，这不是好的办法。如果您没有再讨伐王郎的意图，即使是信都的部队也难以来会合。这是为什么呢？您一旦向西，邯郸的优势就会形成，老百姓不肯抛弃父母、背叛现成的主人而千里迢迢去送您，他们离散逃亡是一定的。"于是刘秀停止行动。刘秀任命任光、邳彤为大将军，让他们率领部队跟随自己。后来刘秀的士卒又聚集起来，达到一万人左右。于是向边郡发布讨伐邯郸的公告，一起向邯郸发起进攻，各郡县又回过头来纷纷响应刘秀。

　　【纲】延岑占据了汉中，汉中王刘嘉向他发起进攻，延岑投降了刘嘉。

　　【纲】大司马刘秀任命贾复、祭遵为将军。　【目】汉中王刘嘉把校尉贾复和陈俊推荐给刘秀，刘秀任命贾复为将军，陈俊为安集掾。刘秀家中的年轻仆人犯了法，军市令祭遵打死了他，刘秀知道后很生气，于是就下令逮捕了祭遵。主簿陈副劝刘秀说："您常常想把军纪搞得严肃

"当备祭遵！吾舍中儿犯法尚杀之，必不私诸卿也。"

【纲】大司马秀拔广阿。　【目】大司马秀引兵东北拔广阿。披舆地图，指示邓禹曰："天下郡国如是，今始乃得其一。子前言以吾虑天下不足定，何也？"禹曰："方今海内殽乱，人思明君，犹赤子之慕慈母。古之兴者在德厚薄，不以大小也。"

【纲】耿弇以上谷、渔阳兵行定郡县，会大司马秀于广阿，秀以其将寇恂、吴汉等为将军。夏四月，进拔邯郸，斩王郎。　【目】蓟中之乱，耿弇与大司马秀相失，北走昌平，说其父况击邯郸。寇恂曰："大司马伯升母弟，尊贤下士，可归。恂请东约渔阳，齐心合众，邯郸不足图也。"况遣恂约彭宠，宠吏吴汉、盖延、王梁亦方劝宠从秀，会恂至，乃发步骑三千人，以汉、延、梁将之。恂还，与长史景丹及弇将兵与渔阳军合，所过击斩王郎大将以下三万级，会大司马秀于广阿。秀以丹等皆为偏将军，加况、宠大将军。四月，进军邯郸，连战破之。五月，拔邯郸。郎走，追斩之。收郎文书，得吏民与郎交关谤毁者数千章；秀不省，会诸将烧之，曰："令反侧子自安！"秀部将吏卒，皆言愿属大树将军。大树将军者，冯异也，为人谦退不伐，敕吏士非交战受敌，常行诸营之后。每所止舍，诸将并坐论功，异常独屏树下，故军中号曰"大树将军"。

整齐一些,现在祭遵执法毫不避忌,这是因为教令得到了执行。"于是刘秀任命祭遵为刺奸将军,并告诉各位将领说:"你们应当经常防备些祭遵!我家的年轻仆人犯了法尚被祭遵打死,他一定不会对诸位徇私情。"

【纲】大司马刘秀攻下广阿(今河北隆尧县东)。 【目】大司马刘秀率军向东北方向进攻,攻下广阿县。刘秀打开地图,指给邓禹看,并说:"天下的郡国就是这么多,现在才开始得到其中的一个。你从前说按照我的想法,天下不难安定,这是为什么呢?"邓禹说:"现在全国一片混乱,人人思念贤明的君主,就像新生的婴儿想念他的母亲一样。古代的创业者在于他品德的厚薄,不是因为他占地的大小。"

【纲】耿弇率领上谷、渔阳的军队平定周围郡县,在广阿和大司马刘秀的军队会合,刘秀任命耿弇的将领寇恂、吴汉等人为将军。夏季四月,继续攻下邯郸,杀死王郎。 【目】蓟中战乱时,耿弇和大司马刘秀失去联系,向北逃到昌平,并劝说他的父亲耿况进攻邯郸。寇恂说:"大司马刘秀是刘縯的同母弟弟,他尊贤下士,可以归附于他。我请求向东去渔阳联系商量,齐心合力,邯郸就容易谋取了。"耿况于是派出寇恂去和彭宠相约,彭宠的下属官吏吴汉、盖延、王梁也都正在劝说彭宠跟随刘秀,正好这时寇恂到来,于是就派出步兵、骑兵三千人,派吴汉、盖延、王梁去率领。寇恂返回以后就和长史景丹以及耿弇率领军队去和渔阳的军队联合起来,在他们所经过的地方斩杀了王郎军队大将以下的军吏三万多人,在广阿又和刘秀的军队会合。刘秀任命景丹等人都为偏将军,提拔耿况、彭宠为大将军。四月,进军邯郸,连续作战,节节胜利。五月,攻下了邯郸。王郎逃跑,被追上斩杀。刘秀收集王郎的文书,发现有数千篇当地官吏和王郎勾结起来诽谤诋毁刘秀的文书;刘秀也没有细看,当着各位将领的面把这些文书就烧了,他说:"让那些反叛的人得以自安。"刘秀统率投降的士卒,这些士卒都说希望归属大树将军统率。大树将军就是冯异,他为人谦虚,不夸耀自己的才能和功劳,命令将士不是和敌人交战或受敌人攻击的时候,要走在别的军队的后面。每逢停下来休息时,各个将领都坐下来谈论自己的功劳,冯异常常是一个人躲在树下,所以军中都称他为大树将军。

【纲】玄立大司马秀为萧王。【目】更始遣使立秀为萧王,令罢兵。耿弇曰:"王郎虽破,天下兵革乃始耳。今使者从西方来,欲罢兵,不可听也。铜马、赤眉之属数十辈,辈数十百万人,所向无前,圣公不能办也,败必不久。百姓患苦王莽,复思刘氏,闻汉兵起,莫不欢喜,如去虎口,得归慈母。今更始为天子,而诸侯擅命于山东,贵戚纵横于都内,元元叩心,更思莽朝,是以知其必败也。公功名已著,以义征伐,天下可传檄而定也。天下至重,公可自取,毋令他姓得之!"王乃辞以河北未平,不就征,始贰于更始矣。

【纲】秋,萧王击铜马诸贼,悉收其众。南徇河内,降之。【目】是时,诸贼合数百万人,所在寇掠。萧王击铜马于鄡,吴汉将突骑来会,王以朱浮为幽州牧,治蓟。铜马夜遁,王追击,大破之。受降未尽,而高湖、重连来与其余众合;王复与战,悉破降之。诸将未能信,贼降者亦不自安。王知其意,敕令降者各归营勒兵,自乘轻骑按行部陈。降者更相语曰:"萧王推赤心置人腹中,安得不投死乎!"悉以分配诸将,众遂数十万。赤眉别帅与青犊、上江、大彤、铁胫、五幡十余万众在射犬,王击破之。南徇河内,太守韩歆降。

【纲】公孙述自称蜀王。

【纲】冬,赤眉西攻长安。

【纲】萧王遣将军邓禹将兵入关,寇恂守河内,冯异拒洛阳,自引兵徇燕、赵。【目】萧王将北徇燕、赵,度赤眉必破长安,乃

【纲】刘玄立大司马刘秀为萧王。 【目】更始皇帝派遣使者立刘秀为萧王，并命令他停止作战。耿弇说："王郎虽然被击败了，但天下的战争才刚刚开始。现在使者从西方来，想让停止作战，不可听从他的话。铜马、赤眉一类的军队有数十支，每支都有数十万人，他们所向无敌，圣公不能够战胜他们，不久他就一定会被击败。老百姓对王莽带来的苦难很发愁，重新思念刘氏，百姓听说汉兵兴起，没有不高兴的，就像要逃离虎口回到慈母的怀抱一样。现在更始为天子，山东地区的诸侯擅自发布命令，长安城内的贵戚十分放肆暴横，善良的百姓们有的甚至思念王莽新朝，所以知道刘玄一定会失败。您功成名就，用大义来号召征伐，国家可以通过下达檄书的形式得到平定。国家是最重要的，您可以靠自己去夺取，不要让其他姓的人得到。"于是刘秀以河北地区还未平定为理由推辞更始皇帝立他为萧王，没去上任，从此开始和更始有了二心。

【纲】秋季，刘秀向铜马军等发起进攻，俘获了他们的全部士卒。后又向南进攻河内郡，河内郡的人投降了刘秀。 【目】这时候，铜马、赤眉各军联合了数百万人，到处掳掠。刘秀在鄡地（今河北束鹿东）向铜马发起进攻，吴汉率领精锐骑兵赶来助战。刘秀任命朱浮为幽州牧，州府设置在蓟。铜马军连夜逃跑，刘秀乘胜追击，把铜马军打得大败。铜马军还没有全部投降，高湖、重连赶来，和剩余的败兵联合起来；刘秀又和他们交战，全部打败了他们，投降了刘秀。刘秀的将领们不相信投降的将士，投降的将士们也心中不安。刘秀知道了降兵的心思以后，就命令投降的将士，各自回到自己的军营中统率军队，他自己带着少数骑兵按次序前去巡视。投降的将士们互相说："萧王这样推心置腹，怎么能不为他效死呢？"于是刘秀把他们全部分配给各个将领，军队一下就达到数十万。赤眉军的另一个将帅和青犊、上江、大肜、铁胫、五幡等十余万士卒驻扎在射犬，刘秀又打败了他们。刘秀向南攻取河内郡，太守韩歆投降了刘秀。

【纲】公孙述自称蜀王。

【纲】冬季，赤眉军向西进攻长安。

【纲】萧王刘秀派遣将军邓禹率兵进入关中地区，寇恂坚守河内，冯异抗拒洛阳的军队，他亲自率领军队去攻取燕、赵地区。 【目】萧

拜邓禹为前将军，中分麾下精兵二万人，遣西入关。时朱鲔、李轶守洛阳，鲍永、田邑在并州。王以河内险要富实，欲择守者而难其人，问于邓禹。禹曰："寇恂文武备足，有牧民御众之才，非此子莫可使也！"乃拜恂河内太守，谓曰："昔高祖留萧何守关中，吾今委公以河内；当给足军粮，率厉士马，防遏他兵，勿令北渡。"拜冯异为孟津将军，统兵河上，以拒洛阳。王乃引兵而北。恂调糇粮，治器械以供军，未尝乏绝。

【纲】梁王永据国起兵。

王刘秀准备向北去攻取燕、赵地区，他估计赤眉军一定会攻破长安城，就任命邓禹为前将军，从自己的军队中分出二万精兵，派他们向西进入关中。当时朱鲔、李轶守卫洛阳，鲍永、田邑在并州。刘秀认为河内地区地势险要，物产丰富，打算选择一个能够坚守这个地区的人，但没有合适人选，就询问邓禹。邓禹说："寇恂文武双全，有治理百姓和防御众人的才能，非这个人不可。"于是刘秀任命寇恂为河内太守，并对他说："从前高祖留下萧何坚守关中，我今天把河内委任给你；你应当保证供足军粮，率领训练士卒和战马，防御和抵抗其他的军队，不要让他们向北渡过黄河。"又任命冯异为孟津将军，统率军队驻守在黄河边上，来抗拒洛阳方面的军队。刘秀亲自率兵北上。寇恂在河内调集军粮、制造武器以供军需，从来没有缺少或断绝了供应。

【纲】梁王刘永在自己的封国里聚众起兵。

东汉纪

世祖光武皇帝

【纲】乙酉,世祖光武皇帝建武元年,夏四月,公孙述称成帝。

【纲】萧王击尤来、大枪、五幡,败之。

【纲】萧王遣将追尤来等,又大破之。 【目】王引军还蓟,复遣吴汉等追尤来等,破散略尽。贾复伤疮甚,王大惊曰:"我所以不令贾复别将者,为其轻敌也。果然,失吾名将!闻其妇有孕,生女邪,我子娶之;生男邪,我女嫁之;不令其忧妻子也。"复病寻愈。

【纲】六月,萧王即皇帝位,改元,大赦。 【目】王还至中山,诸将请上尊号,不听。到南平棘,复固请之,不许。耿纯进曰:"天下士大夫,捐亲戚,弃土壤,从大王于矢石之间者,其计固欲攀龙鳞,附凤翼,以成其志耳。今大王留时逆众,不正号位,纯恐士大夫望绝计穷,则有去归之思,无为久自苦也。大众一散,难可复合。"王深感曰:"吾将思之。"行至鄗,召冯异问四方动静。异曰:"更始必败,宗庙之忧在于大王,宜从众议。"会儒生强华自关中奉《赤伏符》来诣王,曰:"刘秀发兵捕不道,四夷云集龙斗野,四七之际火为主。"群臣因复奏请,乃即位于鄗南。

【纲】赤眉以刘盆子称帝。 【目】赤眉进至华阴,以西向帝城,而无称号,名为群贼,不可以久;议立宗室,挟义诛伐。乃立刘盆子为上将军,诸将皆称臣拜。盆子时年十五,被发徒跣,敝衣赭汗,见

世祖光武皇帝

【纲】世祖光武皇帝建武元年（乙酉，25），夏四月，公孙述自称成帝。

【纲】萧王刘秀进攻尤来、大枪、五幡，把他们打败。

【纲】萧王刘秀派遣将领乘胜追击尤来等，又把他们打得大败。【目】萧王刘秀率军回到蓟城，又派吴汉等将领追击尤来等，把他们打得溃不成军，几乎全被消灭。贾复的伤势很重，萧王刘秀很吃惊地说："我之所以不让贾复单独率领军队出击，是因为他轻敌。果然如此，失掉我一个名将。听说他的妻子有身孕，如果生女孩，我的儿子就娶她为妻；如果生男孩，我的女儿嫁他为妻；不要让他为妻子儿女担忧。"贾复不久就恢复了健康。

【纲】六月，萧王刘秀登皇帝位，改换年号，大赦天下。 【目】萧王刘秀回到中山（今河北定县），将领们请他当皇帝，他没有接受这个建议。刘秀到了南平棘以后，将领们又一次请求他当皇帝，他仍然没有答应。耿纯劝他说："全国的士大夫们告别了亲戚，离乡背井，跟随大王于乱箭飞石之中，目的就是想攀龙附凤，实现自己的志向。现在大王拖延时间，不听大家的建议，不当皇帝，不确定名号和职位，我怕士大夫们失望，产生回家的想法，不会长久地在这里自讨苦吃。大家一散，就很难再集合起来。"萧王刘秀感慨万分地说："我再想一想。"到了鄗县（今河北内丘东北）以后，刘秀召见冯异打听四方的动静。冯异说："更始皇帝一定失败。你应为刘氏宗庙担忧，听从大家的建议。"儒生强华正好从关中拿着《赤伏符》来晋见刘秀说："刘秀发兵备不道，四夷云集龙斗野，四七之际火为主。"群臣因此又奏请刘秀即位，刘秀这才在鄗县南郊登上帝位。

【纲】赤眉军拥立刘盆子为皇帝。 【目】赤眉军到达华阴县以后，因为西面对着帝王都城，但又没有称号，人们称他们为盗贼，这样不能长久；因此他们商量拥立一位宗室，仗义讨伐，于是就立刘盆子为上将军，将领们都向他称臣叩拜。刘盆子当时十五岁，披发光脚，身穿破衣服，

众拜,恐畏欲啼。

【纲】秋七月,以邓禹为大司徒,王梁为大司空,吴汉为大司马,伏湛为尚书令。 【目】帝使使持节拜禹为大司徒,封酂侯,禹时年二十四。又按《赤伏符》,以梁为大司空。又欲以谶文用孙咸行大司马,众不悦,乃以吴汉为大司马。初,更始以湛为平原太守,时天下起兵,湛独晏然,抚循百姓,一境赖以全。征为尚书,使典定旧制。又以禹西征,拜湛为司直,行司徒事。

【纲】九月,赤眉入长安。 【目】更始单骑走,将相皆降。

【纲】封更始为淮阳王。 【目】诏:"敢贼害者,罪同大逆。"

【纲】以卓茂为太傅,封褒德侯。 【目】宛人卓茂,宽仁恭爱,恬淡乐道,雅实不为华貌,行己在于清浊之间,自束发至白首,与人未尝有争竞,乡党故旧,虽行能与茂不同,而皆爱慕欣欣焉。哀、平间为密令,视民如子,举善而教,口无恶言,吏发亲爱,不忍欺之。民尝有言部亭长受其米肉遗者,茂曰:"亭长为从汝求乎,为汝有事嘱之而受乎,将平居自以恩意遗之乎?"民曰:"往遗之耳。"茂曰:"遗之而受,何故言邪?"民曰:"窃闻贤明之君,使民不畏吏,吏不取民。今我畏吏,是以遗之;吏既卒受,故来言耳。"茂曰:"汝为敝民矣!凡人所以群居不乱,异于禽兽者,以有仁爱礼义,知相敬事也。汝独不欲修之,宁能高飞远走,不在人间邪!吏顾不当乘威力强请求耳,亭长素善吏,岁时遗之,礼也。"民曰:"苟如此,律何故禁之?"茂笑曰:"律设大法,礼顺人情。今我以礼教汝,汝必无怨恶;以律治汝,汝何所措其手足乎!一门之内,小者可论,大者可杀也;且归念之。"初,茂到县,有所废置,吏民笑之,邻城闻者皆蚩其不能。河南郡为置守令;茂不为嫌,治事自若。数年,教化大行,

满脸通红,浑身是汗,见大家向他叩拜,害怕得想哭。

【纲】秋七月,任命邓禹为大司徒,王梁为大司空,吴汉为大司马,伏湛为尚书令。 【目】光武帝刘秀派遣使者拿着符节去任命邓禹为大司徒,并封他为酂侯,当时邓禹二十四岁。又根据《赤伏符》任命王梁为大司空。又打算根据谶文让孙咸代理大司马的职责,但大家都不太满意,于是就又任命吴汉为大司马。当初,更始皇帝任命伏湛为平原郡太守,可是那时天下纷纷起兵,只有伏湛所在的平原郡十分平静,他安抚百姓,所以平原全郡得以保全。刘秀征召他任尚书令,让他整理旧日的典章制度。又派邓禹向西征伐,任命伏湛为司直,代管大司徒事务。

【纲】九月,赤眉军进入长安。 【目】更始皇帝独自骑马逃跑,他的将相们都投降了赤眉军。

【纲】刘秀封更始皇帝为淮阳王。 【目】刘秀下诏书说:"谁敢杀害淮阳王,罪过与大逆不道相同。"

【纲】刘秀任命卓茂为太傅,封他为褒德侯。 【目】宛城人卓茂,宽厚仁爱,安贫乐道,他很朴实,不修边幅,立身行事守持中庸,从年轻到白头,从来没有和人发生过争吵,乡亲故旧的品行和才能虽然和卓茂不同,但都很爱慕尊敬他。在哀帝、平帝的时候他任密县县令,爱民如子,教人善良,从不恶语伤人,做官的或老百姓都爱戴他,不忍心欺骗他。曾经有个老百姓说亭长接受了他送的米和肉,卓茂说:"是亭长跟你讨要的呢?还是你有事求他而赠送的呢?还是平时相处的有感情而送给他的呢?"老百姓回答说:"是我送给他的。"卓茂说:"你送给他,他才接受,为什么还要说呢?"老百姓说:"我听说贤明的君主能让百姓不怕官吏,官吏也不向百姓索取什么东西。现在我害怕官吏,所以才送给他些东西;官吏竟然接受这些东西,所以我才来给您讲。"卓茂说:"你是一个品德高尚之人!人所以能够住在一起而不混乱,和禽兽有区别,是因为人类懂得仁爱礼义,知道应该互相尊敬。而你却不想学习仁爱礼义,你能够远走高飞不在人间吗?当官吏的本来是不应当靠威力来强行索取,但亭长平素是个很好的官吏,过年时送他点东西,这也是礼义的表现。"老百姓说:"如果像这样,那法律为什么还要规定禁止这些呢?"卓茂笑着说:"法律是大法,礼义是顺乎人情。现在我

道不拾遗。迁京部丞,密人老少皆涕泣随送。及王莽居摄,以病免归。上即位,先访求茂,茂时年七十余,诏曰:"夫名冠天下,当受天下重赏。今以茂为太傅,封褒德侯。"

【纲】朱鲔以洛阳降。冬十月,帝入都之。 【目】诸将围洛阳数月,朱鲔坚守不下。帝以岑彭尝为鲔校尉,令往说之。鲔曰:"大司徒被害时,鲔与其谋,又谏更始无遣萧王北代,自知罪深,不敢降!"彭还言之,帝曰:"举大事者,不忌小怨。鲔今若降,官爵可保,况诛罚乎!河水在此,吾不食言!"彭复往告,鲔即降;拜平狄将军,封扶沟侯。侍御史杜诗安集洛阳,将军萧广纵兵暴横,诗敕晓不改,遂格杀广。上召见,赐棨戟,擢任之。十月,车驾入洛阳,幸南宫,遂定都焉。

【纲】淮阳王降于赤眉。

【纲】邓禹引军屯栒邑。 【目】刘盆子居长乐宫。兵士暴掠,百姓不知所归,闻邓禹乘胜独克,而师行有纪,皆望风相携负以迎军,降者日以千数,众号百万。禹所止,辄停车持节以劳来之,父老、童稚、垂髫、戴白,满其车下,莫不感悦,于是名震关西。诸将豪杰皆劝禹径攻长安。禹曰:"不然。今吾众虽多,能战者少,前无可仰之积,后无转馈之资;赤眉新拔长安,财谷充实,锋锐未可当也。吾且休兵北道,就粮养士,以观其敝,乃可图也。"禹于是引军北至栒

用礼义来教育你，你一定没有什么怨恨；如果我按法律来处理你，你就手足无措了。同是一类过错，小的可以论罪，大的可以斩杀；你回去好好想一想吧。"当初卓茂刚到任时，对好多事情根本不管，官吏百姓们讥笑他，邻近城里的人听说后也指责他无能。于是河南郡又在密县设了一个守令；但卓茂也不讨厌他，处理事情时也神态自若。几年以后，他的教化得到了推行，以致路不拾遗。后来卓茂被调回京师任部丞，密县的老老少少都哭着相送。到王莽篡位时，他因病辞职回家。刘秀即位后，首先访求卓茂，当时卓茂已经七十余岁了。于是刘秀下诏说："卓茂名冠天下，应当受到天下的重赏。现在任命卓茂为太傅，封他为褒德侯。"

【纲】朱鲔带领洛阳人投降了刘秀。冬季十月，刘秀进入洛阳，并在那里建都。　【目】刘秀的将领包围洛阳已经有好几个月，由于朱鲔的坚守而没有能攻下来。刘秀认为岑彭曾经做过朱鲔的校尉，就派他去劝说朱鲔。朱鲔说："大司徒刘縯被害的时候，我曾参与谋划，又劝更始皇帝不要派萧王刘秀去北伐，我自己知道有大罪过，所以不敢投降。"岑彭回来后把这些话告诉了刘秀。刘秀说："办大事的人不忌小怨。如果朱鲔现在投降，可以保全官爵，怎么还能诛罚呢？黄河水在此，我不食言。"岑彭又去朱鲔那里把刘秀的话告诉他，朱鲔马上就投降了刘秀；刘秀任命朱鲔为平狄将军，封他为扶沟侯。侍御史杜诗去安抚洛阳，将军萧广纵容士兵们为非作歹，杜诗告戒他，但萧广不听，于是就打死了萧广。刘秀召见杜诗，赏赐给他棨戟，并提拔了他。十月，刘秀乘车进入洛阳，住在南宫，于是把这里定为都城。

【纲】淮阳王刘玄投降了赤眉军。

【纲】邓禹率领军队驻扎在枸邑（今陕西旬邑县东北）。　【目】刘盆子住在长乐宫。赤眉的士卒为非作歹，老百姓们不知所归。后来他们听说邓禹的军队节节胜利，而且行军很有纪律，所以人们都扶老携幼，望风迎降，投降的人每天都有一千多人，邓禹的军队号称百万。邓禹每到一处就停下车来，拿着符节来慰劳投降的人们，父老、儿童围满邓禹的车下，没有一个人感到不高兴，于是邓禹的名声震动了关西地区。将领豪杰们都劝邓禹直接攻打长安。邓禹说："不能这样。现在我的军队虽然人多，但能够作战的人却很少，前面没有可依靠的积蓄，后面没有可供给的

邑,所到,诸营堡郡邑皆开门归附。

【纲】十一月,梁王永称帝。

【纲】十二月,赤眉杀淮阳王。

【纲】隗嚣据天水,自称西州上将军。　【目】隗嚣归天水,复聚其众,自称西州上将军。三辅士大夫避乱者多归之,嚣倾身引接,为布衣交;以范逡为师友,郑兴为祭酒,申屠刚、杜林为治书,马援等为将军,班彪之属为宾客,名震西州。马援少时,以家贫,欲就边郡田牧。见况曰:"汝大才,当晚成;良工不示人以朴,且从所好。"遂之北地田牧。常谓宾客曰:"丈夫为志,穷当益坚,老当益壮。"后有畜数千头,谷数万斛,既而叹曰:"凡殖财产,贵能赈施也,否则守钱虏耳!"乃尽散于亲旧。闻隗嚣好士,往从之。嚣甚敬重,与决筹策。

【纲】窦融据河西,自称五郡大将军。　【目】窦融累世仕宦河西,知其土俗。更始时,私谓兄弟曰:"天下安危未可知,河西殷富,带河为固,张掖属国精兵万骑,一旦缓急,杜绝河津,足以自守,此遗种处也!"乃因赵萌求往,更始以为张掖属国都尉。融既到,抚结雄杰,怀辑羌虏,得其欢心。与太守都尉梁统等五人尤厚善。及更始败,乃推融行河西五郡大将军事,以梁统为武威太守,史苞为张掖太守,竺曾为酒泉太守,辛肜为敦煌太守,唯库钧为金城太守如故,而融亦仍居属国,领都尉职,置从事,监察五郡。

物资；赤眉军刚刚攻下长安，钱粮充实，锐不可当。我们应向北行军让士卒得到休息，到粮食充足的地方去给养士卒，等到赤眉军疲惫，那时才可以向他们发起进攻。"邓禹于是率领着军队向北到了栒邑，他所经过的营寨郡县都开门归附了邓禹。

【纲】十一月，梁王刘永称帝。

【纲】十二月，赤眉军杀死了淮阳王。

【纲】隗嚣占据了天水，自称西州上将军。 【目】隗嚣回到天水，又重新招集部众，自称西州上将军。三辅地区躲避战乱的士大夫们多数都归附了他，隗嚣亲自迎接，和他们结为布衣之交；他以范逡为师友，郑兴为祭酒，申屠刚、杜林为治书，马援等为将军，班彪一般人为宾客，从此隗嚣的名声震动西州。马援年轻的时候因为家贫，打算到边郡去种田放牧。他的哥哥马况说："你是有大才能的人，但取得成功会很晚。精巧的工匠从来不把没有雕刻好的玉拿给人们看，你可以按照自己的爱好去做事。"于是马援到北地去种田放牧。马援经常对他的宾客说："大丈夫立志，在贫穷的时候更应该坚强，老当益壮。"后来他牧养的牲畜达数千头，拥有粮食数万斛，以后他又叹息说："凡是积蓄财产，最可贵之处就是能舍得赈济别人，否则就是个守财奴。"于是他把全部财粮送给了亲朋故旧。他听说隗嚣喜欢交结士人，就去归附了隗嚣。隗嚣很敬重马援，经常让他参与决策。

【纲】窦融占据西河，自称五郡大将军。 【目】窦融一家几代人都在河西做官，深知那里的风俗习惯。更始皇帝时，他私下对他兄弟说："天下的安危现在还不可预测，河西地区物产丰富，又有黄河作为屏障，张掖属国有一万多精锐的骑兵，一旦发生急事，断绝了河水渡口，足可以自守，这是我们繁衍后代的好地方。"就通过赵萌请求前往河西，更始皇帝任命他为张掖属国都尉。窦融到了那里以后，交结豪杰，笼络羌虏，深受羌虏的爱戴。窦融和那里的太守、都尉梁统等五人相处得很好。等到更始皇帝失败以后，大家就推举窦融代管河西五郡大将军事务，任命梁统为武威太守，史苞为张掖太守，竺曾为酒泉太守，辛肜为敦煌太守，只有库钧仍然任金城太守，而窦融也仍然住在张掖属国，兼任张掖都尉的职务，设置了从事来监察武威、张掖、酒泉、敦煌、金城五郡。

纲鉴易知录卷二十

东汉纪

光武皇帝

【纲】丙戌，二年，春正月朔，日食。

【纲】悉封诸功臣为列侯。　【目】梁侯邓禹、广平侯吴汉，皆食四县。阴乡侯阴识，贵人之兄也，以军功当增封，识曰："臣托蜀掖庭，仍加爵邑，此为亲戚受赏，国人计功也，"帝从之，使郎中魏郡冯勤典诸侯封事。勤差量功次轻重，国土远近，地势丰薄，不相逾越，莫不厌服焉。帝以为能，尚书众事皆令总录之。故事，尚书郎以令史久次补，帝始用孝廉为之。

【纲】立宗庙、郊社于洛阳。　【目】起郊庙于洛阳，四时合祀高祖、太宗、世宗；建社稷于宗庙之右，立郊兆于城南。

【纲】赤眉大掠长安，西入安定、北地。

【纲】邓禹入长安。　【目】禹入长安，谒高庙，收神主送洛阳，行园陵，置吏士奉守。

【纲】大司空梁罢，以宋弘为大司空。　【目】王梁屡违诏命，帝怒，欲诛之，既而赦之，以为中郎将。以宋弘为大司空。弘荐桓谭为议郎、给事中。帝命谭鼓琴，爱其繁声。弘闻之，不悦；伺谭出，朝服坐府上，遣吏召之。谭至，不与席而让之；谭顿首辞谢，良久乃遣之。后大会群臣，帝使谭鼓琴；谭见弘，失其常度。帝怪而问之，弘乃离席免冠谢曰："臣所以荐谭者，望能以忠直导主；而令朝廷耽悦郑声，臣之罪也。"帝改容谢之。

光武皇帝

【纲】建武二年（丙戌，26）春季，正月初一，出现日食。

【纲】光武帝刘秀将所有功臣一律封侯。 【目】梁侯邓禹、广平侯吴汉，采邑都有四个县。阴乡侯阴识是光武帝贵人阴丽华的兄长，因战功应当增加采邑，阴识说："我是后宫的亲属，如果再增加采邑，这正应了亲戚们受到赏赐，全国人都会评议他的功劳这句话。"光武帝接受了阴识不再加封的请求。任命郎中魏郡（今河北磁县东）人冯勤主持封侯事宜。冯勤比较衡量功劳大小，先后轻重，以及采邑远近，土壤好坏，处理得非常得体，众人无不心服。光武帝认为他很能干，便让他总管尚书事务。以往的惯例是，尚书郎由令史按任职时间长短递补，光武帝则开始任用由地方推荐的孝廉担任此官。

【纲】在洛阳兴建祖庙、祭祀土神的祭坛。 【目】在洛阳兴建祖庙，每年四季共同祭祀高祖刘邦、文帝刘恒、武帝刘彻；在祖庙西边兴建祭祀土神和农神的祭坛，在洛阳南郊建立祭祀天地的祭坛。

【纲】赤眉军将长安劫掠一空后，向西进入安定（今宁夏固原）、北地（今甘肃环县）。

【纲】东汉大将邓禹进入长安。 【目】邓禹进入长安，拜谒高祖刘邦祭庙，将西汉十一位皇帝祭庙中的牌位收集起来送往洛阳，巡视历代皇帝的陵园，派官兵守护。

【纲】光武帝将大司空王梁罢免，任命宋弘为大司空。 【目】王梁屡次违抗诏令，光武帝勃然大怒，打算处死他，不久又赦免了他，降为中郎将。任命宋弘为大司空。宋弘推荐桓谭为议郎、给事中。光武帝令桓谭弹琴，对他弹奏的华丽纷繁的音乐很喜欢。宋弘听说此事后，不太高兴；等到桓谭从皇宫出来，就身穿朝服坐在家里，派属下把桓谭叫来。桓谭到来后，没有请他坐下，就责备他；桓谭不住地叩头认错，过了很久，宋弘才让他回去。后来，光武帝大宴文武官员，让桓谭弹琴；桓谭看见宋弘在场，改变了常态。光武帝奇怪地问桓谭原因，宋弘就离开席

湖阳公主新寡,帝与共论朝臣,微观其意。主曰:"宋公威容德器,群臣莫及。"后弘被引见,帝令主坐屏风后,因谓弘曰:"谚言'贵易交,富易妻',人情乎?"弘曰:"臣闻贫贱之交不可忘,糟糠之妻不下堂。"帝顾谓主曰:"事不谐矣!"

【纲】渔阳太守彭宠反。 【目】帝之讨王郎也,彭宠发突骑,转粮食,前后不绝。自负其功,意望甚高,帝接之不能满,宠甚怏怏。至是征宠,宠遂发兵反。幽州牧朱浮与宠书曰:"辽东有豕,生子白头,将献之,道遇群豕皆白。以子之功,论于朝廷,辽东豕也;奈何以渔阳而结怨天子,此犹捧土以塞孟津也!"宠怒,攻朱浮于蓟。

【纲】夏四月,遣将军盖延等击刘永,围睢阳。

【纲】封兄缜子章为太原王,兴为鲁王,淮阳王子三人为列侯。

【纲】六月,立贵人郭氏为皇后,子强为皇太子。

【纲】秋,贾复击召陵、新息,皆平之。 【目】贾复部将杀人于颍川,太守寇恂戮之。复以为耻,欲杀恂。恂知之,不欲与相见。姊子谷崇曰:"崇,将也,得带剑侍侧,有变足以相当。"恂曰:"不然。昔蔺相如不畏秦王,而屈于廉颇者,为国也。"乃敕属县盛供具,储酒醪;执金吾军入界,一人皆兼二人之馔。恂出迎于道,称疾而还。

次，摘下官帽，请罪说："我推荐桓谭的原因，是希望他能够以忠诚正直引导陛下；但却使得陛下沉醉于淫荡的郑国音乐，这是我的罪过。"光武帝动容地向他道歉。

光武帝的姐姐湖阳公主新近守寡，光武帝与她一同评论朝中文武大臣，暗中观察她的意向。湖阳公主说："宋弘相貌堂堂，德才兼备，大臣中无人胜过他。"后来，宋弘被召见，光武帝让湖阳公主坐在屏风后边，便对宋弘说："民间有句俗语：'人的地位尊贵了就会改变交情，发财致富了就会更换妻子。'这是人之常情吗？"宋弘说："我听说，贫贱时的知己不能忘记，患难时的妻子不可分离。"光武帝回头对湖阳公主说："这件事恐怕难成了！"

【纲】渔阳（今北京密云）太守彭宠造反。　【目】光武帝讨伐王郎时，彭宠派出了精锐的骑兵突击部队，并转运粮食，从不间断。他自认为功劳大，期望很高，光武帝的礼遇没有满足其要求，所以心中非常不快。到这时，光武帝征召彭宠去洛阳，于是彭宠便起兵造反。幽州（治蓟城，今北京大兴）牧朱浮给彭宠写信说："辽东有头猪，下了一头脑袋长白毛的小猪，认为与众不同，就想献上去，但是在路上却遇上一群全是白色的猪。把你的功劳放在朝廷上比较，就好像那头辽东的猪；怎么能凭仗渔阳这个地方而与皇帝结怨，这就如同手捧一把土去堵塞黄河口！"彭宠大怒，攻打朱浮所在的蓟城。

【纲】夏四月，光武帝派将军盖延等攻打刘永，包围睢阳（今河南商丘南）。

【纲】光武帝封兄长刘缜的儿子刘章为太原王，刘兴为鲁王，淮阳王刘玄的三个儿子为侯。

【纲】六月，光武帝立郭贵人为皇后，儿子刘强为皇太子。

【纲】秋天，贾复攻击召陵（今河南郾城东）、新息（今河南息县东），被全部平息。　【目】贾复部将在颍川（治阳翟，今河南禹县）杀人，太守寇恂处死了他。贾复认为这是自己的耻辱，想杀死寇恂。寇恂知道此事后，不打算与贾复见面。他姐姐的儿子谷崇说："我谷崇是一员武将，可以带剑站立一边，如果发生意外，足可以抵挡。"寇恂说："不是这样，从前蔺相如不惧怕秦王，却屈就于廉颇，是为了国家。"于是下令所属各县

复勒兵欲追之，而吏士皆醉，遂过去。恂遣谷崇以状闻，帝乃征恂。恂至引见，时复先在坐，欲起避之，帝曰："天下未定，两虎安得私斗！今日朕分之。"于是并坐极欢，遂共车同出，结友而去。

【纲】八月，遣将军邓隆讨彭宠，不克。

【纲】盖延克睢阳，刘永走湖陵。

【纲】青、徐群盗张步等降。 【目】帝使伏隆持节，使青、徐二州。群盗闻刘永破败，皆惶怖请降，张步遣其掾随隆诣阙。

【纲】将军邓奉反。 【目】吴汉徇南阳，多侵暴。将军邓奉谒归新野，怨汉掠其乡里，遂反，击破汉军，与诸贼合从。

【纲】九月，赤眉发掘诸陵，复入长安。邓禹战不利，走云阳；延岑屯杜陵。

【纲】冬，遣将军岑彭、王常等讨邓奉。 【目】帝于大会中指常谓群臣曰："此家率下江诸军辅翼汉室，心如金石，真忠臣也！"即日拜常忠将军，使与岑彭率七将军讨邓奉。

【纲】遣将军冯异入关，征邓禹还京师。 【目】邓禹自冯愔叛后，威名稍损，又乏粮食，战数不利，归附者日益离散。帝乃遣偏将军冯异代禹，送至河南，敕异曰："三辅遭王莽、更始之乱，重以赤眉、延岑之酷，元元涂炭，无所依诉。将军今奉辞讨诸不轨，营堡降者，遣其渠帅诣京师；散其小民，令就农桑；坏其营壁，无使复聚。

准备丰富的食品，储存好美酒；贾复所率京城部队一旦入境，每人都有双份饮食。寇恂出城在道旁迎接，随后借口有病返回城中。贾复布署军队，打算追击寇恂，但将士们都已喝醉了。于是只好过境而去。寇恂派谷崇向光武帝奏报情况，光武帝于是征召寇恂。寇恂到后，被光武帝接见，当时贾复已经在坐，便想起身回避，光武帝说："天下未定，两虎怎么能自相残杀！今天我给他们分开。"于是寇恂、贾复并肩而坐，谈得非常愉快，然后同乘一辆车子出来，互相结为好友而离去。

【纲】八月，光武帝派将军邓隆攻打彭宠，没有取胜。

【纲】盖延攻下了睢阳，刘永逃到湖陵（今山东鱼台）。

【纲】青州（治临县，今山东益都）、徐州（治郯县，今山东郯城东南）两地的张步等叛军投降。　【目】光武帝派伏隆持符节出使青州、徐州。当地叛军听说刘永战败，全都惊恐不安，纷纷请求归降，张步还派他的部属随伏隆到洛阳上奏。

【纲】将军邓奉反叛。　【目】吴汉率军夺取南阳，对地方百姓肆意侵扰危害。将军邓奉请假回故乡新野（今河南新野南）省亲扫墓，对吴汉侵扰自己的家乡愤恨不平，于是起兵反叛，打败了吴汉的军队，与其他叛军联合。

【纲】九月，赤眉军挖掘西汉各帝的陵墓，又进入长安。邓禹作战不利，逃往云阳（今陕西三原西北）；延岑驻扎在杜陵（今陕西西安东南）。

【纲】冬季，光武帝派将军岑彭、王常等攻打邓奉。　【目】光武帝在御前会议上指着王常对群臣说："这一位率领下江各路人马辅助汉王朝，必如金石一样坚定，真是忠臣啊！"当天，任命王常为汉忠将军，让他与岑彭率领七位将军攻打邓奉。

【纲】光武帝派将军冯异入函谷关，征召邓禹回洛阳。　【目】邓禹自从冯愔叛变事件发生后，威名渐渐受损，大军又缺少粮食，几次与赤眉军交战都没有取胜，归附的人不断离散。于是光武帝便派偏将军冯异接替邓禹，并亲自送冯异到河南（今河南洛阳西），对他说："三辅地区遭受王莽、刘玄的动乱，更加上赤眉军、延岑的暴行，百姓涂炭，无处申诉。你现在肩负讨伐叛逆的重任，对敌军营垒中归降的人，将其

征伐非必略地、屠城，要在平定安集之耳。诸将非不健斗，然好虏掠。卿本能御吏士，念自修饬，无为郡县所苦！"异顿首受命，引而西；所至布威信，群盗多降。又诏征邓禹还，曰："慎毋与穷寇争锋！赤眉无谷，自当来降。吾以饱待饥，以逸待劳，折箠笞之，非诸将忧也，无得复妄进兵！"

【纲】遣光禄大夫伏隆拜张步为东莱太守。

【纲】丁亥，三年，春正月，以冯异为征西大将军。

【纲】邓禹、冯异与赤眉战，败绩。 【目】邓禹惭于受任无功，数以饥卒徼赤眉战，辄不利；乃率车骑将军邓弘等自河北度至湖，要冯异共攻赤眉。异曰："赤眉众尚多，可以恩信倾诱，难卒用兵破也。上今使诸将屯渑池，要其东，而异击其西，一举取之，此万成计也。"禹、弘不从，弘遂大战移日，军溃。异与禹合兵救之，赤眉小却。异以士卒饥倦，可且休；禹不听，复战，大为所败，禹以二十四骑脱归宜阳。异弃军走，与麾下数人归营，复收散卒，坚壁自守。

【纲】立四亲庙于洛阳。 【目】祀父南顿君以上至舂陵节侯。

【纲】冯异大破赤眉于崤底，贼众东走。帝勒军宜阳降之，得传国玺绶。 【目】冯异与赤眉约期会战，使壮士变服与赤眉同，伏于道侧。旦日，赤眉使万人攻异前部，异少出兵以救之；贼见势弱，

首领送到洛阳；遗散其部众，让他们从事农桑；摧毁其营寨，使他们不能再聚集生事。征伐的目的并非一定要夺取土地、屠灭城池，主要是平定安抚他们。各位将领不是不善打仗，只是太喜好掳掠。你是能驾御部下的帅才，希望自我克制，不要给郡县造成痛苦！"冯异顿首，接受命令，率军西进；所到之处，显示军威，建立信誉，很多叛军归降。光武帝又下诏征召邓禹回京，说："千万慎重，不要与走投无路的敌军一争高低！赤眉军没有粮食，自然会来归降。我以饱餐的军队等待饥饿之徒，以养精蓄锐的士兵等待疲惫不堪的敌军，只须弯一下鞭子就可抽打他们，各位将军不必忧虑，万万不能再妄自发动进攻！"

【纲】光武帝派光禄大夫伏隆前去任命张步为东莱（治黄县，今山东蓬莱西南）太守。

【纲】建武三年（丁亥，27）春正月，任命冯异为征西大将军。

【纲】邓禹、冯异与赤眉军交战，大败。　【目】邓禹对自己身负重任却没有立功而惭愧，多次驱使饥饿的士兵攻击赤眉军，但是都没有获胜；于是就率车骑将军邓弘等从黄河以北的县（今山西芮城东北）境到达湖县（今河南灵宝西北），与冯异约定共同攻打赤眉军。冯异说："赤眉兵力仍然很强，可以用恩德信誉引诱他们，很难马上用武力击溃他们。皇上现在派众将驻扎渑池（今河南渑池），阻截他们的东归要道，而我则攻打他们的西侧，可以一举取胜，这是万无一失的谋略。"邓禹、邓弘没有接受冯异的意见，邓弘于是与赤眉军大战一整天，结果全军溃败。冯异与邓禹联军救助邓弘，赤眉军的攻势稍稍受挫。冯异认为士兵又饿又累，应该稍作休息；邓禹没有听从，又与赤眉军交战，被打得大败，邓禹仅率二十四人骑马逃脱，返回宜阳（今河南宜阳西）。冯异抛弃部队逃走，与几名部下回到营垒，又集结被打散的士兵，坚守自保。

【纲】光武帝在洛阳兴建四亲祭庙。　【目】祭祀父亲南顿君刘钦以上直到高祖舂陵节侯刘买。

【纲】冯异在崤山脚下大败赤眉军，敌军向东逃走。光武帝在宜阳部署军队，收降赤眉军，得到传国玉玺、绶带。　【目】冯异与赤眉军约定会战日期后，便挑选精兵，让他们变换服装，装扮得与赤眉军完全相

遂悉众攻异，异乃纵兵大战。日昃，贼气衰，伏兵卒起，衣服相乱，赤眉不复识别，众遂惊溃；追击，大破之于崤底，降男女八万人，帝降玺书劳异曰："始虽垂翅回溪，终能奋翼渑池，可谓失之东隅，收之桑榆。"赤眉余众东向宜阳，帝亲勒六军，严陈以待之。赤眉忽遇大军，惊震，乃遣刘恭乞降，曰："盆子将百万众降陛下，何以待之？"帝曰："待汝以不死耳！"丙午，盆子及丞相徐宣以下肉袒降，上所得传国玺绶。赤眉众尚十余万人，帝令县厨皆赐食。明旦，大陈兵马，令盆子君臣列而观之。帝谓樊崇等曰："得无悔降乎？"徐宣等叩头曰："今日得降，犹去虎口归慈母，诚欢诚喜，无所恨也！"帝曰："卿所谓铁中铮铮，佣中佼佼者也！"赐樊崇等洛阳田宅。帝怜盆子，以为赵王郎中。

【纲】二月，刘永立董宪为海西王，张步为齐王；步执伏隆杀之。　【目】刘永闻伏隆至剧，亦遣使立张步为齐王。步贪王爵，犹豫未决。隆晓譬曰："高祖与天下约，非刘氏不王，今可得十万户侯耳！"步欲留隆，与共守二州，隆不听，求得反命，步遂执隆而受永封。隆遣间使上书曰："臣隆奉使无状，受执凶逆；虽在困阨，受命不顾。愿以时进兵，无以臣隆为念。"帝得隆奏，召其父湛流涕示之曰："恨不且许而遽求还也！"其后步遂杀之。

【纲】三月，以伏湛为大司徒。

同,埋伏在道路两旁。第二天清晨,赤眉军派一万人攻击冯异前部,冯异只用少数部队前去救援;赤眉军发现对方力量微弱,就出动全部人马攻击冯异,冯异便投入全部兵力与敌军展开激烈战斗。直到太阳偏西,赤眉军气势稍减,冯异的伏兵突然出现,二军衣服相混,赤眉军无法识别,于是惊慌失措,四散溃逃;冯异乘胜追击,在崤山脚下大破赤眉军,投降的男女达八万人。光武帝下诏慰劳冯异说:"你虽然开始时在回溪(在今河南洛宁东北)垂下翅膀,但最终能够在渑池重振双翼,可以说是早上丢掉的东西,晚上就重新得到了。"赤眉军残部向东逃往宜阳,光武帝亲自部置军队,严阵以待。赤眉军忽然遭遇大军,极为震惊,就派刘恭求降,说:"我们主公刘盆子率百万部众归降陛下,陛下如何对待他们?"光武帝回答:"只是饶你不死罢了!"二月十九,刘盆子及其丞相徐宣以下都袒露臂膀投降,献上所得传国玉玺、绶带。赤眉军残部还有十多万人,光武帝令宜阳县衙全部供应他们饮食。第二天,光武帝摆开大队人马,命刘盆子君臣列队观看。光武帝对樊崇等人说:"该不会后悔投降吧?"徐宣等叩头说:"今天能够归附您,就好像逃离虎口而回到慈母身边,实在是欢喜无比,没有什么怨恨!"光武帝说:"你就是所说的铁中之钢,人中的佼佼者!"将洛阳的土地、住宅赐给樊崇等人。光武帝怜悯刘盆子的遭遇,任命他为赵王刘良的郎中。

【纲】二月,刘永封董宪为海西王,封张步为齐王;张步将伏隆抓获杀掉。 【目】刘永听说伏隆到达剧县(今山东寿光东南),也派使节封张步为齐王。张步贪图王爵,对归附何方犹豫不决。伏隆向他解释说:"当初汉高祖曾向天下人宣布,不是刘氏不能封王,所以你现在只能被封为十万户侯!"张步想留下伏隆,与自己共同据守青、徐二州,伏隆不同意,要求返回洛阳奏报,于是张步便扣押伏隆,并接受了刘永所封王爵。伏隆派密使向光武帝报告说:"我做为使节不能完成使命,被叛逆扣押,虽然处境险恶,但是既然被授予重任,就应当义无反顾。希望陛下及时进兵,不要顾念我的生死。"光武帝得到伏隆的密奏,召见伏隆的父亲伏湛,把它拿给他看,流着泪说:"我恨不得答应封张步为王而立刻让伏隆返回洛阳!"后来,张步就杀死了伏隆。

【纲】三月,任命伏湛为大司徒。

【纲】涿郡太守张丰反,彭宠自称燕王。 【目】丰反,与彭宠连兵。朱浮以帝不自征彭宠,上疏求救。诏报曰:"度此反虏,势无久全,其中必有内相斩者。今军资未充,故须后麦耳!"浮城中粮尽,人相食,会耿况遣骑来救,浮乃得脱身走,蓟城遂降于彭宠。宠自称燕王。

【纲】帝自将征邓奉。夏四月,奉降,斩之。

【纲】冯异击延岑,破之;岑走南阳,关中平。

【纲】六月,大将军耿弇击延岑,走之,其将邓仲况以阴降。【目】仲况据阴县,而刘歆孙龚为其谋主。前侍中扶风苏竟以书说之,仲况与龚降。竟终不伐其功,隐身乐道,寿终于家。

【纲】睢阳人斩刘永以降,诸将立其子纡,复称梁王。

【纲】耿弇从容言于帝,自请北收上谷兵,定彭宠于渔阳,取张丰于涿郡,还收富平、获索,东攻张步,以平齐地。帝壮其意,许之。

【纲】冬十一月,遣大中大夫来歙使隗嚣。 【目】帝谓大中大夫来歙曰:"今西州未附,子阳称帝,道里阻远,诸将方务关东,思西州方略,未知所在,奈何?"歙曰:"臣尝与隗嚣相遇长安。其人始起,以汉为名。臣愿得奉威命,开以丹青之信,嚣必束手自归,则述自亡之势,不足图也。"帝然之,始令歙使于嚣。嚣奉奏诣阙,帝报以殊礼,言称字,用敌国之仪,所以慰藉之甚厚。

【纲】涿郡（治涿县，今河北涿县东北）太守张丰反叛，彭宠自称燕王。 【目】张丰反叛，与彭宠联兵。朱浮因光武帝没有亲自征讨彭宠，上疏求救。光武帝答复说："我估计这些叛贼受形势所迫，肯定不能长久，他们内部一定会发生变乱，互相残杀。现在军资不够充足，所以要等到小麦收割之后！"朱浮所在的蓟城（今北京大兴）因粮食吃尽，出现人吃人的情况，赶巧耿况派骑兵来救，朱浮才得以脱身逃走，于是蓟城向彭宠投降。彭宠自称燕王。

【纲】光武帝亲率大军征讨邓奉。夏四月，邓奉投降，被处死。

【纲】冯异攻击延岑，打败了他；延岑逃往南阳，关中平定。

【纲】六月，大将军耿弇攻击延岑，延岑逃走，他的部将邓仲况将所占据的阴县（今湖北光化西）归降东汉。 【目】邓仲况占据阴县，而刘歆的孙子刘龚是他的智囊。前侍中扶风（治槐里，今兴平东南）人苏竟写信劝说他们，于是邓仲况与刘龚归降东汉。苏竟则始终不炫耀他的功劳，隐居乡里，自得其乐，在家中寿终。

【纲】睢阳人杀死刘永后投降，刘永部将拥立他的儿子刘纡，仍称梁王。

【纲】耿弇不慌不忙地向光武帝表示，希望能让他到北方征集上谷郡的军队，平定渔阳郡的彭宠，消灭涿郡的张丰，在返回洛阳途中消灭富平（今山东无棣东南桑落墅，起义者将其做为名号，主帅为徐少）、获索（起义者名号，主帅为古师郎等），向东攻击张步，以平定齐地。光武帝对他的雄心壮志深为感动，便答应了他的请求。

【纲】冬十一月，派大中大夫来歙出使隗嚣。 【目】光武帝对大中大夫来歙说："现在西州（今甘肃东部）还没有归附，公孙述自称皇帝，道路遥远艰险，将领们正致力于攻打张步，不知道该对西州如何处置？"来歙说："我曾经与隗嚣在长安有过交往。这个人最初起兵时，打着复兴汉室的旗号。我愿意奉陛下之命，动之以情，晓之以理，隗嚣必然束手归附，公孙述则势单力孤，不值得忧虑了！"光武帝认为有道理，就派来歙出使隗嚣。隗嚣带奏书来到洛阳，光武帝以特殊的礼仪对待他，称呼他的字以示亲近，如同对待势均力敌国家的元首，安慰推许，非常隆重。

【纲】戊子,四年,春,遣邓禹将兵击延岑,破之。岑奔蜀,公孙述以为大司马。

【纲】夏四月,帝如邺,遣吴汉击五校于临平,破之。遣耿弇、祭遵等讨张丰,斩之;弇遂进击彭宠。

【纲】秋九月,以侯霸为尚书令。 【目】王莽末,天下乱,临淮大尹侯霸独能保全其郡。帝征霸会寿春,拜尚书令。时朝廷无故典,又少旧臣;霸明习故事,收录遗文,条奏前世善政法度施行之。

【纲】冬十月,隗嚣遣马援奉书入见。 【目】隗嚣使马援往观公孙述。援与述旧同里闬,相善,以为既至,当握手欢如平生,而述盛陈陛卫,以延援入,交拜礼毕,使出就馆。更为援制都布单衣、交让冠,会百官于宗庙中,立旧交之位,述鸾旗、旄骑,警跸就车,磬折而入,礼飨官属甚盛,欲授援以封侯大将军位。宾客皆乐留,援晓之曰:"天下雌雄未定,公孙不吐哺走迎国士,与图成败,反修饰边幅,如偶人形,此子何足久稽天下士乎!"因辞归,谓嚣曰:"子阳,井底蛙耳,而妄自尊大!不如专意东方。"

嚣乃使援奉书雒阳。援初到,帝在宣德殿南庑下,袒帻,坐迎,笑谓援曰:"卿遨游二帝间,今见卿,使人大惭。"援顿首辞谢,因曰:"当今之世,非但君择臣,臣亦择君耳!臣与公孙述同县,少相善。臣前至蜀,述陛戟而后进臣;臣今远来,陛下何知非刺客奸人,

【纲】建武四年（戊子，28）春，派邓禹率兵攻击延岑，打败了他。延岑投奔蜀地，公孙述任命他为大司马。

【纲】夏四月，光武帝前往邺县（今河北磁县东），派吴汉攻击据守临平（今河北束鹿西北）的五校起义军，并打败了他们。派耿弇、祭遵等讨伐张丰，将张丰斩首；耿弇遂进攻彭宠。

【纲】秋九月，任命侯霸为尚书令。　【目】王莽新朝末年，天下大乱，唯独临淮（治徐县，今安徽泗县西北；东汉迁治下邳，今江苏邳县东北）大尹侯霸能够保全本郡平安。光武帝征召侯霸到寿春（今安徽寿县）相会，任命他为尚书令。当时，朝廷没有完备的规章制度，又缺少前朝老臣；侯霸精通熟悉过去的典章制度，收集遗失、散落的档案文件，列举前代对百姓有益的措施制度，由政府施行。

【纲】冬十月，隗嚣派马援带信进见光武帝。　【目】隗嚣派马援前去观察公孙述的为人。马援与公孙述原是茂陵同乡，自小关系很好，马援以为到成都后，两人会一如既往地握手欢聚。但是公孙述却在大殿下布置了盛大的仪仗队，然后才请马援进去，行完参见交拜之礼后，便被送到宾馆休息。甚至为马援制作上朝时穿的白布单衣和宾主相见用的帽子，在祖庙中召集文武百官，设立旧交老友的座位；公孙述由绣着鸾鸟的旗帜和戴熊皮帽的骑士做前导，像天子出入时一样，当乘车进入皇宫时，肃立两旁的官员屈身恭迎。公孙述举行的宴会及其文武百官的阵容都非常盛大，他准备授予马援侯爵和大将军的高位。马援身边的宾客们都乐于留下来，马援则对他们解释说："天下谁胜谁负还没决定。公孙述不能够为迎接有才干的人士而一饭三吐哺，并与他们共同谋划国家大事，反而只注意表面排场，形同木偶一般，这种人怎么能够久留天下豪杰呢！"于是马援告辞返回，对隗嚣说："公孙述不过是只井底之蛙而已，但是却妄自尊大。不如专心事奉洛阳！"

于是，隗嚣就派马援前往洛阳。马援刚到，光武帝发束头巾，坐在宣德殿南廊下迎接，他笑着对马援说："您遨游在两个皇帝（指隗嚣和公孙述）之间，今天见到您，使我非常惭愧。"马援叩头拜谢，并说："当今之世，不只是君主选择大臣，大臣也选择君主！我与公孙述是同县人，年少时友情很深。我以前去蜀地成都时，公孙述却在大殿下陈列

而简易若是!"帝复笑曰:"卿非刺客,顾说客耳。"援曰:"天下反覆,盗名字者不可胜数。今见陛下恢廓大度,同符高祖,乃知帝王自有真也。"

【纲】太傅褒德侯卓茂卒。

【纲】己丑,五年,春正月,遣来歙送马援归陇右。 【目】嚣与援共卧起,问以东方事,曰:"前到朝廷,上引见数十,每接燕语,自夕至旦,才明勇略,非人敌也。且开心见诚,无所隐伏,阔达多大节,略与高帝同。经学博览,政事文辩,前世无比。"嚣曰:"卿谓何如高帝?"援曰:"不如也。高帝无可无不可;今上好吏事,动如节度,又不喜饮酒。"嚣意不怿,曰:"如卿言,反复胜耶!"

【纲】二月,彭宠奴斩宠来降;夷其族,封奴为不义侯。

【纲】吴汉、耿弇击富平、获索于平原,大破之;弇遂进讨张步。

【纲】以郭伋为渔阳太守。 【目】伋乘离乱之后,养民训兵,开示威信,盗贼销散,匈奴远迹;在职五年,户口增倍。

【纲】遣将军庞萌、盖延击董宪。萌反,帝自将讨之。 【目】庞萌为人逊顺,帝信爱之,尝称曰:"可以托六尺之孤,寄百里之命者,庞萌是也。"使与盖延共击董宪。时诏书独下延而不及萌,萌以为延谮己,自疑,遂反袭延军,破之;与董宪连和,自号东平王。帝闻之大怒,自将讨萌,与诸将书曰:"吾尝以庞萌为社稷之臣,将军得无笑其言乎!老贼当族,其各厉兵马会睢阳。"

士兵，然后才让我进去；我这次远道而来，陛下怎么知道我不是刺客奸人，竟然如此随便地与我见面！"光武帝又笑着说："您不是刺客，看来是说客。"马援说："天下形势反复不定，称王称帝的人不计其数。现在看见陛下气度恢宏，胸襟开阔，好像汉高祖一样，才知道真正的帝王是有的。"

【纲】太傅褒德侯卓茂逝世。

【纲】建武五年（己丑，29），春正月，光武帝派来歙送马援回陇右。　【目】隗嚣与马援起居同处，询问洛阳的事情，马援说："我上次到朝廷后，皇上接见了数十次。每次接见交谈，通宵达旦，皇上的聪明才智和勇气谋略，不是一般人可以匹敌的。而且开诚布公，毫无隐藏，胸怀豁达，不拘小节，略与汉高祖相同。博览儒家经典，善于处理政事，前世君王，无人能与他相比。"隗嚣说："你认为他比汉高祖如何？"马援说："不如汉高祖。高祖的性格是无可无不可；现如今这位皇上却喜欢处理行政事务，一举一动都有节制，还不喜欢喝酒。"隗嚣有些不高兴，说："照你这么说，他反而比高祖更胜一筹呀！"

【纲】二月，彭宠的奴仆子密斩下彭宠首级后投降；处死彭宠家族所有人，封子密为不义侯。

【纲】吴汉、耿弇在平原（今山东平原南）攻打富平、获索二军，大败敌军；耿弇于是就进军讨伐张步。

【纲】任命郭伋为渔阳太守。　【目】郭伋受命于彭宠事变之后，他休养百姓，训练士兵，建立威信，使得盗贼销声匿迹，匈奴人不敢侵犯；郭伋在任五年，人口增加一倍。

【纲】光武帝派将军庞萌、盖延攻打董宪。庞萌起兵反叛，光武帝亲率军队讨伐他。　【目】庞萌为人谦逊恭顺，光武帝对他很信任爱护，曾经称赞说："可以托付六尺孤儿、寄予国家命运的，只有庞萌。"派他与盖延共同攻打董宪。当时诏书只颁给盖延而没有给庞萌，庞萌认为是盖延告自己的状，自生疑心，于是就起兵叛变，突袭盖延属军，大败对方；与董宪联合，自号"东平王"。光武帝闻讯，怒不可遏，亲自率大军讨伐庞萌，给各将领写信说："我曾把庞萌当做国家重臣，将军该不会耻笑那句话吧！这个老贼应当灭掉全族，大家各自操练兵马，会师睢

【纲】夏四月,窦融遣使奉书入见,诏以融为凉州牧。 【目】初,窦融等闻帝威德,心欲东向,以河西隔远,未能自通,乃从隗嚣受建武正朔;嚣皆假其将军印、绶。嚣外顺人望,内怀异心,使辩士张玄说融等曰:"更始事已成,寻复亡灭,此一姓不再兴之效也。当各据土宇,兴陇、蜀合从,高可为六国,下不失尉佗。"融等召豪杰议之,其中识者皆曰:"今皇帝姓名见于图书;况今称帝者数人,而洛阳土地最广,甲兵最强,号令最明,观符命而察人事,他姓殆未能当也。"融遂决策东向,遣长史刘钧等奉书诣洛阳。帝赐融玺书曰:"今益州有公孙子阳,天水有隗将军。方蜀、汉相攻,权在将军,举足左右,便有轻重。以此言之,欲相厚岂有量哉! 欲遂立桓、文,辅微国,当勉卒功业;欲三分鼎足,连衡、合从,亦宜以时定。今之议者,必有任嚣教尉佗制七郡之计。王者有分土,无分民,自适己事而已。"因授融凉州牧。玺书至河西,河西皆惊,以为天子明见万里之外。

【纲】六月,董宪、刘纡使苏茂、佼强救庞萌;帝自将击破之。秋七月,强以众降,茂奔张步,宪、萌奔朐。梁人斩纡以降。

【纲】冬十月,帝如鲁。

【纲】耿弇拔祝阿、济南、临菑,与张步战,大破之。帝劳弇军。步斩苏茂以降。齐地悉平。 【目】张步闻耿弇将至,使其大将

阳!"

【纲】夏四月,窦融派使节带着奏章入洛阳拜见光武帝,诏令窦融为凉州(治陇县,今甘肃秦安东北陇城镇)牧。 【目】当初,窦融等人听到光武帝的威望德行,便一心想归附,但是由于河西(指窦融所占据的武威、酒泉、敦煌、张掖、金城五郡)远离洛阳,而且中间隔着隗嚣,不能相通,就跟随隗嚣接受东汉"建武"年号;隗嚣还给他将军的印信、绶带。隗嚣表面上顺应人心,内心却有他自己的打算,他派能言善辩的张玄劝说窦融等人说:"更始帝刘玄已经大功告成,可是立刻就又灭亡了,这是刘姓不再兴的证明。我们应当各自据守疆界,与陇西的隗嚣、蜀地的公孙述结盟,这样,上则可以成为战国时代的六国之一,下也不失为秦末独霸南粤的赵佗。"窦融等召集豪杰讨论此事,其中有见识的人都说:"如今的光武帝,姓名曾出现在预言书册;况且现在称帝的几个人中,洛阳的刘秀所占土地最广,兵甲最强,号令最明,不论是观看符命,还是考察人事,其他姓氏的人恐怕都不能取代承当。"窦融便决定归附光武帝,派长史刘钧等带着奏章前往洛阳。光武帝赐给窦融的诏书说:"现在,益州有公孙述,天水有隗嚣。如果蜀地的公孙述与洛阳的汉互相攻击,胜负的关键就由将军你掌握着,即使抬一下左脚或右脚,都有轻重之分。如此说来,你打算帮助哪一方,其力量之大,哪里能估量呀!如果要建立齐桓公、晋文公那样的霸业,辅助弱国,就应当努力完成功业;如果要三分天下,合纵连横,也应当及时决定。现在人们所议论的,一定有任嚣教导赵佗控制七郡的计谋。君王可以分割土地,却不能分割人民,自己照顾好自己的事情就行了。"因而授予窦融凉州牧的官职。诏书到达河西,河西人都感到惊奇,认为天子明察万里以外的事情。

【纲】六月,董宪、刘纡派苏茂、佼强救援庞萌;光武帝亲率大军打败了他们。秋七月,佼强率众投降,苏茂投奔张步,董宪、庞萌逃往朐县(今江苏东海南)。梁地人斩刘纡后投降东汉。

【纲】冬十月,光武帝到鲁县(今山东曲阜东北)。

【纲】耿弇攻占祝阿县(今山东长清西北)、济南郡(治东平陵县,今山东济南东)、临菑县(今山东益都西北),与张步交战,大败敌

军费邑军历下,又令屯祝阿。弇渡河,先击祝阿,拔之。费邑将精兵三万余人来合战,弇大破之,斩邑;遂定济南。时张步都剧,使其弟蓝将精兵二万守西安,诸郡太守合万余人守临菑,相去四十里。弇进军,居二城之间。弇视西安城小而坚,且蓝兵又精,临菑名虽大而实易攻;遂攻临菑,半日拔之,入据其城。张蓝闻之,将其众亡归剧。弇乃令军中无得虏掠,须张步至乃取之,以激怒步。步兵二十万,至临菑大城东攻弇。弇故示弱,以盛其气,乃引归小城,陈兵于内,自引精兵以横突步陈于东城下,大破之,至暮,罢;弇明旦复勒兵出。是时帝在鲁,闻弇为步所攻,自往救之。未至,陈俊谓弇曰:"剧虏兵盛,可且闭营休士,以须上来。"弇曰:"乘舆且到,臣子当击牛酾酒,以待百官,反欲以贼虏遗君父邪!"乃出兵大战。自旦及昏,复大破之。弇知步困将退,豫置左右翼为伏以待之;人定时,步果引去,伏兵起纵击,追至巨昧水上,僵尸相属。步还剧。后数日,车驾至临菑,自劳军,群臣大会。帝谓弇曰:"昔韩信破历下以开基,今将军攻祝阿以发迹,此皆齐之西界,功足相方。而韩信袭击已降,将军独拔勍敌,其功乃难于信也。将军前在南阳,建此大策,常以为落落难合,有志者事竟成也!"帝进幸剧。

耿弇复追张步,苏茂将万余人来救之。帝遣使告步、茂能相斩降者,封为列侯。步遂斩茂,诣耿弇军门肉袒降,封步为安丘侯。齐

军。光武帝慰劳耿弇部队。张步斩苏茂后投降东汉。齐地全部平定。

【目】张步听说耿弇大军将要到达，就派大将军费邑驻扎在历下（今山东济南西），又派军驻屯祝阿。耿弇渡过黄河，先攻打祝阿，并占据了它。费邑率三万多精兵前来会战，耿弇大败敌军，将费邑斩首；于是平定了济南郡。这时，张步定都剧县，派他的弟弟张蓝率二万精兵防守西安县（今山东益都西北），所属各郡太守集合一万多人防守临淄，两城相距四十里。耿弇进军，来到两城中间。耿弇发现西安城池小而坚固，并且张蓝部队又是精锐，临淄名声虽大，实际上却容易攻破。于是，命令攻打临淄，只用半天就攻陷并占据了该城。张蓝闻讯，率众逃回剧县。耿弇命令军中不准掳掠，等张步到来后便捉拿他，以此来激怒张步。张步率二十万大军到达临淄外城东边，攻打耿弇。耿弇故意示弱，以助长其骄气，于是就退回内城，严加戒备，然后亲率精兵在东城下拦腰插入张步军阵中，大败敌军，战至夜幕降临，方才收兵。第二天早晨，耿弇又整队出营。这时，光武帝在鲁城，听到耿弇被张步攻击的消息，亲自率军前去救援。还没有到达，陈俊对耿弇说："剧县敌军兵力正盛，我们可以暂且关闭营门，休整队伍，以等待皇上到来。"耿弇说："皇上就要驾到，我们做臣属的应当杀牛备酒，以待文武百官，难道反而要把盗匪留给君主操心吗？"于是出兵大战。从早上血战到黄昏，再次大败敌军。耿弇估计张步受挫后将会撤退，便预先在左右两翼设下埋伏，等待敌军。夜深人定时分，张步果然领兵撤退，伏兵突起猛攻，一直追到巨昧水（今名瀰水，源出山东临朐，南沂山西麓，经益都、寿光等地入海），杀得死尸相连。张步逃回剧县。几天后，光武帝到达临淄，亲自慰劳部队，大会文武百官。光武帝对耿弇说："从前韩信攻破历下以开创汉朝基业，如今将军攻下祝阿而扬名，这里都是齐国的西方边界，你们二人的功绩足以相提并论。而且韩信袭击的是已经投降的敌人，将军却独创劲敌，比韩信更为艰难。将军从前在南阳时，曾提出亲自平定齐地的策略，我常认为规模庞大，难以实现，看来是有志者事竟成啊！"光武帝进驻剧县。

耿弇又追击张步，苏茂率一万多人前来救援张步。光武帝派使臣转告张步、苏茂，能杀死对方来投降的，封为列侯。于是，张步杀死苏茂，

地悉平,弇振旅,还京师。弇为将,凡平郡四十六,屠城三百,未尝挫折焉。

【纲】初起太学,帝还视之。 【目】帝幸太学,稽式古典,修明礼乐,焕然文物可观矣。

【纲】十一月,大司徒伏湛免,以侯霸为大司徒。 【目】霸闻太原闵仲叔之名而辟之,既至,霸不及政事,徒劳苦而已。仲叔恨曰:"始蒙嘉命,且喜且惧。今见明公,喜惧皆去。以仲叔为不足问邪?不当辟也。辟而不问,是失人也!"遂辞出,投劾而去。

【纲】十二月,隗嚣遣子入侍。 【目】帝遣来歙说嚣遣子入侍。嚣闻刘永、彭宠皆已破灭,乃遣长子恂随歙诣阙。郑兴因恂请与妻子俱东,马援亦将家属随恂归洛阳。嚣将王元说嚣曰:"今天水完富,士马最强,元请以一丸泥为大王东封函谷关,此万世一时也。若计不及此,且畜士马,据隘自守,以待四方之变;图王不成,其敝犹足以霸。要之,鱼不可脱于渊,神龙失势,与蚯蚓同!"嚣心然元计,虽遣子入侍,犹负其险阨,欲专制方面。

【纲】征处士周党、严光、王良至京师。党、光不屈,以良为谏议大夫。 【目】党入见,伏而不谒,自陈愿守所志。博士范升奏曰:"伏见太原周党、东海王良、山阳王成等,蒙受厚恩,使者三聘,乃肯就车;及陛见帝庭,党不以礼屈,伏而不谒,偃蹇骄悍,同时俱逝。党等文不能演义,武不能死君,钓采华名,庶几三公之位。臣愿与坐云台之下,考试图国之道。"书奏,诏曰:"自古明王、圣主,必

到耿弇营门前露出臂膀投降。光武帝封张步为安丘侯。齐地全部平定，耿弇班师回京。耿弇做将军以来，共平定四十六个郡，屠城三百座，从没有受到挫折。

【纲】刚刚兴建太学，光武帝从鲁城返京后，亲自前去视察。【目】光武帝来到太学，遵循古代典章，阐明礼乐制度，使得文化教育焕然一新，蔚为大观。

【纲】十一月，大司徒伏湛免职，任命侯霸为大司徒。【目】侯霸听说太原人闵仲叔的贤名而将他举聘到中央。闵仲叔来到洛阳后，侯霸接见他，但是谈话内容与国家大事毫不相关，只是对他的辛苦跋涉表示慰问。闵仲叔遗憾地说："开始接到征召令时，又高兴又恐惧；现在见到您，高兴和恐惧全都消失。你是认为我不值得询问吗？那就不应当举聘我。举聘我却不向我征询意见，这是对人不尊敬的表现！"于是辞别，并上书自劾有过后离开了洛阳。

【纲】十二月，隗嚣派儿子入洛阳侍奉光武帝。【目】光武帝派来歙劝说隗嚣让他的儿子入都做官。隗嚣听说刘永、彭宠都已败亡，就派长子隗恂随来歙到京都洛阳。郑兴趁着隗恂之行，请求与妻子儿女一起东行，马援也携家属随隗恂返回洛阳。隗嚣部将王元建议说："如今，天水土地富饶，兵强马壮，我请求以一丸泥之力为大王在东方封锁函谷关（今河南新安东），这是创立万世基业的良机。假如没有考虑到这一步，就招兵买马，据险自守，以等待四方的变化；即使称王不成，其势力还足以称霸一方。关键是，鱼不能离开水，神龙失去依托的天空，就与一条蚯蚓相同！"隗嚣对王元之策心悦诚服，所以，虽然派儿子到洛阳做人质，仍依仗地势的险阻，打算独霸一方。

【纲】征召隐士周党、严光（本姓庄，因避汉明帝刘庄讳，史书改作"严"。浙江余姚人）、王良到京都洛阳。周党、严光不愿屈就，便任命王良为谏议大夫。【目】周党进见光武帝，只伏下身子，却不肯叩头报名，请求能让他恪守自己隐居的志向。博士范升上奏说："太原郡的周党、东海郡（治郯县，今山东郯城西南）的王良、山阳郡（治昌邑，今山东金乡西北）的王成等人，蒙受陛下厚恩，使节聘请了三次，才肯上车；等到在殿前进见时，周党竟然不顾礼法，仅伏下身子，

有不宾之士,伯夷、叔齐不食周粟,太原周党不受朕禄,亦各有志焉。其赐帛四十匹,罢之。"

光字子陵,少与帝同游学,及帝即位,光乃变姓名,隐身不见,帝以物色访之,得于齐国,累征乃至。车驾即日幸其馆,光卧不起;帝即其卧所抚光腹曰:"咄咄子陵,不可相助为理耶?"光乃张目熟视曰:"昔唐尧著德,巢父洗耳。士固有志,何至相迫乎!"帝曰:"子陵,我竟不能下汝耶!"于是升舆叹息而去。复引光入论道旧故,相对累日;因共偃卧,光以足加帝腹上,明日,太史奏"客星犯御座甚急",帝笑曰:"朕故人严子陵共卧尔。"拜谏议大夫,不肯受,去,耕钓于富春山中,以寿终于家。

王良后历沛郡太守、大司徒司直,在位恭俭,布被瓦器,妻子不入官舍。后以病归,一岁复征;至荥阳,疾笃,不任进道,过其友人。友人拒不肯见,曰:"不有忠言奇谋而取大位,何其往来屑屑不惮烦也!"良惭,后征不应,卒于家。

【纲】庚寅,六年,春正月,以舂陵乡为章陵县,复其徭役。

【纲】吴汉等拔朐,斩董宪、庞萌,江、淮、山东悉平。 【目】吴汉等诸将还京师,置酒赏赐。帝积苦兵间,以隗嚣遗子内侍,公孙述远据边陲,乃谓诸将曰:"且当置此两子于度外耳。"因休诸将于雒

却不肯叩头报名，态度傲慢凶狠，应当把他们一起打发走。周党等人文不能伸明大义，武不能为君王而死，沽名钓誉，却几乎做到三公的高位。我愿意与他们坐在云台（在洛阳东北的南宫，为周代所造，用以藏图籍、珍宝等）的下面，辩论治理国家的大计。"奏章呈上后，光武帝下诏说："自古以来，英明的帝王、圣贤的君主必定有不愿屈就的读书人，伯夷、叔齐不吃周朝的粮食，太原的周党不接受我的俸禄，也是人各其志。赐给周党四十匹帛，送回故乡。"

严光字子陵，年轻时与刘秀一同游学四方，等到刘秀做了皇帝，严光就改变姓名，隐居起来。光武帝派人带着他的画像四处查访，在齐国找到他，数次征召，才到洛阳。光武帝当天就来到他所住的馆舍，严光卧床不起；光武帝走近床前，拍着他的肚子说："咳，咳! 子陵，不能够帮帮我吗？"严光睁开眼，仔细打量着光武帝说："从前，唐尧以德著称，而巢父听到他说话却要洗耳，士人自有其志向，何必要逼迫他们改变呢？"光武帝说："子陵，我竟然不能请动你呀！"于是上车叹息着离去。随后，又召严光入宫，叙说旧情，相处数日；由于二人同床而卧，严光把脚放在了光武帝的肚子上，第二天，太史上奏"有客星侵犯御座非常厉害"。光武帝笑着说："不过是我的老朋友严光与我同床而卧而已。"任命严光为谏议大夫，严光不肯接受而离去，在富春山（一名严陵山，在今浙江桐庐西）躬耕垂钓，最后老死家中。

王良后来历任沛郡太守、大司徒司直，任职时谦恭节俭，用的是布被和瓦制器皿，妻子儿女从不进官府。后来因病返乡，一年后又被征召；行至荥阳（今河南荥阳西南），病情加重，不能继续前进，便拜访他的朋友。那位朋友拒不相见，说："并没有忠言和奇谋却得到高官，何必不惮其烦地来来往往呢！"王良感到惭愧，后来回绝再次征召，在家中逝世。

【纲】建武六年（庚寅，30），春正月，改春陵乡为章陵县（今湖北枣阳东），免除该县的赋税徭役。

【纲】吴汉等攻占朐县，杀死董宪、庞萌，长江、淮河、崤山之东一带全部平定。　【目】吴汉等各位将领返回京都洛阳，光武帝设宴款待，再发赏赐。光武帝厌倦了连年征战，因隗嚣已派儿子入洛阳充当人

阳，分军士于河内，数腾书陇、蜀，告示祸福。帝与述书曰："君非吾贼臣乱子，仓卒时人皆欲为君事耳。天下神器，不可力争，宜留三思！"署曰"公孙皇帝"。述不答。

【纲】冯异入朝。　【目】异治关中，出入三岁，上林成都。人有上章言异威权至重，百姓归心，号为"咸阳王"。帝以章示异，异惶惧，上书陈谢。诏报曰："将军之于国家，义为君臣，恩犹父子，何嫌何疑，而有惧意！"至是自长安入朝，帝谓公卿曰："是我起兵时主簿也，为吾披荆棘，定关中。"既罢，赐珍宝、钱帛，诏曰："仓卒芜蒌亭豆粥，滹沱河麦饭，厚意久不报。"异稽首谢曰："臣闻管仲谓桓公曰：'愿君无忘射钩，臣无忘槛车。'齐国赖之。臣今亦愿国家无忘河北之难，小臣不敢忘巾车之恩。"留十余日，令与妻子还西。

【纲】夏四月，遣耿弇等七将军从陇道伐蜀。

【纲】五月，隗嚣反，使其将王元据陇坻，诸将与战，大败而还。

【纲】六月，并省县国，减损吏员。　【目】诏曰："夫张官置吏，所以为民也。今百姓遭难，户口耗少，而县官吏职，所置尚繁。其令司隶、州牧，各实所部，省减吏员，县国不足置长吏者并之。"于是并省四百余县，吏职减损，十置其一。

【纲】秋九月晦，日食。　【目】执金吾朱浮上疏曰："昔尧、舜之盛，犹加三考；大汉之兴，亦累功效，吏皆积久，至长子孙。而间者守宰数见换易，迎新相代，疲劳道路。寻其视事日浅，未足昭见其职，既加严切，人不自保，故争饰诈伪以希虚誉，斯所以致日月失

质,公孙述又远在西南边陲,就对各位将领说:"姑且把这两个人放一放吧!"于是命令将领们在洛阳休养,而将士兵调往河内郡(治怀县,今河南武涉西南),数次写信给隗嚣、公孙述,给他们分析福祸利害。光武帝写给公孙述的信中说:"您不是我的乱臣贼子,只不过仓卒之间,人人都想当君王而已。天下的最高宝座,不能仅凭人力去争夺,应该三思而行!"信封上署名"公孙皇帝"。公孙述没有答复。

【纲】冯异入京都朝见。　【目】冯异治理关中地区,历经三年,使上林出现繁荣景象。这时,有人上奏章说冯异大权独揽,众望所归,号称"咸阳王"。光武帝把奏章拿给冯异看。冯异心中惶恐不安,立刻上书谢罪。光武帝在诏书中回复说:"将军对于国家,在大义上是君臣,在恩德上就好像父子,你何必疑心重重,而产生恐惧心理!"此时,冯异从长安入洛阳,光武帝对公卿大臣们说:"这是我刚起兵时的主簿官,为我披荆斩棘,平定关中。"朝见完毕,赏赐给他珍宝、钱帛,并下诏说:"想当初,芜蒌亭的豆粥,滹沱河的麦饭,你的深情厚意久久不能回报。"冯异低头道谢说:"我听说,管仲对齐恒公说:'希望您不要忘掉射钩,我不要忘掉囚车。'齐国靠着他们强大起来。我现在也希望陛下不忘河北的苦难,我牢记陛下在巾车的赏赐之恩。"冯异在洛阳逗留十余日,光武帝令他与妻子儿女返回关中。

【纲】夏四月,派耿弇等七位将军取道陇西讨伐蜀地的公孙述。

【纲】五月,隗嚣起兵反叛,派大将王元据守陇坻(即陇山,在今陕西陇县、甘肃清水之间),东汉将领们与他展开激战,大败而回。

【纲】六月,合并县和封国,裁减官吏。　【目】光武帝下诏说:"设置官职的目的,是为民效力。如今百姓遭难,户口减少,而各县所设官吏仍很繁多。命令司隶、州牧整顿所辖机构,裁减官吏数目,凡是所辖人口不足以设立长吏的县和封国,一律合并。"于是合并减少了四百余县,官吏职位则减为十分之一。

【纲】秋季,九月三十日,出现日食。　【目】执金吾朱浮上疏说:"过去,像尧、舜那样的太平盛世,也要对官吏施行九年三次的考核。汉王朝兴起,也靠积累功劳,官吏在位时间都很长,甚至传给子孙。而近来郡守、县宰不断被更换,迎新送旧,疲于奔波。不久,因为他们上

行之应也。愿陛下游意于经年之外,望治于一世之后,天下幸甚!"帝采其言,自是牧、守易代颇简。

【纲】冬十二月,大司空弘免。

【纲】复田租旧制。 【目】诏曰:"顷者师旅未解,用度不足,故行十一之税。今粮储差积,其令郡国收见田租,三十税一,如旧制。"

【纲】隗嚣降蜀。 【目】先是,隗嚣问于班彪曰:"往者周亡,战国并争,数世然后定。意者从横之事,复起于今乎?将乘运迭兴,在于今日也?"彪曰:"周之废兴,与汉殊异。昔周爵五等,诸侯从政,本根既微,枝叶强大,故其末流有从横之事,势数然也。汉承秦制,改立郡县,主有专己之威,臣无百年之柄。至于成帝,假借外家,哀、平短祚,国嗣三绝,故王氏擅朝,能窃号位。危自上起,伤不及下,是以即真之后,天下莫不引领而叹。十余年间,中外骚扰,远近俱发,假号云合,咸称刘氏,不谋同辞。方今雄杰带州域者,皆无六国世业之资,而百姓讴吟思仰,汉必复兴,已可知矣。"嚣曰:"生言周、汉之势可也;至于但见愚人习识刘氏姓号之故,而谓汉复兴,疏矣!昔秦失其鹿,刘季逐而掎之,时民复知汉乎?"彪乃为之著《王命论》以风切之,曰:"俗见高祖兴于布衣,不达其故,乃比天下于逐鹿,不知神器有命,不可以智力求也。悲夫,此世所以多乱臣贼子者也!夫饥馑流隶,饥寒道路,所愿不过一金,然终转死沟壑。何则?贫穷亦有命也。况乎天子之贵,四海之富,神明之祚,可得而妄处哉?故虽遭罹厄会,窃其权柄,勇如信、布,强如梁、籍,成如王莽,然卒润镬伏质,烹醢分裂,又况么麽不及数子,而欲暗奸天位者虖!英雄诚知觉寤,远览深识;审神器之有授,毋贪不可冀,则福祚流于子孙,天禄其永终矣。"嚣不听。马援闻隗嚣欲贰于汉,数以书

任时间很短,还没有完全熟悉情况,就受到严厉指责,人人不能自保,所以争相掩饰诈伪,以博得虚假声誉,这就是导致日月偏行现象的原因。希望陛下把目光放远一些,着眼于三十年以后的太平,那么这就是天下人的幸运了!"光武帝采纳了他的意见,从此州牧、郡守的更换次数大大减少。

【纲】冬十二月,大司空宋弘被免职。

【纲】恢复旧有收租制度。　【目】光武帝下诏说:"前些时,由于战事不断,费用不足,所以实行十分之一的税率。如今粮食储备逐渐增多,令各郡、封国征收田租税率为三十分之一,与旧有制度相同。"

【纲】隗嚣投降蜀地的公孙述。　【目】以前,隗嚣询问班彪:"过去周王朝灭亡,出现诸侯纷争的战国时代,经过几代才安定。想来合纵连横之事大概又发生在今天了吧?将要乘势轮流坐江山的日子,就在如今吗?"班彪回答说:"周王朝的兴衰,与汉王朝大不相同。过去周王朝的爵位分五等,诸侯各自为政,就如同树根微小,枝叶都很强大,所以发展到后来就出现合纵连横的纷争局面,这是当时的形势所造成的。汉承秦制,改设郡县制,君主拥有专权独尊的威严,大臣却没有很长时间掌权的。到了汉成帝,借助皇后家族的势力,汉哀帝、汉平帝在位时间很短,皇族断绝了后代,所以王莽独断朝纲,窃取权位。但是他只能祸害中央,而没有伤及基层,所以他称帝以后,天下人无不引领叹息。十几年间,内外骚扰不断,远近同时发难,假冒者汇集一处,都称自己是皇室刘家的后代,说法不谋而同。现在,那些割据一方的豪杰,都没有战国时六国的实力,而百姓则歌颂思念刘氏,因而可以预知汉王朝必定会复兴的。"隗嚣说:"你所说的周、汉两朝的情况是对的;至于只看见那些愚蠢的人习惯于认同刘氏名号,而认为汉王朝会复兴,就错了!以前秦王朝失去了帝位这只鹿,刘邦追逐并得到了它,那时的百姓又知道汉王朝吗?"于是班彪就为隗嚣写了《王命论》,以讽喻劝说他,班彪写道:"一般人看见汉高祖由平民而发迹,不明白其原因,以至于比喻为在天下逐鹿。他们不知道帝位由命运决定,是不能凭智慧和力量去求得的。可悲呀,这就是世上有这么多乱臣贼子的原因!忍饥挨饿,流离失所,在道路上饥寒交迫,希望得到的不过是一金,但是最

责譬之；嚣得书增怒。及嚣发兵反，援上书极陈灭嚣之术，又为书与嚣将杨广，使晓劝于嚣，广竟不答。隗嚣上疏谢，帝复赐嚣书；嚣知帝审其诈，遂遣使称臣于公孙述。

【纲】辛卯，七年，春三月，罢郡国车、骑、材官，还复民伍。

【纲】是月晦，日食。诏百僚各上封事，不得言圣。 【目】大中大夫郑兴上疏曰："顷年日食，每多在晦，先时而合，皆月行疾也。日君象而月臣象，君亢急则臣下促迫，故月行疾。今陛下高明而群臣惶促，宜留思柔克之政，垂意《洪范》之法。"帝躬勤政事，颇伤严急，故兴奏及之。

【纲】夏五月，以李通为大司空。

【纲】以杜诗为南阳太守。 【目】诗政治清平，兴利除害，百姓便之。又修治陂池，广拓土田，郡内比室殷足，时人方于召信臣。南阳为之语曰："前有召父，后有杜母。"

【纲】壬辰，八年，春，遣中郎将来歙伐隗嚣，取略阳，斩其守将。夏闰四月，帝自将征嚣，窦融等率五郡兵以从；嚣众皆降。嚣奔西城，吴汉引兵围之。 【目】来歙将二千余人，伐山开道，径袭略阳，斩隗嚣守将金梁。嚣大惊曰："何其神也！"帝闻得略阳，甚喜，

终还是累死在野外。为什么呢？因为贫穷也是由命运决定的。何况那天子的尊贵，四海的富裕，神明的宝座，是能够随意得到的吗？所以虽然遭遇困境，窃取权力，像韩信、黥布一样勇猛，像项梁、项籍一样强大，像王莽一样篡位得逞，但是突然间就被砍头油炸、烹剁分尸，又何况微不足道的几个人，却妄想占有天子的宝座呢！英雄豪杰应该有智慧，有觉悟，通晓大义，远谋深虑，清楚帝位的归属，不要贪心于不能得到的东西，那么荣华富贵就可传给子孙，自己也可怡享天年了。"隗嚣不听劝告。马援听说隗嚣打算对汉朝怀有二心，便多次写信斥责他；隗嚣接到信后更加愤怒。等到隗嚣起兵反叛，马援上书极力陈述消灭隗嚣的办法，又给隗嚣的大将杨广写信，让他对隗嚣晓以大义，以理相劝。杨广始终没有答复。隗嚣上疏请罪，光武帝又写信给隗嚣。隗嚣发现光武帝已洞察他的阴谋，于是派人去向公孙述称臣。

【纲】建武七年（辛卯31），春三月，撤销各郡和封国的战车、骑兵、猛士等部队，士兵复员。

【纲】三月三十日，发生日食。下令文武官员在奏章上不能用"圣"形容皇帝。　【目】太中大夫郑兴上疏说："近年来，日食经常发生在月底最后一日，是为了配合天地，月亮运转太快的缘故。太阳象征君王，月亮象征大臣，君王急切则大臣仓促紧迫，所以月亮运转快。如今陛下居高临下，明察秋毫，而群臣却惶惶不安，建议陛下应该借鉴《洪范》的原则，考虑采取柔和的方法。"光武帝亲自处理政事，时常过于严厉急迫，所以郑兴上奏时强调了此事。

【纲】夏五月，任命李通为大司空。

【纲】任命杜诗为南阳太守。　【目】杜诗为政清廉公平，兴利除害，百姓都很感谢他。杜诗又兴修水利，开荒种地，郡内家家户户都十分富足，当时的人们把杜诗比作召信臣。南阳流传着一句话："前有召父，后有杜母。"

【纲】建武八年（壬辰，32）春季，派中郎将来歙讨伐隗嚣，攻占略阳（今甘肃秦安东北），斩杀守城将领。夏季，闰四月，光武帝亲自率军征讨隗嚣，窦融等率领五郡军队跟随；隗嚣的部队全部投降。隗嚣逃往西城（今甘肃天水西南），吴汉领兵包围了西城。　【目】来歙率

曰："略阳,嚣所依阻,心腹已坏,则制其支体易矣!"嚣自悉其大众数万人围略阳,来歙与将士固死坚守。

夏闰四月,帝自征嚣,光禄勋郭宪谏曰:"东方初定,车驾未可远征。"乃当车拔佩刀以断车靷。帝不从,西至漆。诸将多以王师之重,不宜远入险阻,计犹豫未决。帝召马援问之,援因说隗嚣将帅有土崩之势,兵进有必破之状。又于帝前聚米为山谷,指画形势,开示众军所从道径,往来分析,昭然可晓。帝曰:"虏在吾目中矣!"明旦,遂进军至高平第一。窦融率五郡太守与大军会,遂数道上陇。使王遵以书招牛邯,下之,拜邯大中大夫。于是嚣大将十三人,属县十六,众十余万皆降。嚣将妻子奔西城从杨广,而田弇、李育保上邽。略阳围解。帝劳赐来歙,班坐绝席,在诸将之右,赐歙妻缣千匹。进幸上邽,诏告隗嚣曰:"若束手自诣,父子相见,保无他也。若遂欲为黥布者,亦自任也。"嚣终不降,于是诛其子恂。使吴汉、岑彭围西城,耿弇、盖延围上邽。以四县封窦融为安丰侯,弟友为显亲侯,及五郡太守皆封列侯,遣西还所镇。

【纲】颍川盗起。秋九月,帝还宫。六日,自将讨平之。 【目】颍川盗群起,寇没属县,河东守兵亦叛,京师骚动。帝闻之曰:"吾悔不用郭子横之言。"秋八月,帝自上邽晨夜东驰,赐岑彭等书曰:"两城若下,便可将兵南击蜀虏。人苦不知足,既平陇,复望蜀。每一发兵,头须为白。"九月乙卯,车驾还宫。帝谓执金

二千余人翻山越岭，开辟道路，径直袭取略阳，斩杀守城的隗嚣部将金梁。隗嚣大惊，说："怎么如此神速！"光武帝听说攻占略阳，非常高兴地说："略阳是隗嚣所依仗的屏障，现在他的心腹已经损坏，那么控制他的肢体就容易了！"隗嚣亲自率领全部人马数万人围攻略阳，来歙与将士誓死坚守。

夏季，闰四月，光武帝亲自征讨隗嚣，光禄勋郭宪劝阻说："东方刚刚平定，陛下不能远离首都征战。"于是在车前拔出佩刀，砍断缰绳。光武帝没有听从，向西行到漆县（今陕西邻县）。将领们多数认为皇帝亲率的部队关系重大，不应该深入偏远危险的山区，光武帝心中犹豫不决。于是，光武帝征召马援询问意见，马援便指出，隗嚣的将领们有土崩瓦解之势，如果进军，一定可以打败敌军。又在光武帝面前用米堆聚成山川河谷，讲解地形，指示各部进军路线，来回分析，十分清楚。光武帝说："敌军都在我眼中了！"第二天早晨，继续进军，到达高平县（今宁夏固原）的第一城。窦融率武威、张掖、酒泉、金城、敦煌五个郡的太守与光武帝的大军会合，于是兵分几路，沿着陇山进击。光武帝派王遵写信招降牛邯，牛邯投降，任命他为太中大夫。于是隗嚣的十三位大将、十六个属县、十余万部队全部投降。隗嚣带着妻子儿女逃往西城投奔杨广，公孙述的部将田弇、李育则守卫上邽（今甘肃天水东南）。略阳解围。光武帝慰劳赏赐来歙，在所有将领的上边，为他专设一席，赏赐来歙妻子一千匹绸缎。光武帝进军上邽，下诏给隗嚣："你如果放弃武力，前来归附，还可以父子相见，保证没有其他变故。如果一定打算做黥布，也随你便。"隗嚣最终没有投降，于是光武帝下令杀死他的儿子隗恂。派吴汉、岑彭包围西城，耿弇、盖延包围上邽。封窦融为安丰侯，划给他四个县，封窦融的弟弟窦友为显亲侯，以及五郡太守都封列侯，命他们返回西方的官署。

【纲】颍川郡发生暴乱。秋九月，光武帝返回首都洛阳。六日，光武帝亲自率军讨平暴乱。　【目】颍川盗贼蜂起，攻占下属各县，驻守河东郡（治安邑，今山西夏县北）的部队也叛变，首都洛阳为之骚动。光武帝闻讯后说："我后悔没有接受郭宪的建议。"秋八月，光武帝从上邽日夜兼程赶回东方，写信给岑彭等说："如果攻下西城、上邽两城，就可以领兵南下，攻打蜀地的公孙述。人苦于不知足，已经平定陇地的

吾寇恂曰："颍川迫近京师，当以时定。惟念独卿能平之耳，从九卿复出以忧国可也！"对曰："颍川闻陛下有事陇、蜀，故狂狡乘间相诖误耳。如闻乘舆南向，贼必惶怖归死，臣愿执锐前驱。"帝从之。庚申，车驾南征，颍川盗贼悉降。寇恂竟不拜郡，百姓遮道曰："愿从陛下复借寇君一年。"乃留恂长社，镇抚吏民，受纳余降。

东郡、济阴盗贼亦起，帝遣李通、王常击之。以耿纯尝为东郡太守，威信著于卫地，遣使拜大中大夫，使与大兵会东郡。东郡闻纯入界，盗贼九千余人皆诣纯降，大兵不战而还；玺书复以纯为东郡太守。

【纲】冬，公孙述遣兵救隗嚣，吴汉引兵下陇。【目】杨广死，隗嚣穷困。岑彭壅谷水灌西城，城未没丈余。会王元等将蜀兵五千余乘高卒至，决围殊死战，遂行入城，迎嚣归冀。吴汉等军食尽，乃引兵下陇。校尉太原温序为嚣将苟宇所获，宇欲降之。序大怒叱宇等曰："虏何敢迫胁汉将！"因以节挝杀数人。宇众争欲杀之，宇止之曰："此义士，死节，可赐以剑。"序受剑，衔须于口，顾左右曰："既为贼所杀，无令须污血！"遂伏剑而死。从事王忠持其丧归洛阳，诏赐以冢地，拜三子为郎。

【纲】癸巳，九年，春正月，征虏将军、颍阳侯祭遵卒于军，诏冯异领其营。【目】遵为人，廉约小心，克己奉公，赏赐尽与士卒；

隗嚣，又盯上了蜀地的公孙述。每次出兵，头发胡须都会变白。"九月一日，光武帝回到洛阳。光武帝对执金吾寇恂说："颍川紧邻首都洛阳，应当及时平定。我想只有你能平定暴乱，你以九卿的身份复出，去为国解忧是可以的！"寇恂回答："颍川听说陛下远征陇、蜀，所以狂徒奸人便想乘机捞一把。如果听说陛下亲自南征，贼人必定惶恐不安，自愿投降，我愿充当大军前锋。"光武帝应允。九月六日，光武帝亲自南征，颍川暴民全部投降。但是寇恂却没有被任命为颍川太守，当地百姓拦在路上说："希望从陛下这里再借寇君一年。"于是光武帝就命寇恂留在长社县（今河南长葛西），以守抚吏民，并收容其余降众。

东郡（治濮阳，今河南濮阳南）、济阴郡（治定陶，今山东菏泽南）也发生暴乱，光武帝派李通、王常前往镇压。因为耿纯曾经做过东郡太守，在卫国故地享有威望和信誉，光武帝派使臣前去任命他为太中大夫，让他与大军在东郡会合。东郡人听说耿纯进入本地，九千多暴民全都向耿纯投降，大军没有经过战斗就返回洛阳；光武帝再次诏命耿纯为东郡太守。

【纲】冬季，公孙述派兵救援隗嚣，吴汉领兵沿陇山撤退。

【目】杨广去世，隗嚣穷途末路。岑彭阻断山谷流水去淹西城，水位还差一丈多便灌到城里。这时，王元等率五千多名蜀兵从高处突然出现，经过殊死战斗，冲开汉军包围进入西城，护送隗嚣投奔冀县（今甘肃武山东南）。吴汉等大军粮草已尽，就领兵沿陇山撤退。东汉校尉太原人温序被隗嚣大将苟宇（原书为"荀宇"，此据《后汉书》卷111、《资治通鉴》卷42建武八年十一月校正）俘获，苟宇想劝温序投降。温序大怒，斥骂苟宇等人说："你们这帮贼人怎么敢胁迫汉军大将！"趁势用符节击杀数人。苟宇部下争着要杀死温序，苟宇制止他们说："这是一位忠臣义士，为名节而死，可以给他一把剑。"温序接过剑，把长须衔在口中，环视左右说："既然被贼人所杀，不能让胡须沾上血！"于是自刎而死。从事王忠带着他的尸体返回洛阳，光武帝下令赏赐墓地，任命温序的三个儿子为郎。

【纲】建武九年（癸巳，33），春正月，征虏将军、颍阳侯祭遵在军中去世，光武帝令冯异接收他的部队。　【目】祭遵为人廉洁俭朴，小

约束严整，所在吏民不知有军。取士皆用儒术，对酒设乐，必《雅》歌投壶。临终，遗戒薄葬；问以家事，终无所言。其后朝会，帝每叹曰："安得忧国奉公如祭征虏者乎！"

【纲】隗嚣死，诸将立其子纯。

【纲】夏六月，遣来歙、马援护诸将冯异等屯长安。

【纲】秋八月，歙率异等讨隗纯于天水。

【纲】甲午，十年，夏，征西大将军、夏阳侯冯异卒于军。

【纲】秋八月，帝如长安，遂至汧，隗嚣将高峻降。　【目】初，隗嚣将高峻拥兵据高平第一，耿弇等围之，一岁不拔。帝自将征之，进幸汧。遣寇恂往降之。恂至第一，峻遣军师皇甫文出谒，辞礼不屈；恂怒，斩之，遣其副归告峻曰："军师无礼，已戮之矣！欲降急降，不欲固守。"峻惶恐，即日开城门。诸将皆贺，因曰："敢问杀其使而降其城，何也？"恂曰："皇甫文，峻之腹心，其所取计者也。今来辞意不屈，必无降心。全之则文得其计，杀之则峻亡其胆，是以降耳。"诸将皆曰："非所及也。"

【纲】冬十月，来歙等攻破落门，隗纯降，王元奔蜀。陇右悉平。

【纲】乙未，十一年，春三月，遣吴汉等将兵会岑彭伐蜀，破其浮桥，遂入江关。　【目】岑彭屯津乡，数攻田戎等，不克。帝遣吴汉率诛虏将军刘隆等三将发荆州兵，与彭会荆门。彭装战船数十艘，吴汉以诸郡棹卒多费粮谷，欲罢之。彭以为蜀兵盛，不可遣，上书言状。帝报彭曰："大司马习用步骑，不晓水战，荆门之事，一由征南公

心谨慎,克己奉公,得到赏赐就全部分给士兵;对部下要求严格,军纪严整,甚至部队驻地的官民都不知道有大军在此。录取人才完全采用儒家思想作为标准,宴席上设立的娱乐游戏一定是唱《雅》和投壶比赛。临终前,遗告后人要薄葬;问及家事,始终不作答复。后来,在朝见大臣时,光武帝经常叹息说:"到哪里去找像祭遵那样忧国奉公的人呢!"

【纲】隗嚣去世,将领们拥立他的儿子隗纯,据守冀县。

【纲】夏六月,派来歙、马援保护冯异等将领们驻屯长安。

【纲】秋八月,来歙率冯异等将领在天水讨伐隗纯。

【纲】建武十年(甲午34),夏季,征西大将军、夏阳侯冯异在军中去世。

【纲】秋八月,光武帝前往长安到达汧县(今陕西陇县南),隗嚣大将高峻投降。 【目】当初,隗嚣大将高峻领兵据守高平第一城,耿弇等围攻一年,没有夺取。光武帝亲自率军征讨,进军到汧县,派寇恂前去劝降高峻。寇恂到达第一城,高峻派军师皇甫文出城进见,言辞态度不卑不屈;寇恂大怒,杀死了皇甫文,派他的副手回去转告高峻说:"军师无礼,已经杀了他!要投降,就快降;不想投降,就继续坚守。"高峻惊惶恐惧,当日开城投降。将领们都向寇恂道贺,趁机问:"请问杀了高峻的使节而又使他投降,是什么原因呢?"寇恂说:"皇甫文是高峻的心腹智囊,一切靠他的谋略。这次会面,态度强硬,肯定没有投降之意。保全其性命,就使皇甫文的计谋得逞;杀了他,就使高峻胆颤心寒,所以便开城投降。"将领们都说:"不是我们所能比的!"

【纲】冬十月,来歙等攻陷落门(今甘肃武山东),隗纯投降,大将王元逃奔蜀地。陇右全部平定。

【纲】建武十一年(乙未,35),春三月,派吴汉等领兵会同岑彭讨伐蜀地的公孙述,攻破其浮桥,于是进入江关(位于湖北宜都西北的荆门山与湖北宜昌东南的虎牙山之间)。 【目】岑彭驻屯津乡(今湖北江陵东),多次攻打田戎等,不能取胜。光武帝派吴汉率诛虏将军刘隆等三位将领征发荆州(治汉寿,今湖南常德东北)的部队,与岑彭在荆门会师。岑彭装备了几十艘战船,吴汉认为各郡派来的水手消耗粮食过多,准备

为重而已。"闰月，岑彭令军中募攻浮桥，先登者上赏。于是偏将军鲁奇应募而前。时东风狂急，鲁奇船逆流而上，直冲浮桥，而攒柱有反杷钩奇船，不得去。奇等乘势殊死战，因飞炬焚之，风怒火盛，桥楼崩烧。岑彭悉军顺风并进，所向无前，蜀兵大乱，溺死者数千人，斩任满，生获程泛，而田戎走保江州。彭上刘隆为南郡太守，自率辅威将军臧宫、骁骑将军刘歆长驱入江关。令军中无得虏掠；百姓大喜，争开门降。

【纲】夏，先零羌反，以马援为陇西太守，击破之。

【纲】公孙述遣王元拒河池。六月，诸将击破之。述使盗杀监护使者来歙，诏以将军马成代之。　【目】公孙述以王元为将军，使与领军环安拒河池。六月，来歙与盖延等进攻元、安，大破之，乘胜遂进。蜀人大惧，使刺客刺歙，未殊，驰召盖延。延见歙，因伏悲哀，不能仰视。歙叱延曰："虎牙何敢然！今使者中刺客，无以报国，故呼巨卿，欲相属以军事，而反效儿女子涕泣乎！刃虽在身，不能勒兵斩公邪！"延收泪强起，受所诫。歙自书表曰："臣夜人定后，为何人所贼伤，中臣要害。臣不敢自惜，诚恨奉职不称，以为朝廷羞。夫理国以得贤为本，大中大夫段襄，骨鲠可任，愿陛下裁察。又臣兄弟不肖，终恐被罪，陛下哀怜，数赐教督。"投笔抽刀而绝。帝闻，大惊，省书揽涕。以扬武将军马成代之。歙丧还洛阳，乘舆缟素临吊，送葬。

遣散他们。岑彭则认为公孙述兵力强大，坚决反对遣散水手，并向光武帝上书讲明情况。光武帝答复岑彭说："大司马吴汉习惯陆战，不熟悉水战，荆门的事情，全部由你作主。"闰三月，岑彭下令在军中招募攻击浮桥的士兵，先登上浮桥者受重赏。于是偏将军鲁奇应招前往。当时，正刮强烈的东风，鲁奇的战船逆流而上，直冲浮桥，但是桥上布满铁钩，使鲁奇的战船进退不得。鲁奇等人趁势展开殊死战斗，他们将火炬投上浮桥焚烧，风助火势，桥楼在烈火中燃烧崩塌。岑彭出动全部兵力顺风进击，所向披靡，蜀军大乱，数千人落水淹死。岑彭斩杀蜀将任满，生擒程泛，而田戎则退到江州（今四川重庆嘉陵江北岸）固守。岑彭奏请任命刘隆为南郡太守，自己率领辅威将军臧宫、骁骑将军刘歆长驱直入江关。下令军中不准房掠；百姓非常高兴，争相打开城门归附。

【纲】夏季，西羌先零人叛乱，光武帝任命马援为陇西郡太守，打败了先零人。

【纲】公孙述派王元据守河池（今甘肃徽成西）。六月，东汉将领们大败王元。公孙述派刺客杀死汉军监护使者来歙，光武帝令将军马成代替来歙职务。　　【目】公孙述任命王元为将军，派他与领军环安据守河池。六月，来歙与盖延等进攻王元、环安，大败敌军，乘胜前进。蜀地人非常恐惧，派刺客刺杀来歙，来歙没有立即死亡，命人紧急召回盖延。盖延见到来歙，便伏地悲哀，不敢抬头仰视。来歙喝叱盖延说："你怎么敢这个样子！如今我被刺客刺中，无法为国效力，所以将你找来，打算把军国大事托付给你，你却反而像个小孩子一样哭哭啼啼！虽然刀仍在我身上没取出，难道就不能按军法杀你吗？"盖延停止哭泣，勉强起身，听候吩咐。来歙亲自写奏章说："我在夜深人静时，被人刺伤，伤中要害。我不敢爱惜自己的性命，实在是对没有尽职感到遗憾，成为朝廷的羞辱。治理国家以得到贤才为根本大事，太中大夫段襄，耿直忠诚，可以重用，希望陛下考察裁决。另外，我的兄弟们都不成材，我始终担心他们会犯罪，请求陛下对他们怜悯为怀，时常教导督责。"写完后扔下笔，抽刀而死。光武帝闻讯大惊，一边看奏章，一边流泪。命令扬武将军马成代替来歙的职务。来歙灵柩运回洛阳，光武帝身穿丧服，乘车亲临吊丧、送葬。

【纲】帝自将征蜀;秋七月,次长安。

【纲】岑彭及将军臧宫大破蜀兵。延岑走,王元以其众降。
【目】公孙述使其将延岑、王元等悉兵拒广汉及资中,又遣将侯丹拒黄石。岑彭使臧宫从涪水上平曲,拒延岑,自分兵浮江下还江州,溯都江而上,袭击侯丹,大破之;因晨夜倍道,兼行二千余里,径拔武阳。使精骑驰击广都,去成都数十里,势若风雨,所至皆奔散。初,述闻汉兵在平曲,故遣大兵逆之。及彭至武阳,绕出延岑军后,蜀地震骇,述大惊,以杖击地曰:"是何神也!"臧宫晨夜进兵,延岑不意汉军卒至,大震恐;宫因纵击,大破之。延岑奔成都,王元举众降。

【纲】冬十月,公孙述使盗刺杀征南大将军、舞阴侯岑彭。
【目】公孙述使刺客诈为亡奴,降岑彭,夜刺杀彭;监军郑兴领其营,以俟吴汉至而授之。彭持军整齐,秋毫无犯,蜀人为立庙祠之。

【纲】马成等破河池,平武都,遂与马援击破先零羌。

【纲】以郭伋为并州牧。【目】郭伋为并州牧,过京师,帝问以得失。伋曰:"选补众职,当简天下贤俊,不宜专用南阳人。"是时在位多乡曲故旧,故伋言及之。

【纲】丙申,十二年,春正月,吴汉大破蜀兵,遂拔广都。

【纲】秋七月,将军冯骏拔江州,获田戎。

【纲】吴汉进攻成都;九月,入其郛,臧宫拔绵竹,引兵与汉会。【目】吴汉乘利,自将步骑二万进逼成都;去城十余里,阻江北营,作浮桥,使副将刘尚屯于江南,为营相去二十余里。述使谢

【纲】光武帝亲自率军征讨蜀地的公孙述；秋七月，到达长安。

【纲】岑彭与将军臧宫大败蜀兵。蜀将延岑逃走，王元率众投降。　【目】公孙述派大将延岑、王元等以全部兵力据守广汉县（今四川遂宁东北）和资中县（今四川资阳北），又派大将侯丹据守黄石（即黄石滩，今四川涪陵东）。岑彭派臧宫沿涪水（在今四川绵阳东）北上，进驻平曲（即平阳乡，在今四川绵竹北），抵御延岑，自己率大军顺嘉陵江而下，返回江州，然后逆都江（今名郫江，今四川成都西）而上，袭击侯丹，大败敌军；又日夜兼程，急行军二千余里，径直占领武阳（今四川眉山东北）。派精锐骑兵奔袭距离成都数十里的广都（今四川成都东南），一路势如狂风骤雨，所到之处，敌军全都四散奔逃。当初，公孙述听说汉军在平曲，所以派大军堵截。等到岑彭到达武阳，绕行出现在延岑大军背后，蜀地震惊。公孙述非常惊慌，用手杖敲地说："怎么如此神速呀！"臧宫日夜进军，延岑没料到汉军突然出现，惊恐万状；臧宫趁势猛攻，大败敌军。延岑逃奔成都，王元率众投降。

【纲】冬十月，公孙述派刺客刺杀征南大将军、舞阴侯岑彭。
【目】公孙述派刺客诈称是逃亡的奴仆，投降岑彭，趁黑夜刺杀岑彭；监军郑兴暂时接管岑彭的部队，以等待吴汉到达后移交。岑彭治军严整，对百姓秋毫无犯，蜀地人为他立庙祭祀。

【纲】马成等攻破河池，平定武都（今甘肃徽成西），于是与马援联合击败西羌先零人。

【纲】任命郭伋为并州牧。　【目】郭伋被任命为并州牧，路过洛阳时，光武帝询问他自己治国的得失。郭伋说："选拔补充官员，应当选择天下所有贤才俊杰，不应当专用陛下的南阳同乡。"这时的在职官员大多是光武帝的同乡或旧交，所以郭伋提到此事。

【纲】建武十二年（丙申，36），春正月，吴汉大败蜀军，攻占广都。

【纲】秋七月，东汉将军冯骏攻占江州，抓获田戎。

【纲】吴汉进攻成都；九月，进入成都外城，臧宫攻克绵竹（今四川德阳北），领兵与吴汉会师。　【目】吴汉乘胜亲率二万步、骑兵进逼成都；距城十余里，渡过锦江后在北岸扎营，建造浮桥，派副将刘尚驻

丰、袁吉将众出攻汉,使别将劫刘尚,令不得相救。汉乃召诸将属之曰:"吾欲潜师就尚于江南,并兵御之。若能同心一力,人自为战,大功可立;如其不然,败必无余。成败之机,在此一举。"诸将皆曰:"诺"。于是夜衔枚引兵与尚合军。明日,汉悉兵迎战,大破之,斩丰、吉。于是引还广都,留尚拒述。自是汉与述战于广都、成都之间,八战八克,遂军于其郭中。臧宫拔绵竹,与吴汉会于成都。

【纲】冬十一月,公孙述引兵出战,吴汉击杀之。延岑以成都降,蜀地悉平。 【目】臧宫军咸阳门,述自将数万人攻汉,使延岑扼宫。大战,岑三合三胜,军士并疲,汉因使护军高午、唐邯将锐卒数万击之,述兵大乱;高午奔陈刺述,洞胸坠马死。延岑以城降。吴汉夷述妻子,尽灭公孙氏,并族延岑。

初,述征广汉李业为博士,业固称疾不起。述羞不能致,使大鸿胪尹融奉诏命以劫业:"若起则授公侯之位,不起赐以毒酒。"业乃叹曰:"古人'危邦不入,乱邦不居',为此故也。君子见危授命,乃诱以高位重饵乎!"融曰:"宜呼室家计之。"业曰:"丈夫断之于心久矣,何妻子之为!"遂饮毒而死。述耻有杀贤之名,遣使吊祠,赙赠百匹,业子翚逃,辞不受。又聘巴郡谯玄,玄不诣,亦遣使者以毒药劫之。太守自诣玄庐劝之行。玄曰:"保志全高,死亦奚恨!"遂受毒药。玄子瑛泣血叩头于太守,愿奉家钱千万以赎父死;太守为请,述许之。述又征蜀郡王皓、王嘉,恐其不至,先系其妻子,使者谓嘉曰:"速装,妻子可全。"对曰:"犬马犹识主,况于人乎!"王皓先自刭,以首付使者。述怒,遂诛皓家属。王嘉闻而叹曰:"后之哉!"乃对使者伏剑而死。犍为费贻不肯仕述,漆身为癞,阳狂以避

扎南岸，两营相距二十余里。公孙述派谢丰、袁吉率军出击吴汉，派其他将领牵制刘尚，使他不能救援吴汉。吴汉便召集将领们吩咐说："我准备悄悄领兵到锦江南岸与刘尚会合，然后共同抵御蜀军。如果能同心协力，人人奋勇争先，就可建立大功；如若不然，必定一败涂地。成败的关键，在此一举！"将领们都说："一定努力。"于是就在当天夜里，将战马口衔木棍以防出声，然后领兵悄悄地与刘尚会师。第二天，吴汉出动全部兵力迎战蜀军，大获全胜，斩杀谢丰、袁吉。随后撤回广都，留下刘尚抵御公孙述。从此，吴汉与公孙述在广都、成都之间交战，八战八胜，最终大军进驻成都外城。臧宫攻占绵竹，与吴汉在成都会师。

【纲】冬十一月，公孙述率军出战，吴汉反击并杀死了他。延岑献出成都，投降，蜀地全部平定。　　【目】臧宫进驻成都北面的咸阳门。公孙述亲自率领数万人攻打吴汉，派延岑攻击臧宫。双方展开激战，延岑三战三胜，但士兵都很疲劳，吴汉趁机派护军高午、唐邯率数万名精兵反击，公孙述的部队大乱；高午奋勇出阵，将长矛刺向公孙述，洞穿其胸膛，公孙述坠马而死。延岑献出成都，投降。吴汉杀掉公孙述的妻子儿女，灭绝公孙家族，并屠杀了延岑家族。

当初，公孙述征召广汉人李业做博士，李业坚称有病在身，不肯应召。公孙述认为李业不应召是自己的羞辱，派大鸿胪尹融带着诏书去强迫李业："如果应召，就授予公侯的爵位；如果不应召，就赐与一杯毒酒自尽。"于是李业叹气说："古人讲'危险的国家不要进去，混乱的国家不要居住'，就是因为这个缘故。君子遇到危险可以献出生命，何必用高官厚禄为诱饵呢！"尹融说："应该唤来家人商议一下这件事。"李业说："大丈夫早就在心里决定了，管什么妻子儿女！"于是饮毒酒而死。公孙述害怕承担杀害贤达的可耻骂名，还派人到祠堂吊丧，并赠送一百匹绸缎，李业的儿子李翚逃走，不肯接受。公孙述又聘请巴郡人谯玄，谯玄回绝，公孙述也派使节用毒药逼迫他。巴郡太守亲自登门拜访，劝谯玄动身应召。谯玄说："为保全高尚的志向，死又有什么遗憾！"于是接受了毒药。谯玄的儿子谯瑛痛哭，向太守叩头，愿意献上千万家钱以赎买父亲的性命；太守为谯玄请命，公孙述答应了他。公孙述又征

之。同郡任永、冯信皆托青盲以辞征命。帝既平蜀，诏赠常少为太常，张隆为光禄勋，谯玄已卒，祠以中牢，敕所在还其家钱，而表李业之闾。征费贻、任永、冯信，会永、信病卒，独贻仕至合浦太守。上以述将程乌、李育有才干，皆擢用之。于是西土皆悦，莫不归心焉。

【纲】参狼羌寇武都，马援击破之。　【目】是岁，参狼羌与诸种寇武都，陇西太守马援击破之，降者万余人，于是陇右清静。援务开恩信，宽以待下，任吏以职，但总大体，而宾客故人日满其门。诸曹时白外事，援辄曰："此丞、掾之任，何足相烦！颇哀老子，使得遨游；若大姓侵小民，黠吏不从令，此乃太守事耳。"

【纲】诏边吏料敌战守，不拘以逗留法。

【纲】窦融及五郡太守入朝，以融为冀州牧。　【目】上诏窦融与五郡太守入朝。融等奉诏而行，官属宾客相随，驾乘千余两。既至，赏赐恩宠，倾动京师。寻拜融冀州牧，又以梁统为大中大夫，姑臧长孔奋为武都郡丞。姑臧在河西最为富饶，天下未定，士多不修简操；奋在职四年，力行清洁，为众人所笑，以为身处脂膏，不能自润。及从融入朝，诸守令财货连毂，唯奋无资，单车就道，帝以是赏之。

召蜀郡人王皓、王嘉,担心他们不来,便先逮捕了他们的妻子儿女,公孙述的使臣对王嘉说:"赶快整装出发,妻儿可以保全性命!"王嘉回答:"狗马还认识主人,何况人呢!"王皓先行自刎,把人头交给来使。公孙述非常生气,便将王皓家属全部诛杀。王嘉闻讯叹息说:"我走在他的后面了!"就在使臣面前拔剑自杀。犍为郡(今四川宜宾西南)人费贻不肯给公孙述当官,将全身涂漆,假装生癞疮,装疯卖傻以逃避公孙述的征召。同郡的任永、冯信都假称患眼疾而拒绝征召。光武帝平定蜀地后,下诏追赠常少为太常,张隆为光禄勋;谯玄已去世,用一猪一羊的中牢礼仪祭祀,命当地官府退还赎命钱,表彰李业的乡里。征召费贻、任永、冯信,正巧任永、冯信病故,只有费贻出仕,官至合浦太守。光武帝认为公孙述的大将程乌、李育有才干,全都擢升起用他们。于是蜀地百姓都心悦诚服,无不归心刘汉。

【纲】西羌参狼侵犯武都,马援击败他们。 【目】这年,西羌参狼人与其他部落侵犯武都,陇西太守马援击败他们,一万余人投降,于是陇右秩序平静。马援一向待人重恩,严守承诺,对部下宽厚,任用官吏职责分明,自己只总揽大纲,因此宾客故旧每天都门庭若市。各曹有时报告公事,马援就说:"这是丞、掾的职责,有什么值得麻烦我的!请稍微体谅体谅我,让我能够悠游自在些;如果有豪门大姓欺负平民百姓,狡猾的官吏不守法令,这才是太守应该过问的事情。"

【纲】光武帝诏令边疆官吏依据敌人的实际情况决定进击还是防守,不再拘泥不前进就斩首的法令。

【纲】窦融以及五郡太守入朝,光武帝任命窦融为冀州牧。【目】光武帝下诏命窦融与五郡太守入朝。窦融等人奉诏起程,下属和宾客相随,车辆达一千多。到达洛阳后,受到丰厚的赏赐和隆重的款待,一时轰动整个洛阳。不久,任命窦融为冀州牧,又任命梁统为大中大夫,姑臧(今甘肃武威)县长孔奋为武都郡丞。姑臧是河西一带最富饶的地方,此时天下尚未安定,士人大多不注重节操。孔奋任县长四年,品行清正廉洁,被众人讥笑,认为他身处脂膏之中,却不能滋润自己。等到跟随窦融入洛阳朝见时,各个郡守、县令所带财物一车连一车,只有孔奋没有财产,只乘一辆单车上路,光武帝因此而奖赏他。

【纲】雍奴侯寇恂卒。

【纲】丁酉,十三年,春正月,诏太官勿受郡国异味。【目】诏曰:"郡国献异味,其令太官勿复受。远方口实,所以荐宗庙,自如旧制。"时异国有献名马者,日行千里,又进宝剑,价值百金。诏以剑赐骑士,马驾鼓车。上雅不喜听音乐,手不持珠玉。尝出猎,车驾夜还,上东门候郅恽拒关不开。上令从者见面于门间,恽曰:"火明辽远。"遂不受诏。上乃回,从东中门入。明日,恽上书谏曰:"陛下远猎山林,夜以继日,如社稷、宗庙何!"书奏,赐恽布百匹,贬东中门候为参封尉。

【纲】诏诸王皆降为公侯。

【纲】以绍嘉公孔安为宋公,承休公姬常为卫公。

【纲】以韩歆为大司徒。

【纲】夏四月,吴汉军还,大飨将士,诸功臣皆增邑更封。【目】汉自蜀振旅而还;四月,至京师。于是大飨将士、功臣,增邑更封凡三百六十五人,其外戚,恩泽封者四十五人。定封邓禹为高密侯,食四县;李通为固始侯,贾复为胶东侯,食六县;余各有差。已殁者益封其子孙,或更封支庶。

帝在兵间久,厌武事,且知天下疲耗,思乐息肩,自陇、蜀平后,非警急未尝复言军旅。皇太子尝问攻战之事,帝曰:"昔卫灵公问陈,孔子不对。此非尔所及。"邓禹、贾复知帝偃干戈,修文德,不欲功臣拥众京师,乃去甲兵,敦儒学。帝思念欲完功臣爵土,不令以吏职为过,遂罢左、右将军官。耿弇等亦上大将军印、绶,皆以列侯就第,加位特进,奉朝请。

【纲】雍奴侯寇恂去世。

【纲】建武十三年（丁酉，37），春正月，光武帝下令太官不要接受各郡国的土特产。　【目】光武帝下诏："各郡、封国进献独特的山珍海味，命令太官不再接受。远方送来的食物用来祭祀宗庙，则按旧例办理。"当时，有外国献上的名贵良马，日行千里，又献有宝剑，价值百金。光武帝下令将宝剑赐给骑士，良马用来驾驶鼓车。光武帝不喜欢听音乐，手上也不拿珍珠玉璧。一次，他外出打猎，深夜才返回，洛阳城东门的门侯郅恽拒开城门，光武帝令随从从门缝中与郅恽见面，郅恽说："火光太远，看不清楚。"于是不接受诏书。光武帝便回头从东中门入城。转天，郅恽上书劝谏说："陛下远到深山丛林中去打猎，夜以继日，把国家、宗庙放在什么地方！"奏书呈上后，光武帝赏赐郅恽一百匹布，将东中门的门候贬为参封县尉。

【纲】光武帝下令将诸王一律降为公侯。

【纲】封绍嘉公孔安为宋公，承休公姬常为卫公。

【纲】任命韩歆为大司徒。

【纲】夏四月，吴汉班师回朝，光武帝大赏出征将士，各位功臣都增加采邑，更改封爵。　【目】吴汉从蜀地整军返回，四月，到达首都洛阳。于是大大赏赐将士、功臣，增加采邑、更改封爵的共三百六十五人；外戚中蒙皇恩而受封的有四十五人。决定封邓禹为高密侯，采邑为四个县；李通为固始侯；贾复为胶东侯，采邑为六个县；其余功臣各受封赏不等。已经死亡的功臣，加封他们的子孙，或者改封支庶亲属。

光武帝久在军旅，厌倦战争，而且深知天下疲弊贫困，人民渴望休养生息，自从陇、蜀平定后，不是异常危险紧急的事情，便不再谈论军事。皇太子刘强曾问他攻战之事，光武帝说："以前，卫灵公请教布阵之法，孔子不肯答复。这种事不是你力所能及的。"邓禹、贾复了解到光武帝收藏武器，推崇文化教育，不希望功臣在洛阳拥有重兵，于是二人就交出兵权，醉心于儒家经典。光武帝经过考虑，打算保全功臣的爵位和采邑，不让他们因担任官职而犯错，于是撤去左、右将军的职位。耿弇等人也交上大将军的官印、绶带，都以列侯身份回到家宅，加赐特进之位，参加朝廷议事。

邓禹内行淳备，有子十三人，各使守一艺，修整闺门，教养子孙，皆可以为后世法。

贾复为人刚毅方直，多大节，既还私第，阖门养威重。朱祐等荐复宜为宰相，帝方以吏事责三公，故功臣并不用。

【纲】以窦融为大司空。

邓禹性格淳厚，有十三个儿子，让他们各通一种儒家经典，严守男女有别的准则，对子孙教养有方，都可以被后世效法。

贾复为人刚毅正直，多建大功，退官还家后，便闭门享福。朱祐等推荐贾复担任宰相，而光武帝当时正责成三公整饬吏事，所以对功臣一律不用。

【纲】任命窦融为大司空。

纲鉴易知录卷二一

东汉纪

光武皇帝

【纲】戊戌,十四年,莎车、鄯善遣使奉献,请置都护,不许。【目】莎车王贤、鄯善王安,皆遣使奉献。西域苦匈奴重敛,皆愿属汉,复置都护;上以中国新定,不许。

【纲】大中大夫梁统请更定律,不报。 【目】统上疏曰:"臣窃见元帝轻殊死刑三十四事,哀帝轻殊死刑八十一事,其四十二事手杀人者,减死一等。自后著为常准,故人轻犯法,吏易杀人。臣闻刑罚在衷,无取于轻。谨表其尤害于体者,傅奏于左。愿陛下宣诏有司,详择其善,定不易之典!"事下公卿。光禄勋杜林以为"宜如旧制"。统复上言曰:"臣之所奏,非曰严刑。《经》曰:'爰制百姓,于刑之衷。'衷之为言,不轻不重之谓也。自高祖至于孝宣,海内称治;至初元、建平,而盗贼浸多,皆刑罚不衷,愚人易犯之所致也。由此观之,则刑轻之作反生大患,惠加奸轨,而害及良善也!"事寝,不报。

【纲】己亥,十五年,春正月,免大司徒歆归田里,歆自杀。【目】韩歆好直言无隐,帝每不能容。歆于上前证岁将饥凶,指天画地,言甚刚切,故坐免归田里。帝犹不释,复遣使宣诏责之;歆及子婴皆自杀。歆素有重名,死非其罪,众多不厌;帝乃追赐钱谷,以成礼葬之。

【纲】有星孛于昴。

【纲】夏四月,追谥兄缜为齐武公。

【纲】诏州郡检核垦田、户口。 【目】帝以天下垦田,多不以实

光武皇帝

【纲】建武十四年（戊戌，38），西域的莎车、鄯善二国派使节进贡，请求东汉设立都护，光武帝没有答应。 【目】莎车国王贤、鄯善国王安都派使节进贡。西域各国苦于匈奴的重赋，都愿归属东汉，重新设置都护；光武帝认为中国刚刚安定，没有答应此事。

【纲】大中大夫梁统请求更改刑律，没有审议。 【目】梁统上疏说："我看到汉元帝时死罪减刑的有三十四种情况，汉哀帝时死罪减刑的有八十一种情况，其中有四十二种情况是亲手杀人，而判减死一等。从那以后便定为定例，所以人们不在乎犯法，官吏也随便地杀人。我听说，刑罚就在于适中，不能过轻。现在把对国家政体危害最大的指出来，奏报于上。希望陛下交付有关职责部门，认真选择其中合理的，制成永久的法律！"此事下传到公卿大臣。光禄勋杜林认为"应按旧律，不必再调整"。梁统又上奏说："我的奏书并不是讲要严刑峻法。《尚书·吕刑》中说：'管理人民，在于刑法适中。'适中的意思，就是指不轻不重。从汉高祖一直到汉宣帝，天下秩序井然；到了汉元帝初元、汉哀帝建平年间，盗贼逐渐增多，都是由于刑罚不适中，愚昧的人轻易犯法所造成的。由此看来，刑罚过轻的作法，反而生成大祸，对奸恶之徒有利，却伤害了善良的人！"事情被搁置下来，没有审议。

【纲】建武十五年（己亥，39），春正月，免去韩歆大司徒职务，送返家乡，韩歆自杀。 【目】韩歆喜欢直言不讳，光武帝常常不能忍受。韩歆在光武帝面前证实当年将发生大饥荒，指天画地，言辞非常刚烈急迫，所以被免职，送返家乡。光武帝还不痛快，又派使节去宣读诏书斥责他；韩歆和儿子韩婴都自杀了。韩歆一向享有盛名，无罪而死，众心不服；光武帝就追赐钱粮，以完备的礼仪安葬了他。

【纲】在昴星附近出现彗星。

【纲】夏四月，光武帝追封兄长刘縯的谥号为齐武公。

【纲】诏令各州、郡核实垦田、户口数目。 【目】光武帝认为天下

自占,又户口、年纪,互有增减,乃诏下州郡检核。于是刺史、太守多为诈巧,苟以度田为名,聚民田中,并度庐屋、里落,民遮道啼呼;或优饶豪右,侵刻羸弱。

时诸郡各遣使奏事,帝见陈留吏牍上有书,视之,云"颍川、弘农可问,河南、南阳不可问"。帝诘吏由,抵言"于长寿街上得之"。帝怒。时皇子东海公阳年十二,在幄后言曰:"吏受郡敕,当欲以垦田相方耳。"帝曰:"即如此,何故言河南、南阳不可问?"对曰:"河南帝城,多近臣;南阳帝乡,多近亲;田宅逾制,不可为准。"帝令虎贲将诘问吏,吏乃首服,如东海公对。上由是益奇爱阳。遣谒者考实二千石长吏阿枉不平者。

【纲】冬十一月,遣马成缮治障塞。以张堪为渔阳太守。
【目】使扬武将军马成缮治障塞,十里一堠,以备匈奴。骑都尉张堪击破匈奴于高柳,拜堪渔阳太守。堪视事八年,匈奴不敢犯塞,劝民耕稼,以致殷富。百姓歌曰:"桑无附枝,麦穗两岐。张君为政,乐不可支!"

【纲】庚子,十六年,春二月,交趾女子征侧、征贰反。

【纲】三月晦,日食。
【纲】秋九月,群盗起;冬十月,诏许相斩除罪,遂皆解散。

【纲】复行五铢钱。

的垦田数大多不真实,很多人隐瞒实数而报虚数,而且户口数、年纪互有增减,于是就下令各州、郡查实。各州刺史、各郡太守便大多弄虚作假,以丈量田地为借口,把农民聚集在田里,将房屋、村落一起计算在内,百姓奔走呼号,怨声载道;有的则优待讨好豪门大户,苛求欺负贫苦百姓。

当时各郡都派使节到洛阳呈递奏章,光武帝发现陈留郡(治陈留,今河南开封东南陈留镇)官吏公文中有一张字条,拿起来一看,上面写着"颍川郡(治阳翟,今河南禹州)、弘农郡(治弘农,今河南灵宝)可问,河南郡(治洛阳,今河南洛阳东北)、南阳郡(治宛县,今河南南阳)不可问"。于是便问那位郡吏是什么意思,郡吏推托说是"在洛阳长寿街上捡来的"。光武帝非常愤怒。当时皇子东海公刘阳十二岁,在帐后插话说:"这是郡吏接受郡府的命令,打算互相比较一下丈量土地的结果。"光武帝说:"真是这样的话,为什么说河南郡、南阳郡不可问?"刘阳回答:"河南郡是皇帝居住的首都,多是皇帝亲近的大臣;南阳郡是皇帝的家乡,多是皇亲国戚。他们的田宅都超过规定,不能做为标准。"光武帝命令虎贲将逼问郡吏,郡吏才如实招认,果然与刘阳所讲相同。光武帝从此更加喜爱刘阳。派谒者调查二千石级的郡级官员中那些贪赃枉法的人。

【纲】冬十一月,派马成修筑边塞城堡。任命张堪为渔阳郡(治渔阳,今北京密云西南)太守。 【目】派扬武将军马成修筑要塞,每隔十里设置一个守望烽火台,以防备匈奴侵扰。骑都尉张堪在高柳(今山西阳高西北)打败匈奴,被任命为渔阳郡太守。张堪任职八年,匈奴不敢侵犯边塞,他劝导百姓耕种,以达到生活富足。百姓歌颂道:"桑树没有多余的枝条,麦穗长出两支。张君当政,快乐无比!"

【纲】建武十六年(庚子,40),春二月,交趾郡(治赢陵,今越南北部)女子征侧、征贰聚众起兵。

【纲】三月三十日,出现日食。

【纲】秋九月,各地不断发生叛乱;冬十月,光武帝下诏,允许乱民互相攻杀可以免罪,于是乱民全部瓦解溃散。

【纲】恢复使用西汉的五铢钱。

【纲】辛丑,十七年,春二月晦,日食。

【纲】冬十月,废皇后郭氏,立贵人阴氏为皇后。 【目】郭后宠衰,数怀怨怼,上怒之,废后,立贵人阴氏为皇后。诏曰:"异常之事,非国休福,不得上寿称庆。"郅恽言于帝曰:"臣闻夫妇之好,父不能得之于子,况臣能得之于君乎!是臣所不敢言。虽然,愿陛下念其不可,勿乱大伦,使天下有议社稷者!"帝曰:"恽善恕己量主,知我必不有所左右而轻天下也!"

【纲】帝如章陵。 【目】帝幸章陵,修园庙,祠旧宅,观田庐,置酒作乐,赏赐。时宗室诸母,因酣悦,相与语曰:"文叔少时谨信,与人不款曲,唯直柔耳。今乃能如此!"帝闻之,大笑曰:"吾治天下,亦欲以柔道行之。"

【纲】十二月,以马援为伏波将军,讨交趾。

【纲】壬寅,十八年,春三月,马援与征侧、征贰战,大破之。

【纲】癸卯,十九年,春正月,尊孝宣皇帝庙为中宗。始祠元帝以上于太庙,成帝以下于长安。徙四亲庙于章陵。 【目】五官中郎将张纯与太仆朱浮奏议:"《礼》,为人子事大宗,降其私亲。当除今亲庙四,以先帝四庙代之。"大司徒戴涉等奏立元、成、哀、平四庙。上自以昭穆次第,当为元帝后,遂追尊宣帝曰中宗。始祠昭帝、元帝于太庙,成帝、哀帝、平帝于长安,春陵节侯以下于章陵;其长安、章陵,皆太守、令、长侍祠。

【纲】马援斩征侧、征贰。

【纲】六月,废皇太子强为东海王。立东海王阳为皇太子,改

【纲】建武十七年（辛丑，41），春季，二月最后一日，出现日食。

【纲】冬十月，光武帝废除郭皇后，立贵人阴氏为皇后。　【目】郭皇后失宠，便心怀不满，多次抱怨，光武帝非常生气，将她废黜，立阴贵人为皇后。下诏说："这是非常事件，不是国家的福善之事，不准祝贺道喜。"郅恽对光武帝说："我听说夫妻间的私情，做父亲的不能从儿子那里了解到，何况臣子怎能在君主那里了解到呢？所以我不敢多讲。即使如此，也希望陛下考虑到不妥之处，不要动摇太子地位，让天下人对国家大事议论纷纷！"光武帝说："郅恽善于推己及人，知道我必定不会有所闪失而让天下人轻视！"

【纲】光武帝前往章陵县（今湖北枣阳东）。　【目】光武帝到达章陵县，修整墓园宗庙，祭祀旧日家宅，巡视田地房屋，摆酒作乐，赏赐众人。当时，光武帝家族的婶母们乘着酒兴正酣，互相说："刘秀小时候谨慎实在，与别人从不来往，只是直率柔和而已，今天竟然能如此！"光武帝听说此事，大笑说："我治理天下，也打算推行柔和政策。"

【纲】十二月，任命马援为伏波将军，讨伐交趾。

【纲】建武十八年（壬寅，42），春三月，马援与征侧、征贰交战，大败敌军。

【纲】建武十九年（癸卯，43），春正月，追尊西汉宣帝刘询的祭庙为中宗。开始在太庙中祭祀西汉元帝以上各帝，在长安祭祀西汉成帝以下各帝。将四亲祭庙迁到章陵。　【目】五官中郎将张纯与太仆朱浮奏议："按照礼的大义，做为儿子，理该事奉太宗，降低自己私亲的祭祀地位。应当撤除现在的四座亲庙，用四位先帝的祭庙代替。"大司徒戴涉等上奏立西汉元帝、成帝、哀帝、平帝四位皇帝的祭庙。光武帝自己排列昭穆次序，认为自己应当是西汉元帝刘奭的后代，于是追尊西汉宣帝刘询为中宗。开始在太庙祭祀西汉昭帝刘弗陵、元帝刘奭，在长安祭祀西汉成帝刘骜、哀帝刘欣、平帝刘箕子，在章陵祭祀舂陵节侯刘钦以下的几位祖先；长安、章陵的祭庙，都由当地太守、县令、县长负责保护及主持祭祀。

【纲】马援斩杀征侧、征贰。

【纲】六月，废黜皇太子刘强，改封为东海王。立东海王刘阳为皇

名庄。 【目】郭后既废，太子强意不自安。郅恽说太子曰："久处疑位，上违孝道，下近危殆，不如辞位，以奉养母氏。"太子从之，数因左右及诸王陈其恳诚，愿备藩国。上不忍，迟回者数岁。六月，诏曰："《春秋》之义，立子以贵。东海王阳，皇后之子，宜承大统。皇太子强，崇执谦退，愿备藩国，父子之情，重久违之。其以强为东海王，立阳为皇太子，改名庄。"

帝以太子舅阴识守执金吾，阴兴为卫尉，皆辅导太子。识性忠厚，入虽极言正议，及与宾客语，未尝及国事，帝敬重之。兴虽礼贤好施，而门无游侠，与张宗、鲜于褒不相好，知其有用，犹称所长而达之；友人张泛、杜禽与兴厚善，以为华而少实，但私之以财，终不为言；是以世称其忠。后帝欲以兴为大司徒，兴固辞曰："臣不敢惜身，诚亏损盛德，不敢苟冒。"帝遂听之。

以沛国桓荣为议郎，使授太子经。车驾幸太学，会诸博士论难于前，荣辨明经义，每以礼让相厌，不以辞长胜人，儒者莫之及。

【纲】赐雒阳令董宣钱三十万。 【目】陈留董宣为雒阳令。湖阳公主苍头白日杀人，因匿主家，吏不能得。及主出行，以奴骖乘，宣候之，驻车叩马，以刀画地，大言数主之失；叱奴下车，因格杀之。主即还宫诉帝，帝大怒，召宣，欲箠杀之。宣叩头曰："愿乞一言而死。"帝曰："欲何言？"宣曰："陛下圣德中兴，而纵奴杀人，将何以治天下乎？臣不须箠，请自杀！"即以头击楹，流血被面。帝令小黄门持之。使宣叩头谢主，宣不从；强使顿之，宣两手据地，终不肯俯。主曰："文叔为白衣时藏亡匿死，吏不敢至门；今为天子，威不

太子，改名刘庄。　【目】郭皇后被废黜后，皇太子刘强惶恐不安。郅恽劝说太子："您长久地处在受怀疑的位置上，对上违背孝道，对下临近危险，不如辞去太子，以奉养母亲。"太子听从劝告，多次托皇帝亲信及各位亲王向光武帝转达他的诚恳之心，愿意退居封国属地。光武帝不忍心如此，迟疑犹豫了多年。六月，下诏说："《春秋》的大义，是以出身高贵做为选择太子的标准。东海王刘阳是阴皇后的儿子，应当继承皇位。皇太子刘强一再谦让，愿意退居封国属地，父子之情，难以长久违背。封刘强为东海王，立刘阳为皇太子，改名刘庄。"

光武帝任命太子的舅舅阴识代理执金吾，另一个舅舅阴兴为卫尉，都辅导太子。阴识性情忠厚，虽然入宫时积极参与议政，但是与宾客在一起时，从来不谈及国家大事，光武帝非常敬重他。阴兴虽然礼贤下士，乐善好施，但是家中没有侠义之士，与张宗、鲜于裒不合，但知道二人对国家有用，仍称赞他们的长处，并推荐他们做官；好友张泛、杜禽与阴兴交情很深，阴识认为他们只会夸夸其谈，缺少才干，便只资助钱财，始终不为他们向上推荐；所以世人称赞阴兴忠诚。后来光武帝想任命阴兴为大司徒，阴兴坚决推辞，说："我不敢爱惜自己的身体，实在是无德无能，不敢轻率冒任。"于是光武帝听从了他的要求。

任命沛国（即沛郡，治相县，今安徽宿县西北）人桓荣为议郎，让他教授太子儒家经典。光武帝亲临太学，碰见各经博士在互相辩论，桓荣深刻阐明经义，每次都以礼让服人，不靠言辞锋利来压倒对方，其他儒者无人能比。

【纲】赏赐洛阳县令董宣三十万钱。　【目】陈留人董宣做洛阳县令。湖阳公主的家奴在光天化日下杀人，躲藏在湖阳公主府中，官吏无法抓到他。等到湖阳公主出门，让这个家奴驾车，董宣在路上等候，拦住马车，用刀划地，大声列举湖阳公主的错误；喝叱家奴下车，当场亲手杀了他。湖阳公主立即回宫向光武帝告状。光武帝大怒，召来董宣，准备将他乱棍打死。董宣叩头说："希望能让我说一句话再死。"光武帝说："你想说什么？"董宣说："陛下靠圣明的恩德完成中兴大业，却放纵家奴杀人，将凭什么去治理天下呢？我不需乱棍处死，请让我自杀！"随即用头撞柱，血流满面。光武帝令小黄门抓住他要他向

能行一令乎？"帝笑曰："天子不与白衣同。"因敕"强项令出"！赐钱三十万，宣悉以班诸吏。由是能搏击豪强，京师莫不震栗。

【纲】秋九月，帝如南顿，赐复二岁。 【目】上幸南阳，进幸汝南南顿县舍，置酒会，赐吏民，复南顿田租一岁。父老前叩头言："愿赐复十年。"帝曰："天下重器，常恐不任，日复一日，安敢远期十岁乎！"吏民又言："陛下实惜之，何言谦也！"帝大笑，复增一岁。

【纲】甲辰，二十年，夏五月，大司马广平侯吴汉卒。 【目】汉病笃，车驾亲临，问所欲言。对曰："臣愚无所知识，愿陛下慎无赦而已。"汉每从征伐，或战不利，诸将多惶惧，失其常度，汉意气自若。帝叹曰："吴公差强人意，隐若一敌国矣！"每当出师，朝受诏，夕则引道，初无办严之日。及在朝廷，斤斤谨质，形于礼貌。汉尝出征，妻子在后买田宅，汉还让之曰："军师在外，吏士不足，何多买田宅乎！"遂尽以分与昆弟、外家。故能任职，以功名终。

【纲】以郭况为大鸿胪。 【目】帝数幸况第，赏赐金帛，丰盛莫比，京师号况家为"金穴"。

【纲】冬十二月，遣马援屯襄国。 【目】马援自交趾还平陵，孟冀迎劳之。援曰："方今匈奴、乌桓尚扰北边，欲自请击之，男儿要当死于边野，以马革裹尸还葬耳，何能卧床上在儿女子手中邪！"冀

湖阳公主叩头道歉，董宣拒绝；光武帝命人强按他的头，董宣双手撑地，始终不肯俯身低头。湖阳公主说："刘秀你是个平民百姓时，藏匿逃跑的人和犯了死罪的人，官吏不敢过大门口；如今当了天子，难道威严竟不能让一个县令顺从吗？"光武帝笑着说："天子与平民百姓不一样。"于是下令"硬脖子的县令出去"！赏赐董宣三十万钱，董宣将它全部分给下属官吏。董宣因此能够打击豪强势力，洛阳的皇亲国戚无不震栗。

【纲】秋九月，光武帝前往南顿（今河南项城），恩赐免除当地田租二年。　【目】光武帝到达南阳郡，再到汝南郡（治平舆，今河南汝南东南）的南顿县官舍，摆下酒筵，赏赐官吏和百姓，免除南顿县一年田租。父老们上前叩头说："希望赏赐免除十年田租。"光武帝说："做为天下重器的皇帝宝座，我常常担心不能胜任，过一天是一天，怎么敢远推到十年呢！"官吏和百姓们又说："陛下实际上是舍不得，何必说话这么谦虚呢！"光武帝大笑，又增加了一年。

【纲】建武二十年（甲辰，44），夏五月，大司马广平侯吴汉去世。【目】吴汉病重，光武帝亲自前去探望，问他有什么要讲的。吴汉说："我愚昧无知，只希望陛下慎重，不要赦免罪犯。"吴汉每次随光武帝征伐，有时遇到战局不利，其他将领大多惶恐不安，失去平日的仪态，只有吴汉神态自若。光武帝叹息说："就吴汉还算能够振奋人心，如同一个势均力敌的国家深不可测！"每次出兵，早上接到诏令，傍晚就上路出征，常常没有收拾行李的时间。等到在朝为官时，谨慎细心，文质彬彬。吴汉有次出征，他的妻子在后方购买土地房屋。吴汉回来，责备她说："军队在外，官兵衣食不足，你为什么却买这么多土地房屋呢？"于是将它们全部分给兄弟和妻子娘家人。所以吴汉能够胜任职务，以功成名就而寿终。

【纲】任命郭况为大鸿胪。　【目】光武帝多次亲临郭况家，赏赐金钱布帛，丰盛无比，京师洛阳称郭况家为"金穴"。

【纲】冬十二月，派马援驻屯襄国（今河北邢台西南）。　【目】马援从交趾返回平陵（今陕西咸阳西北），孟冀迎接慰劳他。马援说："如今匈奴、乌桓（东胡别称，时居今河北、山西两省北部）仍骚扰北方

曰："谅！为烈士当如是矣！"十二月，匈奴寇天水、扶风、上党，援自请击，帝许之，使出屯襄国，诏百官祖道。援谓黄门郎梁松、窦固曰："凡人富贵，当使可复贱也；如卿等欲不可复贱，居高坚自持。勉思鄙言！"

【纲】乙巳，二十一年，冬，西域十八国遣子入侍；请都护，不许。　【目】莎车王贤欲兼并西域，诸国愁惧。车师、鄯善等十八国俱遣子入侍；愿得都护。帝以中国初定，北边未服，皆还其侍子，厚赏赐之。诸国闻都护不出，而侍子皆还，大忧恐，乃与敦煌太守檄，"愿留侍子以示莎车，言侍子见留，都护寻至"。裴遵以状闻，帝许之。

【纲】丙午，二十二年，冬，以刘昆为光禄勋。　【目】初，昆为江陵令，县有火灾，昆向火叩头，火寻灭。后为弘农太守，虎皆负子渡河。帝闻而异之，征昆代林为光禄勋。帝问昆曰："前在江陵，反风灭火；后守弘农，虎北渡河；行何德政而致是事？"对曰："偶然耳。"左右皆笑。帝叹曰："此乃长者之言也！"顾命书诸策。

【纲】西域复请都护，不许，遂附于匈奴。　【目】西域诸国侍子久留敦煌，皆愁思亡归。莎车王贤知都护不出，击破鄯善，攻杀龟兹王。鄯善王安上书："愿复遣子入侍，更请都护。都护不出，诚迫于匈奴。"帝报曰："今使者大兵未能得出；如诸国力不从心，东西南

边疆,我准备请兵出征。男子汉应当战死边疆,用马革裹尸回来下葬。怎能躺在床上,死于女子手中呢!"孟冀说:"对!做为积极建功立业、视死如归的人就应当如此!"十二月,匈奴攻击天水郡(治冀,今甘肃武山东南)、扶风郡(治槐里,今陕西鄠县北)、上党郡(治长子,今山西长治西),马援请求领兵出击,光武帝答应了他的请求,派他进驻襄国,命文武百官饯行。马援对黄门郎梁松、窦固说:"一个人富贵后,应当想到还会有贫贱的时候;如果你们想要不再贫贱,在地位高时就要立场坚定,洁身自好。好好想想我的话!"

【纲】建武二十一年(乙巳,45),冬季,西域十八个小国派他们的王子入朝做人质;请求东汉政府在当地设置都护,光武帝没有答应。
【目】莎车王贤打算兼并西域各国,各国忧愁恐惧。车师、鄯善等十八国一起派王子入朝做人质,希望能够设置都护。光武帝认为中国刚刚平定,北方边疆还没制服,便将入朝做人质的各国王子全部送回,厚赏他们礼物。西域各国听说没有派出都护,而王子已经全部返回,非常忧虑恐惧,就送给敦煌郡(治敦煌,今甘肃敦煌)太守裴遵一封文书,说:"希望留下我们的王子以向莎车国王表示决心,并宣称'王子被留下,都护不久就到'"!裴遵将情况上奏,光武帝应允。

【纲】建武二十二年(丙午,46),冬季,任命刘昆为光禄勋。
【目】当初,刘昆做江陵(今湖北江陵)县令,县里发生火灾,刘昆向火叩头,火势不久就熄灭了。后来做弘农郡太守,当地老虎都背负幼虎北渡黄河。光武帝听说此事很惊异,征调刘昆代替杜林做光禄勋。光武帝问刘昆:"以前在江陵,风向反刮扑灭大火;后来在弘农,老虎北渡黄河;你实行了什么德政而导致这些事发生的?"刘昆回答:"只不过是偶然发生的。"左右的人都笑起来。光武帝叹道:"这才是忠厚长者的话!"回头下令将此事记录下来。

【纲】西域又请求设置都护,没有答允,于是这些小国就归附匈奴。　【目】西域各国充当人质的王子长久滞留敦煌,都愁苦不堪,思念家乡,于是纷纷逃回本国。莎车王贤知道都护没有被派出,便攻破鄯善国,攻打并杀死了龟兹国王。鄯善王安上书东汉:"愿意再次派王子入朝做人质,请求再派都护。如果不派出都护,将不得不被迫向匈奴屈

北自在也。"于是鄯善、车师复附匈奴。

【纲】戊申，二十四年，春正月，匈奴南边八部立日逐王比为南单于，款塞内附。　【目】匈奴南边八部大人共议立日逐王比为呼韩邪单于，款五原塞，愿永为藩蔽，扞御北虏。事下公卿，议者皆以为"天下初定，中国空虚，不可许。"五官中郎将耿国，独以为"宜如孝宣故事，受之，令东扞鲜卑，北拒匈奴，率厉四夷，完复边郡"。帝从之。于是分为南、北匈奴。

【纲】秋七月，遣马援征武陵蛮。　【目】武陵蛮寇临沅，遣李嵩、马成讨之，不克。马援请行，帝愍其老，未许。援曰："臣尚能被甲上马。"帝令试之，援据鞍顾盼，以示可用。帝笑曰："矍铄哉是翁！"遂遣率马武、耿舒等将四万余人征五溪。援谓友人杜愔曰："吾受厚恩，年迫日索，常恐不得死国事；今获所愿，甘心瞑目，但畏长者家儿，或在左右，与从事，殊难得调，介介独恶是耳！"

【纲】冬十月，匈奴南单于遣使入贡。　【目】南单于奉藩称臣。上以问朗陵侯臧宫，宫曰："匈奴饥疫分争，臣愿得五千骑以立功。"帝笑曰："常胜之家难与虑敌，吾方自思之。"

【纲】己酉，二十五年，春三月晦，日食。

【纲】夏，新息侯马援卒于军，诏收其印绶。　【目】马援军至临乡，击破蛮兵。初，援尝有疾，虎贲中郎将梁松来候之，独拜床下，援不答。松意不平。诸子问曰："梁伯孙帝婿，贵重朝廷，公卿以下莫不惮之，大人奈何独不为礼？"援曰："我乃松父友也，虽贵，何得失其

服。"光武帝答复说:"现在使节和大军都无力派出;如果各国力不从心,那么东西南北,任其自便!"于是鄯善国、车师国又归附匈奴。

【纲】建武二十四年(戊申,48),春正月,匈奴汗国南疆八个部落推举日逐王比为南单于,入塞要求归附东汉王朝。 【目】匈奴汗国南疆八个部落的首领共同商议,推举日逐王比为呼韩邪单于,来到五原郡榆柳塞(在今内蒙古五原境内),表示愿意永远作汉朝的藩属屏障,抵御北方民族的侵略。此事交付公卿大臣讨论,大家都认为:"天下刚刚安定,中国空虚,不可允许。"只有五官中郎将耿国独自认为:"应按西汉宣帝时旧例,接受归附,命他们向东抵抗鲜卑,向北抗拒匈奴,成为四方边远民族的表率,以恢复边疆各郡秩序,使其保持完整。"光武帝采纳他的建议。于是匈奴分为南匈奴、北匈奴。

【纲】秋七月,派马援征讨武陵郡(治临沅,今湖南常德西)的叛乱部落。 【目】武陵郡的叛乱部落攻打临沅县,派李嵩、马成讨伐,没有获胜。马援请求出征,光武帝怜悯他年纪已大,没有答应。马援说:"我还能披甲上马。"光武帝让他试试。马援上马按鞍四顾,以表示可被任用。光武帝笑着说:"真是位精神矍铄的老汉!"于是派马援率马武、耿舒等领兵四万余人征讨五溪(指雄溪、樠溪、酉溪、沅溪、辰溪,约在今湖南湘西和贵州铜仁境内)。马援对朋友杜愔说:"我身受皇上厚恩,所剩日子不多了,常常担心不能为国捐躯;如今愿望实现,心甘情愿,死也瞑目,只是害怕有些权贵子弟在我身边任职,与他们共事,很难调和一致,使我耿耿于怀的就是这点!"

【纲】冬十月,匈奴南单于派使节入贡。 【目】南单于向东汉王朝称臣,成为藩属。光武帝询问朗陵侯臧宫,臧宫说:"匈奴因饥饿和瘟疫而纷争不止,我希望得到五千骑兵去立功。"光武帝笑着说:"对常胜将军,难以与他谈论敌人,还是等我自己想想这件事。"

【纲】建武二十五年(己酉,49),春季,三月最后一日,出现日食。

【纲】夏季,新息侯马援在军中去世,光武帝下令收回他的印信、绶带。 【目】马援大军到达临乡(在今湖南常德西南古城山上),攻破叛乱部落。当初,马援曾经得病,虎贲中郎将梁松来问候,独自拜倒床下,马援没有答礼。梁松心中很不满。马援的儿子们问道:"梁松是皇

序乎!"

援兄子严、敦并喜讥议,通轻侠,援前在交趾,还书诫之曰:"吾欲汝曹闻人过失,如闻父母之名,耳可得闻,口不可得言也。好议论人长短,妄是非政法,此吾所大恶;宁死,不愿闻子孙有此行也。龙伯高敦厚周慎,口无择言,谦约节俭,廉公有威,吾爱之重之,愿汝曹效之。杜季良豪侠好义,忧人之忧,乐人之乐,父丧致客,数郡毕至,吾爱之重之,不愿汝曹效也。效伯高不得,犹为谨敕之士,所谓'刻鹄不成尚类鹜'者也。效季良不得,陷为天下轻薄子,所谓'画虎不成反类狗'者也。"伯高者,山都长龙述也;季良者,越骑司马杜保也。会保仇人上书,讼保为行浮薄,乱群惑众,伏波将军万里还书以诫兄子,而梁松、窦固与之交结。帝召松、固以讼书及援诫书示之,松、固叩头流血而得不罪。诏免保官,擢拜龙述为零陵太守。松由是恨援。

及援讨武陵蛮,军次下隽,有两道可入,从壶头则路近而水险,从充则涂夷而运远。耿舒欲从充道,援以为弃日费粮,不如进壶头。以事上之,帝从援策。进营壶头,贼乘高守隘,水疾,船不得上;会暑甚,士卒多疫死,援亦中病。耿舒与兄弇书,言"壶头竟不得进,大众怫郁行死,诚可痛惜!前到临乡,贼无故自致,若夜击之,即可殄灭。伏波类西域贾胡,到一处辄止,以是失利。今果疫疾"。弇得书奏之,帝乃使梁松乘驿责问援,因代监军。会援卒,松因是构陷援。帝大怒,遣收援新息侯印、绶。

上的女婿，朝廷的显贵，公卿以下的大臣无人不怕他，怎么唯独您不答礼呢？"马援说："我与梁松的父亲梁统是朋友，虽然梁松地位尊贵，怎么能失去辈份呢！"

马援兄长的儿子马严、马敦都喜欢议论别人，结交游侠，马援以前在交趾时，写信回家告诫他们说："我盼望你们听到别人的过失，就像听到父母的名字，耳朵能够听，口中不能说。喜欢议论别人长短，随便评论国事的是非，这是我最讨厌的；宁愿死，也不愿听到儿孙有这种行为。龙伯高敦厚慎重，不说一句不当的话，廉恭节俭，清廉威严，我敬爱他，尊重他，希望你们效法他。杜季良豪侠义气，把别人的忧愁当做自己的忧愁，把别人的快乐当做自己的快乐，他父亲办丧时，来吊唁的宾客，远近数郡的全都到了，我敬爱他，尊重他，但不希望你们效法他。效法龙伯高不成，还是一个谨慎严正的人，就像所说的'刻鸿鹄不成，仍像一只鸭子'。效法杜季良不成，就堕落为轻浮子弟，就像所说的'画虎不成反类犬'。"龙伯高，是山都（今湖北襄樊西北）县长龙述；杜季良，是越骑司马杜保。正赶上杜保的仇人上书，控告杜保行为轻浮，蛊惑人心，伏波将军马援从万里之外写信回家以告诫兄长的儿子，而梁松、窦固却与杜保结交。光武帝召来梁松、窦固，将控告信及马援告诫侄子的家信拿给他俩看，梁松、窦固叩头流血才没有被治罪。光武帝下令免去杜保官职，提升龙述做零陵郡（治泉陵，今湖南零陵北）太守。梁松从此怨恨马援。

等到马援讨伐武陵叛乱部落，大军驻扎下隽（今湖北崇阳西南），有两条路可以进入对方要害地区，一条是从壶头山（在今湖南沅陵东）走，路近却水势凶险；一条是从充县（今湖南大庸西）走，路途平坦却运输线太长。耿舒想走充县，马援认为耗时费粮，不如进军壶头山。将此事上报，光武帝批准马援的策略。大军进驻壶头山。敌军居高临下，坚守险关，水流湍急，船只不能前进；当时正值酷暑，士兵很多病死，马援也染上病。耿舒给兄长耿弇写信说："在壶头山这里，最终不能前进，大家忧郁苦闷，就要死去，实在是痛惜！前面到临乡，敌军无缘无故自己到来，如果乘夜攻击他们，便可全歼敌军。而伏波将军就像位西域商人，到一处就停止，因此失利。现在果然发生瘟疫。"耿弇接到信

初，援在交趾，尝饵薏苡实，能轻身，胜瘴气，军还，载之一车。及卒后，有上书谮之者，以为昔所载还皆明珠、文犀，帝益怒。援妻孥惶惧，不敢以丧还旧茔，槁葬城西。前云阳令朱勃诣阙上书曰："窃见故伏波将军马援，事朝廷二十二年，北出塞漠，南渡江海，触冒毒气，僵死军事，名灭爵绝，国土不传，家属杜门，葬不归墓，怨隙并兴，宗亲忧栗，臣窃伤之！愿下公卿，评援功罪，宜绝宜续，以厌海内之望。"帝意稍解。

【纲】冬十月，监军谒者宋均，矫制告谕群蛮，降之。 【目】谒者宋均监援军，援既卒，军士疫死者大半，蛮亦饥困。均乃与诸将议曰："夫忠臣出境，有可以安国家，专之可也。"乃矫制调伏波司马吕种守沅陵长，命种奉诏书入虏营，告以恩信，因勒兵随其后。蛮夷震怖，冬十月，共斩其大帅而降，群蛮遂平。上嘉其功，迎赐以金帛。

【纲】庚戌，二十六年，春正月，初作寿陵。 【目】帝曰："古者帝王之葬，皆陶人瓦器，木车茅马，使后世之人不知其处。太宗识终始之义，景帝能述遵孝道，遭天下反覆，而霸陵独完受其福，岂不美哉！今所制地，不过二三顷，无为山陵陂池，裁令流水而已，使迭兴之后，与丘陇同体。"

后，将它上报，光武帝便派梁松乘驿车前去责问马援，同时充当监军。正巧此时马援去世，梁松因此便罗织罪名，陷害马援。光武帝大怒，追收马援的新息侯印信、绶带。

当初，马援在交趾，曾经吃薏米，它能使身体轻爽，阻挡瘴气侵袭，大军回朝时，马援运回一车。等到马援去世后，有人上书诬告，说他以前运回来的都是明珠、文犀角，光武帝更加愤怒。马援的妻子儿女惶恐不安，不敢将马援安葬在家乡的茔地，只是草葬在洛阳城西。前云阳（今陕西三原西北）县令朱勃亲到宫门上书说："我看到已故伏波将军马援为朝廷效力二十二年，北出塞外荒漠，南渡江湖河海，感染瘟疫，病死军中，英名毁灭，爵位被撤，采邑失传，家属闭门，不能安葬家乡，怨恨和猜疑不断产生，家人处于恐慌之中，我对此深感悲伤！希望将此事交给公卿大臣讨论，评价马援功罪，以决定应不应该恢复他的爵位，以服人心。"光武帝的怒意稍稍缓解。

【纲】冬十月，马援大军的监军、谒者宗均（原为"宋均"，此据《资治通鉴》胡注改。下同）假传圣旨告谕叛乱部落，使他们归降了东汉。

【目】谒者宗均是马援大军的监军，马援去世后，士兵中多半因病而死，叛乱部落也处于饥饿困乏的境地。宗均便与将领们商议说："忠臣出兵在外，只要有利国家，即使独断专行也是可以的。"于是假传圣旨，调动伏波将军马援的司马吕种代理沅陵（今湖南沅陵西南）县长，命令吕种带书诏进入敌军营地，宣告皇帝的恩德信誉，并指挥部队紧随其后。叛乱部落震惊恐惧，冬十月，一同杀害自己的主帅后投降东汉，于是部落叛乱被平息。光武帝嘉奖宗均的功劳，派人迎接，并赏赐金钱布帛。

【纲】建武二十六年（庚戌，50），春正月，开始兴建寿陵（即原陵，在今河南孟津西）。　【目】光武帝说："古代帝王安葬时，全是用陶人、瓦器、木车、草马来陪葬，使后世的人们不知道墓地在何处。西汉文帝了解人生终始的真谛，西汉景帝能够提倡、遵守孝道，所以虽然遭遇天下大乱，而安葬西汉文帝的霸陵（在今陕西西安东北）却唯独能完整无损，难道不是美事吗！现在所定陵墓的占地面积不要超过二、三顷，不要再建山陵水池，只要让水流过就可以了，使得王朝兴替后，与

【纲】辛亥,二十七年,夏五月,诏三公去大名,改司马曰太尉。

【纲】北匈奴求和亲,不许。 【目】北匈奴遣使诣武威,求和亲,帝召公卿廷议,不决。皇太子言曰:"南单于新附,今交通北虏,臣恐南单于将有二心。"帝然之,告武威太守,勿受其使。臧宫、马武上书曰:"虏今人畜疫死,旱蝗赤地,疲困乏力,不当中国一郡。今命将临塞,厚县购赏,北虏之破,不过数年。"诏报曰:"今国无善政,灾变不息,百姓惊惶,人不自保,而复欲远事边外乎!诚能举天下之半以灭大寇,岂非至愿!苟非其时,不如息民。"自是诸将莫敢言兵事者。

【纲】壬子,二十八年,春,以鲁益东海。 【目】徙鲁王兴为北海王,以鲁益东海。帝以东海王强去就有礼,故优以大封,食二十九县,赐虎贲旄头,设钟簴之乐,拟于乘舆。

【纲】夏六月,沛太后郭氏薨。

【纲】秋八月,以张佚为太子太傅,桓荣为少傅。 【目】上大会群臣,问"谁可傅太子者"?群臣承望上意,皆言"太子舅阴识可"。博士张佚正色曰:"今陛下生太子为阴氏乎?为天下乎?即为阴氏,则阴侯可;为天下,则固宜用天下之贤才。"帝称善,曰:"欲置傅者,以辅太子也;今博士不难正朕,况太子乎!"即拜佚为太子太傅,以博士桓荣为少傅,赐以辎车、乘马。荣大会诸生,陈其车马、印绶,曰:"今日所蒙,稽古之力也,可不勉哉!"

山川合为一体。"

【纲】建武二十七年（辛亥，51）夏五月，光武帝下诏，将三公官名去掉"大"字，改称司马为太尉。

【纲】北匈奴请求和亲，光武帝没有答应。 【目】北匈奴派使节到武威郡（治姑臧，今甘肃武威）请求和亲。光武帝召集公卿大臣商议，不能决定。皇太子刘庄说："南匈奴单于刚刚归附，现在与北匈奴来往密切，我担心南匈奴单于将产生二心。"光武帝同意他的分析，通知武威郡太守不要接待北匈奴使节。臧宫、马武上书说："匈奴人现在是人畜死于瘟疫，旱灾、蝗灾使得大地一片荒凉，疲惫困乏，不及中国一个郡的实力。如今派遣将领进驻边塞，公布丰厚赏赐，北匈奴的灭亡，不过是几年功夫。"光武帝下诏书回答说："如今国家没有实行善政，灾害不断，百姓惊恐不安，人们自身难保，难道还要到遥远的边塞之外远征吗！如果确实能消耗国力的一半而将大敌消灭，岂不是最大的心愿！如果时机不当，就不如让百姓休养生息。"从此，将领们不敢再讲任何军事行动了。

【纲】建武二十八年（壬子，52），春季，将鲁国（都鲁县，今山东曲阜东北）划归东海国。 【目】将鲁王刘兴迁封为北海王，将鲁国划归东海国。光武帝认为东海王刘强能够正确对待自己的进退升降，所以用广大的封地优待他，共二十九个县，赐给他只有皇帝才有的虎贲武士和戴熊皮帽的骑士，设置钟磬乐器，制作与皇帝马车相仿的车辆。

【纲】夏六月，沛国太后郭氏去世。

【纲】秋八月，任命张佚为太子太傅，桓荣为少傅。 【目】光武帝举行文武百官大会，问"谁可以做太子刘庄的老师"？大臣们察看光武帝的脸色后，都说"太子的舅父阴识可以胜任"。博士张佚正色说："现在陛下设太子是为阴氏家族的利益呢，还是为国家的利益呢？如果是为阴氏家族的利益，那么阴识可以任命；如果是为国家的利益，那么当然应该选用天下的贤才。"光武帝赞同，说："想设师傅的目的，就在于辅导太子；今天博士对我都敢于匡正，何况对太子呢！"于是便任命张佚为太子太傅，博士桓荣为少傅，赐给他们帷车、马匹。桓荣召集全体门生，陈列出被赐的车马及印信、绶带，说："今天所受厚赏，全是靠我对

【纲】北匈奴乞和亲,许之。

【纲】甲寅,三十年,春二月,帝东巡。 【目】群臣上言:"即位三十年,宜封禅泰山。"诏曰:"即位三十年,百姓怨气满腹。'吾谁欺,欺天乎!''曾谓泰山不如林放乎?'何事污七十二代之编录!"于是群臣不敢复言。

【纲】闰月,有星孛于紫宫。

【纲】夏,大水。

【纲】胶东侯贾复卒。 【目】复从征伐,未尝丧败。诸将每论功伐,复未尝有言,帝辄曰:"贾君之功,我自知之。"

【纲】乙卯,三十一年,夏五月,大水。晦,日食。蝗。

【纲】丙辰,建武中元元年,春正月,以第五伦为会稽太守。【目】京兆掾第五伦领长安市,公平廉介,市无奸柱。每读诏书,叹息曰:"此圣主也,一见决矣。"后补淮阳王医工长,王入朝,伦随官属得会见。帝问以政事,伦因此酬对,帝大悦,拜会稽太守。为政清而有惠,百姓爱之。

【纲】二月,帝东巡,封泰山,禅梁阴。 【目】上读《河图会昌符》曰:"赤刘之九,会命岱宗。"上感此文,乃诏梁松等按索《河》《洛》谶文,言九世当封禅者,凡三十六事。于是张纯等复奏请封禅,上乃许焉。丁卯,车驾东巡。二月,幸鲁,进幸泰山。辛卯,祭天于泰山下南方。事毕,天子御辇登山,尚书令奉玉牒简,天子以寸二分玺亲封之,事毕,上乃到山下。甲午,禅祭地于梁阴。

古书的精通，你们能够不尽力学习吗？"

【纲】北匈奴请求和亲，光武帝接受。

【纲】建武三十年（甲寅，54），春二月，光武帝东巡。 【目】文武百官建议："陛下即位已经三十年，应该到泰山祭祀天地。"光武帝下诏说："虽然即位三十年，但是百姓满腹怨气。《论语》有言：'我欺骗谁，欺骗天吗！''曾说泰山不如林放（孔子弟子）吗？'何必玷污七十二代君王的辉煌记录呢！"于是文武百官不敢再提此事。

【纲】闰三月，紫官星附近出现彗星。

【纲】夏季，发生水灾。

【纲】胶东侯贾复去世。 【目】贾复从军征伐，从没打过败仗。将领们每当评论各自的功劳时，贾复从不开口。光武帝就说："贾复的功劳，我自然知道。"

【纲】建武三十一年（乙卯，55），夏五月，发生水灾。五月最后一日，出现日食。蝗虫成灾。

【纲】建武中元元年（丙辰，56），春正月，任命第五伦为会稽郡（治山阴，今浙江绍兴）太守。 【目】京兆（京兆尹治长安，今陕西西安西北）掾第五伦负责管理长安城的集市，公平廉直，集市上没有奸商和冤屈之事。每当读光武帝的诏书，就叹息说："这是位圣明的君主，见一次面就可以决定大事了。"后来补任淮阳王的医工长，淮阳王进京朝见，第五伦随其他官属一道得以进见光武帝。光武帝询问他政事，第五伦一一应对，光武帝非常高兴，任命他为会稽郡太守。第五伦为政清廉宽厚，得到百姓爱戴。

【纲】二月，光武帝东巡，在泰山祭祀天神，在泰山脚下的梁父山北麓祭祀大地和所有山川神祇。 【目】光武帝读《河图会昌符》，上面说："赤刘的九世孙，命运在岱宗泰山。"光武帝有感于此话，便命梁松等查考《河图》《洛书》的谶语，上面讲九世时应该去泰山祭祀天地等，共三十六件事。于是张纯等又奏请祭祀天地，光武帝便批准了此事。正月二十八日，光武帝的车队向东出发。二月，抵达鲁国，来到泰山。二月二十二日，在泰山南麓祭祀天神。祭祀完毕，光武帝乘坐辇车登上泰山，尚书令捧出写有呈给神仙奏章的玉牒和玉石图记，光武帝亲自用一

【纲】夏四月,帝还宫。

【纲】六月,京师醴泉出,赤草生,郡国言甘露降。

【纲】秋,蝗。

【纲】冬十一月晦,日食。

【纲】起明堂、灵台、辟雍。宣布图谶于天下。 【目】初,上以《赤伏符》即帝位,由是信用谶文,多以决定嫌疑。桓谭上疏谏曰:"凡人忽于见事,而贵于异闻。观先王之所纪述,咸以仁义正道为本,非有奇怪虚诞之事。盖天道性命,圣人所难言也,自子贡以下,不得而闻,况后世浅儒能通之乎!今诸巧慧小才、伎数之人,增益图书,矫称谶记,以欺惑贪邪,诖误人主,焉可不抑远之哉!臣谭伏闻陛下穷折方士黄白之术,甚为明矣;而乃欲听纳谶记,又何误也!其事虽有时合,譬犹卜数只偶之类。陛下宜垂明听,发圣意,屏群小之曲说,述《五经》之正义。"疏奏,帝不悦。会议灵台所处,帝谓谭曰:"吾欲以谶决之。"谭默然,良久曰:"臣不读谶。"帝问其故,谭复极言谶之非经。帝大怒曰:"桓谭非圣无法,将下斩之!"谭叩头流血,良久,乃得解。出为六安郡丞,道病卒。

【纲】丁巳,二年,春二月,帝崩。 【目】帝崩于南宫前殿,年六十三。帝每旦视朝,日昃乃罢,数引公卿、郎将,讲论经理,夜分乃寐。皇太子见帝勤劳不怠,乘间谏曰:"陛下有禹、汤之明,而失

寸二分的御玺将玉牒密封。封毕,光武帝就回到山下。二月二十五日,光武帝在梁父山北麓祭祀大地和所有山川神祇。

【纲】夏四月,光武帝返回洛阳。

【纲】六月,京城洛阳有甘美的泉水涌出,有红色的草生长,各郡、封国上报天降甘露。

【纲】秋季,发生蝗虫灾害。

【纲】冬季,十一月最后一日,出现日食。

【纲】兴建皇家明堂(大礼堂)、灵台(观测天象之所)、辟雍(国立大学)。向全国公布已经应验的的图谶中的预言。 【目】当初,光武帝认为是应验了《赤伏符》的预言而登上帝位,从此便深信图谶,常靠它来断定疑惑难辨的问题,桓谭上疏规劝说:"凡人总是疏忽眼前正常的事情,而看重奇闻异事。观察以前君王的史迹记录,都是把仁义道德的正路做为根本,没有奇怪荒诞的事情。大概天道和命运,连圣人都难讲清楚,从子贡往下,没有人再论及此问题,难道后世那些肤浅的儒家学者就能精通吗!现在,那些有点小聪明的和施法术的人,增改图画书籍,假称是谶文图记,用来欺骗迷惑有贪心邪念的人,误导君主,怎能不抑制疏远他们呢!我听说陛下对方士的炼丹术极力斥责,这是非常英明的;可是却想听从接受谶语图记,又为什么犯这样的错误呢!这种事虽然有时灵验,只不过是像算卦中的单双数之类。陛下应当垂听明言,英明决断,摒弃小人的邪说,遵循儒家《五经》的正义。"奏疏呈上后,光武帝不太高兴。正好要讨论兴建灵台的地址问题,光武帝对桓谭说:"我想以谶语来决定。"桓谭沉默不语,过了很久才说:"我不读谶文。"光武帝询问其中的原因,桓谭便又极力表明谶文不是儒家经典。光武帝大怒,说:"桓谭诽谤圣人,无法无天,把他拖下去斩首!"桓谭不断叩头,以致血流满面,过了很久,光武帝的怒气才消。桓谭被贬为六安(今安徽六安北)郡丞,在赴任途中去世。

【纲】建武中元二年(丁巳,57),春二月,光武帝去世。 【目】光武帝在南宫前殿去世,年六十三岁。光武帝每天早晨主持朝会,中午才散,经常召见公卿、郎将讨论经学,半夜才睡。皇太子刘庄看见光武

黄、老养性之福，愿颐养精神，优游自宁。"帝曰："我自乐此，不为疲也。"虽以征伐济大业，及天下既定，乃退功臣而进文吏，明慎政体，总揽权纲，量时度力，举无过事，故能恢复前烈，身致太平。

【纲】太子庄即位，尊皇后曰皇太后。

【纲】三月，葬原陵。

【纲】夏四月，以邓禹为太傅，东平王苍为骠骑将军。 【目】诏曰："高密侯禹，元功之首；东平王苍，宽博有谋。其以禹为太傅，苍为骠骑将军。"苍尝荐西曹掾吴良，帝曰："荐贤助国，宰相之职也。萧何举韩信，设坛而拜，不复考试，今以良为议郎。"

显宗孝明皇帝

【纲】戊午，显宗孝明皇帝永平元年，春正月，朝原陵。 【目】帝率公卿以下朝于原陵，如元会仪。太官上食，太常奏乐，是后遂以为常。

【纲】夏五月，太傅高密侯邓禹卒。

【纲】东海王强卒。

【纲】好畤侯耿弇卒。

【纲】己未，二年，春正月，宗祀光武皇帝于明堂。始服冠冕玉佩，登灵台，望云物。

【纲】三月，临辟雍，行大射礼。

【纲】冬十月，行养老礼。 【目】上幸辟雍，初行养老礼，以李躬为三老，桓荣为五更。礼毕，引桓荣及弟子升堂，上自为下说，诸儒执经问难于前，冠带搢绅之人，圜桥门而观听者，盖亿万计。于是下诏赐荣爵关内侯。上自为太子，受《尚书》于桓荣，及即位，犹尊荣以师礼。荣卒，帝以荣子郁为侍中。

帝辛苦勤劳,不知疲倦,就趁机规劝说:"陛下有大禹、商汤的圣明,却没有黄帝、老子休养性情的福气。希望您保重身体,优游度日,自求宁静。"光武帝说:"我自己以此为乐,不觉得疲劳。"光武帝虽然靠武力建力基业,等到天下安定后,就让有功将领退下来,选拔文官从政,他深明政体,总揽朝纲,审时度力,不做过头事,所以能够恢复西汉王朝时的盛况,生前就实现了太平伟业。

【纲】太子刘庄即帝位,尊奉皇后阴氏为皇太后。

【纲】三月,光武帝被安葬在原陵。

【纲】夏四月,任命邓禹为太傅,东平王刘苍为骠骑将军。　【目】明帝下诏:"高密侯邓禹,是功臣的领袖;东平王刘苍,宽厚博学,富有谋略。任命邓禹为太傅,刘苍为骠骑将军。"刘苍曾经举荐西曹掾吴良,明帝说:"举荐贤才来为国效力,正是宰相的职责。萧何举荐韩信,设置坛台便任命,不再考试,现在任命吴良为议郎。"

显宗孝明皇帝

【纲】显宗孝明皇帝刘庄永平元年(戊午,58),春正月,到原陵祭拜光武帝。　【目】明帝率公卿大臣在原陵祭拜光武帝,仪式与光武帝时相同。太官献上膳食,太常奏乐,此后便成为常规。

【纲】夏五月,太傅高密侯邓禹去世。

【纲】东海王刘强去世。

【纲】好畤侯耿弇去世。

【纲】永平二年(己未,59),春正月,在明堂祭祀光武帝。开始戴官帽、带玉佩,明帝还登上灵台,观察天象。

【纲】三月,明帝亲临辟雍,行大射礼。

【纲】冬十月,行养老礼。　【目】明帝亲临辟雍,第一次行养老礼,任命李躬为三老,桓荣为五更。仪式结束,明帝带领桓荣及其学生升堂,并首先提出疑难问题,儒生们也手拿经典向桓荣提出疑难问题,公卿大臣等围在桥门外听讲的人,数以万计。于是,明帝下诏赐封桓荣为关内侯。明帝在做太子时,向桓荣学习《尚书》,等到做了皇帝,仍用尊

【纲】庚申，三年，春二月，立贵人马氏为皇后，子炟为皇太子。　【目】后，援之女也，光武时选入太子宫，能奉承阴后，傍接同列，礼则修备，上下安之，遂见宠异；及帝即位，为贵人。时后前母姊女贾氏亦以选入，生皇子炟；帝以后无子，命养之，谓曰："人未必当自生子，但患爱养不至耳。"后于是尽心抚育，劳悴过于所生。太子亦孝性纯笃，母子慈爱，始终无纤介之间。后常以皇嗣未广，荐达左右，若恐不及。及有司奏立长秋宫，帝未有所言，皇太后曰："马贵人德冠后宫，即其人也。"后既正位宫闱，愈自谦肃，好读书。常衣大练，裙不加缘；朔望诸姬、主朝谒，望见后袍衣疏粗，以为绮縠，就视，乃笑。后曰："此缯特宜染色，故用之耳。"

【纲】图画中兴功臣于云台。　【目】帝思中兴功臣，乃图二十八将于南宫云台。以邓禹为首，次马成、吴汉、王梁、贾复、陈俊、耿弇、杜茂、寇恂、傅俊、岑彭、坚镡、冯异、王霸、朱祐、任光、祭遵、李忠、景丹、万修、盖延、邳彤、姚期、刘植、耿纯、臧宫、马武、刘隆，又益以王常、李通、窦融、卓茂，合三十二人。马援以椒房之亲，独不与焉。

【纲】夏六月，有星孛于天船北。

【纲】大起北宫，既而罢之。　【目】时天旱，尚书仆射钟离意诣阙免冠上疏曰："昔成、汤遭旱，以六事自责。窃见北宫大作，民失农时。自古非苦宫室小狭，但患民不安宁，宜且罢止，以应天心。"帝策诏报曰："汤引六事，咎在一人，其冠履，勿谢。"又敕大匠止作诸

奉老师的礼节尊奉桓荣。桓荣去世后,明帝任命桓荣的儿子桓郁为侍中。

【纲】永平三年(庚申,60),春二月,明帝册立贵人马氏为皇后,儿子刘炟为皇太子。　【目】马皇后,是马援的女儿,光武帝时被选入太子宫,她能讨得阴皇后的欢心,与同辈相处融洽,礼数周全,上上下下都喜欢她,于是受到特别的宠爱;等到刘庄即皇帝位,被封为贵人。当时,马皇后异母姐姐的女儿贾氏也被选入,生下皇子刘炟;明帝因为马皇后没有儿子,教她抚养刘炟,对她说:"人未必应当自己生儿子,只怕不能尽心地爱抚教养。"于是马皇后精心抚育,辛苦操劳,超过对待亲生儿子。太子刘炟也是天性孝顺纯厚,母子相亲相依,始终没有丝毫隔阂。马皇后常因皇子不多,而推荐身边的女子陪伴明帝,好像迫不及待一样。等到有关部门奏请择立皇后时,明帝还没说话,皇太后阴氏就说:"马贵人的品德在宫中数第一,她就是最合适的人选。"马皇后正式成为皇后之后,更加谦虚庄严,喜爱读书。经常身穿宽大的白丝衣服,裙子不加饰边;每月一日、十五日,嫔妃、公主们朝拜时,望见马皇后衣袍粗疏,以为是细绸绉纱做的,到跟前一看,就笑起来。马皇后说:"这种丝特别适合染色,所以才用它。"

【纲】在云台上画出中兴汉业的功臣肖像。　【目】明帝思念中兴汉业的功臣,就在南宫云台上画出二十八位将领的肖像。以邓禹为首,其次为马成、吴汉、王梁、贾复、陈俊、耿弇、杜茂、寇恂、傅俊、岑彭、坚镡、冯异、王霸、朱祐、任光、祭遵、李忠、景丹、万修、盖延、邳彤、铫期(原作"姚期",此据《后汉书·马武传》后论及《资治通鉴》改)、刘植、耿纯、臧宫、马武、刘隆,又增加了王常、李通、窦融、卓茂,共计三十二人。唯独马援因为是马皇后的父亲,没有列上。

【纲】夏六月,在天船星的北边出现彗星。

【纲】大兴土木,建造北宫,随后又停工。　【目】当时天旱,尚书仆射钟离意到宫门前脱下官帽,上奏说:"从前,商汤遭遇旱灾,提出六件事责备自己。我看到北宫大兴土木,百姓失去了农时。自古以来,不苦恼宫殿狭小,只害怕民不安宁,应该暂时停止,以顺应天意。"明帝下诏回答说:"商汤提出的六件事,错误在于一个人。让钟离意戴上官帽,穿

宫；遂应时澍雨。

帝性褊察，好以耳目隐发为明，公卿大臣数被诋毁，近臣尚书以下至见提曳。尝以事怒郎药崧，以杖撞之；崧走入床下，帝怒甚，疾言曰："郎出！"崧乃曰："'天子穆穆，诸侯皇皇'，未闻人君，自起撞郎。"帝乃赦之。

是时朝廷莫不悚栗，争为严切以避诛责，唯钟离意独敢谏争，数封还诏书，臣下过失，辄救解之。

钟离意荐全椒长刘平，诏征拜议郎。平在全椒，政有恩惠，民或增赀就赋，或减年从役。太守行部，狱无系囚，人自以得所，不知所问，但班诏书而去。

【纲】秋八月晦，日食。

【纲】冬十月，帝奉皇太后如章陵。　【目】车驾从皇太后幸章陵。荆州刺史郭贺，官有殊政，上赐以三公之服，黼黻、冕旒；敕行部去襜帷，使百姓见其容服，以章有德。

【纲】辛酉，四年，冬十月，陵乡侯梁松下狱，死。　【目】松坐怨望、县飞书诽谤，下狱，死。初，上为太子，大中大夫郑兴子众以通经知名，太子及山阳王荆因梁松以缣帛请之，众曰："太子储君，无外交之义；汉有旧防，藩王不宜私通宾客。"松曰："长者意不可逆。"众曰："犯禁触罪，不如守正而死。"遂不往。及松败，宾客多坐之，唯众不染于辞。

【纲】甲子，七年，春正月，皇太后阴氏崩。二月，葬光烈皇后。

上鞋子，不要请罪！"又下令负责工程的大匠停建各宫；于是上天及时降雨。

明帝性情褊狭，喜欢把探听官员的隐私做为英明的表现，公卿大臣们多次被诋毁，身边近臣尚书以下官员甚至被殴打。曾经因事对郎官药崧发火，就用手杖打他；药崧跑到床下，明帝更加愤怒，大声说："你给我出来！"药崧便说："《礼记》称'天子应该幽深和敬，诸侯应该壮盛显明。'没听说为人君主，却自己动手打郎。"于是明帝便赦免了药崧。

此时朝廷官员无不胆战心惊，争相严厉苛刻，以避免被诛杀和斥责，只有钟离意敢于向明帝争辩，多次将他认为不合适的诏书封还，而官员犯了过失则极力解救。

钟离意举荐全椒（今安徽全椒）县长刘平，明帝下诏征拜刘平为议郎。刘平在全椒县时，为政有恩惠，百姓或者多交田赋抵役，或者以役抵赋。太守到属县巡视时，看到该县狱中无犯人，人人各得其所，太守无话可说，只是颁布诏书后离去。

【纲】秋季，八月最后一日，出现日食。

【纲】冬十月，明帝随皇太后阴氏前往章陵。 【目】明帝随皇太后阴氏抵达章陵。荆州刺史郭贺有特殊优异的政绩，明帝赐给他三公的官服，绣有半黑半白双斧花纹和半青半黑双"己"字花纹的衣服，以及有七条垂缨的官帽；命令将其座车前边和侧面的帘帐撤去，使百姓能看见他的面容和服饰，以表彰他的高贵品德。

【纲】永平四年（辛酉，61），冬十月，陵乡侯梁松被捕，死于狱中。 【目】梁松被指控对朝廷不满和写匿名信诽谤，被捕，死于狱中。当初，明帝做太子时，大中大夫郑兴的儿子郑众以精通儒家经典而闻名，太子与山阳王刘荆通过梁松用绸缎作礼物，邀请郑众当宾客，郑众说："太子是储君，没有结交外人的道理；汉王朝原有的禁令，藩王不应私招宾客。"梁松说："权贵者的意志不能违背。"郑众说："与其犯法获罪，不如坚守正道而死。"于是他没有前往。等到梁松案发，宾客们大多被牵连，唯独没有一句口供涉及郑众。

【纲】永平七年（甲子，64），春正月，皇太后阴氏去世。二月，安葬

【纲】以宗均为尚书令。 【目】初,均为九江守,五日一听事,悉省掾、史,闭督邮府内,属县无事,百姓安业。九江旧多虎暴,常募设槛穽,而犹多伤害。均下记属县曰:"夫江、淮之有猛兽,犹北土之有鸡豚也,今为民害,咎在残吏,而劳勤张捕,非忧恤之本也。其务退奸贪,思进忠善,可一去槛穽,除削课制。"其后无复虎患。帝闻均名,故任以枢机。均谓人曰:"国家喜文法、廉吏,以为足止奸也;然文吏习为欺谩,而廉吏清在一己,无益百姓流亡、盗贼为害也。均欲叩首争之,时未可改也。久将自苦之,乃可言耳!"

【纲】乙丑,八年,冬十月,诏听有罪亡命者赎。 【目】募死罪系囚诣度辽营,有罪亡命者,令赎各有差。楚王英奉黄缣、白纨诣国相曰:"托在藩辅,过恶累积,欢喜大恩,奉遂缣帛,以赎愆罪。"国相以闻,诏报曰:"楚王诵黄、老之微言,尚浮图之仁祠,洁斋三月,与神为誓,何嫌何疑,当有悔吝!其还赎以助伊蒲塞、桑门之盛馔。"

初,帝闻西域有神,其名曰佛,因遣使之天竺,求其道;得其书及沙门以来。其书大抵以虚无为宗,贵慈悲不杀,以为人死精神不灭,随复受形;生时所行善恶,皆有报应,故所贵修练精神,以至为佛。善为宏阔胜大之言,以劝诱愚俗。精于其道者,号曰沙门。于是中国始传其术,图其形像,而王公贵人,独楚王英最先好之。

【纲】是月晦,日食既。诏群司极言,复以示百官。

光烈皇后。

【纲】任命宋均为尚书令。 【目】当初,宋均做九江郡(治阴陵县,今安徽定远西北)太守,每隔五天才办公一次,让掾、史都来见他,所属各县平安无事,百姓安居乐业。九江郡过去虎多为害,当地常招募猎手,设置机关和陷阱捕虎,但是仍经常有人被伤害。宋均传令属县:"长江、淮河一带有猛兽,就如同北方有鸡猪一样,现在成为民害,责任在于官吏残暴,却劳烦百姓四处捕捉,这不是为民解忧、爱护百姓的正道。务必要铲除贪官污吏,进用忠诚善良之士,应全部除去陷阱机关,削除田赋捐税。"此后,不再有虎患。明帝听说宋均的名声,所以任命他负责机要工作。宋均对人说:"皇上喜欢能熟练处理公文的人和清廉的官吏,认为他们足以阻止奸恶;然而,能熟练处理公文的人习惯于欺上瞒下,而清廉的官吏只是一人清白,无益于解决百姓流亡、盗贼为害的问题。我准备向皇上叩头力争,如不及时改正,时间长了,将使自己陷入困境,这是可以断言的!"

【纲】永平八年(乙丑,65),冬十月,诏告被判有罪或逃跑的罪犯可以赎罪。 【目】招募死囚前往屯驻在五原以防范南、北匈奴的度辽营,有罪而逃跑的,可按不同程度减轻判决。楚王刘英送黄色、白色细绢给国相说:"我身处藩属,罪恶积累得太多,为报答大恩,奉送上丝绸,以赎所犯罪过。"国相将此事上报,明帝下诏答复说:"楚王念诵黄帝、老子的文章,崇拜佛教的仁慈,斋戒三个月,向神祗发誓,有什么困惑疑虑,应当悔恨自责!退还他用来赎罪的细绢,以帮助善男及僧徒的盛筵。"

当初,明帝听说西域有个神,名叫佛,便派使节前往天竺(今印度),寻求佛道;得到佛学经典、和尚,一同带回中国。其经典大体上以虚无为宗旨,提倡慈悲不杀生,认为人死后灵魂不灭,可以再次投胎转世;活着时所做的善事、恶事,都有报应,所以崇尚修炼心灵,直到成为佛。他们善于发表高远广博的言论,以劝化愚昧的凡夫俗子。精通佛家经典的人,称为沙门(僧人)。于是中国开始传播佛教,画出佛的形像,而王公大臣和皇亲国戚中,只有楚王刘英最先信奉佛教。

【纲】十月最后一日,出现日食。明帝诏令各部官员大胆直言,批评

【纲】丙寅,九年,大有年。

【纲】匈奴遣子入学。 【目】帝崇尚儒学,自皇太子、诸王侯及大臣子弟、功臣子孙,莫不受经。又为外戚樊氏、郭氏、阴氏、马氏诸子立学于南宫,号"四姓小侯",置《五经》师,搜选高能,以授其业。自期门、羽林之士,悉令通《孝经》章句。匈奴亦遣子入学。

【纲】丁卯,十年,冬十二月,以丁鸿为侍中。 【目】初,陵阳侯丁綝卒,子鸿当袭封,上书称病,让国于弟盛,不报。既葬,乃挂衰绖于冢庐而逃去。友人九江鲍骏遇鸿于东海,让之曰:"昔伯夷、吴札,乱世权行,故得申其志耳。今子以兄弟私恩,而绝不灭之基,可乎?"鸿感悟垂涕,乃还就国。鲍骏因上书荐鸿经学至行,上征鸿为侍中。

【纲】戊辰,十一年,春正月,东平王苍来朝。 【目】苍与诸王俱来朝,月余,还国。帝临送归宫,凄然怀思,乃遣使手诏赐东平国中傅曰:"乱别之后,独坐不乐,因就车归,伏轼而吟,瞻望永怀,实劳我心。诵及《采菽》,以增叹息。日者,问东平王:'处家何等最乐?'王言:'为善最乐。'其言甚大,副是要腹矣。今送列侯印十九枚,诸王子年五岁已上能趋拜者,皆令带之。"

【纲】庚午,十三年,冬十一月,楚王英有罪,废徙丹阳。 【目】楚王英与方士作金龟、玉鹤,刻文字为符瑞。男子燕广告英与渔阳王平、颜忠等造作图书,有逆谋。事下案验,有司奏"英大逆不道,请诛之"。帝以亲亲不忍,十一月,废英,徙丹阳泾县。

朝政，又将它们向文武百官公布。

【纲】永平九年（丙寅，66），全国大丰收。

【纲】匈奴贵族送他们的子弟到洛阳上学。　【目】明帝崇尚儒学，从皇太子、王侯，到大臣子弟，功臣子孙，没有一人不学习儒家经典。又为外戚樊氏、郭氏、阴氏、马氏家族的子弟们在南宫开办学校，号称"四姓小侯"，设置《五经》导师，挑选学问高深的贤才教授他们学业。从期门、羽林武士开始，命令他们全部通晓《孝经》章句。匈奴贵族也送他们的子弟入学。

【纲】永平十年（丁卯，67），冬十二月，任命丁鸿为侍中。　【目】当初，陵阳侯丁綝去世，他的儿子丁鸿应当继承爵位，丁鸿上书说自己身患重病，希望能把爵位让给弟弟丁盛，没有答复。丁綝被安葬后，丁鸿便把丧服挂在墓园小屋里逃走了。他的朋友九江人鲍骏在东海郡遇到他，责备他说："从前，伯夷、吴季札生逢乱世而行权宜之计，所以能够达到目的。如今，你因为兄弟间的私情而断绝了永不毁灭的基业，这可以吗？"丁鸿恍然大悟，感激涕零，便回家继承爵位。鲍骏就上书举荐丁鸿精通儒家经典，并且行为高洁，明帝征召丁鸿做侍中。

【纲】永平十一年（戊辰，68），春正月，东平王刘苍入京朝见。　【目】刘苍与亲王们全都来洛阳朝见，逗留一个多月，返回封国。明帝亲自送行，回宫后深感思念的悲戚，就派使节将亲笔诏书赐给东平国的中傅，上面说："辞别之后，独自呆坐，闷闷不乐，乘车返回，伏在车前横木上吟诵，瞻望怀念，实在令我悲伤。吟诵到《诗经·小雅·采菽》篇时，更增加了我的叹息。日前，我曾问东平王：'在家中做什么最快乐？'东平王说：'行善最快乐！'这话的口气非常大，简直与他的腰腹一样大。现在送上侯爵印十九枚，王子们年满五岁以上能行礼时，都让他们佩带上。"

【纲】永平十三年（庚午，70），冬十一月，楚王刘英有罪，被废黜，迁徙到丹阳郡（治宛陵县，今安徽宣城）。　【目】楚王刘英与方士一起制作金龟、玉鹤，刻上表示祥瑞的文字。一个叫燕广的男子告发刘英与渔阳人王平、颜忠等制作图书谶文，有叛乱的阴谋。此事交付有关部门调查证实。主管部门奏报"刘英大逆不道，请处死他"。明帝因为同胞

【纲】辛未,十四年,夏四月,故楚王英自杀。 【目】楚王英至丹阳,自杀。

是时穷治楚狱,遂至累年,其辞语相连,自京师亲戚、诸侯、州郡豪杰及考案吏,阿附坐死、徒者以千数,而系狱者尚数千人。

英阴疏天下名士,上得其录,有吴郡太守尹兴名,乃征兴及掾、史五百余人诣廷尉就考。诸吏不胜掠治,死者大半,唯门下掾陆续、主簿梁宏、功曹史驷勋,备受五毒,肌肉消烂,终无异辞。续母自吴来雒阳,作食以馈。续虽见考,辞色未尝变,而对食悲泣不自胜。治狱者问其故,续曰:"母来不得见,故悲耳。"问:"何以知之?"续曰:"母截肉未尝不方,断葱以寸为度,故知之。"使者以状闻,上乃赦兴等,禁锢终身。

颜忠、王平辞引隧乡侯耿建、朗陵侯臧信、护泽侯邓鲤、曲成侯刘建。是时,上怒甚,吏皆惶恐,诸所连及,率一切陷入,无敢以情恕者。侍御史寒朗心伤其冤,乃上言:"建等无奸,专为忠、平所诬;疑天下无辜,类多如此。"帝怒,促提下捶之。左右方引去,朗曰:"臣今所陈,诚死无悔!"帝意解,诏遣朗出。后二日,车驾自幸洛阳狱,录囚徒,理出千余人,时天旱,即下雨。马后亦以楚狱多滥,乘间为帝言之,帝恻然感悟,夜起彷徨,由是多所降宥。

【纲】初作寿陵。 【目】初作寿陵,制:"裁令流水而已,无得起坟。"

之情而于心不忍,十一月,废黜刘英王爵,迁往丹阳郡泾县(今安徽泾县西)。

【纲】永平十四年(辛未,71),夏四月,前楚王刘英自杀。 【目】楚王刘英到丹阳郡后,便自杀而亡。

此时,明帝下令极力追查楚王案,持续了几年,被供词牵连的人,从京城洛阳的皇亲国戚、侯爵、各州郡的乡绅豪杰以及审考官吏,遭陷害而被处死、放逐的数以千计,而被逮捕入狱的也还有几千人。

刘英暗中勾结天下知名人士,明帝得到他的联系名单,上面有吴郡(治吴县,今江苏苏州)太守尹兴的名字,便下令逮捕尹兴,以及掾、史五百多人,由廷尉负责审讯。官吏们经受不住严刑拷打,一大半死去,只有门下掾陆续、主簿梁宏、功曹史驷勋备受五毒苦刑,肌肉溃烂,口供始终如一。陆续的母亲从吴郡赶到洛阳,作好饭菜给陆续送去。陆续虽然被拷打,脸色从没改变,但是面对送来的饭菜却泪流满面,悲痛欲绝。审讯官问他原因,陆续说:"我母亲来到洛阳却不能相见,所以很悲痛。"审讯官问:"你怎么知道的?"陆续说:"我母亲切肉从来没有不方方正正的,切葱以一寸为准,所以我知道。"明帝听说此事后便赦免了尹兴等人,但是终身不准做官。

颜忠、王平在口供中牵连到隧乡侯耿建、朗陵侯臧信、濩泽侯邓鲤、曲成侯刘建。此时,明帝非常愤怒,负责审讯的官员全都惊恐不安,只要被牵连到的人一律逮捕定案,无人敢出面讲情。侍御史寒朗对耿建等人的冤屈非常怜悯,就向明帝进言:"耿建等人没有犯罪,只是被颜忠、王平诬陷;我怀疑天下的无辜者,大多与此情况相同。"明帝很生气,命令将他拉下去用棍杖重打。两边武士正要押下去,寒朗说:"我今天陈述的话,至死不悔!"明帝怒意稍解,诏令将寒朗放走。两天后,明帝亲自到洛阳监狱审问囚犯,释放一千多人。当时天正大旱,立即就降下雨来。马皇后也因为楚王案过于滥杀,乘闲暇时间向明帝进言,明帝也感到悲痛,有所醒悟,深夜起床,徘徊良久。从此,很多囚犯被减刑或赦免。

【纲】开始兴建寿陵。 【目】明帝开始兴建自己的陵墓寿陵,并规定:"只要能让水流走就可以了,不准堆高坟丘。

纲鉴易知录卷二二

东汉纪

孝明皇帝

【纲】壬申,十五年,春二月,帝东巡,耕于下邳。三月,至鲁,诣孔子宅。　【目】幸孔子宅,亲御讲堂,命皇太子诸王说经。

【纲】封皇子六人为王。　【目】封皇子恭为巨鹿王,党为乐成王,衍为下邳王,畅为汝南王,昞为常山王,长为济阴王。帝亲定其封域,裁令半楚、淮阳。马后曰:"诸子食数县,于制不已俭乎?"帝曰:"我子岂宜与先帝子等,岁给二千万足矣。"

【纲】冬,遣都尉耿秉、窦固将兵屯凉州。

【纲】癸酉,十六年,春二月,遣太仆祭肜及窦固等伐北匈奴,固取伊吾卢地;肜不见虏而还,下狱,免,卒。

【纲】西域诸国遣子入侍。　【目】窦固使假司马班超,与从事郭恂,俱使西域。超行到鄯善,鄯善王广奉超礼敬甚备,后忽更疏懈,超谓其官属曰:"此必虏使来,狐疑未知所从故也。明者睹未萌,况已著邪!"乃召侍胡诈之曰:"匈奴使来数日,今安在乎?"侍胡惶恐曰:"到已三日,去此三十里。"超乃闭侍胡,悉会其吏士三十六人,曰:"不入虎穴,不得虎子。当今之计,独有因夜以火攻虏,使彼不知我多少,必大震怖,可殄尽也。灭此虏,则鄯善破胆,功成事立矣。"众曰:"当与从事议之。"超怒曰:"吉凶决于今日;从事,文俗吏,闻此必恐,而谋泄,死无所名,非壮士也。"众曰:"善。"初夜,超遂将吏士往奔虏营。会天大风,超令十人持鼓藏虏舍后,约曰:"见火燃,皆当鸣鼓大呼。余人悉持兵弩,夹门而伏。"超乃顺风纵火;前后鼓噪,虏众惊乱,超手格杀三人,吏兵斩其使

孝明皇帝

【纲】永平十五年（壬申，72），春二月，明帝到东方巡视，在下邳（今江苏邳县东北）下田耕种。三月，到达鲁国，访问孔子故居。【目】明帝到孔子故居，亲自上讲堂，命皇太子、亲王们解说儒家经典。

【纲】明帝封六个皇子为王。 【目】封皇子刘恭为巨鹿王、刘党为乐成王、刘衍为下邳王、刘畅为汝南王、刘昞为常山王、刘长为济阴王。明帝亲自划定他们的疆界，命令只准有楚国、淮阳国的一半大。马皇后说："儿子们的采邑才几个县，在制度上不是太俭省了吗？"明帝说："我的儿子哪应与先帝的儿子等同？每年给二千万钱足够了！"

【纲】冬季，派都尉耿秉、窦固率兵屯驻凉州（治陇县，今甘肃秦安东北）。

【纲】永平十六年（癸酉，73），春二月，派太仆祭肜和窦固等讨伐北匈奴，窦固占领伊吾卢（今新疆哈密）地区；祭肜没有发现敌人便返回了首都洛阳，被捕入狱，免职，随后去世。

【纲】西域各国派王子入朝当人质。 【目】窦固派假司马班超与从事郭恂一同出使西域。班超到了鄯善国（在今新疆鄯善以南的戈壁中，位于罗布泊之西），鄯善王广对待班超十分尊敬，规格很高；后来突然变得疏远懈怠。班超对其部属说："这一定是北匈奴的使节来了，鄯善王对归附哪边犹豫不决的缘故。聪明的人在事情没发生时就已看出迹象，何况已经明显了呢！"于是把负责接待的鄯善人找来，故意诈唬他说："匈奴使节来了几日，现在住在哪里？"这个鄯善人惊恐地说："已经来了三天，住在三十里外的地方。"班超便将其关闭起来，再召集所有部下共三十六人，说："不入虎穴，不得虎子。目前的办法，只有趁黑夜火攻匈奴使节，使敌方不知道我们有多少人，一定非常震惊害怕，就可将敌方全部消灭。"只要消灭了匈奴使节，鄯善人必然吓破胆，这样就可以大功告成了。"众人说："此事应当与从事郭恂商议。"班超生气地说："吉凶祸福决定在今天。从事郭恂不过是个庸俗的文

及从士三十余级，余众百许人悉烧死。明日，乃还告郭恂，恂大惊。超于是召鄯善王广，以虏使首示之，一国震怖。广叩头，"愿属汉，无二志。"遂纳子为质。还白窦固，固大喜，具上超功效，并求更选使使西域。帝曰："吏如班超，何故不遣而更选乎！今以超为军司马，令遂前功。"

固复使超使于寘。是时于寘王广德雄张南道，而匈奴遣使监护其国。超既至于寘，广德素闻超在鄯善诛灭虏使，大惶恐，即杀匈奴使者而降。于是诸国皆遣子入侍，西域与汉绝六十五载，至是乃复通焉。

【纲】秋七月，北匈奴大入云中。 【目】北匈奴大入云中，云中太守廉范拒之。吏以众少，欲移书傍郡求救，范不许。会日暮，范令军士各交缚两炬，三头蓺火，营中星列。虏谓汉兵救至，大惊，待旦将退。范令军中蓐食，晨，往赴之，斩首数百级，虏自相辚藉，死者千余人，由此不敢向云中。

【纲】甲戌，十七年，春正月，北海王睦卒。 【目】睦少好学，光武及上皆爱之。尝遣中大夫诣京师朝贺，召而谓之曰："朝廷设问寡人，大夫将何辞以对？"使者曰："大王忠孝慈仁，敬贤乐士，臣敢不以实对！"睦曰："吁，子危我哉！此乃孤幼时进趋之行也。大夫具对以孤袭爵以来，志意衰惰，声色是娱，犬马是好，乃为相爱耳。"

官,听说此计划一定很恐惧,而计谋就会被泄露,死得不明不白,不是壮士。"众人说:"好!"刚入夜,班超就率领部属奔往匈奴使节营帐。正好刮起大风,班超命令十人带着鼓藏在匈奴营帐后边,约定说:"见到火起,就全部击鼓大声呐喊。其他人都手拿刀枪弓箭,埋伏在营门两旁。"于是班超就顺风放火;其余人匈奴营帐前后击鼓呐喊,匈奴人顿时惊乱起来,班超亲手杀死三人,部属们杀死匈奴使节及随从三十多人,其余的一百多人全被烧死。转天,便返回告诉郭恂,郭恂大惊失色。班超于是召来鄯善王广,把匈奴使节的首级拿给他看,鄯善全国震惊恐惧。广叩头说:"愿意归属汉朝,决无二心。"于是送王子做人质。班超回来报告窦固,窦固非常高兴,将班超的功劳上报,并要求另外选派使节出使西域。明帝说:"有班超这样的现成人才,为什么不派他却另外选派他人呢!现在任命班超为军司马,令他完成未竟功业。"

窦固又派班超出使于寘国(今新疆和田)。此时于寘国王广德称雄于西域大戈壁沙漠的南道,而匈奴则派驻使节监视着于阗国。班超来到于寘国后,广德对班超在鄯善国诛杀匈奴使节之事早有所闻,心里非常惊慌,遂即杀死匈奴使节,归降汉朝。于是西域各国都派王子入朝作为人质,西域与汉朝隔绝六十五年后,到此时才又恢复联系。

【纲】秋七月,北匈奴大举入侵云中郡(治云中县,今内蒙托克托)。 【目】北匈奴大举入侵云中郡,云中郡太守廉范奋力抵抗。官吏们认为兵力不够,打算向邻郡写信求救,廉范不准。恰巧天近黄昏,廉范命士兵各自交叉捆绑两支火炬,将三头点燃,军营中便满布火光。匈奴人以为汉军已赶来救援,非常惊恐,等到天明时准备撤退。廉范下令军中原地进餐,凌晨时前去攻击匈奴人,杀死数百人。匈奴人自相践踏,死一千余人,从此不敢骚扰云中郡。

【纲】永平十七年(甲戌,74),春正月,北海王刘睦去世。 【目】刘睦从小喜欢读书,光武帝及明帝都喜爱他。刘睦曾经派中大夫到首都洛阳朝贺,召来这位使者对他说:"如果皇上问到我,你将如何回答?"使者说:"大王忠孝仁慈,敬贤爱士,我怎敢不如实回答!"刘睦说:"唉,你是害我呀!这是我年轻时追求的行为。你应该一一回答,说我自从继承王位以来,意志消退,行为懒惰,喜好声色犬马,这样做才

其智虑畏慎如此。

【纲】白狼等国入贡。 【目】益州刺史朱辅,宣示汉德,威怀远夷,自汶山以西,前世所不至,正朔所未加,白狼、槃木等百余国,皆举种称臣奉贡。

【纲】夏五月,百官上寿。 【目】公卿百官以威德怀远,祥物显应,并集朝堂,奉觞上寿。制曰:"天生神物,以应王者;远人慕化,实由有德;朕以虚薄,何以享斯!唯高祖、光武圣德所被,不敢有辞,其敬举觞,太常择吉日,策告宗庙。"仍推恩赐民爵及粟有差。

【纲】冬十一月,遣窦固等击车师,降之,复置西域都护,戊、己校尉。

【纲】乙亥,十八年,春二月,窦固军还。

【纲】北匈奴击车师后王安得,杀之,遂攻戊校尉耿恭;恭击却之。 【目】北单于遣左鹿蠡王率二万骑击车师,耿恭遣司马将兵三百人救之,皆为所杀,匈奴遂破杀车师后王安得而攻金蒲城。恭以毒药傅矢,语匈奴曰:"汉家箭神,其中疮者必有异。"虏中矢者,视创皆沸,大惊。会天暴风雨,随雨击之,杀伤甚众。匈奴震怖,相谓曰:"汉兵神,真可畏也!"遂解去。

【纲】夏六月,有星孛于太微。

【纲】秋八月,帝崩。 【目】帝崩于东宫前殿,年四十八。帝遵奉建武制度,无所变更,后妃之家不得封侯与政。馆陶公主为子求郎,不许,而赐钱千万,谓群臣曰:"郎官上应列宿,出宰百里,苟非其人,则民受其殃,是以难之。"公车以反支日不受章奏,帝闻而怪

是爱我。"刘睦就是如此聪明谨慎。

【纲】白狼等国入贡。　【目】益州刺史朱辅宣传汉朝德政,威望遍及偏远民族,从汶山(今名九岭山,今四川茂汶东)以西,前世没有去过,统治力量没有到达的地方,白狼、槃木等一百余国全都向东汉王朝称臣进贡。

【纲】夏五月,文武百官向明帝祝寿。　【目】公卿大臣、文武百官认为明帝的威望恩德远及异域,有祥物显现应验,就一同聚集在上朝的大殿,向明帝敬酒祝寿。明帝下诏说:"上天降生神物,以应验圣君在世;偏远民族仰慕归附,实在是由于君王有德。以我的虚弱单薄,怎能享此殊荣!只因高祖、光武帝的圣德所及,才会如此,我不敢推辞;愿与大家举杯同敬,由太常选定吉日,祭告宗庙。"于是,推广恩德,分等赏赐百姓爵位和粮食。

【纲】冬十一月,派窦固等攻打西域车师国,收降了对方,恢复设置西域都护和戊、己校尉。

【纲】永平十八年(乙亥,75),春二月,窦固大军返回首都洛阳。

【纲】北匈奴攻打车师后王安得,并杀死安得;于是攻打戊校尉耿恭,耿恭打退了北匈奴人。　【目】北匈奴单于派左鹿蠡王率二万骑兵攻打车师,耿恭派司马领兵三百人救援车师,全部被北匈奴人杀死,北匈奴人便攻破车师,杀死后王安得,然后又攻打金蒲城(今新疆奇台西北)。耿恭将毒药涂在箭头上,对北匈奴人说:"汉人的箭神奇无比,中箭的人伤口一定会发生怪异之事。"中箭的匈奴人看到创口都像滚水沸腾般溃烂,大惊失色。此时正赶上狂风暴雨,耿恭冒雨出击,杀伤很多敌人。匈奴人震惊恐惧,互相转告说:"汉军像有神灵附体,真可怕呀!"于是解除包围撤走。

【纲】夏六月,在太微星旁出现孛星。

【纲】秋八月,明帝去世。　【目】明帝在东宫前殿去世,终年四十八岁。明帝遵循光武帝建立的制度,不做变更,皇后、妃子娘家的人不准封侯、参政。光武帝的二女儿馆陶公主请求让她儿子做郎官,明帝没有答应,而是赐给一千万钱,并对群臣说:"郎官上应星宿,出去要治理方圆百里的地区;如果人选不当,百姓就会受到祸害,所以要阻

曰："民废农桑，远来诣阙，而复拘以禁忌，岂为政之意乎！"于是遂蠲其制。是以吏得其人，民乐其业，远近畏服，户口滋殖焉。

【纲】太子炟即位，尊皇后曰皇太后。葬显节陵。

【纲】冬十月，以赵憙为太傅，牟融为太尉，并录尚书事。

【纲】十一月，以第五伦为司空。 【目】伦为蜀郡太守，在郡公清，所举吏多得其人，故帝自远郡用之。

【纲】西域攻没都护陈睦，北匈奴围己校尉关宠。车师叛，与匈奴共围耿恭。诏酒泉太守段彭将兵救之。 【目】焉耆、龟兹攻没都护陈睦，北匈奴围关宠于柳中城。会中国有大丧，救兵不至，车师复叛，与匈奴共攻耿恭。恭率士众御之，数月，食尽穷困，乃煮铠弩，食其筋革。恭与士卒推诚同死生，故皆无二心，而稍稍死亡，余数十人。单于知恭已困，欲必降之，遣使招恭。恭诱其使上城，手击杀之，委诸城上。单于大怒，更益兵围恭，不能下。关宠上书求救，帝遣征西将军耿秉屯酒泉，行太守事，遣酒泉太守段彭与谒者王蒙、皇甫援发张掖、酒泉、敦煌三郡及鄯善兵，合七千余人以救之。

【纲】是月晦，日食。

【纲】以马廖为卫尉，防为中郎将，光为越骑校尉。 【目】太后兄弟，终明帝世未尝改官。帝以廖为卫尉，防为中郎将，光为越骑校尉。廖等倾身交结，冠盖之士争赴趣之。

止他。"公车每次遇上"反支日"就不接受奏章，明帝听说后奇怪地说："百姓放弃耕种，千里迢迢赶到首都投诉，却又用这些禁忌拘束他们，岂是为政的本意！"于是就废除了这种制度。所以官吏选任得当，百姓安居乐业，远近敬畏臣服，人口繁衍增长。

【纲】皇太子刘炟即帝位，尊马皇后为皇太后。明帝葬于显节陵（今河南洛阳东南）。

【纲】冬十月，任命赵憙为太傅，牟融为太尉，并主管尚书事宜。

【纲】十一月，任命第五伦为司空。【目】第五伦做蜀郡（治成都县，今四川成都）太守时，公正清廉，所推荐保举的官吏大多能胜任，所以章帝从边远的蜀郡把他调到中央使用。

【纲】西域部落攻打东汉西域都护陈睦，陈睦全军覆没，北匈奴包围东汉己校尉关宠。车师国反叛，与匈奴共同围攻耿恭。章帝诏令酒泉（治福禄县，今甘肃酒泉）太守段彭领兵救援。【目】焉耆国（今新疆焉耆）、龟兹国（今新疆库车、沙雅之间）联合攻打东汉西域都护陈睦，陈睦全军覆没；北匈奴将关宠包围在柳中城（今新疆鄯善境内）。此时正遇上东汉明帝丧朝，汉军的救兵不能赶到，车师国便又背叛，与匈奴共同攻打耿恭。耿恭率将士抵御，坚持数月，因粮食耗尽而陷于困境，于是就煮吃铠甲和弓弩上的皮革和筋。耿恭与士兵齐心协力，同生共死，所以人无二心；但是死亡人数不断增加，只剩下几十人。北匈奴单于知道耿恭陷入绝境，一心想要收降他，便派使节前去招降。耿恭引诱使节上城，亲手把他杀死，并在城上火烤其尸。（原句为"委诸城上"，《后汉书·耿恭传》《资治通鉴》俱为"炙诸城上"，此据改）单于太怒，更增加兵力围攻耿恭，却不能攻克。关宠上书求救，章帝派征西将军耿秉屯驻酒泉，代理太守政事；派酒泉太守段彭与谒者王蒙、皇甫援征调张掖、酒泉、敦煌三郡以及鄯善国的军队，总共七千余人前往救援关宠。

【纲】十一月三十日，出现日食。

【纲】任命马廖为卫尉，马防为中郎将，马光为越骑校尉。【目】马太后的兄弟在明帝在位时始终没有升官。章帝即位后，便任命马廖为卫尉，马防为中郎将，马光为越骑校尉。马廖等人喜好结交宾朋，有身

【纲】大旱。

肃宗孝章皇帝

【纲】丙子,肃宗孝章皇帝建初元年,春正月,诏廪赡饥民。

【纲】诏二千石劝农桑,慎选举,顺时令,理冤狱。 【目】时承永平故事,吏政尚严切。尚书陈宠以帝新即位,宜改前世苛俗,乃上疏曰:"臣闻先王之政,赏不僭,刑不滥;与其不得已,宁僭无滥。往者断狱严明,所以威惩奸慝;奸慝既平,必宜济之以宽。夫为政犹张琴瑟,大弦急者小弦绝。陛下宜隆先王之道,涤荡烦苛之法,以济群生,全广至德。"帝深纳宠言,每事务于宽厚。

第五伦亦上疏曰:"光武承王莽之余,颇以严猛为政,后代因之,遂成风俗。郡国所举,类多办职俗吏,殊未有宽博之选,以应上求者也。陈留令刘豫、冠军令驷协,并以刻薄之资,务为严苦,吏民愁怨,莫不疾之,而议者反以为能,违天心,失经义。非徒应坐豫、协,亦宜谴举者,务进仁贤以任时政,不过数人,则风俗自化矣。"上善之。伦虽天性峭直,然常疾俗吏苛刻,论议每依宽厚云。

【纲】关宠败没。段彭击车师,匈奴走,车师复降。罢都护及戊、己校尉官。班超留屯疏勒。

【纲】八月,有星孛于天市。

价有地位的人争相拜附于他们。

【纲】这一年发生大旱灾。

肃宗孝章皇帝

【纲】肃宗孝章皇帝刘炟建初元年（丙子，76），春正月，章帝下令开仓赈济饥饿的灾民。

【纲】诏令二千石级官员鼓励耕田种桑，对选拔任用官吏要慎重，顺应四季的节气，清理冤狱。【目】当时继承前朝明帝永平时期的政风，官吏为政崇尚严切。尚书陈宠认为章帝新近即位，应该改变前世的苛政，于是就上疏说："我听说过去的君王治理国家，赏赐不过分，刑罚不过滥；如果实在不得已，宁可赏赐过分，也不要刑罚过滥。从前，审判案件严厉明确，目的是为了威镇奸邪之人；奸邪之人消失以后，一定应该以宽厚来协调。治理国家，就好像调琴瑟，大弦太紧，小弦则将绷断。陛下应发扬古代君王的治国之道，荡涤繁杂苛刻的法令，以拯救众生，扩大推广陛下圣恩厚德。"章帝深感正确，采纳陈宠的意见，对每件事务求宽厚处理。

第五伦也上疏说："光武帝承继于王莽乱政之后，治国非常严厉苛刻，后代因袭，便形成风俗。各郡、国所推荐的，大多数是那种只知处理事务的俗吏，绝没有选拔宽厚博爱的人以顺应陛下的要求。陈留县令刘豫、冠军（今河南邓县西北）县令驷协都因为人刻薄，治政严酷，使得百姓、官吏愁苦怨恨，无不对他们咬牙切齿。但是舆论反而认为他们有才干，这是违背天意、丧失儒经教义的原则。不只应该治刘豫、驷协的罪，也应该谴责举荐人。务必选拔仁人贤士供职于官府，这样不过数人，风俗就会自然转化了。"章帝很欣赏他的言论。第五伦虽然天性严厉率直，但是却常常痛恨俗吏的苛刻，在议论中总是遵循宽厚的原则。

【纲】关宠战败而死。段彭攻打车师，匈奴逃走，车师再次投降。东汉政府罢免了西域都护以及戊、己校尉等官。班超留驻疏勒国（治疏勒城，今新疆疏勒）。

【纲】八月，在天市星旁出现孛星。

【纲】丁丑，二年，夏四月，大旱。 【目】上欲封爵诸舅，太后不听。会大旱，言事者以为不封外戚故。太后诏曰："王氏五侯同日俱封，黄雾四塞，不闻澍雨之应。夫外戚贵盛，鲜不倾覆，故先帝防慎舅氏，不令在枢机之位，又言'我子不当与先帝子等'，今有司奈何欲以马氏比阴氏乎！"帝省诏悲叹，复重请之。太后曰："常观富贵之家，禄位重叠，犹再实之木，其根必伤。吾计之熟矣，勿有疑也！夫至孝之行，安亲为上。今数遭变异，谷价数倍，忧惶昼夜，不安坐卧，而欲先营外家之封，违慈母之拳拳乎！若阴阳调和，边境清静，然后行子之志；吾但当含饴弄孙，不能复关政矣。"

马廖上疏曰："昔元帝罢服官，成帝御浣衣，哀帝去乐府，然而侈费不息，至于衰乱者，百姓从行不从言也。夫改政移风，必有其本。传曰：'吴王好剑客，百姓多创瘢。楚王好细腰，宫中多饿死。'长安语曰：'城中好高结，四方高一尺。城中好广眉，四方且半额。城中好大袖，四方全匹帛。'斯言如戏，有切事实。前下制度未几，后稍不行，虽或吏不奉法，良由慢起京师。"太后深纳之。

【纲】戊寅，三年，春三月，立贵人窦氏为皇后。
【纲】己卯，四年，夏四月，立子庆为皇太子。
【纲】五月，封马廖等为列侯，以特进就第。 【目】有司请封诸舅，帝以天下丰稔，方垂无事，从之。太后闻之曰："吾少壮时，但慕竹帛，志不顾命。今虽已老，犹戒之在得，故日夜惕厉，思自降损。

【纲】建初二年（丁丑，77），夏四月，发生大旱。　【目】章帝打算给他的舅父们封爵，马太后不准。这时正遇上大旱灾，有些大臣认为是不封皇亲国戚爵位的缘故。马太后下诏说："以前王氏家族一天之内有五人同时被封侯，黄雾弥漫，没听说出现风调雨顺的反应。皇亲国戚过分富贵，很少不落得倾家荡产，所以先帝明帝对皇亲国戚的安排非常慎重小心，不让他们掌握重权，还曾经说过'我的儿子不应当与先帝光武帝的儿子同等对待'。现在主管部门为什么想把马氏家族与阴氏家族相比呢！"章帝看完诏书悲哀叹息，又再次向马太后请求封爵事。马太后说："常看到一些富贵之家，高官厚禄重重叠叠，就好像一年结两次果实的树木，必然伤害它的根部。我已经认真考虑了，不要再有疑问！最孝顺的行为，是使父母安心。现在屡遭天灾变异，粮价上涨几倍，日夜忧愁恐惧，坐卧不安，此时却想先封舅父们爵位，去违背慈母的诚恳愿望吗？如果天地之间阴阳调和，边境清静无事，然后再完成你的意愿不迟；那时，我自当含饴弄孙，不再过问朝政了。"

马廖上疏说："以前元帝罢撤服官，成帝穿用洗过的衣服，哀帝关闭乐府机构，但是奢侈风气没有减弱，最终导致衰落混乱的原因，就是百姓只认行动，不听言论。改变政风民俗，一定要从根本入手。古书上说：'吴王阖闾喜欢剑客，百姓中很多人身上都有创伤疤痕。楚灵王喜欢细腰，宫女中许多人都被饿死。'长安城有句谚语说：'城里时尚高发髻，四周乡下人的发髻就会高一尺。城里时尚宽眉毛，四周乡下人的眉毛就会占去半个额头。城里时尚宽大衣袖，四周乡下人的衣袖就会用掉一匹布。'这些话虽看似戏言，却切合实际。前些时颁布条规没有多久，就逐渐有人不执行。虽然可以说是官吏没有依法执行，但却实在是由于首都洛阳首先破坏。"马太后深有同感。

【纲】建初三年（戊寅，78），春三月，章帝封贵人窦氏为皇后。

【纲】建初四年（己卯，79），夏四月，章帝立儿子刘庆为皇太子。

【纲】五月，封马廖等为列侯，以"特进"身份返回家宅。　【目】主管部门请章帝封舅父们爵位。章帝认为天下丰收，四方边陲太平无事，便批准了此事。马太后闻讯后说："我年轻时，只羡慕青史留名，不顾及寿命长短。如今虽然年纪大了，仍警告自己不可贪婪，所以日夜警

何意老志不从，万年之日长恨矣！"廖等辞让，不许；乃受爵而辞位，许之，皆以特进就第。

【纲】六月，皇太后马氏崩。秋七月，葬明德皇后。

【纲】冬十一月，诏诸儒会白虎观，议《五经》同异。 【目】杨终言："章句之徒，破坏大体，宜如宣帝石渠故事，永为后世则。"诏太常："将、大夫、博士、郎官及诸儒会白虎观，议《五经》同异。"帝亲称制临决，作《白虎议奏》，丁鸿、楼望、成封、桓郁、班固、贾逵及广平王羡皆与。固，超之兄也。

【纲】庚辰，五年，春二月朔，日食，举直言极谏。 【目】诏："所举以岩穴为先，勿取浮华。"

【纲】夏五月，以直言士补外官。 【目】诏曰："朕思迟直士，侧席异闻，其先至者，各已发愤吐懑，略闻子大夫之志矣。皆欲置于左右，顾问省纳。建武诏书又曰：'尧试臣以职，不直以言语笔札。'今外官多旷，并可以补任。"

【纲】辛巳，六年，秋七月，以廉范为蜀郡太守。 【目】成都民物丰盛，邑宇逼侧，旧制，禁民夜作以防火灾，而更相隐蔽，烧者日属。范乃毁削先令，但严使储水而已。百姓以为便，歌之曰："廉叔度，来何暮！不禁火，民安作。昔无襦，今五袴。"

【纲】壬午，七年，夏六月，废太子庆为清河王，立子肇为皇太子。 【目】初，帝纳扶风宋杨二女为贵人，大贵人生太子庆；梁竦

惕提防，考虑着如何克制自己的欲望。想不到年纪大了却不能保持自己的意志，真是抱憾终生了！"马廖等辞让，章帝不准；马廖等就接受爵位而辞去官职，被章帝恩许，他们都以"特进"身份返回家宅。

【纲】六月，皇太后马氏去世。秋七月，安葬明德皇后（即皇太后马氏）。

【纲】冬十一月，诏令群儒会集北宫的白虎观，讨论《五经》的异同。　【目】杨终说："那些只懂作文造句的人，破坏了经典的完整。应该仿效汉宣帝时石渠阁前例，永远作为后世法则。"章帝诏令太常："将、大夫、博士、郎官以及群儒在白虎观会集，讨论《五经》的异同。章帝亲自到会裁决，作《白虎议奏》（今名《白虎通》）。丁鸿、楼望、成封、桓郁、班固、贾逵和广平王刘羡都参加了这次集会。班固是班超的哥哥。

【纲】建初五年（庚辰，80），春季，二月初一，发生日食。诏命举荐直言极谏之士。　【目】章帝下诏："所举荐的，优先考虑身居岩穴的隐士，不要录用浮华不实的人。"

【纲】夏五月，将敢于直言的人补任地方官。　【目】章帝下诏说："我希望见到正直的人士，坐在侧席聆听指教，那些先来的，各自都已倾吐了他们的不满和苦闷，我大略了解了各位贤人的志向。我也希望将他们都留在身边，纳言顾问。光武帝在建武年间的诏书中说过：'尧帝考察大臣时，是看他们是否称职，而不仅仅看他们说什么和写什么。'而今地方官位大多空缺，都可以让他们去补任。

【纲】建初六年（辛巳，81），秋七月，任命廉范为蜀郡太守。【目】成都人民富足，物产丰盛，房舍都相互紧邻。过去，当地官府一直禁止百姓夜间工作以防火灾，百姓反而互相隐瞒，私自夜间工作，于是火灾不断发生。廉范便撤销以前的禁令，只严格规定储水而已。百姓认为很方便，作歌谣赞颂他说："廉范大人，您为什么来得这么晚！不禁止夜间点火，百姓能够安心工作。过去连短袄都没有，如今则有五条裤。"

【纲】建初七年（壬午，82），夏六月，将太子刘庆废为清河王，立皇子刘肇为皇太子。　【目】当初，章帝纳扶风人宋杨的两个女儿为贵

二女亦为贵人，小贵人生皇子肇。窦皇后无子，养肇为子；谋陷宋氏，诬言欲为厌胜之术，乃废庆为清河王，以肇为皇太子。出宋贵人，使小黄门蔡伦案之；皆饮药自杀。庆时虽幼，亦知避嫌畏祸，言不敢及宋氏。帝更怜之，敕皇后令衣服与太子齐等。太子亦亲爱庆，入则同室，出则同舆。

【纲】秋八月，东平王苍归国。　【目】有司复奏遣苍归国，手诏苍曰："骨肉天性，诚不以远近为亲疏；然数见颜色，情重昔时。念王久劳，思得还休，欲署大鸿胪奏，不忍下笔，顾授小黄门；中心恋恋，恻然不能言。"于是车驾祖送，流涕而诀。

【纲】癸未，八年，春正月，下梁竦狱，杀之。　【目】太子肇之立也，梁氏私相庆；皇后以是忌梁贵人，数譖之。诸窦遂作飞书，陷竦以恶逆，竦死狱中，家徙九真，两贵人皆以忧死。

【纲】马廖、马防有罪，免官就国。　【目】马廖谨笃自守，而性宽缓，不能教敕子弟，皆骄奢不谨。杨终与廖书戒之，廖不能从。防、光大起第观，食客常数百人。防又多牧马畜，赋敛羌、胡，帝数加谴敕，禁遏甚备。由是权势稍损，宾客亦衰。廖子豫投书怨诽，于是有司并奏防、光兄弟，悉免就国。光比防稍为谨密，帝特留之，后复有诏还廖京师。

诸马既得罪，窦氏益贵盛。皇后兄宪、弟笃，喜交通宾客。第五伦上疏曰："窦宪椒房之亲，典司禁兵，出入省闼；诸出入贵戚者，类多瑕衅禁锢之人，尤少守约安贫之节，更相贩卖，云集其门，盖骄

人，姐姐宋大贵人生太子刘庆；梁竦的两个女儿也是贵人，妹妹梁小贵人生皇子刘肇。窦皇后没有儿子，就抚养刘肇，作为自己的儿子，她阴谋陷害宋家姐妹，诬陷她们想做诅咒法术。于是章帝将刘庆废为清河王，封刘肇为皇太子。逐出宋贵人，命小黄门蔡伦负责审查此事；宋家姐妹全都服毒自杀。刘庆当时虽然年幼，却已知道避免嫌疑，畏惧灾祸，从不敢提到母亲宋氏。章帝怜爱他，令窦皇后将他的衣服与太子刘肇同等。太子刘肇对刘庆也很亲爱，入则同室，出则同车。

【纲】秋八月，东平王刘苍返回封国。 【目】有关部门再次奏请遣送东平王刘苍返回封国，章帝亲自写信给刘苍说："骨肉之情本是天性，绝不能以远近来定亲疏；不过多次见面后，感情比过去加深了。想到你长久操劳，应该回封国休息，我打算批准大鸿胪的奏章，又不忍下笔签字，便派小黄门送上此信；内心依恋之情，悲哀不能尽言。"于是章帝亲自为刘苍饯行，二人洒泪而别。

【纲】建初八年（癸未，83），春正月，将梁竦逮捕下狱，并处死了他。 【目】立刘肇为太子，梁氏家族暗中高兴，窦皇后因此忌恨梁贵人，多次诋毁她。窦姓家族于是用匿名信诬陷梁竦谋反叛乱。梁竦死在狱中，家属被迁往九真郡（治胥浦县，今越南北境），梁氏姐妹都因忧愤而死。

【纲】马廖、马防因有罪，被免官遣返封国。 【目】马廖为人严谨小心，但性格宽厚缓和，不能管教约束子弟们，以致这些人全都骄傲奢侈，狂妄不驯。杨终写信警告马廖，马廖不能接受。马防、马光大肆兴建宅第，食客常常达数百人。马防还大量放牧马匹牲畜，向羌人、胡人征收赋税，章帝多次谴责，想尽方法禁止。马姓家族的权势从此渐渐衰落，宾客也逐渐减少。马廖的儿子马豫在信中表示不满抱怨，于是有关部门连马防、马光兄弟也一起弹劾，将他们一律免职，遣返各自的封国。马光比马防稍为谨慎小心，章帝便特准留下他。后来章帝又下诏命马廖返回首都洛阳。

马姓家族被治罪后，窦姓家族便更加显贵兴盛。皇后的兄长窦宪、弟弟窦笃喜好交结宾客。第五伦上奏说："窦宪是皇后的至亲，统御皇家禁军，出入宫廷；那些进出皇亲国戚权贵之门的人，大多是自己

佚所从生也。三辅论议者，至云'以贵戚废锢，当复以贵戚浣濯之，犹解酲当以酒也。'臣愚愿陛下、中宫严敕宪等，闭门自守，无妄交通士大夫，防其未萌，令宪永保福禄，此臣之所至愿也！"宪以贱直请夺沁水公主园田，主逼畏不敢计。后帝出过园，指以问宪，宪阴喝不得对。后发觉，帝大怒，召宪切责曰："深思前过夺主田园时，何用愈赵高指鹿为马！久念使人惊怖，贵主尚见枉夺，况小民哉！国家弃宪，如孤雏、腐鼠耳！"宪大惧，皇后为毁服深谢，良久乃得解，使以田还主。

【纲】下雒阳令周纡狱，寻赦出之。 【目】周纡为雒阳令，下车，先问大姓主名；吏数闾里豪强以对。纡厉声曰："本问贵戚若马、窦等辈，岂能知卖菜佣乎！"于是部吏争以激切为事，贵戚跼蹐，京师肃清。窦笃夜至止奸亭，亭长拔剑肆詈。诏遣剑戟士收纡，送廷尉诏狱，数日贳出之。

【纲】以班超为西域将兵长史。 【目】帝拜班超为将兵长史；以徐干为军司马，别遣卫侯李邑护送乌孙使者。邑到于寘不敢前，因上书陈西域之功不可成，又盛毁超："拥爱妻，拘爱子，安乐外国，无内顾心。"超闻之叹曰："身非曾参而有三至之谗，恐见疑于当时矣！"遂去其妻。帝知超忠，乃切责邑，令诣超受节度，超即遣邑将乌孙侍子还京师。干谓超曰："邑前毁君，欲败西域，今何不缘诏书留之，更遣他吏送侍子乎？"超曰："是何言之陋也！以邑毁超，故

犯有过失或者遭禁锢的，尤其是很少能有安贫守约的节操，他们互相吹捧贩卖，云集在他的门下，这大概是骄奢淫逸的滋生地。三辅之地有一种结论是：'因为受皇亲国戚的牵连而遭禁锢罢免的，应当再靠皇亲国戚去洗刷罪名，就好像喝醉酒，还应当再用酒来醒酒。我愚昧地希望陛下、皇后严格训令窦宪等人闭门自守，不准胡乱交结士大夫，在灾害处于萌芽时就加以防止，使窦宪永保福禄，这是我最大的愿望！"窦宪以很低的价钱强行购买沁水公主的庄园土地，公主迫于窦宪的权势，不敢拒绝。后来，章帝出宫，经过那里，指着庄田询问窦宪，窦宪暗中喝阻左右不准如实回答。事后章帝发觉此事，非常愤怒，召来窦宪严厉斥责说："深刻反思一下，先前途经你强夺的沁水公主庄园时，你为何采用比赵高指鹿为马还卑劣的手段！愈想愈使人震惊恐惧，连尊贵的公主尚且被强行掠夺，更何况乡野小民呢！国家抛弃你窦宪，如同抛弃一只孤单的雏鸡、腐臭的死鼠罢了！"窦宪非常害怕，窦皇后为此降低服饰等级而深深地表示谢罪。过了很久，章帝的怒气才平息，命将庄田归还沁水公主。

【纲】将洛阳令周纡逮捕入狱，很快便赦免释放。　【目】周纡任洛阳令，刚上任，首先询问当地豪门大户的姓名；属吏历数乡里豪强作答。周纡厉声说："我本来是问像马家、窦家那样的皇亲国戚，哪里是问这些贩夫走卒呢！"于是属吏争相以激烈手段行事，皇亲国戚们受到限制，有所收敛，首都秩序良好。窦笃夜间来到止奸亭，亭长拔出剑，并破口大骂，章帝下诏命武士逮捕周纡，送交廷尉诏狱，数日后，将他赦免释放。

【纲】任命班超为西域将兵长史。　【目】章帝任命班超为将兵长史，任命徐干为军司马，又派卫侯李邑护送乌孙王国使节回国。李邑到了于阗，不敢前进，便上书分析陈述西域归附中国的功业不可能成就，并大肆诋毁班超："拥爱妻，抱爱子，贪图外国安乐，无心顾及国内。"班超听说此事，叹道："我不是曾参，却遭到他曾遇上的三次谗言，恐怕被朝廷怀疑了！"于是休掉了妻子。章帝了解班超的忠心，便严厉责备李邑。令他到班超那里听候指挥，班超就派李邑护送乌孙王国做人质的王子返回首都洛阳。徐干对班超说："李邑以前诋毁您，想破坏我们在

今遣之，内省不疚，何恤人言！快意留之，非忠臣也。"

【纲】甲申，元和元年，夏六月，诏议贡举法。 【目】陈事者多言："郡国贡举，率非功次，故守职益懈，而吏事寖疏。"诏公卿朝臣议。大鸿胪韦彪曰："夫国以简贤为务，贤以孝行为首，是以'求忠臣必于孝子之门'。夫人才行少能相兼，是以'孟公绰优于赵、魏老，不可以为滕、薛大夫'。忠孝之人，持心近厚；锻炼之吏，持心近薄。士宜以才行为先，不可纯以阀阅。然其要归，在于选二千石。二千石贤，则贡举皆得其人矣。"帝纳之。

【纲】秋八月，帝南巡。冬十月，至宛，以朱晖为尚书仆射。【目】晖尝为临淮太守，有善政，民歌之曰："强直自遂，南阳朱季，吏畏其威，民怀其惠。"时坐法免，家居，故上召而用之。后尚书张林上言："县官经用不足，宜自煮盐，修均输法。"晖曰："《王制》：'天子不言有无，诸侯不言多寡，食禄之家不得与百姓争利'。均输之法，与贾贩无异，盐利归官，则下民穷愁，诚非明主所宜行。"帝怒，切责诸尚书，晖等皆自系狱。三日，诏敕出之，曰："国家乐闻驳议，黄发无愆；诏书过耳，何故自系！"

【纲】十一月，还宫。
【纲】以孔僖为兰台令史。 【目】鲁国孔僖、涿郡崔骃同游太学，相与论"武帝始崇圣道，号胜文、景；及后恣己，忘其前善。"邻房生上书，告"骃、僖诽谤先帝，刺讥当世"。事下有司，僖以书自讼

西域的功绩,如今为何不借诏书的指示将他留下,另派其他人护送王子呢?"班超说:"这种话真是太浅陋了!正因为李邑诋毁我,所以如今才派他护送王子回去。只要我问心无愧,何必在乎别人说什么!为图一时之快而留下他,不是忠臣。"

【纲】章帝元和元年(甲申,84),夏六月,下诏讨论贡举法。
【目】很多上书奏事的人讲道:"各郡、封国举荐人才,大都不依功劳大小为据,所以工作更加懈怠,而官吏们也越来越不负责任。"章帝下诏命公卿大臣们就此讨论。大鸿胪韦彪说:"国家以选拔贤才为职责,而贤才以孝顺父母为第一要务,所以'求忠臣必于孝子之门'。人的才能和品德很少能兼备,因而孟公绰能够胜任晋国赵、魏两家的家臣,却不能做滕国、薛国的大夫。忠孝的人,心地厚重;舞文弄墨的官吏,心地则比较薄凉。选拔贤才应以才能和品德为先,不能单纯考虑其门第出身。但是此事的关键在于选拔二千石官。二千石官贤能,那么所举荐的人才全部能胜任其职。"章帝采纳了他的意见。

【纲】秋八月,章帝南下巡视。冬十月,到达宛城(今河南南阳),任命朱晖为尚书仆射。 【目】朱晖曾经做临淮太守,有德政,百姓歌颂他说:"刚直无畏,南阳朱晖,官畏其威,民怀其惠。"当时,朱晖因犯法被罢官,赋闲在家,所以章帝召见并任用他。后来尚书张林向章帝建议:"国家经费不足,应该由官府独自煮盐专卖,恢复均输法。"朱晖说:"《王制》上讲:天子不谈有还是没有,诸侯不谈多还是少,吃俸禄的人家不能与百姓争利。均输法使官员与商人没有区别,卖盐的利益归官府,那么普通百姓将更加穷困忧愁,这实在不是圣明君主所应做的事情。"章帝很生气,严厉责备尚书们,朱晖等都自投监狱囚禁。过了三天,章帝才下诏赦免释放,说:"我乐于听到反对的议论,老先生没有过错,是我的诏书太过分了,为什么要自投监狱呢!"

【纲】十一月,章帝返回首都洛阳。

【纲】任命孔僖为兰台令史。 【目】鲁国人孔僖、涿郡(治涿县,今河北涿州东北)人崔骃同在太学读书,互相议论说:"西汉武帝最初尊崇儒家学说,号称胜过文帝、景帝;到后来放纵自己,忘记了他以前的善行。"邻房另一太学生上书告发"崔骃、孔僖诽谤先帝,讽刺讥笑当

曰："凡言诽谤者,谓实无此事而虚加诬之也。至如孝武皇帝,政之美恶,显在汉史,是为直说书传实事,非虚谤也。陛下即位以来,政教未过,德泽有加,臣等独何讥刺哉!假使所非实是,则固应悛改;倘其不当,亦宜含容,又何罪焉!齐桓公亲扬其先君之恶以唱管仲,然后群臣得尽其心。今陛下乃欲为十世之武帝,远讳实事,岂不与桓公异哉!谨诣阙伏待重诛。"书奏,诏"勿问",拜僖兰台令史。

【纲】赐毛义、郑均谷各千斛。 【目】庐江毛义,东平郑均,皆以行义称于乡里。南阳张奉慕义名,往候之,坐定而府檄适至,以义守安阳令。义奉檄而入,喜动颜色。奉心贱之,辞去。后义母死,征辟皆不至,奉乃叹曰:"贤者固不可测。往日之喜,乃为亲屈也。"

均兄为县令,颇受礼遗,均谏不听,乃脱身为佣,岁余得钱帛归,以与兄曰:"物尽可复得;为吏坐赃,终身损弃。"兄感其言,遂为廉洁。均仕为尚书,免归。帝下诏褒宠义、均,赐米各千斛。

【纲】乙酉,二年,春正月,诏戒俗吏矫饰者。 【目】诏曰:"俗吏矫饰外貌,似是而非,朕甚厌之,甚苦之!安静之吏,悃愊无华,日计不足,月计有余。如襄城令刘方,吏民同声谓之不烦,虽未有他异,斯亦殆近之矣!夫以苛为察,以刻为明,以轻为德,以重为威,四者或兴,则下有怨心。吾诏书数下,冠盖接道,而吏不加治,民或失职,其咎安在?勉思旧令,称朕意焉?"

朝"，案件交付有关部门审理。孔僖上书自辩说："凡是讲诽谤的意思，是指实际上没有此事却无端诬陷。至于像汉武帝，他治政的好坏，明白地显示在汉史上，这只是直接讲出了史书记载的实事，不是无端诽谤。陛下即位以来，政治、礼教没有过错，而恩德反而增加，为什么唯独我们讽刺讥笑呢！假使我们所批评的是实事，则固然应该改正；如果不够妥当，也应该包容，又为什么治罪呢？齐桓公亲自宣扬其先君的罪恶以争取管仲，然后群臣才能够献出全部忠心。如今陛下却想要为十世远的祖先武帝掩盖事实，岂不是与齐桓公不同了吗？我现在就到宫门外，伏身等待诛杀的重惩。"章帝看到奏书后，下令不要再审理此案，并任命孔僖为兰台令史。

【纲】章帝下诏赏赐毛义、郑均每人稻谷一千斛。　【目】庐江郡（治舒县，今安徽庐江西）人毛义、东平国（都无盐县，今山东汶上北）人郑均都以仁义的行为闻名乡里，南阳郡人张奉仰慕毛义的名望，前去拜访他，刚刚坐定，而官府的公文恰好送到，任命毛义代理安阳县令。毛义捧着公文进来，面露兴奋之情。张奉心中鄙视他这种行为，便告辞而去。后来毛义的母亲去世，官府再征召毛义时，他都拒绝了。张奉才叹息道："贤义的人，本来是不能妄加预测的。过去的喜悦，只是为了让母亲高兴才忍受委屈的。"

郑均的兄长做县令，经常收受贿赂。郑均规劝他，他不接受，于是郑均就离开他去到外地做工，过了一年多，得到钱帛后回来交给兄长，说："东西没有了可以再得到；当官贪赃，就会终生废弃。"郑均的兄长被他的话感动，终于成为廉洁的清官。郑均做官一直做到尚书，免职回乡。章帝下诏褒扬毛义、郑均，每人赏赐稻米一千斛。

【纲】元和二年（乙酉，85），春正月，下诏戒除庸俗官吏文过饰非、只做表面文章的行为。　【目】章帝下诏说："庸俗的官吏只注重表面文章，似是而非，我非常厌恶他们，对这种现象很苦恼！踏实苦干的官吏，都是诚诚恳恳、朴实无华的，每天考察其成绩，还觉得不足，但是如果每月考察其成绩，就超过了他人。像襄城县令刘方，官吏、百姓都是异口同声地称他为政清简不烦，虽然没有其他突出表现，但是这也大致接近要求了！有些人认为苛暴就是洞察，尖刻就是聪明，对罪犯轻

【纲】二月,帝东巡。　【目】帝之为太子也,受《书》于汝南张酺。至是东巡,酺为东郡太守,帝幸东郡,引酺及门生、掾、史会庭中,先备弟子之仪,使酺讲《尚书》一篇,然后修君臣之礼。行过任城,幸郑均舍,赐尚书禄以终其身,时人号为"白衣尚书"。

【纲】耕于定陶。柴告岱宗;宗祀明堂。三月,至鲁,祀孔子。【目】帝祀孔子及七十二弟子于阙里,作六代之乐,大会孔氏男子六十二人。帝谓孔僖曰:"今日之会,宁于卿宗有光荣乎?"对曰:"臣闻明王圣主,莫不尊师贵道。今陛下亲屈万乘,辱临敝里,此乃崇礼先师,增辉圣德,非臣家之私荣也!"帝大笑曰:"非圣者子孙,焉有斯言乎!"拜僖郎中。

【纲】夏四月,还宫,假于祖祢。
【纲】丙戌,三年,夏五月,司空伦罢。　【目】第五伦以老病乞身,赐策罢,以二千石俸终其身。伦奉公尽节,言事无所依违。性质悫,少文采,在位以贞白称。或问伦曰:"公有私乎?"对曰:"昔人有与吾千里马者,吾虽不受,每三公有所选举,心不能忘,而亦终不用也。吾兄子病,一夜十往,退而安寝;吾子有疾,虽不省视,而竟夕不眠。若是者,岂可谓无私乎。"

判就是仁义，对罪犯重惩就是威严，这四种观念如果流行起来，那么百姓就会产生怨恨情绪。我多次颁布诏书，使者不绝于道，而吏治并未加以改观，百姓中仍有人触犯法律，其责任在哪里？盼望官吏们遵守过去的法令，使我称心如意！"

【纲】二月，章帝到东方巡视。 【目】章帝当太子时，向汝南人张酺学习《尚书》。到这次东巡时，张酺任东郡（治濮阳县，今河南濮阳南）太守，章帝到达东郡后，率领张酺及其学生，还有官府的掾、史（原文为"吏"，此据《后汉书·张酺传》及《资治通鉴》改）等在大厅中会集，章帝先行学生礼仪，由张酺讲解《尚书》中的一篇，然后再行君臣之礼。章帝经过任城（今山东济宁）时，前往郑均家，赏赐他终身享用尚书的俸禄，当时人们称他为"白衣尚书"。

【纲】章帝在定陶（今山东定陶）演示耕种。到泰山焚烧木柴祭告上天。在明堂祭祀五帝。三月，到达鲁国，祭祀孔子。 【目】章帝在曲阜孔子故居阙里祭祀孔子及其七十二弟子，演奏黄帝、尧、舜、禹、商汤、周武王等六代古乐，会见孔氏家族的男子六十二人。章帝对孔僖说："今天的集会，对你的祖先难道不是一种光荣吗？"孔僖回答："我听说圣明的君王，没有不尊师重道的。现在陛下以万乘之身，屈尊亲临敝里，这是为了尊崇先师孔子，发扬光大陛下的神圣品德，并不是我们一家的荣耀！"章帝大笑说："不是圣人的子孙，怎能讲出这种话呢！"任命孔僖为郎中。

【纲】夏四月，章帝回宫，到祖父、父亲的宗庙祭告。

【纲】元和三年（丙戌，86），夏五月，司空第五伦罢官。 【目】第五伦因年老多病请求退休，章帝赐策书免其官，并赏与二千石的终身俸禄。第五伦奉公尽职，上书言事从不模棱两可。性格质朴诚实，缺少文采，居官以清白著称。有人问第五伦："你有私心吗？"第五伦回答："以前曾有人送给我一匹千里马，我虽然没有接受，但每次要三公举荐人才时，心中总是不能忘记他，不过最终仍没有举荐这个人。我兄长的儿子生病，我虽然一夜十次前去探望，但是回来后就安心地睡觉；我的儿子有病，虽然没有去探视，却整夜不眠。像这种情况，怎能说没有私心呢？"

【纲】诏侍中曹褒定汉礼。 【目】博士曹褒请著汉礼,班固以为"宜广集诸儒,共议得失"。帝曰:"谚言:'作舍道边,三年不成。'会礼之家,名为聚讼,互生疑异,笔不得下。昔尧作《大章》,一夔足矣。"乃拜褒侍中,授以叔孙通《汉仪》十二篇,曰:"此制散略,多不合经;今宜依礼条正,使可施行。"

【纲】丁亥,章和元年,秋,改元。 【目】是时屡有嘉瑞,言者咸以为美,遂诏改元章和。太尉掾何敞独恶之,谓宋由、袁安曰:"夫瑞应依德而至,灾异缘政而生。今异鸟翔于殿屋,怪草生于庭际,不可不察!"由、安惧,不敢答。

【纲】八月晦,日食。

【纲】曹褒奏所撰制度。 【目】曹褒依准旧典,杂以《五经》、谶记之文,撰次天子至于庶人冠、婚、吉、凶终始制度,凡百五十篇,奏之。帝以众论难一,故但纳之,不复令有司平奏。

【纲】戊子,二年,春正月,帝崩。 【目】年三十一。遗诏:"无起寝庙,一如先帝法制。"

【纲】太子肇即位,尊皇后曰皇太后。

【纲】三月,葬敬陵。

【纲】太后临朝。 【目】窦宪以侍中内干机密,出宣诏命;弟笃、景、瓌皆在亲要。崔骃以书戒宪曰:"《传》曰:'生而富者骄,生而贵者傲。'生富贵而能不骄傲者,未之有也。昔冯野王称为贤臣,近阴卫尉克己复礼,终受多福。外戚所以获讥于时,垂愆于后者,盖在满而不挹,位有余而仁不足。汉兴,外家二十,保族全身,四人而已。《书》曰'鉴于有殷',可不慎哉!"

【纲】下诏令侍中曹褒制定汉王朝礼仪。 【目】博士曹褒请求制定汉王朝礼仪。班固认为应该广泛会集儒家学者,共同商议利害得失。章帝说:"有句谚语讲'路边盖房,三年不成,把懂礼的专家聚集在一起,就像打官司一样争执不定,互相提出异议疑问,无从下笔。从前尧作《大章》,只要夔一人负责就足够了。"于是便任命曹褒为侍中,把叔孙通制订的《汉仪》十二篇交给他,说:"这个礼制松散疏略,许多都不符合儒家经典;现在应该依照礼仪逐条校正,使它可以施行。"

【纲】章帝章和元年(丁亥,87),秋季,更改年号。 【目】此时屡次出现吉祥征兆,谈论的人都认为是美事,章帝便下诏改年号为"章和"。唯独太尉掾何敞厌恶这种事,对宋由、袁安说:"祥瑞应随德而来,灾异因暴政而生。如今怪鸟在宫殿上飞翔,怪草生在宫廷庭院中,不能不察觉。"宋由、袁安非常恐惧,不敢回答。

【纲】八月三十日,出现日食。

【纲】曹褒奏上所撰的礼仪制度。 【目】曹褒依据旧有典章法令,参考儒家学派的《五经》,以及神秘预言书的记载,编制了从天子到平民在加冠礼、婚礼、吉礼、凶礼等仪式上的一整套制度程式,共一百五十篇,上奏章帝。章帝认为众人的意见难以统一,所以只采纳了曹褒的建议,不再命有关部门讨论奏报。

【纲】章和二年(戊子,88),春正月,章帝去世。 【目】章帝时年三十一岁。遗诏上说:"不要建立寝庙,一切依照先帝明帝的制度。"

【纲】太子刘肇即位,尊窦皇后为皇太后。

【纲】三月,将章帝安葬在敬陵(在今河南洛阳东南)。

【纲】窦太后临朝执政。 【目】窦宪以侍中的身份对内主持机要,对外负责宣示诏命;他的兄弟窦笃、窦景、窦瓌都居显要地位。崔骃写信给窦宪劝诫说:"古人说:'生下来就富有的人骄气,生下来就尊贵的人傲气。'生下来就富有尊贵却能不骄傲的,从未有过。从前的冯野王被称为贤臣,近来的卫尉阴兴克己复礼,最终能够享受很多福分。皇后家族之所以被当时人讥笑、被后世人谴责,大概就在于权势过大却不知收敛,地位太高而仁义不够。西汉王朝由兴到衰,共有皇后家族二十家,能够保全家族和自身性命的,不过四人而已。《尚书》上说'应

【纲】冬十月，侍中窦宪杀都乡侯畅；太后以宪为车骑将军，使击北匈奴以赎罪。　【目】都乡侯畅来吊国忧，太后数召见之，窦宪惧畅分宫省之权，遣客刺杀畅于屯卫之中，而归罪于畅弟刚，使侍御史与青州刺史杂考之。尚书韩棱以为："贼在京师，不宜舍近问远，恐为奸臣所笑。"何敞请独奏案之，于是推举，具得事实。太后怒，闭宪于内宫。宪惧诛，因自求击匈奴以赎死；乃以宪为车骑将军，执金吾耿秉为副，发兵伐北匈奴。

孝和皇帝

【纲】己丑，孝和皇帝永元元年，春，下尚书仆射郅寿吏，寿自杀。　【目】窦宪将行，公卿诣朝堂上书谏，以为"匈奴不犯边塞，而无故劳师远涉，损费国用，徼功万里，非社稷之计"。书连上辄寝。袁安、任隗免冠固争，前后十上，众皆危惧，安、隗正色自若。侍御史鲁恭上疏曰："万民者，天之所生。天爱其所生，犹父母爱其子。一物有不得其所者，则天气为之舛错，况于人乎！故爱民者必有天报。夫戎狄者，四方之异气也，是以圣王之制，羁縻不绝而已。今匈奴远藏，去塞数千里，而欲乘其虚耗，利其微弱，是非义之所出也。今始征发，而大司农调度不足，上下相迫，民间之急亦已甚矣。群僚百姓咸曰不可，陛下独奈何以一人之计，弃万人之命，不恤其言乎！"太后不听。

又诏使者为笃、景起邸第。侍御史何敞上疏言："宜且罢工匠，以忧边恤民。"书奏，不省。

把商王朝的灭亡作为鉴戒',能够不慎重吗?"

【纲】冬十月,侍中窦宪杀死都乡侯刘畅;窦太后任命窦宪为车骑将军,让他攻打北匈奴以赎罪。 【目】都乡侯刘畅来到首都吊唁章帝,窦太后多次召见他。窦宪害怕刘畅分夺自己的宫署权力,就派刺客在宫门卫队中刺杀了刘畅,却归罪于刘畅的弟弟刘刚,并派侍御史与青州(治临淄县,今山东益都西北)刺史联合审问他。尚书韩稜则认为:"凶手就在首都洛阳,不应舍近求远,这样做恐怕被奸臣嘲笑。"何敞奏请单独审理此案。于是经过审理,得到全部事实真相。窦太后大怒,将窦宪禁闭在内宫中。窦宪害怕被处死,就自己要求攻打匈奴以赎回死罪;于是任命窦宪为车骑将军,执金吾耿秉为副手,发兵讨伐北匈奴。

孝和皇帝

【纲】孝和皇帝刘肇永元元年(己丑,89),春季,将尚书仆射郅寿交有关部门治罪,郅寿自杀。 【目】窦宪将要出发,公卿大臣齐于宫廷上书劝谏,认为:"匈奴没有侵犯边塞,却无故劳师远征,损耗国费,邀功于万里之外,不是利国之策。"奏书连续呈上,却总无消息。袁安、任隗脱去官帽力争,并前后十次上书,众人都为他们担惊受怕,而袁安、任隗却神色自如。侍御史鲁恭上疏说:"万民百姓,是上天所生;上天爱其所生,就像父母爱他们的儿子。一件事物不能得其所在,那么天象就会为它错乱,何况对人呢!所以爱护百姓的人一定会得到上天的报答。偏远的外族人,是四方的异气,所以圣明君王的办法,只不过是约束而不灭绝就可以了。如今匈奴人远远躲藏起来,离边塞数千里,却打算乘他们虚弱,利用他们衰微,这是不仁义的行为。现在刚刚开始征发,而大司农就已经出现调度不足的情况,上下相逼,百姓的穷困就已经达到极限了。臣僚和百姓都说不可行,为什么唯独陛下为了一个人的生计,去毁弃万人的生命,而不考虑他人的意见呢!"窦太后没有接受。

又诏令使者为窦笃、窦景兴建宅第。侍御史何敞上疏说:"应该迅速撤走工匠,以便支援边关战事,体恤人民疾苦。"奏疏呈上后,不被理睬。

窦宪尝使门生赍书诣尚书仆射郅寿，有所请托，寿送诏狱，上书陈宪骄恣，引王莽以诫国家。又因朝会，厉音正色，讥宪等以伐匈奴、起第宅事。宪怒，陷寿以诽谤，下吏，当诛，减死，徙合浦，未行自杀。

【纲】夏六月，窦宪击北匈奴，大破之，登燕然山，刻石勒功而还。　【目】窦宪、耿秉出朔方塞，与北单于战于稽落山，大破之，斩获甚众，降二十余万人。出塞三千余里，登燕然山，命中护军班固刻石勒功，纪汉威德而还。

【纲】秋七月，会稽山崩。

【纲】九月，以窦宪为大将军。　【目】窦氏兄弟骄纵，尚书何敞上封事曰："爱而不教，终至凶戾，犹饥而食之以毒，适所以害之也。伏见大将军宪兄弟专朝，虐用百姓，奢侈僭偪，诛戮无罪。臣敞区区，诚不欲上令皇太后损文母之号，陛下有誓泉之讥，下使宪等得长保其福祐。"宪乃白出敞为济南太傅。

【纲】大水。

【纲】辛卯，三年，春二月，窦宪遣兵击北匈奴于金微山，大破之。　【目】窦宪以北匈奴微弱，欲遂灭之，遣左校尉耿夔围北单于金微山，大破之。出塞五千余里而还，自汉出师，所未尝至也。

【纲】窦宪杀尚书仆射乐恢。　【目】窦宪以耿夔、任尚为爪牙，邓叠、郭璜为心腹，班固、傅毅典文章，刺史、守、令多出其门，赋敛吏民，共为赂遗。尚书仆射乐恢上疏曰："陛下富于春秋，纂承大业，诸舅不宜干正王室，示天下之私。若上能以义自割，下能以谦自引，则四舅可长保爵土之荣，而皇太后永无惭负宗庙之忧矣。"书

窦宪曾派门生送信给尚书仆射郅寿，对他有些请托。郅寿将其门生送交诏狱，并上书陈述窦宪骄横放纵，引用王莽事例警告朝廷；又趁朝会时，声色俱厉地讥讽窦宪等讨伐匈奴、大建宅第等事。窦宪极为愤怒，诬陷郅寿诽谤朝廷，将其治罪，当处斩刑，被减死一等，放逐到合浦郡（治合浦县，今广西合浦），还没有动身，就自杀了。

【纲】夏六月，窦宪攻打北匈奴，大败敌军，登上燕然山（即今蒙古西中部的杭爱山），刻立石碑记功，然后返回。【目】窦宪、耿秉出朔方郡（治临戎县，今内蒙杭锦旗西）边塞，与北匈奴单于在稽落山会战，大败敌军，斩首、俘获敌人很多，二十余万人投降。又出塞三千余里，登上燕然山，命中护军班固刻立石碑记功，记录下汉王朝的国威恩德，然后返回。

【纲】秋七月，会稽郡发生山崩。

【纲】九月，任命窦宪为大将军。【目】窦氏兄弟骄傲放纵，尚书何敞呈上密封亲启的奏书，说："宠爱却不管教，最终会变成凶狠残暴的人，就好像饥饿时将毒药给他吃，恰恰是害了他。我见到大将军窦宪兄弟独揽朝纲，虐待百姓，奢侈放肆，诛杀无辜。区区何敞，实在不想对上使皇太后的'文母'称号受到损害，使陛下落得发誓'黄泉相见'的笑柄，对下则可使窦宪等得以永保荣华富贵。"于是窦宪就向窦太后奏准派何敞到济南国担任济南王刘康的太傅。

【纲】发生水灾。

【纲】永元三年（辛卯，91），春二月，窦宪派兵在金微山（即阿尔泰山）攻打北匈奴，大破敌军。【目】窦宪认为北匈奴微弱，打算彻底消灭他们，派左校尉耿夔在金微山包围北匈奴单于，大破敌军。乘胜出塞五千余里才返回，这是自从汉王朝出兵以来，从没有到达过这么远的地方。

【纲】窦宪杀死尚书仆射乐恢。【目】窦宪以耿夔作为自己的助手，邓叠、郭璜作为自己的心腹，班固、傅毅则负责撰写文章，刺史、太守、县令大多出于窦姓家门，他们对吏民横征暴敛，共同从事贿赂勾当。尚书仆射乐恢上疏说："陛下年纪正轻，继承帝业，舅父们不应掌管王室，向天下显露私心。如果居上位的能以大义为重，自行割爱，居下

奏，不省。恢乞骸骨，归；宪风州郡，迫胁恢饮药死。于是朝臣震慑，无敢违者。袁安以天子幼弱，外戚擅权，每朝会进见，及与公卿言国家事，未尝不喑呜流涕；天子大臣，皆恃赖之。

【纲】壬辰，四年，夏六月朔，日食。地震。旱，蝗。

【纲】大将军窦宪伏诛。　【目】窦氏父子兄弟充满朝廷，遂谋为逆。帝知其谋，而外臣莫由亲接，以钩盾令郑众，谨敏有心几，不事豪党，遂与众定议诛宪。诏执金吾、五校尉勒兵屯卫南、北宫，闭城门，收宪大将军印、绶，与笃、景、瑰皆就国。选严能相，迫令自杀。

窦氏宗族、宾客皆免归故郡。班固死狱中。固尝著《汉书》，尚未就，诏固女弟曹寿妻昭踵成之。

【纲】以宦者郑众为大长秋。　【目】帝策勋班赏，众每辞多受少，帝由是贤之，常与之议论政事，宦官用权自此始矣。

【纲】乙未，七年，夏四月朔，日食。秋七月，易阳地裂。九月，地震。

【纲】丙申，八年，春二月，立贵人阴氏为皇后。夏，蝗。

【纲】丁酉，九年，春三月，陇西地震。夏六月，旱，蝗。除田租及山泽税。

【纲】秋闰八月，皇太后窦氏崩。　【目】初，梁贵人既死，宫省事秘，莫有知帝为梁氏出者。舞阴公主子梁扈奏记三府，求得申议。太尉张酺言状，帝感恸良久。酺因请追上尊号，存录诸舅，帝从之。

位的能以谦让为怀,自行引退,那么四位舅父就可以永保爵位和封地的荣耀,而皇太后则永远不必担心辜负祖先祭庙了。"奏章呈上,不见回音。乐恢请求退休,返回家乡。窦宪暗示州郡官员对乐恢加以迫害,乐恢服毒而死。于是朝臣们吓得胆战心惊,无人再敢违抗。袁安因为皇帝年幼弱小,皇太后家族专权,每次朝会进见和与公卿大臣谈论国家大事时,没有一次不感伤落泪;从皇帝到大臣都依赖他。

【纲】永元四年(壬辰,92),夏季,六月一日,出现日食。发生地震。久旱无雨,蝗虫成灾。

【纲】大将军窦宪被处死。 【目】窦氏家族父子兄弟充满朝廷,便阴谋叛逆。和帝知道他们的阴谋,而大臣们却无法接近皇帝,由于钩盾令郑众谨慎敏捷,富有心机,不追随窦氏家族,和帝便与郑众商定处死窦宪。下诏命执金吾、五校尉领兵保护南宫、北宫,关闭城门,收缴窦宪的大将军印信、绶带,让他跟窦笃、窦景、窦瓌一同返回封国,选择严明干练的人担任封国宰相,逼迫这四人自杀。

窦氏家族及其宾客全都被免职,返回故乡。班固死在狱中。班固曾著《汉书》,还没完成,和帝命班固的妹妹、曹寿的妻子班昭继续完成。

【纲】任命宦官郑众做大长秋。 【目】和帝授勋颁赏时,郑众常常是推辞多接受少,和帝因此认为他是位贤人,经常与他议论政事,宦官专权便从此开始了。

【纲】永元七年(乙未,95),夏季,四月一日,出现日食。秋七月,易阳县(今河北永年)发生地裂。九月,地震。

【纲】永元八年(丙申,96),春二月,封贵人阴氏为皇后。夏季,出现蝗灾。

【纲】永元九年(丁酉,97),春三月,陇西郡(治狄道县,在今甘肃临洮南)地震。夏季,六月,发生旱灾、蝗灾。免除田租及山泽税。

【纲】秋季,闰八月,皇太后窦氏去世。 【目】当初,梁贵人已死,因宫中行事严密,没有人知道和帝是梁贵人所生。舞阴公主的儿子梁扈奏报太尉、司徒、司空三府,请求讨论此事。太尉张酺讲明情况,和帝感伤良久。张酺便请求追加梁贵人尊号,统计记录各位舅父,和帝接受

会贵人姊上书自讼，乃知贵人枉殁之状。三公请奏"贬窦太后尊号，不宜合葬先帝。"帝手诏曰："窦氏虽不遵法度，而太后常自减损。朕奉事十年，深惟大义：礼，臣子无贬尊上之文。恩不忍离，义不忍亏，其勿复议！"

【纲】葬章德皇后。冬十月，追尊梁贵人为恭怀皇太后，葬西陵。

【纲】戊戌，十年，夏五月，大水。

【纲】冬十二月，以刘恺为郎。　【目】初，居巢侯刘般薨，子恺当嗣，称父遗意，让其弟宪，遁逃十余岁，有司奏请绝其国。贾逵上书曰："孔子称'能以礼让为国乎何有'。有司不原乐善之心，而绳以循常之法，非所以长克让之风，成含弘之化也。"诏听宪嗣爵，征恺为郎。

【纲】壬寅，十四年，夏六月，皇后阴氏废，死。　【目】阴后妒忌恚恨。有言后挟巫蛊道者，后坐废，以忧死。

【纲】征班超还京师。　【目】班超年老乞归，久之未报，超妹曹大家上书为超求哀，帝感其言，乃征超还。八月，至洛阳；九月，卒。

任尚代为都护，谓超曰："小人猥承君后，任重虑浅，宜有以诲之。"超曰："塞外吏士，本非孝子顺孙，皆以罪过徙补边屯；而蛮夷怀鸟兽之心，难养易败。今君性严急，水清无大鱼，察政不得下和，宜荡佚简易，宽小过，总大纲而已。"超去后，尚私谓所亲曰："我以班君当有奇策，今所言平平耳。"尚后竟失边和，如超言。

了其建议。正巧梁贵人的姐姐上书申冤,和帝才知道梁贵人枉死的惨状。三公请奏"贬黜窦太后尊号,不应与先帝章帝合葬"。和帝亲写诏书说:"窦氏家族虽然不遵守法纪,但是窦太后却常常能自我克制。我奉事十年,深思大义:按照礼教,作为大臣、儿子没有贬斥君王、父母的道理。于恩不忍使太后与先帝坟穴分离,于义不忍伤害太后,大家不要再讨论此事!"

【纲】安葬章德皇后。冬十月,追尊梁贵人为恭怀皇太后,葬在西陵。

【纲】永元十年(戊戌,98),夏五月,发生大火灾。

【纲】冬十二月,任命刘恺为郎。 【目】当初,居巢侯刘般去世,他的儿子刘恺应当继承爵位。刘恺称按父亲的遗愿,将爵位让给弟弟刘宪,并逃走十余年;有关部门奏请撤销其封国。贾逵上书说:"孔子说'能用礼让治国吗?这样做还有什么困难',有关部门不探寻乐于行善的本心,而用平常的法条去处理,是不能鼓励克制礼让的风气,成就宽厚恢宏的教化的。"和帝下诏特准刘宪继承爵位,征召刘恺做郎。

【纲】永元十四年(壬寅,102),夏六月,皇后阴氏被废黜后去世。 【目】阴皇后对自己失宠非常忌妒、愤恨。有人控告她与人施用巫蛊乱政,于是阴皇后被废黜,忧愁而死。

【纲】征召西域都护班超返回首都洛阳。 【目】班超因年老请求退休回乡,但是朝廷很久不做答复,班超的妹妹曹大家班昭上书为班超求情,和帝被她的言语感动,便征召班超返回首都。八月,班超到达洛阳;九月,去世。

任尚代理西域都护之职,向班超请教说:"我在您后边接替职务,任务繁重,能力有限,您应该对我有所指教。"班超说:"塞外的这些官吏士人,本来就不是孝顺子孙,都是因为有罪或犯有过失而被放逐贬谪到塞外边关的;而边远民族的人心如同鸟兽,难以团结,却很容易溃散。现在你的性格严厉急切,水清无大鱼,为政明察一切就不能与下属和睦,应该宽松简易,不过问小的过失,只总揽大纲就可以了。"班超走后,任尚私下对亲信说:"我以为班超应当有奇计,现在所讲的,不过是平凡的那一套。"任尚后来终于破坏了边塞的和平,正如班超所

【纲】冬十月,立贵人邓氏为皇后。 【目】初,邓禹尝谓人曰:"吾将百万之众,未尝妄杀一人,后世必有兴者。"其子训有女曰绥,性孝友,好书传。选入宫为贵人,恭肃小心,动有法度,承事阴后,接抚同列,常克己以下之,虽宫人隶役,皆加恩恤,帝深嘉焉。及为皇后,郡国贡献,悉令禁绝,岁时但供纸墨而已。帝每欲官爵邓氏,后辄哀请谦让,故兄骘终帝世不过中郎将。

【纲】封郑众为鄛乡侯。 【目】宦者封侯自此始。

【纲】乙巳,元兴元年,冬十二月,帝崩,太子隆即位。 【目】初,帝失皇子十数,后生者辄隐秘,养于民间,群臣无知者。及帝崩,皇后乃收皇子于民间。太子胜,有痼疾。少子隆,生始百余日,迎立以为太子,即位。

【纲】尊皇后曰皇太后,太后临朝。

【纲】雒阳令王涣卒。 【目】涣居身平正,能以明察发摘奸伏,外猛内慈,人皆悦服。至是卒官,百姓莫不流涕,为立祠,作诗弦歌以祭。太后诏曰:"夫忠良之吏,国家所以为治也,求之甚勤,得之至寡。其以涣子石为郎中。"

孝殇皇帝

【纲】丙午,孝殇皇帝延平元年,春正月,以张禹为太傅,徐防为太尉,参录尚书事。 【目】太后以帝在襁褓,欲令重臣居禁内。乃诏禹舍宫中,五日一归府,每朝见特赞,与三公绝席。

【纲】三月,葬慎陵。

【纲】夏四月,以邓骘为车骑将军、仪同三司。

【纲】秋八月,帝崩。太后迎清河王子祜入即位,太后犹临朝。

预言的一样。

【纲】冬十月，封贵人邓氏为皇后。　【目】最初，邓禹曾对人说："我统率百万大军，从没有妄杀一人，后代人中必定有人兴起。"他的儿子邓训有个女儿叫邓绥，性情孝顺友爱，喜好古书。被选入宫做贵人，谦恭小心，一举一动都符合规矩。侍奉阴皇后，对待与己相同的妃嫔，常常克制自己以讨好对方，即使对宫女和奴仆，都施恩厚待。和帝对她深表赞许。等到她成了皇后，各郡、封国进贡物品，一律命令禁止，每年只让他们供应纸墨而已。和帝每次打算为邓氏家族加官晋爵，邓皇后就哀求推辞，所以她的兄长邓骘在和帝在位时不过是个中郎将。

【纲】封郑众为鄛乡侯。　【目】宦官封侯爵从此开始。

【纲】和帝元兴元年（乙巳，105），冬十二月，和帝去世，太子刘隆即位。　【目】当初，和帝有十多个儿子夭亡，后来就将生下的小孩隐藏起来，秘密地放在民间抚养，大臣们无人知晓。和帝去世后，邓皇后就收回在民间抚养的孩子，长子刘胜患有不治之症，小儿子刘隆生下刚一百多天，就迎回宫中立为太子，随后即位。

【纲】尊邓皇后为皇太后，太后临朝执政。

【纲】洛阳县令王涣去世。　【目】王涣为人公平正直，能够洞察奸邪之人，外表威猛，内心仁慈，人们都心悦诚服。此时，王涣在任内去世，百姓无不流泪，为他建立祭祠、作诗，配上音乐祭祀他。邓太后下诏说："忠良的官员，是国家长治久安的保证，寻找他们非常急切，却极少能得到。现任命王涣的儿子王石为郎中。"

孝殇皇帝

【纲】孝殇皇帝刘隆延平元年（丙午，106），春正月，任命张禹为太傅，徐防为太尉，主持宫廷尚书事宜。　【目】由于殇帝还在襁褓之中，邓太后打算令重要大臣住在宫内，于是下令张禹留居宫中，五天回家一次。每次朝会时，单独赞报张禹姓名，不与三公同坐一处。

【纲】三月，将和帝安葬在慎陵（在今河南洛阳东南）。

【纲】夏四月，任命邓骘为车骑将军、仪同三司。

【纲】秋八月，殇帝去世。邓太后迎回清河王的儿子刘祜入宫即

【纲】九月,大水。葬康陵。

【纲】陨石于陈留。

【纲】冬十月,大水,雨雹。十二月,清河王庆卒。

孝安皇帝

【纲】丁未,孝安皇帝永初元年,春三月,日食。

【纲】夏四月,封邓骘及弟悝、弘、阊皆为列侯,骘辞不受。

【纲】秋九月,以寇贼、雨水,策免太尉防、司空勤。 【目】三公以灾异免自此始。

【纲】戊申,二年,春正月,邓骘击钟羌,大败。

【纲】夏,旱。五月,太后亲录囚徒。 【目】皇太后幸洛阳寺及若卢狱,录囚徒。洛阳有囚,实不杀人,而被考自诬,羸困舆见,畏吏不敢言,将去,举头若欲自诉。太后呼还问状,具得枉实,即收令抵罪。行未还宫,澍雨大降。

【纲】六月,大水,大风,雨雹。秋七月,太白入北斗。

【纲】冬十一月,征邓骘为大将军。 【目】邓骘在位,颇能推进贤士,荐何熙、李郃等列于朝廷,又辟弘农杨震、巴郡陈禅等置之幕府,天下称之。震孤贫好学,通达博览,诸儒为之语曰:"关西孔子杨伯起。"骘闻而辟之,累迁荆州刺史、东莱太守。当之郡,道经昌邑,故所举荆州茂才王密为令,夜怀金遗震。震曰:"故人知君,君不知故人,何也!"密曰:"暮夜无知者。"震曰:"天知,地

位,太后仍临朝听政。

【纲】九月,发生大水灾。将殇帝安葬在康陵(在今河南洛阳东南)。

【纲】陨石降落陈留郡。

【纲】冬十月,发生大水灾,降冰雹。十二月,清河王刘庆去世。

孝安皇帝

【纲】孝安皇帝刘祜永初元年(丁未,107),春三月,出现日食。

【纲】夏四月,封邓骘及其兄弟邓悝、邓弘、邓阊为侯爵,邓骘推辞,没有接受。

【纲】秋九月,由于发生民变起事和大雨成灾,罢免太尉徐防、司空尹勤官职。 【目】三公因灾异而被免职从此开始。

【纲】永初二年(戊申,108),春正月,邓骘攻打钟羌部落(西羌之一种,居于今甘肃陇西、岷县一带),惨败。

【纲】夏季,旱灾。五月,邓太后亲自审问囚犯。 【目】邓太后视察洛阳官府和主要关押将相大臣的若卢监狱,亲自审问囚犯。洛阳县有位囚犯,事实上没有杀人,却被拷打逼供,只好自己诬认杀了人,因极度虚弱,只得由人抬着见太后,但是害怕官吏报复,不敢讲出实情,就在将要被抬下去时,他抬起头好像要申诉。太后将其召回来询问情况,得到全部被冤事实,立即逮捕洛阳县令来抵偿罪过。太后一行还没有回到宫中,就及时降下大雨。

【纲】六月,发生大水,大风和冰雹。秋七月,太白星进入北斗星。

【纲】冬十一月,征用邓骘为大将军。 【目】邓骘在职期间,很善于推举贤能之士,举荐何熙、李郃等进入朝廷为官,又推举弘农郡(治弘农县,今河南灵宝)人杨震、巴郡(治江州县,今四川重庆嘉陵江北岸)人陈禅等做自己的幕僚,天下人称赞他。杨震自幼丧父,家境贫寒,但喜好读书,为人通达,博览群书,儒生们称他为"关西的孔子"。邓骘听说此人便举聘他,历任荆州刺史、东莱郡(治黄县,今山东蓬莱西南)太守。当他前往东莱郡上任时,路经昌邑(在今山东金乡西北),他

知,我知,子知,何谓无知者!"密愧而出。子孙常疏食、步行;故旧或欲令为开产业,震曰:"使后世称为清白吏子孙,以此遗之,不亦厚乎!"

【纲】己酉,三年,春正月,京师大饥,民相食。夏四月,令吏民入钱谷,得拜官赐爵有差。冬十二月,并、凉大饥,人相食。

【纲】庚戌,四年,春正月,诏以凉州牧守子弟为郎。 【目】庞参说邓骘"徙边郡不能自存者入居三辅",骘然之,欲弃凉州,并力北边。郎中虞诩言于太尉张禹曰:"若大将军之策,不可者三:先帝开拓土宇,劳而后定,今惮小费,举而弃之,一也。凉州既弃,即以三辅为塞,园陵单外,二也。谚曰:'关西出将,关东出相。'烈士武臣,多出凉州,土风壮猛,便习兵事。今羌、胡所以不敢入据三辅为心腹之害者,以凉州在后故也。凉州士民所以推锋执锐,父死子战,无反顾之心者,为臣属于汉故也。今割而弃之,民庶安土重迁,必引领而怨曰:'中国弃我于夷狄!'如卒然起谋,因天下之饥敝,驱氐、羌以为前锋,席卷而东,则函谷以西,园陵旧京,非复汉有,三也。"禹以为然。诩因说禹:"网罗凉土雄杰,引其牧守子弟于朝,外以劝励答其功勤,内以拘致防其邪计。"禹善其言,更集四府,皆从诩议。于是辟西州豪杰为掾属,拜牧守长吏子弟为郎,以安慰之。

过去举荐的荆州秀才王密在此当县令,王密在夜间把黄金送给杨震,杨震说:"老友了解你,你却不了解老友,为什么!"王密说:"黑夜里没有人知道。"杨震说:"天知,地知,我知,你知,怎能说无人知道!"王密惭愧地告辞。杨震的子孙常常吃蔬菜、徒步行走。亲朋老友中有人劝他积蓄家产,杨震说:"让后世称他们是清官的子孙,把这留给他们,不也是很厚的遗产吗?"

【纲】永初三年(己酉,109),春正月,首都洛阳发生大饥荒,百姓互相残食。夏四月,宣布官吏、百姓只要缴纳钱财或粮食,就可以被加封不同等级的官爵。冬十二月,并州(治晋阳县,今山西太原西南)、凉州发生大饥荒,人们互相残食。

【纲】永初四年(庚戌,110),正月,下诏任命凉州牧、守的子弟为郎。 【目】庞参向邓骘建议将边境各郡无法生存的百姓迁移到三辅地区居住,邓骘同意,打算放弃凉州,全力对付北方边境。郎中虞诩对太尉张禹说:"像大将军邓骘的意见,绝不可行,理由有三:先帝们开拓疆土,费尽千辛万苦才平定,如今却因为害怕花费一笔小小的开支,就将它舍弃,这是第一点。放弃凉州后,三辅地区就成为边塞,先帝们的陵墓也将孤立在外,这是第二点。俗话说:'关西(函谷关以西)出将,关东(函谷关以东)出相。'勇士武将大多来自凉州,因为当地风土民情是崇尚威猛,习惯从事军旅生活。现在羌人、胡人之所以不敢入侵占据三辅地区而成为心腹之患,就是由于凉州在他们背后。凉州人民之所以手执锋利武器、父死子战、毫无反顾之心,就是由于他们认为自己是属于汉王朝的。如今分割并抛弃他们,百姓出于安土重迁的心理,必定伸长脖子观望,并怨恨说:'朝廷把我们抛弃给夷狄人了!'如果他们突然起事,趁天下发生饥荒和国家疲敝,驱使氐人、羌人作为前锋,席卷东进,那么函谷关以西,先帝陵墓,旧都长安,将不再是汉王朝所有,这是第三点,"张禹认为正确。虞诩趁机向张禹建议:"招揽收罗凉州地区的英雄豪杰,将凉州牧、守的子弟招到朝廷,表面上是奖励回报他们父兄的功劳,实际上是拘禁他们,预防叛乱。"张禹采纳他的意见,又一次举行太师、太傅、司徒、司空四府会议,一致同意虞诩的建议。于是征召西州的英雄豪杰做官府属吏,任命牧、守、长吏的子弟当郎,以安慰他们。

【纲】以虞诩为朝歌长，讨县境群盗，平之。　【目】邓骘以前议恶虞诩，欲以法中之。会朝歌贼数千人攻杀长吏，屯聚连年，州郡不能禁，乃以诩为朝歌长。故旧皆吊之，诩笑曰："事不避难，臣之职也。不遇盘根错节，无以别利器，此乃吾立功之秋也。"及到官，设三科以募壮士，掾史以下各举所知，攻劫者为上，伤人、偷盗者次之，不事家业者为下，收得百余人，贳其罪，使入贼中诱令劫掠，乃伏兵以待之，杀数百人。又潜遣贫人能缝者佣作贼衣，以采线缝其裾，有出市里者，吏辄禽之。贼于是骇散，县境皆平。

【纲】申寅，元初元年，春二月，日南地坼。　【目】长百余里。

【纲】夏，旱，蝗。六月，河东地陷。

【纲】乙卯，二年，夏四月，立贵人阎氏为皇后。　【目】后性妒忌，后宫李氏生皇子保，后鸩杀李氏。

【纲】冬，以虞诩为武都太守。击羌，破之。　【目】太后闻虞诩有将帅之略，以为武都太守。羌众数千遮诩于陈仓崤谷，诩即停车不进，而宣言上书请兵，须到当发。羌闻之，乃分钞傍县。诩因其兵散，日夜进道，兼行百余里，令吏士各作两灶，日增倍之，羌不敢逼。或问曰："孙膑减灶，而君增之；兵法日行不过三十里，而今日且二百里，何也？"诩曰："虏众多，吾兵少，徐行则易为所及，速进则彼所不测。虏见吾灶日增，必谓郡兵来迎，众多行速，必惮追我。孙膑见弱，吾今示强，势有不同故也。"既到郡，兵不满三千，而羌众万余，攻围赤亭数十日。诩乃令军中强弩勿发，而潜发小弩；羌以为矢力弱，不能至，并力急攻。诩于是使二十强弩共射一人，发无

【纲】任命虞诩为朝歌（今河南汲县东北朝歌镇）县长，讨伐境内乱民，平定了他们。　【目】邓骘因为以前的建议而厌恶虞诩，打算用法律陷害他。此时正赶上朝歌县有数千乱民攻杀县长，据守数年，州、郡官府无法镇压，于是邓骘任命虞诩做朝歌县长。虞诩的老友都为他担忧，他笑着说："遇事不逃避困难，是大臣的职责。不遇上盘根错节的树木，就无法区别坚利的工具，这是我建功立业的良机。"等他到任后，制定三个等级以招募勇士，令县府的官吏各自推举所知道的：杀人、抢劫者为上等；打架伤人、偷盗者其次；无业游民为下等。共招收了一百多人，赦免他们的罪行，派他们插入乱民中，诱使其抢劫，便埋伏官军等待，杀死数百人。又密派会缝纫的穷人潜入乱民中，为他们做衣服，把彩线缝在乱民的衣后摆，等他们进城时，官吏就逮捕他们。于是乱民们惊恐万状，四散逃走，县境内全部平定。

【纲】安帝元初元年（甲寅，114），春二月，日南郡（治西卷县，今越南中部顺化之南）发生地裂。　【目】地裂长度为一百余里。

【纲】夏季，发生旱灾、蝗灾。六月，河东郡（治安邑镇，今山西运城东北安邑镇）发生地陷。

【纲】元初二年（乙卯，115），夏四月，封贵人阎氏为皇后。　【目】阎皇后生性妒忌，后宫里的宫女李氏与安帝生下皇子刘保，阎皇后便毒死了李氏。

【纲】冬季，任命虞诩为武都郡（治下辩县，今甘肃徽成西）太守，攻打羌人，大破敌军。　【目】皇太后邓氏听说虞诩有将帅之才，任命他为武都太守。羌人以数千之众埋伏在陈仓县（今陕西宝鸡东）崤谷（即大散关，在今陕西宝鸡西南），等待虞诩，虞诩立即停车不前，并宣称已上书请兵，等援军到后再出发。羌人听说此事，便分别劫掠附近各县。虞诩趁其兵力分散，日夜上路，兼行一百余里，令士兵各做两个炉灶，每天增加一倍，羌人不敢逼近。有人问虞诩："孙膑是减少炉灶，而您却增加炉灶。兵法上讲部队行军一天不能超过三十里，而现在每天行军将近二百里，为什么呢？"虞诩说："羌军多，我兵少，慢行则容易被追上，速进则敌军无法知道我们的情况。羌军见我们炉灶一天天增加，必定认为郡里的援军已来迎接，兵力既然强大，行军又快，羌军必

不中,羌大震,退;诩因出城奋击,多所伤杀。明日,悉陈其兵众,令从东郭门出,北郭门入,贸易衣服,回转数周;羌不知其数,更相恐动。诩计贼当退,乃潜遣五百余人于浅水设伏,候其走路;虏果大奔,因掩击,大破之,贼由是败散。诩乃占相地势,筑营壁百八十所,招还流亡,假赈贫民,开通水运。视事三年,人足家给,一郡遂安。

【纲】己未,六年,冬十二月朔,日食,既。地震。

【纲】豫章芝草生。 【目】豫章有芝草生,太守刘祇欲上之,以问郡人唐檀。檀曰:"方今外戚豪盛,君道微弱,斯岂嘉瑞乎!"祇乃止。

定害怕追击我军。孙膑示弱，我今天示强，是因为形势有所不同。"虞诩到达郡府所在地下辩，兵力不足三千，而羌军有一万多人围攻赤亭（今甘肃徽成西南）达数十天。虞诩就命令军中不要使用强弩，而暗中发射小弩。羌军以为弓箭的力量弱小，不能远射，便全力猛攻。虞诩于是派二十张强弩同射一人，百发百中，羌军大惊，撤退。虞诩趁机出城奋击，杀伤很多。第二天，虞诩出动全部人马，命令部队从东城门出，北城门入，然后再改换服装，如此来回数次。羌人不知汉军数目，相互传告，恐慌不安。虞诩算计羌军将退走，便暗中派遣五百余人在浅水处埋伏，封住退路；羌军果然大撤退，伏兵趁势攻击，大破羌军，羌人从此溃散。虞诩便察看地势，构筑军垒一百八十处，招回流亡在外的百姓，赈济贫民，开通水运河道。虞诩在任三年，人富家足，一郡平安。

【纲】元初六年（己未，119），冬季，十二月一日，出现日全食。地震。

【纲】豫章郡（治南昌县，今江西南昌东）长出灵芝草。【目】豫章郡有灵芝草长出，太守刘祇打算将它上贡，询问本郡人唐檀。唐檀说："当今外戚权势正盛，皇帝势力微弱，这难道是祥瑞吗？"刘祇便停止进献灵芝草。

纲鉴易知录卷二三

东汉纪

孝安皇帝

【纲】庚申,永宁元年,夏四月,立子保为皇太子。【纲】以杨震为司徒。

【纲】辛酉,建光元年,春三月,皇太后邓氏崩。封邓骘为上蔡侯。　【目】太后自临朝以来,水旱十载,四夷外侵,盗贼内起;每闻民饥,或达旦不寐,躬自减彻,以救灾厄,故天下复平,岁仍丰穰。然帝已年长,久不还政,颍川杜根尝上书言之;太后大怒,盛以缣囊扑杀之,载出城外,得苏,逃窜为宜城山中酒家保,积十五年。平原成翊世亦坐谏太后不归政,抵罪。至是尚书陈忠荐之,帝拜根侍御史,翊世尚书郎。或问根曰:"往者遇祸,何至自苦如此?"根曰:"周旋民间,非绝迹之处,邂逅发露,祸及亲知,故不为也。"

【纲】葬和熹皇后。追尊清河孝王曰孝德皇,皇妣曰孝德后。

【纲】夏,诏举有道之士。　【目】尚书陈忠以诏书既开谏争,虑言事者必多激切,致不能容,乃上疏豫广帝意曰:"臣闻仁君广山薮之度,纳切直之谋;忠臣尽謇谔之节,不畏逆耳之害。今明诏引咎克躬,谘访群吏,言者见杜根、成翊世等新蒙表录,显列二台,必承风响应,争为切直。嘉谋异策,宜辄纳用;如其管穴,妄有讥刺,虽苦口逆耳,不得事实,且优游宽容,以示圣朝无讳之美。"从之。

孝安皇帝

【纲】安帝永宁元年（庚申，120），夏四月，立皇子刘保为皇太子。任命杨震为司徒。

【纲】安帝建光元年（辛酉，121），春三月，皇太后邓氏去世。封邓骘为上蔡侯。 【目】邓太后自临朝听政以来，有十年发生水灾旱灾，外有四方异族入侵，内有乱民起事；每当听到百姓饥饿，有时通宵不眠，亲自减少饮食，撤除乐队，以救济灾民，所以天下又恢复太平，每年仍然丰收。但是安帝已经成年，邓太后却长久不将政权归还他，颍川郡（治阳翟县，今河南禹州）人杜根曾经上书要求安帝亲政。邓太后大怒，下令将其装入白绢做的口袋中乱棍打死，运出城外抛弃。杜根得以苏醒，逃到宜城县（今湖北宜城南）山中做一家酒馆堂倌，长达十五年。平原郡（治平原县，今山东平原南）人成翊世也因劝说邓太后归还政权而被治罪。至此时尚书陈忠举荐二人，安帝任命杜根为侍御史，成翊世为尚书郎。有人问杜根："以前你遇上迫害，何至于如此自己折磨自己？"杜根说："如果躲藏在民间，而不是人迹罕至的地方，万一碰上熟人，暴露行踪，就会给亲友带来灾祸，所以我不这么做。"

【纲】安葬和熹皇后。追尊生父清河王刘庆为孝德皇，生母为孝德后。

【纲】夏季，诏令举荐有德之士。 【目】尚书陈忠认为诏书已经征求直言规劝，担心上奏者必定有许多激切言论，以致安帝不能忍受，就上疏事先提醒安帝应胸襟开阔，说："我听说仁君的胸怀像高山深谷，以采纳激切直率的意见；忠臣就是要有忠诚正直的节操，而不害怕逆耳之言带来的灾祸。现在明令天下，引咎自责，请官员们批评，上奏者看到杜根、成翊世等刚受提拔，荣耀地进入御史台、尚书台，必然承风响应，争相表现得激切率直。如果是高谋奇计，就应当采纳；如果是见解浅陋，或狂妄讽刺，虽然苦口逆耳，不切实际，也要宽容大度，以显示

【纲】以薛包为侍中，不拜。 【目】初，汝南薛包，少有至行，父娶后妻而憎包，分出之。包日夜号泣，不忍去，至被殴扑，不得已，庐于外，且入洒扫。父怒，又逐之，乃庐于里门，昏晨不废。积岁余，父母惭而还之。及父母亡，弟子求分财异居；包不能止，乃中分其财，奴婢引其老者，曰："与我共事久，若不能使也。"田庐取其荒顿者，曰："我少时所治，意所恋也。"器物取朽败者，曰："我素所服食，身口所安也。"弟子数破其产，辄复赈给。帝闻其名，令公车征至，拜侍中，包以死自乞，诏赐告归，加礼如毛义。

【纲】徙封邓骘为罗侯，遣就国，骘自杀。贬平原王翼为都乡侯。

【纲】以耿宝监羽林车骑。封宋杨四子及宦者江京、李闰皆为列侯。 【目】帝以耿贵人兄宝监羽林车骑，宋氏封侯为卿、校、侍中者十余人。阎后兄弟显、景、耀并典禁兵。江京、李闰皆为列侯，与中常侍樊丰、刘安、陈达及王圣、圣女伯荣扇动内外，竞为侈虐，出入宫掖，传通奸赂。司徒杨震上疏曰："臣闻政以得贤为本，治以去秽为务。方今九德未事，嬖幸充庭，王圣贱微，得奉圣躬，虽有推燥居湿之勤，前后赏惠，过报劳苦，而外交属托，损辱清朝。宜速出阿母，令居外舍，断绝伯荣，莫使往来。"帝以疏示圣等，皆忿恚。

【纲】秋八月，以刘恺为太尉。 【目】居延都尉范邠犯赃罪，吏议欲增锢二世；刘恺以为"《春秋》之义，善善及子孙，恶恶止

圣明王朝毫无忌讳的美德。"安帝听从其建议。

【纲】任命薛包为侍中,但是最终没有接受。 【目】当初,汝南郡(治平舆县,今河南汝南东南)人薛包年轻时就有良好行为。父亲娶了继母后便憎恨薛包,让他分家另过。薛包日夜哭泣,不忍离去,以致被殴打,不得已,薛包在外边盖了间房,清晨便回来洒扫庭院。他父亲大怒,又驱赶他,于是薛包在巷口盖间房,早晚不断回家请安问候。过了一年多,薛包父母心中惭愧,最终让他回家。等父母去世,晚辈要求分家另过,薛包不能阻止,便平分家产,对于奴仆婢女,薛包选择年纪大的,说:"他们与我相处时间最长,你们不能差遣。"对于田地房舍,薛包选择荒芜破落的,说:"这些是我年轻时管理过的,心中仍恋恋不舍。"对于家具器物,薛包选择腐朽败坏的,说:"这些是我平时使用的,身体、口齿已经习惯了。"晚辈一连几次破产,薛包就不断救济。安帝听到他的美名,令公车征召薛包到首都,任命他为郎中。薛包以死拒绝。安帝下诏赐准回乡,依照毛义的前例优待薛包。

【纲】迁封邓骘为罗侯,令他前往封国,邓骘绝食自杀。贬平原王刘翼为都乡侯。

【纲】任命耿宝为羽林车骑总监。封宋杨的四个儿子及宦官江京、李闰为列侯。 【目】安帝任命耿贵人的哥哥耿宝为羽林车骑总监。宋氏家族中被封侯,做卿、校、侍中的有十余人。阎皇后的兄弟阎显、阎景、阎耀共同统御禁军。江京、李闰都被封列侯,与中常侍樊丰、刘安、陈达及安帝乳母王圣、王圣的女儿伯荣串通一气,内外煽动鼓惑,竞相奢侈残暴,他们出入皇宫,勾结作恶。司徒杨震上疏说:"我听说为政以得到贤才为根本,治国以去除奸邪为要务。如今具备九德的人没有被任命官职,而奸邪之辈却充斥朝廷。王圣本是微贱之人,得以奉养陛下,虽然有辛勤抚养的劳苦,但是先后对她的赏赐,早就超过所付辛苦应得的回报,她却勾结外人,干预朝政,损害败坏清明的朝廷。应该尽快迁出王圣,让她住在宫外,断绝与伯荣的关系,不再来往。"安帝将杨震的奏疏拿给王圣等人传看,这些人都极为愤恨。

【纲】秋八月,任命刘恺为太尉。 【目】居延县(今内蒙额济纳旗)都尉范邠犯贪污罪,官府商议打算将其政治禁锢二代;刘恺认为:

其身，所以进人于善也。今以轻从重，惧及善人，非先王祥刑之意也"。诏从之。

【纲】壬戌，延光元年，秋九月，遣宦者及乳母王圣、女伯荣诣甘陵。 【目】尚书仆射陈忠上疏曰："窃闻使者所过，威动郡县，王、侯、二千石至为伯荣独拜车下，修道缮亭，征役无度，赂遗仆从，人数百匹。伯荣之威重于陛下，陛下之柄在于臣妾。昔韩嫣托副车之乘，受驰视之使，江都误为一拜，而嫣受欧刀之诛。臣愿明主严天元之尊，正乾刚之位，不宜复令女使干错万机。"书奏，不省。

【纲】汝南黄宪卒。 【目】汝南太守王龚，政崇温和，好才爱士，以袁阆为功曹，引进黄宪、陈蕃；宪不屈，蕃就吏。阆不修异操，蕃性气高明。宪世贫贱，父为牛医。宪年十四，颍川荀淑遇于逆旅，竦然异之，揖与语，移日不能去，谓曰："子，吾之师表也。"前见袁阆，未及劳问，逆曰："子国有颜子，宁识之乎？"阆曰："见吾叔度耶？"同郡戴良，才高倨傲，而见宪未尝不正容，及归，罔然若有失也。其母问曰："汝复从牛医儿来耶？"对曰："良不见叔度，自以为无不及；既睹其人，则瞻之在前，忽然在后，固难得而测矣。"陈蕃、周举常相谓曰："时月之间，不见黄生，则鄙吝之萌，复存乎心矣！"太原郭泰，少游汝南，过袁阆，不宿而退；从宪，累日乃还。或问之，泰曰："奉高之器，譬之氿滥，虽清而易挹，叔度汪汪，若千顷波，澄之不清，淆之不浊，不可量也。"

【纲】癸亥，二年，夏四月，封王圣为野王君。

"《春秋》大义是，对美德的表彰应延及子孙，对恶行的惩罚应仅限于自身，这是为了鼓励人们向善。现在对轻罪从重处罚，恐怕会伤害善人，这不是先王们设立刑罚的本意。"下诏采纳刘恺建议。

【纲】安帝延光元年（壬戌，122），秋九月，派遣宦官及乳母王圣、其女伯荣前往安帝生父刘庆的陵墓甘陵（在今河北南宫东南）。
【目】尚书仆射陈忠上疏说："我私下听说那些使者所过之处，威风震动郡县，王、侯、二千石级官员甚至为了伯荣而独自拜在车下，并且修路建亭，征发劳役毫无限度，仅仅送给仆从的贿赂，每人就要数百匹绸缎。伯荣的威风超过陛下，陛下的权柄掌握在奴婢手中。过去韩嫣乘坐汉武帝的备用御车，奉命巡视，江都王刘非误认为是皇帝驾到，向其下拜，韩嫣便被诛杀。我希望圣明的君主显示帝王的尊严，摆正乾刚的位置，不应再让女人干扰朝政。"奏书呈上，不予理睬。

【纲】汝南郡人黄宪去世。【目】汝南郡太守王龚为政崇尚温和宽容，好才爱士，任命袁阆为功曹，举荐黄宪、陈蕃；黄宪不屈从，陈蕃则出任官职。袁阆不标新立异，陈蕃则性情爽快。黄宪家世贫贱，父亲是位牛医。黄宪十四岁时，颍川郡人荀淑在旅舍遇见他，大为惊异，向他行礼，与他长谈，到第二天仍不肯离去，对黄宪说："你是我的老师。"前往拜见袁阆，没来得及寒暄，就反问："贵郡有位颜回，你不认识他吗？"袁阆说："你看到我们黄宪了？"同郡的戴良，恃才傲物，但是见到黄宪则从来都是恭恭敬敬，等到回家后，就现出罔然若失的神情。他母亲问道："你又是从牛医儿子那里回来吗？"戴良说："我没有见到黄宪时，自认为没有地方不如他；可是见了他后，就感觉到好像看他在眼前，却忽然在后边出现，真是难以揣测他的高深。"陈蕃、周举经常互相说："一个月不见黄宪，卑鄙可耻的念头就又在心底萌生了！"太原郡（治晋阳县，今山西太原西南）人郭泰年轻时游历汝南，经过袁阆家，没有留宿就告辞了；拜访黄宪，一连数日才返回。有人询问他，郭泰说："袁阆的才能就好像泉水，虽然清澈，却容易酌取，而黄宪就如同广阔无垠的千顷波，既不能使它澄清，也不能使它混浊，是无法估量的。"

【纲】延光二年（癸亥，123），夏四月，封王圣为野王（今河南沁

【纲】以班勇为西域长史,将兵屯柳中。

【纲】冬,以杨震为太尉。 【目】耿宝荐李闰兄于震曰:"李常侍国家所重,欲令公辟其兄,宝唯传上意耳。"震曰:"如此则宜有尚书敕。"宝大恨而去。阎显亦荐所亲,震又不从;司空刘授闻而辟之,震益见怨。

【纲】十二月,地震。

【纲】聘处士周燮、冯良,不至。 【目】陈忠荐汝南周燮、南阳冯良学行深纯,隐居不仕。帝以羔币聘之。燮宗族劝之曰:"夫修德立行,所以为国,君独何为守东冈之陂乎?"燮曰:"夫修道者度时而动,动而不时,焉得亨乎!"与良皆自载至近县,称病而还。

【纲】甲子,三年,春二月,帝东巡。三月,还。未入宫,策收太尉震印、绶,遣归故郡。震自杀。 【目】樊丰等愤怨杨震,会赵腾上书指陈得失,帝发怒,欲诛腾。震救之,帝不听,竟杀之。及帝东巡,丰等共潜震云:"自赵腾死后,深怀怨怼;且邓氏故吏,有恚恨心。"帝然之。及还京师,便临太学,即其夜遣使者策收震太尉印、绶。震于是柴门绝宾客。丰等复恶之,令耿宝奏震恚望。有诏,遣归故郡。至城西夕阳亭,乃慷慨谓其诸子、门人曰:"死者,士之常分。吾蒙恩居上司,疾奸臣狡猾而不能诛,恶嬖女倾乱而不能禁,何面目复见日月!"因饮鸩而卒。太仆来历曰:"耿宝倾侧奸臣,伤害忠良,祸将至矣!"

阳）君。

【纲】任命班超的小儿子班勇为西域长史，领兵屯驻柳中城（在今新疆鄯善）。

【纲】冬季，任命杨震为太尉。 【目】耿宝向杨震推荐中常侍李闰的哥哥说："李闰是皇上所倚重的人，他想让您举荐他的哥哥，我只不过是传达皇上的意思而已。"杨震说："既然如此，就应有尚书敕书。"耿宝非常不满地走了。阎显也推荐自己的亲友，杨震也没有接受。司空刘授闻讯后便将这些人征召为官，杨震更加被人怨恨。

【纲】十二月，发生地震。

【纲】征聘隐士周燮、冯良，二人没有到首都洛阳。 【目】陈忠举荐汝南郡人周燮、南阳郡（治宛县，今河南南阳）人冯良，理由是：学识高深，品行纯正，隐居乡下，不求高官。安帝送来绸缎和羊羔聘任他们。周燮家族的人鼓动他说："修身养性的目的就是为国效力，为什么唯独你坚守东冈的田地呢？"周燮说："修炼品德的人，要相机而动，时机不成熟就出来做官，怎能有好下场呢！"他与冯良都自己坐车到县城，自称有病而回。

【纲】延光三年（甲子，124），春二月，安帝到东方巡视。三月，返回首都。还没有进皇宫，就派使者收缴太尉杨震的印信、绶带，遣返故乡。杨震自杀。 【目】樊丰等对杨震恨之入骨。恰巧遇上赵腾上书指摘朝廷的过失，安帝发怒，准备诛杀赵腾，杨震营救他；安帝不予理睬，终于杀死了赵腾。等到安帝到东方巡视，樊丰等共同诬陷杨震说："自从赵腾死后，杨震深怀怨恨；而且他是邓氏家族的老臣，对皇上怀恨在心。"安帝认为有理。等到返回首都，安帝临时在太学休息，就在当晚派使者收缴杨震的太尉印信、绶带。于是，杨震用木柴堵塞大门，拒绝来访宾客。樊丰等更加痛恨他，令耿宝奏报杨震心怀怨愤。安帝诏令杨震返回故乡。杨震走到洛阳城西的夕阳亭，便慷慨激昂地对他的几个儿子和门徒说："死亡是士的应有名分。我蒙受皇恩，官居高位，痛恨奸臣狡猾而不能诛杀，厌恶淫女邪恶却不能禁止，有何面目再见日月！"于是饮下鸩酒而死。太仆来历说："耿宝置身奸臣行列，伤害忠良，他的灾难就要临头了！"

【纲】秋八月，以耿宝为大将军。

【纲】九月，废太子保为济阴王。

【纲】是月晦，日食。地震，大水，雨雹。

【纲】乙丑，四年，春二月，帝南巡。三月朔，日食。

【纲】帝崩于叶，还宫发丧。　【目】帝崩于乘舆，皇后与阎显兄弟、江京、樊丰等谋，以济阴王在内，恐公卿立之，乃伪云"帝疾甚"，徙御卧车驰归，四日至洛阳。

【纲】尊皇后曰皇太后，太后临朝。以阎显为车骑将军、仪同三司。迎北乡侯懿入即位。　【目】太后欲久专国政，贪立幼年，与显等定册，迎章帝孙济北惠王子北乡侯懿为嗣。济阴王以废黜，不得上殿亲临梓宫，悲号不食，内外群僚莫不哀之。

【纲】樊丰等下狱死，耿宝自杀，王圣、伯荣徙雁门。　【目】阎显忌樊丰、耿宝，风有司奏贬宝为亭侯，遣就国；宝自杀。丰及谢恽、周广下狱，死。圣母子徙雁门。而以弟景等为卿校，并处权要，威福自由。

【纲】葬恭陵。

【纲】冬十月，北乡侯薨。　【目】阎显白太后，秘不发丧，而更征诸王子，闭宫门，屯兵自守。

【纲】十一月，地震。

【纲】中黄门孙程等迎济阴王保入即位。诛阎显等，迁太后于离宫；封程等十九人为列侯。

【纲】改葬故太尉杨震，祠以中牢。　【目】诏以杨震二子为郎，赠钱百万，以礼改葬。葬日，有大鸟高丈余，集震丧前。郡以状上，帝感震忠直，诏复以中牢具祠之。

【纲】秋八月，任命耿宝为大将军。

【纲】九月，将太子刘保废黜为济阴王。

【纲】九月三十日，出现日食。地震，大水，冰雹。

【纲】延光四年（乙丑，125），春二月，安帝到南方巡视。三月一日，出现日食。

【纲】安帝在叶（今河南叶县南）去世。返回皇宫后才发丧。【目】安帝死在路上，皇后与阎显兄弟、江京、樊丰等商议，认为济阴王刘保在首都，担心公卿大臣拥立他为帝，就假称"皇帝病重"，将尸体转到御卧车上迅速返回，四天后到达洛阳。

【纲】尊皇后为皇太后。太后临朝听政，任命阎显为车骑将军、仪同三司。迎回北乡侯刘懿入宫即皇帝位。【目】太后打算长久把持朝政，贪图选立一位年幼的皇帝，所以与阎显等商定人选，迎立章帝的孙子、济北惠王的儿子、北乡侯刘懿继位。济阴王由于被废黜，不能上殿亲自在安帝棺木前哭悼，因此悲痛号哭，不进饮食，宫内外的官员们无不为他哀伤。

【纲】樊丰等被下狱处死，耿宝自杀，王圣、伯荣被放逐到雁门郡（治阴馆县，今山西代县西北）。【目】阎显忌恨樊丰、耿宝，暗示有关部门上奏贬耿宝为亭侯，遣回封国；耿宝自杀。樊丰及谢恽、周广被逮捕入狱，处死。王圣母子被放逐雁门郡。太后任命自己的弟弟阎景等为卿、校，阎家兄弟同处权要，作威作福，无所顾忌。

【纲】将安帝安葬在恭陵（在今河南洛阳东南）。

【纲】冬十月，北乡侯刘懿去世。【目】阎显告诉阎太后死讯，决定秘不发丧，而且重新征召各亲王的王子，并紧闭宫门，屯兵自卫。

【纲】十一月，发生地震。

【纲】中黄门孙程等迎立济阴王刘保入宫继位。诛杀阎显等，将阎太后迁移到离宫；封孙程等十九人为列侯。

【纲】改葬原太尉杨震，用中牢祭记。【目】下诏任命杨震的两个儿子为郎，赠钱一百万，以三公礼仪改葬。下葬那天，有一只身高丈余的大鸟落在杨震灵堂前。郡府将此情况上奏，顺帝深感杨震的忠诚正

孝顺皇帝

【纲】丙寅,孝顺皇帝永建元年,春正月,帝朝太后于东宫。

【纲】皇太后阎氏崩。二月,葬安思皇后。

【纲】秋七月,以来历为车骑将军。

【纲】下司隶校尉虞诩狱,寻赦出之,以为尚书仆射。左雄为尚书。　【目】司隶校尉虞诩到官数月,奏太傅冯石、太尉刘熹,免之,又劾中常侍程璜、陈秉、孟生、李闰等,百官侧目。三公劾诩:"盛夏拘系无辜,为吏民患。"诩上书自讼曰:"法禁者,俗之堤防;刑罚者,民之衔辔。今州曰任郡,郡曰任县,更相委远,百姓怨穷;以苟容为贤,尽节为愚。臣所发举,赃罪非一。三府恐为臣所奏,遂加诬罪;臣将从史鱼死节,以尸谏耳!"又案中常侍张防,屡寝不报。诩不胜愤,乃自系廷尉,奏言曰:"昔樊丰几亡社稷,今张防复弄威柄,臣不忍与防同朝,谨自系以闻。"书奏,坐论输左校。二日之中,传考四狱。浮阳侯孙程等乞见,言"虞诩尽忠,更被拘系;张防赃罪明正,反构忠良"。于是防坐徙边,即赦出诩。程复上疏,云诩有功,语甚激切,帝感悟,征拜议郎,数日迁仆射。

诩上疏曰:"方今公卿以下,类多拱默,至相戒曰:'白璧不可为,容容多后福。'伏见议郎左雄,有王臣蹇蹇之节,宜擢在喉舌之官,必有匡弼之益。"由是拜雄尚书。

【纲】丁卯,二年,夏六月,追尊李氏为恭愍皇后。

【纲】秋七月,聘处士樊英,以为五官中郎将。　【目】初,南阳

直，下诏再以中牢祭祀他。

孝顺皇帝

【纲】孝顺皇帝永建元年（丙寅，126），春正月，顺帝在东宫朝见阎太后。

【纲】皇太后阎氏去世。二月，安葬安思皇后阎氏。

【纲】秋七月，任命来历为车骑将军。

【纲】将司隶校尉虞诩逮捕入狱，不久就赦免释放了他，任命为尚书仆射。任命左雄为尚书。【目】司隶校尉虞诩到任数月，弹劾太傅冯石、太尉刘熹，使其免职；又弹劾中常侍程璜、陈秉、孟生、李闰等，文武百官对他侧目而视。太尉、司空、司徒三公弹劾虞诩："盛夏之季拘押无辜，成为官吏百姓的祸害。"虞诩上书辩解说："法令，是世俗的堤防；刑罚，是百姓的缰绳、辔头。如今州府说由郡府办，郡府说由县府办，互相推诿，百姓怨恨，无处申诉；人们认为苟且宽容是贤能，尽忠职守是愚蠢。我所揭发检举的，不只一件贪赃枉法案件。三公害怕被我弹劾，就加以诬陷；我将追随史鱼以死尽忠的做法，向君王尸谏！"虞诩又屡次要求法办中常侍张防，但是都不见回音。他不胜悲愤，就将自己关押在廷尉监狱，上书说："过去樊丰几乎断送国家，如今张防又玩弄权势。我不忍心与张防同朝为官，将自己关押在牢并报告陛下。"奏章呈上，被判罚送交左校服苦役。两天之中，遭受四次传讯拷打。浮阳侯孙程等求见，说："虞诩尽忠，反被关押；张防贪赃枉法，罪证明确，却诬陷忠良。"于是张防获罪，被放逐边疆，虞诩随即被赦免释放。孙程又上疏陈述虞诩对国家有功，言辞非常激切。顺帝受感动而醒悟，任命虞诩为议郎，数日后升任尚书仆射。

虞诩上疏说："如今公卿以下官员，大多只是拱手作揖，不肯站出来讲话，甚至互相告诫说：'不能做洁白的璧玉，随波逐流才能后福无穷。'我发现议郎左雄具备大臣敢于直言的节操，应该升任喉舌的官职，必定有匡正辅佐的益处。"因此任命左雄为尚书。

【纲】永建二年（丁卯，127），夏六月，追尊李氏为恭愍皇后。

【纲】秋七月，聘任隐士樊英为五官中郎将。【目】当初，南阳郡

樊英，少有学行，隐于壶山之阳，州郡礼请，公卿举贤良、有道，安帝赐策书征，皆不至。是岁，帝复以策书、玄纁，备礼征之，英固辞疾笃，不听；英不得已到京，称疾，强舆入殿，犹不能屈。帝乃设坛，赐几、杖，待以师傅之礼，延问得失，拜五官中郎将。数月，英称疾笃，诏以为光禄大夫，赐告归。英初被诏命，众皆以为必不降志。南郡王逸与书，劝使就聘。及后应对，无奇谋深策，谈者失望。河南张楷谓曰："天下有二道，出与处也。吾前以子之出，能辅是君也，济斯民也；而子始以不訾之身，怒万乘之主，及其享受爵禄，又不闻匡救之术，进退无所据矣。"

【纲】以处士杨厚、黄琼为议郎。【目】时又征广汉杨厚、江夏黄琼。厚至，豫陈汉有三百五十年之厄以为戒，拜议郎。琼将至，李固以书逆遗之曰："伯夷隘，柳下惠不恭。不夷不惠，可否之间，圣贤居身之所珍也。自生民以来，善政少而乱俗多，必待尧、舜之君，此为士行其志终无时矣。语曰：'峣峣者易缺，皦皦者易污。'盛名之下，其实难副。近鲁阳樊君被征初至，朝廷设坛席，犹待神明，虽无大异，而言行所守，亦无所缺；而毁谤布流，应时折减者，岂非观听望深，声名太盛乎！是故俗论皆言'处士纯盗虚声'，愿先生弘此远谟，令众人叹服，一雪此言耳！"琼至，拜议郎，稍迁尚书仆射，数上疏言事，上颇采用之。

固，郃之子也，少好学。郃为司徒，固改姓名，杖策驱驴，负笈

人樊英从小品学兼优，隐居在壶山（在今河南鲁山南）南麓，州、郡礼聘，公卿大臣举荐贤良、有道，安帝下策书征召，他都不接受。这年，顺帝又下策书，送去绸缎，非常礼敬地征召他，樊英推托病重坚辞，顺帝不答应。樊英不得已来到首都，自称有病在身，于是勉强将他放在轿子里抬进大殿，仍不肯屈从。顺帝便设立讲坛，赐给他几案、手杖，以对师傅的礼仪对待他，询问治国的得失，任命他为五官中郎将。过了数月，樊英声称病重，顺帝下诏任命他为光禄大夫，批准回乡养病。樊英最初被征召时，众人都认为他必定不改变志向。南郡（治江陵县，今湖北江陵）人王逸写信给他，劝他应聘。等到后来与皇帝应对，却并没有奇谋高计，大家深感失望。河南郡（治洛阳县，今河南洛阳东北）人张楷对樊英说："天下有两条路可走，一是出世隐居，一是入世为官。我以前认为你应召出任官职，能够辅佐君王，拯救百姓。但是你开始以宝贵的生命触怒高贵的君主，等到享受了爵位俸禄后，却没有听说你有什么匡世救民的良策，原来你进退都是没有原则的。"

【纲】任命隐士杨厚、黄琼为议郎。 【目】当时又征召广汉郡（治洛县，今四川广汉）人杨厚、江夏郡（治西陵县，今湖北新洲北）人黄琼。杨厚到首都洛阳后，预言汉王朝在三百五十年后将有厄运，以作为警戒，任命他为议郎。黄琼将要到达首都洛阳，李固派人迎着他送上一封信，说："伯夷狭隘，柳下惠傲慢。既不做伯夷，又不当柳下惠，处于可否之间，这是圣贤做人所珍惜的。自从有人类以来，善政少而乱世多，一定要等待像尧、舜那样的君王，才去实行自己的志向，这最终是没有机会的。俗话说：'坚硬则易缺，洁白则易污。'盛名之下，其实难副。最近鲁阳县的樊英被征召到首都，刚来时，朝廷为其设立讲坛，待如神明，虽然他没有奇计，但是言行谨慎，也没有什么过错；可是对他的诋毁诽谤四处流传，对他的评价随着时间而大打折扣的原因，难道不是人们由于耳闻目睹所产生的期望太高，他的名声太盛吗？所以世俗舆论都讲'隐士纯粹是徒有虚名'，希望先生能发表高论宏谋，令众人叹服，彻底洗刷此言的耻辱！"黄琼到达首都洛阳，被任命为议郎，逐渐升任尚书仆射，多次上疏提出建议，顺帝常常采纳。

李固，是李郃的儿子，自幼好学。李郃做司徒时，李固改名换姓，手

从师,不远千里。每到太学,密入公府定省,不令同业诸生知其为郐子也。

【纲】己巳,四年,夏五月,桂阳献大珠,还之。

【纲】辛未,六年,春二月,以沈景为河间相。 【目】河间王政傲很不奉法,帝以侍御史沈景有强能,擢为河间相。景到国谒王,王不正服,箕踞殿上;侍郎赞拜,景峙不为礼,问王所在。虎责曰:"是非王邪!"景曰:"王不正服,常人何别!今相谒王,岂谒无礼者邪!"王惭而更服,景然后拜;出,请王傅责之曰:"前发京师,陛见受诏,以王不恭,使相简督。诸君空受爵禄,曾无训导之义!"因捕诸奸人,奏案其罪,出冤狱百余人。政遂改节,悔过自修。

【纲】秋九月,起太学。 【目】初,安帝薄于艺文,博士不复讲习,朋徒怠散,学舍颓敝,鞠为园蔬。将作大匠翟酺上疏请更修缮,诱进后学,帝从之。

【纲】壬申,阳嘉元年,春正月,立贵人梁氏为皇后。 【目】帝欲立后,而贵人有宠者四人,莫知所建,议欲探筹以定。仆射胡广等谏曰:"恃神任筮,不必当贤;就值其人,犹非德选。宜参良家,简求有德,德同以年,年钧以貌,稽之典经,断之圣虑。"帝从之。恭怀皇后弟子乘氏侯商之女,选为贵人,常特被引御,从容辞曰:"夫阳以博施为德,阴以不专为义。愿陛下思云雨之均泽,小妾得免于罪。"帝由是贤之,立以为后。

【纲】夏四月,以梁商为执金吾。

持马鞭,骑着毛驴,身背书箱,不远千里,投奔名师。每次到太原,以及秘密到三公府探望父母,都不让同学们知道他是李郃的儿子。

【纲】永建四年(己巳,129),夏五月,桂阳郡(治郴县,即今湖南郴县)进贡大颗珍珠,将其退回。

【纲】永建六年(辛未,131),春二月,任命沈景为河间国(都乐成县,今河北献县东南)相国。 【目】河间王刘政傲慢凶狠,不守国法,顺帝认为侍御史沈景坚强能干,将他升为河间国相国。沈景到达后,进见河间王,河间王穿着随便,懒散地坐在大殿上。侍郎高声报出进见者名姓,沈景站立原地,并不行礼,只问大王在什么地方。虎贲武士说:"这不是大王吗!"沈景说:"大王如果不穿戴整齐,与常人有什么区别!现在是相国进见大王,岂是进见无礼之徒!"河间王惭愧,更换服装,然后沈景参拜;出宫后,沈景请来河间王师傅,责备他说:"前些日子我从首都出发时,在大殿进见皇上并接受诏书,皇上认为大王态度傲慢,派我检查监督。你们空受官爵俸禄,连一点训导工作也没做!"于是逮捕一批奸恶之人,奏报他们的罪行,为一百余人平反冤狱。河间王刘政便改变作风,悔过自新。

【纲】秋九月,兴建太学。 【目】当初,安帝轻视知识,博士不再讲习经书,门徒学生懈怠离散,学舍残破毁坏,全都成了菜园。将作大匠翟酺上疏请求重新修缮,诱导吸引后学,顺帝批准。

【纲】顺帝阳嘉元年(壬申,132),春正月,封贵人梁氏为皇后。【目】顺帝打算选立皇后,而有四位贵人受其宠爱,不知到底立谁,准备抽签决定。仆射胡广等劝谏说:"依靠神灵,迷信占卜,不一定能得到贤人;即使得到,也不一定具有优良的品德。应该参考良家女子,从中选择品德优秀的。品德相同,就由年龄决定;年龄相同,就由相貌决定。根据经典行事,最后由陛下决定。"顺帝采纳。恭怀皇后弟弟的儿子、乘氏侯梁商的女儿被选为贵人,经常被特地召去侍奉顺帝,她则从容地推辞说:"阳以广泛施与作为美德,阴以不专享有作为仁义。希望陛下考虑让所有妃嫔都承受您的恩泽,我就可以免罪。"顺帝因此认为她最贤惠,将她立为皇后。

【纲】夏四月,任命梁商为执金吾。

【纲】冬，立孝廉限年课试法。　【目】尚书令左雄上疏曰："宁民之道，必在用贤；用贤之道，必存考黜。吏数变易，则下不安业；久于其事，则民服教化。今俗浸凋敝，巧伪滋萌，典城百里，转动无常，各怀一切，莫虑长久。臣愚以为守、相长吏有显效者，可就增秩，勿移徙；非父母丧，不得去官。"帝诏悉从之，而宦官不便，终不能行。雄又言："孔子曰'四十不惑'，《礼》称'强仕'。请自今孝廉，年不满四十，不可察举，皆先诣公府，诸生试家法，文吏课笺奏，副之端门，练其虚实。若有茂才、异行，自可不拘年齿。"帝从之，令"郡国举孝廉，限年四十以上；诸生通章句，文吏能笺奏，乃得应选。其有茂才、异行，若颜渊，子奇，不拘年齿。"雄亦公直精明，能审核真伪，决志行之。顷之，胡广出为济阴太守，与诸郡守十余人皆坐谬举免黜；唯汝南陈蕃、颍川李膺、下邳陈球等三十余人，得拜郎中。自是牧守畏栗，莫敢轻举。迄于永嘉，察选清平，多得其人。

【纲】癸酉，二年，春正月，征郎颛以为郎中，不就。　【目】上召郎颛，问以灾异。颛上章曰："三公上应台阶，下同元首，政失其道，则寒阴反节。今之在位，竞托高虚，纳累钟之奉，亡天下之忧；以此消伏灾眚，兴致升平，其可得乎！"因条便宜七事："一、园陵火灾，宜念百姓之劳，罢缮修之役；二、立春以后，阴寒失节，宜采纳良臣，以助圣化；三、今年少阳，春旱、夏水，宜务节约；四、去年八月，荧惑出入轩辕，宜简出宫女；五、去冬有白气从西方天苑，趋参左足，入玉井，恐有羌寇，宜为备御；六、近者白虹贯日，宜令中外官司，并须立秋然后考事；七、汉兴以来三百二十九岁，于时三期，宜

【纲】冬季，制定举荐孝廉受年龄限制的课试法。　【目】尚书令左雄上疏说："安民之道，必在用贤；用贤之道，一定要有考核罢免。官员经常变更，下边就会人心浮动；如果在职时间较长，百姓才会接受教化。现在风气败坏，奸诈滋生，治理方圆百里的地区，却调动无常，各怀苟且偷安之心，不做长久考虑。我愚蠢地认为郡守、国相、长吏中有成绩显著的，可以就地加俸提官，不要再调迁；不是父母去世，不得辞职。"顺帝下令全部采纳，但是由于对宦官不利，最终不能实施。左雄又说："孔子讲'四十不惑'，《礼记》称'四十曰强而仕'，请从现在开始，孝廉如果年龄不满四十，就不能举荐；所举荐的孝廉，一律先到公府报到，出身儒家学派的考其本门学派，出身公门的考公文程式，然后再将副本送往皇宫端门，检查虚实真伪。如果有优秀才学和特殊能力，自然可以不受年龄限制。"顺帝批准，下令："各郡、封国举荐孝廉，年龄限于四十岁以上；儒生通晓经典，文吏通晓公文、奏章程式，才能够应选。如有像颜渊、子奇那样的优秀才能和特殊能力，不受年龄限制。"左雄也是公正精明，能洞察真伪，实行的决心坚定。不久，胡广出任济阴郡（治定陶县，今山东菏泽南）太守，与其他郡的太守十余人都因举荐不当而受到免职或罢黜的处罚。被举荐的孝廉中，只有汝南郡人陈蕃、颍川郡人李膺、下邳国（都下邳县，今江苏邳县东北）人陈球等三十余被任命为郎中。从此，各州牧、郡太守心存畏惧，不敢轻率举荐。一直到冲帝永嘉时期，考察选拔工作始终清廉公正，大多人尽其才。

【纲】阳嘉二年（癸酉，133），春正月，征召郎颛频，并任命他为郎中，郎颛拒绝上任。　【目】顺帝征召郎颛，询问灾异之事。郎颛上书说："三公在天上对应台阶，在凡界等同君王，如果政治混乱，则寒阴秩序就会反常。现在身居高位的人，竟相追求虚名，领受巨额俸禄，却不忧国忧民；以此状况去消除灾难，建立太平盛世，能够实现吗？因此我提出七条应采取的措施：一、皇帝陵园坟墓失火，应考虑百姓的辛劳，停止修缮工程。二、立春以后，阴寒秩序失常，应选任良臣，以帮助推广圣王教化。三、今年是少阴之年，春季将发生旱灾，夏季将发生水灾，应厉行节约。四、去年八月，火星出入后妃所居的轩辕星座，应选择符合条件的宫女，释放出宫。五、去年冬季，有一道白气从西方天苑星座

大蠲法令，有所变更。王者之法，譬犹江、河，当使易避而难犯。"书奏，特拜郎中，辞病不就。

【纲】封乳母宋娥为山阳君。　　【目】帝之立也，娥与其谋，故封之。又封梁商子冀为襄邑侯。左雄上封事曰："高皇帝约，非有功不侯。不宜追录小恩，亏失大典。"帝不听。

【纲】夏四月，京师地震。诏公卿直言，举敦朴之士。

【纲】京师地拆，诏引敦朴士对策。　　【目】洛阳宣德亭地拆八十五丈；帝引公卿所举敦朴士对策。李固对曰："汉兴以来三百余年，贤圣相继十有八主，岂无阿乳之恩，岂无贵爵之宠？然上畏天威，俯案经典，知义不可，故不封也。今宋阿母虽有功勤，但加赏赐，足酬其劳；裂土开国，实乖旧典。闻阿母体性谦虚，必有逊让，陛下宜许其辞国之高，使成万安之福。夫妃、后之家，所以少完全者，岂天性当然，但以爵位尊显，颛总权柄，天道恶盈，不知自损，故至颠仆。今梁氏子弟群从，荣显兼加，永平、建初故事，殆不如此。宜令还居黄门之官，使权去外戚，政归国家。陛下之有尚书，犹天之有北斗；斗为天喉舌，尚书亦为陛下喉舌。斗斟酌元气，运乎四时；尚书出纳王命，赋政四海。今与陛下共天下者，外则公卿、尚书，内则常侍、黄门，譬犹一门之内，一家之事，安则共其福庆，危则通其祸败。刺史、二千石，外统职事，内受法则。夫表曲者影必邪，源清者流必洁，犹叩树本，百枝皆动也。夫人君之有政，犹水之有堤防。堤防完全，虽遭霖潦，不能为变；政教一立，暂遭凶年，不足为忧。今堤防虽坚，渐有孔穴。譬之一人之身：本朝者，心腹也，州郡者，四

窜过白虎星座，进入玉井星座，恐怕会有羌人侵扰边塞，应加强戒备。六、最近出现白虹贯日，应令首都及地方的官府一同等到立秋，然后再审理诉讼。七、汉王朝建立以来的三百二十九年，经历了三个时期，应大幅度删除法令，并有所变更。君王的法令就如同长江、黄河，应当使人易于避开却难于冒犯。"奏书呈上，特命他为郎中，郎𫖯托辞有病，没有上任。

【纲】封顺帝的乳母宋娥为山阳（今河南修武西北）君。 【目】顺帝的登基，宋娥曾参与谋划，所以封她为山阳君。又封梁商的儿子梁冀为襄邑侯。左雄呈上密奏说："汉高祖规定，没有立功的不得封侯。不应追念个人的小恩小惠，损害国家的治国大典。"顺帝没有听从。

【纲】夏四月，首都洛阳发生地震。下诏令公卿大臣直言进谏，举荐敦朴人士。

【纲】首都洛阳出现地裂，下诏召集敦朴人士答复策问。 【目】洛阳的宣德亭地裂长度为八十五丈；顺帝召集公卿大臣所举荐的敦朴人士答复策问。李固回答说："汉王朝建立以来的三百余年间，圣贤代代相继，共有十八位君主，难道没有哺育之恩？难道不想给她们尊贵的爵位？然而上畏天威，俯考经典，知道在大义上不能如此，所以没有册封。如今宋阿母虽有功劳，只要增加赏赐，足以酬报她的辛苦；分裂土地来建立封国，实在不符制度经典。听说奶娘性情谦虚，必定会辞让；陛下应成全她辞让封国的高贵品德。使她能享受永久幸福。皇帝后妃的家族之所以很少能保全，难道是天性必然如此？只因爵位显尊，独揽权柄，上天厌恶盈满，不知自我克制，所以导致衰败。现在梁氏家族的子弟全都跟随沾光，高位、显名兼而有之，永平、建初时期旧事，大概没有这种现象。应令他们退回黄门官位，使外戚不再掌权，朝政归还君王。陛下有尚书，就好像天有北斗，北斗是天的喉舌，尚书也是陛下的喉舌。北斗掌握元气，运行四时；尚书传达君王命令，授政遍及四海。如今与陛下共同治理天下的，宫外则是公卿、尚书，宫内则是常侍、黄门，譬如一门之内的一家之事，平安则共享福庆，危险则同遭祸害。刺史、俸二千石的官对外统管一方政府，对内接受法令约束。表杆弯曲的，日影必然歪斜；源头清净的，水流必然清洁；就好像敲击树根，所有

支也。心腹痛则四支不举，故臣之所忧，在心腹之疾，非四支之患也。苟坚堤防，务政教，先安心腹，整理本朝，虽有寇贼、水旱之变，不足介意；不然，则虽无水旱之灾，天下固可忧矣。又宜罢退宦官，去其权重，裁置常侍二人，方直有德者省事左右；小黄门五人，才智闲雅者给事殿中。如此，则论者厌塞，升平可致也。"上览众对，以李固为第一，即时出阿母还舍，诸常侍悉叩头谢罪，朝廷肃然。以固为议郎。

【纲】秋七月，太尉庞参免。 【目】太尉庞参，在三公中最名忠直，数为左右所毁。司隶乘风按之，参称疾。后参夫人疾前妻子，杀之；雒阳令奏参罪，竟以灾异免。

【纲】甲戌，三年，夏五月，旱。 【目】上露坐德阳殿东厢请雨，问尚书周举以消变之术。举对曰："臣闻阴阳闭隔，则二气否塞，风雨不时，水旱成灾。陛下废文帝、光武之法，而循亡秦奢侈之欲，内积怨女，外有旷夫。自枯旱以来，弥历年岁，未闻陛下改过之效，徒劳至尊暴露风尘，诚无益也。宜出后宫不御之女，除太官重膳之费，慎官人，去贪佞。"张衡亦言："前年京师地震土裂，裂者威分，震者民扰也。愿陛下思惟所以稽古率旧，勿令刑德八柄，不由天子，然后神望允塞，灾消不至矣。"

衡又以中兴之后，儒者争学《图》《纬》，上疏言："《图谶》成于哀、平之际，皆虚伪之徒，以要世取资，欺罔较然，莫之纠禁。且律

树枝都会颤动。君王治理国家，就如同河川之有堤防：堤防完整无损，即便遇到连绵大雨，也不会成灾；政治教化一经建立，即使遭遇凶年，也不值得忧虑。如今堤防虽然坚固，但渐渐出现孔穴。譬如一个人的身体：中央朝廷是心脏，州郡是四肢；心脏有问题，四肢就不能举动。所以我所忧虑的，在心脏的疾病，不是四肢的毛病。如果巩固堤防，推广政治教化，先使心脏平安，整顿中央朝廷，即使发生叛乱、水旱灾难，也不足介意；否则，即使没有水旱灾难，天下仍令人担忧。还应该罢免宦官，削去他们的权力；裁减常侍人数，只保留两名品德正直的侍奉左右；再设置五名聪明闲雅的小黄门服务宫中。这样的话，批评议论就会消失，太平盛世就可以到来。"顺帝看到众人策对，认为李固是第一名，立即请奶娘出宫回家，常侍们全都叩头请罪，朝廷顿时肃然。任命李固为议郎。

【纲】秋七月，太尉庞参免职。　【目】太尉庞参在三公中声名最为忠直，多次遭到顺帝身边人的诋毁。司隶顺承风向，弹劾庞参，庞参声称有病在身。后来庞参夫人厌恶他前妻的儿子而杀死那孩子；洛阳县令奏报庞参罪过，最终因灾异而被免职。

【纲】阳嘉三年（甲戌，134），夏五月，旱灾。　【目】顺帝来到德阳殿东厢露天而坐，请求上天降雨。询问尚书周举消除灾害的方法，周举回答说："我听说阴阳隔绝，则二气闭塞不通，风雨不调，水旱成灾。陛下废弃西汉文帝、东汉光武帝所建立的节俭规范，却追循使秦王朝灭亡的奢侈欲望，内积怨女，外有旷夫。自大旱以来，已过了一年，还没听说陛下采取改过措施，徒劳至尊之身暴露在风尘中，实在于事无益。应该释放后宫中没有召幸的美女，免除太官御膳重叠的浪费，谨慎任命官员，消除贪官奸臣。"张衡也说："前年，首都地震地裂，地裂，表明权威分散；地震，显示百姓惊扰。希望陛下考虑如何遵循古人制定的规章，不要使刑德八柄，脱离天子控制，然后神威将获充实，灾难也将消失不至了。"

张衡又针对东汉王朝建立后，儒家学者争相研究图谶纬书的状况，上疏说："图谶形成于哀帝、平帝之际，都是虚妄之徒用来欺世盗名、骗取钱财的把戏，欺诈意图十分明显，却没有严行禁止它。而且律

历、卦候、九宫、风角,数有征效,世莫肯学,而竟称不占之书,譬犹画工恶图犬马而好作鬼魅,诚以实事难形,而虚伪不穷也!宜收藏《图谶》,一禁绝之,则朱紫无所眩,典籍无瑕玷矣!"

【纲】乙亥,四年,春二月,初听中官得以养子袭爵。

【纲】夏四月,以梁商为大将军。 【目】商少通经传,谦恭好士,辟李固为从事中郎。固以商柔和自守,不能有所整裁,乃奏记曰:"数年以来,灾怪屡见。孔子曰:'智者见变思形,愚者睹怪讳名。'天道无亲,可为祇畏!诚令王纲一整,道行忠立,明公踵伯成之高,全不朽之誉,岂与此外戚凡辈耽荣好位者同日而论哉!"商不能用。

【纲】秋闰八月朔,日食。冬十二月,地震。

【纲】丙子,永和元年,冬十二月,以王龚为太尉,以梁冀为河南尹。

【纲】丁丑,二年,冬十月,帝如长安。征处士法真,不致。【目】扶风法真,博通内、外学,隐居不仕,帝欲致之,四征不屈。友人郭正称之曰:"真名可得闻,身难得见。逃名而名我随,避名而名我追,可谓百世之师者矣!"

【纲】地震。

【纲】十二月,还宫。

【纲】戊寅,三年,秋九月,诏举武猛任将帅者。 【目】初,左雄荐周举为尚书,至是雄为司隶校尉,举冯直任将帅。直尝坐赃受罪,举以此劾奏雄。雄曰:"诏书使选武猛,不使选清高。"举曰:"诏书使君选武猛,不使君选贪污也!"雄曰:"进君,适所以自伐也。"举曰:"昔赵宣子任韩厥为司马,而厥戮其仆,宣子谓诸大夫曰:'可贺我矣!'今君不以举之不才,误升诸朝,不敢阿君以为君

历、八卦、星象、风角的预测多次应验。世人不肯学习，却竞相称赞毫无根据的预言，就如同画家讨厌画狗画马，却喜好画鬼怪妖魔，实在是因为实际上谁也讲不清鬼怪模样，可以任意乱画！应该对图谶书籍一律收缴查禁，那么人们就不会迷惑于朱紫正邪之色，典籍就不会有瑕玷污痕了！"

【纲】阳嘉四年（乙亥，135），春二月，首次允许宦官可以养子继承爵位。

【纲】夏四月，任命梁商为大将军。　【目】梁商自幼通晓儒家经典，谦虚恭谨，喜爱人才，辟举李固为从事中郎。李固认为梁商柔和保守，不能对法纪有所整治，就呈递报告说："多年以来，灾害怪异不断出现。孔子说：'智慧的人看见灾变就思考其形成原因，愚蠢的人发现怪异却不敢承认。'天道无私，令人敬畏！如果能使王纲振作，秩序恢复，忠诚确立，阁下追随伯成的高洁品质，成全不朽美名，岂能与这些醉心荣华富贵的外戚凡人同日而语呢！"梁商不能采纳。

【纲】秋季，闰八月初一，出现日食。冬十二月，发生地震。

【纲】顺帝永和元年（丙子，136），冬十二月，任命王龚为太尉，梁冀为河南尹。

【纲】永和二年（丁丑，137），冬十月，顺帝前往长安。征召隐士法真，被拒绝。　【目】扶风人法真精通《七纬》内学、《六经》外学，隐居乡里，不肯为官，顺帝打算征召他，一连征召四次，法真最终没有屈从。他的朋友郭正称赞说："法真的名声能够听见，人却难以见到。逃脱名声而名声仍随着，躲避名声而名声仍追赶，他可以说是百世之师了！"

【纲】发生地震。

【纲】十二月，顺帝返回首都皇宫。

【纲】永和三年（戊寅，138），秋九月，诏令举荐刚强勇猛、可以担任将帅的人才。　【目】当初，左雄举荐周举为尚书，此时左雄任司隶校尉，又举荐冯直担任将帅。冯直曾因贪污而被判刑，周举以此弹劾左雄。左雄说："诏书是让选择刚强勇猛的人，不是让选择清廉高尚的人。"周举说："诏书命你选择刚强勇猛的人，没有命你选择贪污受贿的人。"左雄说："推荐你当官，反倒自己倒霉。"周举说："过去赵宣子

羞,不寤君之意与宣子殊也。"雄悦,谢曰:"是吾过也!"天下益以此贤之。

是时宦官竞卖恩势,唯大长秋良贺清俭退厚。及诏举武猛,贺独无所荐。帝问其故,对曰:"臣生自草茅,长于宫掖,既无知人之明,又未尝交知士类。昔卫鞅因景监以见,有识知其不终。今得臣举者,匪荣伊辱,是以不敢!"

【纲】辛巳,六年,秋八月,大将军梁商卒。以梁冀为大将军,不疑为河南尹。

【纲】以周举为谏议大夫。　【目】初,梁商疾笃,帝亲临幸,问以遗言。对曰:"臣从事中郎周举,清高忠正,可重任也。"由是用之。

【纲】冬十一月,徙荆州刺史李固为泰山太守。　【目】荆州盗起,弥年不定;以李固为刺史。固到,遣吏劳问境内,赦寇盗前衅,与之更始。于是贼帅自缚归首,固皆原之,遣还相招,半岁间余类悉降。奏南阳太守高赐等赃秽;赐等重赂梁冀,冀为之千里移檄,而固持之愈急,冀遂徙固为泰山太守。时泰山盗贼屯聚历年,郡兵常千人,追讨不能制;固到,悉罢遣归农,但选留任战者百余人,以恩信招诱之,未满岁,贼皆弭散。

【纲】壬午,汉安元年,秋八月,遣八使分行州郡。　【目】遣杜乔、周举、周栩、冯羡、栾巴、张纲、郭遵、刘班分行州郡,表贤良,显忠勤;其贪污有罪者,刺史、二千石驿马上之,墨绶以下,便辄收举。乔等受命之部,张纲独埋其车轮于雒阳都亭,曰:"豺狼当道,

任命韩厥为司马，而韩厥却杀了他的奴仆，赵宣子对大夫们说：'可以祝贺我了！'现在你不认为我无能而错误地推荐到朝廷任官，我不敢阿附你，成为你的耻辱，没想到你的见解与赵宣子不同。"左雄很高兴，道歉说："这是我的过错！"天下人因此更敬重他。

此时，宦官竞相卖弄皇帝的恩德权势，只有大长秋良贺清廉节俭，淡泊宽厚。等到诏令举荐刚强勇猛的人才时，唯独良贺没有举荐。顺帝问他原因，他回答说："我出生在贫苦的民间，成长在宫廷，既无知人之明，又不曾结交士人。从前卫鞅由宦官景监推荐而为官，有见识的人知道他不会有好下场。如今得到我举荐的人，不但不引以为荣，反而认为是耻辱，所以我不敢举荐！"

【纲】永和六年（辛巳，141），秋八月，大将军梁商去世。任命梁冀为大将军，梁冀的弟弟梁不疑为河南尹。

【纲】任命周举为谏议大夫。　【目】当初，梁商病重，顺帝亲临探望，询问他有何遗言。梁商回答："我的从事中郎周举清廉高洁，忠诚正直，可以担当重任。"因此任用周举。

【纲】冬十一月，调任荆州刺史李固为泰山郡（治奉高县，今山东泰安东北）太守。　【目】荆州发生民变，多年不能平息；任命李固为荆州刺史。李固到任后，派部下到境内各地慰问，赦免变民以前的过错，要他们重新做人。于是变民首领捆绑自己归降，李固全部释放他们，让他们回去招集旧部，半年之间，其余变民全部投降。李固弹劾南阳郡太守高赐等贪赃枉法，高赐等用重金贿赂梁冀，梁冀为他千里移送文书，而李固却追查更紧，梁冀便调任李固为泰山郡太守。此时泰山变民屯聚多年，郡府常派千人军队追击讨伐，不能制服。李固到任后，将郡兵全部解散，回乡务农，只选择保留一百余名善战士兵，用恩德信任招降变民。不到一年，变民全部解散。

【纲】顺帝汉安元年（壬午，142），秋八月，派遣八位使臣分别巡察各州、郡。　【目】派遣杜乔、周举、周栩、冯羡、栾巴、张纲、郭遵、刘班分别巡察各州、郡，表扬贤良，褒奖忠勤；对于贪污受贿、触犯法令的，如是刺史、二千石级别的，就用驿马上奏朝廷，如果县令以下的，便直接收押审判。杜乔等接受命令后前往各地，唯独张纲把车轮埋在

安问狐狸!"遂劾奏大将军冀、河南尹不疑无君之心十五事,京师震悚。帝虽知纲言直,不能用也。

【纲】以李固为将作大匠。 【目】杜乔奏李固政为天下第一,故有是命。

【纲】以张纲为广陵太守。 【目】梁冀恨张纲,思有以中伤之。时广陵贼张婴寇乱扬、徐间,积十余年;乃以纲为广陵太守。纲单车径诣婴垒门,婴大惊,走闭垒。纲于门外罢遣吏兵,留十余人,以书喻婴,请与相见。婴乃出拜谒,纲延置上坐,譬之曰:"前后二千石多肆贪暴,故致公等怀愤相聚。二千石信有罪矣,然公所为者又非义也。主上仁圣,欲以文德服叛,故遣太守来;今诚转祸为福之时也!"婴闻,泣下曰:"荒裔愚民,不堪侵枉,相聚偷生,若鱼游釜中,知其不可久,且以喘息须臾间耳!今闻明府之言,乃婴等更生之辰也!"乃辞还营,明日将所部万余人与妻子面缚归降。论功当封,梁冀遏之。在郡一岁卒。

时二千石长吏有能政者,有雒阳令任峻、冀州刺史苏章、胶东相吴祐。雒阳自王涣之后,皆不称职;峻能选用文武,各尽其用,发奸不旋踵,民间不畏吏,其威禁猛于涣,而文理政教不如也。章有故人为清河太守,章行部,欲案其奸赃,乃为设酒,甚欢。太守喜曰:"人皆有一天,我独有二天!"章曰:"今夕苏孺文与故人饮者,私恩也;明日冀州刺史案事者,公法也。"遂举正其罪,州境肃然。祐政崇仁简,民不忍欺。啬夫孙性,私赋民钱,市衣以进其父,父得而怒曰:"有君如是,何忍欺之!"促归伏罪。性惭惧自首,具谈父言。祐曰:"掾以亲故,受污秽之名,所谓'观过知仁矣'。"使归谢其父,

洛阳都亭，说："豺狼当道，怎能去找孤狸！"于是上书弹劾大将军梁冀、河南尹梁不疑目无君王的十五件罪行，首都之人震惊。顺帝虽然知道张纲讲得正确，却不能采纳。

【纲】任命李固为将作大匠。　【目】杜乔奏报李固治政为天下第一，所以有此任命。

【纲】任命张纲为广陵郡（治广陵县，今江苏扬州西北）太守。【目】梁冀痛恨张纲，想方设法要中伤他。当时，广陵变民张婴在扬州（治历阳县，今安徽和县，东汉末年迁治寿春县，今安徽寿县）、徐州（治郯县，今山东郯城西南）之间活动长达十余年，于是便任命张纲为广陵郡太守。张纲独自一车直达张婴营垒大门，张婴大惊，急忙跑回去紧闭营门。张纲在营门外遣回随从官兵，留下十余人，写信给张婴，要求与他会见。张婴便出营拜见。张纲请他坐在上座，开导他说："前后在任的太守大多贪婪暴虐，所以导致你们大家怀着愤怒聚集一处，太守确实是有罪的。但是，你的所作所为又是不义之举。皇上仁爱圣明，想以恩德治服叛乱，所以派我来；现在实在是转祸为福的时机！"张婴听完，流泪说："荒远地区的愚民不堪忍受侵扰冤枉，才聚集一起苟且偷生，好像是鱼在锅里游水，知道并不能长久，只不过是暂且喘息片刻罢了！现在听到太守的话，正是我们再生之日！"于是告辞回营，转天，率所部一万余人与妻子面对面捆绑归降。论功应当封张纲爵位，而梁冀则从中阻挠。张纲在太守任上只一年就去世了。

当时二千石级官员中治政有方的有洛阳县令任峻、冀州（治高邑县，今河北内丘柏乡镇北）刺史苏章、胶东国（都胶东县，今山东平度）相吴祐。洛阳县令自从王涣以后，都不称职。任峻能够选拔任用文武官员，使其各尽其才，查办罪案迅速果断，百姓不再畏惧官吏。任峻的威猛严厉超过王涣，但是在文化教育方面不如王涣。苏章有位老朋友任清河郡（治甘陵县，今山东高唐西南）太守，苏章到任后，准备查办其贪赃枉法行为，于是便为这位太守设下酒筵，二人相谈甚欢。太守高兴地说："别人都是只有一天，唯独我有二天！"苏章说："今晚，苏章与老朋友喝酒，是私情；明天，冀州刺史查办案件，是公法。"遂弹劾其罪行，全州肃然。吴祐治政崇尚仁爱简朴，百姓不忍心欺骗他。啬夫孙性

还以衣遗之。

【纲】癸未,二年,冬十一月,地震。 【目】凉州自九月以来,地百八十震,山谷拆裂,坏败城寺,民压死者甚众。

【纲】增孝廉为四科。 【目】尚书令黄琼以左雄所上孝廉之选,专用儒学、文吏,于取士之义犹有所遗,乃奏增孝悌及能从政者为四科;帝从之。

【纲】甲申,建康元年,夏四月,立皇子炳为太子。 【目】太子居承光宫,帝使侍御史种暠监其家。中常侍高梵从中单驾出迎太子,时太傅杜乔等疑不欲从而未决,暠乃手剑当车曰:"太子,国之储副,人命所系。今常侍来,无诏信,何以知非奸邪?今日有死而已!"梵辞屈,不敢对,驰还奏之。诏报,太子乃得去。乔退而叹息,愧暠临事不惑;帝亦嘉其持重,称善者良久。

【纲】秋八月,帝崩;太子炳即位。
【纲】尊皇后曰皇太后。太后临朝。以李因为太尉、录尚书事。

【纲】九月,葬宪陵。
【纲】地震,诏举贤良、方正之士策问之。 【目】皇甫规对曰:"陛下摄政之初,拔用忠贞,远近翕然,望见太平,而灾异不息,寇贼纵横,殆以奸臣权重之所致也。其常侍尤无状者,宜亟黜遣,以答天诫。大将军冀、河南尹不疑,亦宜增修谦节,辅以儒术。夫君者,

私自征敛民钱，买衣服送给父亲，他父亲收到衣服后大怒说："有这么好的父母官，你怎么忍心欺骗他！"催促他回去自首。孙性惭愧恐惧，向吴祐自首认罪，将父亲的话全部讲出。吴祐说："你因为亲情缘故，蒙受贪污恶名，正是所谓'观察过失就可以看出其品德'。"让他回去向父亲道歉，仍把衣服送给父亲。

【纲】汉安二年（癸未，143），冬十一月，发生地震。 【目】凉州（治陇县，今甘肃秦安东北）自九月以来，共发生一百八十次地震，山崩谷裂，城倒屋塌，很多百姓被压死。

【纲】将孝廉增加为四科。 【目】尚书令黄琼认为左雄所制定的选拔孝廉范围，仅限于通晓儒家经典的人士和官府文吏，在取才原则上还有所遗漏，于是就奏请增加孝悌以及能够从政者，共为四科，顺帝采纳其建议。

【纲】顺帝建康元年（甲申，144），夏四月，立皇子刘炳为太子。【目】太子刘炳居住承光宫，顺帝派侍御史种暠监护太子宫。中常侍高梵乘一辆马车从宫中出来迎接太子，当时太傅杜乔等心怀疑虑，不想让太子随高梵走，但是又不敢决定。种暠就手提宝剑挡在车前说："太子，是国家的储君，人命的依托。现在常侍一人来此，没有诏书符信，怎么知道不是奸邪阴谋？今天只有一死而已！"高梵理屈辞穷，不敢回答，急忙回宫奏报。顺帝下诏通报，太子才得以离开。杜乔事后叹息不止，种暠遇事不乱的才能令其深感惭愧；顺帝也欣赏种暠的持重，很长一段时间都称赞他。

【纲】秋八月，顺帝去世。太子刘炳即皇帝位。

【纲】尊奉皇后梁氏为皇太后。梁太后临朝听政，任命李固为太尉、录尚书事。

【纲】九月，将顺帝安葬在宪陵（在今河南洛阳东北）。

【纲】地震。下诏命文武官员举荐贤良方正人才，进行策问。【目】皇甫规回答说："陛下摄政之初，选拔任用忠贞之士，远近安定祥和，已望见太平盛世景象，然而灾异仍不平息，叛民不断出现，大概是由于奸臣手握重权所导致的。常侍中那些行为尤其恶劣的，应尽快罢黜驱除，以回答上天的劝诫。大将军梁冀、河南尹梁不疑也应增修谦恭气

舟也；民者，水也；群臣，乘舟者也；将军兄弟，操楫者也。若能平志毕力，以度元元，所谓福也；如其怠弛，将沦波涛，可不慎乎！夫德不称禄，犹凿墉之趾以益其高，岂安固之道哉！"冀忿之，以规为下第，拜郎中；托疾，免归。

【纲】冬十月，群盗发宪陵。

孝冲皇帝

【纲】乙酉，孝冲皇帝永嘉元年，春正月，帝崩。

【纲】征清河王蒜及渤海孝王子缵至京师。大将军冀白太后，迎缵入即位，罢蒜归国。　【目】蒜、缵皆章帝曾孙。蒜为人严重，动止有法度，公卿皆归心焉。而缵年八岁，李固谓梁冀曰："立帝宜择长年有德、任亲政事者，愿将军审详大计，察周、霍之立文、宣，戒邓、阎之利幼弱！"冀不从，与太后定策禁中，迎缵入南宫，即皇帝位。蒜罢归国。

【纲】葬怀陵。　【目】太后委政李固，宦官为恶者一皆斥遣，而梁冀尤疾之。初，顺帝时除官多不以次，固奏免百余人。此等遂作飞章，言固"离间近戚，自隆支党"，冀以白太后，太后不听。

孝质皇帝

【纲】丙戌，孝质皇帝本初元年，夏四月，诏郡国举明经诣太学；受业者岁满课试，拜官有差。　【目】自是公卿皆遣子受业，游学增盛，至三万余生。

【纲】海水溢。

质,以儒家学说培养自己。君王,是一只船;百姓,是水;群臣,是坐船的人;大将军兄弟,是操纵船桨的人。如果能坚定志向,全力以赴地普度众生,这就是所谓的福;如果懈怠松弛,就将会被汹涌的波涛淹没,能不慎重吗!品德与禄位不相称,就好像挖凿墙基来增加它的高度,岂是使它安稳牢固的方法呢!"梁冀对皇甫规非常气愤,将他定为最下等,任命他为郎中;皇甫规推托有病,免职归乡。

【纲】冬十月,一群强盗发掘宪陵。

孝冲皇帝

【纲】孝冲皇帝刘炳永嘉元年(乙酉,145),春正月,冲帝去世。

【纲】征召清河王刘蒜和渤海孝王的儿子刘缵到首都洛阳。大将军梁冀与梁太后商议,迎接刘缵入宫即位,又将刘蒜遣回封国。 【目】刘蒜、刘缵都是汉章帝的曾孙。刘蒜为人严肃,举止有法度,公卿大臣们都归心于他;而刘缵年仅八岁。李固对梁冀说:"选立皇帝,应该选择年纪大、有品德、能亲理政事的人,希望大将军认真考虑大计,学习周勃、霍光当初选立文帝、宣帝的做法,切勿效法邓骘、阎显当初利用幼弱的行为!"梁冀没有听从,与梁太后在宫中决策,迎接刘缵进入南宫,即皇帝位。刘蒜被遣回封国。

【纲】将冲帝安葬在怀陵(在今河南洛阳东北)。 【目】梁太后治国依靠李固,那些作恶多端的宦官一概被排斥遣散,而梁冀更加痛恨他。当初,顺帝时任命官员大多不按规章制度,李固奏报将一百余人免职。这批人遂写匿名文书,诬称李固"挑拨离间皇亲之间的感情,自己扩立私党",梁冀面见梁太后要求调查,太后不准。

孝质皇帝

【纲】孝质皇帝刘缵本初元年(丙戌,146),夏四月,诏命各郡、封国举荐通晓儒家经书的明经人才到太学学习;学生们到年终考核,按成绩好坏任命不同的官职。 【目】从此公卿大臣都送儿子前去学习,各地到首都学习的人不断增加,盛况空前,竟达三万余人。

【纲】海水倒灌。

【纲】闰六月，大将军冀进毒弑帝。白太后，策免太尉固。迎蠡吾侯志入即位，太后犹临朝。　【目】帝少而聪慧，尝因朝会，目梁冀曰："此跋扈将军也！"冀深恶之，使左右置毒于煮饼以进。帝苦烦甚，召李固。固入前，问，帝曰："食煮饼腹闷，得水尚可活。"冀曰："恐吐，不可饮水。"语未绝而崩。固伏尸号哭，推举侍医。

　　议立嗣，固与司徒胡广、司空赵戒先与冀书曰："先世废立，未尝不询访公卿，广求群议，令上应天心，下合众望。国之兴衰，在此一举。"冀乃召百官入议，固、广、戒及大鸿胪杜乔皆以为"清河王蒜明德著闻，又属最尊亲，宜立为嗣"。中常侍曾腾夜往说冀曰："将军秉摄万几，宾客纵横，多有过差。清河严明，若果立，则将军受祸矣！不如立蠡吾侯富贵可长保也。"冀然其言。明日，重会公卿，冀意气凶凶，广、戒慑悸曰："惟大将军令！"独固、乔守本议。冀厉声曰："罢会！"说太后，策免固。迎蠡吾侯志入南宫即位，时年十五，太后犹临朝政。

　　【纲】秋七月，葬静陵。
　　【纲】九月，追尊河间孝王为孝穆皇，蠡吾先侯曰孝崇皇。冬十月，尊母匽氏为博园贵人。

孝桓皇帝

　　【纲】丁亥，孝桓皇帝建和元年，春正月朔，日食，三月，黄龙见谯。
　　【纲】夏四月，地震。
　　【纲】六月，以杜乔为太尉。　【目】自李固之废，内外丧气，群臣侧足而立，唯乔正色无所回挠，由是朝野皆倚望焉。

【纲】闰六月,大将军梁冀用毒药毒死质帝。梁冀说服梁太后,下诏将太尉李固免职。迎接蠡吾侯刘志入宫即皇帝位,太后仍临朝听政。　【目】质帝年少聪慧,曾经在朝会上看着梁冀说:"这是个跋扈将军!"梁冀对他深恶痛绝,派质帝身边的人在煮饼中下毒后送给质帝吃。质帝吃后非常痛苦烦闷,便召唤李固。李固入宫,趋前探问病因,质帝说:"我吃下煮饼,感觉腹中烦闷,如果得到水喝还能活。"梁冀说:"恐怕会呕吐,不能喝水。"话还没说完,质帝便去世。李固伏尸痛哭,立即弹劾查办御医。

在商议选立继承人时,李固与司徒胡广、司空赵戒一起先给梁冀写信说:"先前朝代君王的废立,从来没有不咨询访问公卿大臣,广泛征求众人意见,使得上应天心,下合众望。国家的兴衰,在此一举。"梁冀便召集文武百官入朝商议,李固、胡广、赵戒以及大鸿胪杜乔都认为清河王刘蒜以品德能力著称于世,在皇族中又属最尊贵亲近的,应该选立他为继承人。中常侍曾腾深夜前去劝说梁冀道:"将军手握国家大权,宾客满天下,很多人犯有过错。清河王为人严明,如果立他为帝,将军就要遭殃了!不如选立蠡吾侯为帝,可以永保富贵。"梁冀认为正确,第二天重新召集公卿大臣。他摆出气势汹汹的样子,胡广、赵戒内心恐惧,说:"听从大将军命令!"只有李固、杜乔坚持自己的意见。梁冀厉声说:"散会!"他劝说梁太后,下诏罢免了李固。迎接蠡吾侯刘志入南宫即皇帝位,刘志当时十五岁,梁太后仍临朝听政。

【纲】秋七月,将质帝安葬在静陵(在今河南洛阳东)。

【纲】九月,追尊河间王刘开为孝穆皇,前蠡吾侯刘翼为孝崇皇。冬十月,桓帝尊奉母亲匽氏为博园贵人。

孝桓皇帝

【纲】孝桓皇帝刘志建和元年(丁亥,147),春季,正月初一,出现日食。三月,黄龙在谯县(今安徽亳县)出现。

【纲】夏四月,发生地震。

【纲】六月,任命杜乔为太尉。　【目】自从李固被罢免,朝廷内外情绪低落,群臣惶惶不可终日,只有杜乔正气凛然,无所畏惧,因此朝

【纲】秋，论定策功，益封梁冀万三千户，又封其子弟及宦者刘广等皆为列侯。

【纲】八月，立皇后梁氏。

【纲】九月，地震，策免太尉乔。

【纲】冬十一月，贬清河王蒜为尉氏侯，徙桂阳，蒜自杀。下李固、杜乔狱，杀之。 【目】宦者唐衡、左悺等共谮杜乔，帝亦怨之。会刘文等谋共立清河王蒜，劫其相谢暠杀之，蒜坐贬爵为尉氏侯，徙桂阳，自杀。梁冀因诬李固、杜乔，云与文交通，收固下狱；固死狱中。冀使人胁杜乔，使自引决；乔不听，收系之，亦死狱中。

【纲】己丑，三年，夏四月晦，日食。秋八月，有星孛于天市。大水。九月，地再震，山崩。

【纲】前朗陵侯相荀淑卒。 【目】淑少博学，有高行，李固、李膺等皆师宗之。尝举贤良，对策讥刺贵幸，梁冀忌之，出为朗陵相。涖事明治，称为"神君"。有子八人，俭、绲、靖、焘、汪、爽、肃、尃，并有名称，时人谓之"八龙"。颍阴令苑康，更命其里曰高阳里。

膺性简亢，唯以淑为师，以同郡陈寔为友。爽尝谒膺，因为其御。既还，喜曰："今日乃得御李君矣！"

寔出单微，同郡钟皓以笃行称，九辟公府，年辈远在寔前，引与与友。皓为郡功曹，辟司徒府；太守高伦问："谁可代卿者？"皓曰："明府欲必得其人，西门亭长陈寔可。"伦从之。中常侍侯览托伦用吏，寔怀檄请见曰："此人不宜用，而览不可违，寔乞从外署，不足以尘明德。"于是乡论怪其非举，寔终无所言。伦后被征，乃谓人曰："吾前为侯常侍用吏，陈君密持教还，而于外白署，陈君可谓'善则

野内外都把希望寄托在他身上。

【纲】秋季，论定拥立皇帝的功劳，加封梁冀采邑一万三千户，又将其子弟及宦官刘广等一律封为列侯。

【纲】八月，封梁太后的妹妹为皇后。

【纲】九月，地震，下诏罢免太尉杜乔。

【纲】冬十一月，将清河王刘蒜贬为尉氏侯，迁往桂阳，刘蒜自杀。将李固、杜乔逮捕入狱，处死二人。 【目】宦官唐衡、左悺等共同诬陷杜乔，桓帝也怨恨他。正遇上刘文等人谋划拥立清河王刘蒜为帝，劫持清河国相谢暠并杀了他，刘蒜获罪被贬为尉氏侯，迁往桂阳，刘蒜自杀而死。梁冀趁机诬陷李固、杜乔，称他们与刘文勾结，将李固逮捕下狱；李固死在狱中。梁冀派人威胁杜乔，要他自杀；杜乔拒绝，被收捕关押，也死在狱中。

【纲】建和三年（己丑，149），夏季，四月三十日，出现日食。秋八月，天市星旁出现孛星。大水成灾。九月，再次地震，发生山崩。

【纲】前郎陵侯国相荀淑去世。 【目】荀淑年少时便学问渊博，行为高尚，李固、李膺等都像对待老师一样敬重他。曾经被作为贤良举荐，在回答策问时讽刺当朝权贵，梁冀忌恨他，任命他为朗陵国相。荀淑在任上明正安稳，被称为"神君"。他有八个儿子：荀俭、荀绲、荀靖、荀焘、荀汪、荀爽、荀肃、荀专，都有盛名，当时人称他们为"八龙"。颍阴（今河南许昌）县令苑康将其所居里巷改名为高阳里。

李膺性格简朴耿直，只把荀淑当作老师，与同郡人陈寔结为朋友。荀爽曾经拜访李膺，顺便为他驾车。回来后，高兴地说："今天终于能给李膺驾车了！"

陈寔出身寒微；同郡钟皓以品行端正著称，九次被征召到三公府任职，年龄、辈分远在陈寔之前，但是却与陈寔结为朋友。钟皓任郡府功曹时，被征召到司徒府任官；太守高伦问他："谁能接替你呢？"钟皓说："太守如果想找一位适当人选，西门亭长陈寔就是。"高伦听从了他的建议。中常侍侯览托高伦任用一人为官，陈寔身带公文求见，说："此人不应任用，但侯览又不能违抗，请让我签署任命书，这样就不会损害您的美誉。"于是舆论责怪陈寔被举荐是不恰当的，陈寔始终不

称君，过则称己'者也。"寔固自引愆，由是天下服其德。后为太丘长，修德清静，百姓以安。邻县民归附者，寔辄训导，令还本司官。行部，吏虑民有讼者，白欲禁之。寔曰："讼以求直，禁之，理将何申！"亦竟无讼者。以沛相赋敛违法，解印绶去，吏民追思之。

皓素与淑齐名，膺常叹曰："荀君清识难尚，钟君至德可师。"皓兄子瑾好学慕古，有退让风，与膺同年，俱有声名。其母，膺之姑也，膺祖太尉修常言："瑾似我家性，'邦有道，不废；邦无道，免于刑戮'。"复以膺妹妻之。膺谓瑾曰："弟何太无皂白邪！"瑾以白皓。皓曰："国武子好招人过，以致怨恶，今岂其时邪！必欲保身全家，尔道为贵。"

【纲】庚寅，和平元年，春正月，太后归政；二月，崩。三月，帝还北宫。葬顺烈皇后。封大将军冀妻孙寿为襄城君。

【纲】夏五月，尊博园匽贵人曰孝崇后。

【纲】辛卯，元嘉元年，春正月朔，尚书张陵劾大将军冀罪，诏以俸赎。　【目】群臣朝贺，大将军冀带剑入省。尚书张陵叱出，敕羽林、虎贲夺剑。冀跪谢，陵不应，即劾奏冀，请廷尉论罪。有诏："以一岁俸赎。"百僚肃然。河南尹不疑尝举陵孝廉，谓曰："举君，适所以自罚也。"陵曰："明府不以陵不才，误见擢序，今申公宪以报私恩。"不疑有愧色。不疑好经书，喜待士，冀疾之，转为光禄勋；

辩解。高伦后来被征召到中央，便对人说："我以前为了侯常侍而任用一个人当官，陈寔将我的手令秘密缴回，而由他自行签署，陈寔可以说是'好事就归功于主官，过错就归罪于自己'那种人。"陈寔仍坚持是自己的过错，因此天下人都佩服他的品德。后来，陈寔任太丘县（今河南永城西北）县长，修炼德行，清静无为，百姓安宁平和。邻县百姓前来归附的，陈寔就教育开导，让他们返回原县。主管官府派人前来视察，当地官员担心百姓中有人上诉，打算请求陈寔禁止。陈寔说："诉讼的目的是为了寻求公平，禁止它，还如何能申诉委屈！"而最终也无人上诉。任沛国（都相县，今安徽宿县西北）相时，因征收赋税违法，便解下印信、绶带离去，官民都追思他。

钟皓素来与荀淑齐名，李膺常叹息说："荀淑的远见卓识难以效仿，钟皓的崇高品德可为人师。"钟皓哥哥的儿子钟瑾喜欢学习，仰慕古人，有谦让风度，与李膺同岁，齐享盛名。钟瑾的母亲，是李膺的姑母。李膺的祖父太尉李修常说："钟瑾很像我们李家的性格，孔子说：'国家政治清明，不会被抛弃；国家政治黑暗，也免受诛杀'。"又把李膺的妹妹嫁给钟瑾。李膺对钟瑾说："老弟你为什么不太区别是非呢！"钟瑾把此话告诉钟皓。钟皓说："春秋时齐国大夫国佐好揭人短，以致招来怨恨，如今难道是那个时代吗？如果一定要保全身家性命，你的方法是最高明的。"

【纲】桓帝和平元年（庚寅，150），春正月，梁太后归还朝政；二月，太后去世。三月，桓帝迁回北宫。安葬顺烈皇后梁氏。封大将军梁冀的妻子孙寿为襄城君。

【纲】夏五月，尊称博园匽贵人为孝崇后。

【纲】桓帝元嘉元年（辛卯，151），春季，正月初一，尚书张陵弹劾大将军梁冀的罪行；下诏命梁冀以俸禄赎罪。　【目】群臣朝贺时，大将军梁冀身带宝剑进入大殿。尚书张陵喝叱梁冀退出，命令羽林军、虎贲武士夺取其宝剑。梁冀跪下道歉，张陵不答应，立即上奏章弹劾梁冀，请廷尉定罪。桓帝下诏："以一年的俸禄赎罪。"文武百官无不肃然起敬。河南尹梁不疑曾经举荐张陵为孝廉，对张陵说："举荐你，恰恰是惩罚自家了。"张陵说："您不认为我无能，将我提拔升迁，如今是申明

以其子胤为河南尹。

【纲】夏四月,帝微行,至河南尹梁胤府舍。是日大风,拔树,昼昏。

【纲】冬十一月,地震,诏举独行之士。 【目】涿郡崔寔以独行举,诣公车,称病,不对策;退而论世事,名曰《政论》。其辞曰:"凡天下所以不治者,常由人主承平日久,俗渐敝而不悟,政寖衰而不改。凡为天下者,自非上德,严之则治,宽之则乱。何以明其然也?近孝宣皇帝明于君人之道,审于为政之理,故严刑峻法,破奸轨之胆,海内清肃,天下密如,算计见效,优于孝文。及元帝即位,多行宽政,卒以堕损,威权始夺,遂为汉室基祸之主。政道得失,于斯可鉴。故圣人能与世推移,而俗士苦不知变,以为结绳之约,可复治乱秦之绪,干戚之舞,足以解平城之围。盖为国之法,有似治身,平则致养,疾则攻焉。夫刑罚者,治乱之药石也;德教者,兴平之粱肉也。夫以德教除残,是以粱肉治疾也;以刑罚治平,是以药石供养也。自数世以来,政多恩贷,驭委其辔,马骄其衔,四牡横奔,皇路险倾,方将拑勒鞿辀以救之,岂暇鸣和鸾,清节奏哉!昔文帝虽除肉刑,当斩右趾者弃市,笞者往往至死。是文帝以严致平,非以宽致平也。"山阳仲长统尝见其书,叹曰:"凡为人主,宜写一通,置之坐侧。"

【纲】癸巳,永兴元年,秋七月,蝗。

公法来报答您的私恩。"梁不疑面有愧色。梁不疑喜好儒家经书,乐于接待士人,梁冀厌恶他,让他转任光禄勋,任命自己的儿子梁胤为河南尹。

【纲】夏四月,桓帝微服出游,来到河南尹梁胤家。这天,大风将树连根拔起,白天昏暗一片。

【纲】冬十一月,发生地震,下诏举荐情操高尚而不随波逐流的独行人才。 【目】涿郡(治涿县,今河北涿州东北)人崔寔以独行人才被举荐,到达首都洛阳的公车后,他声称有病在身,不参加策对;返乡后评论世事,写了一篇名为《政论》的文章。其内容有:"凡是国家不能治理的原因,常常是由于君主承接太平的时间太久,风气逐渐败坏却不醒悟,政治逐渐衰落却不改进。凡是拥有天下的君王,自然不可能都具备最高的品德,手段严厉则秩序井然,态度宽纵则国家混乱。何以证明?近世的孝宣皇帝刘询就懂得君王的治国方法,明白为政的规律,所以实行严刑峻法,使奸恶之徒心惊胆颤,四海清平,天下安定,总结其政绩,优于孝文皇帝刘恒。等到元帝刘奭即皇帝位,大多实行宽容的政治,最终造成法纪衰败,权威丧失,成了为汉王朝灭亡奠定基础的君主。治国方法的得失,在此可以明鉴。所以圣人能随形势而调整行为,但是愚蠢的人则苦于不知变化,认为远古结绳记事的方法还可以治理纷乱如麻的秦王朝,手持盾牌和大斧的舞蹈,足以解除汉高祖平城之围。治国方法与养身之道相似,平时注意保养,生病了就要治疗。刑罚,就是治理乱世的方药砭石;道德教育,是太平盛世的美食佳肴。以道德教育去削除残暴,这就好像用美食佳肴去治病;以刑罚去治理安定的社会,这就好像用药物来保养身体。自从数代以来,大多实行恩惠宽恕的政策,于是车夫扔掉了缰绳,马匹摆脱了马嚼,御车的四匹马横冲直撞,大路上充满危险,正应该勒马刹车来拯救它,哪有时间鸣响车铃、调理节奏呢!过去汉文帝虽然废除肉刑,但是应当斩足的判为死刑弃市,鞭打犯人往往致死。这说明汉文帝是以严刑峻法使天下太平,不是以宽容使天下太平的。"山阳人仲长统曾看到他的文章,叹息说:"凡是君王,都应抄写一份,作为座右铭。"

【纲】桓帝永兴元年(癸巳,153),秋七月,蝗虫成灾。

【纲】河溢，民饥，以朱穆为冀州刺史；寻征下狱，输作左校。

【目】冀州民饥，流亡数十万户。诏以朱穆为刺史。令长闻穆济河，解印绶去者四十余人。及到，奏劾诸郡贪污者，有至自杀。宦者赵忠丧父归葬，僭为玉匣；穆下郡案验，吏发墓剖棺出之。帝闻，大怒，征穆诣廷尉，输作左校。太学生刘陶等数千人，诣阙上书讼穆曰："中官近习，窃持国柄，手握王爵，口含天宪，运赏则使饿隶富于季孙，呼嗡则令伊、颜化为桀、跖。而穆独亢然不顾身害，非恶荣而好辱，恶生而好死也，徒感王纲之不摄，惧天网之久失，故竭心怀忧，为上深计。臣愿黥首系趾，代穆校作。"帝乃赦之。

【纲】黄河泛滥，百姓饥饿，任命朱穆为冀州刺史；不久将他召回下狱，罚到左校营做苦工。　【目】冀州百姓饥饿不堪，流亡的达数十万户。下诏任命朱穆为冀州刺史。所属县令、县长听说朱穆渡过黄河，有四十余人解下印信、绶带辞职而去。等他到任后，上奏弹劾各郡贪污的官员，有的便自杀而死。宦官赵忠父亲死后运回家乡安葬，越礼使用玉匣装殓。朱穆命郡府查验，官员便掘墓开棺，将尸首抬出检查。桓帝闻讯，大怒，召朱穆向廷尉报到，罚到左校营做苦工。太学生刘陶等数千人到宫门前上书，为朱穆申辩说："宦官亲信窃取国家权力，手握封爵大权，口定国家法令，行赏则能使饥饿之人比古代的季孙还富有，不满则能让伊尹、颜回变成夏桀、盗跖。而朱穆却凛然不顾自身利害，并不是厌恶荣耀而喜欢羞辱、厌恶生命而喜欢死亡，只是感到君王纲纪不振，害怕天纲永久丧失，所以竭尽忠心地怀着忧虑，为皇上做长远考虑。我们愿意接受在额头刺字的黥刑和脚戴铁索的刑罚，代替朱穆去做苦役。"于是桓帝便赦免释放了朱穆。

纲鉴易知录卷二四

东汉纪

孝桓皇帝

【纲】乙未,永寿元年,秋,南匈奴左薁鞬台耆等反,属国都尉张奂击破,降之。 【目】南匈奴左薁鞬台耆等反,东羌复举种应之。安定属国都尉张奂初到职,壁中唯有二百许人,闻之,即勒兵出;军吏叩头争止之。不听,遂进屯长城,收兵,遣将王卫招诱东羌,因据龟兹县,使匈奴不得交通。东羌诸豪遂相率与奂共击薁鞬等,破,降之。羌豪遗奂马二十匹,金鐻八枚。奂以酒酹地曰:"使马如羊,不以入厩;使金如粟,不以入怀。"悉以还之。前此八部尉率好财货,为羌所患苦;及奂正身洁己,无不悦服,威化大行。

【纲】丙申,二年,秋,以韩韶为嬴长。 【目】公孙举等聚众至三万人,寇青、兖、徐州,讨之连年,不克。尚书选能治剧者,以韶为嬴长。贼闻其贤,相戒不入境。流民万余户入县界;韶开仓赈之,主者争不可。韶曰:"长活沟壑之人,而以此伏罪,含笑入地矣。"韶与同郡荀淑、钟皓、陈寔皆尝为县长,以德政称,时人谓之"颍川四长"。

【纲】戊戌,延熹元年,夏五月晦,日食。 【目】太史令陈授陈:"日食之变,咎在梁冀。"冀收考授,死于狱中。帝由是怒冀。

【纲】己亥,二年,秋七月,皇后梁氏崩。葬懿献皇后于懿陵。

孝桓皇帝

【纲】桓帝永寿元年（乙未，155），秋季，南匈奴汗国左奠鞬王台耆等反叛，属国都尉张奂击败叛军，叛军投降。 【目】南匈奴汗国左奠鞬王台耆等反叛，东羌部落又全体响应。安定属国（治三水县，今宁夏固原北）都尉张奂刚刚到职，军营中只有二百人左右，闻讯后，立即集合兵士出发；属下军官叩头极力劝阻他。张奂不听，便进驻长城要塞，招集人马，派部将王卫招降东羌人，于是占据龟兹县（今陕西榆林北），使匈奴人不能与东羌人联络沟通。东羌部落的酋长们便纷纷率军与张奂共同攻击左奠鞬等，打败并收降叛军。东羌部落的酋长送给张奂二十匹马，八枚金耳环。张奂洒洒地说："即使马匹像羊一样多，也不牵入马厩；即使金子像粟米一样便宜，也不放进怀里。"将礼物全部退还。在此之前的八位都尉大多喜好财物，被东羌人所厌恶；到张奂则洁身清正，众人无不悦服，威严教化大兴。

【纲】永寿二年（丙申，156），秋季，任命韩韶为嬴县（今山东莱芜西北）县长。 【目】公孙举等聚集三万名部众，不断攻打青州（治临淄县，今山东益都西北）、兖州（治昌邑县，今山东金乡西北）、徐州（治郯县，今山东郯城西南）。对其进行讨伐，一连数年无法取胜。尚书选拔精明强干的人才，任命韩韶为嬴县县长。变民听说他的贤能，相互约定不进入县境。有一万余户流民进入嬴县界内；韩韶开仓救济，主管官员极力反对。韩韶说："能够救活倒在沟谷中的人，即使因此被治罪，我也会含笑入地的。"韩韶与同郡荀淑、钟皓、陈寔都曾做县长，以德政著称，当时人称他们为"颍川四长"。

【纲】桓帝延熹元年（戊戌，158），夏五月三十日，出现日食。 【目】太史令陈授陈奏："发生日食变异，罪责在梁冀。"梁冀逮捕审问陈授，在狱中将其处死。桓帝由此对梁冀大为恼怒。

【纲】延熹二年（己亥，159），秋七月，皇后梁氏去世。将懿献皇后梁氏安葬在懿陵。

【纲】八月,大将军梁冀伏诛,太尉胡广、司徒韩縯、司空孙朗皆以罪免为庶人。 【目】梁氏七侯、三后、六贵人、二大将军,卿、将、尹、校五十七人。冀专擅威柄,凶恣日积,秉政几二十年,以私憾杀人至众。威行内外,天子拱手。邓香妻宣,生女猛,香卒,宣更适孙寿舅梁纪;寿引猛入掖庭为贵人,冀因认为己女。遣客杀宣,登屋欲入,宣家觉之,驰入白帝;帝大怒,因如厕,独呼小黄门史唐衡问:"左右与外舍不相得者谁乎?"衡对:"单超、左悺与梁氏有隙,徐璜、具瑗亦忿疾之。"于是帝呼超、悺入室定议,帝啮超臂出血为盟。冀心疑之,使中黄门张挥入宿,以防其变。瑗收挥,请帝御前殿,使尚书令尹勋持节勒丞、郎以下皆操兵守省阁,敛诸符节送省中,使瑗将厩驺、虎贲、羽林、都候剑戟士,合千余人,与司隶张彪共围冀第,收大将军印、绶。冀、寿皆自杀;悉收梁氏、孙氏,无长少皆弃市。胡广、韩縯、孙朗皆坐阿附,减死免为庶人。故吏宾客免黜者三百余人,朝廷为空。百姓称庆。收冀财货,县官斥卖,合三十余万万,以充王府用,减天下税租之半,散其苑囿,以业穷民。

【纲】立贵人邓氏为皇后,追废梁后为贵人。

【纲】封宦者单超等五人为列侯。 【目】世谓之"五侯"。

【纲】以黄琼为太尉。 【目】时新诛梁冀,天下想望异政。琼首居公位,乃举奏州郡贪污,死徙十余人。辟汝南范滂。滂少厉清节,尝为清诏使,按察冀州,登车揽辔,慨然有澄清天下之志。守令赃污者,皆望风解印绶去;奏权豪之党二十余人。尚书责滂所劾猥多,对曰:"臣闻农夫去草,嘉谷必茂;忠臣除奸,王道以清。"尚书

【纲】八月,大将军梁冀被处死,太尉胡广、司徒韩縯、司徒孙朗都因罪被免为平民。 【目】梁氏家族共出了七个侯爵、三个皇后、六个贵人、两个大将军,卿、将、尹、校五十七人。梁冀独揽朝政,凶残暴虐程度与日俱增,掌权近二十年,因个人私怨而杀死的人不计其数,权威震动内外,皇帝只得拱手相让。邓香的妻子宣生下女儿邓猛,邓香死后,宣改嫁梁冀之妻孙寿的舅父梁纪。孙寿将邓猛送入宫中做贵人,梁冀便把邓猛认作自己的女儿。梁冀派刺客刺杀宣,刺客登上屋顶准备进入宣家,被人发觉,宣奔入宫中报告桓帝;桓帝大怒,趁上厕所之机,单独叫来小黄门史唐衡,问他:"我身边有谁与皇后家族不和呢?"唐衡回答:"单超、左悺与梁氏家族有矛盾,徐璜、具瑗也痛恨梁家。"于是桓帝叫来单超、左悺进密室商定计策,桓帝咬破单超手臂,歃血为盟。梁冀心生猜疑,派中黄门张挥入宫值宿,以防发生变故。具瑗逮捕张挥,请桓帝亲临前殿,派尚书令尹勋手持符节集合丞、郎以下官员全部领兵守卫机要部门,收集各处的符节送入宫中,派具瑗率御厩马夫、虎贲、羽林、都候所属武士共一千余人,与司隶张彪联合包围梁冀宅第,收缴大将军印信、绶带。梁冀、孙寿都自杀;全部逮捕梁氏、孙氏家族成员,无论长幼一律处以死刑弃市。胡广、韩縯、孙朗都因阿附梁冀获罪,应处死刑,减轻一等处罚,免官,贬为平民。梁冀旧部及宾客被罢免的有三百余人,朝廷为之一空。百姓欢呼庆祝。没收梁冀财产,由官府变卖,合计三十余亿,以充国用;诏令全国租税减收一半,分散梁冀家的园林,作为穷苦百姓家业。

【纲】封贵人邓猛为皇后,追废梁皇后为贵人。

【纲】封宦官单超、唐衡、左悺、徐璜、具瑗等五人为列侯。
【目】世人称他们为"五侯"。

【纲】任命黄琼为太尉。 【目】当时,刚刚诛杀梁冀,全国盼望政治清明。黄琼位居三公之首,便检举奏报各州、郡的贪污官吏,处死、贬谪的有十余人。征聘汝南郡征羌县(今河南偃城东南)人范滂。范滂自年轻时便磨练清廉节操,曾经当过清诏使,督察冀州(包括魏郡、钜鹿、常山、中山、安平、河间、清河、赵国、渤海等九郡国,治高邑县,今河北内丘柏乡镇北),他登上马车,手揽缰绳,慷慨激昂,有澄清天下污

不能诘。

【纲】征处士徐稺、姜肱、袁闳、韦著、李昙,皆不至。 【目】尚书令陈蕃荐五处士,以安车玄纁征之,不至。

稺,豫章人。家贫,尝自耕稼,非其力不食,恭俭义让,所居服其德;屡辟,不起。蕃为太守,以礼请署功曹;稺既谒而退。蕃性方峻,不接宾客,稺来,特设一榻,去则悬之。稺虽不应诸公之辟,然闻其死丧,辄负笈赴吊。常豫炙一鸡,以酒渍绵一两,暴干,裹之,到冢隧外,以水渍绵,白茅藉饭,以鸡置前,酹毕留谒,不见丧主而行。

肱,彭城人,与二弟仲海、季江俱以孝友著闻,常同被而寝。尝俱诣郡,夜遇盗,欲杀之,肱曰:"弟年幼,父母所怜,又未聘娶,愿杀身济弟。"季江曰:"兄年德在前,家之珍宝,国之英俊,乞自受戮,以代兄命。"盗两释焉,但掠夺衣资而已。既至,郡中见肱无衣服,怪问其故,肱托以他辞,终不言盗。盗闻而感悔,就肱叩头谢罪,还所掠物。肱不受,劳以酒食而遣之。既征不至,诏图其形状。肱卧于幽暗,以被韬面,言肱疾畏风,工竟不得见。

闳,汝南人,安之玄孙也。苦身修节,以耕学为业。

著,京兆人,隐居讲授。

浊的雄心壮志。那些贪赃受贿的太守、县令，全都闻讯后解下印信、绶带，自己辞职而去；奏报弹劾恶霸豪强之徒二十余人。尚书责备范滂所弹劾的人过多，范滂回答说："我听说农夫除去杂草，好的稻谷必然会茂盛；忠臣铲除奸邪，王道才能清明。"尚书无法反驳。

【纲】征召隐士徐穉、姜肱、袁闳、韦著、李昙，都没有接受。

【目】尚书令陈蕃举荐五位隐士，桓帝以用蒲裹轮行驶的安车、三黑二红共五匹帛的玄纁前去征召他们，五人没有接受。

徐穉，豫章郡（治南昌县，今江西南昌东）人，家境贫寒，曾经自己耕种庄稼，不是自己的劳动所获不吃，恭俭退让，当地百姓佩服其品德；郡国多次举聘他，都不肯做官。陈蕃任豫章郡太守时，礼聘徐穉为功曹；徐穉进见陈蕃后便告辞而回。陈蕃性情方正严峻，从不接待宾客，徐穉来时，却特地设置一张榻，徐穉走后就将它悬挂起来。徐穉虽然不接受高官们的征聘，但是听到他们的死讯，就身背木箱前往凭吊。他经常先烤熟一只鸡，用一两棉絮沾上酒，晒干，裹上鸡，来到墓道外，用水浸棉絮，将白茅草垫在米饭下，把鸡放到前面，把酒洒在地上后留下名帖，并不与丧主见面就离去。

姜肱，彭城国（都彭城县，今江苏徐州）广戚县（今安徽沛县东）人，与两个弟弟姜仲海、姜季江都以孝顺、友爱著称，他们经常同盖一条被、同睡一张床。曾经一起到郡城，夜晚遇上强盗，要杀死他们，姜肱说："我弟弟年纪还小，被父母疼爱，又没有结婚，我愿以死救助弟弟。"姜季江说："我哥哥年纪、品德优于我，是家中的珍宝，国家的英才，请让我去死，来代替哥哥的生命。"强盗把二人全都释放，只掠夺了衣服钱财而已。到郡城后，人们见姜肱身无衣服，奇怪地询问原因，姜肱以其他话推托，始终不讲强盗之事。强盗听说后深感惭愧，找到姜肱叩头道歉，退还所抢衣物。姜肱不接受，以酒饭款待他，并送走他。被征召后，拒绝前往，桓帝命将其形象画出来送上。姜肱就躺在阴暗角落，用被遮面，自称生病害怕风吹；画师终究没有见到他。

袁闳，汝南郡汝阳县（今河南商水西北）人，是袁安的玄孙，刻苦修身，以耕种、学习为业。

韦著，京兆（治长安城，今陕西西安西北）人，隐居在家，传授学业。

昱,颍川人。继母酷烈,昱奉之谨。

帝又征安阳魏桓,其乡人劝之行,桓曰:"夫干禄求进,所以行其志也。今后宫千数,其可损乎?厩马万匹,其可减乎?左右权豪,其可去乎?"皆对曰:"不可。"桓乃慨然叹曰:"使桓生行死归,于诸子何有哉!"遂隐身不出。

【纲】封皇后兄子邓康、宦者侯览等为列侯,杀白马令李云、弘农掾杜众。　【目】帝既诛梁冀,故旧恩私,多受封爵:封后兄子康、秉皆为列侯,宗族皆列校、郎将,赏赐巨万。侯览上缣五千匹,封高乡侯;又封小黄门八人为乡侯,自是权势专归宦官矣。五侯尤贪纵,倾动内外。时灾异数见,白马令李云露布上书,移副三府,曰:"梁冀虽恃权专擅,虐流天下,今以罪行诛,犹召家臣搤杀之耳,而猥封谋臣万户以上;高祖闻之,得无见非!西北列将,得无解体!帝者,谛也。今官位错乱,小人谄进,财货公行,政化日损,是帝欲不谛乎!"帝怒,逮云送狱,使管霸考之。弘农掾杜众,伤云以忠谏获罪,上书"愿与云同死",帝愈怒,并下之狱,皆死狱中。

【纲】冬十月,以宦者单超为车骑将军。

【纲】以陈蕃为光禄勋。

【纲】以爰延为五官中郎将。　【目】帝问待中爰延:"朕何如主?"对曰:"陛下为汉中主。"帝曰:"何以言之?"对曰:"尚书令陈蕃任事则治,中常待黄门与政则乱,是以知陛下可与为善,可与为非。"帝曰:"敬闻阙矣。"拜五官中郎将。

【纲】辛丑,四年,春正月,南宫嘉德殿火。大疫。二月,武库火。

李昙，颍川郡人，其继母残酷凶暴，李昙却非常恭谨地侍奉她。

桓帝又征召安阳县（今河南息县西南）人魏桓，魏桓的乡亲劝他应征，魏桓说："领受俸禄，追求升官，是为了实现远大理想。现在内宫美女数以千计，能够裁减吗？御厩内马匹上万，能够减少吗？皇帝身边的权贵，能够去除吗？"众人都回答说："不能。"魏桓便慨然叹道："使我活着去，死了才返回，对你们有什么好处呢！"于是隐居起来，不出去当官。

【纲】封邓皇后哥哥的儿子邓康、宦官侯览等为列侯，处死白马（今河南滑县东北）县令李云、弘农郡（治弘农县，今河南灵宝）掾杜众。 【目】桓帝已经诛杀了梁冀，故旧恩人大多被封爵：封邓皇后哥哥的儿子邓康、邓秉为列侯，邓氏家族的人都任列校、郎将，赏赐巨万。侯览贡上绸缎五千匹，封他为高乡侯；又封小黄门的八个人为乡侯，从此大权独归宦官了。"五侯"尤为贪婪放纵，震惊内外。当时灾异不断出现，白马县令李云将一不封口的奏书呈上，同时将副本送至三公府，奏书说："梁冀虽然凭靠权势独断专行，遗害天下，如今因罪行严重被诛杀，就好像召来个家奴将其杀死而已，但是竟然滥封谋臣万户以上的采邑；高祖地下有知，怎能不怪罪！西北边陲的将领们听说此事，怎能不离散解体！皇帝，就是应善于审视观察事物。现在官位错乱，奸邪小人以谄媚而得到升迁，贿赂盛行，政治教化日益败坏，皇帝这是不想明辨是非了吗！"桓帝很生气，将李云逮捕入狱，派管霸审问。弘农郡掾杜众同情李云因尽忠劝谏而获罪，上书表示愿与李云同死，桓帝更加气愤，又将杜众逮捕，二人都死在狱中。

【纲】冬十月，任命宦官单超为车骑将军。

【纲】任命陈蕃为光禄勋。

【纲】任命爰延为五官中郎将。 【目】桓帝问侍中爰延："我是个什么样的君主？"爰延回答："陛下在汉王朝里属中等的君主。"桓帝说："为什么这么说？"爰延答道："尚书令陈蕃在任则治理得好，中常侍、黄门参与政治则天下大乱，所以知道陛下可以辅佐做善事，也可以辅佐做坏事。"桓帝说："听到我的过错了。"任命爰延为五官中郎将。

【纲】延熹四年（辛丑，161），春正月，南宫嘉德殿失火。瘟疫大

【纲】夏,以刘矩为太尉。

【纲】五月,有星孛于心。雨雹。六月,地震。

【纲】岱山及博尤来山裂。

【纲】秋七月,减百官奉,贷王侯半租。卖关内侯以下官。

【纲】九月,以刘宠为司空。 【目】宠尝为会稽太守,除烦苛,禁非法,郡中大治;被征。有五六老叟,自若邪山谷间出,人赍百钱送宠曰:"山谷鄙生,未尝识郡朝,他守时,吏发求民间,至夜不绝,或狗吠竟夕,民不得安。自明府下车以来,狗不夜吠,民不见吏;年老遭值圣明,今闻当见弃去,故自扶奉送。"宠曰:"吾政何能及公言邪! 勤苦父老!"为人选一大钱受之。

【纲】癸卯,六年,冬十月,上较猎广成,遂至上林苑。 【目】陈蕃上疏谏曰:"安平之时,游畋宜有节,况今有三空之厄哉! 田野空,朝廷空,仓库空。加之兵戎未戢,四方离散,是陛下焦心毁颜,坐以待旦之时也,岂宜扬旗耀武,骋心舆马之观乎!"不省。

【纲】甲辰,七年,春二月,邡乡侯黄琼卒。 【目】琼薨,谥曰忠。四方名士会其葬者六七千人。

初,琼教授于家,徐稺从之咨访大义,及琼贵,稺绝不复交。至是,往吊,进酹,哀哭而去,人莫知者。诸名士曰:"必徐孺子也。"于是选能言者陈留茅容轻骑追及,为沽酒市肉,稺为饮食。容问国家事,稺不答。更问稼穑,稺乃答之。容还,以语诸人,或曰:"可与言而不与言,孺子其失人乎?"太原郭泰曰:"不然。孺子之为人,清

流行。二月,武库失火。

【纲】夏季,任命刘矩为太尉。

【纲】五月,在心星旁出现孛星。冰雹成灾。六月,发生地震。

【纲】岱山(即东岳泰山)及博县的尤来山(即徂徕山)发生山崩。

【纲】秋七月,削减文武百官俸禄,求借王、侯租税的一半,出卖关内侯以下的官位。

【纲】九月,任命刘宠为司空。 【目】刘宠曾任会稽郡(治山阴县,今浙江绍兴)太守,废除繁杂苛刻的措施,禁止非法行为,郡中大治。被征召时,有五六位老人从若邪山(在今浙江绍兴东南)山谷中出来,每人拿一百钱送给刘宠,说:"我们这些山野村夫从没有见过郡府,其他太守在任时,官吏征夫敛财直至深夜仍不停止,有时彻夜狗叫,百姓不得安宁。自从您到任以来,夜晚狗不狂叫,百姓不见官吏。没想到年纪老了,却遇到了圣明之人,现在听说要抛弃我们离去,所以我们相互搀扶前来送行。"刘宠说:"我的政绩哪能达到先生们所说的地步呢!有劳各位父老!"向他们每人选取一枚大钱接受。

【纲】延熹六年(癸卯,163),冬十月,桓帝先到广成苑(在今河南临汝西)狩猎,随后到达上林苑(在今河南洛阳东)。 【目】陈蕃上疏劝谏说:"天下太平时,游猎应有节制,更何况如今有三空的灾难呢!田地空,朝廷空,仓库空。加上战事未停,四方离散,这正是陛下焦急忧虑、彻夜不眠的时候,岂能耀武扬威,醉心于车马的壮观呢!"桓帝不予理睬。

【纲】延熹七年(甲辰,164),春二月,邟乡侯黄琼去世。 【目】黄琼去世,谥号为忠。参加他葬礼的四方名士有六七千人。

当初,黄琼在家中教授学生,徐穉向他请教儒家经典,等到黄琼成为显贵,徐穉就绝不再与他来往。至此时前往吊丧,以酒浇地表示祭祀,哀痛哭泣,然后离去,无人知道他是谁。参加葬礼的名士们说:"一定是徐穉。"于是推选能言善辩的陈留(今河南开封东南)人茅容快马追上,买来酒肉,给徐穉吃。茅容询问国家大事,徐穉不回答;又问到耕种之事,徐穉才回答他。茅容返回,把经过告诉大家,有人说:

洁高廉，饥不可得食，寒不可得衣，而为季伟饮食，此为已知季伟之贤故也！所以不答国事者，是其智可及，其愚不可及也！"泰博学，善谈论。初游雒阳，时人莫识，陈留符融一见嗟异，因以介于河南尹李膺，膺与为友。后归乡里，诸儒送至河上，车数千两，膺唯与泰同舟而济。

泰性明知人，好奖训士类。茅容，年四十余，耕于野，与等辈避雨树下，众皆夷踞，容独危坐；泰见而异之，因请寓宿。旦日，容杀鸡，食母，余半庋置，自以草蔬与客同饭。泰曰："卿贤哉远矣！郭林宗犹减三牲之具以供宾旅，而卿如此，乃我友也。"起，对之揖，劝令从学。钜鹿孟敏，荷甑堕地，不顾而去。泰见问之，对曰："甑已破矣，视之何益！"泰以为有分决，亦劝令游学。陈留申屠蟠为漆工，鄢陵庾乘为门士，泰奇之，后皆为名士。自余或出于屠沽、卒伍，因泰奖进成名者甚众。

或问范滂曰："郭林宗何如人？"滂曰："隐不违亲，贞不绝俗，天子不得臣，诸侯不得友，吾不知其他。"泰举有道，不就；或劝之仕，泰曰："吾夜观乾象，昼察人事，天之所废，不可支也，吾将优游卒岁而已。"然犹周旋京师，诲诱不息。徐穉以书戒之曰："夫大木将颠，非一绳所维，何为栖栖不遑宁处！"泰感悟曰："谨拜斯言，以为师表。"

济阴黄允，以隽才知名，泰见而谓曰："卿高才绝人，足成伟器，然当深自匡持，不然，将失之矣！"后司徒袁隗欲为从女求姻，

"'可以与他谈论却不与他谈论',徐稺大概是错过了人才吧?"太原人郭泰说:"不是这样。徐稺的为人,清洁高廉,饥饿时无人能让他吃饭,寒冷时无人能让他穿衣,但是却吃了茅容的酒肉,这是因为已经知道茅容的贤能!之所以不回答国家大事的原因,是由于他的智慧能够赶上,他的愚钝却不能赶上!"郭泰学问渊博,善于发表议论。当初游学洛阳,人们都不了解他,陈留人符融一见大为惊异,将他推荐给河南尹李膺,李膺与他结为朋友。后来郭泰返回乡里,儒士们送到黄河渡口,车子达数千辆,李膺只与郭泰同船过河。

郭泰性情明达。能准确判断人,喜好褒奖鼓励士人。茅容年龄四十多岁,在家耕田,一次与同辈人在树下避雨,众人都是躺着或蹲着,只有茅容正襟危坐;郭泰见到很惊异,便请求到他家留宿。第二天,茅容杀鸡给母亲吃,其余一半储藏起来,自己与客人同吃蔬菜。郭泰说:"你真是远远超过圣贤了!我还要减少对父母的供养以招待宾客,而你却如此,实在是我的朋友。"说罢起身,对茅容作揖致敬,鼓励他学习。钜鹿(在今河北巨鹿西南)人孟敏,肩挑瓦罐落到地上,头也不回就走了。郭泰看见后问他,他回答:"瓦罐已经破了,看它又有什么好处!"郭泰认为他有分析决断能力,也鼓励他出外求学。陈留人申屠蟠做漆工,鄢陵(今河南鄢陵西北)人庾乘是个门卫,郭泰认为他俩与众不同,后来他俩都成为名士。其余有的出身屠户,有的是卖酒出身,有的身为士兵仆人,由于郭泰的褒奖鼓励而成名的非常多。

有人问范滂:"郭泰是怎样的人?"范滂说:"隐居而不违拗双亲的意愿,忠贞而不与世俗隔绝,天子不能使他为臣,诸侯不能与他为友,我不知道其他的了。"郭泰被举荐为有道人才,不肯接受;有人劝他做官,郭泰说:"我夜晚观察天象,白天考察人事,上天所要废弃的,是不能抗拒的,我将要悠闲自在地游历度日而已。"但他仍然来往周旋在首都,不断地劝导教诲人们。徐稺写信警告他说:"大树将要倾倒,不是一根绳子所能维系住的。为什么终日忙忙碌碌,不能安定下来!"郭泰感悟,说:"感谢指教,把你当作做老师。"

济阴郡(治定陶县,今山东菏泽东南)人黄允以才能出众知名,郭泰见到他时说:"你才高绝世,足可成就伟业。但是应当特别把握自己,

见允,叹曰:"得婿如是,足矣。"允闻而黜遣其妻。妻请大会宗亲,数允隐慝而去,允由是废。

陈留仇香,至行纯嘿,乡党无知者。年四十为蒲亭长,劝人生业,为制科令,令子弟就学,赈恤穷寡,期年大化。民有陈元,独与母居,母诣香告元不孝,香亲到元家,为陈人伦,譬以祸福;元感悟,卒为孝子。考城令王奂署香主簿,谓之曰:"闻在蒲亭,陈元不罚而化,得无少鹰鹯之志邪?"香曰:"以为鹰鹯不若鸾凤,故不为也。"奂曰:"枳棘非鸾凤所集,百里非大贤之路。"乃以一月俸资香,使入太学。与符融比宇,融宾客盈室,香常自守。融谓之曰:"今英雄四集,志士交结之秋。"香正色曰:"天子设太学,岂但使人游谈其中邪!"高揖而去。融以告郭泰,因就房谒之;泰嗟叹,起,拜床下曰:"君,泰之师,非泰之友也。"

【纲】乙巳,八年,春正月,遣中常侍左悺之苦县祠老子。

【纲】废皇后邓氏,幽杀之。 【目】帝多内宠,邓氏骄忌,废送暴室,以忧死。

【纲】夏五月,太尉秉卒。以刘瑜为议郎。 【目】秉清白寡欲,尝称"我有三不惑:酒、色、财也。"秉既没,所举贤良刘瑜乃至,拜为议郎。

【纲】秋七月,以陈蕃为太尉。

【纲】九月,地震。

【纲】立贵人窦氏为皇后。 【目】后,窦融之玄孙,武女,拜武

不然的话，将会失去一切！"后来司徒袁隗想为侄女选择丈夫，看见黄允，叹息说："能得到这样的女婿，就满足了。"黄允听说后便休掉妻子。他妻子请求聚集宗族亲戚，数说黄允的隐私丑恶后离去，黄允从此臭名远扬。

陈留人仇香品行纯正，少言寡语，乡里无人知道他。四十岁时做蒲亭长，鼓励人们发展生产，制订发布政令，让各户子弟上学，赈济穷苦弱寡人家，经过一年，全境大治。民间有位叫陈元的，独自与母亲同住，他母亲到仇香处控告陈元不孝。仇香亲自到陈元家，向他陈述人伦孝道，以福祸后果作为警告；陈元感悟，最终成为孝子。考城（今河南兰考东）县令王奂任命仇香为主簿，对他说："听说你在蒲亭时，没有处罚就使陈元转化，不是缺少苍鹰搏击长空的志向吧？"仇香说："我认为苍鹰搏击长空不如鸾凤和鸣，所以不那样做。"王奂说："枳木荆棘不是鸾凤聚集的地方，百里之县不是大贤的道路。"于是以一个月的俸禄资助仇香，让他入太学。仇香与符融房间相邻，符融是宾客满堂，仇香则常常独自修行。符融对仇香说："如今四方英雄聚集，正是有志之士互相结交的时机。"仇香正色说："天予设立太学，岂只是让人在里面相互交往、高谈阔论呢！"高高作揖而去。符融将情形告诉郭泰，二人便到仇香房间拜见；郭泰感叹着站起身，在床前下拜说："您，是我的老师，不是我的朋友！"

【纲】延熹八年（乙巳，165），春正月，派中常侍左悺到苦县（今河南鹿邑东）祭祀老子。

【纲】废黜皇后邓氏，幽禁并害死了她。【目】桓帝内宠众多，皇后邓氏骄横妒忌，桓帝下诏废黜邓氏，送到暴室囚禁，邓氏忧愤而死。

【纲】夏五月，太尉杨秉去世。任命刘瑜为议郎。【目】杨秉为人清心寡欲，曾宣称："我有三不惑：酒、色、财。"杨秉去世后，他所举荐的贤良人才刘瑜便到达首都，被任命为议郎。

【纲】秋七月，任命陈蕃为太尉。

【纲】九月，发生地震。

【纲】封贵人窦氏为皇后。【目】窦皇后，是窦融玄孙窦武的女

为特进,封槐里侯。

【纲】以李膺为司隶校尉。 【目】时小黄门张让弟朔为野王令,贪残无道,畏膺威严,逃还京师,匿于兄家合柱中。膺率吏卒破柱取朔,付狱受辞毕,即杀之。自此,诸宦官皆鞠躬屏气,休沐不敢出宫省。帝问其故,并叩头泣曰:"畏李校尉。"时朝廷日乱,纪纲颓弛,而膺独持风裁,以声名自高,士有被其容接者,名为"登龙门"云。

【纲】以刘宽为尚书令。 【目】宽历典三郡,温仁多恕,虽在仓卒,未尝疾言遽色。吏民有过,但用蒲鞭罚之,示辱而已,终不加苦。有功善,推之于下;有灾异,则引躬自责。每见父老,慰以农里之言;少年,勉以孝弟之训;人皆悦而化之。

【纲】丙午,九年,春正月朔,日食。诏举至孝。 【目】太常赵典所举至孝荀爽对策曰:"昔者圣人建天地之中而谓之礼。礼者,所以兴福祥之本,止祸乱之源也。众礼之中,婚礼为首。阳性纯而能施,阴体顺而能化,以礼济乐,节宣其气,故能丰子孙之祥,致老寿之福。臣窃闻后宫采女六千,侍使复在其外。空赋不辜之民,以供无用之女,百姓困穷于外,阴阳隔塞于内,故感动和气,灾异屡臻。臣愚以为诸未幸御者,一皆遣出,使成配合,此诚国家之大福也。"诏拜郎中。

【纲】以皇甫规为度辽将军。 【目】规欲求退,数上病,不见听。会友人丧至,规越界迎之,因令客密告并州刺史胡芳,言规擅远军营,当急举奏。芳曰:"威明欲避第仕途,故激发我耳。吾当为朝廷爱才,何能申此子计邪!"遂无所问。

儿。任命窦武为特进,封槐里侯。

【纲】任命李膺为司隶校尉。 【目】当时,小黄门张让的弟弟张朔做野王县(今河南沁阳)县令,贪赃枉法,残暴无道,他畏惧李膺的威严,逃回首都洛阳,藏匿在张让家的夹壁中。李膺率士兵凿破夹壁,逮捕张朔,交付监狱,审讯完毕,立即处死。从此,宦官们都小心翼翼,屏声静气,甚至连休假沐浴都不敢出宫。桓帝询问原因,他们一同叩头哭泣说:"因为害怕李膺。"当时朝廷日渐混乱,法律纲纪荒废松懈,而只有李膺一人维持秩序,因为他声望日高,士人中有被他容纳接待的,便称为"登龙门"。

【纲】任命刘宽为尚书令。 【目】刘宽历任三个郡的太守,温和仁义,宽恕和缓,即使身处危急,也从不疾言厉色。官吏、百姓犯有过失,只用蒲草鞭惩罚,显示一下耻辱而已,始终不加害他们。有功绩,归为部下;有灾异,则引咎自责。每次见到地方父老,都鼓励他们尽心于农耕乡里之事;对年轻人,则训勉他们孝顺父母、友爱兄弟。人们都心情愉快地被感化。

【纲】延熹九年(丙午,166)春季,正月初一,出现日食。诏令举荐至孝人才。 【目】太常赵典所举荐的至孝人才荀爽在回答策试时说:"过去,圣人建立天地之间的法则,把它称作礼。礼是兴盛福祥的根本,阻止祸乱的源泉。众多的礼中,以婚礼为首。阳性单纯而能推广,阴体柔顺而能适化。以礼去调济欢乐,节制宣泄其气,所以能够有子孙众多的吉祥,达到长寿的福气。我听说后宫中采女有五六千人,侍从女官、宫女又在其外。空使无辜百姓缴纳赋税,以供养无用之女,百姓在外穷困,阴阳在内阻塞,所以振动了和气,灾异才不断发生。我愚昧地认为,将那些没有被召幸的女子一律遣出宫,使她们婚配,这实在是国家的大福。"诏命荀爽为郎中。

【纲】任命皇甫规为度辽将军。 【目】皇甫规打算请求退休,多次上奏有病在身,不被批准。正遇上有朋友的丧车来到,皇甫规越过辖区边界迎接,并派人密告并州刺史胡芳,说皇甫规擅自远离军营,应当紧急举报中央。胡芳说:"皇甫规想避开官场,退归宅第,所以激我告发。我应当为朝廷爱惜人才,怎能中此人的计呢!"于是不闻不问。

【纲】夏四月,河水清。

【纲】帝亲祠老子于濯龙宫。

【纲】秋七月,杀南阳太守成瑨、太原太守刘瓆,捕司隶校尉李膺、太仆杜密,部党二百余人下狱,遂策免太尉蕃。 【目】初帝为蠡吾侯,受学于甘陵周福,及即位,擢福为尚书。时同郡房植有名当朝,乡人为之谣曰:"天下规矩房伯武,因师获印周仲进。"二家宾客互相讥揣,遂成尤隙。由是甘陵有南北部,党人之议自此始矣。

汝南太守宗资以范滂为功曹,南阳太守成瑨以岑晊为功曹,皆委心听任,使之褒善纠违,肃清朝府。于是二郡为之谣曰:"汝南太守范孟博,南阳宗资主画诺;南阳太守岑公孝,弘农成瑨但坐啸。"太学诸生三万余人,郭泰、贾彪为其冠,与李膺、陈蕃、王畅更相褒重。学中语曰:"天下模楷李元礼,不畏强御陈仲举,天下俊秀王叔茂。"于是中外承风,竞以臧否相尚,自公卿以下,莫不畏其贬议,屣履到门。

宛有富贾张泛,恃后宫中官,用势纵横。岑晊劝瑨收捕;既而遇赦,瑨竟诛之,后乃奏闻。小黄门晋阳赵津贪横放恣,太原太守刘瓆亦于赦后杀之。于是侯览使汎妻上书讼冤,宦官因缘谮诉瑨、瓆。帝大怒,征下狱。有司承旨,奏"当弃市。"

山阳太守翟超,以张俭为督邮。侯览家在防东,残暴百姓;大起茔冢。俭举奏览,破其冢宅,藉没资财。

徐璜兄子宣为下邳令,求故汝南太守李暠女不得,遂将吏卒至暠家,载其女归,射杀之。东海相黄浮收宣家属,无少长,悉案弃

【纲】夏四月，黄河水色澄清。

【纲】桓帝亲自在濯龙宫祭祀老子。

【纲】秋七月，处死南阳郡（治宛县，今河南南阳）太守成瑨、太原郡（治晋阳县，今山西太原西南）太守刘瓆，逮捕司隶校尉李膺、太仆杜密，同一集团的二百余人被捕入狱，下策书罢免太尉陈蕃。 【目】当初，桓帝做蠡吾侯时，甘陵县（今山东高唐西南清平镇，时为清河国都）人周福教他读书。等他即位后，提升周福为尚书。当时，同郡人房植名重当朝，乡人为他们编出歌谣："天下正道是房植，因当老师而做官是周福。"两家的宾客相互讥讽攻击，于是产生很大矛盾。因此甘陵出现南北之分，党羽派系的议论从此开始。

汝南郡太守宗资任命范滂为功曹，南阳郡太守成瑨任命岑晊为功曹，都是非常信任，让他们奖善惩恶，肃清官府。于是两个郡的民众为他们编出歌谣："汝南郡太守是范滂，南阳人宗资管签字照办；南阳郡太守是岑晊，弘农人成瑨只闲坐吟啸。"太学生三万余人中，郭泰、贾彪是其首领，与李膺、陈蕃、王畅互相褒扬器重。太学生们形容说："天下楷模是李膺，不畏强暴是陈蕃，人间俊秀是王畅。"于是内外响应，竞相把他们对事物的褒贬当作准则，自公卿大臣以下，无不畏惧他们对自己的贬斥，争相上门结纳。

宛县有位富商张泛，依仗与宫妃、宦官的关系，横行霸道。岑晊说服成瑨将张泛逮捕；不久遇上大赦，而成瑨竟然处死了张泛，然后才奏报。小黄门、晋阳县人赵津贪婪暴虐，太原郡太守刘瓆也是在大赦令后处死了他。于是中常侍侯览指使张泛的妻子上书申冤，宦官趁机诋毁控诉成瑨、刘瓆。桓帝大怒，召二人回京送往监狱。主管部门顺承旨意，奏报应当处以死刑弃市。

山阳郡（治昌邑县，今山东金乡西南）太守翟超任命张俭为督邮。侯览家住山阳郡防东县，残暴百姓，大建坟墓。张俭上奏检举侯览，毁坏其住宅，没收其财产。

徐璜哥哥的儿子徐宣做下邳县令，求娶前汝南郡太守李暠的女儿没有如愿，便率兵冲到李暠家，将其女儿抢回家，用箭射死了她。东海国（都郯县，今山东郯城西南）国相黄浮逮捕徐宣家属，无论长幼，一律

市。于是宦官诉冤，帝大怒，超、浮并坐髡钳，输作。

陈蕃与司空刘茂共谏，请四人罪；帝不悦。茂不敢复言，蕃乃独上疏曰："今寇贼在外，四支之疾；内政不理，心腹之患。臣寝不能寐，食不能饱，实忧左右日亲，忠言日疏，内患渐积，外难方深。小家畜产百万之资，子孙尚耻失其先业，况乃产兼天下，受之先帝，而欲懈怠以自轻忽！诚不爱己，不当念先帝得之勤苦邪！刘瓆、成瑨，诚心去恶，而令伏欧刀；翟超、黄浮，奉公不挠，并蒙刑坐。昔申屠嘉召责邓通，董宣折辱公主，文帝从而请之，光武加以重赏，未闻二臣有专命之诛。陛下深宜割塞近习与政之源，引纳尚书朝省之士，简练清高，斥黜佞邪；则天和于上，地治于下矣！"帝不纳。宦官由此疾蕃弥甚，选举奏议，辄以中诏遣却，长史已下多至抵罪。平原襄楷上疏曰："臣闻皇天不言，以象设教。臣窃见太微天庭五帝之坐，而金、火罚星扬光其中，于占，天子凶；又俱入房、心，法无继嗣。前冬大寒，竹柏伤枯。臣闻于师曰：'柏伤竹枯，不出三年，天子当之。'今春夏，霜雹、大雨、雷电，臣作威作福，刑罚急刻之所感也。刘瓆、成瑨，志除奸邪，而远加考逮；三公乞哀，而严被谴让。汉兴以来，未有拒谏诛贤，用刑太深如今日者也！按春秋以来，及古帝王，未有河清。臣以为河者，诸侯位也。清者，属阳；浊者，属阴。河当浊而反清者，阴欲为阳，侯欲为帝也。唯京房《易传》曰：'河水清，天下平。'今天垂异，地吐妖，人疠疫，三者并时而有河清，犹《春秋》麟不当见而见，孔子书之以为异也。愿赐清间，极尽所言。"书奏，不省。尚书奏楷违经诬上，司寇论刑。

处以死刑弃市。于是宦官诉冤，桓帝大怒，翟超、黄浮被处以剃发、上铁枷的髡钳刑罚，发送苦力营服役。

陈蕃与司空刘茂共同进谏，请求宽恕成瑨、刘瓆、翟超、黄浮四人；桓帝心中不快。刘茂不敢再坚持，陈蕃就独自上疏说："现在，边疆的贼寇，不过是四肢的疾病；而内政不治理，才是心腹之患。我寝不能眠，食不能饱，实在忧虑陛下左右的人一天天亲近，忠言却一天天稀少，内患逐渐积存，外忧正在加深。小户人家积聚百万资产，做子孙还以失去祖先产业为耻，何况陛下家产是整个国家，从先帝处接受下来，却打算松懈怠慢而自己疏忽！即使不爱惜自己，难道不应当想想先帝得到它的辛苦吗？刘瓆、成瑨真心诚意削除邪恶，却使他们身受屠刀；翟超、黄浮奉公守法，不屈从权贵，却同遭惩处。从前，申屠嘉召来邓通当面责备，文帝请求从轻发落；董宣羞辱公主，光武帝加以重赏，没听说两位臣子被控擅自做主而遭诛杀。陛下实在应该割断身边宦官干预朝政的根源，信任尚书和朝中官员，挑选清高人士，排斥奸邪分子，那么上天就会和协，人间就会太平了！"桓帝不采纳。宦官因此更加痛恨陈蕃，对他的举荐建议和奏章，就以皇帝诏命加以谴责并退回，长史以下官员大多被判刑。平原县（今山东平原南）人襄楷上疏说："我听说皇天从不讲话，只以天象显示旨意。我发现作为五帝之座的太微、天庭，却有金、火罚星在其中扬光。在占卜上，表示天子凶险；又全部进入房星、心星，按法则上讲没有继承后代。前年冬天，气候严寒，竹林柏树损伤枯萎。我从老师那里听说：'柏伤竹枯，不出三年，天子身当其冲。'今年春夏两季，霜雹、大雨、雷电接连不断，这是对臣下作威作福，刑罚残酷苛刻的感应。刘瓆、成瑨志在铲除奸邪，却将他们从远处逮捕加以拷问；三公为他们哀求，却遭严厉谴责。汉王朝建立以来，从没有像今天这样拒绝进谏，诛杀贤良，用刑苛刻的！自从春秋以来，直到古代帝王，黄河从没有澄清过。我认为，黄河是诸侯的位置。清澈，属于阳刚；浑浊，属于阴柔。黄河应当浑浊反而澄清，是阴柔要变阳刚，诸侯想做皇帝。只有京房《易传》说：'黄河水清，天下太平。'如今天显变异，地现妖怪，人间发生瘟疫，三者同时出现，黄河反而澄清，就好像《春秋》中讲到的麒麟不应出现却出现，孔子记下来，认为是灾异。希望陛

瑨、瓚竟死狱中。岑晊逃窜，亲友竞匿之；贾彪独闭门不纳，曰："《传》言：'相时而动，无累后人。'公孝以要君致衅，自遗其咎，吾可容隐之乎！"晊竟获免。彪尝为新息长，小民困贫，多不养子；彪严为其制，与杀人同罪。城南有盗劫害人者，北有妇人杀子者，彪出案验，掾吏欲引南；彪怒曰："贼寇害人，此则常理；母子相残，逆天违道！"遂驱车北行，案致其罪。贼闻之，亦面缚自首。数年间，人养子者以千数。曰："此贾父所生也。"皆名之为贾。

　　河内张成者，善风角，推占当赦，教子杀人。李膺收捕，逢宥；竟案杀之。宦官教成弟子牢修上书，告"膺等养太学游士，共为部党，诽讪朝廷，疑乱风俗。"于是天子震怒，班下郡国，逮捕党人，布告天下，使同忿疾。案经三府，陈蕃却之曰："今所案者，皆海内人誉，忧国忠公之臣，此等犹将十世宥也，岂有罪名不章而致收掠者乎！"不肯平署。帝愈怒，遂下膺等北寺狱，辞连太仆杜密及陈寔、范滂之徒二百余人。或逃遁不获，皆悬金购募，使者四出。寔曰："吾不就狱，众无所恃。"乃往请囚。陈蕃复上书极谏，帝讳其言切，托以辟召非人，策免之。

　　时党狱所染，皆天下名贤，皇甫规自以西州豪杰，耻不得与，乃自上言："臣前荐故大司农张奂，是附党也。太学生张凤等上书讼臣，是为党人之所附也，臣宜坐之。"朝廷不问。

　　杜密素与李膺名行相次，时人谓之"李、杜"。尝为北海相，行春，到高密，见郑玄为乡啬夫，知其异器，即署郡职，遣就学，卒成

下抽出时间召见,我将极尽全力陈述。"奏书呈上,没有音讯。尚书弹劾襄楷违背儒经,诬蔑皇帝,交付司寇论罚。

成瑨、刘瓆最终死在狱中。岑晊逃亡,亲戚朋友竞相藏匿他;唯独贾彪闭门拒绝,说:"《左传》说:'伺机而动,不要连累后人。'岑晊由于胁迫上司招致灾祸,是他咎由自取,我怎能收留隐藏他呢?"岑晊最终获得赦免。贾彪曾做过新息县(今河南息县)县长,当地百姓因为贫困,大多不肯抚养子女而杀死他们;贾彪严厉禁止,将此行为与杀人同罪。城南有个强盗抢劫杀人,城北有个妇人杀死婴儿,贾彪出城断案,掾吏想领他去城南,贾彪生气地说:"强盗杀人,这是常理;母子相残,伤天害理!"于是便驱车北行,审理判决其杀子之罪。强盗听说此事,也自己捆绑起来前来自首。数年间,民间抚养的婴儿数以千计,百姓们说:"这是贾父所生的。"都把"贾"做为婴儿的名字。

河内郡(治怀县,今河南武陟西南)人张成,善于占卜,推算官府将实行大赦,便教唆儿子杀人。李膺将张成父子逮捕,果然逢上大赦令,李膺终仍处死他们。宦官唆使张成的学生牢修上书控告:"李膺等培养太学生和游学之士,共同结为私党,诽谤朝廷,扰乱风俗。"于是桓帝震怒,诏令各郡、国,逮捕党人,布告天下,使人同仇敌忾。案件经过太尉、司徒、司空三府,陈蕃退回说:"现在所审判的,都是享誉海内之士,忧国忠心之臣,这些人应该宽恕十代,岂有罪名不明却遭逮捕拷打之理呢!"不肯连署签名。桓帝更加愤怒,将李膺等逮捕关押在北寺狱,供词中牵连到太仆杜密以及陈寔、范滂等二百余人。有的逃亡没有抓获,都悬赏缉拿,使者四处出动。陈寔说:"我不投案,众人没有依靠。"便前去监狱要求囚禁。陈蕃又上书极力规劝,桓帝讨厌他言辞激切,借口他举荐人才不当,下策书罢免其官职。

当时,受党案牵连的,都是天下知名贤才。皇甫规自认是西州的豪杰,把没有被牵连此案作为耻辱,就自己上书认罪说:"我以前推荐原大司农张奂,是阿附党人。太学生张凤等上书为我申诉,是被党人所阿附,我应受到惩处。"朝廷不予理睬。

杜密素来与李膺名声不相上下,当时人称为"李、杜"。杜密曾经做过北海国(都营陵县,今山东昌乐东南)国相,在一次例行的春季巡视

大儒。去官还家，每谒守令，多所陈托。同郡刘胜，亦自蜀郡告归乡里，闭门扫轨，无所干及。太守王昱谓曰："刘季陵清高士，公卿多举之者。"密对曰："刘胜位为大夫，见礼上宾，而知善不荐，闻恶无言，隐情惜己，自同寒蝉，此罪人也。今志义力行之贤而密达之，违道失节之士而密纠之，使明府赏刑得中，令问休扬，不亦万分之一乎！"昱惭服，待之弥厚。

【纲】以窦武为城门校尉。　【目】武在位，多辟名士，清身疾恶，礼赂不通；妻子衣食裁足而已，得两宫赏赐，悉散与太学诸生及匃施贫民，由是众誉归之。

【纲】丁未，永康元年，夏五月，地裂。是月晦，日食。

【纲】六月，赦党人归田里，禁锢终身。　【目】陈蕃既免，朝臣震栗，莫敢复为党人言者。贾彪曰："吾不西行，大祸不解。"乃入雒阳，说窦武及尚书霍谞等，使讼之。武上疏曰："膺等建忠抗节，志经王室，此诚陛下稷、卨、伊、吕之佐；而虚为奸臣贼子所诬枉，天下寒心，海内失望。唯陛下留神澄省，时见理出，以厌人鬼喁喁之心。"书奏，霍谞亦为表请。帝意稍解，使中常侍王甫就狱讯党人，甫诘曰："卿等更相拔举，迭为唇齿，其意如何？"范滂曰："滂欲使善善同其清，恶恶同其污，谓王政之所愿闻，不谓更以为党。身死之日，愿埋滂于首阳山侧，上不负皇天，下不愧夷、齐。"甫愍然为之改容，乃得并解桎梏。膺等又多引宦官子弟，宦官惧，请帝以天时宜赦。遂赦，改元；党人二百余人皆归田里，书名三府，禁锢终身。

中，来到高密（今山东高密西南），看见郑玄做乡啬夫的小官，知道他是奇才，就请他到郡府任职，又送他去太学求学，终于成为儒学大家。杜密离职还乡，每次拜见郡守、县令，经常托付办理一些事情。同郡人刘胜，也从蜀郡（治成都，今四川成都）离职返乡，但他闭门谢客，从不打扰当地官员。太守王昱对杜密说："刘胜是清高之士，公卿大臣中很多人举荐他。"杜密回答说："刘胜官至大夫级别，受到太守上宾礼遇，却知善不举荐，闻恶不言语，隐瞒感情，爱惜自己，如同寂寞无声的寒蝉，这是罪人。现在，对于志向高尚、身体力行的贤才，我就推荐；对于违背道义、丧失气节的人，我就纠正。使您做到赏罚适度，美名远扬，不也是尽到万分之一的力量吗？"王昱惭愧佩服，待他更厚。

【纲】任命窦武为城门校尉。 【目】窦武在任时，多方征聘名士，洁身自爱，疾恶如仇，不受贿赂；妻子儿女的衣食仅够维持而已；得到皇帝、皇后的赏赐，全部散发给太学生们，以及施舍给贫民，因此众人一致称赞他。

【纲】桓帝永康元年（丁未，167），夏五月，发生地裂。五月三十日，出现日食。

【纲】六月，赦免党人，将其遣送回乡，终身不许做官。 【目】陈蕃被罢免后，朝中大臣非常震惊，无人再敢为党人辩护。贾彪说："我不西行，大祸不解。"于是就进入首都洛阳，说服窦武及尚书霍谞等，使他们去申诉。窦武上疏说："李膺等人尽忠守节，志在维护皇室，这实在是辅佐陛下的后稷、子契、伊尹、姜子牙；但是却被奸臣贼子以不实之辞诬陷冤枉，令天下寒心，海内失望。只盼望陛下留心考察，即时裁决释放，以满足人间鬼神盼望的心情。"奏书呈上，霍谞也上表请求宽恕。桓帝怒气渐渐化解，派中常侍王甫到监狱审讯党人。王甫盘问说："你们互相提拔举荐，如同唇齿重迭，有什么企图？"范滂说："我是想使善良人与善良人保持纯洁，邪恶者与邪恶者同流合污，只觉得这是朝廷希望看到的，没想到会被当作结党营私。身死之日，希望把我埋在首阳山（在今山西运城西南）旁，上不负皇天，下不愧伯夷、叔齐。"王甫为之动容，起了恻隐之心，这批人才得以解除身上的刑具。李膺等在口供中又牵连出许多宦官子弟，宦官心中恐惧，请求桓帝以天象为借口赦免

滂往候霍谞而不谢，或让之，滂曰："昔叔向不见祁奚，吾何谢焉！"滂归汝南，南阳士大夫迎之者，车数千两，乡人殷陶、黄穆待卫于旁，应对宾客。滂曰："是重吾祸也！"遂遁还。

初，诏书下举钩党，郡国所奏，多至百数，唯平原相史弼独无所上。诏书迫切，州郡髡笞掾史。从事坐傅舍责曰："青州六郡，其五有党，平原何治，而得独无？"弼曰："先王疆理天下，画界分境，水土异齐，风俗不同，他郡自有，平原自无，胡可相比！若承望上司，诬陷良善，则平原之人，户可为党。相有死而已，所不能也！"

【纲】秋八月，巴郡言黄龙见。

【纲】大水，海溢。

【纲】冬十二月，帝崩。尊皇后曰皇太后。太后临朝。

【纲】遣使迎解渎亭侯宏诣京师。【目】窦武召侍御史河间刘儵，问以国中宗室之贤者，儵称孝王曾孙宏。武白太后，定策禁中，以儵守光禄大夫，持节奉迎。

孝灵皇帝

【纲】戊申，孝灵皇帝建宁元年，春正月，以窦武为大将军，陈蕃为太傅，与司徒胡广参录尚书事。解渎亭侯宏至，入即位。

【纲】二月，葬宣陵。

【纲】闰月，追尊皇祖为孝元皇，夫人为孝元后，考为孝仁皇，尊母董氏为慎园贵人。

这批人。于是颁布赦免令，改换年号；二百余名党人都被遣返家乡，名单分送三府，终身不得叙用。

范滂前往拜访霍谞却不道谢，有人责备他，范滂说："从前叔向不见祁奚，我又何必向霍谞道谢！"范滂返回汝南郡，前来迎接的南阳士大夫所乘马车达数千辆，同乡殷陶、黄穆在一旁侍卫，负责接待宾客。范滂说："这是加重我的灾祸！"于是便悄悄返回故乡。

最初，诏书命令举报搜捕党人，各郡、国所举奏的多达数百人，只有平原国相史弼一个人也没有举报。诏书催促急切，州郡长官便以剃发的髡刑和鞭刑处罚属下官员。从事坐在官府招待所责问史弼："青州的六个郡，有五个郡举报乱党，为什么唯独平原是太平无事的？"史弼说：'先王治理天下，划分边界，水土不同，风俗各异。其他郡有的，平原没有，怎能相比呢！如果顺承上司旨意，诬陷忠良，则平原的百姓，家家户户都可以成为乱党。我只有一死而已，不能做那种事！"

【纲】秋八月，巴郡（治江州县，今四川重庆嘉陵江北岸旧江北县）报告发现黄龙。

【纲】大水成灾，海水泛滥。

【纲】冬十二月，桓帝去世。尊皇后窦氏为皇太后。太后临朝听政。

【纲】派使臣迎接解渎亭侯刘宏到首都洛阳。【目】窦武召来侍御史、河间人刘儵，询问国内皇族中的贤才是谁，刘儵推荐河间孝王刘开的曾孙刘宏。窦武报告太后，在宫中决定继承皇位人选。任命刘儵代理光禄大夫，持符节前去迎接。

孝灵皇帝

【纲】孝灵皇帝刘宏建宁元年（戊申，168），春正月，任命窦武为大将军，陈蕃为太傅，与司徒胡广共同负责宫廷机要。解渎亭侯刘宏到达首都洛阳，入宫即皇帝位。

【纲】二月，将桓帝安葬在宣陵（在今洛阳东南）。

【纲】闰三月，灵帝追尊祖父为孝元皇，祖母为孝元后，父亲为孝仁皇，母亲董氏为慎园贵人。

【纲】夏五月朔,日食。六月,大水。

【纲】录定策功,封窦武为闻喜侯。

【纲】封陈蕃为高阳乡侯,不受。

【纲】秋九月,太傅陈蕃、大将军窦武奏诛宦者曹节等;节等杀之,遂迁太后于南宫。 【目】初,窦太后之立也,陈蕃有力焉。及临朝,政无大小,皆委于蕃。蕃与窦武同心戮力,以奖王室,征天下名贤李膺、杜密、尹勋、刘瑜等,皆列于朝廷,与共参政事。于是天下之士,莫不延颈想望太平。而帝乳母赵娆及诸女尚书,旦夕在太后侧,中常侍曹节、王甫等共相朋结,谄事太后,太后信之,数出诏命,有所封拜。蕃、武疾之,尝共会朝堂,蕃私谓武曰:"曹节、王甫操弄国柄,浊乱海内,今不诛之,后必难图。"武深然之。蕃大喜,以手推席而起。武乃引尚书令尹勋共定计策。会有日食之变,蕃谓武曰:"昔萧望之困一石显,况今石显数十辈乎!蕃以八十之年,欲为将军除害,今可因此斥罢宦官,以塞天变。"武乃白太后曰:"故事,黄门常侍但当给事省内门户,主近署财物耳;今乃使与政事,任重权,子弟布列,专为贪暴,天下匈匈,正以此故。宜悉诛废以清朝廷。"太后曰:"故事,世有宦官,但当诛其有罪者,岂可尽废邪!"时中常侍管霸,颇有才略,专制省内,武先白收霸及苏康等,皆坐死。武复数白诛节等,太后犹豫未忍。蕃上疏言:"侯览、曹节、公乘昕、王甫、郑飒等,与赵夫人、诸尚书并乱天下,今不急诛,必生变乱。愿出臣章宣示左右,并令天下诸奸知臣疾之。"太后不纳。

八月,太白犯房之上将,入太微。刘瑜恶之,上书皇太后曰:"案占书:宫门当闭,将相不利,奸人在主傍。愿急防之。"又与武、

【纲】夏季，五月初一，出现日食。六月，大水成灾。

【纲】评定拥戴皇帝的功劳，封窦武为闻喜侯。

【纲】封陈蕃为高阳乡侯，陈蕃没有接受。

【纲】秋九月，太傅陈蕃、大将军窦武奏请诛杀宦官曹节等；曹节等反而杀死了他们，并将皇太后迁到南宫。　【目】当初，窦太后被封为皇后之事，陈蕃极力支持。等到她临朝听政时，无论大小政事，都交给陈蕃处理。陈蕃与窦武同心协力，辅佐王室，征召天下知名贤士李膺、杜密、尹勋、刘瑜等，全部入朝为官，共同参与政事。于是天下之士无不翘首盼望太平盛世的来临。但是，灵帝的乳母赵娆与女尚书们日夜包围着窦太后，中常侍曹节、王甫等相互勾结串通，谄媚窦太后，窦太后非常信任他们，多次发出诏令，封爵任官。陈蕃、窦武对此深恶痛绝。曾经在一次大殿朝会时，陈蕃私下对窦武说：“曹节、王甫操纵权柄，扰乱海内，现在如不杀死他们，以后必然更难成功。”窦武非常赞同。陈蕃十分高兴，用手推开几案，跳起身来。窦武便请来尚书令尹勋共同商定计策。正好出现日食的灾异，陈蕃对窦武说：“从前，萧望之受到一个石显的困扰，何况今天的石显有数十个之多呢！我以八十岁的年纪，决心为将军除害。如今正可因此铲除宦官，以消天变。”窦武便向太后报告说：“按惯例，黄门、常侍只应当负责宫廷门户，保管宫廷财产而已；现在竟然让他们参与政事，手握重权，子弟遍布，专事贪暴，天下人议论沸腾，正是因为这个缘故。应该将这批人全部诛杀、罢黜，以澄清朝廷。”太后说：“传统上，世代都有宦官，只应当诛杀那些有罪的，怎能全部罢黜呢！”当时中常侍管霸很有才华谋略，在宫中独断专行，窦武先说服太后逮捕管霸和苏康等，全都论罪处死。窦武又多次请求诛杀曹节等，太后犹豫不决，不忍下手。陈蕃上疏说：“侯览、曹节、公乘昕、王甫、郑飒等与赵夫人、尚书们共同扰乱天下，现在不立即诛杀，必定发生变乱。希望把我的奏章宣示左右，并使天下奸邪知道我对他们深恶痛绝。”太后不予采纳。

八月，太白金星侵犯房宿四星的第一星上将星，进入太微星座。刘瑜深感厌恶，上书皇太后说：“根据《占书》，宫门应当关闭，将相要受伤害，奸人就在君主身旁。希望严加防范。”又给窦武、陈蕃写信，劝

蕃书，劝以速断大计。于是武、蕃以朱寓为司隶校尉，刘祐为河南尹，虞祈为雒阳令。奏免黄门令魏彪，以所亲小黄门山冰代之，收长乐尚书郑飒，送北寺狱。蕃曰："此曹子便当收杀，何复考为！"武令冰与尹勋杂考，辞连曹节、王甫。勋、冰即奏收节等，使刘瑜内奏。九月，武出宿归府。典中书者先以告长乐五官史朱瑀，瑀盗发武奏，骂曰："放纵者自可诛耳，我曹何罪，而当尽见族灭！"因大呼曰："陈蕃、窦武奏白太后废帝，为大逆！"乃夜召所亲共普等十七人，歃血共盟，曹节请帝出御前殿，拔剑踊跃，赵娆等拥卫左右，闭诸禁门，召尚书官属，挟以白刃，使作诏版，拜王甫为黄门令，持节至北寺狱，收勋、冰，杀之。出飒，还兵劫太后，夺玺绶。使飒等持节收武等。武驰入步兵营，召会北军五校士数千人屯都亭，下令军士曰："黄门、常侍反，尽力者封侯重赏。"陈蕃闻难，将官属诸生八十余人，并拔刃突入尚书门，攘臂呼曰："大将军忠以卫国，黄门反逆，何云窦氏不道邪！"王甫使剑士收蕃，蕃拔剑叱甫，辞色愈厉。遂被执，送北寺狱，即日杀之。时张奂征还，节等以奂新至，不知本谋，矫制使奂率五营士讨武。甫将千余人出与奂合，使其士大呼武军曰："窦武反，汝皆禁兵，当宿卫宫省，何故随反者乎！营府素畏服中官，于是武兵稍稍归甫，自旦至食时，兵降略尽。武自杀，枭首都亭，收捕宗亲宾客，悉诛之，及刘瑜、冯述，皆夷其族。迁皇太后于南宫，徙武家属于日南；门生故吏皆免官禁锢。议郎巴肃始同谋，节等不知，但坐禁锢，后乃知而收之。肃自载诣县，县令解印绶欲与俱去。肃曰："为人臣者，有谋不敢隐，有罪不逃刑。"遂被诛。

他们速定大计。于是窦武、陈蕃任命朱寓为司隶校尉,刘祐为河南尹,虞祈为洛阳县令。奏请罢免黄门令魏彪,任命所亲信的小黄门山冰代替他,逮捕长乐尚书郑飒,送往北寺狱关押。陈蕃说:"这类人就应当逮捕后立即处死,何必再审问!"窦武令山冰与尹勋共同审问,供词牵连到曹节、王甫。尹勋、山冰便奏请逮捕曹节等,让刘瑜呈递宫内。九月,窦武出宫回家休假。负责管理奏章的宦官先把情况通知长乐五官史朱瑀,朱瑀偷偷拆开窦武的奏章,骂道:"作恶多端的自然应当诛杀,可是我们这些人有什么罪,却要被全部灭族!"于是大喊道:"陈蕃、窦武奏请太后废黜皇上,图谋大逆!"并连夜召集所亲近的共普等十七人,歃血为盟。曹节请灵帝来到前殿,情绪激烈地拔出宝剑,赵娆等簇拥护卫在灵帝左右,关闭各个宫门,召来尚书属官,以利刃要挟,让他们撰写诏书,任命王甫为黄门令,持符节到北寺狱,逮捕尹勋、山冰,杀死二人。释放郑飒。又回兵劫持窦太后,夺下御玺、绶带。派郑飒等持符节逮捕窦武等。窦武奔入步兵营,召集北军五营的数千士兵驻扎在都亭,对士兵下令说:"黄门、常侍反叛,尽力作战的封侯重赏。"陈蕃听到事变,率领部属、学生共八十余人,一同拔刀冲入尚书门,振臂高呼说:"大将军窦武忠心卫国,黄门叛逆,怎能说窦家无道呢!"王甫派武士逮捕陈蕃,陈蕃拔剑斥责王甫,严辞厉色。陈蕃仍被抓住,送往北寺狱,当天就杀死了他。当时张奂正被征召回京,曹节等趁王奂新到首都洛阳,不了解政变内情,便假传旨意派王奂率五营将士讨伐窦武。王甫带领一千余人出宫与张奂会合,让士兵向窦武部队大声呼喊:"窦武谋反,你们都是禁军,应当保卫宫廷,为什么追随叛逆呢?"禁军官兵素来畏惧敬服宦官,于是窦武的士兵渐渐投奔王甫,从清晨到吃饭时,士兵几乎全部投降。窦武自杀,并被拖到都亭砍头示众。逮捕窦武的宗亲、宾客,一律处死,对刘瑜、冯述,全部灭族。将皇太后迁到南宫,将窦武家属流放到日南郡(治西捲县,今越南顺化南);窦武的学生、老部下一律免官,终身不得起用。议郎巴肃开始时参与窦武密谋,曹节等不知道,只处以永不叙用之罪,发现后便逮捕他。巴肃自己坐车到县城,县令解下印信、绶带,打算与他一同逃走。巴肃说:"身为臣属,有谋略不敢隐瞒,有罪过不逃避刑罚。"于是被杀。

曹节迁长乐卫尉，与王甫等六人皆封列侯。

蕃友朱震收葬蕃尸，匿其子逸，事觉，系狱。震受考掠，誓死不言，逸由是得免。武掾胡腾殡敛武尸，行丧，亦坐禁锢。武孙辅年二岁，诈以为己子，与令史张敞共匿之，亦得免。张奂迁大司农，封侯。奂深病为节等所卖，固辞不受。

【纲】己酉，二年，春正月，尊慎园贵人董氏为孝仁皇后，以其兄子重为五官中郎将。

【纲】夏四月，青蛇见御座上。大风，雨，雷电，诏公卿言事。

【纲】冬十月，复治钩党，杀前司隶校尉李膺等百余人。
【目】初，李膺等虽废锢，天下士大夫皆高尚其道而污秽朝廷，更相标榜，为之称号：以窦武、陈蕃、刘淑为"三君"，君者，言一世之所宗也；李膺、荀昱、杜密、王畅、刘祐、魏朗、赵典、朱㝢为"八俊"，俊者，言人之英也；郭泰、范滂、尹勋、巴肃、宗慈、夏馥、蔡衍、羊陟为"八顾"，顾者，言能以德行引人者也；张俭、翟超、岑晊、苑康、刘表、陈翔、孔昱、檀敷为"八及"，及者，言其能导人追宗者也；度尚、张邈、王孝、刘儒、胡毋班、秦周、蕃向、王章为"八厨"，厨者，言能以财救人者也。及陈、窦用事，复举拔膺等；陈、窦诛，膺等复废。

宦官疾恶膺等，每下诏书，辄申党人之禁。侯览怨张俭尤甚，览乡人朱并，上书告俭与同乡二十四人别相署号，共为部党，图危社稷；诏刊章捕俭等。

十月，曹节讽有司奏"诸钩党者虞放、李膺、杜密、朱㝢、荀昱、翟超、刘儒、范滂等，请下州郡考治"。是时上年十四，问节等曰："党人何用为恶而欲诛之邪？"对曰："相举群辈，欲为不轨。"上曰："不轨欲如何？"对曰："欲图社稷。"上乃可其奏。或谓李膺曰：

曹节升任长乐卫尉，与王甫等六人都被封为列侯。

陈蕃的朋友朱震收埋陈蕃的尸体，隐藏他的儿子陈逸，事情泄露后被关入监狱。朱震遭受拷打审讯，誓死不言，陈逸因此得以活命。窦武的部下胡腾为窦武尸体收敛穿戴，举行丧礼，也被处以终身不准做官。窦武的孙子窦辅年仅二岁，胡腾诈称是自己的儿子，与令史张敞共同藏匿起来，也得以免遭诛杀。张奂升任大司农，封侯。张奂深深痛恨自己被曹节等出卖，坚决推辞，拒不接受。

【纲】建宁二年（己酉，169），春正月，尊封慎园贵人董氏为孝仁皇后，任命她哥哥的儿子董重为五官中郎将。

【纲】夏四月，在大殿御座上出现一条青蛇。大风，暴雨，雷电交相出现，灵帝下诏命公卿上疏言事。

【纲】冬十月，再次惩治党人，处死前司隶校尉李膺等一百余人。
【目】当初，李膺等虽然被罢官归乡，但是天下士大夫仍都尊崇他们而蔑视朝廷，他们互相标榜，列出称号：把窦武、陈蕃、刘淑称为"三君"，君，是指一代宗师；把李膺、荀昱、杜密、王畅、刘祐、魏朗、赵典、朱寓称为"八俊"，俊，是指人中精英；把郭泰、范滂、尹勋、巴肃、宗慈、夏馥、蔡衍、羊陟称为"八顾"，顾，是指能以品德行为给他人做表率；把张俭、翟超、岑晊、苑康、刘表、陈翔、孔昱、檀敷称为"八及"，及，是指能引导他人追随祖先；把度尚、张邈、王孝、刘儒、胡毋班、秦周、蕃向、王章称作"八厨"，厨，是指能以钱财救助他人。等到陈蕃、窦武掌权，又举荐提拔李膺等；陈蕃、窦武被诛杀，李膺等又被罢免。

宦官痛恨李膺等，每次颁布诏书，都重申压制党人的禁令。侯览尤其对张俭恨入骨髓。侯览的同乡朱并上书控告张俭与同乡二十四个人互起称号，同结乱党，图谋危害国家。朝廷下诏发布通缉令，逮捕张俭等。

十月，曹节暗示有关部门上奏："乱党包括虞放、李膺、杜密、朱寓、荀昱、翟超、刘儒、范滂等，请将这些人交付州郡政府审讯惩治。"这时，十四岁的灵帝询问曹节等："党人有什么罪恶而要杀死他们呢？"曹节回答："他们相互举荐同类，图谋不轨。"灵帝说："不轨又想怎

"可去矣！"对曰："事不辞难，罪不逃刑，臣之节也。吾年已六十，死生有命，去将安之！"乃诣诏狱，考死。

汝南督邮吴导受诏捕范滂，至征羌，抱诏书闭传舍，伏床而泣，一县不知所为。滂闻之曰："必为我也。"即自诣狱。县令郭楫大惊，出解印绶，引与俱亡，曰："天下大矣，子何为在此！"滂曰："滂死则祸塞，何敢以罪累君，又令老母流离乎！"其母就与之诀曰："汝今得与李、杜齐名，死亦何恨！"滂跪受教，再拜而辞。

凡党人死者百余人，妻子皆徙边，天下豪杰及儒学有行义者，宦官一切指为党人；其死徙废禁者又六七百人。郭泰闻之，私为之恸曰："《诗》云：'人之云亡，邦国殄瘁。'汉室灭矣，但未知'瞻乌爰止，于谁之屋'耳！"泰虽好臧否，而不为危言激论，故能处浊世而怨祸不及焉。

张俭亡命困迫，望门投止，莫不重其名行，破家相容。后流转东莱，止李笃家。外黄令毛钦操兵到门，笃引钦就席曰："张俭负罪，岂得藏之！若审在此，此人名士，明廷宁宜执之乎？"钦因起抚笃曰："蘧伯玉耻独为君子，足下如何专取仁义！"笃曰："今欲分之，明廷载半去矣。"钦叹息而去。俭与鲁国孔褒有旧，亡抵褒，不遇，褒弟融，年十六，匿之。事泄，俭亡走，国相收褒、融送狱，未知所坐。融曰："保纳舍藏者，融也。"褒曰："彼来求我，非弟之过。"吏问其母，母曰："家事任长，妾当其辜。"一门争死，郡县疑不能决，乃上谳之，诏独坐褒。及党禁解，俭乃还乡里。夏馥闻俭亡命，叹曰："孽自己作，空污良善，一人逃死，祸及万家，何以生为！"乃自剪须变形，入林虑山中，隐姓名，为冶家佣，人无知者。

样?"回答说:"企图篡夺国家。"于是灵帝便批准了奏章。有人对李膺说:"可以逃走了!"李膺回答说:"做事不辞危难,获罪不避刑罚,是臣属的节操。我年已六十,死生有命,将能逃到哪里?"于是前往诏狱,被拷打至死。

汝南郡督邮吴导接到逮捕范滂的诏令,来到征羌(今河南郾城东南),抱着诏书,关上招待所的房门,伏床哭泣,全县不知发生什么事情。范滂闻讯后说:"一定是因为我。"立即自己赶到监狱。县令郭楫大惊失色,出来解下印信、绶带,接出范滂,要与他一同逃走,说:"天下大了,你为什么在这里?"范滂说:"我死则祸止,怎敢因罪连累你,又使我的老母亲流离失所呢?"他的母亲来与他诀别,说:"你现在能与李膺、杜密齐名,死又何恨?"范滂跪下接受训教,再次叩拜告辞。

因是党人而死的有一百余人,他们的妻子、儿女都被流放边疆,天下豪杰及儒学造诣高深、品行端正的人,宦官一律指控为党人,其中被处死、流放、罢黜、禁锢的又有六七百人。郭泰闻讯,暗中为这些人悲恸,说:"《诗经》讲:'人才逃亡,国家危疾。'汉家王朝将要覆灭了,只是不知道'乌鸦的降落,究竟在谁家'罢了!"郭泰虽然喜欢褒贬人物,但是从来不发表危险激烈的言论,所以能够身处浑浊世道而怨恨灾祸却没有临头。

张俭逃亡在外,困难窘迫,只要看见人家就投奔落脚,主人无不敬重其名声品行,宁愿家破人亡也要收容接待他。后来辗转逃到东莱郡(治掖县,今山东掖县),住在李笃家宅外边。黄县(今山东蓬莱西南)县令毛钦领兵来到门口,李笃请毛钦入席说:"张俭有罪,岂能窝藏他!即使查出在此,对这位名士,您难道应该逮捕他吗?"毛钦便起身拍着李笃肩膀说:"蘧伯玉耻于独自做君子,你怎么一人获取仁义!"李笃说:"现在就要分开它,您已经拿走一半了。"毛钦叹息而去。张俭与鲁国孔褒是老朋友,逃到孔褒家,没有遇上;孔褒的弟弟孔融年仅十六岁,将张俭藏匿起来。事情泄露,张俭逃走,鲁国宰相逮捕孔褒、孔融送往监狱,不知应该判谁。孔融说:"做主收留藏匿张俭的,是我孔融。"孔褒说:"张俭是来投靠我,不是我弟弟的罪过。"官吏询问他们的母亲,他们母亲说:"家中出事,责任在家长,我应当抵罪。"一家

初，中常侍张让父死，归葬颍川，虽一郡毕至，而名士无往者，让耻之，陈寔独吊焉。及诛党人，让以寔故，多所全宥。

初，范滂等非讦朝政，自公卿以下皆折节下之，太学生争慕其风，申屠蟠独叹曰："昔战国之世，处士横议，列国之王至于拥彗先驱，卒有坑儒烧书之祸，今之谓矣。"乃绝迹于梁、砀之间，因树为屋，自同佣人。居二年，滂等果罹党锢之祸。

【纲】辛亥，四年，春二月，地震，海溢。三月朔，日食，大疫。

【纲】秋七月，立贵人宋氏为皇后。

【纲】壬子，熹平元年，春三月，太傅胡广卒。 【目】广周流四公，三十余年，历事六帝，礼任极优。所辟多天下名士，练达故事，明解朝章，京师谚曰："万事不理问伯始；天下中庸有胡公。"然温柔谨悫，常逊言恭色以取媚于时，无忠直之风，天下以此薄之。

【纲】夏六月，大水。皇太后窦氏崩，秋七月，葬桓思皇后。

【纲】冬十一月，会稽妖贼许生称帝。

【纲】甲寅，三年，冬十一月，吴郡司马孙坚讨许生，斩之。 【目】坚，富春人，召募精勇得千余人，助州郡讨许生，大破，斩之。

争相赴死，郡县官府疑惑不决，就上奏请求如何治罪，诏令只处治孔褒一人。等到党禁解除，张俭便返回家乡。夏馥听说张俭逃跑的消息，叹道："自己作孽，却白白牵连善良的人，一人逃命，万家遭灾，何必再活下去！"于是自己剪掉胡须，改变相貌，逃入林虑山（即隆虑山，在今河南林县西）中，隐姓埋名，做了个铁匠铺的仆人，无人知晓他是谁。

当初，中常侍张让的父亲死了，送回颍川郡安葬，虽然全郡人都来参加葬礼，但是名士却无人前往，张让以此为耻，只有陈寔独自一人吊唁。等到诛杀党人时，张让因为陈寔的缘故，保全宽恕了许多人。

当初，范滂等非议攻击朝政，自公卿以下全都对他们恭敬备至，太学生争相仰慕学习其风格，只有申屠蟠独自叹道："从前的战国时代，隐士们对国事横加评论，以致各国国王亲自手持扫帚打扫地面，作为先导，最终发生焚书坑儒的灾祸，这正是今天的写照。"于是在梁国（都下邑县，今安徽砀山东）、砀县（今安徽砀山南）之间销声匿迹，借助大树建造房屋，把自己当作仆人。隐居了二年，范滂等果然遭受党锢之祸。

【纲】建宁四年（辛亥，171），春二月，发生地震，海水泛滥。三月初一，出现日食，瘟疫流行。

【纲】秋七月，封贵人宋氏为皇后。

【纲】灵帝熹平元年（壬子，172），春三月，太傅胡广去世。【目】胡广遍任司空、司徒、太尉、太傅等四公中的每一个官职，前后三十余年，共侍奉过六个皇帝，所受礼遇极为优厚。他所聘任的大多是天下名士，并且精通先朝法令、旧例，了解当代的典章制度。首都洛阳的谚语说："万事不理问胡广，天下中庸有胡公。"然而胡广温柔敦厚，谨慎小心，常常言语卑微、态度恭敬地向当权者献媚，没有忠贞正直的节操，天下人因此而轻视他。

【纲】夏六月，大水成灾。皇太后窦氏去世。秋七月，安葬桓思皇后。

【纲】冬十一月，会稽郡叛民许生自称为帝。

【纲】熹平三年（甲寅，174），冬十一月，吴郡（治吴县，今江苏苏州）司马孙坚讨伐许生，将其斩首。【目】孙坚，是富春县（今浙江富阳）人，他召募精悍勇士，得到一千余人，协助州郡官府讨伐许生，大

【纲】乙卯，四年，春三月，立《石经》于太学门外。 【目】诏诸儒正《五经》文字，命议郎蔡邕为古文、篆、隶三体书之，刻石立于太学门外，使后学取正焉。碑始立，观模写者车乘日千余两。

【纲】丙辰，五年，夏，杀永昌太守曹鸾，更考党人禁锢五属。 【目】永昌太守曹鸾上书曰："夫党人者，或耆年渊德，或衣冠英贤，皆宜股肱王室，左右大猷者也；而久被禁锢，辱在涂泥，所以灾异屡见，水旱荐臻，皆由于斯。宜加沛宥，以副天心。"帝大怒，监军收鸾，送狱，掠杀之。于是诏州郡更考党人门生、故吏、父子、兄弟在位者，悉免官禁锢，爰及五属。

【纲】丁巳，六年，夏四月，大旱，蝗。
【纲】以宣陵孝子为太子舍人。 【目】市贾小民有相聚为宣陵孝子者数十人，诏皆除太子舍人。蔡邕上封事曰："宣陵孝子，虚伪小人，本非骨肉，群聚山陵，假名称孝义，无所依。太子官属，宜搜选令德，岂有但取丘墓凶丑之人！其为不祥莫大焉。宜遣归田里，以明诈伪。"书奏，帝乃诏宣陵孝子为舍人者，悉改为丞尉焉。

【纲】冬十月朔，日食。地震。
【纲】鲜卑寇辽西，太守赵苞破之。 【目】辽西太守赵苞到官，遣吏迎母，道经柳城，值鲜卑万余人入塞寇钞，劫质苞母，载以击郡。苞出战，对陈，贼出母示苞，苞悲号，谓母曰："为子无状，欲以微禄奉养朝夕，不图为母作祸。昔为母子，今为王臣，义不得顾私恩，毁忠节，唯当万死，无以塞罪。"母遥谓曰："人各有命，何得相

败叛军,将许生斩首。

【纲】熹平四年(乙卯,175),春三月,将刻有《诗经》《尚书》《周易》《礼记》《春秋》五部经典的石碑竖立在太学门外。 【目】灵帝诏令儒家学者们校正《五经》文字,命议郎蔡邕以蝌蚪文、篆、隶三体书写,刻于石碑,竖立在太学门外,使以后的学人都将它作为标准。石碑刚竖立时,前来观看、临摹、抄写的人所乘车辆每天达一千多辆。

【纲】熹平五年(丙辰,176),夏季,处死永昌郡(治不韦县,今云南保山北)太守曹鸾,重新调查党人,他们五族之内的亲属终身不许做官。 【目】永昌郡太守曹鸾上书说:"所谓党人,有的是年高德深,有的是士人中的精英贤良,都应该成为辅弼王室的骨干,参与国家的决策;但是却长久被禁锢,遭受放逐泥沼的羞辱。灾异屡次出现,水旱不断发生,都是由于这个原因。应该予以宽宥赦免,以符合上天旨意。"灵帝大怒,下令逮捕曹鸾,用囚车押回首都,送入监狱,将其拷打致死。于是诏令各州、郡重新调查党人的学生、老部下、父子兄弟仍当官的,一律罢免官职,永不起用,一直涉及五族之内的人。

【纲】熹平六年(丁巳,177),夏四月,大旱,蝗灾。

【纲】任命桓帝陵墓宣陵孝子为太子舍人。 【目】有数十名市井小民相互聚集一处,自称是宣陵孝子,灵帝命令将这些人全部升为太子舍人。蔡邕呈上密封奏书说:"宣陵孝子都是一群虚伪小人,本来就不是骨肉之亲,他们群聚山陵,伪称孝顺,义无所从。太子的属官应该选择品德高尚的人,哪能只任用身处坟墓中的丑恶之徒?不祥之兆,莫过于此。应将这些人遣送回乡,以显示其欺诈行为。"奏书呈上,灵帝便下令被任命为太子舍人的所谓宣陵孝子一律改为县丞、县尉。

【纲】冬季,十月初一,出现日食。发生地震。

【纲】鲜卑人侵扰辽西郡(治阳乐县,今河北昌黎西北),太守赵苞打败敌军。 【目】辽西郡太守赵苞上任后,派属吏迎接母亲,路经柳城县时正遇上一万余鲜卑人进入边塞劫掠,鲜卑人抓获赵苞的母亲作为人质,装在车上去攻打辽西郡。赵苞迎战,双方对阵,鲜卑人带出赵苞的母亲展示给他,赵苞悲痛号哭,对母亲说:"作为儿子实在不像样,本想以微薄的俸禄朝夕奉养您,没料到却给您带来大祸。过去,我

顾以亏忠义，尔其勉之！"苞即时进战，贼悉摧破，其母为贼所害。苞归葬讫，谓乡人曰："食禄而避难，非忠也；杀母以全义，非孝也。如是，有何面目立于天下！"遂欧血而死。

【纲】戊午，光和元年，春二月朔，日食。地震。

【纲】置鸿都门学。【目】鸿都门学诸生，皆敕州郡、三公举用辟召，或出为刺史、太守，入为尚书、侍中，有封侯赐爵者；士君子皆耻与为列焉。

【纲】夏四月，地震。侍中寺雌鸡化为雄。

【纲】六月，有黑气堕温德殿庭中。【目】气如龙，长十余丈。

【纲】秋七月，青虹见玉堂殿庭中。【目】上以灾异诏问消复之术，蔡邕对曰："臣伏思诸异，皆亡国之怪也。天于大汉殷勤不已，故屡出祆变以当谴责，欲令人君感悟，改危即安。蜺堕、鸡化，皆妇人干政之所致也。前者乳母赵娆，逸谀骄溢，门史霍玉，依阻为奸。今道路纷纷，复云有程大人者，察其风声，将为国患；宜高为堤防，明设禁令，深惟赵、霍，以为至戒，则天道亏满，鬼神福谦矣。"章奏，帝览而叹息；因起更衣，曹节于后窃视之，悉宣语左右。中常侍程璜使人飞章言邕私事，下雒阳狱，劾大不敬，弃市。中常侍河南吕强愍邕无罪，力为申请，诏："减死一等，与家属髡钳徙朔方，不得以赦令除。"

【纲】冬十月，废皇后宋氏，幽杀之。

是您的儿子；现在，我是皇上的大臣，在大义上不能顾及私恩，毁坏忠节，只有死一万次，否则无法弥补罪过。"其母亲在远处对他说："人各有命，怎能相互顾及私恩而亏害忠义？你要以此相勉！"赵苞立即发动进攻，鲜卑人全部被打败，赵苞的母亲被鲜卑人杀死。赵苞回乡安葬完毕，对乡人说："拿俸禄却逃避灾难，是不忠；杀死母亲来保全大义，是不孝。如此，有什么脸面活在人世！"于是吐血而死。

【纲】灵帝光和元年（戊午，178），春季，二月初一，出现日食。发生地震。

【纲】设立鸿都门学。　【目】鸿都门学的学生都是命令各州郡、三公举荐征召来的，他们有的出任刺史、太守，有的入朝当尚书、侍中，有的被封侯、赐予爵位；有学问的士人和品德高尚的君子都耻与之为伍。

【纲】夏四月，发生地震。侍中寺的母鸡变成了公鸡。

【纲】六月，有一股黑气坠落在温德殿庭院中。　【目】黑气像一条龙，长达十余丈。

【纲】秋七月，有青色出现在玉堂殿庭院中。　【目】灵帝鉴于天降灾异，便下诏询问消除它的方法，蔡邕回答说："我认真考虑各种灾异，都是亡国的怪异征兆。只是上天对大汉王朝没有失去热情，所以才屡次显现怪象以作为谴责，希望使君主感动觉悟，转危为安。青虹坠落、母鸡变公，都是妇人干预朝政所导致的。以前，乳母赵娆谗害忠良，阿谀奉承，骄奢淫逸；门史霍玉依仗后台作奸犯科。如今道路上议论纷纷，又说有一位程大人，察看其声势，将会成为国家的祸患。应该高筑堤防，明设禁令，把赵娆、霍玉作为最深刻的戒鉴，那么上天将惩罚骄傲自满的人，鬼神将降福谦虚的人。"奏章呈上，灵帝阅后叹息不止；随后灵帝起身更换衣服，曹节便趁机在后边偷看奏章，并全部泄露给身边的人。中常侍程璜派人写匿名信诬告蔡邕公报私仇，将蔡邕投入洛阳监狱，弹劾他犯有大不敬罪，应当斩首弃市。中常侍、河南人吕强怜悯蔡邕无罪受冤，极力为他申诉求情。灵帝下诏："减死罪一等，与家属一同剃去头发，颈箍铁圈，流放到朔方郡（治临戎县，今内蒙古杭锦西），不准因大赦令而赦免。"

【纲】冬十月，废黜宋皇后，将其幽禁杀死。

【纲】是月晦,日食。

【纲】初开西邸卖官。 【目】初开西邸卖官,二千石,二千万;四百石,四百万;其以德次应选者半之,或三分之一;令长,随县丰约有贾。富者先入,贫者到官倍输。又私令左右卖公卿,公千万,卿五百万。尝问侍中杨奇曰:"朕何如桓帝?"对曰:"陛下之于桓帝,亦犹虞舜比德唐尧。"帝不悦曰:"卿强项,真杨震子孙,死后必复致大鸟矣。"

【纲】己未,二年,夏四月,封中常侍吕强为都乡侯,不受。【目】强清忠奉公,帝以众例封为都乡侯,强固辞不受。

【纲】十月三十日,出现日食。

【纲】首次在御花园西邸设置机构,公开出卖官爵。 【目】首次在御花园西邸设置机构,公开出卖官爵:二千石官卖二千万钱,四百石官卖四百万钱;那些凭品德才能选上的交付一半或三分之一的价钱;县令、县长的官缺则随该县的贫富决定价钱。有钱的富人优先,无钱的可以上任后加倍付款。又暗中令身边的人出卖公、卿爵位,公定价一千万钱,卿定价五千万钱。灵帝曾经问侍中杨奇:"我与桓帝相比怎么样?"杨奇回答:"陛下与桓帝相比,就好像虞舜与唐尧比较品德。"灵帝不高兴地说:"你的脖子太硬,真是杨震的子孙,死后一定会再次招来大鸟。"

【纲】光和二年(己未,179),夏四月,封中常侍吕强为都乡侯,吕强没有受封。 【目】吕强清廉忠诚,奉公守法,灵帝按惯例封他为都乡侯,吕强坚决推辞,没有接受。

纲鉴易知录卷二五

东汉纪

孝灵皇帝

【纲】庚申,三年,冬十二月,立贵人何氏为皇后。 【目】后本南阳屠家,以选入掖庭,生皇子辩,故立之。征其兄进为侍中。后王美人生皇子协,后鸩杀美人。帝怒,欲废后,中官固请乃止。

【纲】作毕圭、灵昆苑。 【目】司徒杨赐谏曰:"先王造囿,裁足以修三驱之礼,薪、菜、刍、牧皆悉往焉。先帝左开鸿池,右作上林,不奢不约。今废田园,驱居人,畜禽兽,殆非'若保赤子'之义。宜惟卑宫、露台之意,以慰民劳。"帝欲止,侍中任芝、乐松曰:"昔文王之囿百里,人以为小;齐宣四十里,人以为大。今与百姓共之,无害于政也。"帝悦,遂为之。

【纲】辛酉,四年,秋九月朔,日食。

【纲】作列肆于后宫。 【目】是岁,帝作列肆于后宫,使诸采女贩卖,更相盗窃争斗;帝著商贾服,从之饮宴为乐。

【纲】壬戌,五年,秋七月,有星孛于太微。

【纲】八月,起四百尺观。

【纲】冬,以桓典为侍御史。 【目】典为御史,宦官畏之。典常乘骢马,京师为之语曰:"行行且止,避骢马御史!"

【纲】甲子,中平元年,春二月,黄巾贼张角等起。 【目】初,钜鹿张角事黄、老,以妖术教授。遣弟子游四方,转相诳诱,十余年

孝灵皇帝

【纲】光和三年（庚申，180），冬十二月，封贵人何氏为皇后。

【目】何皇后本来出身于南阳郡（治宛城，今河南南阳）一个屠户，由于被选入皇宫，生了皇子刘辩，所以立她为皇后。征召他的哥哥何进为侍中。后来王美人生下皇子刘协，何皇后便毒死了王美人。灵帝大怒，打算废黜何皇后，宦官极力求情，才停止。

【纲】兴建毕圭苑、灵昆苑（两苑并在汉代洛阳城宣平门外，今河南洛阳东北）。　【目】司徒杨赐进谏说："古代先王建造园林，按礼才不过三面合围，使之网开一面，而且砍柴、种菜、割草、放牧都到那里。先帝在洛阳东边开凿鸿池苑，在西边兴建上林苑，不奢侈，也不节俭。如今毁坏土地家园，驱赶百姓，只是为了蓄养飞禽走兽，这大概不符合'爱民如子'的大义。应该考虑夏禹使宫殿简陋、汉文帝拒建高台的本意，以体恤百姓的劳苦。"灵帝于是就准备停止兴建，而侍中任芝、乐松却说："过去周文王的园林方圆百里，人们认为太小；齐宣王的园林方圆四十里，人们认为太大。现在，陛下与百姓共同享用，无损于国家政事。"灵帝很高兴，便下令兴建。

【纲】光和四年（辛酉，181），秋季，九月初一，出现日食。

【纲】在后宫兴建一列店铺。　【目】这年，灵帝在后宫兴建一列店铺，让宫女们贩卖物品，于是这些人互相之间盗窃争斗；灵帝则身穿商人服装，在其中饮酒作乐。

【纲】光和五年（壬戌，182），秋七月，在太微星座旁出现孛星。

【纲】八月，建造高四百尺的楼台。

【纲】冬季，任命桓典为侍御史。　【目】桓典任御史后，宦官很畏惧他。桓典常骑青白相间的青骢马，首都因此传说："走走停停，避开青骢马御史！"

【纲】灵帝中平元年（甲子，184），春二月，黄巾军张角等起义。

【目】当初，钜鹿（今河北巨鹿西南）人张角信奉黄老学说，并教授道

间，徒众数十万。角遂置三十六方。方，犹将军也，大方万余人，小方六七千，各立渠帅。讹言"岁在甲子，天下大吉"，以白土书京城寺门及州郡官府，皆作"甲子"字。大方马元义等先收荆、扬数万人，以中常侍封谞、徐奉等为内应，约以三月五日内外俱起。至是，角弟子唐周告之，于是收元义，车裂。诏三公、司隶，案验宫省直卫及百姓事角道者，诛杀千余人；下冀州逐捕。角等知事已露，驰敕诸方，一时俱起，皆著黄巾为识。角自称"天公将军"，弟宝称"地公将军"，梁称"人公将军"。所在燔劫，长吏逃亡，旬月之间，天下响应。

【纲】三月，以何进为大将军，屯都亭。

【纲】赦党人，遣中郎将卢植讨张角，皇甫嵩、朱儁讨颍川黄巾。 【目】帝召群臣会议，北地太守皇甫嵩以为宜解党禁。吕强曰："党锢久积，人情怨愤，若不赦宥，与角合谋，为变滋大。"帝惧而从之。发天下精兵，遣中郎将卢植讨张角，皇甫嵩、朱儁讨颍川黄巾。

【纲】杀中常侍吕强、侍中向栩、郎中张钧。 【目】诸常侍共谮吕强，云与党人共议朝廷，数读《霍光传》。帝使中黄门持兵召强，强怒曰："丈夫欲尽忠国家，岂能对狱吏乎！"遂自杀。侍中向栩讥刺左右，张让诬栩与张角为内应，杀之。郎中张钧上书曰："张角所以能兴兵作乱，万民所以乐附之者，其源皆由十常侍宗亲、宾客典据州郡，侵掠百姓；百姓冤无所诉，故聚为盗贼。宜斩十常侍，悬头南郊，以谢百姓，遣使者布告天下，可不须师旅而大寇自消。"帝怒钧曰："此真狂子也！十常侍固当有一人善者不！"御史遂诬奏钧

术，派门人弟子云游四方，相互辗转传播，十余年之间，信道徒众达数十万。张角便设置三十六方。方，就如同将军，大方有一万余人，小方有六七千人，各自设立统帅。张角提出"岁在甲子，天下大吉"的口号，用白土书写在京城各官署以及州郡官府的大门上，都是"甲子"二字。大方马元义等先召集荆州、扬州的数万人，以中常侍封谞、徐奉等为内应，约定于三月五日内外同时起事。此时，张角的弟子唐周向官府告发，于是逮捕马元义，将他车裂处死。灵帝命令三公、司隶校尉查办宫廷、朝中官员以及普通百姓信奉张角道术的，诛杀了一千余人；命令冀州刺史追捕张角等。张角等知道事已泄露，紧急命令各方同时起事，每人都头戴黄巾作为标志。张角自称"天公将军"，他的弟弟张宝称"地公将军"，张梁称"人公将军"，所到之处，焚烧官府，劫掠豪强，官吏弃职逃命，一个月之间，天下响应。

【纲】三月，任命何进为大将军，屯驻在都亭（在今河南洛阳内）。

【纲】赦免党人，派遣中郎将卢植讨伐张角，皇甫嵩、朱儁讨伐颍川郡的黄巾军。　【目】灵帝召集群臣会商对策，北地郡（治富平县，在今甘肃灵武西南）太守皇甫嵩认为应该解除对党人禁锢终身的禁令。吕强说："党锢积存太久，人情怨恨愤怒，如果不将这些党人赦免宽恕，一旦与张角合谋，为害更大。"灵帝因内心恐惧而采纳了建议；调集全国精兵，派遣中郎将卢植讨伐张角，皇甫嵩、朱儁讨伐颍川郡的黄巾军。

【纲】处死中常侍吕强、侍中向栩、郎中张钧。　【目】各中常侍共同诬陷吕强，说他与党人一起攻击朝廷，多次阅读《霍光传》。灵帝派中黄门手持武器征召吕强，吕强愤怒地说："大丈夫准备为国尽忠，岂能面对狱吏呢！"于是自杀。侍中向栩讥刺皇帝身边的宦官，张让便诬告向栩给张角做内应，杀死了他。郎中张均上书说："张角之所以能起兵作乱，百姓之所以乐于依附他的根源，都是由于十常侍的宗族亲戚、宾客朋友把持州郡官位，侵扰搜刮百姓；百姓无处诉冤，所以聚集一处成为盗贼。应该斩杀十常侍，将其头悬挂南郊，以向百姓谢罪，派使者通告天下，可以不必动用军队就能使黄巾巨寇自行消亡。"灵帝愤怒地对

学黄巾道,收掠,死狱中。

【纲】夏五月,皇甫嵩、朱儁与骑都尉曹操合军,讨三郡黄巾,破平之。 【目】朱儁与贼波才战败,贼遂围皇甫嵩于长社。依草结营,会大风,嵩敕军士皆束苣乘城,使锐士间出围外,纵火大呼,城上举燎应之,嵩从城中鼓噪而出,奔击贼陈;贼惊,乱奔走。会骑都尉沛国曹操将兵适至,合军与战,大破之,斩首数万,遂讨汝南、陈国黄巾,皆破之,三郡悉平。

操父嵩,为中常侍曹腾养子,不能审其生出本末,或云夏侯氏子也。操少机警,有权数,而任侠放荡,不治行业;时人未之奇也,唯桥玄及南阳何颙异焉。谓操曰:"天下将乱,非命世之才,不能济也。能安之者,其在君乎!"颙见操,叹曰:"汉家将亡,安天下者,必是人也。"时汝南许劭与从兄靖,有高名,好共核论乡党人物,每月辄更其题品,故汝南俗有月旦评焉。尝为郡功曹,府中莫不改操饰行。操往造劭而问之曰:"我何如人?"劭鄙之,不答。操劫之,劭曰:"子,治世之能臣,乱世之奸雄。"操大喜而去。后举孝廉为郎,至是平贼,迁济南相。

【纲】卢植围张角于广宗。槛车征还,遣中郎将董卓代之。

【纲】秋八月,遣皇甫嵩讨张角,角死。冬十月,与角弟梁、宝战,皆破斩之。以嵩为车骑将军,领冀州牧。

张均说:"这真是个狂人!十常侍原本就没有一个好人吗!"于是御史上奏诬告张均信奉黄巾军的太平道,将其逮捕拷打,死在狱中。

【纲】夏五月,皇甫嵩、朱儁与骑都尉曹操联军讨伐三郡的黄巾军,打败并平定了三郡的黄巾军。 【目】朱儁与波才所率黄巾军交战,失败;于是黄巾军在长社县(今河南长葛西)将皇甫嵩包围,并在草地旁安营结寨。这时正遇上大风,皇甫嵩命士兵用芦苇扎成火把,登上城墙,派精兵暗中突出包围圈,纵火大呼,城上则举起火把呼应。皇甫嵩从城中呐喊而出,冲击黄巾军阵地;黄巾军惊慌混乱,四散奔逃。正赶上骑都尉、沛国(都相县,今安徽宿县西北)人曹操领兵适时到达,与皇甫嵩会合,同黄巾军交战,大败黄巾军,斩杀数万人。于是讨伐汝南郡(治平舆县,今河南汝南东南)、陈国(都陈县,今河南淮阳)的黄巾军,都打败了他们,三郡全部平定。

曹操的父亲曹嵩,是中常侍曹腾的养子,不能确定其身世来历,有人讲是夏侯氏的后代。曹操自幼机警,有谋略,善权术,行侠仗义,放荡不羁,不经营产业;当时的人们并没有认为他与众不同,只有桥玄和南阳郡的何颙觉得他不同于常人。桥玄对曹操说:"天下将要大乱,不具备扭转乾坤的才能,是不能挽救的。能够平定大乱的,大概就是你!"何颙见到曹操,叹息说:"汉王朝将要灭亡,平定天下的,必定是此人。"当时汝南郡的许劭与堂兄许靖颇负盛名,喜欢共同评论乡里人物,每月做一总结后便更改排名顺序,所以汝南郡民间有"月旦评"的说法。许劭曾经做郡功曹。郡府中的官吏无不改变操守,收敛行为。曹操前往拜访许劭,并询问他说:"我是怎样的人?"许劭鄙视他,不做回答。曹操对他进行威胁,许劭说:"你是太平盛世的能臣,乱世的奸雄。"曹操异常高兴地离去。后来曹操被举荐孝廉,任命为郎。到此时平定黄巾军有功,升为济南国(即济南郡,都东平陵县,今山东济南东)相国。

【纲】卢植将张角包围在广宗(今河北南宫南)。灵帝命人用囚车将卢植押解回京,派中郎将董卓代替卢植。

【纲】秋八月,派皇甫嵩讨伐张角,张角去世。冬十月,皇甫嵩与张角的弟弟张梁、张宝交战,全部击破并斩杀二人。任命皇甫嵩为车骑将

【纲】乙丑,二年,春二月,南宫云台灾。

【纲】三月,以崔烈为司徒。 【目】时,三公往往因常侍、阿保入钱西园而得之。烈本冀州名士,至是,因傅母入钱五百万,故得为司徒,而声誉顿衰。

【纲】夏四月,大雨雹。

【纲】六月,封宦者张让等十二人为列侯。

【纲】丁卯,四年,冬十月,前太丘长陈寔卒。 【目】寔在乡间,平心率物,其有争讼,辄求判正,晓譬曲直,退无怨者;至乃叹曰:"宁为刑罚所加,不为陈君所短!"杨赐、陈耽,每拜公卿,群僚毕贺,辄叹寔未登大位,愧于先之。及卒,海内赴吊者三万余人。

【纲】己巳,六年,夏四月,帝崩。皇子辩即位,尊皇后曰皇太后。太后临朝。封皇弟协为陈留王。

【纲】葬文陵。

【纲】秋七月,大将军进召董卓将兵诣京师。太后诏罢诸宦官。八月,宦官张让等入宫杀进,劫太后、帝出至河上。司隶校尉袁绍捕宦者,悉诛之。帝还宫,以卓为司空。 【目】袁绍说何进悉诛诸宦官。进白太后,太后不听。绍又为画策,多召四方猛将,使并引兵向京城,以胁太后,进然之。主簿陈琳谏曰:"谚称'掩目捕雀',夫微物尚不可欺以得志,况国之大事,其可以诈立乎!今将军总皇威,握兵要,龙骧虎步,高下在心,此犹鼓洪炉燎毛发耳。但当速发雷霆,行权立断,则天人顺之。而反委释利器,更征外助,大兵聚会,强者为雄,所谓倒持干戈,授人以柄,功必不成,只为乱阶耳!"进不听。曹操闻而笑曰:"宦者之官,古今宜有,但世主不当假之权宠,使至于此。既治其罪,当诛元恶,一狱吏足矣,何至纷纷召外兵乎!欲尽

军，兼任冀州牧。

【纲】中平二年（乙丑，185），春二月，南宫云台发生火灾。

【纲】三月，任命崔烈为司徒。　【目】当时，三公的高位往往是通过常侍、灵帝奶娘向西园交钱才能得到。崔烈本是冀州名士，这时通过灵帝的奶娘交了五百万钱，所以得到司徒高位，但是其声誉立刻衰落。

【纲】夏四月，天降大雨、冰雹。

【纲】六月，封宦官张让等十二（原书为"十三"，此据《后汉纪》《资治通鉴》改）人为列侯。

【纲】中平四年（丁卯，187），冬十月，前太丘县长陈寔去世。【目】陈寔在乡里公平正直，民间发生诉讼争端，便请他裁决，是非曲直分明，当事人事后毫无怨言；甚至还叹息说："宁可被处以刑罚，也不能被陈先生责备！"杨赐、陈耽每次升为公卿，幕僚们都前来祝贺，二人便慨叹陈寔没有升任高官，惭愧自己先于他登上高位。等到陈寔去世，全国前往吊唁的达三万余人。

【纲】中平六年（己巳，189），夏四月，灵帝去世。皇子刘辩即皇帝位，尊皇后何氏为皇太后。何太后临朝听政。封皇弟刘协为陈留王。

【纲】将灵帝安葬在文陵（在今河南洛阳东北）。

【纲】秋七月，大将军何进召董卓率兵到达京城洛阳。何太后下诏罢免宦官。八月，宦官张让等进入皇宫杀死何进，劫持何太后，少帝刘辩出宫逃到黄河边。司录校尉袁绍逮捕宦官，一律诛杀。少帝刘辩返回皇宫，任命董卓为司空。　【目】袁绍劝说何进将宦官全部诛杀。何进告诉何太后，何太后没有答应。袁绍又向何进献计，多多召集四方猛将，使他们一同率兵进逼京城，以威胁何太后，何进同意。主簿陈琳警告何进说："俗话说'掩上眼睛捕捉麻雀'，对微小的事物还不能任意欺骗，何况国家大事，怎能靠欺诈手法办成呢？如今将军身集皇威，手握重兵，龙腾虎跃，随心所欲，这就好像鼓吹洪炉中烈火去烧毛发一般。将军只当火速发动雷霆万钧之势，当机立断地发号施令，那么就会天人归顺。而现在却反而放弃锐利的武器，去寻求外援。如果各路大军聚会后，就会出现强者称雄的局面，这就如同倒持武器，却将把柄交给对方，必定不会成功，只会造成大乱而已！"何进不信。曹操听说此事笑

诛之，事必宣露，吾见其败也。"

时，董卓驻兵河东，何进召之，使将兵诣京师。尚书郑泰、卢植皆谏，进不从。卓闻召，即时就道，并上书曰："张让等窃幸承宠，浊乱海内。臣闻扬汤止沸，莫若去薪；溃痈虽痛，胜于内食。今辄鸣钟鼓如雒阳，请收让等以清奸秽！"太后乃恐，悉罢中常侍、小黄门。进入长乐宫，白太后，请尽诛之。张让等使潜听，具闻其语。乃率其党数十人，持兵伏省户下，斩进。进部曲将吴匡，引兵烧南宫青琐门。让等将太后、少帝及陈留王劫省内官属，从复道走北宫。袁绍引兵屯阙下，遂闭北宫门，勒兵捕诸宦者，无少长皆杀之，凡二千余人。进攻省内，让等困迫，遂将帝与陈留王数十人步出穀门，公卿无从者，唯卢植及河南中部掾闵贡夜至河上，贡厉声责让等，因手剑斩数人。让等惶怖，遂投河而死。

贡扶帝与陈留王夜逐萤光还，至雒舍。明旦，帝乘一马，陈留王与贡共乘一马，南行，公卿稍有至者。董卓亦到，因与公卿奉迎于北芒阪下。卓与帝语，语不可了；乃更与陈留王语，问祸乱之由，王答，自初至终，无所遗失。卓大喜，以为贤，遂有废立之意。是日，帝还宫。失传国玺。

卓步骑不过三千，率四五日辄夜潜出，明旦，乃大陈旌鼓而还，以为西兵复至，雒中无知者。俄而进及弟苗部曲皆归之，卓又阴使武猛都尉丁原部曲吕布杀原而并其众。于是讽朝廷，以久雨，策免司

着说:"宦官这类人,无论古今都应该有,只是君主不应过分宠信和赋予重权,使他们发展到如此地步。既然要惩治他们的罪恶,应当诛杀首恶,只需一个狱吏就足够了,何至于纷纷召集外地的军队呢!想要全部诛杀宦官,事情一定会泄露,我已经看到其失败的结局。"

此时董卓率军驻扎在河东郡(治安邑县,今山西夏县北),何进征召他,让他领兵挺及京城。尚书郑泰、卢植都劝阻何进,何进不予理睬。董卓听说被征召,立即上路,并上书说:"张让等窃取信任,蒙受宠爱,扰乱天下。我听说扬汤止沸,不如釜底抽薪;溃烂的毒疮虽然疼痛,却胜于向内损坏腑脏。现在我率军钟鼓齐鸣地赶奔洛阳,请求逮捕张让等,以扫清奸恶之徒!"于是何太后恐惧不安,全部罢黜了中常侍、小黄门。何进进入长乐宫,劝说何太后,请求将宦官全部诛杀。张让等派人偷听,全部听到了二人的对话,便率领数十名党羽,手持武器埋伏在殿门边,斩杀何进。何进家将吴匡领兵焚烧南宫青琐门。张让等带着何太后、少帝刘辩和陈留王,劫持宫廷内官属,从复道(天桥)逃往北宫。袁绍领兵屯驻皇宫门楼下,于是关闭北宫大门,指挥军队搜捕宦官,无论长幼,一律杀死,共二千余人。又进攻宫内,张让等困窘不堪,便带着少帝刘辩和陈留王数十人步行逃出洛阳城正北门谷门,无一个公卿跟随,只有卢植及河南郡中部掾闵贡连夜赶到黄河岸边。闵贡厉声斥责张让等,用手中长剑斩杀数人。张让等恐惧,便投黄河而死。

闵贡扶持少帝刘辩与陈留王在黑夜中靠着萤火虫的光亮返回,到达洛舍(今河南洛阳北,北邙山北麓)。第二天早上,少帝刘辩骑一匹马,陈留王与闵贡同骑一匹马,向南行进,公卿大臣们渐渐有人来到。董卓也赶到,便与公卿大臣在北芒阪(即北邙山)下迎接少帝刘辩。董卓与少帝刘辩交谈,少帝语无伦次;于是改与陈留王刘协交谈,询问祸乱的经过,陈留王把经过原原本本地讲述,毫无遗漏。董卓大喜,认为陈留王贤能,便产生废黜刘辩、拥立刘协的念头。当天,少帝刘辩返回皇宫。传国御玺丢失。

董卓的步兵、骑兵不超过三千人,大概每隔四五天,就命军队在夜间悄悄出城,第二天早上,便大张旗鼓地返回,洛阳城的人们都认为是董卓的西凉兵又到了,无人知晓实情。不久,何进及其弟弟何苗的部属

空刘弘而代之。蔡邕亡命江海,积十二年,卓闻其名而辟之,称疾不就。卓怒,詈曰:"我能族人!"邕惧而应命,到,署祭酒,甚见敬重,三日之间,周历三台,迁为侍中。

【纲】九月,袁绍出奔冀州。卓废帝为弘农王,奉陈留王协即位,遂弑太后何氏。 【目】董卓谓袁绍曰:"天下之主,宜得贤明,每念灵帝,令人愤毒!董侯似可,今欲立之,能胜史侯否?"绍曰:"今上富于春秋,未有不善宣于天下。公欲废嫡立庶,恐众不从公议也!"卓按剑叱绍曰:"竖子敢然!天下之事,岂不在我!"绍勃然,径出,逃奔冀州。卓遂胁太后策废少帝为弘农王,立陈留王协为帝。迁太后于永安宫,鸩杀之。

【纲】卓自为太尉,领前将军事。

【纲】遣使吊祭陈蕃、窦武及诸党人,复其爵位。 【目】董卓与三公诣阙上书,追理蕃、武及诸党人,悉复爵位,遣使吊祠,擢用子孙。

【纲】自六月雨至于是月。

【纲】冬十月,葬灵思皇后。十一月,卓自为相国,赞拜不名,入朝不趋,剑履上殿。

【纲】十二月,征处士申屠蟠,不至。以黄琬为太尉,杨彪为司徒,荀爽为司空。 【目】初,尚书周毖、城门校尉伍琼,说董卓"矫桓、灵之政,擢用天下名士,以收众望",卓从之,于是征荀爽、申屠蟠等。就拜爽平原相,行至宛陵,迁光禄勋,视事三日,进拜司空。自征至是九十五日。爽等皆畏卓之暴,无敢不至。独蟠得征书,人劝之行,笑而不答,竟以寿终。

全都归顺董卓,董卓又暗地让武猛都尉丁原的家将吕布杀死丁原而兼并其部队。于是暗示朝廷,由于连日降雨,策免司空刘弘,自己取而代之。蔡邕流亡各地达十二年,董卓听说他的盛名就征召他入朝为官,蔡邕称病拒绝。董卓非常愤怒,骂道:"我能够屠灭人家族!"蔡邕因恐惧而从命,到达京城便担任国学祭酒,十分受敬重;三天之间,历经尚书、御史、谒者三台,最终升为侍中。

【纲】九月,袁绍逃奔冀州。董卓将少帝刘辩废黜为弘农王,拥奉陈留王刘协即皇帝位,于是杀死何太后。 【目】董卓对袁绍说:"天下君主,应该是贤明的人,每次想到灵帝,就令人愤恨!陈留王刘协似乎可以,现在我打算立他为帝,他能否胜过刘辩呢?"袁绍说:"如今的皇帝年纪正轻,没有不善行为传布天下。您想废黜嫡子刘辩,改立庶子刘协,恐怕众人不会听从您的意见!"董卓手按剑柄喝斥袁绍说:"你这个小子竟敢这样!天下之事,难道不取决于我!"袁绍勃然大怒,径自出门,逃奔冀州。于是董卓胁迫何太后颁策书废黜少帝刘辩为弘农王,立陈留王刘协为皇帝。将何太后迁往永安宫,并毒死了何太后。

【纲】董卓自任太尉,兼管前将军事。

【纲】派使节祭吊陈蕃、窦武及诸党人,全部恢复爵位。 【目】董卓与三公到皇宫上书,追审陈蕃、窦武及诸党人案件,为其昭雪,全部恢复爵位,派使节祭吊,任用其子孙为官。

【纲】从六月直至九月,大雨不断。

【纲】冬十月,安葬灵思皇后何氏。十一月,董卓自任相国,赞拜时不呼其名,入朝时不必疾步快行,上殿时可以佩剑穿鞋。

【纲】十二月,征召隐士申屠蟠,遭拒绝。任命黄琬为太尉,杨彪为司徒,荀爽为司空。 【目】最初,尚书周毖、城门校尉伍琼劝说董卓改革桓帝、灵帝时代的政治,擢用天下名士,以收人心,董卓采纳,于是征召荀爽、申屠蟠等。立即任命荀爽为平原国(都平原县,今山东平原南)相国;走到宛陵(一作苑陵,今河南新郑东北),升任光禄勋;上任三天,又被擢升司空。从征召到升任司空,共九十五天。荀爽等都畏惧董卓的残暴,无人敢拒绝征召。唯独申屠蟠得到征召书后,人们都劝他

【纲】以袁绍为渤海太守。 【目】董卓购求袁绍急，周毖、伍琼曰："绍恐惧出奔，非有他志。今急购之，势必为变。袁氏树恩四世，门生故吏遍天下，若收豪杰以聚徒众，则山东非公之有也。不如赦之，拜一郡守，绍喜于免罪，必无患矣。"卓乃即拜绍渤海太守。又以绍从弟术为后将军，曹操为骁骑校尉。术奔南阳。操变易姓名，间行东归，至陈留，散家财，合兵得五千人。

孝献皇帝

【纲】庚午，孝献皇帝初平元年，春正月，关东州郡起兵讨卓，推袁绍为盟主。 【目】绍自号车骑将军，与河内太守王匡屯河内，韩馥留邺，给军粮。孔伷屯颍川，刘岱、张邈、邈弟广陵太守超、山阳太守袁遗、济北相鲍信与桥瑁、曹操俱屯酸枣，袁术屯鲁阳，众各数万。豪杰多归心袁绍者；鲍信独谓操曰："君略不世出，殆天之所启乎！"

【纲】卓弑弘农王。

【纲】卓奏免太尉琬、司徒彪，以王允为司徒。杀城门校尉伍琼、尚书周毖。 【目】卓以山东兵盛，欲迁都以避之，杨彪曰："关中残破，都雒已久，今无故捐宗庙，弃园陵，恐百姓惊动，必有麋沸之乱。天下动之至易，安之甚难，惟明公虑焉！"卓作色曰："公欲沮国计邪！"黄琬曰："此国之大事，杨公之言，得无可思！"卓不答。以灾异奏免琬、彪等，以王允为司徒。伍琼、周毖固谏迁都，卓大怒，

上路,他笑而不答,最终寿终正寝。

【纲】任命袁绍为渤海郡（治南皮县,今河北南皮东）太守。
【目】董卓悬赏搜捕袁绍非常急迫,周珌、伍琼说:"袁绍只是因恐惧而出逃,并没有其他图谋。现在急于搜捕他,势必造成变故。袁氏家族四世立恩,学生、旧部遍及天下,如果召集英雄豪杰以聚众起兵,那么崤山以东地区就不会属于您了。不如赦免他,任命他做一郡太守,袁绍对赦免自己一定很高兴,这样必然削除了后患。"于是董卓立即任命袁绍为渤海郡太守。又任命袁绍堂弟袁术为后将军,曹操为骁骑校尉。袁术逃奔南阳郡。曹操改名换姓,从小路向东逃回家乡,到陈留郡,散尽家产,招募聚集五千人马。

孝献皇帝

【纲】孝献皇帝刘协初平元年（庚午,190）,春正月,函谷关以东地区各州郡起兵讨伐董卓,推举袁绍做盟主。　【目】袁绍自己号称车骑将军,与河内郡（治怀县,今河南武陟西南）太守王匡屯驻河内,韩馥留守邺城（今河北临漳西三台村）,负责供应军粮。孔伷屯驻颍川郡,刘岱、张邈、张邈弟弟广陵郡（治广陵县,今江苏扬州东北）太守张超、山阳郡（治昌邑县,今山东金乡西北）太守袁遗、济北国（都卢县,今山东长清南）,相国鲍信与桥瑁、曹操全都屯驻酸枣县（今河南延津北）,袁术屯驻鲁阳（今河南鲁山）,各路人马均有数万之众。英雄豪杰们大多归心袁绍,唯独鲍信对曹操说:"你的谋略举世无双,大概是上天所启发开导的吧!"

【纲】董卓杀死弘农王刘辩。

【纲】董卓奏报罢免太尉黄琬、司徒杨彪,任命王允为司徒。诛杀城门校尉伍琼、尚书周珌。　【目】董卓鉴于崤山以东地区兵势强盛,打算迁都以躲避锋芒,杨彪说:"关中地区残破不堪,定都洛阳历时已久,如今无缘无故抛弃皇家宗庙,丢掉陵墓园林,恐怕会引起百姓惊慌震动,必定发生动乱,像滚沸的稀粥烂作一团。天下之事,发动起来极为容易,而平定下来却非常困难,请您三思!"董卓不快地说:"你想要阻止国策的执行吗?"黄琬说:"这是国家大事,杨公的话,可以考

收斩之。彪、琬惶恐谢罪。

【纲】三月，卓迁都长安，烧洛阳宫庙，发诸帝陵，车驾西迁。【目】董卓徙民数百万口于长安，自留屯毕圭苑中，悉烧宫庙、官府、居家，又使吕布发诸帝陵及公卿冢墓，收其珍宝。三月，帝至长安，董卓未至，朝政大小皆委之王允。允外相弥缝，内谋王室，甚有大臣之度，自天子及朝中皆倚允；允屈意承卓，卓亦雅信焉。

【纲】长沙太守孙坚举兵讨卓。将军袁术据南阳，表坚领豫州刺史。【目】孙坚起兵杀荆州刺史王睿，前至南阳，已数万人。杀太守张咨，至鲁阳，与袁术合兵。术由是得据南阳，表坚行破虏将军，领豫州刺史。

【纲】以刘表为荆州刺史。
【纲】曹操与卓兵战于荥阳，不克，还屯河内。

【纲】袁绍以臧洪领青州。
【纲】夏四月，以刘虞为太傅。【目】幽州牧刘虞，务存宽政，劝督农桑，民悦年登，谷石三十，青、徐士庶避难归虞者百余万口，虞皆收视温恤，为安立生业，流民皆忘其迁徙焉。至是拜太傅，而道路壅塞，命不得通。

【纲】司空荀爽卒。
【纲】卓坏五铢钱，更铸小钱。
【纲】以公孙度为辽东太守。
【纲】辛未，二年，春正月，关东诸将奉大司马刘虞为帝，虞不

虑!"董卓不做回答。董卓以天变灾异为由奏报罢免黄琬、杨彪等,任命王允为司徒。伍琼、周珌极力劝阻迁都之事,董卓大怒,逮捕诛杀二人。杨彪、黄琬惶恐不安,前去道歉。

【纲】三月,董卓将首都迁往长安(今陕西西安西北),焚烧洛阳宫殿庙宇,挖掘历代皇帝陵墓,献帝刘协西迁移。 【目】董卓将数百万百姓迁往长安,自己留守洛阳毕圭苑中,将宫殿庙宇、官府、民宅全部烧毁,又派吕布挖掘历代皇帝的陵墓及公卿们的坟冢,收取其中珍宝。三月,献帝到达长安,董卓还没到达,朝中政事无论大小一律交由王允主持。王允外辅朝政,内护王室,非常有大臣风度,从皇帝到朝中官员都倚靠王允;王允屈意奉承董卓,董卓也对王允深信不疑。

【纲】长沙郡(治临湘县,今湖南长沙南)太守孙坚起兵讨伐董卓。将军袁术占据南阳郡,上表保奏孙坚兼豫州(治谯县,今安徽亳县)刺史。 【目】孙坚起兵,杀死荆州(治汉寿县,今湖南常德东北)刺史王睿;前进到南阳郡,已有数万人马,杀死南阳郡太守张咨;到达鲁阳,与袁术所率部队会合。袁术因此得以占据南阳郡,上表保奏孙坚代理破虏将军,兼豫州刺史。

【纲】任命刘表为荆州刺史。

【纲】曹操与董卓的军队在荥阳(今河南荥阳西南)交战,不胜,退驻河内郡。

【纲】袁绍任命臧洪兼青州(治临菑县,今山东益都西北)刺史。

【纲】夏四月,任命刘虞为太傅。 【目】幽州(治蓟县,今北京西南)牧刘虞致力于宽厚政治,鼓励督导百姓从事耕田种桑,境内人民快乐,粮食丰收,一石谷价仅三十钱。青州、徐州(治郯县,今山东郯城西南)士民为避难而归附刘虞的达一百余万人,刘虞全都收留,探视安抚,使其安家立业,流亡百姓都忘记了是迁居于此。这时被任命为太傅,但是由于道路堵塞,任命书无法送到。

【纲】司空荀爽去世。

【纲】董卓废除五铢钱,改铸小钱。

【纲】任命公孙度为辽东郡(治襄平县,今辽宁辽阳北)太守。

【纲】初平二年(辛未,191),春正月,函谷关以东地区的各路将

受。【目】关东诸将议：以朝廷幼冲，逼于董卓，远隔关塞，不知存否。幽州牧刘虞，宗室贤俊，欲共立为主。韩馥、袁绍遣张岐等赍议上虞尊号。虞厉色叱之曰："今天下崩乱，主上蒙尘，吾被重恩，未能清雪国耻；诸君各据州郡，宜共戮力王室，而反造逆谋以相垢污邪！"欲奔匈奴以自绝，绍等乃止。

【纲】二月，卓自为太师。

【纲】孙坚进兵击卓，卓败，西走。坚入洛阳，修塞诸陵而还。【目】孙坚进屯阳人，卓遣步骑迎战，坚击破之，复进军大谷，距洛九十里。卓自出与战，败走，却屯渑池。坚进至洛阳，扫除宗庙，祠以太牢，得传国玺于城南甄宫井中；分兵邀卓，卓自引兵还长安。坚修塞诸陵，引军还鲁阳。

【纲】夏四月，卓至长安。

【纲】六月，地震。

【纲】袁绍逐冀州牧韩馥，自领州事。

【纲】袁绍表曹操为东郡太守。

【纲】冬十月，公孙瓒攻袁绍。以刘备为平原相。 【目】是时关东州、郡务相兼并，以自强大，袁绍、袁术亦自相离二。术遣孙坚击董卓未返，绍遣周昂袭夺坚阳城。坚叹曰："同举义兵，将救社稷，逆贼垂破而各若此，吾当谁与戮力乎！"引兵击昂，走之。袁术遣公孙越助坚攻昂，越为流矢所中死。公孙瓒怒曰："余弟死，祸起于绍。"遂出军屯磐河，数绍罪恶，进兵攻之。冀州诸城多畔从瓒。

领拥奉大司马刘虞做皇帝,刘虞没有接受。 【目】函谷关以东地区的各路将领商议:由于献帝刘协年幼,又被董卓控制,而且远隔关塞,不知是否存活于世,幽州牧刘虞是皇族中的英贤,打算共同拥立他为皇帝。韩馥、袁绍派张岐等带着决议向刘虞奉上皇帝尊号。刘虞声色俱厉地斥责张岐等说:"如今国家分崩离析,皇上落难出奔,我身受大恩,不能雪清国耻;你们各自占据州郡,应该齐心协力效忠王室,却反而发动叛逆来玷污我!"他准备逃奔匈奴以自绝后路,被袁绍等劝阻才停止。

【纲】二月,董卓自任做太师。

【纲】孙坚进军攻打董卓,董卓战败,向西逃跑。孙坚进入洛阳,修整历代皇帝的陵墓后返回。 【目】孙坚进驻阳人聚(今河南临汝西),董卓派步骑兵迎战,孙坚打败董卓军队,又进军大谷(今河南洛阳东南),距离洛阳九十里。董卓亲自出城与孙坚交战,战败逃跑,退驻渑池(今河南渑池)。孙坚进入洛阳,清扫皇家宗庙,用太牢祭祠,在城南甄宫的水井中找到丢失的传国御玺,分派军队追迫董卓,董卓自己领兵返回长安。孙坚修整历代皇帝陵墓后率军返回鲁阳。

【纲】夏四月,董卓到达长安。

【纲】六月,发生地震。

【纲】袁绍驱逐冀州牧韩馥,自己兼管冀州事务。

【纲】袁绍上表保奏曹操为东郡(治东武阳县,今山东范县西北)太守。

【纲】冬十月,公孙瓒攻打袁绍。任命刘备为平原国相国。【目】此时,函谷关以东地区各州郡相互兼并,以壮大自己力量,袁绍、袁术相互间也离心离德。术派孙坚攻打董卓还未返回时,袁绍派周昂袭击占领孙坚根据地颍川郡阳城(今河南登封东南告城镇)。孙坚叹息说:"大家基于大义同时起兵,是为了拯救国家,眼看叛贼就要破灭,而各自却如此相待,我应当与谁同心协力呢?"孙坚领兵赶跑了周昂。袁术派公孙越帮助孙坚攻打周昂,公孙越被流箭射中而死。公孙瓒愤怒地说:"我弟弟之死,祸因起于袁绍。"于是率军驻扎磐河(在今山东临邑北境),历数袁绍罪恶,进军攻打袁绍。冀州各城大多背叛袁绍而跟随公孙瓒。

初，涿郡刘备，中山靖王之后也，少孤贫，与母以贩履为业，有大志，少言语，喜怒不形于色。尝与瓒同师卢植，因往依瓒。至是，瓒使与其将田楷徇青州，有功，因以为平原相。备少与河东关羽、涿郡张飞友善；以羽、飞为别部司马，分统部曲。备与二人寝则同床，恩若兄弟，而稠人广坐，侍立终日，随备周旋，不避艰险。常山赵云为郡将兵诣瓒，刘备见而奇之，深加接纳，云遂从备至平原，为备主骑兵。

【纲】袁术使孙坚击刘表，表军射杀之。

【纲】管宁、邴原、王烈适辽东。　【目】公孙度威行海外，中国人士避乱者多归之，北海管宁、邴原、王烈皆往依焉。宁少时与华歆为友，尝共锄菜，见地有金，宁挥锄不顾，歆捉而掷之，人以是知其优劣。邴原游学，八九年而归，师友以原不饮酒，会米肉送之。原曰："本能饮酒，但以荒思废业，故断之耳。今当远别，可一饮。"于是共饮，终日不醉。宁、原俱以操尚称，度虚馆以候之。宁既见度，乃庐于山谷，避难者渐来从之，旬月而成邑。宁每见度，语唯经典，不及世事。原性刚直，清议以格物。宁谓原曰："潜龙以不见成德，言非其时，皆招祸之道也。"密遣原逃归，度亦不复追也。烈器业过人，善教诱，有盗牛者，主得之，盗请罪曰："刑戮是甘，乞不使王彦方知也！"烈闻，使人谢之，遗布一端。或问其故，烈曰："盗惧吾闻其过，是有耻恶之心，既知耻恶，则善心将生，故与布以劝为善也。"后有老父遗剑于路，行道一人见而守之。至暮，老父还，寻得剑，怪之，以事告烈，烈使推求，乃先盗牛者也。诸有争讼曲直将质之于烈，或至涂而反，或望庐而还，皆相推以直，不敢使烈闻。度欲以为长史，烈辞之，为商贾以自秽，乃免。

当初，涿郡（治涿县，今河北涿州东北）人刘备是汉景帝第八子中山靖王刘胜的后裔，自幼丧父，家境贫寒，与母亲以贩卖草鞋为业，胸怀大志，寡言少语，喜怒不形于色。曾经与公孙瓒同拜卢植为师，于是前去投奔公孙瓒。到此时，公孙瓒派他与部将田楷夺取青州，因建有功劳，被任命为平原国相国。刘备自幼与河东郡人关羽、涿郡人张飞友情很深；于是任命关羽、张飞为别部司马，分别统领部众。刘备与二人睡则同床，恩如兄弟，而在大庭广众之下，关羽、张飞二人则终日侍立刘备身边，跟随刘备来往周旋，不避艰险。常山郡（都元氏县，今河北元氏西北）人赵云率本郡军队投奔公孙瓒，刘备见到后认为他是奇才，用心结交，礼遇很重。赵云便跟随刘备来到平原国，为刘备指挥骑兵。

【纲】袁术派孙坚攻打刘表，刘表的军队射死了孙坚。

【纲】管宁、邴原、王烈到达辽东郡。【目】辽东郡太守公孙度威震海外，逃避战乱的中原人士纷纷归附他，北海国人管宁、邴原、王烈都前往投奔。管宁年轻时与华歆是朋友，曾经一同锄菜，看见地上有一块金子，管宁视而不见，挥锄而过，华歆却拾起来再扔掉，人们因此而知道了二人的优劣。邴原外出游学，八九年后才返家，老师朋友以为邴原不饮酒，就用米饭、肉类为他送行。邴原说："我原本可以饮酒，只是担心荒废学业，所以戒掉了。现在要出门远行，临别之际，可以喝一杯。"于是与众人共饮，终日不醉。管宁、邴原都以操守高洁著称于世，公孙度空出宾馆以等候二人。管宁见到公孙度后，就在山谷中建造房舍，避难的人渐渐赶来追随他，一月之间便成为村落。管宁每次进见公孙度，只谈论儒学经典，不涉及世间事物。邴原性情刚直，用公正的议论来品评人物。管宁对邴原说："潜伏的龙由于不轻易现身而显示其品德，不合时宜地发表议论，都是招惹灾祸之道。"秘密让邴原逃走，公孙度也不再追赶。王烈器识超人，善于教导感化。有个偷牛的人，被牛的主人抓获，偷牛人请求说："我甘愿接受处罚或诛杀，请千万不要让王烈知道此事！"王烈听说后，派人感谢他，并送他六丈布。有人询问原因，王烈说："这个盗贼害怕我听说其罪过，这是具有耻辱心的表现，既然知道耻辱，那么善心就将要产生，所以送给布匹以鼓励他从善。"后来有位老人在路上丢失一把剑，一个行路人看见后便守护一

【纲】壬申，三年，春正月，卓遣校尉李傕、郭汜、张济击朱儁于中牟，破之，遂掠颍川。　【目】初，荀淑有孙曰彧，少有才名，何颙见而异之，曰："王佐才也！"及天下乱，彧谓父老曰："颍川，四战之地，宜亟避之。"乡人多怀土不能去，彧独率宗族去依韩馥。会袁绍已夺馥位，待以上宾之礼。彧度绍终不能定大业，闻曹操有雄略，乃去从操。操与语，大悦，曰："吾子房也！"以为奋武司马。至傕、汜既破中牟，遂掠颍川，其乡人留者多为所杀。

【纲】夏四月，王允使中郎将吕布诛董卓。诏允录尚书事，以布为奋威将军，共秉朝政。　【目】董卓忍于诛杀，诸将言语有蹉跌，便戮于前，人不聊生。司徒王允与司隶校尉黄琬、仆射士孙瑞密谋诛卓。中郎将吕布，便弓马，膂力过人，卓爱信之，誓为父子。尝小失卓意，卓拔手戟掷布，布拳捷避之，卓意亦解。允素善待布，布见允，言状，允因以诛卓之谋告之，使为内应。布曰："如父子何？"曰："君自姓吕，本非骨肉。掷戟之时，岂有父子情邪！"布遂许之。四月，帝有疾新愈，大会未央殿。卓朝服乘车而入，王允使士孙瑞自书诏以授布，布令勇士十余人伪著卫士服，守北掖门。卓入，以戟刺之；卓伤臂，堕车，顾大呼曰："吕布何在！"布曰："有诏讨贼臣！"应声持矛刺卓，趣兵斩之。即出怀中诏版以令吏士曰："诏讨卓耳，余皆不问。"吏士皆称万岁，百姓歌舞于道。暴卓尸于市。卓素充肥，守吏为大炷，置脐中然之，光明达曙，如是积日。以王允录尚书

旁。到了傍晚，老人返回寻找得到了那把剑，觉得奇怪，把此事告诉了王烈；王烈派人调查，竟然是先前那个偷牛人。百姓中发生争执诉讼，将去王烈那里评判时，有的一上路就返回了，有的望见王烈的房舍就不去了，都相互谦让和解，不敢使王烈听说此事。公孙度想任命他为长史，王烈推辞，去做商人以自污，于是得以脱身。

【纲】初平三年（壬申，192），春正月，董卓派校尉李傕、郭汜、张济在中牟（今河南中牟东）攻打朱儁，将其打败，于是便劫掠颍川。【目】最初，淑有个孙子叫荀彧，自幼负有才华名望，何颙看见后大为惊异，说"是辅佐君王的人才！"等到天下大乱，有人对父老长辈说："颍川郡是四方交战之地，应该尽快躲避。"乡人大多留恋故土，不忍离开，荀彧独自率领本族人前去投靠韩馥。正赶上袁绍已经夺取韩馥官位，将荀彧待作上宾。荀彧认为袁绍终究不能成就大业，听说曹操负有雄才大略就去追随曹操。曹操与他交谈后极为高兴，说："你就是我的张良！"任命他为奋武司马。到李傕、郭汜攻破中牟，劫掠颍川郡时，那些留在当地的乡人大多遭到屠杀。

【纲】夏四月，王允派中郎将吕布诛杀董卓。献帝下诏命王允主管尚书事务，任命吕布为奋威将军，二人共同主持朝政。【目】董卓残忍嗜杀，将领们言语稍有闪失，便立即被杀于眼前，人人朝不保夕。司徒王允与司隶校尉黄琬、仆射士孙瑞密谋诛杀董卓。中郎将吕布精熟骑马射箭，膂力过人，董卓爱护信任他，起誓要以父子相待。吕布曾在一件小事上不合董卓心意，董卓拔出手戟就投向吕布，吕布身手敏捷地避开了，董卓的怒气也消失了。王允平时一向善待吕布，吕布见到王允后，就把事情经过讲述一番；王允趁机将诛杀董卓的谋划告诉吕布，让他做内应。吕布说："我们的父子关系怎么办？"王允说："你自己姓吕，本来就不是骨肉至亲。董卓投戟的时候，哪有父子之情呢！"吕布便答应下来。四月，献帝有病初愈，在未央殿大会文武百官，董卓身穿朝服，乘车而入，王允派士孙瑞亲自书写诏书交给吕布，吕布命十余名勇士伪装宫廷卫士，穿上卫士服装，守候在北掖门。董卓入宫时，勇士用戟刺他；董卓手臂受伤，从车上坠落下来，回头大喊："吕布在哪里？"吕布说："有皇帝诏书讨伐贼臣！"应声手持长矛直刺董卓，并催促士兵砍下其人头，然后立即掏出写在木简

事,吕布为奋威将军,封温侯,共秉朝政。

卓之死也,蔡邕在王允坐,闻之惊叹。允勃然,叱之曰:"董卓,国之大贼,几亡汉室,君为王臣,所宜同疾,而怀其私遇,反相伤痛,岂不共为逆哉!"即收付廷尉。邕谢曰:"身虽不忠,愿黥首刖足,继成汉史。"太尉马日䃅谓允曰:"伯喈旷世逸才,多识汉事,当续成后史,为一代大典。"允曰:"昔武帝不杀司马迁,使作谤书流于后世。方今国祚中衰,戎马在郊,不可令佞臣执笔在幼主左右,既无益圣德,复使吾党蒙其讪议。"日䃅退而告人曰:"王公其无后乎!善人,国之纪也;制作,国之典也;灭纪废典,其能久乎!"邕遂死狱中。

【纲】黄巾寇兖州,杀刺史刘岱。曹操入据之,自称刺史。
【目】青州黄巾寇兖州,刘岱与战,为贼所杀。曹操部将陈宫谓操曰:"州今无主,而王命断绝,宫请说州中纲纪,明府寻往牧之,资之以收天下,此霸王之业也。"宫因往说别驾、治中,迎操领兖州刺史。操击黄巾,悉降之,得卒三十余万,收其精锐,号青州兵。诏以金尚为兖州刺史,将之部,操逆击之,尚奔袁术。

【纲】李傕、郭汜等举兵犯阙,杀司徒王允;吕布走,出关。
【目】李傕、郭汜等还至陕,遣使诣长安求赦,不得。傕等乃相与结盟,率军数千,晨夜西行,随道收兵,比至长安,已十余万,与卓故部

上的诏书命令官兵说："诏书只说讨伐董卓,其余的人一概不问罪。"官兵全都欢呼万岁,百姓在道路上载歌载舞。将董卓暴尸街市。董卓素来身体肥胖,看守尸体的官员做了个巨大灯芯,插在董卓的肚脐中点燃,火光从晚上直到天明,一连几天,都是如此。献帝任命王允主管尚书事务,吕布为奋威将军,封为温侯,二人共同主持朝政。

董卓被杀时,蔡邕正在王允家做客,听说后惊叹不已。王允勃然大怒,喝叱他说:"董卓是国家的大叛贼,几乎灭亡了汉王朝。你作为君王的大臣,正应同仇敌忾,然而却怀念他对你的私人恩遇,反而为他悲伤,岂不是共同叛逆吗?"立即将蔡邕逮捕,交付廷尉。蔡邕认罪道歉说:"我虽然身为不忠之臣,但是希望将我脸上刺字,双脚砍下,让我继续写完汉王朝的历史。"太尉马日磾对王允说:"蔡邕是举世罕有的奇才,最熟悉汉王朝掌故,应当让他继续完成后边的史书,成就一代大典。"王允说:"从前汉武帝不杀司马迁,使他写出诽谤之书流传后世。如今国运中衰,兵马驻扎郊外,不能让奸臣在幼主身旁执笔,既无益于皇帝的圣德,又使我们蒙受他的讪笑议论。"马日磾退出后告诉别人说:"王允难道将要灭绝后代吗?善良的人,是国家的法度准则;史书著作,是国家的经典。削毁法度准则,废除国家经典,难道能长久吗?"蔡邕便死在狱中。

【纲】黄巾军攻打兖州(治鄄城县,今山东范县西南),杀死刺史刘岱。曹操进入并占据兖州,自称刺史。【目】青州的黄巾军攻打兖州,刘岱与其交战,被黄巾军杀死。曹操部将陈宫对曹操说:"兖州如今无人做主,而皇帝的诏令断绝,我请求去劝说州中主要官员,您立刻前往出任刺史,以此作为资本夺取天下,这是霸王的事业。"陈宫便前去劝说别驾、治中等主要官员,迎接曹操担任兖州刺史。曹操攻击黄巾军,将其全部降服,得到士兵三十余万,挑选其中精锐,号称青州兵。诏令任命金尚为兖州刺史,将要到任,曹操迎头攻击,金尚投奔袁术。

【纲】李傕、郭汜等领兵攻打长安,杀死司徒王允;吕布逃出武关(今陕西商洛南)。【目】李傕、郭汜等返回到陕(今河南陕县),派使者到长安请求赦免,遭到拒绝。李傕等便相互结盟,率领军队数千人日夜西行,沿途收集士兵,等到抵达长安,已有十余万人,与董卓旧部樊

曲樊稠、李蒙等合围长安城。吕布军有叟兵内反，引傕众入城，吕布与战不胜。傕、汜屯南宫掖门。王允扶帝上宣平门避兵，傕等于城门下伏地叩头，曰："董卓忠于陛下，而无故为吕布所杀，臣等为卓报仇，非敢为逆也。"共表请王允出，问："太师何罪？"允穷蹙，乃下见之。傕等收司隶黄琬并允，杀之。

吕布自武关奔南阳，袁术待之甚厚。布恣兵抄掠，术患之。布不自安，去从张杨于河内。傕等购求布急，又逃归袁绍，既而复归张杨。始允自专讨卓之劳，士孙瑞归功不侯，故得免于难。

【纲】秋九月，李傕、郭汜、樊稠、张济自为将军。
【纲】冬十月，以刘表为荆州牧。
【纲】癸酉，四年，春正月朔，日食。
【纲】袁术进兵封丘，曹操击破之。术走寿春，自领扬州事。

【纲】袁绍以其子谭为青州刺史。
【纲】三月，以陶谦为徐州牧。
【纲】夏六月，大雨雹。
【纲】华山崩裂。
【纲】秋，曹操击徐州，陶谦走保郯。
【纲】冬十月，大司马刘虞讨公孙瓒，不克，见杀。
【纲】甲戌，兴平元年，春二月，刘备救陶谦，谦表备为豫州刺史。
【纲】夏四月，曹操复攻陶谦，还击刘备，破之。陈留太守张邈，迎吕布以拒操，操还攻之。
【纲】六月，京师地再震。是月晦，日食。秋七月，自四月不雨至于是月。
【纲】九月，曹操攻吕布，不克，还走鄄城。

稠、李蒙等联合包围长安城。吕布军队中发生蜀兵叛变，引李傕部队入城，吕布与其交战，没有取胜。李傕、郭汜屯驻在南宫侧门。王允扶持献帝上宣平门躲避乱兵，李傕等在城门下趴到地上叩头，说："董卓忠于陛下，却无缘无故被吕布所杀，我们是为董卓报仇，不敢作叛逆之事。"共同上表要求王允出面，责问太师董卓有什么罪。王允陷于穷途末路，便下去与李傕等见面。李傕等逮捕黄琬和王允，将其诛杀。

吕布从武关逃奔南阳郡，袁术对待他非常优厚。吕布放纵士兵四处劫掠，袁术厌恨他。吕布心不自安，便离开袁术投奔河内郡的张杨；李傕等捉拿吕布急迫，吕布又逃奔到袁绍那里，不久又归附张杨。起初，王允独占讨伐董卓的功劳，士孙瑞的功劳也归给王允，所以没有被封侯，最终免遭灾难。

【纲】秋九月，李傕、郭汜、樊稠、张济自封为将军。

【纲】冬十月，任命刘表为荆州牧。

【纲】初平四年（癸酉，193），春季，正月初一，出现日食。

【纲】袁术进军封丘（今河南封丘），曹操将其打败。袁术逃到寿春（今安徽寿县），自己兼管扬州事务。

【纲】袁绍任命自己的儿子袁谭为青州刺史。

【纲】三月，任命陶谦为徐州牧。

【纲】夏六月，天降大雨、冰雹。

【纲】华山发生山崩。

【纲】秋季，曹操攻打徐州，陶谦逃到郯县固守。

【纲】冬十月，大司马刘虞讨伐公孙瓒，兵败被杀。

【纲】献帝兴平元年（甲戌，194），春二月，刘备救援陶谦，陶谦上表保举刘备为豫州刺史。

【纲】夏四月，曹操再次攻打陶谦，还兵又打败了刘备。陈留郡太守张邈迎接吕布以共同抗拒曹操，曹操回攻张邈。

【纲】六月，京城长安连续二次发生地震。六月三十日，出现日食。秋七月，从四月至今一直没有降雨。

【纲】九月，曹操攻打吕布，不胜，退回鄄城。

【纲】刘焉卒,以其子璋为益州牧。

【纲】陶谦卒,刘备兼领徐州。 【目】谦疾笃,谓别驾糜竺曰:"非刘备不能安此州。"谦卒,竺率州人迎备。备未敢当,曰:"公路四世五公,海内所归,今近在寿春,君可以州与之。"北海相孔融谓备曰:"袁公路岂忧国忘家者邪!冢中枯骨,何足介意!今日之事,百姓与能;天与不取,悔不可追。"备遂领徐州。

【纲】袁术表孙策为怀义校尉。 【目】初,孙坚娶钱塘吴氏,生四男,策、权、翊、匡及一女。坚从军于外,留家寿春。策年十余岁,已交结知名。舒人周瑜与策同年,亦英达夙成,自舒来造,推结分好,劝策徙居舒。及坚死,策年十七,还葬曲阿;已而渡江,居江都,结纳豪俊,有复仇之志。策往见袁术,术甚奇之,术以坚余兵千余人还策,拜怀义校尉。

【纲】以刘繇为扬州刺史。

【纲】乙亥,二年,春正月,曹操败吕布于定陶。

【纲】即拜袁绍为右将军。

【纲】二月,李傕杀樊稠。攻郭汜,劫帝入其营。

【纲】夏四月,立贵人伏氏为皇后。

【纲】曹操攻拔定陶,吕布走归刘备,留广陵太守张超守雍丘。 【目】吕布将薛兰、李封屯钜野,曹操攻之,斩兰等。操以陶谦已死,欲遂取徐州,还乃定布。荀彧曰:"昔高祖保关中,光武据河内,皆深根固本以制天下,进足以胜敌,退足以坚守,故虽有困败而终济大业。将军本以兖州首事,且河、济天下之要地,是亦将军之关中、河内也,不可以不先定。"操乃止。布复与陈宫将万余人来战,

【纲】刘焉去世,任命其儿子刘璋为益州牧。

【纲】陶谦去世,刘备兼管徐州事务。 【目】陶谦病重,对别驾麋竺说:"不是刘备就不能安定这个州。"陶谦去世,麋竺率领本州人士迎接刘备。刘备不敢担当此任,说:"袁术家族四代出了五位公爵,众望所归,如今近在寿春,你可以把徐州交给他。"北海国相国孔融对刘备说:"袁术岂是忧国忘家之人呢!他只不过是坟中枯骨,怎值得介意!今天的事情,是百姓看中贤能的人而把本州交给他;上天赐予却不取,再后悔已来不及。"于是刘备便接管徐州。

【纲】袁术上表保奏孙策为怀义校尉。 【目】当初,孙坚娶钱塘(今浙江杭州)人吴氏,生下孙策、孙权、孙翊、孙匡四个儿子和一个女儿。孙坚在外征战,把家属留在寿春。孙策年仅十余岁,已开始结交知名人士。舒县(今安徽庐江西)人周瑜与孙策同岁,也是英武豁达,少年早成,从舒县来拜访孙策,二人推心置腹,志趣相投,并劝孙策迁居舒县。等到孙坚去世时,孙策十七岁,将孙坚灵柩送回曲阿(今江苏丹阳)安葬;不久孙策渡过长江,定居江都(今江苏扬州西南),结交英雄豪杰,立志为父复仇。孙策前去晋见袁术,袁术对他感到非常惊奇,袁术把孙坚余部一千多人还给孙策,任命孙策为怀义校尉。

【纲】任命刘繇为扬州刺史。

【纲】兴平二年(乙亥,195),春正月,曹操在定陶(今山东菏泽南)打败吕布。

【纲】立即任命袁绍为右将军。

【纲】二月,李傕杀死樊稠,攻打郭汜,将献帝劫持到自己军营。

【纲】夏四月,封贵人伏氏为皇后。

【纲】曹操攻克定陶,吕布逃走归附刘备,留下广陵郡太守张超据守雍丘(今河南杞县)。 【目】吕布部将薛兰、李封屯驻钜野(今山东巨野南),曹操向其进攻,斩杀薛兰等。曹操觉得陶谦已经去世,便打算夺取徐州,返回后再平定吕布。荀彧说:"从前,汉高祖确保关中,光武帝占据河内,都是稳固根据地以控制天下,进足以胜敌,退足以坚守,所以虽然出现过困难失败,但是最终成就了大业。将军本是在兖州首先起兵,而且黄河、济水之间又是天下要地,这也就是将军的关中、河

操兵大破之，攻拔定陶。布东奔刘备，张邈从之，留弟超守雍丘。布见备，甚尊敬之；备见布语言无常，外然之而内不悦。

【纲】六月，将军张济迎帝东归。秋七月，发长安，以济为骠骑将军，开府。

【纲】八月，曹操围雍丘，张邈为其下所杀。冬十月，以曹操为兖州牧。

【纲】十二月，帝至弘农，张济与傕、汜合，追帝至陕，帝渡河，入李乐营。

【纲】孙策击刘繇于曲阿，破走之。　【目】孙坚旧将丹阳朱治，见袁术政德不立，劝孙策归取江东。策说术曰："家有旧恩在江东，愿助舅讨横江；横江拔，因投本土召募，可得三万兵，以佐明使君定天下。"术知其恨，而以刘繇据曲阿，王朗在会稽，谓策未必能定，乃许之。

策进攻横江，拔之，渡江转斗，所向皆破，莫敢当其锋者。百姓闻孙郎至，皆失魂魄。及策至，军士奉令，不敢虏略，鸡、犬、菜、茹，一无所犯，民乃大悦。策为人，美姿颜，能笑语，性阔达听受，善用人，是以士民见者莫不尽心，乐为致死。策攻刘繇于曲阿，繇兵败走。策入曲阿，劳赐将士，发恩布令，告谕诸县，威震江东。策以张纮为正义校尉，彭城张昭为长史，常令一人居守，一人从征讨。待昭以师友之礼，文武之事，一以委之。每得北方士大夫书，专归美于昭，策欢笑曰："昔管子相齐，一则仲父，二则仲父，而桓公为霸者宗。今子布贤，我能用之，其功名独不在我乎！"

内,不能够不先平定。"曹操便停止行动。吕布又与陈宫率一万余人前来挑战,曹操军队大败敌军,攻克定陶。吕布向东投奔刘备,张邈跟随吕布同往,留下弟弟张超据守雍丘。吕布见到刘备,对他非常尊敬;刘备见吕布言语失常,就表面上赞同他,而内心却很不高兴。

【纲】六月,将军张济迎接献帝返回东方。秋七月,献帝由长安出发,任命张济为骠骑将军,开府仪同三司。

【纲】八月,曹操围攻雍丘,张邈被部下杀死。冬十月,任命曹操为兖州牧。

【纲】十二月,献帝到达弘农郡。张济与李傕、郭汜会合,追赶献帝到达陕县,献帝渡过黄河,进入李乐营地。

【纲】孙策在曲阿攻打刘繇,刘繇大败而逃。【目】孙坚旧将、丹阳郡(治宛陵县,今安徽宣城)人朱治见袁术无德无能,劝孙策返回家乡,夺取江东。孙策劝说袁术说:"我家在江东对百姓还有旧恩,我希望能帮助舅舅吴景讨伐横江浦(在今安徽和县东南,与马鞍山采石矶相对);攻克横江浦后,就返回故乡召募壮士,可以得到三万士兵,以辅佐您平定天下。"袁术知道孙策心怀不满,但是认为刘繇占据曲阿,王朗在会稽郡(治山阴县,今浙江绍兴),觉得孙策未必能平定他们,于是就答应了孙策的请求。

孙策进攻横江浦,将其攻克;渡过长江,辗转战斗,所向披靡,无人敢阻挡其锋芒。百姓听说孙郎军队将到,全都失魂落魄;等到孙策到达,士兵接受命令,严禁对百姓劫掠,鸡犬青菜,毫不侵犯,于是百姓异常欢悦。孙策为人英俊美貌,富于幽默感,性情豁达,乐于接受意见,善于任用人才,所以看见他的士人百姓无不为他尽心尽力,死而无憾。孙策在曲阿攻打刘繇,刘繇军队战败逃跑。孙策进入曲阿,慰劳奖赏将士,发布宽大命令,通告各县,威震江东。孙策任命张纮为正义校尉,彭城县(今江苏徐州)人张昭为长史,常常是命一人留守,一人随从自己出征讨伐。以老师朋友的礼遇对待张昭,无论文武之事,全部交给他处理。北方的士大夫每次给张昭写信,极尽赞美之辞,孙策非常高兴,笑着说:"从前管仲做齐国宰相,齐桓公一会儿说'去问仲父',一会儿

【纲】雍丘溃，张超自杀。袁绍围东郡，执太守臧洪，杀之。
【目】张超在雍丘，曹操围之急，超曰："惟臧洪当来救吾。"众曰："袁、曹方睦，洪为袁所表用，必不败好以招祸。"超曰："子源，天下义士，终不背本；但恐见制强力，不相及耳。"洪时为东郡太守，徒跣号泣，从绍请兵，将赴其难。绍不许，雍丘遂溃，超自杀。

洪由是怨绍，绝不与通。绍兴兵围之，历年不下。令陈琳以书喻之，洪复书曰："仆蒙主人倾盖，遂窃大州，自谓究竟大事，共尊王室。岂期本州被侵，郡将遘厄，请师见拒，辞行被拘，使洪故君遂至沦没。区区微节，无所获申，斯所以忍悲挥戈，收泪告绝者也。行矣孔璋，足下徼利于境外，臧洪投命于君亲；子谓余身死而名灭，仆亦笑子生而无闻焉！"绍遂增兵急攻。城陷，生执洪。谓曰："今日服未？"洪据地瞋目曰："诸袁事汉，四世五公，可谓受恩。今王室衰弱，无扶翼之意，欲因际会，希冀非望，多杀忠良以立奸威。惜洪力劣，不能推刃为天下报仇，何谓服乎！"绍杀之。洪邑人陈容，少亲慕洪，时在绍坐，起谓绍曰："将军举大事，欲为天下除暴，而先诛忠义，岂合天意！"绍惭，使人牵出，谓曰："汝非臧洪俦，空复尔为！"容顾曰："仁义岂有常，蹈之则君子，背之则小人。今日宁与臧洪同日而死，不与将军同日而生也！"遂复见杀，在坐无不叹息，窃相谓曰："如何一日杀二烈士！"

【纲】刘虞故吏鲜于辅，迎虞子和，攻公孙瓒，破之。
【纲】丙子，建安元年，夏六月，刘备与袁术战于盱眙，吕布袭

又说'去问仲父',而齐桓公最终成为五霸之首。如今张昭贤能,而我能够任用他,其功名难道不归于我吗?"

【纲】雍丘溃败,张超自杀。袁绍围攻东郡,抓住太守臧洪,将其处死。 【目】张超在雍丘,曹操攻击猛烈,张超说:"只有臧洪应当来救我。"众人说:"袁绍、曹操刚刚和好,臧洪是由袁绍上表保奏的,必定不会破坏曹、袁的和睦以招来大祸。"张超说:"臧洪是天下重义之士,终究不会背弃旧恩;只是担心被强大力量控制,无法及时赶到。"臧洪此时为东郡太守,赤脚哭号,向袁绍请求发兵,准备身赴其难。袁绍不准,于是雍丘溃败,张超自杀。

臧洪因此怨恨袁绍,与其断绝来往。袁绍发兵围攻臧洪,经过一年,仍没攻下。袁绍命陈琳写信向臧洪分析利害,臧洪回信说:"我蒙受主人袁绍尊重,于是在青州拥有一席之地,自以为肩负重任,共同效忠朝廷。哪料到本州被侵犯,郡将张超大难临头,请求派军救援却遭拒绝,自己出兵也不准许,使我的老朋友张超竟然遇难身亡。如此微小的节操,却无处获得伸张,这就是我强忍悲痛,挥戈奋起,擦干眼泪,宣告与袁绍决裂的原因。好自为之吧,陈琳!你在境外谋取利益,我则为君亲效命;你说我将身死名灭,我也笑你虽然活在世上,却是个无名之辈!"袁绍便增加兵力,猛烈攻击。城池终于陷落,臧洪被活捉。袁绍对他说:"现在服不服?"臧洪双手撑地,圆睁怒目说:"袁氏家族事奉汉家王朝,四代中出现五位做公的高官,可以说是身受重恩。如今王室衰弱,你毫无拯救之意,却趁此时机产生非分之想,妄杀忠良以建立淫威。可惜我势单力孤,不能拔刀为天下报仇,有什么可说服的呢!"袁绍杀死了他。臧洪的同乡陈容自幼敬慕臧洪,当时坐在袁绍身边,起身对袁绍说:"将军起兵,本是为天下除暴,却先杀忠良,岂合天意!"袁绍惭愧,派人将他拉出去,对他说:"你与臧洪不是同类人,这样做徒劳无益!"陈容回头说:"仁义岂有常规,实践它就是君子,背弃它就是小人。今天我宁可与臧洪同日而死,也不与将军同日而生!"于是也被杀害。在座的人无不叹息,私下互相说:"怎能一天杀死两位烈士!"

【纲】刘虞旧部鲜于辅迎接刘虞的儿子刘和,并攻破公孙瓒。

【纲】献帝建安元年(丙子,196),夏六月,刘备与袁术在盱眙(今

取下邳。备降于布,遂与并兵击术。

【纲】秋七月,帝还雒阳。 【目】杨奉、韩暹奉帝东还,张杨以粮迎道路。七月,至雒阳。时宫室烧尽,百官披荆棘,依墙壁间。

【纲】曹操入朝,自为司隶校尉,录尚书事。【目】曹操在许,谋迎天子。众以为"山东未定,韩暹、杨奉负功恣睢,未可卒制"。荀彧曰:"昔晋文公纳周襄王而诸侯景从,汉高祖为义帝缟素而天下归心。自天子蒙尘,将军首唱义兵,徒以山东扰乱,未遑远赴。今銮驾旋轸,东京榛芜,诚因此时,奉主上以从人望,大顺也;秉至公以服天下,大略也;扶弘义以致英俊,大德也。四方虽有逆节,其何能为!若不时定,使豪杰生心,后虽为虑,亦无及矣。"操乃遣曹洪将兵西迎天子,董承等拒之,洪不得进。

议郎董昭以杨奉兵马最强而少党援,作操书结奉。奉得书喜,语诸将,共表操为镇东将军。韩暹矜功专恣,董承患之,因潜召操;操乃将兵诣雒阳。既至,奏韩暹、张杨之罪。帝以暹、杨有功,诏勿问。以操领司隶校尉、录尚书事。操于是诛有罪,赏有功,矜死节,封董承等十三人为列侯。

【纲】曹操迁帝于许。自为大将军,封武平侯。 【目】操引董昭问计,昭曰:"此中诸将,人殊意异,今留匡弼,事势不便,惟有移驾幸许耳。然朝廷播越,新还旧京,跂望获安,今复徙驾,不厌众心。夫行非常之事,乃有非常之功,愿将军算其多者。"操曰:"此孤本志也。"乃奉车驾东迁,自为大将军,封武平侯。始立宗庙社稷于许。自是,政归曹氏,天子守位而已。

江苏盱眙东北)交战,吕布袭击夺取下邳(今江苏邳县东北)。刘备向吕布投降,与他联军攻打袁术。

【纲】秋七月,献帝返回洛阳。 【目】杨奉、韩暹保护献帝返回东方,张杨在路上用粮草迎接。七月,献帝到达洛阳。当时宫殿、民宅全部被烧毁,文武百官只得拔除荆棘杂草,依靠在残墙断壁间居住。

【纲】曹操进入京城,自任司隶校尉,主管尚书事务。 【目】曹操在许县(今河南许昌西南),策划迎接献帝。部属们认为:"崤山以东地区还没平定,韩暹、杨奉居功放纵,不可能立即制服。"荀彧说:"从前,晋文公迎接周襄王进入京城而诸侯们便如影相随,汉高祖为义帝发丧而天下归心。自从天子落难,将军首兴义军,只因崤山以东地区骚乱不断,没来得及远行。如今銮驾回京,东京洛阳一片荒芜,正应趁此时机,迎接皇帝以从众望,这是最顺应潮流的举动;秉公执法以使天下心悦诚服,这是最高的策略;弘扬大义以招揽英才,这是最大的德行。四方即使有叛逆,他们能有什么作为!如果不及时决定,使其他豪杰也产生此念,以后虽然煞费苦心,也来不及了。"于是曹操就派曹洪率军向西迎接天子;董承等设防阻止,曹洪不能前进。

议郎董昭认为杨奉兵马最强而缺少同党外援,便以曹操名义写信结交杨奉。杨奉收到信后非常高兴,告诉其他将领,共同上表保奏曹操为镇东将军。韩暹恃仗有功,专横霸道,董承对他很厌恶,便暗中召唤曹操进京;于是曹操就率军到达洛阳。到达后,弹劾韩暹、张杨的罪行。献帝鉴于韩暹、张杨护驾有功,下诏不再追究。任命曹操做司隶校尉,主管尚书事务。曹操于是诛杀有罪之人,奖赏有功之人,褒扬为国捐躯的烈士,封董承等十三人为列侯。

【纲】曹操将献帝迁到许。自任大将军,封武平侯。 【目】曹操请来董昭询问计策,董昭说:"这里的将领们,人人不同,想法各异,现在留在朝廷,不便于成就大事,只有将皇上迁移到许。然而皇上流落在外,刚刚返回旧京洛阳,对能获得安定翘首以待,如今再次迁都,不符众心。要成就不同寻常的事业,就要具有不同寻常的表现,希望将军选择最大利益。"曹操说:"这本来就是我的志向。"于是护送献帝向东迁移,自任大将军,封武平侯。开始在许建立皇家祭庙及天地神祇祭

【纲】孙策取会稽，太守王朗降。 【目】孙策引兵渡浙江。会稽功曹虞翻说太守王朗避之，朗不从。发兵拒策，策破之。朗遁走，策追击，大破之，朗乃降。策自领会稽太守，复命翻为功曹，待以交友之礼。策好游猎，翻谏曰："明府喜轻出微行，从官不暇严，吏卒常苦之。夫白龙鱼服，困于豫且；愿少留意！"策曰："君言是也。"然不能改。

【纲】冬十月，以袁绍为太尉，曹操自为司空。

【纲】曹操以荀彧为侍中、尚书令，荀攸为军师，郭嘉为祭酒。【目】操以荀彧为侍中，守尚书令。问以策谋之士，彧荐其从子攸及颍川郭嘉。操征攸，与语，大悦，曰："公达，非常人也。吾得与之计事，天下当何忧哉！"以为军师。初，郭嘉往见袁绍，以其好谋无决，去之。操召见，与论天下事，喜曰："使孤成大业者，必此人也！"嘉出，亦喜曰："真吾主也！"操表嘉为司空祭酒。

【纲】以孔融为将作大匠。

【纲】募民屯田许下，州郡并置田官。 【目】中平以来，民弃农业，诸军并起，率乏粮谷，饥则寇略，饱则弃余，瓦解流离，无敌自破者，不可胜数。袁绍军仰桑椹，袁术取给蒲蠃。枣祗请建置屯田，曹操从之，以祗为屯田都尉，任峻为典农中郎将。募民屯田许下，得谷百万斛。于是州郡例置田官，所在仓廪皆满。故操征伐四方，无运粮之劳。

【纲】吕布复攻刘备，备走归许。诏以为豫州牧，遣东屯沛。

坛。从此朝政归曹操主持，献帝只不过空守皇位而已。

【纲】孙策夺取会稽郡，太守王朗投降。 【目】孙策率军渡过浙江（今浙江杭州东南钱塘江）。会稽郡功曹虞翻劝说太守王朗躲避孙策，王朗不听从，发兵抵御孙策，孙策将其打败。王朗逃走，孙策追击，大败王朗，于是王朗投降。孙策自兼会稽郡太守，又任命虞翻为功曹，待他如同朋友。孙策喜欢打猎，虞翻劝阻说："您喜欢随便地轻装出行，造成随从官员没有时间采取戒备措施，士兵们常常深感辛苦。相传白龙变成鱼以后，连普通的渔夫豫且都能够伤害它。希望您稍加留意！"孙策说："你说得对。"但是孙策却不能改正。

【纲】冬十月，任命袁绍为太尉，曹操自任司空。

【纲】曹操任命荀彧为侍中、尚书令，荀攸为军师，郭嘉为司空军祭酒。（原为"祭酒"，此据《三国志·郭嘉传》增"司空军"三字） 【目】曹操任命荀彧为侍中，代理尚书令。曹操向荀彧询问能够出谋划策之士，荀彧便推荐自己的侄子荀攸及颍川郡人郭嘉。曹操征召荀攸，与他交谈，非常高兴，说："荀攸不是寻常之人，我能够与他议事，天下还有什么可忧虑的呢？"便任命荀攸为军师。当初，郭嘉前去晋见袁绍，觉得袁绍虽然喜好谋略，却优寡柔断，便离开了他。曹操召见郭嘉，与他谈论天下大事，高兴地说："使我成就大业的，必定是这个人！"郭嘉出来后，也高兴地说："真是我的主公！"曹操上表保奏郭嘉为司空军祭酒。

【纲】任命孔融为将作大匠。

【纲】招募百姓在许都附近屯田耕种，州郡都设置田官。 【目】自从灵帝中平纪年以来，百姓抛弃农田耕种，各路兵马同时崛起，大多缺乏粮食，他们饥饿时就抢劫掠夺，吃饱时就抛弃剩余的，瓦解流散、不攻自破的不可胜数。袁绍的军队仰靠桑椹充饥，袁术的军队则拾取蒲螺。枣祗请求建立屯田制，曹操采纳，任命枣祗为屯田都尉，任峻为典农中郎将。招募百姓在许都附近屯田耕种，收获谷物一百万斛。于是各州郡依例设置田官，所在地的粮仓全部装满。所以曹操征伐四方，没有运送粮食的劳苦。

【纲】吕布再次攻打刘备，刘备逃跑投奔许都。诏命刘备为豫州

【目】袁术遣将纪灵等攻刘备，备求救于吕布。布驰往救之，灵等乃罢。备合兵得万余人，布恶之，攻备，备败走，归曹操，操厚遇之，以为豫州牧。或谓操曰："备有英雄之志，今不早图，后必为患。"操以问郭嘉，嘉曰："有是。然公起义兵，为百姓除暴，推诚杖信以招俊杰，犹惧其未也。今备有英雄名，以穷归己而害之，是以害贤为名也。如此，则智士将自疑，回心择主，公谁与定天下乎！夫除一人之患以沮四海之望，安危之机之，不可不察。"操笑曰："君得之矣！"遂益其兵，给粮食，使东至沛，收散兵以图吕布。

【纲】丁丑，二年，春正月，以钟繇为司隶校尉，督关中诸军。
【目】袁绍与操书，辞语骄慢。操语荀彧、郭嘉曰："今将讨不义而力不敌，何如？"对曰："刘、项之不敌，公所知也。今绍有十败，公有十胜，绍虽强，无能为也。绍繁礼多仪，公体任自然，此道胜也；绍以逆动，公奉顺以率天下，此义胜也；桓、灵以来，政失于宽，绍以宽济宽，故不摄，公纠之以猛，而上下知制，此治胜也；绍外宽内忌，用人而疑之，所任唯亲戚子弟，公外易简而内机明，用人无疑，唯才所宜，不问远近，此度胜也；绍多谋少决，失在后事，公得策辄行，应变无穷，此谋胜也；绍高议揖逊以收名誉，士之好言饰外者多归之，公以至心待人，不为虚美，士之忠正远见而有实者皆愿为用，此德胜也；绍见人饥寒，恤念之，形于颜色，其所不见，虑或不及，公于目前小事，时有所忽，至于大事，与四海接，恩之所加，皆过其望，虽所不见，虑无不周，此仁胜也；绍大臣争权，谗言惑乱，公御下以道，浸润不行，此明胜也；绍是非不可知，公所是进之以礼，所不是正之以法，此文胜也；绍好为虚势，不知兵要，公以少克众，用兵如神，军人恃之，敌人畏之，此武胜也。"操笑曰："如卿所言，孤何德

牧,派他向东驻扎沛县。 【目】袁术派部将纪灵等攻打刘备,刘备向吕布求救。吕布赶去解救刘备,纪灵等便停止了攻击。刘备会合兵力得到一万余人,吕布心中不快,就攻击刘备,刘备战败逃跑,投奔曹操。曹操厚待刘备,任命他为豫州牧。有人对曹操说:"刘备有英雄的志向,现在不早下手除掉,以后必定成为祸患。"曹操询问郭嘉,郭嘉说:"这种说法不错。但是您发起义军,为百姓除暴,推心置腹,树立威信,用来招揽俊杰,这样还害怕做得不够。如今刘备负有英雄美名,由于走投无路而投奔我们,如果害死他,就会背上谋害贤良的恶名。这样的话,才智之士就将人人自疑,回心转意另投明主,您还能与谁平定天下呢?铲除一个人的祸患来损害你在天下的威望,正是安危的关键,不能不认真考虑。"曹操笑着说:"你找到了关键之处!"于是给刘备增派兵力,供应粮食,让他向东到达沛县,收集走散的士兵,以对抗吕布。

【纲】建安二年(丁丑,197),春正月,任命钟繇为司隶校尉,监督关中各路兵马。 【目】袁绍给曹操写信,言辞傲慢无礼。曹操对荀彧、郭嘉说:"现在我要讨伐这个不义之人却力量不足,怎么办?"二人回答:"刘邦、项羽双方力量的不平衡,您是知道的。如今袁绍有十条失败因素,您有十条胜利因素,袁绍虽然强大,却没有什么作为。袁绍礼仪繁多,您则随其自然,这是在根本上胜过他。袁绍是以叛逆身份起兵;您则拥奉天子以统率天下,这是在道义上胜过他。自从桓帝、灵帝以来,为政失于宽松,袁绍是以宽松拯救宽松,所以法纪不振;您则以严厉手段加以纠正,使得官府上下都懂得法规制度并严格遵守,这是在治政上胜过他。袁绍表面宽厚,而内心猜忌,任用人才却心中怀疑,所任只有用亲戚子弟;您则外表平易近人,而内心机警精明,用人不疑,只考虑才能是否胜任,不问远近亲疏,这是在器度上胜过他。袁绍计谋多却缺乏决断力,往往丧失良机;您则得到计策就立即实行,而且应变力无穷无尽,这是在谋略上胜过他。袁绍高谈阔论,谦恭揖礼,以此来博取名誉,那些能说会道却无真才实学的士人大多归附他;您则以至诚待人,不做虚情假意之事,那些忠诚正直、富于远见而又名副其实的士人都愿意被任用,这是在品德上胜过他。袁绍看见有人饥寒交迫,怜悯关心的表情流露在外,但是对于看不见的大事,往往考虑不周;您

以堪之!"操恐绍侵扰关中。或曰:"侍中钟繇有智谋,若属以西事,公无忧矣。"操乃表繇以侍中守司隶校尉,持节督关中诸军。

【纲】袁术称帝,杀故兖州刺史金尚。 【目】术僭号于寿春,欲以金尚为太尉,尚不许而逃去,术杀之。

【纲】三月,以袁绍为大将军,兼督冀、青、幽、并四州。

【纲】夏五月,蝗。

【纲】以吕布为左将军。布击袁术兵,破之。 【目】袁术遣使以称帝告吕布,因求迎妇,布遣女随之。陈珪恐徐、扬合从,为难未已,往说布曰:"曹公奉迎天子,辅赞国政,将军宜与协同策谋,共存大计。今与术结婚,必受不义之名,将有累卵之危矣!"布女已在途,乃追还绝婚,会诏以布为左将军,曹操复遗布手书,深加慰纳。布大喜,即遣硅子登奉章谢恩,并答操书。登见操,因陈布勇而无谋,轻于去就,宜早图之。操即增珪秩中二千石,拜登广陵太守。令阴合部众为内应。

始布因登求徐州牧不得,登还,布怒,拔戟斫几曰:"卿父劝吾协同曹操,绝婚公路;今吾所求无获,而卿父子显重,但为卿所卖耳!"登不为动,徐对之曰:"登见曹公言:'养将军譬如养虎,当饱其肉,不饱则将噬人。'公曰:'不如卿言。譬如养鹰,饥即为用,饱

对眼前小事，有时疏忽粗心，而在大事上，以及天下各个角落，所施加的恩惠，都超过了他们的期望，虽然没有看见，考虑却非常周到，这是在仁政上胜过他。袁绍属下官员争权夺利，互进谗言，扰乱人心；您则以道义驾御属下，谗言陷害根本行不通，这是在智慧上胜过他。袁绍是非不分；您对认为是正直的人以礼相待，对认为是邪恶的人以法惩治，这是在典章法规上胜过他。袁绍喜欢虚张声势，不懂战争实质；您则以少胜多，用兵如神，部下信赖您，敌人畏惧您，这是在军事才能上胜过他。"曹操笑着说："像你所讲的，我有什么德能来承受它！"曹操担心袁绍侵扰关中地区。荀彧说："侍中钟繇富于智谋，如果把西部事务交给他处理，您就没有忧虑了。"于是曹操上表保奏钟繇以侍中身份代理司隶校尉，持符节监督关中各军。

【纲】袁术自称皇帝，杀死前兖州刺史金尚。 【目】袁术在寿春登基，想任命金尚为太尉，金尚拒绝并逃走，袁术将其杀死。

【纲】三月，任命袁绍为大将军，兼管冀、青、幽、并四州。

【纲】夏五月，蝗虫成灾。

【纲】任命吕布为左将军。吕布率军打败了袁术军队。 【目】袁术派使节把称帝之事通知吕布，顺便为儿子迎娶吕布的女儿，吕布让女儿随使节返回。陈珪害怕吕布、袁术联合，将会战乱不断，于是前去劝说吕布："曹操拥奉天子，辅佐国政，将军应该与他协同谋划，共商大计。如今与袁术缔结婚约，必然遭受不义的名声，将会危如累卵的！"吕布的女儿此时已在途中，吕布便将她追回，断绝了婚约。恰巧赶上下诏任命吕布为左将军，曹操又给吕布送去亲笔信，深加慰勉。吕布大喜，立即派陈珪的儿子陈登带着奏章前往谢恩，并答复曹操来信。陈登见到曹操，便陈述吕布是有勇无谋之人，对于去归之事往往草率决定，应该及早解决。曹操便将陈珪的官秩升为二千石；任命陈登为广陵郡太守，让他暗中联合部众作为内应。

最初，吕布让陈登为自己要求徐州牧的官职，没有得到。陈登回来后，吕布大怒，拔出铁戟砍击几案，说："你父亲劝我与曹操同心协力，跟袁术断绝婚约；如今我所要求的毫无收获，而你们父子却变得身显位重，只不过被你出卖了！"陈登不为所动，慢慢地对他说："我见到曹

则飏去。'其言如此。"布意乃解。

袁术遣其大将张勋等与韩暹、杨奉步骑数万七道攻布。布用珪策，与暹、奉书。暹、奉大喜，从布进军。暹、奉兵同时叫呼，并到勋营，勋等散走，杀伤堕水死者殆尽。

【纲】以孙策为会稽太守，讨袁术。

【纲】秋九月，曹操击袁术，走破之。　【目】曹操东征袁术。术走渡淮，时天旱岁荒，士民冻馁，术由是遂衰。沛国许褚，勇力绝人，聚众归操，操曰："此吾樊哙也！"即日拜都尉。

【纲】戊寅，三年，秋九月，吕布复攻刘备。冬，曹操击布，杀之。　【目】吕布复与袁术通，遣高顺、张辽攻刘备。九月，破沛城，虏备妻子，备单身走。荀攸劝曹操自击布。操围下邳久，疲敝，欲还。荀攸、郭嘉曰："吕布勇而无谋，陈宫有智而迟。今及布气之未复，宫谋之未定，急攻之，布可拔也。"乃引沂、泗灌城，月余，布益困迫，乃降。布见操曰："明公之所患不过于布，今已服矣。若令布将骑，明公将步，天下不足定也。"操命缓布缚，刘备曰："不可。明公不见吕布事丁建阳、董太师乎！"操颔之。

操谓宫曰："奈卿老母妻子何？"宫曰："宫闻以孝治天下者不害人之亲，施仁政于天下者不绝人之祀。老母妻子存否，在明公，不在宫也。"操为之泣涕，并布、顺皆缢杀之。召宫母养之终其身，嫁宫女，抚视其家，皆厚于初。张辽、臧霸等皆降。

【纲】以刘备为左将军。　【目】备从操还许，操表以为左将

操时说'养将军如同养老虎,应当用肉喂饱,不喂饱就要吃人。'曹操说:'不是像你所说的。应当是像养鹰,只有使它饥饿才能被驱使,如果喂饱就要飞走了。'他的话果然如此。"吕布怒气顿消。

袁术派其大将张勋等与韩暹、杨奉共步骑兵数万人,兵分七路攻打吕布。吕布采用陈珪计策,给韩暹、杨奉写信。韩暹、杨奉大喜,随从吕布进军。韩暹、杨奉军队同时呐喊,一起赶到张勋营地;张勋等溃散逃走,几乎全被杀伤或落水而死。

【纲】任命孙策为会稽郡太守,讨伐袁术。

【纲】秋九月,曹操攻打袁术,袁术败逃而去。 【目】曹操东征袁术,袁术逃走,并渡过淮河。当时气候干旱,灾荒严重,人民受冻挨饿,袁术从此便衰落下去。沛国人许褚勇猛超人,聚集众人归附曹操,曹操说:"这是我的樊哙!"当天就任命他为都尉。

【纲】建安三年(戊寅,198),秋九月,吕布又攻打刘备。冬季,曹操攻打吕布,将其杀死。 【目】吕布又与袁术串通,派高顺、张辽攻打刘备。九月,攻克沛城,俘虏刘备的妻子、儿子,刘备只身逃走。荀攸劝曹操亲自攻击吕布。曹操包围下邳日久,已经疲惫不堪,准备撤退。荀攸、郭嘉说:"吕布勇而无谋,陈宫虽有智谋却反应迟钝。现在到了吕布气势没有恢复,陈宫谋略没有决定时,加紧攻打,吕布就可以被打败。"于是引沂水、泗水灌入城,经历一个多月,吕布更加困窘,于是便投降。吕布见到曹操说:"您所担忧的不过是我,如今已经臣服了。如果派我率领骑兵,您率领步兵就将天下无敌。"曹操命人给吕布松绑,刘备说:"不行。您没有见到吕布事奉丁原、董卓时的做法吗?"曹操点头称是。

曹操对陈宫说:"你对老母和妻子儿女怎么办?"陈宫说:"我听说以孝道治理天下的不谋害别人的双亲,在天下施行仁政的不灭绝别人的后代。老母和妻子儿女的生死存亡,在您不在我。"曹操为他落泪哭泣,将他连同吕布、高顺全都绞死。召来陈宫的母亲,将她奉养终身,负责送陈宫的女儿出嫁,抚养陈宫的家属,都比从前更加丰厚。张辽、臧霸等都投降。

【纲】任命刘备为左将军。 【目】刘备随曹操返回许都,曹操上

军,礼之愈重。

【纲】以孙策为讨逆将军,封吴侯。 【目】孙策遣张纮献方物,曹操欲抚纳之,表策为讨逆将军,封吴侯;以纮为侍御史。袁术以周瑜为居巢长,临淮鲁肃为东城长。瑜、肃知术无成,弃官渡江从策。

【纲】袁绍攻公孙瓒,围之。
【纲】乙卯,四年,春三月,瓒自焚死。
【纲】夏,袁术北走,诏刘备将兵邀之,术还走,死。 【目】术既称帝,淫侈滋甚,既而资实空尽,不能自立,乃遣使归帝号于绍。袁谭迎术,欲从下邳北过。曹操遣刘备邀之,复走寿春。六月,至江亭,坐簧床而叹曰:"袁术乃至此乎!"因愤慨欧血死。

【纲】秋八月,曹操进军黎阳。九月,还许,分兵守官渡。【目】袁绍益骄,简精兵欲攻许。沮授谏曰:"夫救乱诛暴,谓之义兵;恃众凭强,谓之骄兵;义者无敌,骄者先灭。曹操事天子以令天下,今举师南向,于义则违。且庙算之策,不在强弱。今弃万安之术而兴无名之师,窃为公惧之!"郭图、审配曰:"武王伐纣,不为不义;况兵加曹操而云无名?且以公今日之强,将士思奋,不及时以定大业,所谓'天与不取,反受其咎'。"绍纳图言。令图等攻许。八月,曹操进军黎阳。九月,操还许,分兵守官渡。

【纲】冬十一月,刘表遣从事中郎韩嵩诣许。 【目】袁绍使人求助于刘表,表许之,而竟不至,亦不援曹操。从事中郎韩嵩曰:"曹操善用兵,贤俊多归之,其势必举袁绍,然后移兵以向江、汉,恐将军不能御也。今莫若举荆州以附曹操,操必重德将军;长享福祚,此万全之策也。"表狐疑不断,乃遣嵩诣许曰:"君为我观其

表保奏，任命刘备为左将军，对刘备礼遇更重。

【纲】任命孙策为讨逆将军，封吴侯。　【目】孙策派张纮进贡土特产品。曹操打算安抚结交孙策，上表保奏孙策为讨逆将军，封吴侯，任命张纮为侍御史。袁术任命周瑜为居巢（今安徽巢县东北）县长，临淮郡（治下邳县）人鲁肃为东城（今安徽定远东南）县长。周瑜、鲁肃知道袁术不会成就大业，便放弃官职，渡过长江投奔孙策。

【纲】袁绍围攻公孙瓒。

【纲】建安四年（乙卯，199），春三月，公孙瓒自焚而死。

【纲】夏季，袁术向北逃走。诏命刘备率兵截击，袁术脱逃后去世。　【目】袁术称帝后，更加骄奢淫逸，不久就将物资耗尽，无法独立支撑局面，于是派使节把皇帝尊号让给袁绍。袁谭迎接袁术，打算从下邳北边通过。曹操派刘备拦腰截击，袁术又退回寿春。六月，袁术到达江亭，坐在没有席子的床上叹息说："我袁术竟落到这种地步！"气愤感慨之余，吐血而死。

【纲】秋八月，曹操进军黎阳（今河南浚县东北）。九月，返回许都，分兵把守官渡（一名中牟台，今河南中牟东北）。　【目】袁绍更加骄傲，选派精兵，准备攻打许都。沮授劝阻说："拯救危乱，铲除强暴，称为正义之师；凭仗人多势强，称为骄横之师；义兵天下无敌，骄兵率先灭亡。曹操拥奉天子以号令天下，如今我们挥军南下，便违背大义。而且胜负在于谋略，不在强弱。现在放弃万无一失的策略而出动无名之师，我为您害怕！"郭图、审配却反驳说："周武王讨伐商纣王，并不是不义；何况出兵是为攻打曹操，怎能说师出无名！而且以您今天的强盛，将士斗志高昂，如果不及时奠定基业，正应了'上天赐予却不接受，反而身受其害'这句话。"袁绍采纳郭图意见，命令郭图等攻打许都。八月，曹操进军黎阳。九月，曹操返回许都，分兵把守官渡。

【纲】冬十一月，刘表派遣从事中郎韩嵩到达许都。　【目】袁绍派人向刘表求助，刘表答应了他，但是最终没有派兵前往，也没有援助曹操。从事中郎韩嵩说："曹操善于用兵，英雄贤才大多归附他，其势头必然是打败袁绍，然后移兵指向长江、汉水，恐怕将军不能抵御。现在不如将荆州归附曹操，曹操必定重待将军，将军可以永享荣华富贵，这

崊。"嵩曰："'圣达节，次守节。'嵩，守节者也。夫君臣名定，以死守之。将军能上顺天子，下归曹公，使嵩可也；如其犹豫，嵩至京师，天子假嵩一职，不获辞命，则成天子之臣，将军之故吏耳。在君为君，则嵩守天子之命，义不得复为将军死也。惟加重思，无为负嵩！"表强之。至许，诏拜嵩侍中、零陵太守。及还，盛称朝廷之德，劝表遣子入侍。表大怒，以为怀贰，大会，陈兵，将斩之。嵩不为动，徐曰："将军负嵩，嵩不负将军！"具陈前言，表乃囚之。

【纲】孙策袭庐江，取之；徇豫章，太守华歆降。 【目】孙策袭庐江太守刘勋，取之。将徇豫章，谓虞翻曰："华子鱼自有名字，然非吾敌也。若不开门让成，金鼓一震，不得无所伤害。卿便在前，具宣孤意。"翻乃往见华歆，说之，歆乃夜作檄，明旦遣吏赍迎。策便进军，歆葛巾迎策。策曰："府君年德名望，远近所归；策年幼稚，宜修子弟之礼。"便向歆拜，礼为上宾。

【纲】刘备起兵徐州，讨曹操；操遣兵击之。 【目】初，董承称受帝衣带中密诏，与刘备谋诛曹操，操从容谓备曰："今天下英雄，惟使君与操耳。本初之徒，不足数也！"备方食，失匕箸；值雷震，备因曰："圣人云'迅雷风烈必变'，良有以也。"遂与承及种辑等同谋。会操遣备邀袁术，备遂杀徐州刺史，留关羽守下邳，身还小沛。郡县多叛操为备。备众数万人，遣使与袁绍连和。操遣长史刘岱击之，不克。备谓曰："使汝百人来，无如我何；曹公自来，未可知耳！"

是万全之策。"刘表犹疑不决，便派韩嵩到许都，对他说："你为我观察一下形势。"韩嵩说："圣人顺应天命，不拘泥常礼，次一等的坚守节操。我韩嵩是坚守节操的人。君臣名分已定，就誓死坚守。将军能对上顺应天子，对下归附曹操，派我出使可以；如果犹豫不定，我到达京城后，万一天子给我一个官职，不准推辞，那么我就成了天子的大臣，将军的旧部。身为君王臣属就要效忠君王，那么我将服从天子命令，在大义上不能再为将军而死了。希望多加考虑，不要使我有负于将军！"刘表强迫韩嵩前往许都。到达许都，诏命韩嵩为侍中、零陵郡（治泉陵县，今湖南零陵北）太守。等到韩嵩返回后，盛赞朝廷恩德，劝说刘表派儿子入宫侍奉天子。刘表大怒，认为他怀有二心，召集全体文武官员，陈列士兵，准备将韩嵩斩首。韩嵩不为所动，慢慢地说："是将军辜负我，不是我辜负将军！"——陈述以前所讲的话，于是刘表便将他囚禁起来。

【纲】孙策攻占了庐江郡（治舒县，今安徽庐江西）；攻打豫章郡（治南昌县，今江西南昌东）太守华歆投降。 【目】孙策袭击庐江郡太守刘勋，占领了庐江郡。孙策准备攻打豫章郡，对虞翻说："华歆闻名于世，然而不是我的对手，如果不开门献城，战鼓一响，不能保证毫无伤害。你就先行一步，将我的意愿一一讲明。"于是虞翻前去当面劝说华歆，华歆便连夜写成文告，第二天早晨派人送去，表示欢迎。孙策便进军，华歆便服欢迎孙策。孙策说："您年高望重，远近归心；我年轻幼稚，应该行弟子礼节。"于是向华歆下拜，尊为上宾。

【纲】刘备在徐州起兵，讨伐曹操；曹操派兵攻打刘备。 【目】当初，董承声称得到献帝藏在衣带中的密诏，与刘备谋划诛杀曹操。曹操从容地对刘备说："如今天下的英雄，只有我和你而已。袁绍之类，不值得一提！"刘备正在吃饭，听说此话后失手掉落筷子；这时恰巧一声惊雷响，刘备趁机说："圣人说'急雷暴风，人必变色'，确实如此。"于是刘备与董承和种辑等共同谋划。正赶上曹操派刘备截击袁术，刘备趁机杀死徐州刺史车胄，留下关羽守卫下邳，自己返回小沛（今江苏沛县东）。其他郡县大多背叛曹操，归附刘备。刘备部众达数万人，派使者与袁绍联合。曹操派长史刘岱攻打刘备，没有取胜，刘备对刘岱说："派你这样的一百个人来，也不能将我怎么样；曹操亲自前来，胜负也难以预料！"

纲鉴易知录卷二六

东汉纪

孝献皇帝

【纲】庚辰，五年，春正月，操杀车骑将军董承，遂击备，破之。备奔冀州。 【目】董承谋泄，操杀承等，皆夷三族。操欲自讨刘备，诸将皆曰："与公争天下者，袁绍也。今绍方来而弃之东，绍乘公后，若何？"操曰："刘备，人杰也，今不击，必为后患。"郭嘉曰："绍性迟而多疑，来必不速。备新起，众心未附，急击之，必败。"操师遂东。田丰说袁绍曰："曹、刘连兵，未可卒解。公举军而袭其后，可一往而定。"绍辞以子疾，丰举杖击地曰："嗟乎！遭难遇之时，而以婴儿病失其会，惜哉，事去矣！"

操击刘备，破之，获其妻子；进拔下邳，禽关羽。备奔冀州，归袁绍，绍去邺二百里迎之；驻月余，亡卒稍归之。

【纲】二月，曹操还官渡。袁绍进军黎阳。夏四月，绍遣兵攻白马，操击破之，斩其将颜良、文丑。 【目】操还官渡，绍乃议攻许；二月，进军黎阳。绍遣颜良攻白马。操引军兼行趣白马，良来逆战。关羽望见良麾盖，策马刺良于万众之中，斩其首而还，绍军莫能当者。遂解白马之围，徙其民而西。绍渡河追之，沮授临济叹曰："上盈其志，下务其功，悠悠黄河，吾其济乎！"遂以疾辞。绍不许而意恨之。绍军至延津南，操陈辎重饵敌，率将纵击，大破之，斩绍骑将文丑。丑、良皆绍名将，再战禽之，绍军夺气。

纪孝献皇帝

【纲】建安五年（庚辰，200），春正月，曹操杀了车骑将军董承，于是进攻刘备，并打败了刘备。刘备逃奔到冀州（治邺县，今河北磁县东）。　【目】董承的密谋被暴露以后，曹操杀了董承等人，并都诛灭了他们的三族。曹操打算亲自去讨伐刘备，诸位将领都说："与您争夺天下的人是袁绍，现在袁绍正向这里进攻，而您却向东讨伐，袁绍在您的后面进攻，怎么办呢？"曹操说："刘备是人中豪杰，如果现在不进攻他，将来一定会成为后患。"郭嘉说："袁绍性情迟缓多疑，即使来进攻也不会很快。刘备刚刚崛起，众人的心还没有归附他，如果很快向他发起进攻，一定能够打败他。"于是曹操就率兵东进。田丰劝袁绍说："曹操和刘备交兵，不可能马上缓解。您率军袭击他的后方，就可以一举成功。"袁绍因儿子有病推辞此事，田丰举杖击地说："唉！碰到难遇的机会，却因儿子有病就失去机会，可惜啊！事情完了！"

曹操攻击刘备，将刘备打败，俘获了刘备的妻子儿女。曹操继续攻下下邳（今江苏睢宁西北古邳镇东），抓获了关羽。刘备逃到冀州，投奔袁绍，袁绍到离邺城（在今河北临漳西南邺镇东）二百里的地方去迎接他。刘备在那里住了一个多月后，逃亡的士卒又渐渐回到他的身边。

【纲】二月，曹操回到官渡（在今河南中牟东北）。袁绍进军黎阳（今河南浚县东北）。夏四月，袁绍派兵进攻白马（今河南滑县东北），曹操击败袁绍，杀了他的将领颜良、文丑。　【目】曹操回到官渡，袁绍才商议攻打许都（今河南许昌东）。二月，袁绍进军黎阳。袁绍派遣颜良进攻白马。曹操率军日夜兼行奔赴白马，颜良前来迎战。关羽望见颜良的旗帜车盖，于是挥鞭催马，直刺颜良于万众之中，砍下他的脑袋回来，袁绍的军队没人能够阻拦，于是解除了白马之围，把那里的百姓迁向西边。袁绍要渡过黄河追击，沮授在河边叹息地说："上面的人狂妄自大，下面的人只求贪功，滔滔不绝的黄河，我们还能渡河回来吗？"于是沮授请求以病辞职。袁绍没有同意沮授的请求而心中对他产生了怨恨。袁绍的军队到了

初，操壮关羽之为人，而察其无留意，使张辽以其情问之。羽叹曰："吾极知曹公待我厚；然吾受刘将军恩，誓以共死，不可背之。要当立效以报曹公乃去耳。"辽以报操，操义之。及杀良，操知其必去，重加赏赐。羽尽封其所赐，拜书告辞，而奔刘备于袁军。左右欲追之，操曰："彼各为其主，勿追也。"

【纲】孙策卒，弟权代领其众。　【目】策欲乘虚袭许，部署未发；会先所杀吴郡太守许贡奴客，因其出猎，伏篁竹中射之，中颊；创甚，召张昭等谓曰："中国方乱，以吴、越之众，三江之固，足以观成败，公等善相吾弟！"呼权，佩以印绶，谓曰："决机于两陈之间，与天下争衡，卿不如我；举贤任能，各尽其心以保江东，我不如卿。"遂卒，时年二十六。权悲号，未视事，昭曰："孝廉！此宁哭时邪！"乃易权服，使出巡军。张昭、周瑜等谓权可与共成大业，遂委心而服事焉。

【纲】秋九月，袁绍攻曹操于官渡。冬十月，操袭破其辎重，绍军大溃。　【目】袁绍军阳武，曹操坚壁持之。绍运谷车数千乘至官渡，操击烧之；十月，绍复遣军运谷，使淳于琼等将兵送之，操击破之，斩琼等，尽燔其粮谷。于是绍军惊扰，大溃。绍与八百骑渡河。操追之不及，尽收其辎重、图书、珍宝。绍走，至黎阳北岸，入其将蒋义渠营。众闻绍在，稍复归之。

延津的南边，曹操把拉衣物的车摆开来引诱袁军，同时率领军队猛烈进攻，结果大破袁军，杀了袁绍的骑将文丑。文丑、颜良都是袁绍手下的名将，两次交战，被曹军擒杀，袁绍军队的士气大衰。

当初，曹操很看得起关羽的为人，但观察到他没有久留之意，就派张辽去询问他的想法。关羽叹息地说："我深知曹公待我情义深厚，然而我受到了刘将军的大恩，发誓和他生死与共，不能背叛他。要等立功报答了曹公以后才离去。"张辽把这些情况报告了曹操，曹操觉得关羽很仗义。等到颜良被杀以后，曹操知道关羽一定会离去，于是就对他重加赏赐。关羽把曹操所赏赐的东西全部封存起来，留下一封书信就告辞了，然后到袁绍军中去投奔刘备。曹操左右的人要追赶关羽，曹操说："他是为其主，不要去追了。"

【纲】孙策去世，他的弟弟孙权代领他的军队。　【目】孙策打算乘虚袭击许，已部署好军队未出发，他出外打猎时，正遇上原来所杀死的吴郡太守许贡的奴客，埋伏在竹丛中用箭射孙策，射中孙策的面颊，受了重伤。于是召见张昭等人，对他们说："中原正处战乱，以吴越的人力、三江的坚固，足可以坐观成败，你们要好好辅佐我的弟弟！"于是把孙权叫过来，给他佩戴上印绶，对他说："决胜于两军交战之中，与天下豪杰抗衡，你不如我；举贤任能，各尽其心，来保卫江东，我不如你。"说完就去世了，终年二十六岁。孙权悲伤痛哭，没有马上主持军事。张昭说："孙孝廉，这难道是你哭的时候吗？"于是给孙权换了服装，让他出去巡视军队。张昭、周瑜等人认为可与孙权共成大业，于是全心全意来服事孙权。

【纲】秋九月，袁绍在官渡进攻曹操。冬十月，曹操击破了袁绍运输粮草用具的车辆，袁军溃败。　【目】袁绍的军队驻扎在阳武（今河南原阳东南），曹操的军队坚壁与袁军相持。袁绍运输粮草的几千辆车到达官渡，曹操发起进攻烧了这些粮草。十月，袁绍又派遣军队运输粮草，派淳于琼等率兵护送他们，曹操又击破运送粮草的车队，杀了淳于琼等人，全部烧尽袁军的粮谷。于是袁军大惊，溃不成军，袁绍只率领八百骑兵渡过黄河。曹操追赶袁军而没有追上，全部缴获了他们的辎重、图书、珍宝。袁绍逃到黄河北岸的黎阳，进入他的部将蒋义渠的军

或谓田丰曰："君必见重矣。"丰曰："公貌宽而内忌,不亮吾忠,若胜而喜,犹能赦之;今战败而恚,吾不望生。"绍谓逄纪曰:"田别驾前谏止吾,吾亦惭之。"纪曰:"丰闻将军之退,拊手大笑,喜其言之中也。"绍于是谓僚属曰:"吾不用田丰言,果为所笑。"遂杀之。

绍为人宽雅,有局度,喜怒不形于色,而性矜愎自高,短于从善,故至于败。

【纲】以孙权为讨虏将军。　【目】曹操闻孙策死,欲因丧伐之。张纮谏曰:"乘人之丧,既非古义,若其不克,成仇弃好,不如因而厚之。"操即表权为讨虏将军,领会稽太守。操欲令纮辅权内附,乃以纮为会稽都尉。鲁肃将北还,周瑜止之,因荐于权。权即见肃,与语,悦之。宾退,独引肃合榻对饮,问计。肃曰:"汉室不可复兴,曹操不可卒除,为将军计,唯有保守江东,以观天下之衅耳。若因北方多务,剿除黄祖,进伐刘表,竟长江所极,据而有之,此王业也。"

【纲】辛巳,六年,秋九月,操击刘备于汝南,备奔荆州。【目】操击备于汝南,备奔刘表。表闻备至,自出郊迎,以上宾礼待之,益其兵,使屯新野。备在荆州数年,尝于表坐起至厕,慨然流涕。表怪,问备,备曰:"平常身不离鞍,髀肉皆消。今不复骑,髀里肉生。日月如流,老将至矣,而功业不建,是以悲耳。"

【纲】壬午,七年,春正月,曹操复进军官渡。夏五月,袁绍卒。

营。袁军残部听说袁绍还活着,又逐渐回到袁绍身边。

有人对田丰说:"你一定会受到重用。"田丰说:"袁绍表面宽厚而内心猜忌,不明白我的一片忠心,如果他打了胜仗很高兴,或许能赦免我;现在他因战败而愤恨,我不指望活下去。"袁绍对逢纪说:"田别驾从前曾劝止我,我也感到愧对他。"逢纪说:"田丰听说将军被打退,拊手大笑,高兴于他说中了。"袁绍于是对僚属说:"我没有采用田丰的建议,果然被他耻笑。"于是杀了田丰。

袁绍为人宽厚儒雅,颇有器度,喜怒不形于色,然而性情刚愎自高,很少能听从好的建议,所以导致失败。

【纲】任命孙权为讨虏将军。 【目】曹操听说孙策去世,打算乘办丧事之机讨伐孙权。张纮劝他说:"乘人之丧,不符合古代的道义,如果打不胜,就会化友为敌,不如趁机厚待他。"于是曹操上表请求以孙权任讨虏将军,兼任会稽郡(治山阴县,今浙江绍兴)太守。曹操打算让张纮辅佐孙权归附朝廷,于是就任命张纮为会稽都尉。鲁肃将要北还的时候,周瑜劝止了他,并推荐给孙权。孙权马上接见了鲁肃,交谈之后,很喜欢他。宾客们退出以后,孙权单独领鲁肃坐在一起对饮,讨问计策。鲁肃说:"汉室不可能再复兴,曹操不可能马上除掉。我替将军打算,只有保守江东,来观察天下的变化。如果能乘曹操北方用兵,无暇南顾之机,剿除黄祖,进讨刘表,占据所有的长江地区,就可成就帝王的大业。"

【纲】建安六年(辛巳,201),秋九月,曹操在汝南郡(治平舆县,今河南汝南县东南)进攻刘备,刘备逃到荆州。 【目】曹操在汝南进攻刘备,刘备投奔刘表。刘表听说刘备来到,亲自到郊外迎接,用上宾的礼仪接待他,并给他增加了兵力,让他驻扎在新野(今河南新野南)。刘备在荆州住了数年,有一次,他在和刘表坐谈时,起身上了一趟厕所,不禁慨然泪下。刘表觉得奇怪,就问刘备,刘备说:"平时我身不离马鞍,腿骨上的肉都磨瘦了。现在不再骑马,腿骨上的肉又长了起来。日月就像流水一样地逝去,人就要老了,而尚未建立功业,所以感到很悲伤。"

【纲】建安七年(壬午,202),春正月,曹操再次进军官渡。夏五

幼子尚袭行州事，长子谭出屯黎阳。操攻，败之。 【目】袁绍惭愤，发病呕血，薨。初，绍有三子，谭、熙、尚。绍后妻刘氏爱尚，绍欲以为后，乃以谭继兄后，出为青州刺史。逢纪、审配素为谭所疾，辛评、郭图皆附于谭，而与配、纪有隙。及绍薨，众以谭长，欲立之。配等恐谭立而评等为害，遂矫绍遗命，奉尚为嗣。谭至，不得立，自称"车骑将军"，屯黎阳。尚少与之兵，而使纪随之。谭求益兵，配等不与。谭怒，杀纪。曹操攻谭，尚自将助之，与操相拒，谭、尚数败。

【纲】曹操责孙权任子，权不受命。 【目】曹操下书责孙权任子，权引周瑜诣吴夫人前定议，瑜曰："将军承父、兄余资，兼六郡之众，兵精粮多，将士用命，铸山煮海，境内富饶，有何逼迫而欲送质？质一人，不得不与曹氏相首尾；与相首尾，则命召不得不往；如此见制于人，极不过一侯印，仆从十余人，车数乘，马数匹，岂与南面称孤同哉！"吴夫人曰："公瑾议是也。公瑾与伯符同年，小一月耳，我视之如子，汝其兄事之。"遂不送质。

【纲】癸未，八年，春二月，曹操攻黎阳，谭、尚败走。夏四月，操追至邺而还。谭攻尚，不克。 【目】曹操攻黎阳，谭、尚败，走还邺。操追至邺，留贾信守黎阳而还。谭谓尚曰："今曹军退，人怀归志，及其未济，出兵掩之，可令大溃，此策不可失也。"尚疑之。谭大怒，攻尚。谭败，引兵还南皮。谭别驾王修，自青州来救，谭欲更

月，袁绍去世。袁绍的小儿子袁尚继位管理州事，长子袁谭外出驻扎在黎阳。曹操进攻袁谭，打败了袁谭。　【目】袁绍战败后感到又惭愧又愤恨，得病吐血而死。当初，袁绍有袁谭、袁熙、袁尚三个儿子。袁绍的后妻刘氏喜欢袁尚，袁绍打算让袁尚做继承人，就把长子袁谭过继给他已故的哥哥作为后嗣，出任青州刺史。逢纪、审配一向被袁谭嫉妒，辛评、郭图都依附于袁谭，因此和审配、逢纪有矛盾。到袁绍死后，大家都认为袁谭是长子，打算立他为袁绍的继承人。审配等人则害怕袁谭掌权后而被辛评所加害，于是就假传袁绍的遗命，遵奉袁尚为继承人。袁谭自青州赶来后，没有立为继承人，就自称为车骑将军，驻扎在黎阳。袁尚又拨给袁谭一小部分士兵，而且派逢纪随军监视袁谭。袁谭请求增加兵力，审配等人予以拒绝。袁谭盛怒之下杀死了逢纪。曹操进攻袁谭。袁尚亲自率兵前来援助袁谭，与曹操相抗拒；袁谭、袁尚连续战败。

　　【纲】曹操督促孙权派出自己的亲属做人质，孙权拒不受命。【目】曹操发下公文督促孙权派出自己的亲属作为人质，孙权领着周瑜到吴夫人面前商定，周瑜说："将军继承了父兄留下的基业，拥有六个郡地的人力和物力，军队精锐，粮食充足，将士服从命令，可以开山冶炼，可以煮海制盐，境内十分富饶，有什么理由来逼迫我们送去人质？一旦送去人质，就不得不和曹氏保持一定的关系；和曹氏保持了一定的关系，那么他下命令召见时就不得不前往。这样受人控制，最高不过是被封为侯爵，身边有十几个仆从、几辆车、几匹马而已，怎么能够与面向南方而称孤道寡的帝王之尊相同呢！"吴夫人说："周瑜讲得有道理。公瑾与孙策年龄相同，只是小一个月，我对待他就像对待儿子一样，你应当像对待自己的哥哥那样来尊敬他。"因此决定不送人质。

　　【纲】建安八年（癸未，203），春二月，曹操进攻黎阳，袁谭、袁尚战败逃走。夏四月，曹操追到邺城才返回。袁谭进攻袁尚，没有取胜。　【目】曹操进攻黎阳，袁谭、袁尚败逃到邺城。曹操追到邺城，留下贾信驻守黎阳，然后自己返回许都。袁谭对袁尚说："现在曹军撤退，人心思归，在他们还没有渡过黄河时，出兵进攻他们，可以把他们打得大败，这个机会不可以失掉。"袁尚对此表示怀疑。袁谭很生气，

还攻尚,修曰:"兄弟者,左右手也。今与人斗而断其右手,曰'我必胜',其可乎?"谭不从。

【纲】秋八月,操击刘表。尚围谭于平原,冬十月,操还救,却之。 【目】操击刘表军于西平。袁尚攻袁谭,大破之,谭奔平原。尚围之急,谭遣辛评弟毗诣曹操请救。毗至西平,操群下多以为刘表方强,宜先平之,荀攸曰:"天下方有事,而刘表坐保江、汉之间,其无四方之志可知矣。袁氏据四州之地,带甲数十万;使二子和睦,则天下之难未息也。今及其乱而取之,天下定矣。"操从之。十月,至黎阳,尚闻操渡河,乃释平原还邺。操引军退。

【纲】甲申,九年,春二月,袁尚复攻谭。夏四月,曹操攻邺。秋七月,尚还战,败走幽州。操遂入邺,自领冀州牧。

【纲】冬十二月,曹操攻平原,拔之。袁谭走保南皮。

【纲】乙酉,十年,春正月,曹操攻南皮,克之,斩袁谭。 【目】王修诣操,乞收葬谭尸,许之,辟为司空掾。

官渡之战,袁绍使陈琳为檄书,数操罪恶,连及家世,极其丑诋。及是,琳归操,操曰:"卿昔为本初移书,但可罪状孤身,何乃上及父祖邪!"琳谢罪,操释之,使与阮瑀俱管记室。

【纲】幽州将吏逐刺史袁熙,遣使降操。熙、尚俱奔乌桓。 【目】袁熙为其将焦触、张南所攻,与尚俱奔辽西乌桓。触自号幽州

就向袁尚发起进攻。袁谭战败,率兵逃回南皮(今河北南皮东北)。袁谭的别驾王修从青州来援救他,袁谭想重新返回攻打袁尚,王修说:"兄弟之间的关系就像人的左右手一样。现在和别人打架右手被打断,还说'我一定能够取胜',难道可以取胜吗?"袁谭没有听从王修的劝说。

【纲】秋八月,曹操进攻刘表。袁尚在平原郡(治平原县,今山东平原西南)包围了袁谭。冬十月,曹操返回来援救袁谭,解除了包围。
【目】曹操进攻刘表,曹军进驻西平(今河南西平西)。袁尚进攻袁谭,把袁谭打得大败,袁谭逃到平原。袁尚很快地把他包围了,袁谭派遣辛评的弟弟辛毗到曹操那里请求援救。辛毗到了西平,曹操的部下很多人认为刘表势力正强,应该先消灭刘表,荀攸说:"现在天下战争此起彼伏,而刘表坐守在江、汉之间,由此可知他没有兼并四方的大志。袁氏兄弟占据了四州之地,有数十万军队;假使二子和睦相处,那么天下的灾难就不能平息。现在乘他们互相攻伐时去消灭他们,天下就可以平定了。"曹操听从了他建议。十月,曹军到达黎阳,袁尚听说曹操渡过黄河,就放弃平原而回到邺城。曹操也率兵撤退。

【纲】建安九年(甲申,204),春二月,袁尚又攻打袁谭。夏四月,曹操进攻邺城。秋七月,袁尚返军作战,失利后逃到幽州。曹操于是进入邺城,亲自兼任冀州牧。

【纲】冬十二月,曹操攻克平原。袁谭逃到南皮,在那里坚守。

【纲】建安十年(乙酉,205),春正月,曹操攻克南皮,斩杀袁谭。
【目】王修到了曹操那里,乞请收葬袁谭的尸体;曹操答应了他的请求,并征召他为司空掾。

官渡之战时,袁绍派陈琳起草讨伐曹操的檄文,历数曹操的罪恶,涉及曹操的家世,极尽丑化和诋毁之能事。至此,陈琳归附了曹操,曹操说:"你从前为袁绍撰写檄文,可以历数我的罪状,为什么还要涉及到我的父祖呢?"陈琳向曹操谢罪,曹操赦免了他,派他和阮瑀共同掌管记室的章表书记文檄等事。

【纲】幽州的将吏驱逐刺史袁熙,并派遣使者投降曹操,袁熙、袁尚都逃奔到辽西郡的乌桓部落。 【目】袁熙被他的部将焦触、张南

刺史，驱率守令，背袁向曹，令曰："敢违者斩！"别驾韩珩曰："吾受袁公父子厚恩，今其破亡，智不能救，勇不能死，于义阙矣；若乃北面曹氏，所不能为也。"一座失色。触曰："夫举大事，当立大义，事之济否，不待一人，可卒珩志，以厉事君。"乃舍之。

【纲】冬十月，以荀悦为侍中。　【目】时，政在曹氏，悦志在献替，而谋无所用，故作《申鉴》五篇，奏之。其大略曰："为政之术，先屏四患，乃崇五政。伪乱俗，私坏法，放越轨，奢败制，是谓四患。兴农桑以养其生，审好恶以正其俗，宣文教以章其化，立武备以秉其威，明赏罚以统其法，是谓五政。四患既蠲，五政又立，行之以诚，守之以固，而海内平矣。"悦，爽之兄子也。

【纲】丁亥，十二年，夏，操击乌桓。秋八月，破之，斩蹋顿。袁熙、袁尚奔辽东，公孙康斩之。

【纲】冬十月，刘备见诸葛亮于隆中。　【目】初，琅邪诸葛亮寓居襄阳隆中，每自比管仲、乐毅；时人莫之许也，惟颍川徐庶、崔州平然之。刘备访士于襄阳司马徽。徽曰："儒生俗士，岂识时务。识时务者在乎俊杰，此间自有伏龙、凤雏。"备问为谁。曰："诸葛孔明、庞士元也。"徐庶亦谓备曰："诸葛孔明，卧龙也，将军岂愿见之乎？"备曰："君与俱来。"庶曰："此人可就见，不可屈致也，将军宜枉驾顾之。"备由是诣亮，凡三往，乃见。因屏人曰："汉室倾颓，奸臣窃命，孤不度德量力，欲信大义于天下，而智术浅短，遂用猖獗，至于今日。然志犹未已，君谓计将安出？"亮曰："今曹操已拥百万之众，挟天子以令诸侯，此诚不可与争锋。孙权据有江东，已历三世，国险而民附，贤能为之用，此可与为援而不可图也。荆州北据

所进攻，他和袁尚一起逃奔到辽西郡的乌桓部落。焦触自称幽州刺史，逼迫所属郡、县的守、令，背叛袁氏而归顺曹操，并下令说："敢于违命者处斩！"别驾韩珩说："我受过袁氏父子的厚恩，现在他们已经破亡，而我却没有智谋来解救他们，没有勇气为他们死节，在道义上我有缺点。如果再投降曹氏，这是我所不能做的。"在坐的人听了都惊慌失色。焦触说："发动大事，应当立大义，事情的成功与否，不是靠一个人；可以成全韩珩的志愿，以鼓励忠心侍奉君主的人。"于是就放他走了。

【纲】冬十月，任命荀悦为侍中。 【目】当时，政权掌握在曹氏手中，荀悦有志于劝善规过，但他的谋略无处可施，所以撰写《申鉴》五篇，上奏给汉献帝。它的主要内容是说："治理国家的方法，首先是要解除四患，然后再推崇五政。虚假的就会扰乱风俗，徇私情就会破坏法度，行为放荡就会越轨，奢侈就会败坏制度，这就是四患。大兴农桑来供养人们生存，辨别善恶来扶正风俗，推广文化教育来弘扬正气，建立武备来保护朝廷的威严，明确赏罚来统一法令，这就是五政。消灭了四患，树立起五政，诚心诚意地去推行，牢固地坚持下去，这样天下就会太平。"荀悦是荀爽哥哥的儿子。

【纲】建安十二年（丁亥，207），夏季，曹操进攻乌桓。秋八月，曹操击败乌桓，斩杀了蹋顿。袁熙、袁尚逃到辽东郡，被公孙康所杀。

【纲】冬十月，刘备在隆中山（在今湖北襄阳西）会见诸葛亮。【目】当初，琅玡人诸葛亮寄居在襄阳隆中，他经常自比管仲、乐毅，当时人不以为然，只有颍川人徐庶、崔州平同意他的看法。刘备向襄阳人司马徽访求人才，司马徽说："儒生俗士，不识时务。识时务的人只有俊杰之士，此地自有伏龙、凤雏。"刘备问是谁，他回答说："就是诸葛亮和庞统。"徐庶也对刘备说："诸葛亮是条卧龙，将军难道愿意见他吗？"刘备说："请你和他一起来。"徐庶说："这个人只能你去拜访他，不可以让他委屈来这里，将军应该屈驾前往看望他。"刘备因此到了诸葛亮那里，一共去了三次才见到诸葛亮。于是刘备屏退随从人员，说："汉朝覆亡，奸臣窃国，我不估量自己的德行和能力，却想在天下伸张大义，但由于才识谫陋，谋略短浅，以致挫败到了今日的境地。但是，我的志向还没有改变，你认为应当怎样制定大计呢？"诸葛亮说："现在曹操

汉、沔，利尽南海，东连吴会，西通巴、蜀，此用武之国，而其主不能守，此殆天所以资将军也。益州险塞，沃野千里，天府之土；刘璋暗弱，张鲁在北，民殷国富而不知存恤，知能之士思得明君。将军既帝室之胄，信义著于四海，若跨有荆、益，保其岩阻，西和诸戎，南抚夷越，外结孙权，内修政理，天下有变，则命一上将将荆州之军以向宛、洛；将军身率益州之众出于秦川，百姓孰敢不箪食壶浆以迎将军者乎！诚如是，则霸业可成，汉室可兴矣。"备曰："善！"于是与亮情好日密。关羽、张飞不悦，备解之曰："孤之有孔明，犹鱼之有水也。愿诸君勿复言。"羽、飞乃止。

徽清雅有知人之鉴。同县庞德公素有重名，徽兄事之。亮每至其家，独拜床下，德公初不令止。士元名统，德公从子也，少朴钝，未有识者，唯德公与徽重之。德公尝谓孔明为卧龙，士元为凤雏，德操为冰鉴；故徽与备语而称之。

【纲】戊子，十三年，春正月，孙权击江夏太守黄祖，破斩之。

【纲】夏六月，罢三公官，曹操自为丞相。【目】操以崔琰为西曹掾，毛玠为东曹掾，司马朗为主簿，弟懿为文学掾。

琰、玠并典选举，其所举用皆清正之士，由是士以廉节自励。操闻之，叹曰："用人如此，使天下人人自治，吾复何为哉！"

已经拥有百万大军，挟持着天子来号令天下，我们确实不能和他争强斗胜。孙权占有江东，历经三代，那里地势险要，百姓归顺，贤能的人才为他所用，此人可以为外援，但不能谋取他。荆州北靠汉水、沔水，有利的地势直达南方诸郡，东面毗邻吴郡会稽，西部可以通往巴郡和蜀郡，这里正是用武之地，但刘表镇守不住，这大概是老天用来帮助将军的。益州地势险要，沃野千里，是天府之地，但益州牧刘璋软弱无能，张鲁抚守关中，人口众多，地方富足，却不知道抚慰爱惜民众，有才能的人都盼望遇上贤明的君主。将军既然是帝室的后代，信义闻名于四海，如果能同时占有荆州和益州，镇守险要的地方，西面与戎人和睦相处，南面安抚越族，对外结好孙权，对内修明政治，天下一旦发生变化，就命令一员上将军率领荆州的军队杀向宛（今河南南阳）、洛（今河南洛阳东北）之地，将军亲自率领益州的军队开出秦川（今陕西、甘肃二省渭河流域），百姓们谁敢不用箪盛着饭食、用壶装着酒浆来欢迎将军呢！果真如此，那么统一天下的大业就可以成功，汉朝王室也就可以复兴了。"刘备说："很好！"从此和诸葛亮的友情日益亲密。关羽、张飞对此很不高兴，刘备向他们解释说："我有了诸葛孔明，就像鱼儿得到水一样，希望各位不要再说什么了。"关羽、张飞不再怨有言。

司马徽为人高雅，能够鉴别人才。和他同县的庞德公平素名望很高，司马徽把他作为兄长对待。诸葛亮每次到庞德公家，一个人在床下拜见德公，德公开始也不阻止他。庞士元原名庞统，是庞德公的侄儿，幼年很朴实，没有人赏识他，只有庞德公和司马徽器重他。庞德公曾经比喻孔明是卧龙，士元是凤雏，德操（司马徽）是冰鉴，所以司马徽和刘备谈话时很称道诸葛亮和庞统。

【纲】建安十三年（戊子，208），春正月，孙权击败了江夏太守黄祖，并杀了他。

【纲】夏六月，撤销三公官，曹操自任丞相。　【目】曹操任命崔琰为西曹掾，毛玠为东曹掾，司马朗为主簿，司马朗的弟弟司马懿为文学掾。

崔琰、毛玠一起负责选举事宜，他们所举荐任用的都是清正之士，因此天下士人无不以清廉的节操自勉。曹操听说后感叹地说："像

懿少聪达，多大略。琰谓朗曰："君弟聪亮明允，刚断英特，非子所及也！"操闻而辟之，懿辞以风痹。操怒，欲收之，懿惧，就职。

【纲】秋七月，曹操击刘表。

【纲】八月，操杀大中大夫孔融，夷其族。【目】融恃其才望，数戏侮曹操，御史大夫郗虑承操旨，奏融"昔在北海，招合徒众，欲为不轨。又与祢衡更相赞扬。衡谓'仲尼不死'，融答'颜回复生'，大逆不道"。操遂收融，并其妻子皆杀之。

初京兆脂习与融善，每戒融刚直太过，必罹世患。及融死，许下莫敢收者。习往抚尸曰："文举舍我死，吾何用生为！"操收习，欲杀之，既而赦之。

【纲】刘表卒。九月，操至新野，表子琮举州降。【目】初，刘表二子，琦、琮。表为琮娶其后妻蔡氏之侄，蔡氏遂爱琮而恶琦。琦不自宁，与诸葛亮谋自安之术，亮不对。后乃与亮升楼，去梯，谓曰："今日上不至天，下不至地，言出子口，而入吾耳，可以言未？"曰："君不见申生在内而危，重耳居外而安乎？"琦意感悟，会黄祖死，琦求代其任，表乃以琦为江夏太守。表卒，琮嗣。未几，曹操军至，蒯越等曰："逆顺有大体，强弱有定势。以人臣而拒人主，逆道也；以新造之楚而御中国，必危也。"琮从之。操至新野，琮举州降，操遂进兵。

【纲】刘备奔江陵，操追至当阳，及之。备走夏口。【目】刘

这样用人，使天下的人都自己管理自己，我还有什么可做的呢？"

司马懿自小聪明通达，有智谋大略。崔琰对司马朗说："你的弟弟聪明机智，果断杰出，你是比不过他的。"曹操听说后就举荐司马懿，司马懿却以风湿脚痛推辞。曹操十分生气，想把他逮捕杀害，司马懿因害怕而就任职务。

【纲】秋七月，曹操进攻刘表。

【纲】八月，曹操斩杀大中大夫孔融及其家族。　　【目】孔融依恃自己的才能与名望，曾多次戏弄和侮辱曹操，御史大夫郗虑按照曹操的旨意，奏报孔融"从前任北海（治营陵县，今山东昌乐东南）相时，招集众徒，打算图谋不轨。又和祢衡互相吹捧，祢衡说孔融是'活着的孔子'，孔融说祢衡是'颜回复生'，他们大逆不道"。于是曹操捕杀孔融，并把他的妻子儿女全部杀掉。

当初，京兆人脂习和孔融关系友善，经常告诫孔融过于刚直，一定会招致大难。孔融被杀后，许都没有敢为孔融收葬的人。脂习去抚摸着孔融的尸体说："孔融留下我而死去，我为什么还要活着呢！"曹操逮捕脂习，想把他杀掉，不久赦免了他。

【纲】刘表去世。九月，曹操到达新野，刘表的儿子刘琮以荆州投降曹操。　　【目】当初，刘表有刘琦、刘琮两个儿子。刘表为刘琮娶了他自己后妻蔡氏的侄女，蔡氏因而喜欢刘琮而讨厌刘琦。刘琦心不自安，就与诸葛亮商量保全自己的办法，诸葛亮没有回答他。后来刘琦和诸葛亮一起登上高楼，然后让人把梯子拿掉，对诸葛亮说："现在上不至天，下不至地，话从你口中出来，进入我的耳朵里，可以说了吗？"诸葛亮说："你没有看到晋太子申生在国内处境危险，而他的弟弟重耳流亡国外却很安全的故事吗？"刘琦听后顿觉感悟，这时正遇上黄祖被杀，刘琦请求代替他的职务，于是刘表任命刘琦为江夏太守。刘表去世后，刘琮继任荆州牧。不久，曹操的军队到了荆州，蒯越等人都说："顺逆有大体，强弱有定势，以臣属的身份去抗拒君主，是一种叛逆的行为；用刚刚继承来的荆州来抵御朝廷，一定很危险。"刘琮接受了蒯越等人的劝说。曹操到了新野后，刘琮以荆州投降了曹操，曹操继续进军。

【纲】刘备逃到江陵，曹操追至当阳才赶上刘备。刘备又逃到夏

备屯樊，琮降而不以告备。久乃觉，则操已在宛矣。备乃大惊，或劝备攻琮，荆州可得。备曰："刘荆州临亡托我以孤遗，背信自济，死何面目以见刘荆州乎！"将其众去，过襄阳，呼琮；琮惧，不能起。琮左右及荆州人多归备。比到当阳，众十余万人，辎重数千两，日行十余里，别遣关羽乘船会江陵。或谓备宜速行保江陵，备曰："夫济大事必以人为本，令人归吾，吾何忍弃去！"　【目】曹操以江陵有军实，恐刘备据之，乃释辎重，将精兵急追之，及于当阳之长阪。备弃妻子，与诸葛亮、张飞、赵云等数十骑走。徐庶母为操所获，庶辞备，指其心曰："本欲与将军共图王霸之业者，以此方寸地也。今已失老母，方寸乱矣，无益于事，请从此别。"遂诣操。张飞拒后，据水断桥，瞋目横矛曰："身是张翼德也，可来共决死！"操兵无敢近者。云抱备子禅，与关羽船会，得济沔，遇刘琦众万余人，与俱到夏口。

　　【纲】操进军江陵。　【目】曹操进军江陵，释韩嵩之囚，以和洽、刘廙为掾属，从人望也。刘璋遣别驾张松致敬于操。松为人短小放荡，操已定荆州，走刘备，不存录松。松怨之，归劝璋绝操，与刘备相结，璋从之。

　　【纲】冬十月，曹操东下，孙权遣周瑜、鲁肃等与刘备迎击于赤壁，大破之。操引还。　【目】初，鲁肃言于孙权曰："荆州与国邻接，江山险固，沃野万里，士民殷富，若据而有之，此帝王之资也。肃请得奉命说刘备，使抚刘表众，同心一意，共治曹操；如其克谐，

口（在今湖北武汉黄鹄山上）。　【目】刘备驻扎在樊城（在今湖北襄樊），刘琮没有把投降的事告诉刘备，过了很长时间刘备才发觉，但曹操已经到达宛城。刘备大为吃惊，有人劝说刘备进攻刘琮，这样可以夺取荆州。刘备说："刘表临死时把他的儿子托付给我，如果背信弃义，自私自利，我死后有何面目去见刘表呢？"于是率领他的部下离开樊城，路过襄阳时，传唤刘琮，刘琮吓得不能起身。刘琮的左右亲信和荆州的人有许多都归附了刘备。到了当阳，刘备已拥有十多万人，几千辆辎重车，每天只能行军十多里，另外派遣关羽乘船到江陵会合。有人对刘备说应当赶快去坚守江陵，刘备说："成就大事一定要靠人为根本，现在人们归附我，我怎能忍心丢弃他们！"　【目】曹操认为江陵有很多军需物资，担心刘备先行占据，于是丢弃辎重，率领精锐军队急速追赶刘备，在当阳的长阪（今湖北当阳东北）追上了刘备。刘备抛下妻子儿子，和诸葛亮、张飞、赵云等数十人骑马脱逃。徐庶的母亲被曹操俘获，徐庶指着自己的胸口，向刘备告辞说："我本来打算和将军共图王霸大业，靠的是这方寸之心。现在已经失去老母，因而乱了方寸，留下也无济于事，请从此与将军离别。"于是投奔曹操。张飞在后面阻击曹军，据水断桥，他怒目横握长矛说："我是张翼德，可以过来决一死战！"曹操的士兵没有一个敢靠近张飞的。赵云抱着刘备的儿子刘禅，正好和关羽的船队相会，才渡过沔水，碰上刘琦率领着一万多人，和他们一起到达夏口。

　　【纲】曹操进军江陵。　【目】曹操进军江陵，从监狱里放出了韩嵩，任命和洽、刘廙为辅佐官吏，以顺从众人所望。刘璋派遣别驾张松向曹操致敬。张松身材短小但很放荡，曹操平定荆州，赶跑刘备后，也不存恤录用张松。张松怨恨曹操，回来后劝刘璋与曹操断绝关系，与刘备联合起来，刘璋听从了他的建议。

　　【纲】冬十月，曹操东下，孙权派遣周瑜、鲁肃等人和刘备在赤壁（在今湖北蒲圻西北赤壁山）一起迎击曹操，结果大破曹军，曹操率军北还。　【目】当初，鲁肃对孙权说："荆州和我国毗连，江山险固，沃野万里，百姓富足，如果能占据荆州，这是奠定帝王大业的基础。我鲁肃请求奉命去劝说刘备，让他安抚刘表的部属，同心同德，共同对抗曹

天下可定也。今不速往，恐为操所先。"权即遣肃行。到夏口，闻操已向荆州，晨夜兼道，比至南郡，而刘琮已降，肃遂迎备于当阳长阪。宣权旨，致殷勤之意。且曰："孙讨虏聪明仁惠，敬贤礼士，兵精粮多，足以立事。今为君计，莫若遣腹心自结于东，以共济世业。"备甚悦。进住樊口。

操将顺江东下。诸葛亮谓备曰："事急矣，请奉命求救于孙将军。"遂与肃俱诣孙权。见于柴桑，说曰："海内大乱，将军起兵江东，刘豫州收众汉南，与曹操并争天下。今操芟夷大难，略已平矣，遂破荆州，威震四海。英雄无用武之地，故豫州遁逃至此，愿将军量力而处之！若能以吴、越之众，与中国抗衡，不如早与之绝；若不能，何不按兵束甲，北面而事之！今将军外托服从之名，而内怀犹豫之计，事急而不断，祸至无日矣。"权曰："苟如君言，刘豫州何不遂事之乎？"亮曰："田横，齐之壮士耳，犹守义不辱；况刘豫州王室之胄，英才盖世，安能为之下乎！"权勃然曰："吾不能举全吴之地，受制于人。吾计决矣！非刘豫州莫可以当曹操者；然豫州新败，安能抗此难乎？"亮曰："豫州军虽败于长阪，今战士还者及关羽水军精甲万人，刘琦合江夏战士亦不下万人。曹操之众，远来疲敝，闻追豫州，轻骑一日一夜行三百余里，此所谓'强弩之末势不能穿鲁缟'者也。故《兵法》忌之，曰'必蹶上将军'。且北方之人，不习水战；又荆州之民附操者，逼兵势耳，非心服也。今将军诚能与豫州协规同力，破操军必矣。操军破，必北还；如此，则荆、吴之势强，鼎足之形成矣。成败之机，在于今日！"权大悦。

操,如果能达到这个目的,天下就可以平定。现在不赶快去,恐怕就会被曹操占先。"孙权听后就马上派遣鲁肃动身。鲁肃到达夏口时,听说曹操已经向荆州进发,于是日夜兼程,等他到了南郡,刘琮已经投降曹操。鲁肃就到当阳长阪迎接刘备。鲁肃向刘备传达了孙权的旨意,并向刘备殷勤致意。而且说:"孙权聪明仁惠,尊敬贤能,礼贤下士,军队精锐,粮食充足,足以成就大事。现在我为你打算,不如派遣心腹之人去江东和孙权联合,来共同建立大业。"刘备听后很高兴,进住樊口(在今湖北鄂城西)。

　　曹操将要顺江东下。诸葛亮对刘备说:"形势危急,我请求奉命向孙将军求援。"于是他和鲁肃一起到了孙权那里。诸葛亮在柴桑(今江西九江西南)见到了孙权,劝孙权说:"天下大乱,将军在江东起兵,刘备在汉南(汉水南岸)招募军队,都打算同曹操争夺天下。现在曹操已经消除大难,基本上平定了北方,又攻下了荆州,威震全国。英雄无用武之地,所以刘备才逃到这里,希望将军量力而行,采取相应对策:假如能用吴、越之众来和曹操抗衡,就不如及早与他断绝关系;如果不能,为什么不收起武器,向曹操称臣而侍奉他呢?现在将军表面上有服从曹操的名声,而内心却犹豫不定,在紧急关头不能当机立断,不久就会大祸临头。"孙权说:"如果像你所讲的,刘备怎么不投降侍奉曹操呢?"诸葛亮说:"田横不过是齐国的一个壮士,他尚且能坚守节义而不甘屈辱,何况刘备是王室的后代,英才盖世,怎么能屈居曹操之下呢?"孙权勃然大怒说:"我决不能拿整个东吴的土地受别人控制。我已经拿定主意!除刘备之外,再没有可以抵挡曹操的人,但是刘备刚刚打了败仗,怎么能抵抗强敌呢?"诸葛亮说:"刘备的军队虽然在长阪打了败仗,但是现在回来的士卒和关羽的水军共有精锐士卒一万人,刘琦联合的江夏士卒也不下一万人,曹操的军队远道而来,疲惫不堪,又听说追赶刘备的骑兵一天一夜行走三百余里,这就是所谓的'强弩之末势不能穿鲁缟'。所以《孙子兵法》上忌讳这样做,否则,'一定会损伤上将军'。况且北方的人们不熟习水战,再加上荆州的百姓归服曹操都是被兵力逼迫所致,并不心服。现在将军真的能和刘备同心协力,一定会打败曹操的军队,曹军失败必定要向北方撤退,这样荆州和东吴的力量就

时操遗权书曰:"近者奉辞伐罪,刘琮束手。今治水军八十万众,方与将军会猎于吴。"权以示群下,莫不失色。张昭等曰:"将军大势可以拒操者,长江也;今操得荆州水军,长江之险已与我共之矣,愚谓大计不如迎之。"鲁肃密言于权曰:"向察众人之议,专欲误将军,不足与图大事。愿早定大计。"

时周瑜受使至番阳,肃劝权召瑜还。瑜至,谓权曰:"操虽托名汉相,实汉贼也。将军割据江东,兵精足用,当横行天下,为国家除残去秽;况操自送死,而可迎之邪!请为将军筹之:今北土未平,马超、韩遂为操后患;而操舍鞍马,杖舟楫,与吴、越争衡;又今盛寒,马无藁草,驱中国士众远涉江、湖之间,不习水土,必生疾病。此数者用兵之患也,而操皆冒行之,将军禽操,宜在今日。瑜请得精兵数万人,进住夏口,保为将军破之!"权曰:"老贼欲废汉自立久矣,徒忌二袁、吕布、刘表与孤耳;今数雄已灭,惟孤尚存。孤与老贼,势不两立!君言当击,甚与孤合,此天以君授孤也。"因拔剑斫前奏案曰:"诸将吏敢有复言当迎操者,与此案同!"因抚瑜背曰:"公瑾,卿言至此,甚合孤心。子布、元表,各顾妻子,深失所望;独卿与子敬与孤同耳,此天以卿二人赞孤也。已选三万人,船粮战具俱办。卿与子敬、程公便在前发,孤当续发人众,多载资粮,为卿后援。"遂以周瑜、程普为左右督,与备并力逆操;以鲁肃为赞军校尉,助画方略。

刘备望见瑜船,乘单舸往见瑜,问:"战卒有几?"瑜曰:"三万

会增强，三足鼎立的局面就会形成。成功和失败的关键就在今天。"孙权听后很高兴。

当时曹操给孙权送信说："近来我奉命讨伐有罪之人，刘琮束手投降。现在我统率八十万水军，正要和将军在吴地一起打猎。"孙权拿着信让他的部下们看，无不惊慌失色。张昭等说："将军主要用来抵抗曹操的是长江，现在曹操拥有荆州水军，长江天险曹操和我们都占有，依我的愚见，不如迎降曹军。"鲁肃秘密地对孙权说："刚才我观察众人的议论，专门想耽误将军，不足以和他们共谋大事。希望早定大计。"

当时周瑜正受命出使番阳（今江西潘阳东），鲁肃劝孙权召回周瑜。周瑜回来后对孙权说："曹操虽然托名是汉朝的丞相，但实际是汉朝的贼臣，将军如果割据江东，军队精锐，足够使用，定当横行天下，为国家除残去秽。况且曹操是自己送死，怎么可以向他迎降呢？请求为将军筹划一下：现在北方尚未平定，马超、韩遂是曹操的后患，而曹操舍弃鞍马，使用舟楫，和吴、越来抗衡。再说，现在天气寒冷，马匹缺少草料，驱赶着中原的士卒远涉江、湖之间，士卒们不服水土，必生疾病。这几种情况是用兵者最忌讳的事，而曹操却冒险行动，将军擒获曹操，应该就在今日。我周瑜请求率领数万精兵，进驻夏口，保证为将军打败曹操。"孙权说："曹操这老贼想要废弃汉室而自立为帝蓄谋很久，只是顾忌袁绍、袁术、吕布、刘表和我而已。现在几位英雄已被消灭，只有我还健在。我和曹贼势不两立。你说应当抗击，很合我意，这是上天把你授予我的啊！"因而拔出剑来砍向面前的奏案说："诸位将吏如有敢再说迎降曹操的人与此案同！"然后抚着周瑜的后背说："周公瑾，你说到这种地步，非常合乎我的心意。张昭、秦松各自顾念妻子儿女，深失所望，只有你和鲁肃与我的想法一致，这是上天派你们俩来赞助我。现已挑选出三万士卒，船、粮、战具都已备齐。你和鲁肃、程普先前出发，我再继续派人出发，多多运载粮食、辎重，作为你的后援。"于是任命周瑜、程普为左右督，和刘备联合起来共同迎击曹操。任命鲁肃为赞军校尉，协助谋划战略。

刘备望见周瑜的船只后，就乘了一只独木船去见周瑜，问周瑜说：

人。"备曰："恨少。"瑜曰："此自足用，豫州但观瑜破之。"进与操遇于赤壁。

时操军已有疾疫。初一交战，操军不利，引次江北。瑜等在南岸，瑜部将黄盖曰："今寇众我寡，难与持久。操军方连船舰，首尾相接，可烧而走也。"乃取蒙冲斗舰十艘，载燥荻、枯柴，灌油其中，裹以帷幕，上建旌旗，豫备走舸，系于幕尾。先以书遗操，诈云欲降。时东南风急，盖以十舰最著前，中江举帆，余船以次俱进。操军吏士皆出营立观，指言盖降。去北军二里余，同时发火，火烈风猛，船往如箭，烧尽北船，延及岸上营落。顷之，烟焰张天，人马烧溺死者甚众。瑜等率轻锐继其后，雷鼓大进，北军大溃。操引军走，刘备、周瑜水陆并进，追至南郡。操军死者大半。操乃留曹仁守江陵，乐进守襄阳，引军北还。于是将士形势自倍，瑜乃渡江，屯北岸，与仁相拒。

【纲】十二月，刘备徇荆州江南诸郡，降之。 【目】刘备表刘琦为荆州刺史，引兵南徇武陵、长沙、桂阳、零陵，皆降。庐江营帅雷绪率部曲数万口归备。备以诸葛亮为军师中郎将，督诸郡赋税以充军实。

【纲】己丑，十四年，孙权表刘备领荆州牧。 【目】周瑜攻曹仁岁余，所杀伤甚众，仁委城走。权以瑜领南郡太守，屯江陵。会刘琦卒，权以备领荆州牧，周瑜分南岸地以给备。备立营于油口，改名公安。权以妹妻备。妹才捷刚猛，有诸兄风，侍婢百余人，皆执刀侍立，备每入，心常凛凛。

"有多少战士？"周瑜说："三万人。"刘备说："可惜太少。"周瑜说："这些足够使用了，你只管看我打败曹操吧！"于是进兵，在赤壁和曹操相遇。

这时曹操的军队里已发生疾疫。第一次交战，曹军不利，率军退到江北。周瑜等人在长江南岸，周瑜的部将黄盖说："现在敌众我寡，难于和他们持久作战。曹操正把船舰首尾相连在一起，可以用火攻的方法把他打跑。"于是选用了十艘战舰，装满干燥的柴草、苇荻，中间灌上油脂，外面用帷幕包起来，上面插上旌旗，将事先准备好的快舸，系在大船的后面。一切就绪后，先派人送信给曹操，假装说想投降。当时东南风正急，黄盖以十艘战舰排在最前面，驶到江心时升起船帆，其他的船按照顺序一起前进。曹军将士都走出营房站着观看，用手指着船说黄盖来投降。在离曹军二里多远时，十艘战舰同时点火，火烈风猛，像箭一般驶向曹军，把曹军的船只全部烧光，火势蔓延到岸上的曹军营垒。不一会儿，火焰冲天，曹军人马有很多被烧死或淹死。周瑜等人率领轻装精锐的军队跟在后面，鼓声大震，奋勇前进，曹军大败。曹操率军逃走，刘备、周瑜率军水陆并进，一直追到南郡。曹军有一多半士卒死去。曹操留下曹仁镇守江陵，乐进镇守襄阳，自己率军返回北方。这时，南军士气倍增，周瑜于是渡过长江，驻扎在北岸，与曹仁对峙。

【纲】十二月，刘备夺取了荆州等江南诸郡，各郡都投降了刘备。
【目】刘备上表推荐刘琦为荆州刺史，率兵向南夺取武陵郡（治临沅县，今湖南常德西）、长沙郡（治临湘县，今湖南长沙南）、桂阳郡（治彬县，今湖南郴县）、零陵郡（治泉陵县，今湖南零陵北），四郡全部投降。庐江营帅雷绪率领数万部属归降了刘备。刘备任命诸葛亮为军师中郎将，督察各郡，并征收各郡赋税来供给军队使用。

【纲】建安十四年（己丑，209），孙权上表请求刘备兼任荆州牧。　【目】周瑜进攻曹仁一年多时间，杀伤曹军很多人，曹仁弃城逃走。孙权任命周瑜兼任南郡太守，驻扎在江陵。这时正好遇上刘琦去世，孙权任命刘备兼任荆州牧，周瑜分出长江南岸的部分地区交给刘备。刘备在油口（在今湖北公安北）安营扎寨，并改名为公安。孙权把妹妹嫁给刘备。孙权的妹妹才思敏捷，刚强勇猛，具有她几位哥哥的

曹操密遣辩士蒋干，布衣葛巾私行说周瑜。瑜出迎，立谓之曰："子翼良苦，远涉江、湖，为曹氏作说客邪！"因延干，与周观营中，行视仓库、军资、器仗讫，还饮宴，因谓干曰："丈夫处世，遇知己之主，外托君臣之义，内结骨肉之恩，言行计从，祸福共之，假使苏、张复生，能移其意乎！"干但笑，终无所言。还白操，称瑜雅量高致，非言辞所能间也。

【纲】庚寅，十五年，冬，曹操作铜爵台于邺。

【纲】十二月，操让还三县。【目】操下令曰："孤始于谯东五十里筑精舍，欲秋夏读书，冬春射猎，为二十年规，待天下清乃出仕耳。然不能如意，征为典军校尉，意遂更欲为国家讨贼立功，使题墓道言'汉故征西将军曹侯之墓'，此其志也。遭值董卓之难，兴举义兵。破降黄巾，又讨击袁术，摧破袁绍，枭其二子；复定刘表，遂平天下。身为宰相，人臣之贵已极，意望已过矣。设使国家无有孤，不知当几人称帝，几人称王。或者见孤强盛，妄相忖度，言有不逊之志，每用耿耿，然欲孤便尔委兵归国，实不可也。何者？诚恐离兵为人所祸，既为子孙计，又已败则国家倾危，是以不得慕虚名而处实祸也！然封兼四县，食户三万，何德堪之！今上还阳夏、拓、苦三县，户二万，但食武平万户，且以分损谤议，少减孤之责也！"

【纲】孙权南郡守将周瑜卒，权以鲁肃代领其兵。【目】刘表故吏士多归刘备，备以周瑜所给地少，不足以容其众，乃自诣孙权，

风度，她有一百多名奴婢，都持刀侍立，刘备每次进入时，心里都很害怕。

曹操秘密派遣辩士蒋干穿戴布衣葛巾，用私事去劝说周瑜。周瑜出门迎接，站在那里对蒋干说："蒋子翼很辛苦，远涉江、湖，是为曹氏来做说客的吧！"请蒋干进去，和他一起观看了军营，在看完仓库、军资、武器后，回来请他宴饮，因而对蒋干说："大丈夫处世，遇到知己的君主，表面上是君臣关系，内心上却结为骨肉之亲，言听计从，有福同享，有难同当，即使是苏秦、张仪起死回生，又怎么改变他的主意呢？"蒋干听后只是笑了笑，最终也没有说什么话。蒋干回去后，把这些情况告诉了曹操，赞扬周瑜很有雅量，不是言辞所能挑拨离间的。

【纲】建安十五年（庚寅，210），冬季，曹操在邺城修建铜爵台。

【纲】十二月，曹操把他的封地退回三个县。　【目】曹操下令说："我当初在谯县（今安徽亳县）以东五十里的地方修建一座精舍，打算在秋夏季节读书，在冬春季节打猎，这样生活二十年，等到天下平定以后再出来当官。但未能如愿，被征召为典军校尉，于是又改变了主意，想为国家讨贼立功，想让我的墓道碑上题写上'汉故征西将军曹侯之墓'的字样，这就是我的志向。后来正遇上董卓发难，我就带头兴起义兵。打败并降服了黄巾军，又讨伐了袁术，攻灭了袁绍，把他的两个儿子斩首示众。后来又消灭了刘表，天下平定。我身为宰相，已达到了臣子最高贵的地位，超过了我的愿望。假如皇帝没有我，不知道有多少人称帝，多少人称王。有人看到我强盛起来，就胡乱忖度，说我有篡夺帝位的野心，每当想到这些，我心中就感到不安，然而想让我立即把兵权交给国家，这确实是不可能的。为什么呢？我确实担心离开军队会被人所害，既要为子孙考虑，又因为我失败了国家就会危亡，所以不能只图虚名而实际上受到祸害！然而我有四个县的封地，食邑三万户，我有什么德行能配得上这些呢！现在我向上交回阳夏（今河南太康）、柘（今河南柘城北）、苦（今河南鹿邑东）三县的二万户，只享受武平（今河南鹿邑西北）一万户食邑，以此来减少对我的诽谤和讥议，减少对我的责备。"

【纲】孙权南郡守将周瑜去世，孙权任命鲁肃代领他的军队。【目】刘表原来的将士多数归属了刘备，刘备认为周瑜给他的土地很

求都督荆州。瑜上疏曰:"刘备以枭雄之姿,而有关羽、张飞熊虎之将,必非久屈为人用者。恐蛟龙得云雨,终非池中物也!"权不从。备还,乃闻之,叹曰:"天下智谋之士,所见略同。前时孔明谏孤莫行,其意亦虑此也。"瑜诣京见权,曰:"今曹操新败,忧在腹心,未能与将军连兵相事也。乞与备威俱进,取蜀而并张鲁,因留奋威固守其地,与马超结援,瑜还与将军据襄阳以蹙操,北方可图也。"权许之。周瑜还治行装,道病困,与权笺曰:"今曹操在北,疆场未静;刘备寄寓,有似养虎;此朝士旰食之秋,至尊垂虑之日也。鲁肃忠烈,临事不苟,可以代瑜。倘所言可采,瑜死不朽矣!"卒于巴丘。权闻之,哀恸曰:"公瑾有王佐之才,今忽短命,孤何赖哉!"为子登娶其女;而以女妻其子循、胤。

初,程普以年长,数陵侮瑜,瑜折节下之,终不与校。普后自敬服,乃告人曰:"与公瑾交,若饮醇醪,不觉自醉。"

权以肃代瑜。肃劝权以荆州借刘备,与共拒曹操,权从之。

初,权谓吕蒙曰:"卿今当涂掌事,不可不学!"蒙辞以军中多务。权曰:"孤岂欲卿治经为博士邪!但当涉猎,见往事耳。卿言多务,孰若孤?孤常读书,自以为大有所益。"蒙乃始就学。及肃过浔阳,与蒙议论,大惊曰:"卿今者才略,非复吴下阿蒙!"蒙曰:"士别三日,即更刮目相待,大兄何见事之晚乎!"肃遂拜蒙母,结友而去。

少,不足以容纳下他的部属,就亲自到孙权那里,请求统领荆州。周瑜上书说:"刘备是一个骁悍雄杰,又有关羽、张飞熊虎二将,一定不是会长久委屈被人所用的人。恐怕有朝一日蛟龙得到云雨,最终不是池中的东西。"孙权没有听从他的意见。刘备回来后听说这件事情,叹息说:"天下有智谋的英雄所见略同。从前孔明劝我不要去,他的意思也是考虑到这些。"周瑜到京口(今江苏镇江东南丹徒镇)拜见孙权,说:"现在曹操刚刚被打败,正忧心忡忡,不可能与将军连兵共事,请求和奋威将军孙瑜一起前进,夺取西蜀吞并张鲁,然后留下孙瑜坚守那里,和关中的马超连结互援,我回兵和将军一起占据襄阳,紧逼曹操,这样北方就可以图谋夺取了。"孙权同意他的意见,周瑜回去整治行装,在路上得了重病,写信给孙权说:"现在曹操在北,战争尚未平息,刘备寄居在这里,就像家中养了只老虎一样,这是朝廷将士们奋发忘食之时,也是您长思熟虑之日。鲁肃为人忠烈,临事不苟,可以代替周瑜,如果我的建议可以采纳,我周瑜虽死不朽!"周瑜死在巴丘(今湖南岳阳西南)。孙权听说周瑜去世的消息,非常悲痛地说:"周公瑾有辅佐帝王的才能,现在忽然短命而死,我依靠谁呢?"后来孙权为他的儿子孙登娶了周瑜的女儿为妻,而把自己的两个女儿嫁给周瑜的两个儿子周循、周胤为妻。

当初,程普依仗年龄比较大,曾多次欺负周瑜;周瑜屈己下人,始终不和程普计较。后来程普很尊敬佩服周瑜,于是告诉别人说:"和周公瑾交往,就像喝了美酒一般,不觉自醉。"

周瑜让鲁肃代替了周瑜的职务。鲁肃劝孙权把荆州借给刘备,和刘备共同抗拒曹操,孙权听从了他的意见。

当初,孙权对吕蒙说:"现在你掌管大权,不能不学习!"吕蒙以军中事情多为托辞。孙权说:"我难道是让你学习经书做博士吗?只要大概涉猎一下,从中了解一些往事就可以了,你说你事务繁多,谁象我这样忙呢?我经常读书,我认为大有好处。"吕蒙这才开始读书。到鲁肃经过浔阳(今江西九江)时,与吕蒙一起议论一些事情,鲁肃非常惊讶地说:"你今天的才略,已不是过去吴下的阿蒙了!"吕蒙说:"士别三日,就当刮目相看,老兄怎么这么晚才发现这件事呢?"鲁肃于是拜见了吕

【纲】刘备以庞统为治中从事。 【目】刘备以庞统守耒阳令，不治，免。鲁肃遗备书曰："士元非百里才也，使处治中、别驾之任，始当展其骥足耳！"诸葛亮亦言之。备与统谭，大器之，遂用统为治中，亲待亚亮。

【纲】辛卯，十六年，春正月，曹操以其子丕为五官中郎将，为丞相副。

【纲】三月，遣钟繇击张鲁。

【纲】马超、韩遂等反。秋，曹操击破之。 【目】初，操遣钟繇讨张鲁，而使夏侯渊等出河东，与繇会。关中诸将疑之，马超、韩遂等十部皆反，其众十万，屯据潼关。秋，操自将击破之，遂、超奔凉州。操追至安定而还。诸将问曰："初，贼守潼关，渭北道缺，不从河东击冯翊而反守潼关，引日而后北渡，何也？"操曰："若吾入河东，贼必引守诸津，则西河未可渡，吾故盛兵向潼关；使贼悉众南守，而西河之备虚，故吾得取西河；然后引军北渡，贼不能与吾争。连车树栅，为甬道而南，既为不可胜，且以示弱。渡渭为坚垒，虏至不出，所以骄之也；故贼不为营垒而求割地。吾顺言许之，使不为备，因畜士卒之力，一旦击之，所谓疾雷不及掩耳。兵之变化，固非一道也。"乃留夏侯渊屯长安。以张既为京兆尹。招怀流民，兴复县邑。

【纲】冬，刘璋遣使迎刘备。备留兵守荆州而西。璋使备击张

蒙的母亲，并和吕蒙结为朋友就离开了。

【纲】刘备任命庞统为治中从事。　　【目】刘备任命庞统为耒阳县（今湖南耒阳）县令，结果没有治理好，被免职。鲁肃给刘备送去一封信说："庞士元不是治理百里之县的小才，让他担任治中、别驾的职务，才能施展出他千里马的才能来。"诸葛亮也这样讲庞统。刘备找庞统谈话后很器重他，于是任命庞统为治中，刘备对待庞统仅次于诸葛亮。

【纲】建安十六年（辛卯，211），春三月，曹操任命他的儿子曹丕为五官中郎将，为丞相的副职。

【纲】三月，派遣钟繇去进攻张鲁。

【纲】马超、韩遂等人反叛曹操。秋季，曹操打败了他们。　　【目】当初，曹操派遣钟繇去讨伐张鲁，而派夏侯渊等从河东郡（治安邑县，今山西夏县西北）出发，与钟繇会合。关中的将领们对此事起了疑心，于是马超、韩遂等十部都反叛了曹操，他们共有十万士卒，驻扎在潼关（在今陕西潼关东南）。秋季，曹操亲自率军打败了他们，韩遂、马超逃到凉州（治陇县，今甘肃张家川）。曹操一直追击到安定郡（治临泾县，今甘肃镇原南）才返回。诸位将领问曹操说："当初敌军据守潼关，渭水北面的道路缺而不备，而你不从河东进攻冯翊郡（治临晋县，今陕西大荔），反而据守潼关，过些日子又北渡黄河，这是为什么呢？"曹操说："如果我们进入河东，敌人就一定会率军据守各个渡口，那么我们就渡不过西河，所以我就把大军开向潼关，使敌军全部人马向南坚守，这样西河方面的防备就会空虚，所以我才能夺取西河，然后再率军北渡，敌人不能和我军抗争。我用车辆树起栅栏，在黄河边上向南修筑甬道，这样既造成了敌方无法取胜的条件，而且向敌人示弱。渡过渭河后修建了营垒，敌人来挑战我们坚守不出，这是为了使敌人产生骄傲情绪，所以敌人就不顾修建营垒而只求占领地盘。我顺从地答应他们的要求，使他们没有任何防备，我们则因此养精蓄锐，一旦向他们发起进攻，就像所说的迅雷不及掩耳一般。战争千变万化，本来就不是一种方法。"于是留下夏侯渊驻扎在长安；任命张既为京兆尹，让他招集安抚流亡的百姓，重新振兴各县邑。

【纲】冬季，刘璋派遣使者去迎接刘备。刘备留下一些军队坚守

鲁。【目】扶风法正为刘璋军议校尉,璋不能用,正邑邑不得志。别驾张松与正善,亦自负其才,忖璋不足与有为,因劝璋结刘备,璋曰:"谁可使者?"松乃举正。正辞谢,佯为不得已而行。还,为松说备有雄略,密议奉戴以为州主。会钟繇欲向汉中,璋惧。松因说曰:"曹公兵无敌于天下,若因张鲁之资以取蜀土,谁能御之!刘豫州,使君之宗室而曹公之深仇也,善用兵;若使之讨鲁,鲁必破。鲁破,则益州强,曹公虽来,无能为也!"璋然之,遣正迎备。主簿黄权、从事王累俱谏,璋一无所纳。

正至荆州,阴说备取益州,备疑未决。庞统曰:"荆州荒残,人物殚尽,难以得志。今益州户口百万,土沃财富,诚得以为资,大业可成也!"备曰:"今指与吾水火者,曹操也。操以急,吾以宽;操以暴,吾以仁;操以谲,吾以忠:每与操反,事乃可成耳。今以小利而失信义于天下,奈何?"统曰:"逆取顺守,古人所贵。若事定之后,封以大国,何负于信!今日不取,终为人利耳。"备以为然。乃留诸葛亮、关羽等守荆州,自将步卒数万而西。巴郡太守严颜拊心叹曰:"此所谓'独坐穷山,放虎自卫'者也。"备至涪,璋率兵三万往会之。增备兵,厚加资给,使击张鲁。备比到葭萌,厚树恩德,以收众心。

【纲】壬辰,十七年,春正月,曹操还邺,赞拜不名,入朝不趋,剑履上殿。

【纲】秋七月,孙权徙治建业。【目】初,张纮以秣陵山川形

荆州，而他西去。刘璋派刘备进攻张鲁。　【目】扶风（今陕西兴平东南）人法正是刘璋的军议校尉，但刘璋不重用他，法正忧郁不得志。别驾张松和法正关系很好，他也自认为很有才能，考虑到刘璋和他不足以有所作为，便劝刘璋交结刘备，刘璋说："谁可以作为使者？"张松就推荐法正，法正推辞谢绝，假装是不得已才去。回来以后，法正对张松说刘备有雄才大略，于是偷偷地议论想迎接刘备为益州牧。正好这时钟繇打算进攻汉中，刘璋感到害怕。张松趁机劝他说："曹操的军队无敌于天下，如果他利用张鲁的物资再夺取蜀地，谁能抵御住他？刘备是您的同宗室人，是曹公的仇敌，他善于用兵，如果能派他讨伐张鲁，张鲁必败无疑。张鲁被打败后，益州势力就会强盛，曹公虽然来犯，也无能为力。"刘璋同意了他的看法，就派法正去迎接刘备。主簿黄权、从事王累一起劝说刘璋不要迎接刘备，刘璋对他们的建议概不采纳。

　　法正到荆州以后，暗中劝刘备夺取益州，刘备犹豫未决。庞统说："荆州荒凉残破，缺乏人才，难以得志。现在益州有一百万户口，土地肥沃，财产丰富，如果能得到益州并把它作为资本，大业可以成功！"刘备说："现在与我水火不相容的人就是曹操。曹操性急我宽容，曹操凶暴我仁慈，曹操奸诈我忠厚，一切和曹操相反，事情才能成功。现在为了贪图小利而在天下失去了信义，怎么办呢？"庞统说："逆取顺守，这是古人所崇尚的方法。如果事情成功以后，把大国分封给刘璋，怎么能说是违背信义呢！现在不去夺取，最终会被别人得利。"刘备认为他讲的很对。于是留下诸葛亮、关羽等人坚守荆州，亲自率领数万步兵向西开进。巴郡（治江州县，今四川重庆北）太守严颜摸着胸脯叹息说："这正是所谓'独坐穷山，放虎自卫'啊！"刘备到达涪县（今四川绵阳东）后，刘璋率领三万士卒去和刘备相会，给刘备增加士卒，补充丰厚的物资，让他去进攻张鲁。等刘备到达葭萌（今四川广元西南）后，对士卒广施恩德，以此来收买众心。

　　【纲】十七年（壬辰，212），春正月，曹操回到邺城，皇帝下令，曹操朝拜天子时司仪者不直呼其名，只称官职，上朝时不用小步快走，可以佩剑穿鞋上殿。

　　【纲】秋七月，孙权将治所迁到建业（今江苏南京）。　【目】当初，

胜,劝孙权以为治所,刘备亦劝权居之。权于是作石头城,徙治秣陵,改号建业。

【纲】权作濡须坞。 【目】吕蒙闻曹操欲东兵,说孙权夹濡须水口立坞。权从之。

【纲】冬十月,曹操击孙权,至濡须,侍中、光禄大夫、参军事荀彧自杀。 【目】董昭言于操曰:"自古以来,人臣匡世,未有今日之功;有今日之功,未有久处人臣之势者也。今明公耻有惭德,乐保名节;然使人以大事疑己,诚不可不重虑也。"乃与诸将议,以丞相宜进爵国公,九锡备物,以彰殊勋。荀彧以为:"曹公本兴义兵以匡朝宁国,秉忠贞之诚,守退让之实;君子爱人以德,不宜如此。"操由是不悦。及击孙权,表请彧劳军于谯,因辄留彧,以侍中、光禄大夫、持节、参丞相军事。操向濡须,彧以病留寿春,饮药而卒。彧行义修整而有智谋,好推贤进士,故时人皆惜之。

【纲】十二月,刘备据涪城。 【目】备在葭萌,庞统言于备曰:"今阴选精兵,昼夜兼道,径袭成都,一举便定,此上计也。杨怀、高沛,璋之名将,各仗强兵,据守关头,闻数谏璋,使遣将军还荆州;将军遣与相闻,说荆州有急,欲还救之,二子喜,必来见,因此执之,进取其兵,乃向成都,此中计也。还退白帝,连引荆州,徐还图之,此下计也。若沉吟不去,将至大困,不可久矣。"备然其中计。召怀、沛斩之,勒兵径至关头,并其兵,进据涪城。

【纲】癸巳,十八年,春正月,曹操引兵还。 【目】操进军濡须口,号四十万,孙权率众七万御之,相守月余。操见其舟船、器仗、军

张纮认为秣陵山川形胜，劝孙权把这里定为治所，刘备也劝孙权徙居那里。孙权于是在那里修建石头城，把治所迁到秣陵，后改名建业。

【纲】孙权修建濡须坞（又名偃月城）。　【目】吕蒙听说曹操打算向东进军，就劝孙权在濡须水渡口的两岸修筑垒壁。孙权听从了他的意见。

【纲】冬十月，曹操进攻孙权，到达濡须水口后，侍中、光禄大夫、参军事荀彧自杀。　【目】董昭对曹操说："自古以来，作为大臣拯救国家，没有今日的功劳，有今日的功劳，而没有久居大臣地位的。现在我明白您以行事有缺点为耻，乐于保持名誉和节操，然而让人们因为大事而对自己产生怀疑，确实不能不深加考虑。"于是董昭就和各位将领商议，认为丞相曹操应当升为国公，皇帝应该厚加九锡，来表彰他特殊的功勋。荀彧认为："曹操发起义兵本是为了拯救国家、安定天下，他怀有忠贞之心，严守退让之礼，君子以德爱人，不应当这样。"曹操因此很不高兴。到进攻孙权时，曹操上表请求荀彧到谯县来慰劳军队，因此就把荀彧留了下来，任命他为侍中、光禄大夫、持节、参丞相军事。曹操向濡须开进时，荀彧因病留在寿春，服毒药而死。荀彧行为端正而有智谋，喜欢推荐贤能人才，所以当时的人都为他惋惜。

【纲】十二月，刘备占据了涪城。　【目】刘备在葭萌时，庞统对刘备说："现在秘密挑选一些精锐部队，日夜兼程，直接袭击成都，一举成功，这是上等策略。杨怀、高沛是刘璋的名将，各自都领着强兵，据守在关头（即白水关，今四川广元西北白水街），听说他们曾多次劝说刘璋，派人把将军送回荆州。将军应当派人去告诉他们，说荆州有急事，想回去援救，他们两人必定会很高兴地来拜见您，乘机把他们捉住，进一步夺取他们的军队，再向成都进发，这是中等策略。退回白帝城（在今四川奉节东白帝山上），和荆州联合起来，再慢慢地图谋他们，这是下等策略。如果还犹豫不决地待在这里，不久将会降临大难。"刘备赞同他的中等策略，就召来杨怀、高沛，杀了他们，率兵直抵关头，吞并了他们的军队，进兵占据了涪城。

【纲】建安十八年（癸巳，213），春正月，曹操率军返回北方。
【目】曹操进军濡须口，号称有四十万大军，孙权率领七万士卒抵御曹

伍整肃,叹曰:"生子当如孙仲谋;如刘景升儿子,豚犬耳!"操撤军还。

【纲】夏五月,曹操自立为魏公,加九锡。

【纲】刘璋遣将吴懿等拒刘备,败绩,皆降。备进围雒城。

【纲】秋七月,魏始建宗庙、社稷。

【纲】魏公操纳三女为贵人。

【纲】甲午,十九年,春三月,魏公操进位诸侯王上。

【纲】夏五月,雨水。

【纲】闰月,马超奔刘备。备入成都,自领益州牧,以诸葛亮为军师将军。　【目】诸葛亮留关羽守荆州,与张飞、赵云将兵溯流克巴东。破巴郡,获太守严颜,飞呵颜曰:"何以不降?"颜曰:"卿等无状,侵夺我州。我州但有断头将军,无降将军也!"飞壮而释之,引为宾客。分遣云从外水定江阳、犍为,飞定巴西、德阳。

庞统中流矢,卒。雒城溃,备进围成都。亮、飞、云引兵来会。

马超知张鲁不足与计事,亦来请降,备令引军屯城北。时刘璋城中尚有精兵三万人,谷帛支一年,吏民咸欲死战。璋言:"父子在州二十余年,无恩德以加百姓。何心能安!"遂开城出降,备迁璋于公安,尽归其财物。备入成都,自领益州牧,以诸葛亮为军师将军。

初,璋迎备,刘巴谏曰:"备,雄人也,入必为害。"既入,巴复谏曰:"若使备讨张鲁,是放虎于山林也。"璋不听,巴闭门称疾。备

军，两军相持一个多月。曹操看见孙权军队的战船、武器、队伍都很严整，叹息说："生儿子就应当像孙仲谋一样，像刘表的儿子刘琦、刘琮，如同猪狗一般。"曹操于是率军返回北方。

【纲】夏五月，曹操自立为魏公，献帝加赐九锡。

【纲】刘璋派遣将军吴懿等人抵御刘备，结果大败，都投降了刘备。刘备进军包围了雒城（今四川广汉）。

【纲】秋七月，魏国开始修建宗庙、社稷坛。

【纲】魏公曹操把三个女儿进献给献帝，被封为贵人。

【纲】建安十九年（甲午，214），春三月，魏公曹操的爵位提升到诸侯王之上。

【纲】夏五月，天降雨水。

【纲】闰五月，马超投奔了刘备。刘备进入成都，亲自兼任益州牧，任命诸葛亮为军师将军。　　【目】诸葛亮让关羽留守荆州，他和张飞、赵云率军逆水而上攻下巴东郡（治鱼复县，今四川奉节东）。攻破巴郡，俘获巴郡太守严颜，张飞呵斥严颜说："你为什么不投降？"严颜说："你们没有理由来夺取我州。我州只有断头将军，没有投降将军！"张飞佩服严颜胆气壮烈，因而释放了他，作为自己的宾客。诸葛亮分别派遣赵云从外水（即今四川成都府河及其下游岷江）去平定江阳郡（治江阳县，今四川泸州）、犍为郡（治武阳县，今四川眉山县东北），派张飞去平定巴西郡（治阆中县，今四川阆中西北）、德阳县（今四川梓潼北）。

庞统被流箭射死。刘备攻破雒城，进而包围了成都。诸葛亮、张飞、赵云都率军前来相会。

马超深知张鲁不能和他共谋大事，也来请求投降，刘备让他率领军队驻扎在城北。当时，刘璋在城中还有三万精兵，粮食和衣物还能够一年使用，官吏和百姓们都想决一死战。刘璋说："我们父子在益州已有二十余年，没有给百姓们带来什么恩德，怎么能安心呢？"于是开城出降。刘备把刘璋安置在公安，全部归还他的财物。刘备进入成都，亲自兼任益州牧，任命诸葛亮为军师将军。

当初，刘璋迎接刘备时，刘巴劝刘璋说："刘备是个特殊的人，进来后一定会成为祸害。"刘备进入蜀地后，刘巴又劝刘璋说："如果派刘备

攻成都，令军中曰："有害巴者，诛及三族。"及得巴，甚喜，以为西曹掾。

时，益州郡县皆望风景附，独黄权闭城坚守，须璋稽服，乃降。备以为将军。李严，本璋所授用；吴懿、费观等，璋之婚亲；彭羕，璋所摈弃；备皆处之显任，尽其器能，有志之士，无不竞劝，益州之民，是以大和。军用不足，备以为忧，刘巴请铸直百钱，平诸物价，令吏为官市。备从之。数月之间，府库充实。

法正一飡之德，睚眦之怨，无不报复。或谓诸葛亮曰："法正太横，宜稍抑之。"亮曰："主公之在公安也，北畏曹操，东惮孙权，近则惧孙夫人生变于肘腋。法孝直为之辅翼，令翻然翱翔，不可复制。今奈何禁止孝直，使不得少行其意邪！"

亮治颇尚严峻，人多怨者。法正谓曰："昔高祖入关，约法三章，秦民知德。愿君缓刑弛禁，以慰此州之望。"亮曰："君知其一，未知其二。秦以无道，政苛民怨，匹夫大呼，天下土崩；高祖因之，可以弘济。刘璋暗弱，德政不举，威刑不肃，君臣之道，渐以陵替。宠之以位，位极则贱；顺之以恩，恩竭则慢。所以致敝，实由于此。吾今威之以法，法行则知恩；限之以爵，爵加则知荣。荣恩并济，上下有节，为治之要，于斯著矣。"

备以蒋琬为广都长，不治，大怒。亮请曰："蒋琬社稷之器，非百里之才也。其为政以安民为本，不以修饰为先，愿主公重加察之。"备雅敬亮，乃不加罪。

去讨伐张鲁,这就如同放虎归山。"刘璋没有听从刘巴的劝说,刘巴称病闭门不出。刘备进攻成都时,向军中下令说:"有伤害刘巴的人,诛灭他们的三族。"等到得到刘巴以后,刘备非常高兴,任命他为西曹掾。

当时益州郡县闻风都如影随形般地投降了刘备,只有黄权闭城坚守,待到刘璋稽首降服,黄权才向刘备投降。刘备任命黄权为将军。李严本是刘璋重用的人,吴懿、费观等是刘璋的姻亲,彭羕是刘璋所排斥的人;刘备都把他们安排在显贵的职位上,各尽其能。有志之士,无不争相效力,益州的百姓因此十分和睦。当军用不足时,刘备十分担忧,刘巴请求铸造面值百钱的货币,用来平衡物价,又命令官吏开设官市贸易。刘备采纳了刘巴的建议。数月之间,官府的仓库就得到充实。

法正对于有过一顿饭的恩德,或有瞪一眼的仇恨,无不报复。有人对诸葛亮说:"法正太蛮横,应当对他稍加限制。"诸葛亮说:"主公刘备在公安的时候,北畏曹操,东怕孙权,近惧孙夫人在身边生乱。法孝直为主公辅佐羽翼,使他能自由翱翔,不再受别人限制。现在怎么能够禁止法孝直,使他不能稍微随心所欲呢?"

诸葛亮在管理方面很崇尚严刑峻法,有很多人都怨恨他。法正对诸葛亮说:"从前汉高祖入关时曾约法三章,秦地的百姓们深知对他们的恩德。希望您能放宽刑法和禁令,以此来抚慰本州怨望。"诸葛亮说:"你只知其一,不知其二,秦王朝残酷无道,政令苛刻,百姓怨恨,所以一人高呼,天下土崩瓦解。因此,高祖可以广泛救助危难。刘璋糊涂软弱,德政得不到施行,刑罚失去威严,君臣之道日渐零落。用高位来宠爱于人,爵位至高反而受人轻视;用恩惠来顺从于人,恩惠施尽反而受人怠慢。确实是因此才导致了失败。我们现在要用法令来显示威严,执行法令人们就知道恩德;要用爵位来限制官吏,得到爵位的人就会感到荣耀。荣誉和恩德一起施行,使得上下有一定的法度。在这里充分显示了治理国家的关键。"

刘备任命蒋琬为广都县(今四川成都东南)长,由于治理不善,刘备十分生气。诸葛亮为蒋琬请求说:"蒋琬有治理国家的大才,而没有治理百里小县的才能,他为政的方法是以安民为本,不重视华而不实的东西,希望你能对他重加考察。"由于刘备很尊敬诸葛亮,才没有治蒋琬

【纲】秋七月，魏公操击孙权。 【目】操留少子植守邺，以邢颙为植家丞。颙防闲以礼，无所屈挠，由是不合。庶子刘桢美文辞，植亲爱之。桢曰："君侯采庶子之春华，忘家丞之秋实。为上招谤，其罪不小，愚实惧焉。"

【纲】魏荀攸卒。 【目】攸深密有智防，谋谟帷幄，时人及子弟莫知其所言。操尝称："荀文若之进善，不进不休；荀公达之去恶，不去不止。"又称："二荀论人，久而益信，吾没世不忘。"

【纲】冬十一月，魏公操弑皇后伏氏及皇子二人。 【目】初，董承女为贵人，操诛承，求贵人杀之。帝以贵人有妊为请，不得。伏后惧，与父完书，令密图之。至是，事泄，操使郗虑持节策收皇后玺绶，以尚书令华歆为之副，勒兵入宫，收后。后闭户，藏壁中。歆坏户发壁，就牵后出。时帝在外殿，后被发、徒跣、行泣，过诀曰："不能复相活邪？"帝曰："我亦不知命在何时！"顾谓虑曰："郗公，天下宁有是邪！"遂将后下暴室，以幽死；所生二皇子，皆鸩杀之。

的罪。

【纲】秋七月，魏公曹操进攻孙权。　【目】曹操留下小儿子曹植驻守邺城，任命邢颙为曹植的家丞。邢颙按照礼仪来要求曹植，对曹植从来不屈从以退让，因此两人合不来。庶子刘桢文章写得很好，曹植很亲近和喜欢他。刘桢说："君侯你注意学习庶子我的文采，却忘记学习家丞教你的品行，给魏公招来诽谤，这罪过是不小的，我确实感到害怕。"

【纲】魏国荀攸去世。　【目】荀攸深沉有智计，运筹帷幄，当时的人和他的子弟都不明白他的言论。曹操曾称赞说："荀彧进献好建议，不被采纳不罢休；荀攸阻止错误，阻止不了不休止。"又称赞说："二荀对人的评论，时间长了就更加使人信服，我终身都不会忘记。"

【纲】冬十一月，魏公曹操杀死皇后伏氏和两个皇子。　【目】当初，董承的儿女是贵人，曹操杀死了董承，同时要求把董贵人杀死。献帝以董贵人有孕在身请求曹操不要杀她，曹操没有同意。伏皇后感到害怕，就写信给他父亲伏完，让他秘密谋害曹操。到这时，事情泄露，曹操派郗虑拿着符节和策书去收回皇后的印信，让尚书令华歆为副手率兵入宫捕杀伏后。伏后关起门藏在墙壁中，华歆砸坏了门窗，挖开了墙壁，把皇后拖拉出来。当时献帝在外殿，伏皇后披头散发，光着脚，边走边哭，她责备献帝并诀别说："不能再救活我吗？"献帝说："我也不知能活到何时！"回过头对郗虑说："郗公，天下竟有这种事情吗？"于是把伏皇后关进暴室，拘禁杀死；并用毒酒害死了伏皇后所生的两个皇子。

纲鉴易知录卷二七

东汉纪

孝献皇帝

　　【纲】乙未,二十年,春正月,立贵人曹氏为皇后。

　　【纲】夏五月,刘备、孙权分荆州,备使关羽守江陵;权使鲁肃屯陆口。　【目】初,刘备在荆州,周瑜、甘宁等数劝孙权取蜀。权遣使谓备,备报曰:"备与刘璋托为宗室,冀凭英灵以匡汉朝。今得罪于左右,愿加宽贷。"权不听,遣瑜率水军住夏口。备遏之不得过,谓曰:"汝欲取蜀,吾当被发入山,不失信于天下也。"权不得已召瑜还。及备攻蜀,留关羽守江陵,权曰:"猾虏,乃敢挟诈如此!"备已得益州,权令诸葛瑾从备求荆州诸郡。备不许,权遂置长沙、零陵、桂阳三郡长吏。羽逐之。权遣吕蒙取三郡,备闻之,自至公安,遣羽争三郡。孙权进住陆口,使鲁肃将万人屯益阳以拒羽。肃邀羽相见,因责数羽,羽曰:"乌林之役,左将军身在行间,戮力破敌,岂得徒劳,无一块土,而足下来欲收地邪!"肃曰:"不然。始与豫州觐于长阪,豫州之众,不当一校,计穷虑极,图欲远窜,主上矜愍豫州身无处所,不爱土地人民之力,以济其患,而豫州私独饰情,愆德堕好。今已藉手西州,又欲剪并荆土,斯盖凡夫所不忍行,而况整领人物之主乎!"羽无以答。会闻曹操将攻汉中,备乃求和于权。权令诸葛瑾报命,遂分荆州,以湘水为界:长沙、江夏、桂阳以东属权,南郡、零陵、武陵以西属备。瑾每奉使至蜀,与其弟亮但公会相见,退无私面。

孝献皇帝

【纲】建安二十年（乙未，215），春正月，立贵人曹氏为皇后。

【纲】夏五月，刘备、孙权瓜分荆州，刘备派关羽守卫江陵（今湖北江陵）；孙权派鲁肃屯驻陆口（今湖北嘉鱼西南，陆水入长江处）。

【目】当初，刘备在荆州时，周瑜、甘宁等人几次建议孙权攻取蜀地。孙权派遣使者告知刘备，刘备答复说："我刘备和刘璋同为汉宗室的后裔，希望凭借先祖的英灵匡扶汉朝。如今刘璋得罪了左邻右舍，还望多加宽恕原谅。"孙权不听他那一套，派周瑜率领水军驻扎在夏口（今湖北武汉黄鹄山上，孙权所筑）。刘备阻挡在前，周瑜不得通过。刘备说："如果你要取蜀地，我宁可披发进山，也不失信于天下。"孙权不得已召回了周瑜。等到刘备自己攻下蜀地，留关羽守卫江陵时，孙权骂道："这个老猾头，竟然奸诈到如此地步！"刘备得了益州之后，孙权命诸葛瑾向刘备要回荆州等郡。刘备不给，孙权就派遣长沙、零陵、桂阳三郡的长吏赴任，关羽把他们全部驱逐。孙权又派吕蒙进攻三郡。刘备听到消息，亲自来到公安（今湖北公安西北，长江南岸），派关羽去争夺三郡。孙权自己进驻陆口，让鲁肃率领一万人屯驻在益阳（今湖南益阳东），抵御关羽。鲁肃邀请关羽会面，并责备关羽。关羽说："乌林（今湖北洪湖县长江北岸的邬林矶，乌林之战即为赤壁之战）之战，左将军刘备亲身在战场上作战，全力破敌，难道可以白白辛苦，得不到一块土地，而足下你却要来夺取这块地吗？"鲁肃说："不然。我第一次与豫州刘备在长阪（长阪，在今湖北当阳东北）见面，刘豫州的部众，不能抵挡一校人马，智穷力竭，正打算向远处逃窜。主上（孙权）怜悯刘豫州没有栖身之地，便割舍自己的土地民力，以帮助他渡过难关。没想到豫州自私自利，违反道德，毁坏好善。如今已经占有了西州，还想剪并荆州土地，这种事连一个凡夫俗子都不忍心做，何况一个统帅大军的领袖人物呢！"关羽无言以对。正在这时，传来曹操将要攻打汉中（今陕西汉中东）的消息，刘备就向孙权请求和解。孙权命令诸葛瑾报聘，于是

【纲】秋七月，魏公操取汉中，走张鲁，留将军夏侯渊、张郃守之而还。

【纲】八月，孙权攻合肥，大败而还。 【目】曹操之征张鲁也，为教与合肥护军薛悌，署函边曰："贼至，乃发。"及是，孙权率众十万围合肥。悌发函，教曰："若孙权至者，张、李将军出战，乐将军守，护军勿得与战。"乐进等以众寡不敌，疑之。张辽将独出。李典素与辽不睦，慨然曰："此国家大事，顾君计何如耳，吾岂可以私憾而忘公义乎！请从君而出。"于是夜募敢从之士。明旦，陷阵冲垒，入至麾下。权大惊，走至逍遥津北，贺齐率三千人在津南迎。权入船，齐涕泣曰："至尊人主，常当持重，愿以此为终身之戒！"权自前收其泪曰："大惭，谨已刻心，非但书绅也。"

【纲】冬十一月，张鲁出降，以为镇南将军，封其属阎圃为列侯。

【纲】丙申，二十一年，夏四月，魏公操进爵为王。操杀尚书崔琰。

【纲】秋八月，魏以钟繇为相国。

【纲】丁酉，二十二年，春正月，魏王操击孙权军，三月，权降。

【纲】夏四月，魏王操用天子车服，出入警跸。

【纲】六月，魏以华歆为御史大夫。

二分荆州，以湘水为界：长江、江夏、桂阳这东三郡属孙权，南郡（治江陵，今湖北江陵）、零陵、武陵这西三郡属刘备。诸葛瑾每次奉命出使到蜀地，与他的弟弟诸葛亮只在会议上公开见面，会议过后，从不私下会晤。

【纲】秋七月，魏公曹操攻取汉中，张鲁逃跑，曹操留下将军夏侯渊、张郃守卫汉中，自己回师。

【纲】八月，孙权进攻合肥（今安徽合肥北），大败而归。 【目】曹操征伐张鲁时，曾给合肥护军薛悌留下一封书信，并在信封上写着："敌军到时，拆开信。"到这时，孙权率领十万之众的人马包围了合肥，薛悌赶紧拆开曹操的信，信上教他说："如果孙权来攻，可派张、李二将军出去迎战，乐将军守城，护军不得出城作战。"乐进等人认为众寡不敌，迟疑不决。张辽要独自一人出战。李典一向与张辽不和，慨然说："这是国家大事，不管你们的计划怎么样，我怎么能因私人恩怨而忘掉公义呢！我请求跟你出去迎战。"于是连夜募集敢跟从他们的壮士，第二天一早，冲锋陷阵，闯到孙权的元帅大旗下。孙权大吃一惊，急忙逃到逍遥津（今安徽合肥东北隅，肥水渡口）北，贺齐率领三千人在逍遥津南边迎接。孙权上了船，贺齐流泪说："人主的地位极为尊严，应当受到保护。但愿您能把今天的事当作终身的戒鉴！"孙权亲自上前为他擦去眼泪说："十分惭愧，我会永记在心，不仅仅是写作座右铭。"

【纲】冬十一月，张鲁出城投降，被任命为镇南将军，他的下属阎圃被封为列侯。

【纲】建安二十一年（丙申，216），夏四月，魏公曹操进爵为魏王。曹操杀尚书崔琰。

【纲】秋八月，魏国任命钟繇为相国。

【纲】建安二十二年（丁酉，217），春正月，魏王曹操攻击孙权军，三月，孙权投降。

【纲】夏四月，魏王曹操穿用天子的车服，出入都要戒严，清除街道，行人止步。

【纲】六月，魏国任命华歆为御史大夫。

【纲】冬十月,魏以世子丕为王太子。 【目】初,操娶丁夫人,无子;妾刘氏,生子昂;卞氏生四子,丕、彰、植、熊。于是出丁夫人而立卞氏为继室。植性机警、多艺能,才藻敏赡,操爱之。欲以为嗣,以函密访于外,尚书崔琰露版答曰:"《春秋》之义,立子以长。五官将仁孝聪明,宜承正统,琰以死守之。"丕使人问大中大夫贾诩以自固之术。诩曰:"愿将军恢崇德度,躬素士之业,朝夕孜孜,不违子道,如此而已。"他日,操屏人问诩,诩默然不对。操问其故,诩曰:"属有所思,故不即对耳。"操曰:"何思?"诩曰:"思袁本初、刘景升父子也。"操大笑。

丕立为太子,抱议郎辛毗颈而言曰:"辛君知我喜不?"毗以告其女宪英,宪英曰:"太子,代君主宗庙、社稷者也。代君,不可以不戚;主国,不可以不惧。宜戚宜惧,而反以为喜,何以能久!魏其不昌乎!"

【纲】刘备进兵汉中,魏王操遣将军曹洪拒之。 【目】法正说刘备曰:"曹操一举而降张鲁,定汉中,不因此时以图巴、蜀,而留夏侯渊、张郃屯守,身遽北还,此非其智不逮,而力不足也,必将内有忧逼故耳。今策渊、郃才略,不胜国之将帅,举众往讨,必可克之。此盖天以与我,时不可失也。"备乃进兵,遣张飞、马超、吴兰等屯下辨。操遣曹洪拒之。

【纲】孙权陆口守将鲁肃卒,权以吕蒙代之。

【纲】戊戌,二十三年,春正月,少府耿纪、司直韦晃起兵讨魏王操,不克,死之。 【目】时有金祎者,自以世为汉臣,乃发愤与

【纲】冬十月,魏国立世子曹丕为王太子。 【目】当初,曹操娶丁夫人为妻,没有儿子;娶妾刘氏,生下儿子曹昂;卞氏生了四个儿子:曹丕、曹彰、曹植、曹熊。于是丁夫人被逐出府门,卞氏被立为继室。曹植生性机警,多才多艺,才智敏捷,学识丰富,曹操特别喜爱他,想立他为继承人,秘密写信与人商量。尚书崔琰用木板写了回信,也不封口,他说:"依据《春秋》大义,立继承人要立长子。五官将(曹丕)仁厚孝顺又聪明,应当继承正统,我到死都是这个观点。"曹丕派人向大中大夫贾诩请教如何巩固自己的地位,贾诩说:"希望将军恢宏大度,培养德性,亲身学习贫苦士子们所学习的学业,早晚不停,孜孜以求,不要违背做儿子的道理,这样就够了。"有一天,曹操屏退左右侍从,询问贾诩的意见,贾诩默然不语。曹操问他不回答的原因,贾诩说:"我心里正在想一件事,所以没有马上回答。"曹操问:"想什么事?"贾诩说:"我正想袁本初(袁绍)、刘景升(刘表)父子的事。"曹操大笑。

曹丕被立为太子后,抱住议郎辛毗的脖子问道:"辛君你知道我有多高兴?"辛毗把这事告诉了女儿辛宪英,宪英说:"太子的职责是代替君王主持宗庙的祭祀和国家的管理。代替君王,就不可以不忧虑;管理国家,就不可以不恐惧。他应该忧虑恐惧才对,怎么反而欣喜若狂,这样怎么能长久,魏国难道能兴隆吗?"

【纲】刘备向汉中进驻军队,魏王曹操派将军曹洪抵御刘备军。【目】法正劝说刘备:"曹操轻而易举地打败了张鲁,平定汉中,却不趁此机会进取巴、蜀,只留下夏侯渊、张郃屯兵守卫,自己急忙回到北方,这不是他的智谋不够用,而是力量不足,肯定是内部有忧虑的事,使他不得不这么做。如今我预料夏侯渊、张郃的才智谋略,不能承担国家将帅的大任,我们发兵去讨伐,肯定可以攻克。这大概是上天赐给我们的良机,千万不要失去啊。"刘备发兵,派遣张飞、马超、吴兰等在下辨屯兵(下辨在今甘肃省徽成县西)。曹操派曹洪抵御。

【纲】孙权的下属、陆口守将鲁肃去世,孙权让吕蒙接替他的职位。

【纲】建安二十三年(戊戌,218),春正月,少府耿纪、司直韦晃起兵讨伐魏王曹操,没有成功,战死。 【目】当时有一个名叫金祎的人,

纪、晃起兵,欲挟天子以伐魏。南援刘备,不克而死。

【纲】夏四月,刘备击张郃,不克。

【纲】秋七月,魏王操击刘备;九月,至长安。

【纲】己亥,二十四年,春正月,刘备击夏侯渊,破斩之。

【纲】三月,魏王操出斜谷,刘备将赵云击其军,败之。夏五月,操引还,备遂取汉中。 【目】操自长安出斜谷,军遮要以临汉中。刘备曰:"曹公虽来,无能为也,我必有汉川矣。"乃敛众拒险,终不交锋。操运米北山下,黄忠引兵欲取之,过期不还。赵云将数十骑出营视之,值操扬兵大出,云遂前突其阵,且斗且却。魏兵散而复合,追至营下。云入营,开门偃旗息鼓。魏兵疑云有伏,引去;云以劲弩射魏兵。魏兵惊骇,自相蹂践,堕水死者甚多。相守积月,魏军士多亡。五月,操引兵还长安,备遂有汉中。

【纲】秋七月,刘备自立为汉中王。

【纲】八月,汉中将关羽取襄阳。 【目】关羽使糜芳守江陵,傅士仁守公安,羽自率众攻曹仁于樊。仁使于禁、庞德等屯樊北。八月,大霖雨,汉水溢,平地数丈,禁与诸将登高避水,羽乘大船,遂攻之,禁等穷迫,遂降。庞德力战,矢尽,乘小船欲还仁营,船覆,为羽所得,立而不跪。羽谓曰:"何不早降!"德骂羽,羽杀之。急攻樊城,羽又遣别将围襄阳,刺史胡修、太守傅方皆降。操闻庞德死,流涕曰:"吾知于禁三十年,何意临危反不及庞德邪!"

自称世代是汉朝臣子，发愤与耿纪、韦晃一齐起兵，想要挟天子以讨伐魏王，作为对南方刘备的支援，结果没有成功，并为此而死。

【纲】夏四月，刘备袭击张郃，没有得手。

【纲】秋七月，魏王曹操攻击刘备；九月，到达长安。

【纲】建安二十四年（己亥，219），春正月，刘备进攻夏侯渊，打败夏侯渊并杀死了他。

【纲】三月，魏王曹操穿过斜谷（今陕西眉县西南斜谷关）而出，刘备的大将赵云打败了曹军。夏五月，曹操领兵撤退，刘备便取得了汉中地区。　【目】曹操从长安出发，穿过斜谷，驻扎在隐蔽的地方，侦察汉中。刘备说："曹公虽然亲自出马，也无能为力了，我肯定能取得汉川的。"于是他集中兵力，占据险要地形，始终不与曹魏军队交锋。曹操把军粮运到北山下，黄忠带兵去取这些军粮，过了约定的时间还没有回来。赵云就带几十人骑马出营，去察看情况，正好曹操大军出动，赵云就向前冲进曹军阵列，一边争战，一边后退。魏兵被冲散后又聚合起来，一路追赶赵云，直到军营前。赵云进了军营，大开营门，偃旗息鼓。魏兵以为赵云埋有伏兵，只好撤退回去；赵云这时用强弓向魏军射击。魏兵大为惊骇，立刻乱了阵脚，自相践踏，很多士兵堕水而死。曹、刘二军相守好几个月，魏军士兵多有死亡。五月，曹操率领军队回长安，刘备便占有了汉中。

【纲】秋七月，刘备自立为"汉中王"。

【纲】八月，汉中大将关羽攻取襄阳（今湖北襄樊）。　【目】关羽让糜芳守卫江陵，傅士仁守卫公安，关羽自己则率领大军进攻守卫樊城（今湖北襄樊樊镇）的曹仁。曹仁让于禁、庞德等屯兵樊城北边。八月，大雨连绵不绝，汉水泛滥，平地积水数丈。于禁与众将士爬到高处避水，关羽军乘大船进攻，于禁等走投无路，于是投降。庞德奋力作战，箭矢全都射完，他乘一条小船，准备回曹仁军营，结果船翻了，被关羽抓获，他挺立身子，不肯下跪。关羽问他："为什么不早点投降？"庞德大骂关羽，关羽杀死了他。然后加紧攻击樊城，又另派将士围攻襄阳，刺史胡修、太守傅方全部投降。曹操听到庞德死去的消息，痛哭流涕，他说："我认识于禁三十年，想不到他面对危险时反而不如庞德呀！"

【纲】冬十月,孙权使吕蒙袭取江陵。魏王操帅师救樊关。羽走还,权邀斩之。十二月,蒙卒。 【目】自许以南,往往遥应关羽,羽威震华夏。曹操议徙许都以避其锐,司马懿、蒋济曰:"刘备、孙权,外亲内疏,关羽得志,权必不愿也。可遣人劝权蹑其后,许割江南以封权,则樊围自解。"操从之。

初,鲁肃尝劝孙权以曹操尚存,宜且抚辑关羽,与之同仇,不可失也。及吕蒙代肃,以为羽素骁雄,有兼并之心,且居国上流,其势难久,密言于权曰:"关羽君臣,矜其诈力,所在反覆,不可以腹心待也。不如取羽,全据长江,形势益张,易为守也。"权善之。

权尝为其子求婚于羽,羽骂其使,不许。至是,蒙上疏曰:"羽讨樊而多留备兵,必恐蒙图其后故也。蒙常有病,乞分士众还建业,以治疾为名,羽闻之必撤备兵,尽赴襄阳。大军浮江,昼夜驰上,袭其空虚,则南郡可下而羽可禽也。"遂称病笃。权乃露檄召蒙还。蒙至都,权问:"谁可代卿者?"蒙对曰:"陆逊意思深长,才堪负重,而未有远名,非羽所忌,无复是过也。若用之,当令外自韬隐,内察形便,然后可克。"权乃召逊代蒙。逊至陆口,为书与羽,称其功美,深自谦抑。羽意大安,稍撤兵以赴樊。逊具启形状,权遂发兵袭羽。以蒙为大督。

曹操使徐晃屯宛,以助曹仁。孙权为笺与操,请以讨羽自效,

【纲】冬十月，孙权派吕蒙袭取江陵。魏王曹操统帅军队救援樊城。关羽撤退，孙权拦截并杀了关羽。十二月，吕蒙去世。【目】自许县（今河南许昌）以南地区大多与关羽遥相响应，关羽名声威震华夏。曹操计划迁徙首都许昌，以避开他的锐气，司马懿、蒋济说："刘备和孙权，外表看着亲密，内里实际很疏远，关羽得志，孙权肯定不情愿。我们可以派人劝说孙权，让他悄悄地跟在关羽军后面，许诺他事成之后割江南之地封给他，这样樊城之围自然可以解除了。"曹操听从了他们的建议。

当初，鲁肃曾经劝说孙权，他认为曹操还占据着北方，应当暂且安抚结纳关羽，与他同仇敌忾，不可以失去和睦。等到吕蒙接替鲁肃，认为关羽一向骁勇善战，有兼并吴地的雄心，并且位居长江上游，恐怕目前的局势不能长久，因而他秘密向孙权建议："关羽君臣，自负他们的欺诈能力，走到哪里都反反复复，不断背叛，这样的人，我们绝不可以把他们当作推心置腹的好朋友。不如我们现在就攻取关羽，完全占据长江，国力扩张上升，也就容易防守了。"孙权认为他说得对。

孙权曾经为自己的儿子向关羽求婚，关羽大骂孙权的使者，一口拒绝。到这时，吕蒙上疏说："关羽讨伐樊城时，还留下很多后备部队在后方，肯定是怕我袭击他的后方才这么做的。我身体不好，经常生病，请求分一部分士兵回建业（今江苏南京），我也以治病为名回来。关羽听到这个消息，肯定会撤调后备部队，全部奔赴襄阳。然后，我方大军趁机渡江，昼夜兼程，逆流而上，袭击他空虚的大本营，如此则南郡可以攻下，关羽也可以擒获。"于是，吕蒙宣称病重。孙权公开发布命令，召吕蒙回首都。吕蒙回到首都，孙权问他："谁可以接替你？"吕蒙回答："陆逊考虑深远，有能力担当重任，而且他的名声还不大，不会引起关羽的猜忌，没有人比他更合适的了。如果用他，应当命令他外表上隐藏他的韬略锋芒，暗中观察形势，相机行事，然后可以攻克关羽。"孙权就召见陆逊，派他代替吕蒙的职位。陆逊到达陆口，写信给关羽，颂扬他的功业和美德，自己深表谦虚自卑。关羽非常满意，便撤下后备部队奔赴樊城增援。陆逊据实写了报告给孙权，孙权就立即发兵袭击关羽，任吕蒙为大督。

曹操派徐晃屯守宛城（今河南南阳），以援助曹仁。孙权写信给曹

及乞不漏，令羽有备。群臣咸言宜密之，董昭曰："军事尚权，宜内露之。使羽闻权上，而还自护，则围速解。"羽闻之，犹豫不能去。徐晃攻羽，破之。羽撤围退，然舟船犹据沔水。

吕蒙至浔阳，尽伏其精兵艨艟中，使白衣摇橹，作商贾服，昼夜兼行，羽所置江边屯候，尽收缚之。糜芳、傅士仁，素皆嫌羽轻己，于是即降。蒙入江陵，释于禁，得关羽及将士家属，皆抚慰之，令军中："不得干历人家，有所求取。"蒙麾下同郡人，取民家一笠以覆官铠，蒙犹以为犯军令，垂涕斩之。于是军人震慄，道不拾遗。关羽走还。

权至江陵，荆州将吏悉归附；独治中从事潘濬称疾不见，权遣人舆致，濬伏而不起，涕泣交横。权慰谕恳恻。濬起拜谢，即以为治中，荆州军事，一以谘之。从事樊伷诱导诸夷，西附汉中。外白遣万人讨之，濬曰："以五千兵往，足矣。"权曰："卿何以轻之？"濬曰："伷能弄唇吻，而实无才略。尝为州人设馔，比至日中，食不可得，而十余自起，此亦侏儒观一节之验也。"权大笑，即遣濬将五千人往，果斩平之。权使逊屯夷陵，守峡口。关羽遁走，兵皆解散，才十余骑。权先使潘璋断其径路。十二月，获羽，斩之，遂定荆州。吕蒙未及受封，疾发卒。

权后谓陆逊曰："公瑾雄烈，胆略兼人，遂破孟德，开拓荆州，

操,请求讨伐关羽作为对朝廷的报效,并请求不要走漏消息,使得关羽有所准备。臣僚们都说要保守秘密,董昭却说:"军事行动,崇尚权术,应当暗中透露一点消息,让关羽听到孙权要参战,从而回师保护自己的大本营,那么樊城的包围也就立即解除了。"关羽听到孙权参战的消息,仍在犹豫退还是不退。这时徐晃向关羽进攻,并攻破了关羽军。关羽解除对樊城的包围,开始撤退,然而他让船舰仍然巡游在沔水上。

吕蒙到达浔阳,把精锐士兵全部埋伏在船舱中,让平民水手摇橹划桨,其他将士都穿上商人的衣服,昼夜不停地赶路,关羽设置在江边的岗哨和守卫士兵,都被他们拿住捆绑起来。麋芳、傅士仁,平时都嫌关羽轻视他们,于是立即就投降了。吕蒙进入江陵,释放出于禁,俘虏了关羽及将士们的家属,都加以安抚慰问。他命令部队:"不准侵犯民家,不准求取东西。"吕蒙部属中一位同郡人,拿了民家一顶斗笠盖到部队的铠甲上,吕蒙仍以为他是违犯了军令,挥泪处斩。于是军中震动战栗,人人自律,路不拾遗。关羽撤军回师。

孙权到了江陵,荆州的将士官吏马上全部归附于他,唯独治中从事潘濬自称有病,不肯见孙权。孙权派人用车把他接来,潘濬伏下身子,不肯起来,涕泗横流。孙权对他抚慰有加,言辞恳切。潘濬这才起身拜谢,孙权任命他为治中,凡遇到荆州方面的军事问题,都向他咨询。从事官樊伷煽动各地少数民族,准备归附西边的汉中王刘备。外头官员们禀告孙权,请他派遣一万人前去讨伐,潘濬说:"派五千士兵前去,就足够了。"孙权说:"你怎么那样轻视他?"潘濬说:"樊伷只会耍耍嘴皮子,没有真才实学。有一次他设宴请州政府官员吃饭,人们一直等到中午,也没有得到吃的东西,十几个人只好一哄而散,这就像看一个侏儒,只要看他的一段股节,就可以推测他全身的长度了。"孙权大笑,就派潘濬率领五千人前去讨伐,果然杀了樊伷,平定叛乱。孙权派陆逊屯驻夷陵(今湖北宜昌东南),守卫峡口(指巫峡、明月峡、西陵峡三峡之口)。关羽悄悄逃走,兵士全都解散,他的身边只剩下十几个人马。孙权先派潘璋截断关羽的去路。十二月,俘获关羽,斩首,于是平定荆州。吕蒙没能等到受封,发病而死。

孙权后来与陆逊评论说:"公瑾(周瑜)人品杰出,性情刚烈,胆

邀焉寡俦。子敬因公瑾致达于孤,一见便及帝王大略,此一快也。后孟德东下,诸人皆欲迎之,子敬驳言不可,劝孤急呼公瑾,付任以众,逆而击之,此二快也。后虽劝吾借玄德地,是其一短,不足以损其二长,故孤常以方邓禹也。子明少时,孤谓不辞剧易,果敢有胆而已;及身长大,学问开益,筹略奇至,可次公瑾,但言议英发不及之耳。图取关羽,胜于子敬。子敬云:'羽不足忌。'此内不能辨,外为大言耳,孤亦恕之,不苟责也。然其作军屯营,不失令行禁止,路不拾遗,法亦美矣。"

【纲】以孙权为票骑将军,领荆州牧。 【目】曹操表孙权为票骑将军,假节,领荆州牧,封南昌侯。权上书称臣于操,称说天命。操以示外曰:"是儿欲踞吾著炉火上邪!"陈群等皆曰:"汉祚已终,非适今日。殿下功德巍巍,群生注望,故孙权在远称臣。此天人之应,异气齐声,殿下宜正大位,复何疑哉!"操曰:"若天命在吾,吾为周文王矣。"

【纲】庚子,二十五年,春正月,丞相冀州牧魏王曹操还至洛阳,卒。太子丕立,自为丞相、冀州牧。 【目】操知人善察,难眩以伪。识拔奇才,不拘微贱,随能任使,皆获其用。与敌对阵,意思安闲,如不欲战;及决机乘胜,气势盈溢。勋劳宜赏,不吝千金;无功妄施,分毫不与。用法峻急,有犯必戮,或对之涕泣,然终无所赦。雅性节俭,不好华丽。故能芟刈群雄,几平海内。至是,薨。太子丕以王后令,即王位,帝遣御史大夫华歆奉策诏,授丞相印、绶,魏王

识谋略超人,因此他破了孟德(曹操),开拓荆州,别人比他差得远了,很少有人可与他匹敌。子敬(鲁肃)由周公瑾推荐给我,我们第一次见面就谈及帝王大业,这是第一件让人快慰的事;后来曹孟德向东进发,许多人都主张迎降曹军,鲁子敬反驳他们,认为不可,他劝我赶紧召回周公瑾,把保卫国家的重任托付给他,让他迎战曹孟德,这是第二件令人快慰的事;后来虽然他劝我把地借给玄德(刘备),这是他的一个短处,但这不足以损害他的两个长处,所以我常把他与邓禹相比。子明(吕蒙)年轻时,我以为他只是做事不挑艰难还是容易,都一样去做,果断勇敢有胆识而已,想不到他长大后,学问长进,筹谋策略有独到之处,仅次于周公瑾,只是不如公瑾那样谈笑风生,英姿勃发。他攻取关羽的计划胜过鲁子敬。子敬曾说:'关羽不值得害怕。'这是他能力达不到,对外说说大话罢了。我也原谅他,不轻易责备。然而他统帅军队,构筑营垒,无不令出必行,有禁必止,社会秩序很好,路不拾遗,他的治理方法,至善至美啊。"

【纲】孙权被任命为骠骑将军,任荆州州牧之职。 【目】曹操上表给皇帝,推举孙权任骠骑将军,假以持节,任荆州州牧之职,封为南昌侯。孙权上书时向曹操称臣,并说这是天命。曹操把孙权的奏章向外公开说:"这个小儿是要把我放到火炉上呢!"陈群等臣僚们都说:"汉朝的气数已尽,也不是从今天才开始。殿下您的功德宏大,如巍巍高山,人民都注目仰望,所以孙权在远处也向您称臣。这是天人相应,异气齐声。殿下应当坐上正式皇位,还有什么好犹豫的!"曹操说:"如果上天的意旨真在我身上,我就当周文王吧。"

【纲】建安二十五年(庚子,220,魏文帝曹丕黄初元年,这年魏篡汉朝,成立魏国)春正月,丞相、冀州牧、魏王曹操回到洛阳后去世。太子曹丕继承曹操之位,自封为丞相、冀州牧。 【目】曹操知人善察,人们的虚情假意不能迷惑他的眼睛。识别提拔奇异人才,不管他的出身如何微小低贱;根据人的能力,派任工作职位,都能使人愉快胜任。在与敌军对阵作战时,神气安闲,好像不愿与对方交战;一旦得到时机,立刻乘胜追击,气势磅礴,锐不可当。对建功勋、立功劳而应当赏赐的人,他付出千金也不吝惜;对没有功劳的人,一分一毫都不给与。执法严

玺、绶，领冀州牧。尊王后曰王太后。葬武王于高陵。

【纲】二月，魏以贾诩为太尉，华歆为相国，王朗为御史大夫。

【纲】魏王丕遣其弟鄢陵侯彰等皆就国。 【目】丕遣其弟皆就国。临淄监国谒者希指奏："临淄侯植醉酒悖慢，劫胁使者。"丕贬植为安乡侯。

【纲】魏立九品法；置州、郡中正。 【目】尚书陈群，以天朝选用不尽人才，乃立九品官人之法；州郡皆置中正，择有识鉴者为之，区别人物，第其高下。

【纲】夏六月，以贾逵为豫州刺史。 【目】时天下初定，刺史多不能摄郡。逵察二千石以下，阿纵不如法者，皆奏免之。外修军旅，内治民事，兴陂田，通运渠，吏民称之。曹丕曰："真刺史矣。"

【纲】冬十月，魏王曹丕称皇帝，废帝为山阳公。 【目】帝遣使持节奉玺、绶、诏策，禅位于魏。魏王丕即皇帝位，改元黄初。奉汉帝为山阳公。追尊武王曰武皇帝，庙号太祖；尊王太后曰皇太后。

右东汉十二帝，共一百九十六年。

峻急切，有犯法的一定杀戮，有时他会对着犯人哭泣，但最终也不会赦免。平素喜好节俭，不喜欢华丽奢侈。所以他能够铲除诸多争霸的英雄，几乎统一中国。此时，他去世了。太子曹丕根据王后的诏令，继承魏王的王位，汉献帝派遣御史大夫华歆捧着诏书，授予曹丕丞相印和绶带、魏王印玺和绶带，并任冀州州牧。尊王后为王太后。把武王曹操埋葬在高陵。

【纲】二月，魏任命贾诩为太尉，华歆为相国，王朗为御史大夫。

【纲】魏王曹丕让他的弟弟鄢陵侯曹彰等回到他们的封国去。【目】曹丕派他的弟弟们到各自的封国去就职。临淄（又作菑）监国谒者迎合曹丕的意思，上奏章说："临淄侯曹植经常醉酒，狂悖傲慢，劫持胁迫上面派去的使者。"曹丕把曹植贬为安乡侯。

【纲】魏政府设立九品中正法；设置州、郡中正。　【目】尚书陈群认为汉王朝在选拔官员时，不能网罗全部人才，于是创立"九品官人之法"；在州政府和郡政府都设置中正官，选择富有鉴别力的有识之士担任，负责评估人物，区别他们品德、能力的高低。

【纲】夏六月，任命贾逵为豫州刺史。　【目】当时天下形势刚刚安定下来，很多刺史都不能到郡政府执政。贾逵监察到二千石以下的官员，有放纵犯法行为的人，全都上奏免去其官职。同时，一面修缮武器、训练军队，一面治理民事，兴筑蓄水堤坝，开垦耕地，开通灌溉用的水渠，官吏和平民一致称道。曹丕说："这才是真正的刺史啊！"

【纲】冬十月，魏王曹丕称皇帝，废汉献帝为山阳公。　【目】汉献帝派遣使者持节，把皇帝御玺、绶带、诏书交给曹丕，把皇帝宝座禅让给魏王。魏王曹丕登皇帝位，改元为黄初。封前汉献帝为山阳公。追尊武王曹操为武皇帝，庙号太祖；尊封王太后为皇太后。

以上东汉十二位皇帝，共一百九十六年。

后汉纪（附魏吴二僭国）

昭烈皇帝

【纲】辛丑，昭烈皇帝章武元年。

【纲】夏四月，汉中王即皇帝位。　【目】蜀中传言帝已遇害，于是汉中王发丧制服，谥曰孝愍皇帝。群下竞劝王称尊号。司马费诗上疏曰："殿下以曹操父子篡位，故羁旅万里，合众讨贼。今大敌未克而先自立，恐人心疑也。"王不悦，左迁之。遂即位于武担之南，大赦，改元。以诸葛亮为丞相，许靖为司徒。

【纲】孙权徙治武昌。　【目】权自公安徙都于鄂，更名鄂曰武昌。

【纲】立宗庙，祫祭高皇帝以下。

【纲】五月，立夫人吴氏为皇后；子禅为皇太子。

【纲】秋七月，帝自将伐孙权。　【目】帝耻关羽之没，将击孙权。将军赵云曰："国贼，曹操，非孙权也。若先灭魏，则权自服。今操虽毙，子丕篡位，当因众心，早图关中，居河、渭上流以讨凶逆，关东义士必裹粮策马以迎王师。不应置魏，先与吴战。兵势一交，不得卒解，非良策也。"群臣谏者甚众，帝皆不听。乃留诸葛亮辅太子，守成都，而自率诸军东下。

【纲】车骑将军张飞为其下所杀。　【目】飞雄猛亚于关羽；羽善待卒伍而骄于士大夫，飞爱礼君子而不恤军人。帝常戒之，飞不悛。至是，当率万人会江州。临发，为帐下所杀，以其首奔孙权。帝闻飞营都督有表，曰："噫，飞死矣！"

昭烈皇帝

【纲】昭烈皇帝刘备章武元年（辛丑，221，魏黄初二年）。

【纲】夏四月，汉中王刘备即皇帝位。　【目】蜀地传说汉献帝已经遇害，于是汉中王刘备发丧，制作孝服，根据谥法称汉献帝为孝愍皇帝。群僚竞相劝说汉中王自称皇帝。司马费诗上疏说："殿下因为曹操父子篡夺汉朝皇位，所以才客居他乡，漂泊万里，联合众人，讨伐曹贼。如今大敌还没有除掉，却先自立为皇帝，恐怕人心要生疑惑。"汉中王刘备很不高兴，把他降了职。于是在武担山（今四川成都北门内）之南登皇帝位，大赦天下，改元章武。任命诸葛亮为丞相，许靖为司徒。

【纲】孙权把首府迁移到武昌（今湖北鄂城）。　【目】孙权把首府从公安迁移到鄂城，鄂城改名叫武昌。

【纲】蜀国立宗庙，合祭汉高帝刘邦以下历朝皇帝。

【纲】五月，立刘备夫人吴氏为皇后，儿子刘禅为皇太子。

【纲】秋七月，蜀汉帝刘备亲自挂帅带兵，讨伐孙权。　【目】蜀汉帝为关羽的败亡而感到羞耻，要袭击孙权。将军赵云说："当今的国贼是曹操，不是孙权。如果先灭了曹魏，那么孙权自然就会顺服。如今曹操虽然死了，但他儿子曹丕篡夺了汉朝皇位，我们应当顺应民众的心愿，早日攻取关中，占据黄河、渭水的上游地区，讨伐凶险的逆贼，这样，关东的义士们必定会携带粮食，骑马赶来迎接大王的队伍。不应该放过曹魏，却先与吴师交战。兵势一旦交接，不能立即解决，这不是好计划啊。"臣僚中也有很多人劝谏，但是皇帝刘备都不肯听。于是留下诸葛亮辅佐太子，守卫成都，自己率领各路军马向东进发。

【纲】车骑将军张飞被他的部下杀害。　【目】张飞雄壮刚猛，仅次于关羽；关羽对属下的士兵很好，而对士大夫却很骄横，张飞却爱礼遇君子，而不注意体恤军人。皇帝刘备经常告诫他不要这样，张飞一直不改。这时，张飞应当率领万人到江州（今四川重庆嘉陵江北岸）会师。临

【纲】孙权请和，不许；遂遣陆逊督诸军拒守。 【目】孙权遣使求和。诸葛瑾因致笺曰："关羽之亲，何如先帝？荆州大小，孰与海内？俱应仇疾，谁当先后？若审此数，易于反掌矣。"帝不听。时吴人或言瑾别遣亲人与汉相闻者，权曰："孤与子瑜，有死生不易之誓，子瑜之不负孤，犹孤之不负子瑜也。"陆逊亦表明瑾必无此，权报曰："玄德昔遣孔明至吴，孤尝语子瑜曰：'卿与孔明同产，何不留之？'子瑜言'亮已委质于人，义无二心。弟之不留，犹瑾之不往也。'其言足贯神明，今岂当有此乎！孤与子瑜，可谓神交，非外言可间。知卿意至，辄封来表示之矣。"帝遣吴班、冯习攻破权将李异等于巫，进军秭归。权以陆逊为大都督，督朱然等五万人拒守。

【纲】八月，孙权遣使降魏，魏封权为吴王。 【目】权遣使称臣，送于禁等还魏。朝臣皆贺，刘晔独曰："权无故求降，必内有急。恐中国往乘其衅，故委地求降，一以却中国之兵，二假中国之援，以强其众而疑敌人耳。夫吴、蜀各保一州，有急相救，此小国之利也；今自相攻，天亡之也，宜大兴师，径渡江袭之。蜀攻其外，我攻其内，吴之亡不出旬月。吴亡，则蜀亦不能久存矣。"魏主不听，遂受吴降。遣太常邢贞奉策拜权为吴王，加九锡。刘晔谏曰："夫王位去天子一阶耳，今信其伪降，崇其位号，以封殖之，是为虎傅翼也。"魏主不听。贞至吴，权出都亭候贞，贞入门，不下车。张昭曰："君敢自尊大，岂以江南寡弱，无方寸之刃乎！"贞即下车。中郎将徐盛愤

出发前，被帐下士兵杀害，士兵带着他的首级投奔孙权。蜀汉帝听说张飞军营的都督有表要上奏，便说："哎呀，张飞死了！"

【纲】孙权向刘备请求讲和，刘备不准许；于是孙权派遣陆逊督导各路军队抵御蜀军。　　【目】孙权派遣使者向刘备求和，诸葛瑾因此递上信笺给刘备，上面说："陛下与关羽的亲近关系，如何能与先帝（汉献帝）相比？荆州的大小，又怎么和全国相较？同为仇恨的对象，谁该先打谁该后打？如果弄清这几个问题，事情就变得容易了。"皇帝刘备不听他的。当时，吴中有人说诸葛瑾另派亲信，与蜀汉秘密交往，孙权说："我与子瑜（诸葛瑾）有同生死共患难、永远不变的盟誓，子瑜之不负我，犹如我之不负子瑜。"陆逊也上表说明诸葛瑾绝对没有此事。孙权回答说："玄德（刘备）当年派遣孔明（诸葛亮）到吴地来，我曾经对子瑜说：'你跟孔明是一母所生，为什么不想办法把他留下来？'子瑜说：'诸葛亮已经与刘备行过君臣之礼，身份已定，大义上是不能有二心了。我弟之不留，犹如我之不往刘备处一样。'他的话足以感动神明，今天难道还会有此事！我与子瑜，可以说是神交，不是外面的流言可以离间得了的。我知道你的心意，已经把你的上表加封转给诸葛瑾看了。"蜀汉皇帝刘备派遣吴班、冯习，在巫县（今四川巫山县东）攻破了孙权的部将李异等，并向秭归县（今湖北秭归）进军。孙权任命陆逊为大都督，监督朱然等五万人守卫秭归，抵御蜀军。

【纲】八月，孙权派使者向魏国归降，魏国封孙权为吴王。　　【目】孙权派使者向魏国称臣，并送于禁等俘虏回魏国。朝廷中官员们都向皇帝表示祝贺，唯独刘晔却说："孙权无缘无故请求归降，一定是内部有紧急情况。他是怕我们中原魏国乘机进攻，所以献出土地，请求归降，一来可以阻止魏国出兵，二来可以借魏国的威势作为声援，以增强他的力量，从而疑惑敌人。吴、蜀各自保住一州，有急难时，互相救援，这是小国的有利之处；如今两国自相攻伐，这是上天要使它们灭亡。我们应当大举出兵，直接渡过长江，进攻孙权。蜀国进攻其外围，我军进攻其内部，这样，不出一个月，孙吴就会灭亡。孙吴灭亡了，则蜀国也不会存在得久了。"魏皇帝曹丕没有采纳他的建议，还是接受了吴国的归降，派遣太常邢贞带着诏书到吴，拜孙权为"吴王"，加九锡。刘晔劝谏说：

怒，谓同列曰："盛等不能奋身出命，为国家并许、洛，吞巴、蜀，而令吾君与贞盟，不亦辱乎！"因涕泣横流。贞闻之，谓其徒曰："江东将、相如此，非久下人者也。"

魏主令于禁诣邺谒高陵。豫于陵屋画关羽战克、庞德愤怒、禁降服之状；禁见，惭恚，病死。

【纲】冬十月，孙权遣使如魏。　【目】吴遣中大夫赵咨入谢于魏。魏主丕问曰："吴王何等主也？"咨对曰："聪明、仁智、雄略之主也。"魏主问其状，对曰："纳鲁肃于凡品，聪也；拔吕蒙于行阵，明也；获于禁而不害，仁也；取荆州而兵不血刃，智也；据有三州虎视西方，雄也；屈身于陛下，略也。"丕曰："颇知学乎？"对曰："吴王任贤使能，志存经略，虽有余闲，博览经史；然不效书生寻章摘句而已。"曰："吴可征不？"对曰："大国有征伐之兵，小国有备御之固。"曰："吴难魏乎？"对曰："带甲百万，江、汉为池，何难之有！"曰："吴如大夫者几人？"对曰："聪明特达者，八九十人；如臣之比，车载斗量，不可胜数。"

【纲】孙权立子登为太子。　【目】吴王权为登妙选师友，以诸葛瑾子恪、张昭子休、顾雍子谭、陈武子表为中庶子，入讲《诗》《书》，出从骑射，待以布衣之礼，谓之"四友"。

"王位距离皇位只有一层台阶而已，如今我们相信他的诈降，尊崇他的位号，让他休整壮大势力，这是为老虎添上两个翅膀啊。"魏皇帝还是听不进他的话。邢贞到达吴地，孙权来到都亭迎接他。邢贞进了大门，仍不下车。张昭说："阁下竟敢妄自尊大，岂不是以为江南力量寡弱，没有一把小小的匕首吗！"邢贞赶紧下车。中朗将徐盛愤愤不平，怒不可遏，他对同僚们说："我等不能奋斗牺牲，为国家夺取许都、洛阳，吞并巴蜀二郡，却让我们的君王与邢贞这等人结盟，不是羞辱我们吗？"为此，他涕泗横流。邢贞听到这话，对他的随从人员说："依江东文武官员的这种情形，不会久居人下的。"

魏皇帝命令于禁到邺县（今河北临漳西南）拜谒高陵曹操墓。却预先在陵园房舍中的墙上，画上关羽战胜、庞德愤怒、于禁降服的图画；于禁见了，惭愧悔恨，发病而死。

【纲】冬十月，孙权派遣使者到魏国。 【目】吴王派遣中大夫赵咨到魏国道谢。魏皇帝曹丕问他："吴王是什么样的君主？"赵咨回答说："是聪明、仁慈、智慧、雄略的君主。"魏皇帝问他具体什么样，他回答说："在普通官员中发现鲁肃并接纳了他，这是聪；在平凡的队列里选拔出吕蒙，这是明；俘获于禁而不杀害，这是仁慈；攻取荆州却不用士兵血战，这是智慧；据有三州，虎视西方，这是雄；屈身于陛下，这是谋略。"曹丕问："他很爱学习吗？"回答说："吴王任用贤能之士，志在经略天下，在空闲时间，也博览经史，但他不像那些书呆子只会寻章摘句掉书袋而已。"曹丕问："吴国可以征服吗？"回答是："大国有征伐的军队，小国有坚固的防御抵抗准备。"又问："吴国进攻魏国困难吗？"赵咨回答："我们有百万武装部队，又有长江、汉水为屏障，进攻魏国，有什么困难的！"曹丕问："吴地像阁下这样的有几人？"赵咨回答："特别聪明通达的人，有八九十人；像我这样的，车载斗量，不可胜数。"

【纲】孙权立儿子孙登为太子。 【目】吴王孙权为孙登谨慎地选择老师和朋友，任命诸葛瑾的儿子诸葛恪、张昭的儿子张休、顾雍的儿子顾谭、陈武的儿子陈表为中庶子，在屋内则讲解《诗》《书》，出外则跟从骑马射箭，以平民之礼对待他们，称之为"四友"。

【纲】壬寅,二年,春正月朔,日食。

【纲】二月,帝进军猇亭。

【纲】夏六月,吴陆逊进攻猇亭,诸军败绩,帝还永安。 【目】帝自巫峡建平连营至夷陵界,立数十屯,自正月与吴相拒,至六月不决。遣吴班将数千人于平地立营,吴将帅欲击之,陆逊曰:"此必有谲,且观之。"帝知计不得行,乃引伏兵八千从谷中出,逊曰:"所以不听诸君击之者,以此故也。"逊将进攻汉军,诸将曰:"攻当在初,今诸要害皆已固守,击之必无利。"逊曰:"彼更事多,其军始集,思虑精专,未可干也。今住既久,不得我便,兵疲意沮,计不复生。掎角此寇,正在今日。"乃先攻一营,不利,逊曰:"吾已晓破之之术。"乃勑各持一把茅,以火攻,拔之;遂率诸军同时俱攻,破四十余营。帝升马鞍山,陈兵自绕,逊促兵四面蹙之,土崩瓦解,死者万数。帝夜遁,仅得入白帝城,舟械军资略尽。帝大惭恚曰:"吾乃为陆逊所折辱,岂非天邪!"

初,诸葛亮与法正好尚不同,而以公义相取,亮每奇正智术。及是,正已卒,亮叹曰:"孝直若在,必能制主上东行;就行,必不危矣。"

初,魏主丕闻汉兵树栅连营七百余里,谓群臣曰:"彼不晓兵,岂有七百里营可拒敌乎!'苞原隰险阻而为军者,为敌所禽',此兵

【纲】章武二年（壬寅，222，魏黄初三年，吴大帝孙权黄武元年），春正月初一，发生日食。

【纲】二月，皇帝刘备进军猇亭（今湖北宜都东北）。

【纲】夏六月，吴国陆逊进攻猇亭，蜀军战败，皇帝刘备回师永安（刘备改鱼腹县为永安县，即白帝城，今四川奉节东）。【目】皇帝刘备让大军从巫峡（今四川巫山县东）、建平（今四川巫山县北）一直到夷陵边界，军营首尾相连，设立数十个屯，从正月开始与吴军对峙，到六月仍相持不下。刘备派吴班带领数千人在平地建立营帐，吴军将帅想去袭击，陆逊阻止说："这里面肯定有诈，姑且等等看。"刘备知道这条计策行不通，就领伏兵八千人从谷中出来，陆逊说："我之所以不让你们去袭击那座营帐，就因为这个缘故。"陆逊准备进攻蜀汉军，几位将领说："要进攻的话早就该进攻了，如今各个要害部位都已被敌军坚固地守住，要进攻肯定对我军不利。"陆逊说："刘备经历的事很多，他率军刚到达时，精神集中，不可侵犯。如今驻扎已久，得不到我们的便宜，士兵们疲惫不堪，意气消沉，再也想不出什么计策。就像捕鹿，上面抓住它的角，下面拉住的它的腿，就在今天了。"于是，先进攻一个营帐，战况不利。陆逊说："我已知道破敌的方法了。"命令士兵每人各持一把茅草，点上火，用火进攻刘备军营，夺取了一个营垒；接着他率领大军同时出击，一举攻破四十多个营帐。蜀汉皇帝刘备登上一座马鞍形的山（今湖北宜昌西北），集结部队，四面围绕，陆逊指挥士兵四面进攻，蜀军土崩瓦解，死数万人。刘备连夜逃跑，仅得保住性命，逃进白帝城，船舰、武器、装备等军用物资丧失殆尽。刘备万分惭愧愤恨，说："我竟被陆逊挫败羞辱，难道这是天意吗？"

当初，诸葛亮与法正的喜好不同，但他们互相推崇对方的公义，诸葛亮经常对法正的智慧和谋略表示钦佩。等到刘备被吴军打败的消息传来，法正已经去世，诸葛亮叹息说："如果孝直（法正）还在世，一定能制止主上东行；就算主上一定要东征，也肯定不会有危险的。"

当初，魏国皇帝曹丕听说蜀汉士兵用树木做栅栏，连营七百多里，就对臣僚们说："刘备不懂兵法，哪有七百里长的营寨可以抵御敌军的！'在草地、平原、洼地等险地筑营的，一定被敌军击败'，这是兵家大

忌也。孙权上事今至矣。"七日,吴破汉书到。

【纲】秋八月,将军黄权叛降魏。 【目】帝既败退,黄权在江北,道绝,不得还,率其众降魏。有司请收权妻子,帝曰:"孤负权,权不负孤也。"待之如初。魏主丕谓权曰:"君欲追踪陈、韩邪?"对曰:"臣受刘主厚遇,降吴不可,还蜀无路,是以归命。且败军之将,免死为幸,何古人之可慕也!"丕善之,拜为镇南将军。

【纲】九月,魏遣将军曹休等击孙权。

【纲】冬十月,吴王权改元,拒魏;十一月,魏主丕自将击之。

【纲】吴人来聘,遣大中大夫宗玮报之。

【纲】癸卯,后主建兴元年,

【纲】春,魏师攻濡须,别将围江陵,皆不克,引还。

【纲】夏四月,帝崩于永安,丞相亮受遗诏辅政。五月,太子禅即位,尊皇后曰皇太后。封亮为武乡侯,领益州牧。 【目】诸葛亮至永安。帝病笃,命亮辅太子禅,以尚书令李严为副。帝谓亮曰:"君才十倍曹丕,必能安国,终定大事。嗣子可辅,辅之;如其不可,君可自取。"亮涕泣曰:"臣敢不竭股肱之力,效忠贞之节,继之以死!"帝又诏敕禅曰:"勿以恶小而为之,勿以善小而不为!惟贤惟德,可以服人。汝父德薄,不足效也。汝与丞相从事,事之如父。"帝崩。亮奉丧还成都,以严为中都护,留镇永安。禅即位,时年十七。大赦,改元。封亮为武乡侯,领益州牧,政事咸取决焉。亮乃约官职,修法制,发教与群下曰:"夫参署者,集众思,广忠益也。若远小嫌,难相违覆,旷阙损矣。违覆而得中,犹弃敝蹻而获珠玉。

忌。孙权报捷的上书，不久可到。"七天后，吴军攻破蜀汉军队的报捷书果然送达。

【纲】秋八月，蜀汉将军黄权叛逃，投降魏国。【目】蜀汉皇帝刘备败退以后，黄权留在长江北岸，因道路阻断，不能返回，于是他率领部下向魏国投降。有司请求逮捕黄权的妻子儿女，皇帝刘备说："是我辜负了黄权，黄权没有辜负我。"对待黄权家属仍像以前一样。魏皇帝曹丕对黄权说："阁下是要追随前人陈平、韩信吗？"黄权回答："我受到刘主（刘备）深厚信任，不能投降孙吴，回蜀国又没路，因此把命交给陛下。而且，败军的将领，能免除一死就是万幸，还有什么追慕古人的话呢！"曹丕赞赏他的话，拜他为镇南将军。

【纲】九月，魏国派遣将军曹休等进攻孙权。

【纲】冬十月，吴王孙权改元，抗拒魏国；十一月，魏皇帝曹丕亲自挂帅进攻孙吴。

【纲】孙吴派人来蜀国访问，蜀国派大中大夫宗玮回访。

【纲】癸卯，蜀汉后皇帝建兴元年（223，魏黄初四年，吴黄武二年）。

【纲】春季，魏国军队进攻濡须（即濡须坞，今安徽巢县南），另派将领包围江陵，都没有攻克。回师。

【纲】夏四月，蜀汉皇帝刘备在永安去世，丞相诸葛亮接受遗诏，辅佐后主执政。五月，太子刘禅即皇帝位，尊封皇后为皇太后。封诸葛亮为武乡侯，并任益州州牧。【目】诸葛亮到达永安。刘备病情沉重，他命诸葛亮辅佐太子刘禅，任命尚书令李严为诸葛亮的副手。皇帝对诸葛亮说："你的才能超过曹丕十倍，必定可以安邦定国，完成复兴汉室大业。如果嗣子（刘禅）可以辅佐，就请辅佐他；如果不值得辅佐，你可以自己当皇帝。"诸葛亮流泪涕泣说："我怎么敢不竭尽全力，效忠国家，坚贞不渝，一直到死！"皇帝刘备又写诏书告诫刘禅，他说："不要因为恶小就去做，不要因为善小而不去做！只有贤能和美德，可以使人敬服。你的父亲功德很少，不值得你效仿。你与丞相共事，对待他要像对父亲一样。"蜀国皇帝刘备去世。诸葛亮护送刘备棺柩回成都，任命李严为中都护，留在永安镇守。刘禅登上皇帝宝座，当时年仅十七岁。大

然人心苦不能尽,惟徐元直处兹不惑。又董幼宰参署七年,事有不至,至于十反,来相启告。苟能慕元直之十一,幼宰之勤渠,有忠于国,则亮可少过矣。"又曰:"昔初交州平,屡闻得失;后交元直,勤见启诲;幼宰每言则尽;伟度数有谏正。虽资性鄙暗,不能悉纳,然与此四子终始好合,亦足以明其不疑于直言也。"

亮尝自校簿书,主簿杨颙谏曰:"为治有体,上下不可相侵。是故古人称'坐而论道,谓之三公;作而行之,谓之士大夫'。丙吉不问死人,陈平不知钱谷,彼诚达于位分之体也。今公躬校簿书,流汗终日,不亦劳乎!"亮谢之。

【纲】六月,益州郡耆帅雍闿等以四郡叛。 【目】初,益州郡耆帅雍闿杀太守,求附于吴。又使郡人孟获诱扇诸夷,牂柯、越巂皆叛应闿。丞相亮以新遭大丧,抚而不讨,务农殖谷,闭门息民,民安食足而后用之。

【纲】秋八月,遣尚书邓芝使吴。 【目】帝遣芝修好于吴。时吴王犹未与魏绝,不时见芝。芝请见曰:"臣今来,亦欲为吴,非但为蜀也。"吴王权见之,曰:"孤诚愿与蜀和亲,然恐蜀主幼国小,为

赦天下，改元建兴。封诸葛亮为武乡侯，并任益州州牧，国家大事全都取决于他。诸葛亮便约束官职，修订法律制度，发布教令给下属官员们："参与签署的工作方法，能够集思广益。如果为了躲避小小的嫌疑，难以提出彼此不同的意见，那么政事就旷废亏损了。驳议而能恰当中肯，就好比扔掉破草鞋而得到珠玉。然而遗憾的是人们对事往往不能尽心，只有徐元直（徐庶）对这点没有疑惑。还有，董幼宰（董和）参与签署七年，政事有不周到的地方，以至于往返十余次，来告知我。假如能效仿徐元直的十分之一，董幼宰的勤恳，尽忠于国，那么我就可以少出些过失了。"他又说："当年刚结识崔州平，屡次听到他指出我的得失；后来结识徐元直，经常得到他的启发和教诲；董幼宰每次谈话都言无不尽；伟度（胡济）也多次对我进行劝阻校正。我虽然天资禀性拙劣不明，不能完全采纳他们的意见，然而我与这四位始终是团结友好的，这也足以证明我对直言是没有怀疑的。"

诸葛亮有一次亲自校对帐本登记册，主簿杨颙劝谏他说："治理国家有一定的规则程序，上下职务不能相互侵犯。因此古人说：'坐着谈论治国之道的，是三公；起来执行政务的，是士大夫。'丙吉不过问死人，陈平不知道钱粮之事，他们确实是懂得了各自职位不同而分工有别的规则。今天您亲自来校核帐本，整天汗流浃背，不也太辛苦了吗？"诸葛亮向他道谢认错。

【纲】六月，益州郡老帅雍闿等带领益州（治滇池县，今云南晋宁东北）、永昌（治不韦县，在今云南保山北）、牂柯（治故且兰县，今贵州都匀北）、越巂（治邛都县，今四川西昌东南）。四个郡叛乱。【目】当初，益州郡老帅雍闿杀死太守，请求归附东吴。他又派同郡人孟获去煽动引诱各地少数民族，牂柯、越巂等郡都响应雍闿，发动叛乱。丞相诸葛亮因为国家刚刚遭受大丧，对这些叛乱部队只加安抚，不加征讨。他专心推广农业，种植稻谷，关闭边境关隘，使人民休养生息，人民安定，粮草充足，然后可以使用。

【纲】秋八月，蜀国派遣尚书邓芝出使孙吴。【目】蜀帝刘禅派邓芝到东吴恢复邦交，重归和好。当时吴王孙权还未与曹魏帝国断绝关系，不能决定是不是接见邓芝。邓芝上表请求接见，他说："我今天

魏所乘，不自全耳。"芝曰："大王命世之英，诸葛亮一时之杰。蜀有重险，吴有三江，共为唇齿，进可兼并天下，退可鼎足而立。今若委质于魏，魏必望大王入朝，求太子内侍，若不从命，则奉辞伐叛，蜀亦顺流见可而进，如此，则江南之地非复大王有也。"权默然良久曰："君言是也。"遂绝魏，专与汉连和。

【纲】立皇后张氏。

后皇帝

【纲】甲辰，二年，夏四月，吴人来聘，复遣邓芝报之。 【目】吴使张温来聘，复遣郑芝报之。芝至吴，权谓曰："若天下太平，二主分治，不亦乐乎？"芝对曰："天无二日，土无二王。如并魏之后，大王未识天命，君各茂其德，臣各茂其忠，则战争方始耳。"权大笑曰："君之诚款，乃当尔邪！"

【纲】秋八月，魏主丕以舟师击吴，临江而还。 【目】魏主丕大兴军伐吴，留尚书仆射司马懿镇许昌。亲御龙舟，至广陵。吴将军徐盛，列舟舰于江，而植木衣苇，为疑城假楼。时江水盛长，丕临望，叹曰："魏虽有武骑千群，无所用之，未可图也。"会暴风至，龙舟几覆，于是旋师。

【纲】乙巳，三年，春三月，丞相亮南征。 【目】亮率众讨雍闿等，问计于参军马谡。谡曰："南中恃其险远，不服久矣；今日破之，

来，也是为了东吴，不仅仅是为蜀国的利益。"吴王孙权于是接见邓芝，他说："我诚心诚意愿意与蜀国和好亲善，只是怕贵国皇帝年幼，国土狭小，若被曹魏乘机侵犯，自身不能保全。"邓芝说："大王是当世英雄，诸葛亮是一代豪杰。蜀国有重重险要，东吴有三江之固，蜀吴二者的关系，犹如嘴唇和牙齿，密切相关，进可以吞并天下，退可以造成三国鼎立的形势。现在如果大王归附魏国，魏国肯定希望大王到京师朝见，并会要求您的太子充当朝内侍卫（人质），如果您不听他的命令，他们就有借口讨伐叛逆，蜀国也可以顺着长江东下，伺机而进，这样的话，那长江以南的地方就不再为大王所有了。"孙权沉默不语，很久才说："阁下说得对。"于是断绝与曹魏的关系，专心与蜀汉联合。

【纲】蜀国立张飞的女儿张氏为皇后。

后皇帝

【纲】建兴二年（甲辰，224，魏黄初五年，吴黄武三年），夏四月，东吴王国派使节到蜀国问候，蜀国再次派邓芝回访。　【目】东吴王国派张温来蜀国访问，蜀国又派邓芝回访。邓芝到达东吴，孙权对他说："如果天下太平，吴、蜀两位皇帝分别治理两个国家，不也是一件乐事吗？"邓芝回答说："天上没有两个太阳，地上没有两个君王。如果吞并曹魏之后，大王没有认识天意，那时君王各自广布他们的恩德，群臣各自尽他们的忠心，那么战争才刚刚开始。"孙权大笑说："阁下可真诚实，事情正是这样啊！"

【纲】秋八月，魏帝曹丕派船舰水军袭击东吴，到了长江边又班师回朝。　【目】魏帝曹丕大举发兵讨伐东吴，留下尚书仆射司马懿镇守许昌。曹丕亲自驾驶龙舟，到达广陵（今江苏扬州）。东吴将领徐盛把船舰沿长江排列，又搭建木架，外面包上芦苇，做成假城墙、假城楼迷惑敌人。这时江水正在涨潮，曹丕在江边望着对岸，叹息说："魏国虽然有强壮的骑兵千万，却派不上用场，东吴现在还不能夺取啊。"正在此时，刮起暴风，龙舟几乎倾覆，于是回师。

【纲】建兴三年（乙巳，225，魏黄初六年，吴黄武四年），春三月，丞相诸葛亮南征。　【目】诸葛亮率领大军讨伐雍闿等叛逆，他向马谡

明日复反。夫用兵之道,攻心为上,攻城为下,心战为上,兵战为下,愿公服其心而已。"亮纳之。

【纲】夏五月,魏主丕以舟师伐吴。

【纲】六月,吴以顾雍为丞相。 【目】雍为人寡言,举动时当,权尝叹曰:"顾公不言,言必有中。"至宴乐之际,左右恐有酒失,而雍必见之,是以不敢肆情。权亦曰:"顾公在坐,使人不乐。"其见惮如此,初领尚书令,封侯还而家人不知。及为相,所用文武吏,各随其能,心无适莫。时访逮民间及政职所宜,辄密以闻,用则归之于上;不用终不宣泄;权以此重之。

【纲】秋七月,丞相亮讨雍闿,斩之,遂平四郡。 【目】亮至南中,所在战捷。由越巂入,斩雍闿等。孟获素为夷、汉所服,收余众拒亮。亮募生致之,既得,使观于营陈间。获曰:"向者不知虚实,故败。今只如此,即易胜耳。"乃纵使更战。七纵七禽而亮犹遣获,获止不去,曰:"公,天威也,南人不复反矣!"遂入滇池,益州、永昌、牂柯、越巂四郡皆平。

【纲】冬十月,魏师临江而还。 【目】八月,魏主丕以舟师自谯循涡入淮。十月,于广陵故城,临江观兵,戎卒十余万,旌旗数百里,有渡江之志。吴人严兵固守。时大寒,冰,舟不得入江。丕见波涛汹涌,叹曰:"嗟乎,固天所以限南北也!"遂归。

询问计策。马谡说："南中地区仗恃地形艰险，路途遥远，不服我们管辖已经很久了；今天打败他们，明天又反叛。用兵之道，攻心是上等策略，攻城是下策；心理作战是上策，士兵作战是下策。希望您降服蛮族的心。"诸葛亮采纳了他的建议。

【纲】夏五月，魏帝曹丕派水军舰队讨伐东吴。

【纲】六月，东吴任命顾雍为丞相。　【目】顾雍为人，少言寡语，行动举止，合时合宜。孙权曾赞叹说："顾公要么不说话，说话必定抓住要点。"以至于在宴席上饮酒作乐时，左右怕酒后失态，而顾雍又一定会看见，因此，往往不敢纵情肆意。孙权也说："顾先生在座，使人不快乐。"顾雍让人畏惧到如此地步。顾雍刚被任命为尚书令并封侯而回家时，家人并不知道。当他担任丞相时，所任用的文官武吏，根据他们各自的才能任职，心中没有偏颇厚薄之分。他时常到民间去访问，遇到对政事有益的意见，就秘密地报告给孙权，如果孙权采用，就把功劳归于孙权，如果不被采用，他就始终不会泄漏一字。孙权因此很器重他。

【纲】秋七月，丞相诸葛亮讨伐雍闿，将其斩首，于是四郡平定。
【目】诸葛亮到达南中地区，连战连捷。他从越巂郡进入，斩杀雍闿等。孟获平素一直受到少数民族和当地汉人的尊敬佩服，他集结雍闿的剩余部队，继续抵抗诸葛亮。诸葛亮命令部下要生擒孟获。生擒孟获后，让他参观蜀军营寨和阵地。孟获说："以前因为我不知道虚实，所以败在你手下。今天看来不过如此，我们就容易获胜了。"于是，诸葛亮放了他，让他下次再来与蜀军作战。一共放了七次，又活捉了七次，最后一次诸葛亮还要放孟获，孟获这次留下不走了，他说："公有上天的神威，南人从此不再反叛！"于是蜀军进入滇池，益州、永昌、牂柯、越巂四个郡全都平定。

【纲】冬季十月，魏国军队到达长江边后又回师。　【目】八月，魏帝曹丕派出水军舰队从谯县出发，顺着涡水进入淮河。十月，到达广陵故城，在长江边观察形势，士兵十余万，旌旗数百里，大有渡过长江的壮志。东吴军队严加防守。当时天气非常寒冷，水已结冰，船舰不能进入长江。曹丕看见江水波涛汹涌，叹息道："唉！这是老天一定要用它来

【纲】丙午，四年，夏五月，魏主丕卒。 【目】初，郭后无子，魏主丕使母养平原王叡；叡母被诛，故未建为嗣。叡事后甚谨，后亦爱之。丕与叡猎，见子母鹿，既射其母，命叡射其子；叡泣曰："陛下已杀其母，臣不忍复杀其子。"丕释弓矢，为之恻然。及是，疾笃，立为太子。召中军大将军曹真、镇军陈群、抚军司马懿，并受遗诏辅政而卒。太子叡即位。

初，太子在东宫，不交朝臣，不问政事，惟潜思书籍；即位后，群下想闻风采。居数日，独见侍中刘晔，语尽日。晔出，或问："何如？"曰："秦皇、汉武之俦，才具微不及耳。"莅政之始，陈群首上疏曰："臣下雷同，是非相蔽，固国之大患；然若不和睦，则有仇党，而毁誉失实。二者，不可不深察也。"

【纲】冬，魏征处士管宁，不至。 【目】宁在辽东三十七年，魏主丕征之，乃浮海西归，以为大中大夫，不受。至是，华歆为太尉，让位于宁，不许。征为光禄大夫，敕青州给安车吏从，以礼发遣，宁复不至。

【纲】丁未，五年，春三月，丞相亮率诸军出屯汉中，以图中原。 【目】亮率诸军北驻汉中，使长史张裔、参军蒋琬统留府事。临发，上疏曰："先帝创业未半而中道崩殂，今天下三分，益州疲敝，此诚危急存亡之秋也。然侍卫之臣不懈于内，忠志之士忘身于外者，盖追先帝之殊遇，欲报之于陛下也。诚宜开张圣听，以光先帝遗德，恢弘志士之气，不宜妄自菲薄，引喻失义，以塞忠谏之路也。

分割南北啊！"于是率军回国。

【纲】建兴四年（丙午，226，魏黄初七年，吴黄武五年），夏五月，魏帝曹丕去世。　【目】当初，郭皇后没有生儿子，魏帝曹丕让她当平原王曹叡的母亲，抚养他成长，因曹叡的生身母亲被杀死，所以没有立他为继嗣。曹叡事奉郭皇后非常谨慎，皇后也喜爱他。有一次，曹丕与曹叡一起打猎，看见一对母子鹿，曹丕射死了母鹿，命曹叡射那只小鹿，曹叡流泪说："陛下已杀死它的母亲，我不忍心再杀死它。"曹丕放下弓箭，也为它感到悲伤。到曹丕病重时，才立曹叡为太子，召集中军大将军曹真、镇军陈群、抚军司马懿，一起接受曹丕的遗诏，辅佐曹叡执政，之后，曹丕去世，太子曹叡继任皇帝。

当初，太子在东宫，不结交朝廷官员，不过问政事，一心只想着读书思考；当了皇帝后，群臣都想看到他的风采。过了几天皇帝单独召见侍中刘晔一人，与他谈论了一整天。刘晔出了宫廷，有人问他："怎么样？"他说："可与秦始皇、汉武帝相比，只是才能稍微差些。"曹叡刚开始执政，陈群第一个上疏说："政府官员，如果只会随声附和，是非不分，固然是国家的一大灾难；然而如果不能和睦相处，就会结成党羽，互相仇视，所做的赞誉和诋毁，也都会失去公正。对这两种情况，都不能不加以深入的观察。"

【纲】冬季，魏国征召处士管宁做官，管宁不肯接受。　【目】管宁在辽东三十七年，魏帝曹丕征召他时，他才乘船向西归来，任命他为大中大夫，他不接受。到这时，华歆担任太尉之职，要让位给管宁，曹叡不准许，只征召管宁当光禄大夫，命令青州府派出安车和官员，按照规矩前往迎接，管宁仍然不肯接受。

【纲】建兴五年（丁未，227，魏明帝曹睿太和元年，吴黄武六年），春三月，丞相诸葛亮率领大军出关，屯驻汉中，准备进攻中原。　【目】诸葛亮率军北上，驻扎在汉中，派长史张裔、参军蒋琬负责主持留守府的事务。临出发前，诸葛亮上疏给皇帝刘禅，他说："先帝（刘备）开创大业，没到一半，就中途逝世，如今天下三分，而益州更是国力困乏，这正是国家存亡的危急关头。然而侍卫官员们，在国内勤奋工作，毫不懈怠；忠义的将士们，在疆场上杀敌，舍生忘死，这些都只为怀念身受先

"宫中、府中,俱为一体,陟罚臧否,不宜异同。若有作奸犯科及为忠善者,宜付有司论其刑赏,以昭陛下平明之理,不宜偏私,使内、外异法也。

"侍中、侍郎郭攸之、费祎、董允等,此皆良实,志虑忠纯,是以先帝简拔以遗陛下。愚以为宫中之事,事无大小,悉以咨之,然后施行,必能裨补阙漏,有所广益。将军向宠,性行淑均,晓畅军事,试用于昔曰,先帝称之曰能,是以众议举宠为督。愚以为营中之事,悉以咨之,必能使行陈和睦,优劣得所。

"亲贤臣,远小人,此先汉所以兴隆也;亲小人,远贤臣,此后汉所以倾颓也。先帝在时,每与臣论此事,未尝不叹息痛恨于桓、灵也。侍中、尚书、长史、参军,此悉端良、死节之臣,愿陛下亲之,信之,则汉室之隆,可计日而待也。

"臣本布衣,躬耕南阳,苟全性命于乱世,不求闻达于诸侯。先帝不以臣卑鄙,猥自枉屈,三顾臣于草庐之中,谘臣以当世之事;由是感激,遂许先帝以驱驰。后值倾覆,受任于败军之际,奉命于危难之间,尔来二十有一年矣。先帝知臣谨慎,故临崩寄臣以大事也。

"受命以来,夙夜忧惧,恐托付不效,以伤先帝之明,故五月渡泸,深入不毛。今南方已定,兵甲已足,当奖率三军,北定中原,庶竭驽钝,攘除奸凶,兴复汉室,还于旧都,此臣所以报先帝,而忠陛下之职分也。至于斟酌损益,进尽忠言,则攸之、祎、允之任也。愿陛下托臣以讨贼兴复之效;不效,则治臣之罪,以告先帝之灵;若无

帝的特别恩遇，而要回报给陛下。所以，陛下应当广泛听取各方意见，使先帝的遗德发扬光大，振作增添志士的豪气。不应该妄自菲薄，自轻自贱，引用不恰当的比喻，来堵塞忠良之臣规劝。

"宫廷和政府，都是一个整体，赏罚、褒贬的标准，不应该有所不同。如果有作奸犯法之徒，以及有忠诚善良之士，都应当交给有关的官吏，让他们去讨论如何惩罚，或如何奖赏，以显示陛下的公平和明理，不应当因为有偏私，使得宫廷和政府有内外两种不同的标准。

"侍中、侍郎郭攸之、费祎、董允等人，都是诚实忠良之人，纯洁忠贞，因此先帝特意选拔出来，留给陛下。我认为宫中的事务，不论大小，全都可以跟他们商量，然后再实施，一定能够弥补缺漏，有所裨益。将军向宠，性情和善公平，通晓军事，过去曾考验过他，先帝称赞过他的能力，因此大家商量后推举他为留守府的督将。我认为军营中的事情，全都可以向他征询，一定能使将士和睦，优秀拙劣各得其所。

"亲近贤臣，远离小人，这是西汉所以兴盛的原因；亲近小人，疏远贤臣，这是东汉所以倾覆颓败的原因。先帝在世时，每次与我谈论到此事，没有一次不叹息痛恨桓帝、灵帝。侍中郭攸之、费祎、尚书陈震、长史张裔、参军蒋琬，这些人都是端正忠良，可以为国而死的忠臣，希望陛下亲近他们，信任他们，这样汉王朝的复兴，可以计日而待了。

"我本是一介平民，在南阳郡耕田种地，乱世之中，只求保全性命，不求在诸侯争雄时扬名。先帝不认为我卑贱，枉驾屈就，三顾茅庐，向我垂询当世之事；我因此衷心感激，于是愿意为先帝奔走效力。后来正值汉军战败，几乎倾覆，我在大军溃败之际接受了任命，在前途危险困难之时，奉命出使孙吴，从那时以来，到现在已有二十一年了。先帝知道我做事谨慎，所以临逝世前把国家大事委托给我。

"自从我接受任命以来，忧虑恐惧，夜以继日，深怕办不成先帝托付的事，从而损伤先帝的知人之明。所以，五月渡过泸水（即金沙江，今四川、云南边界），深入不毛之地。如今南方已被平定，士兵盔甲已经备足，应当奖励三军，北上讨伐，平定中原，我当竭尽全力，铲除奸凶，兴复汉王朝，返回旧都洛阳，这是我用来报答先帝，而尽忠于陛下的职责和本分。至于斟酌利害关系，进尽忠言，则是郭攸之、费祎、董

兴德之言，则责攸之、祎、允等之慢以彰其咎。陛下亦宜自谋，以谘诹善道，察纳雅言，深追先帝遗诏，臣不胜受恩感激。今当远离，临表涕零，不知所言。"

【纲】戊申，六年，春正月，丞相亮伐魏，战于街亭，败绩；诏贬亮右将军，行丞相事。 【目】初，魏以夏侯渊于㮈都督关中。至是，丞相亮将伐魏，与群下谋之。司马魏延曰"㮈，怯而无谋。今假延精兵五千，直从褒中出，循秦岭而东，当子午而北，不过十日，可到长安。㮈闻延奄至，必弃城走。比东方合聚，尚二十许日，而公从斜谷来，亦足以达。如此，则一举而咸阳以西可定矣。"亮以此为危计，不如安从坦道，可以平取陇右，十全必克而无虞，故不用延计。乃率大军攻祁山，戎陈整齐，号令明肃。始魏以昭烈既崩，数岁寂然无闻，是以略无备豫；而卒闻亮出，朝野恐惧，魏主叡如长安，右将军张郃率步骑五万拒之。亮使参军马谡督诸军与郃战于街亭。谡违亮节度，举措烦扰，舍水上山，不下据城。郃绝其汲道，击，大破之。亮乃拔西县千余家还汉中。初，亮以谡才术过人，深加器异；昭烈临终谓曰："谡言过其实，不可大用，君其察之！"亮未以为然，引谡参军事，每与谈论，自昼达夜。至是，乃收杀之而自临祭，为之流涕，抚其遗孤，恩若平生。亮上疏请自贬三等；诏以右将军，行丞相事。亮于是引咎责躬，布所失于天下，厉兵讲武，以为后图。亮之出祁山也，天水参军姜维诣亮降。亮美其胆智，使典军事。

允的职责。希望陛下委托给我全权，讨伐逆贼，复兴汉王朝；如果没有成绩，就惩治我，以祭告先帝的在天之灵；如果没有兴复汉德的言论计策，则应处责郭攸之、费祎、董允等人，以显示他们的过失。陛下也应当自己多用心思，寻求和择取正道，考察后采纳忠言，深刻思念先帝的遗诏，这样，我就已经受恩，不胜感激之至。今天我即将远离陛下，面对奏章，流泪涕泣，不知说什么好。"

【纲】建兴六年（戊申，228，魏太和二年，吴黄武七年），春正月，丞相诸葛亮讨伐魏国，与魏军在街亭（今甘肃秦安东北）交战，战败；皇帝刘禅下诏，贬诸葛亮为右将军，代行丞相之事。　【目】当初，魏国任命夏侯渊的儿子夏侯楙都督关中。到这时，丞相诸葛亮准备讨伐魏国，与群臣商议此事。司马官魏延说："夏侯楙既胆怯又没有谋略。而今请交给我五千名精兵，直接从褒中（今陕西沔县东）出去，顺着秦岭向东前进，到子午谷（王莽时期所开，北口叫子，今陕西省西安东南子午镇；南口叫午，今陕西安康县境）就向北进，不用十日，就可到达长安。夏侯楙听到我突然来到，必定会弃城而逃。等到魏国在东方集结兵力，还要二十多日，而丞相率军从斜谷道出来，也足可以到达。这样，咸阳以西就可以一举而平定了。"诸葛亮却认为这是一条危险的计策，不如从平坦的大道安然进军，还可以直接夺取陇右（陇山以西，即天水、陇西、武威、敦煌、酒泉、张掖诸郡），有十分的把握取胜，而不用冒险，所以不采纳魏延的计策。于是率领大军进攻祁山（今甘肃礼县东南），队列整齐，号令严明。开始时，魏国以为蜀国昭烈皇帝刘备刚刚驾崩，几年之内寂然无声，不会有动静，因此，对蜀国未加任何防备；突然听到诸葛亮出兵的消息，全国上下，一片恐慌。魏皇帝曹叡到长安，派遣右将军张郃率领五万步骑兵，阻截蜀军。诸葛亮派参军马谡监督各路军队，与张郃在街亭交战。马谡不听诸葛亮的指挥调度，举止失措，烦琐自扰，竟放弃水源，在山上扎营，而不下山占据城池。张郃切断山上的水流，进攻马谡，获得大胜。诸葛亮只好迁徙西县一千余户，回到汉中。当初，诸葛亮认为马谡的才能谋术超过常人，对他非常器重；昭烈帝刘备临终前对他说："马谡这个人，言过其实，不可太重用他，你要注意观察！"诸葛亮不以为然，还是让马谡担任参军之职，经常与马谡谈论军

【纲】夏五月,吴人诱魏扬州牧曹休,战于石亭,大败之。
【目】吴使鄱阳太守周鲂诈以郡降于魏,魏扬州牧曹休率步骑十万向皖以应之。八月,吴主权至皖,以陆逊为大都督,朱桓、全琮为左右督,各督三万人以击休。战于石亭,逊令桓、琮为左右翼,三道俱进,冲休伏兵,因驱走之,追至夹石,斩获万余,资仗略尽。

【纲】冬十二月,右将军亮伐魏,围陈仓,不克而还。斩其追将王双。　【目】右将军亮闻曹休败,魏兵东下,关中虚弱,欲出兵击魏,群臣多以为疑。亮言于帝曰:"先帝以汉、贼不两立,王业不偏安,故托臣以讨贼。以先帝之明,量臣之才,固知臣才弱敌强;然不伐贼,王业亦亡,惟坐而待亡,孰与伐之!是故托臣而弗疑也。臣受命之日,寝不安席,食不甘味,思惟北征,宜先入南,故五月渡泸,深入不毛。臣非不自惜也,顾王业不可偏安于蜀都,故冒危难以奉先帝之遗意也,而议者谓为非计。今贼适疲于西,又务于东,兵法乘劳,此进趋之时也。且高帝明并日月,谋臣渊深,然涉险被创,危然后安。今陛下未及高帝,谋臣不如良、平,而欲以长计取胜,坐定天下,此臣之未解一也。刘繇、王朗各据州郡,论安言计,动引圣人,群疑满腹,众难塞胸,今岁不战,明年不征,使孙策坐大,遂并江东。此臣之未解二也。臣到汉中,中间期年,已丧赵云等及曲长、屯将七十余人,突将、武骑一千余人,皆数十年所纠合四方之精锐,

事，从白天到夜晚一谈就是一整天。到这时，诸葛亮逮捕了马谡，并将他斩首，然后亲自为他祭吊，为他流泪痛哭，抚养他的子女，跟他在世时一样。诸葛亮上疏给皇帝，请求给自己贬职三级；皇帝下诏，把他贬为右将军，代行丞相之职。诸葛亮于是承认自己的错误，深深地责备自己，把自己的过失公布于众。同时加强军事训练，厉兵秣马，准备再次出击。诸葛亮出祁山时，天水人、参军姜维前来归降诸葛亮。诸葛亮很欣赏姜维的胆识和智谋，让他掌管军事。

【纲】夏五月，东吴人引诱魏国扬州州牧曹休，在石亭（今安徽潜山东北）交战，大败曹休。　【目】东吴派鄱阳太守周鲂带着鄱阳郡向魏国诈降。魏国扬州州牧曹休率领十万步骑兵到皖县（今安徽潜山）迎接。八月，吴王孙权到达皖县，任命陆逊为大都督，朱桓、全琮为左右督，各自监督三万人进攻曹休，与曹休在石亭交战。陆逊命令朱桓、全琮为左右翼，三路同时进发，冲击曹休的伏兵，并驱赶曹兵直到夹石（今安徽桐城北），杀死并俘获曹兵一万余人，曹休军队的武器辎重，几乎完全丧失。

【纲】冬十二月，右将军诸葛亮讨伐魏国，包围了陈仓（在今陕西省宝鸡市东），但未能攻克，撤退回师。斩杀追上来的魏国将领王双。【目】右将军诸葛亮听到曹休战败，魏军向东撤退的消息，认为关中力量薄弱，准备出兵攻打魏国，群臣对此都抱有怀疑。诸葛亮上表给皇帝说："先帝认为，蜀汉、曹贼不能两立，帝王之业不能安居于偏远的边陲，所以委托我担起讨伐曹贼的重任。以先帝的圣明，衡量我的才能，当然知道我的能力很弱而敌人强大；然而，如果我们不讨伐曹贼，汉王朝也要灭亡。与其坐而待亡，不如起而讨伐！因此托付给我这项任务，不再犹豫。我自从接受任命那天起，寝不安席，食不甘味，唯一想到的事情，就是在北伐之前，应当先平定南方，所以五月里渡过泸水，深入不毛之地。我不是不爱惜自己，只是看到帝王之业，不可以安居于偏远的蜀郡成都，所以甘冒危险艰难，恪奉先帝的遗愿。但有人议论纷纷，认为我们的计策不正确。如今，曹贼正处于西方受到创伤，东方又受到孙吴的进攻，疲于奔命之机，兵法上说'抓住时机'，这正是进击的好时机。而且，像汉高帝这样的明君，可比日月，手下的谋臣，智慧渊

非一州之所有；若复数年，则损三分之二，当何以图敌！此臣之未解三也。今民穷兵疲而事不可息，事不可息则住与行劳费正等，而不及虚图之，欲以一州之地与贼支久，此臣之未解四也。夫难平者事也，昔先帝兵败于楚，曹操拊手，谓天下已定矣。然先帝东连吴、越，西取巴、蜀，举兵北征，夏侯授首，此操之失计而汉事将成也。其后吴更违盟，关羽毁败，秭归蹉跌，曹丕称帝。凡事如是，难可逆见。臣鞠躬尽力，死而后已，至于成败利钝，非臣之明所能逆睹也。"十二月，引兵数万出散关，围陈仓，不克。亮粮尽，引还。魏将军王双追亮，亮击斩之。

深,还仍然要经历艰险,身受创伤,处危险境地,然后才获得平安。现在陛下比不上汉高帝,手下谋臣也不如张良、陈平,却打算用长远的计划取胜,坐在那里等着天下安定,这是我所不能理解的问题之一。当年刘繇、王朗各自守着他们的州和郡,谈论安危、出谋划策,动辄引用圣人的至理名言,但却对人怀疑,不能信任;对事畏惧,不敢行动;今年不出战,明年不征讨,致使孙策的力量眼看着发展壮大,进而兼并了江东,这是我所不解的问题之二。我到汉中,不过一年,已经损失赵云等大将以及曲长、屯将七十多人,突将,武骑一千多人,这些都是数十年间召集起来的四方精锐人才,并非一个州所能产生;如果再过几年,就将损失三分之二,那时将用什么来进攻敌人!这是我所不解的问题之三。如今蜀国百姓穷困,士兵疲惫,而军事行动不可能停止,军事行动不停止,则守和战,人民的辛劳和开支费用完全一样,现在不趁曹魏空虚之时进攻,却要用一个州的地方与曹魏打持久战,这是我所不解的问题之四。世上最难评判的就是天下时事格局的变化。当年先帝带兵在楚地战败,曹操拍手大笑,以为天下已经安定了。然而先帝向东联合吴、越,向西攻取巴、蜀,率军北伐,砍下夏侯渊的人头,这是曹操判断错误,汉王朝即将复兴的机会。但之后,孙吴违背盟约,关羽战败毁灭,秭归先帝受挫,曹丕自称皇帝。凡事种种都是如此,难以预料。我鞠躬尽力,死而后已,至于成功还是失败,顺利还是不顺,都不是我的眼睛所能预先看见的了。"十二月,诸葛亮领兵数万,出散关(即大散关,今陕西宝鸡西南大散岭上)围攻陈仓,没能攻下。诸葛亮看到部队粮食已用完,便命令回师。魏国将军王双追击诸葛亮,被蜀军反击杀死。

纲鉴易知录卷二八

后汉纪

后皇帝

【纲】己酉,七年,春,右将军亮伐魏,拔武都、阴平,复拜丞相。

【纲】夏四月,吴王孙权称皇帝。 【目】吴王权即皇帝位,大赦改元。追尊父坚为武烈皇帝,兄策为长沙桓王,立子登为太子。以诸葛恪为太子左辅,张休为右弼,顾谭为辅正,陈表为翼正,谢景、范慎、羊衜等为宾客,于是东宫号多士。太子使侍中胡综作《宾友目》曰:"英才卓越则诸葛恪,精识时机则顾谭,凝辩宏达则谢景,究学甄微则范慎。"羊衜私驳之曰:"元逊才而疏,子嘿精而狠,叔发辩而浮,孝敬深而陋。"恪等恶之。其后皆败,如衜所言。

【纲】秋九月,吴迁都建业,使上大将军陆逊辅太子登守武昌。 【目】南阳刘廙尝著《先刑后礼论》,同郡谢景称之于逊,逊呵景曰:"礼之长于刑久矣;廙以细辩而诡先圣之教,君侍东宫,宜遵仁义以彰德音,若彼之谈,不须讲也!"

【纲】庚戌,八年,春二月,魏立郎吏课试法。尚书诸葛诞等有罪,免。 【目】魏尚书诸葛诞、中书郎邓飏等结为党友,更相题表,以夏侯玄等为"四聪",诞辈为"八达"。中书监刘放子熙,中书令孙资子密,吏部尚书卫臻子烈,以父居势位,容之为"三豫"。行司徒事董昭上疏曰:"凡有天下者,莫不贵朴忠之士,疾虚伪之人,以其毁教乱治,败俗伤化也。窃见当今年少不复以学问为本,专以交游为

后皇帝

【纲】蜀汉建兴七年（己酉，229，魏太和三年，吴黄龙元年），春季，蜀国右将军诸葛亮讨伐魏国，攻克武都（治下辨，今甘肃徽成县西）、阴平（治阴平县，今甘肃文县西北）二郡，并再次任蜀国丞相。

【纲】夏四月，吴王孙权称皇帝。　【目】吴王孙权即皇帝位，宣布大赦，改元黄龙。追尊他的父亲孙坚为武烈皇帝，尊他的哥哥孙策为长沙桓王，立他的儿子孙登为皇太子。任命诸葛恪为太子左辅，张休为右弼，顾谭为辅正，陈表为翼正，谢景、范慎、羊衜等为太子宾客，于是东宫（太子宫）号称人才济济。太子孙登请侍中胡综作《宾友目》，品评东宫宾友说："英才卓越有诸葛恪，洞察时势有顾谭，能言善辩有谢景，博学细致有范慎。"羊衜私下反驳说："元逊（诸葛恪）虽有才气，却粗心大意；子嘿（顾谭）虽然精明，却心太狠；叔发（谢景）虽善于辩论，却太浮躁；孝敬（范慎）虽有学问，却心胸狭窄。"诸葛恪等人听到这些评语，对羊衜怀恨在心。后来这四人正像羊衜所说的那样，下场都不好。

【纲】秋九月，吴国把首都从武昌迁到建业（今江苏南京），派上大将军陆逊辅佐太子孙登，守卫武昌（今湖北武昌）。　【目】南阳人刘廙曾经写过《先刑后礼论》，他的同乡谢景在陆逊面前称赞他的文章，陆逊呵责谢景说："礼的历史比刑的历史长得多、早得多；刘廙用诡辩的道理违背了先人圣贤的教化，你在东宫任职，应当按照仁义之道引导太子，使他的品德声誉更加完美，像刘廙这样的话，是不应该讲的。"

【纲】建兴八年（庚戌，230，魏太和四年，吴黄龙二年），春二月，魏国设立"郎吏课试法"，以考核"郎吏"。尚书诸葛诞等人有罪，被免官。　【目】魏国尚书诸葛诞、中书郎邓飏等人结为党友，互相恭维吹捧，称夏侯玄等人为"四聪"，诸葛诞等人为"八达"。中书监刘放的儿子刘熙、中书令孙资的儿子孙密、吏部尚书卫臻的儿子卫烈，由于他们的父亲身居要职，称他们是"三豫"。行司徒事董昭向皇帝上疏说："凡是拥有天下的人，没有一个不尊重朴实忠贞的人士，痛恨虚伪的人，因为

业；国士不以孝悌清修为首，乃以趋势游利为先。合党连群，互相褒叹，此皆法之所不取，刑之所不赦也。"魏主叡善其言，诏"郎吏学通一经，才任牧民，博士课试，擢其高第者，亟用；其浮华不务道本者；罢退之！"仍免诞、飏等官。

【纲】秋七月，魏寇汉中，丞相亮出次成固。九月，魏师还。

【纲】冬十二月，丞相亮以蒋琬为长史。 【目】亮数外出，琬常足食足兵，以相供给。亮每言："公琰托志忠雅，当与吾共赞王业者也。"

【纲】辛亥，九年，春二月，丞相亮伐魏，围祁山。

【纲】自十月不雨至于三月。

【纲】夏五月，亮败魏司马懿于卤城，杀其将张郃。 【目】魏遣司马懿屯长安，督将军张郃、郭淮等以御汉。懿留精兵四千守上邽，余众悉救祁山。亮分兵攻祁山，自逆懿于上邽，与懿遇于上邽之东；懿敛军依险，兵不得交，亮引还。懿蹑其后，至于卤城，又登山掘营，不肯战。贾诩、魏平数请战，曰："公畏蜀如虎，奈天下笑何！"懿病之。乃使张郃攻南围，自按中道向亮。亮使魏延等逆战，魏兵大败，懿还保营。亮以粮尽退军，懿遣郃追之，至木门，与亮战，中伏弩而卒。

虚伪的人毁坏教化、扰乱秩序，败坏风气。依我所见，当今的年轻人不再以学问为根本，却专门搞社交活动；国家的高级人士不以孝悌和清心修养为首要任务，却把趋炎附势、追名逐利放在首位。结成帮派，互相吹捧，这些都是法令所不允许、刑罚所不宽赦的行为。"魏皇帝曹叡认为董昭的话很对，就发布诏令："郎吏中学问能通晓一部经典、才能可以胜任地方政府长官的，都要参加经学博士主持的考试，选择其中成绩优秀的立即录用；至于那些华而不实、不务正业的人，一律罢退！"于是，诸葛诞、邓飏等人被免去官职。

【纲】秋季七月，魏国出兵侵犯汉中，蜀国丞相诸葛亮率军队驻扎在成固（今陕西成固西北）。九月，魏军回师本国。

【纲】冬十二月，蜀国丞相诸葛亮任命蒋琬为长史。 【目】诸葛亮几次外出打仗，都是蒋琬在后方把充足的粮草和士兵供应给前方。诸葛亮常说："公琰（蒋琬）立志忠心耿耿而又气度不凡，应当跟我一起共同辅助帝王大业啊！"

【纲】建兴九年（辛亥，231，魏太和五年，吴黄龙三年），春二月，蜀国丞相诸葛亮讨伐魏国，包围祁山。

【纲】从去年十月到今年的三月，一直没有下雨。

【纲】夏五月，诸葛亮在卤城（今甘肃天水西北），打败了魏将司马懿，杀死魏国大将张郃。 【目】魏国派遣司马懿屯守长安，监督将军张郃、郭淮等抵御蜀汉军队。司马懿留下精兵四千人守卫上邽（今甘肃省天水西南），其余全部将士都去解救祁山。诸葛亮分了一部分兵力继续围攻祁山，自己率领另一部分兵力前往上邽迎击司马懿，与司马懿在上邽之东相遇；司马懿依靠险要地形安营扎寨，不与蜀军交战，诸葛亮于是撤军。司马懿悄悄地尾随在蜀军后面，一直跟到卤城，却又登山筑营，仍然不与蜀军交战。贾诩、魏平几次三番请求作战，他们对司马懿说："您怕蜀汉军队就像怕老虎一样，怎么不教天下人笑话！"司马懿对此非常担忧焦虑。他派张郃进攻包围南面的蜀军，自己率领大军从中间与诸葛亮正面交锋。诸葛亮让魏延等人迎战，魏军大败，司马懿回师保营。诸葛亮因粮草用完而撤军，司马懿命张郃跟踪追击，追到木门山（在今甘肃天水西南），与诸葛亮交战，张郃被伏弩射死。

【纲】秋八月，中都护李平有罪，废徙梓潼。 【目】丞相亮之攻祁山也，命李严以中都护署府事，更名平。会天霖雨，平主督运，恐粮不继，遣参军谕指，呼亮来还；亮既退军，平乃更言"军粮饶足，何为而退！"欲杀督运以解不办之责。又表言："军伪退，以诱贼。"亮出其前后手书，本末违错。平辞穷谢罪，于是亮表其前后过恶，免官，削爵土，徙梓潼郡。复以平子丰为中郎将、参军事，出教敕之曰："吾与君父子戮力以奖王室，谓至心感动，终始可保，何图中乖乎！若都护思负一意，君与公琰推心从事，否可复通，逝可复还也。"又与蒋琬、董允书曰："孝起前为吾说正方腹中有鳞甲，乡党以为不可近。吾谓鳞甲者但不当犯之耳，不图复有苏、张之事也。"

【纲】癸丑，十一年，春正月，青龙见魏摩陂井中。二月，魏主叡往观之。

【纲】甲寅，十二年，春二月，丞相亮伐魏。 【目】初，丞相亮劝农讲武，作木牛、流马，运米集斜谷口，治邸阁；息民休士，三年而后用之。至是，悉众十万由斜谷伐魏，遣使约吴同时大举。

【纲】三月，魏山阳公卒。
【纲】夏四月，丞相亮进军渭南。魏大将军司马懿引兵拒守，亮始分兵屯田。 【目】丞相亮至郿，军于渭水之南。司马懿引军渡渭，背水为垒以拒之，谓诸将曰："亮若出武功，依山而东，诚为可

【纲】秋八月，中都护李平犯法，被废黜流放到梓潼（今四川梓潼）。　【目】蜀国丞相诸葛亮围攻祁山的时候，命李严以中都护的身份主持留守府的事务，改名叫李平。碰上这时期天下大雨连绵不止，李平负责督运粮草辎重。他怕粮草供应不上，就派参军假奉皇帝谕旨，命令诸葛亮回师；然而，当诸葛亮撤军回朝时，李平却这样说："军粮非常充足，你为什么要撤军？"又要杀督运官以解脱自己办事不力的责任。又上表给皇帝，说："军队是假装撤退，以引诱敌军。"诸葛亮拿出李平前后亲笔书信，发现前后互相矛盾，本末错置。李平理屈辞穷，只好低头认错，这时，诸葛亮上表给皇帝，弹劾李平前后所犯的过错恶行，要求免去李平官职，取消他封爵的领地，流放到梓潼郡。诸葛亮又任命李平的儿子李丰为中郎将、参军事，并写信告诫他说："我和你们父子同心合力，效忠于蜀汉王朝。我以为至诚相待，友谊便可保持始终，想不到会中途发生变化！如果你父亲能够闭门思过，如果你和蒋琬能够推心置腹，共同努力，那么阻塞的可以开通，逝去的可以再返回。"他又写信给蒋琬、董允："孝起（陈震）以前对我说起过正方（李平）胸中诡计多端，大家都认为不能与他接近。我以为只要不去触怒他，诡计也就无法施展，想不到又重演了苏秦、张仪的故事。"

【纲】建兴十一年（癸丑，233，魏青龙元年，吴嘉禾二年），春正月，青龙出现在魏国摩陂（今名龙陂，在今河南郏县东南）的水井里。二月，魏皇帝曹叡前往观看。

【纲】建兴十二年（甲寅，234，魏青龙二年，吴嘉禾三年），春二月，蜀国丞相诸葛亮讨伐魏国。　【目】当初，蜀国丞相诸葛亮推广农耕，充实军备，制作木牛、流马，把粮食运送集结到斜谷口（今陕西眉县西南），修整仓库，储存粮草；让军民充分地休养生息，三年之后就能派上用场。到这时（三年以后），诸葛亮率领十万大军取道斜谷口，讨伐魏国，并派遣使节前往吴国，约定同时举兵伐魏。

【纲】三月，魏国山阳公去世。

【纲】夏四月，丞相诸葛亮进军渭水南岸。魏国大将军司马懿领兵驻守渭南，抵御蜀汉军，诸葛亮开始分部分兵力进行屯田。　【目】丞相诸葛亮抵达郿地（今陕西眉县），在渭水南岸扎营布阵。司马懿带领军

忧；若西止五丈原，诸将无事矣。"亮果屯五丈原。亮以前者数出，皆以运粮不继，使己志不伸，乃分兵屯田为久驻之基，耕者杂于渭滨居民之间，而百姓安堵，军无私焉。

【纲】秋八月，丞相、武乡侯诸葛亮卒于军。长史杨仪引军还。前军师魏延作乱，仪击斩之。【目】亮数挑战，懿不出。乃遗以巾帼妇人之服；懿怒，上表请战。亮谓姜维曰："彼本无战情，所以固请者，以示武于众耳。"亮遣使者至懿军，懿问其寝食及事之烦简，而不及戎事。使者曰："诸葛公夙兴夜寐，罚二十已上，皆亲览焉；所啖食不至数升。"懿告人曰："孔明食少事烦，其能久乎！"

亮病笃，帝使仆射李福省侍，因谘大计。亮曰："公所问者，公琰其宜也。"又请其次，亮曰："文伟可。"又问，亮不答。八月，薨。长史杨仪整军而出，百姓奔告懿，懿追之。姜维令仪反旗鸣鼓，若将向懿者，懿不敢逼。于是仪结陈而去，入谷然后发丧。百姓为之语曰："死诸葛走生仲达。"懿闻之，笑曰："吾能料生，不能料死故也。"

亮尝推演兵法，作八阵图。至是，懿案行其营垒，叹曰："天下奇才也！"追至赤岸，不及而还。

队渡过渭水,背靠河水构筑营垒,抵御蜀汉军,他对诸位大将说:"诸葛亮如果出武功(今陕西宝鸡东部,渭河北岸),顺着山势向东挺进,这是最让人担忧的局面;如果他向西进入五丈原(今陕西岐山南,斜谷口西侧)后就停止前进,那么各位就没事可干了。"后来,诸葛亮果然屯扎在五丈原。诸葛亮看到以前几次出兵攻伐魏国,都由于粮草供应不上,致使自己的抱负不得实现,于是这次他分兵力耕田种粮,做长久作战的基础准备,耕种的士兵混杂在渭河岸边当地居民中间,当地百姓乐于接受,士兵也没有私弊。

【纲】秋八月,蜀国丞相、武乡侯诸葛亮在军营中去世。长史杨仪带领军队撤退。前军师魏延乘机作乱,被杨仪斩首。 【目】诸葛亮不断向魏军挑战,司马懿就是不应战。诸葛亮就派人把女人的丧服送给司马懿来羞辱他;司马懿果然大怒,上表给皇帝,请求与蜀军作战。诸葛亮对姜维说:"他本来就无心应战,之所以坚决请求作战,不过是为了摆出架势给大家看的。"诸葛亮派使者到司马懿的军营,司马懿只问诸葛亮的饮食睡眠及其他繁杂小事,却根本不提打仗的事。使者说:"诸葛公早起晚睡,遇到打二十板以上的刑罚,他都要亲自过问。至于吃饭嘛,一天吃不到几升。"司马懿告诉别人说:"孔明(诸葛亮)吃得少,管的事却那么繁多,还能坚持得长久么!"

诸葛亮病重,蜀国皇帝刘禅派仆射李福前往军营探视,并询问方针大计。诸葛亮说:"你所问的事,公琰(蒋琬)是合适的人选。"又问蒋琬之后谁最合适,诸葛亮回答:"文伟(费祎)可以。"再问其次,诸葛亮没有回答。八月,诸葛亮去世。长史杨仪整顿军队撤退,当地百姓跑去告诉司马懿,司马懿赶紧去追。姜维命令杨仪调转旗头,鸣鼓前进,做出要与司马懿作战的架势,司马懿不敢进逼。这时,杨仪步步为营,率领军队秩序井然地撤退,进入斜谷口之后,才为诸葛亮发丧。当地百姓据此流传开了一句话,叫作:"死诸葛吓跑活仲达(司马懿)。"司马懿听到此话,笑了笑说:"这就是我能预料活着的人和事,而不能预测人死后的事情的原因。"

诸葛亮曾经推算演习兵法,作过八阵图。这时,司马懿来到蜀军驻扎过的营垒前,叹息道:"真不愧是天下奇才啊!"他带兵一直追到汉中

初，前军师魏延，勇猛过人，善养士卒。每欲请兵万人，与亮异道会于潼关，如韩信故事，亮不许。延常谓亮怯，不能尽用己才。仪为人干敏，亮每出军，仪规画分部，筹度粮谷，咸取办焉。延性矜高，当时皆下之，惟仪不假借，延以为至忿。亮病笃，作退军节度，令延断后，姜维次之。亮薨，延曰："魏延何人，当为杨仪作断后将乎！"仪等案亮成规引还，延率所领先归，逆击仪等；仪遣将斩之，夷三族。

初，亮表于帝曰："臣成都有桑八百株，薄田十五顷，子弟衣食，自有余饶，不别治生以长尺寸。臣死之日，不使内有余帛，外有赢财，以负陛下。"至是，卒如其言。长史张裔尝称亮曰："公赏不遗远，罚不阿近，爵不可以无功取，刑不可以贵势免，此贤愚所以佥忘其身者也。"

初，长水校尉廖立，自谓才名宜为亮副，怏怏怨谤，亮废立为民，徙之汶山。及亮薨，立垂泣曰："吾终为左衽矣！"李平闻之，亦发病死。平常冀亮复收己，得自补复，策后人不能故也。

【纲】以吴懿为车骑将军，督汉中；蒋琬为尚书令，总统国事。
【目】时新丧元帅，远近危悚，琬拔处群僚之右，既无戚容，又无喜色，神守举止，有如平日，由是众望渐服。

【纲】冬十一月，魏洛阳地震。

赤岸也没追上，于是回师。

当年，前军师魏延勇猛过人，善待部下。他多次想率领一万名士兵，与诸葛亮分道出击，然后在潼关（今陕西潼关北）会合，仿效当年韩信的故事，诸葛亮每次都不允许。魏延常以为诸葛亮太胆怯，不能充分使用自己的才能。杨仪为人干练机敏，诸葛亮每次出兵，杨仪在作战计划的制定、分派部队、筹划调度粮草等事上全都参与。魏延性情高傲矜持，当时人们都让他三分，唯独杨仪不宽容他，魏延对此十分气愤。诸葛亮病重时，安排调度撤军行动，命令魏延断后，姜维还在他之前。诸葛亮死后，魏延说："我魏延是什么人，难道应该为杨仪做后卫官吗？"杨仪等人按诸葛亮生前部署好的行动计划，率领军队撤退，魏延却带着他的部下抢先回去，然后回头迎击杨仪；杨仪派人将魏延斩首，并杀了他家三族。

当初，诸葛亮上表给皇帝："我在成都有桑树八百株，耕地十五顷，供给子弟们穿衣吃饭已绰绰有余，我没有其他的收入来增加我一丁点的财产。我死的那天，也不让家里有多余布匹，家外有多余的财产，辜负陛下。"到他死的那天，果然像他所说的那样。长史张裔曾称赞诸葛亮说："丞相在奖赏时，绝不遗漏与他疏远的人，惩罚时绝不宽恕他亲近的人，没有功劳就得不到官爵，该受刑罚的人，权势再大也不能逃脱。这就是不论贤能或愚笨的人都能舍身报国的原因啊。"

当初，长水校尉廖立自以为才干和名望应该仅次于诸葛亮而担任副丞相，对自己的现状怏怏不乐，经常抱怨诽谤，于是诸葛亮把他贬降为平民，流放到汶山（今四川茂汶东北），等到诸葛亮去世的消息传来，廖立流着泪说："我要当一辈子的平民了。"李平听到这话，也发病而死。李平一直希望诸葛亮会重新起用自己，使他能够将功补过。因为他估计以后的当权者不会让他复出。

【纲】蜀国任命吴懿为车骑将军，督察汉中。任命蒋琬为尚书令，总管国家大事。　【目】当时，蜀国刚刚失去元帅，全国上下惶惶不安，蒋琬在一大群幕僚中崛起，既没有悲哀的面容，也没有喜悦的神色，神态举止一如平常，因此，大家渐渐地佩服他，相信他。

【纲】冬十一月，魏国洛阳发生地震。

【纲】乙卯，十三年，夏四月，以蒋琬为大将军，录尚书事；费祎为尚书令。

【纲】魏作洛阳宫。　【目】魏主叡好土功，既作许昌宫，又治洛阳宫，起昭阳太极殿，筑总章观，高十余丈，力役不已，农桑失业。陈群谏曰："昔禹承唐、虞之盛，犹卑宫室而恶衣服。况今丧乱之后，人民至少，边境有事乎！汉明帝欲起德阳前殿，钟离意谏而止，后复作之；谓群臣曰：'钟离尚书在，不得成此殿也。'夫王者岂惮一臣，盖为百姓也。"叡为之少省。

【纲】秋七月，魏崇华殿灾。

【纲】八月，魏立子芳为齐王，询为秦王。　【目】魏主叡无子，养二王为己子，宫省事秘，莫知其所由来者。或云：芳，任城王楷之子也。

【纲】魏复立崇华殿。　【目】魏主叡复立崇华殿，更名九龙。作者三四万人。陵霄阙始构，有鹊巢其上。魏主以问高堂隆，对曰："《诗》曰'惟鹊有巢，惟鸠居之。'今始构阙，而鹊巢之，天意若曰：宫室未成，身不得居，将有他姓制御之耳。'天道无亲，惟与善人。'今宜休罢百役，增崇德政，则可以转祸为福矣。"

叡性严急，督修宫室有稽限者，亲召问之，言犹在口，身首已分。散骑常侍王肃谏曰："人命至重，难生易杀，是以圣贤重之。昔汉文帝欲杀犯跸者，张释之曰：'方其时，上使诛之则已；今下廷尉，廷尉，天下之平，不可倾也。'臣以为大失其义。廷尉，天子之吏也，犹不可以失平，而天子之身反可以惑谬乎！斯重于为己而轻于为君，不忠之甚也，不可不察。"

【纲】建兴十三年（乙卯，235，魏青龙三年，吴嘉禾四年），夏四月，蜀国任命蒋琬为大将军，录尚书事；任命费祎为尚书令。

【纲】魏国兴建洛阳宫。　　【目】魏国皇帝曹叡喜好建筑宫殿。在建好许昌宫之后，又要修建洛阳宫，修起了昭阳太极殿，筑好了总章观，高有十余丈，仍不停地征调民夫劳力，耕田种桑的农业生产几乎停止。陈群劝阻说："从前夏禹继承了唐尧、虞舜的盛世，却仍然住简陋的宫殿，穿朴素的衣服。何况目前我国正处在天下大乱之后，人口剧减，边境仍不安宁的时期！汉明帝想兴建德阳前殿，由于钟离意的规劝而作罢，后来又建起来了；他对群臣说：'如果钟离尚书还在世的话，就建不成这座宫殿。'这难道是帝王害怕一个臣属吗？只不过是为了百姓着想而已。"曹叡这才稍稍收敛了一些。

【纲】秋七月，魏国崇华殿发生火灾。

【纲】八月，魏国皇帝立儿子曹芳为齐王，曹询为秦王。　　【目】魏国皇帝曹叡没有儿子，他收养了齐王、秦王为自己的养子，皇宫禁地，事极秘密，没有人知道他们从哪里来，亲生父母是谁。有人说曹芳是任城王曹楷的儿子。

【纲】魏国重修崇华殿。　　【目】魏国皇帝曹叡重修崇华殿，改名为九龙殿，参加修建宫殿的有三四万人。陵霄阙刚搭好构架，就有喜鹊在上面筑巢。魏皇帝就此事询问高堂隆，高堂隆回答："《诗经》说：'喜鹊筑巢，斑鸠占居。'而今刚搭好的构架上，就有喜鹊做窝，天意好像是在说：宫室还未建成，主人还未能居住，将会有外人来控制主宰它。'天道公平无私，只赐福给善良的人。'今天应该停止各种劳役，增加施行有德政策，那么就可以变祸为福了。"

曹叡性情严厉急躁，监督修建宫殿而拖延了期限的官员，他亲自召见责问，言语还在口中，官员的头已和身体分了家。散骑常侍王肃规劝皇帝说："人命关天，最为重要，杀了容易，再生却难，因此圣人贤士很重视人。从前，汉文帝要杀冒犯他车驾的人，张释之说：'陛下如果当场杀了他，也就罢了；现在要交给廷尉处理，廷尉是维护天下公平的，就像天平一样，它不能发生倾斜。'我认为张释之的话完全不合道理。廷尉是天子属下的官吏，它尚且不可以失去公平，而贵为天子反而可以不

【纲】冬十月,魏张掖涌石负图。 【目】张掖柳谷口水溢涌,宝石负图,有文曰:"大讨曹。"诏书班天下,以为嘉瑞。任令于绰以问钜鹿张臶,臶曰:"夫神以知来,不追已往,祥兆先见而后废兴从之。今汉久亡,魏已得之,何所追兴祥兆乎!此石,当今之变异,而将来之符瑞也。"

【纲】丙辰,十四年,春,吴铸大钱。 【目】一当五百。

【纲】二月,吴娄侯张昭卒。 【目】昭容貌矜严,有威风,吴主权以下皆惮之。卒年八十一。

【纲】冬十月,有星孛于大辰,又孛于东方。 【目】魏高堂隆上疏曰:"夫采椽、卑宫,唐、虞、大禹之所以重皇风也;玉台、琼室,夏癸、商辛之所以犯昊天也。今宫室过盛,天彗章灼,斯乃慈父恳切之训。当崇孝子祗耸之礼,不宜有忽,以重天怒。"魏主叡不悦。侍中卢毓进曰:"臣闻君明则臣直,古之圣王惟恐不闻其过,此臣等所以不及隆也。"叡意乃解。

【纲】魏司空陈群卒。 【目】群前后数上封事,辄削其草,虽子弟莫知也。或讥其居位拱默;及正始中,诏撰《名臣奏议》,朝士乃见群谏事,皆叹息焉。

【纲】魏令公卿举才德兼备之士。 【目】时司马懿以兖州刺史王昶应选。昶为人谨厚,名其兄子曰默,曰沉,子曰浑,曰深,为书戒之曰:"吾以四者为名,欲尔曹顾名思义,不敢违也。夫物速成则疾亡,晚就则善终,朝华之草,夕而零落,松柏之茂,隆寒不衰,

公正么？这是着重为自己考虑而轻视君王的说法，是严重的不忠，不能不特别注意。"

【纲】冬十月，魏国张掖（今甘肃张掖西北）水里涌出一块有图的石头。　【目】张掖柳谷口河水泛滥，漂上一块有图的宝石，上面有文字："大讨曹。"皇帝下诏书公告天下，认为这是吉祥的征兆。任县的县令于绰向钜鹿人张臶询问这件事情，张臶说："神仙因知道未来，就不追溯过去，祥兆先出现，而后才有兴废变故跟随。现在，汉王朝灭亡已久，曹魏已经取得政权，还要到哪里去追寻魏国兴起的祥兆呢？这块石头应当预示现在的变异，是将来的祥兆。"

【纲】建兴十四年（丙辰，236，魏青龙四年，吴嘉禾五年），春季，吴国铸制大钱。　【目】一钱相当于五百钱。

【纲】二月，吴国娄侯张昭去世。　【目】张昭容貌庄重严肃，威风凛凛，吴国皇帝孙权以下的人，都很敬畏他。终年八十一岁。

【纲】冬十月，彗星出现在大辰星座，后来又出现在东方星空。【目】魏国高堂隆上疏给皇帝说："用原木做房梁，修筑简陋的宫殿，这正是唐尧、虞舜、夏禹所树立的美好风范。用美玉筑台、装饰房舍，则是夏桀、商辛冒犯皇天的原因。如今宫殿兴建得太多，天空便出现耀眼的彗星，这是仁慈的天父恳切的训诫。陛下应当推崇孝子的恭敬的礼节，不应当轻视它，从而加重上天的愤怒。"魏皇帝曹叡很不高兴。侍中卢毓进言："我听说过，君主圣明，则臣下正直，古代圣贤的君王唯恐听不到自己的过失，这是我们其他官员不如高堂隆的地方。"曹叡这才消解了怒意。

【纲】魏国司空陈群去世。　【目】陈群前后多次上书议论时政，每次都销毁草稿，即使是他的子弟也不知道这事。有人讥笑他做官只会拱手而立，默无一言，无所作为；直到后来的正始年间，皇帝诏令编纂《名臣奏议》，官员们才见到陈群写的奏折谏书，无不叹息敬佩。

【纲】魏国命令公卿每人都要推举才德兼备的人士。　【目】当时司马懿推荐了兖州刺史王昶应选。王昶为人谨慎厚道，他给兄弟的儿子起名叫王默、王沉，给自己的儿子起名叫王浑、王深，并写信告诫他们："我之所以用这四个字作你们的名字，是希望你们顾名思义，不要

是以君子戒于阙党也。夫能屈以为伸，让以为得，弱以为强，鲜不遂矣。毁誉者，爱恶之原而祸福之机，不可轻也。人或毁己，当退而求之于身。若己有可毁则彼言当矣；无可毁则彼言妄矣。当则无怨于彼，妄则无害于身，又何报焉！谚曰'救寒莫如重裘，止谤莫如自修'，斯言善矣。"

【纲】丁巳，十五年，春正月，魏黄龙见。以三月为夏四月。【目】高堂隆以"魏得土德，故其瑞黄龙见，宜改正朔，易服色，以变民耳目"。魏主叡从之，遂以建丑之月为正，服色尚黄，牲用白。

【纲】夏六月，魏地震。

【纲】魏以陈矫为司徒。　【目】魏主叡尝卒至尚书门，矫跪问曰："陛下欲何之？"曰："欲案行文书耳。"矫曰："此自臣职分，非陛下所宜临也；若臣不称职，请就黜退。"叡惭而反。叡尝问矫："司马公忠贞，可谓社稷之臣乎？"矫曰："朝廷之望也，社稷未之知也。"

【纲】秋七月，皇后张氏崩。

【纲】冬十月，魏铸铜人，起土山于芳林园。　【目】魏主叡徙长安钟簴、橐佗、铜人、承露盘于洛阳。盘折，声闻数十里。铜人重，不可致，大发铜铸铜人二，号曰"翁仲"，列坐于司马门外。又铸黄龙、凤皇，置内殿前。起土山于芳林园，使公卿皆负土，树杂木善

违背这四字的意思。任何一件事物，成就得快其消亡也就迅速，经过长期努力而成功的，则会有完满的结果，早晨开花的小草，傍晚就会零落；茂盛的松柏，即使在隆冬严寒中也不会凋敝，因此，君子把阙党（即孔子故居阙里）作为警戒。一个人如果能把委屈当作扬眉吐气，把推让当作获得，把柔弱当作刚强，就很少有达不到的目的了。毁谤和赞誉，是爱憎的根源，是祸福的契机，不可轻慢它。有人骂你，你应当退回来在自己身上找原因。如果自己身上确实有可被人骂的毛病，那么别人的话就是正当的；如果没有可以指摘的毛病，那么别人的话就是虚妄的。别人骂得正当，就不要怨恨别人，虚妄的攻击对自己也无害，又何必报复！谚语说：'解救寒冷最好的办法是穿上厚皮裘衣，防止诽谤最好的办法是自我修养。'这话说得好啊。"

【纲】建兴十五年（丁巳，237，魏景初元年，吴嘉禾六年），春正月，魏国出现黄龙。改三月为夏四月。　【目】高堂隆认为："魏国属土德，所以出现了它的瑞兆黄龙，应当改变元旦的时间，更易官服的颜色，使人民耳目一新。"魏皇帝听从他的建议，于是把建丑这个月当作正月，官服用黄颜色，祭祀的牺牲用白色的牲畜。

【纲】夏六月，魏国发生地震。

【纲】魏国任命陈矫为司徒。　【目】魏皇帝曹叡有一次突然来到尚书门前，陈矫跪下问道："陛下要到哪里去？"回答是："要去批复文件。"陈矫说："这是我们当臣子的职责，不是陛下应当亲自做的事情；如果我们当臣子的不称职，请您就把我们罢职退回去。"曹叡不好意思地回去了。曹叡曾经问陈矫："司马公（司马懿）忠贞于朝廷，可以称他为国家的忠臣吗？"陈矫说："他是朝廷的期望所在，对国家来说就不知道了。"

【纲】秋七月，蜀国皇后张氏去世。

【纲】冬十月，魏国铸造铜人，在芳林园（今河南洛阳东北）堆起土山。　【目】魏皇帝曹叡把长安的巨钟和钟架、铜骆驼、铜人、承露盘搬运到洛阳。承露盘折断时，响声传到几十里以外。铜人太重，不能搬到洛阳，于是另外大量采集铜矿，铸造了两尊铜人，叫作"翁""仲"，分别坐在司马门外两侧。在芳林园堆起土山，让公卿等官员都去搬土，种

草,捕禽兽致其中。

【纲】魏光禄勋高堂隆卒。 【目】隆疾笃,口占上疏曰:"黄初之际,天兆其戒,异类之鸟,育长燕巢,此大异也。宜防鹰扬之臣于萧墙之内;可选诸王,使典兵棋跱,镇抚皇畿,翼亮帝室。"魏主叡手诏慰劳之。未几而卒。

【纲】魏作考课法,不果行。 【目】魏主叡深疾浮华之士,诏吏部尚书卢毓曰:"选举勿取有名,名如画地作饼,不可啖也。"毓对曰:"名不足以致异人而可以得常士;常士畏教慕善,然后有名,非所当疾也。今考绩之法废,而以毁誉为进退,故真伪浑杂,虚实相蒙。"叡纳其言,诏散骑常侍刘邵作都官考课法七十二条,下百官议。议久不决,事竟不行。

【纲】戊午,延熙元年,春正月,魏遣太尉司马懿击辽东。

【纲】二月,立皇后张氏。

【纲】立子璿为皇太子。 【目】大司农孟光问太子读书及情性好尚于秘书郎郤正,正曰:"奉亲虔恭,举动仁恕,有古世子之风。"光曰:"此皆家户所有耳,吾欲知其权略智调何如也。"正曰:"世子之道,在于承志竭欢,既不得妄有施为;智调藏于胸怀,权略应时而发,此之有无,焉可豫知也!"光曰:"今天下未定,智意为先,储君读书,宁当效吾等竭力博识以待访问,如博士探策讲试以求爵位邪!当务其急者。"正深然之。

植杂木和花草,捕捉飞禽走兽放养在山中。

【纲】魏国光禄勋高堂隆去世。　【目】高堂隆病重时,口述给皇帝的上疏说:"黄初年间,上天曾发出过警戒的征兆,一只异类怪鸟,生长在燕子的窝巢中,这是件非常奇异的事。应当防止猛鹰飞扬一般的大臣出现在皇宫萧墙之内;我认为可以挑选各位亲王,派他们带领军队,像棋子一样分布在全国,镇守保护皇家所在的首都地区,像翅膀一样辅佐皇室。"魏皇帝曹叡亲手书写诏书,慰问高堂隆。不久,高堂隆去世。

【纲】魏国实行考课法,但没有实行到底。　【目】魏皇帝曹睿深恶痛绝华而不实的士大夫,他下诏书给吏部尚书卢毓说:"选举人才,不要只取有名气的人,名气就象在地上画的饼,不能吃的。"卢毓回答说:"根据名气虽不能搜罗到奇异人才,却可以得到正常人才;正常人士敬畏教养,羡慕善行,然后就会有名气,不应当讨厌他们。如今考绩制度废除,只以舆论的好坏决定官员的进退,所以真假混杂,虚实互相蒙蔽。"曹睿接受他的意见,下诏命散骑常侍刘邵作都官考课法七十二条,交给百官讨论研究。然而讨论了很久,仍不能决定,这事最终于没有实行。

【纲】蜀国延熙元年(戊午,238,魏景初二年,吴赤乌元年),春正月,魏国派遣太尉司马懿袭击辽东。

【纲】二月,蜀国立前皇后的妹妹张氏为新皇后。

【纲】蜀国皇帝立儿子刘璿为太子。　【目】大司农孟光向秘书郎郤正询问太子读书的情况以及他的性情喜好等,郤正回答说:"太子侍奉双亲恭敬孝顺,待人接物仁厚宽恕,有古代世子的风范。"孟光说:"这是平常家庭都能有的情况,我想知道的是太子的权术谋略、智慧和计算能力怎么样。"郤正说:"教育世子的正道,在于继承父君的意志,孝顺父母,使他们过得愉快,不能胆大妄为;智慧、计算能力深藏在胸中,权术谋略到其时才表现出来,这些素质有或没有,怎么可能预先知道呢?"孟光说:"现在天下还未安定,智谋为先,储君读书,难道应当像我们这种人一样,尽力地博闻强记,等待别人的询问,就像博士考试回答策问,是为了谋取官职爵位吗?应当准备应付当务之急的事情。"郤

【纲】吴铸当千大钱。

【纲】秋八月,魏司马懿克辽东,斩公孙渊。

【纲】冬十二月,蒋琬出屯汉中。

【纲】魏主叡有疾,立郭夫人为后,召司马懿入朝,以曹爽为大将军。

【纲】己未,二年,春正月,魏司马懿至洛阳,与爽受遗辅政。魏主叡卒,太子芳立。 【目】司马懿至洛阳,入见,魏主叡执其手曰:"吾以后事属君,君与曹爽辅少子。死乃可忍,吾忍死待君,得相见无恨矣!"乃召二王示懿,别指齐王芳曰:"此是也,君谛视之,勿误也!"又教芳前抱懿项。懿顿首流涕。于是芳年八岁,即日立为太子。叡寻卒。

芳嗣位,尊皇后曰皇太后,爽、懿并加侍中,都督中外诸军、录尚书事。

【纲】二月,魏以司马懿为太傅,何晏为尚书。

【纲】夏,以蒋琬为大司马。 【目】东曹掾杨戏素简略,琬与言论,戏时不应。或谓琬曰:"戏慢公矣!"琬曰:"人心不同,各如其面,面从后言,古人所诫。戏欲赞吾是邪,则非其本心;欲反吾言,则显吾之非,是以默然耳。"督农杨敏尝毁琬曰:"作事愦愦,诚不及前人。"主者请推治之,琬曰:"吾实不及前人,无可推。"主者请问愦愦之状,琬曰:"苟其不如,则事不理,事不理,则愦愦矣。"后敏坐事系狱,众犹惧其必死,琬心无适莫,敏得免重罪。

【纲】冬十二月,魏复以建寅之月为正。

正非常赞同他的话。

【纲】吴国铸造可当一千钱的大钱。

【纲】秋八月，魏国司马懿攻克辽东，斩杀公孙渊。

【纲】冬十二月，蒋琬出兵，屯驻汉中。

【纲】魏国皇帝曹叡得病，立郭夫人为皇后，召司马懿进朝，任命曹爽为大将军。

【纲】延熙二年（己未，239，魏景初三年，吴赤乌二年），春正月，魏国司马懿到达洛阳，与曹爽一起接受曹叡的遗命，辅佐太子执政。魏皇帝曹叡去世，皇太子曹芳即皇帝位。　【目】司马懿到洛阳，进宫见皇帝，曹叡握住他的手说："我把后事托付给你，你与曹爽一起辅佐太子。死竟然可以忍耐，我就是忍死等待着你，现在见到了你，我没有遗憾了。"于是叫过两位亲王给司马懿看，特意指着齐王曹芳说："是这个，你看清楚，不要弄错！"又叫曹芳上前抱住司马懿的脖子。司马懿一边叩头一边流泪。当时曹芳年仅八岁，当天立为太子。曹叡随即去世。

曹芳继承皇位，尊封皇后为皇太后，曹爽、司马懿都加官为侍中，掌管全国所有军队、录尚书事。

【纲】二月，魏国任命司马懿为太傅，何晏为尚书。

【纲】夏季，蜀国任命蒋琬为大司马。　【目】东曹掾杨戏一向少言寡语，蒋琬与他说话，杨戏有时不理不睬。有人对蒋琬说："杨戏对你的态度太傲慢了！"蒋琬说："每个人都有自己不同的想法，就像每个人的面孔一样；当面服从，背后议论，这是古人经常告诫不可以的。杨戏如果赞同我的话，则不是他的本心，要反对我的话，又显示出我的错误，因此，他才沉默不语。"监督农事的杨敏曾诋毁蒋琬，他说："蒋琬做事糊涂，杂乱无章，实在不如他的前任。"主管官员请求蒋琬调查追究他，蒋琬说："我确实不如前任，没有什么可推究的。"主管官员请他说说糊涂的状况，蒋琬说："如果我不如前任，处理事情就没有条理，没有条理，就是糊涂了。"后来，杨敏因一件案子的牵连，被关进监狱，人们都想他是必死无疑了，但蒋琬不计前嫌，杨敏没有被加重罪罚。

【纲】冬十二月，魏国又把建寅之月作为正月。

【纲】辛酉，四年，夏五月，吴太子登卒。

【纲】蒋琬徙屯涪。
【纲】魏置淮南北屯田，广漕渠。
【纲】管宁卒于魏。【目】宁名行高洁，人望之者邈然若不可及，即之熙熙和易。能因事导人于善，人皆化服。年八十四卒，天下知与不知，闻之无不嗟叹。

【纲】壬戌，五年，春正月，监军姜维自汉中徙屯涪。

【纲】吴立子和为太子，霸为鲁王。
【纲】癸亥，六年，夏五月朔，日食既。

【纲】冬十月，遣前监军王平督汉中。
【纲】十一月，以费祎为大将军，录尚书事。
【纲】甲子，七年，春正月，吴以陆逊为丞相。

【纲】三月，魏曹爽寇汉中；闰月，费祎督诸军救之。【目】魏征西将军夏侯玄，爽姑子也。辟李胜为长史，胜及邓飏欲爽立威名于天下，劝使伐蜀；司马懿止之，不得。三月，爽至长安，发卒十余万，与玄自骆谷入汉中。汉中守兵不满三万，诸将皆恐，欲守城不出以待涪兵。王平曰："此去涪垂千里，贼若得关，便为深祸。"遂遣护军刘敏据兴势，多张旗帜，弥亘百余里。闰月，帝遣费祎救汉中，将行，光禄大夫来敏诣祎别，求共围棋；时羽檄交至，人马擐甲，严驾已讫，祎与对戏，了无倦色。敏曰："向聊观试君耳；君信可人，必能办贼也。"

【纲】延熙四年（辛酉，241，魏皇帝曹芳正始二年，吴赤乌四年），夏四月，吴国太子孙登去世。

【纲】蒋琬迁移到涪县（今四川绵阳）驻屯。

【纲】魏国在淮河南北岸开荒屯田，开凿扩大漕运河道。

【纲】管宁在魏国去世。 【目】管宁名望很高，行为廉洁，人们仰慕他，以为他可望不可即，与他接触才发现原来他和蔼可亲，平易近人。他能因势利导，助人向善，许多人都被他感化，对他很佩服。他活到八十四岁时去世，全国认识或不认识他的人，听到他去世的消息，没有不叹息的。

【纲】延熙五年（壬戌，242，魏正始三年，吴赤乌五年），春正月，监军姜维从汉中迁移到涪县驻扎屯田。

【纲】吴国皇帝立儿子孙和为太子，孙霸为鲁王。

【纲】延熙六年（癸亥，243，魏正始四年，吴赤乌六年），夏五月初一，出现日全食。

【纲】冬十月，蜀国派遣前监军王平监督汉中驻军。

【纲】十一月，蜀国任命费祎为大将军、录尚书事。

【纲】延熙七年（甲子，244，魏正始五年，吴赤乌七年），春正月，吴国任命陆逊为丞相。

【纲】三月，魏国曹爽入侵汉中，闰三月，费祎监督各路大军援救汉中蜀军。 【目】魏国征西将军夏侯玄，是曹爽姑母的儿子，他延聘李胜为长史。李胜和邓飏打算使曹爽的威名传遍天下，就劝说曹爽进攻蜀国；司马懿阻止他们这样做，却未能成功。三月，曹爽到达长安，发兵十余万，与夏侯玄一起，从骆谷进入汉中（在今陕西周至西南，旧名骆谷道）。汉中的蜀国守军不满三万人，几位将领都很恐慌，打算守在城内不出战，等待涪县的援兵来救。王平说："此地距离涪县将近一千里，魏军如果攻下了关城（今陕西宁强西北阳平关），灾祸就深不可测了。"于是派遣护军刘敏在兴势山（在今陕西洋县北）留守，到处插上旗帜，连绵一百多里。闰三月，皇帝派遣费祎救援汉中军队，临行前，光禄大夫来敏向费祎告别，要求与他下一盘棋。这时，紧急军事文书纷纷送到，士兵已穿好铠甲，战马已备好鞍，军队整装待发，费祎与来敏对弈，不

【纲】夏五月，魏军退走。

【纲】冬，以费祎兼益州刺史，董允守尚书令。 【目】蒋琬以病固让州职于祎。时国务烦猥，祎识悟过人，为尚书令，省读文书，举目究意，终亦不忘。常以朝晡听事，其间接纳宾客，饮食博戏，尽人之欢，而事无废阙。及允代祎，始欲斅之，旬日之中，已多衍滞。乃叹曰："人才相远如此，非吾所及也！"乃听事终日，而犹有不暇焉。

【纲】乙丑，八年，春，吴丞相陆逊卒。

【纲】秋八月，皇太后吴氏崩。冬十一月，大司马蒋琬卒。

【纲】十二月，尚书令董允卒，以宦者黄皓为中常侍。 【目】董允秉心公亮，献替尽忠，帝甚惮之。宦者黄皓，便辟佞慧，有宠；允数责之。皓畏允，不敢为非，终允之世，位不过黄门丞。费祎以选曹郎陈祗代允为侍中，祗矜厉有威容，多技艺，挟智数，祎以为贤，越次用之。祗与皓相表里，皓始预政，迁中常侍，操弄威柄，终以覆国。

【纲】丙寅，九年，秋九月，赦。 【目】大司农孟光于众中责费祎曰："赦者，偏枯之物，非明世所宜有也。必不得已，乃可权而行之。今有何急而数施非常之恩，以惠奸宄乎！"祎顾谢，踧踖而已。

露一丝倦容。来敏说："我刚才只是考验考验你的；你确实了不起，一定能退贼军。"

【纲】夏五月，魏军撤退。

【纲】冬季，蜀国任命费祎兼任益州刺史，董允任尚书令。【目】蒋琬因久病不愈，坚决要求辞去益州刺史，让费祎接替他。当时国家事务非常繁杂，费祎的认识能力和领悟能力超群，他当尚书令时，批阅文件，只需大致扫一眼，就能看出主要内容，并且牢记不忘。他经常在早晨和下午办公，其间可以接见宾客，饮酒进食，下棋游戏，使人尽兴欢乐，而公事一件也不耽误。到董允接替费祎当尚书令，开始也想效仿费祎的作风，可仅仅十几天，公事便积压了很多，董允不禁叹息道："人的才能相差如此之大，不是我所能赶得上的啊！"于是，他整天工作，仍觉得时间不够用。

【纲】延熙八年（乙丑，245，魏正始六年，吴赤乌八年），春季，吴国丞相陆逊去世。

【纲】秋八月，蜀国皇太后吴氏去世。冬十一月，大司马蒋琬去世。

【纲】十二月，尚书令董允去世。任命宦官黄皓为中常侍。【目】董允秉性公正，心胸坦荡，劝善规过，忠心耿耿，皇帝很敬畏他。宦官黄皓奸滑聪明，受到皇帝的宠爱；而董允多次责备过他。黄皓害怕董允，不敢胡作非为，董允在世时，黄皓的官位一直没有超过黄门丞。费祎让选曹郎陈祗接替董允当侍中，陈祗矜持严厉，容貌威武，多才多艺，有智谋计算能力，费祎认为他是贤能之人，就越级提拔他。陈祗和黄皓互相勾结，内外呼应，黄皓一开始接触政务，就升迁为中常侍，操纵权柄，最终覆灭了蜀国。

【纲】延熙九年（丙寅，246，魏正始七年，吴赤乌九年），秋九月，蜀国大赦。【目】大司农孟光在大庭广众中，责备费祎说："大赦的做法有失偏颇，是不公平的做法，不是圣明之世所应该有的。必不得已时，要在权衡利弊之后才可用。如今有什么紧急情况，需要国家几次三番施行特别恩典，让那些奸恶之人得到好处呢？"费祎只是道歉，表示不安而已。

初，丞相亮时，有言公惜赦者，亮答曰："治世以大德，不以小惠，故匡衡、吴汉不愿为赦。先帝亦言：'吾周旋陈元方、郑康成间，每见启告，治乱之道悉矣，曾不语赦也。若刘景升父子，岁岁赦宥，何益于治乎！'"

【纲】以姜维为卫将军，与费祎并录尚书事。

【纲】丁卯，十年，春二月，魏迁其太后于永宁宫。【目】曹爽用何晏等谋，迁太后，擅朝政，多树亲党。司马懿不能禁，遂称疾，不与政事。

【纲】戊辰，十一年，夏四月，魏以徐邈为司空，不受。【目】魏以光禄大夫徐邈为司空。邈叹曰："三公论道之官，无其人则阙，岂可以老病忝之哉！"遂固辞不受。

【纲】五月，费祎屯汉中。

【纲】己巳，十二年，春正月，魏司马懿杀曹爽及何晏等，夷其族。【目】曹爽骄奢无度，饮食衣服拟于乘舆。又私取先帝才人以为伎乐，作窟室，与何晏等纵酒其中。弟羲泣谏，不听。又兄弟数俱出游，司农桓范谓曰："总万机，典禁兵，不宜并出。若有闭城门，谁复内入者？"爽曰："谁敢尔邪！"

是月，魏主芳谒高平陵，爽与弟羲、训、彦皆从。司马懿与子师、昭谋诛之，以太后令召桓范。范欲应命，其子曰："车驾在外，不如南出。"范乃出。懿谓蒋济曰："智囊往矣！"济曰："驽马恋栈豆，必不能用也。"

当初，诸葛亮当丞相时，有人说他吝惜大赦，诸葛亮回答说："治理国家要用大恩德，不要用小恩小惠，所以匡衡、吴汉不愿随便用大赦。已故皇帝也说过：'我跟陈元方（陈纪）、郑康成（郑玄）周旋交往时，经常能听到他们分析治乱的道理，非常详尽，却从不说赦免之事。而像刘景升（刘表）父子，年年有赦免，但对治理国家又有什么好处呢！'"

【纲】蜀国任命姜维为卫将军，与费祎共任录尚书事。

【纲】延熙十年（丁卯，247，魏正始八年，吴赤乌十年），春二月，魏国将皇太后迁移到永宁宫。　【目】曹爽采用何晏等人的计谋，迁移皇太后，独揽朝廷大权，广泛树立亲信死党。司马懿劝禁不住，于是称病在家，不再参与朝廷政事。

【纲】延熙十一年（戊辰，248，魏正始九年，吴赤乌十一年），夏四月，魏国任命徐邈为司空，徐邈不接受。　【目】魏国任命光禄大夫徐邈为司空。徐邈叹息说："三公是与皇帝谈论国家大事的官，没有合适的人，宁可让它空着，怎么可以用年老多病的人充数呢？"于是坚决辞让，不接受任命。

【纲】五月，费祎率领军队驻屯汉中。

【纲】延熙十二年（己巳，249，魏嘉平元年，吴赤乌十二年），春正月，魏国司马懿杀曹爽及何晏等人，并灭了他们全族。　【目】曹爽骄奢无度，饮食衣服都比着皇帝的标准。又偷偷地把先帝的嫔妃充作自己的乐伎，又构筑地下室，经常与何晏等人在那里纵酒欢宴。他的弟弟曹羲流着泪规劝他，他都不听。曹爽兄弟经常一起出城游戏，司农桓范对他说："你们兄弟几个总理万机，握有重兵，不应该一起出城。如果有人关闭城门，你们谁还能再进来？"曹爽说："谁敢这样做！"

当月，魏国皇帝曹芳出城拜谒父亲的陵墓高平陵（在洛阳东南大石山，临近登封县）。曹爽与兄弟曹羲、曹训、曹彦全体随从护驾。司马懿与他的儿子司马师、司马昭密谋，要杀曹爽等人，就假传太后的命令召桓范进宫，桓范正要遵命前去，他的儿子说："皇帝的车驾在城外，不如从南面出城。"桓范就出城去了。司马懿对蒋济说："智囊逃跑了！"蒋济说："劣马依恋马房里的豆子草料而已，他肯定不会被曹家重

范劝爽以天子诣许昌，发四方兵自辅。爽兄弟不从，自甲夜至五鼓，爽乃投刀于地曰："我亦不失作富家翁！"范哭曰："曹子丹佳人，生汝兄弟，独犊耳！何图今日坐汝族灭也！"

爽兄弟归家，懿发吏卒围守之。有司奏："黄门张当私以所择才人与爽，疑有奸。"收付廷尉考实，辞云："爽与何晏、邓飏、丁谧、毕轨、李胜等谋逆。"于是收爽、羲等并桓范、张当俱夷三族。

先是宗室曹冏上书曰："古者必建同姓，以明亲亲；必树异姓，以明贤贤。亲疏并用，故能保其社稷。今州、郡牧、守，皆跨有千里，兼军武之任，或比国数人，或兄弟并据；而宗室子弟，王空虚之地，君不使之民，曾无一人间厕其间，与相维制，非所以强干弱枝，备万一之虞也。语曰：'百足之虫，至死不僵。'以其扶之者众也。此言虽小，可以譬大。"冏欲以感寤曹爽，爽不能用。

及懿闭门，爽司马鲁芝闻变，欲出赴难。呼参军辛敞欲与俱，敞谋于其姊宪英曰："天子在外，太傅闭城门，人云将不利国家，于事可得尔乎？"宪英曰："以吾度之，太傅诛曹爽耳。""然则事就乎？"曰："得无殆就！爽才非太傅偶也。""然则可以无出乎？"曰："职守，人之大义也。凡人在难，犹或恤之；执鞭而弃其事，不祥莫大焉。且为人任，为人死，亲昵之职也，从众而已。"敞遂出。事定之后，叹曰："吾不谋于姊，几不获于义！"先是，爽辟王沉、羊祜，沉劝祜应命。祜曰："委质事人，复何容易！"沉遂行。及爽败，沉以

用。"

桓范建议曹爽带着天子前往许昌，征调四方军队保驾自卫。曹爽兄弟不听从他的意见，从深夜一直犹豫到天亮，最后曹爽把刀扔在地上说："我还可以当一个富家翁吧！"桓范哭着说："曹子丹（曹真）是一代英雄，生下你们兄弟几个，却都是些猪崽子、牛犊子，没想到今天因为你们而毁了我全家啊！"

曹爽兄弟回到家，司马懿派地方官吏和士兵包围了曹家，并且监视他们。有司报告司马懿："黄门张当偷偷地把他挑选的嫔妃送给曹爽，可能有什么奸谋。"司马懿派人逮捕张当，交给廷尉审讯，得到口供说："曹爽与何晏、邓飏、丁谧、毕轨、李胜等人密谋叛乱的事情。"于是，司马懿又逮捕曹爽、曹羲等人，连同桓范、张当一起，灭了他们的三族。

在此之前，皇家宗室成员曹冏曾上书给曹爽："古代帝王对同姓的皇族成员，必定封官晋爵，以表明与亲属的亲密关系；对非皇族的异姓人，也一定要派官加爵，以表明尊重贤能之人：亲疏并用，所以能够保住国家江山。而如今的州牧郡守，都管辖着跨有千里方圆的广大土地，并且兼任军队长官，有的是相邻国家几个人、有的是一家兄弟几个同时担任。而皇族宗室的子弟，当亲王的没有广袤土地，当君主的没有可使役的人民，没有一个人置身于其中，与他们互相牵制，这不是增强主干，削弱枝梢，以防万一的措施。俗话说：'百足之虫，至死不僵。'这是因为有很多脚扶持着躯体。这话虽然平常，却可以比喻国家大事。"曹冏想用这话使曹爽感悟，但曹爽没有采纳。

当司马懿关闭城门，曹爽的司马官鲁芝听到政变的消息，要出城投奔曹爽。他叫参军辛敞跟他一起去，辛敞跟他姐姐辛宪英商量："天子在城外，太傅却关闭了城门，人们传说要发生不利于国家的事，会不会这样？"宪英说："以我的推测，太傅只想杀曹爽罢了。""那么事情会成功吗？"宪英说："不会不成功的！曹爽的才能比不过太傅。""那么，我可以不出城吗？"宪英说："忠于职守，是做人的大义。普通人陷于困境，我们尚且要去抚恤；作为人家的下属却不尽职，没有比这更大的不祥了。而且，身为下属，必要时可以去死，这是他们亲信部属的职责，至于你，看大家怎么做你就怎么做，随大流吧。"于是辛敞出了城。事情平

故吏免，谓祜曰："吾不忘卿前语。"祜曰："此非始虑所及也！"

爽从弟文叔妻夏侯令女，早寡无子，其父欲嫁之；令女截耳自誓，居常依爽。爽诛，其家上书绝婚，强迎以归，复将嫁之；令女又断其鼻。其家惊惋，谓之曰："人生世间，如轻尘栖弱草，何至自苦乃尔！且夫家夷灭已尽，守此欲谁为哉！"令女曰："吾闻仁者不以盛衰改节，义者不以存亡易心。曹氏前盛时，尚欲保终，况今衰亡，何忍弃之！此禽兽之行，吾岂为乎！"懿闻而贤之，听使乞子字养，为曹氏后。

何晏等方用事，自以为一时才杰，人莫能及。尝为名士品目曰："'唯深也故能通天下之志'，夏侯泰初是也；'唯几也故能成天下之务'，司马子元是也；'唯神也故不疾而速，不行而至'，吾闻其语，未见其人。"盖以自况也。

晏闻平原管辂明术数，请与论《易》。邓飏在座，谓辂曰："君自谓善《易》，而语不及《易》中词义，何也？"辂曰："夫善《易》者不言《易》也。"晏笑而赞之曰："可谓要言不烦！"因谓辂曰："试为作一卦，当至三公不？"又问："连梦青蝇数十来集鼻上，何也？"辂曰："元、恺辅舜，周公佐周，皆以和惠谦恭，享有多福。今君侯位尊势重，而怀德者鲜，畏威者众，殆非小心求福之道。愿君侯裒多益寡，非礼不履，然后三公可至，青蝇可驱也。"飏曰："此老生之常

定后，辛敞叹息道："如果我不和姐姐商量，差点就缺了大义！"在此之前，曹爽延聘王沉、羊祜做官，王沉劝羊祜接受任命。羊祜说："委屈自己为人家做事，谈何容易！"王沉就一个人去接受任命。曹爽败落后，王沉因是旧官吏而被赦免，他对羊祜说："我不会忘记您以前所说的话。"羊祜说："这不是我开始所预料得到的！"

曹爽的堂弟曹文叔，娶妻名叫夏侯令女，令女年轻守寡，膝下无子，她的父亲夏侯文宁想让她再嫁；令女割下自己的耳朵，表明自己不嫁的决心。她平常的生活依靠曹爽。曹爽被杀后，夏侯家上书要求与曹家断绝姻亲关系，强行把令女迎回娘家，准备让她再嫁；令女又弄断了自己的鼻子。家里人对此又吃惊又惋惜，对她说："人生在世，好比一粒轻微的灰尘落到一棵小草上，何必自己苦自己呢！再说，丈夫家已被杀绝灭净，你守寡又为谁呢？"令女说："我听说仁爱的人，不会因为对方的盛或衰而改变态度，忠义之人，不会因为对方的存或亡而变心。曹氏以前兴盛时期，我尚且要守节，何况他家现在衰亡了，我怎么忍心抛弃！这种禽兽的行为，我能做吗？"司马懿听说这事后，觉得她是贤人，就听凭她领养儿子，作为曹氏的后代。

何晏等人正当权时，自以为是当世的人才俊杰，没有人能比得上。他曾经对名士进行评价，认为："'只因深奥，所以能够贯通天下人的意志'，夏侯泰初（夏侯玄）就是这样的人；'只是微妙，所以能够成就天下的事务'，司马子元（司马师）是这样的人；'只是神妙，所以不急而快，不行动而到达'，我只听说有这话，还没见过这样的人。"大概他要用这话比喻自己。

何晏听说平原（今山东平原西南）人管辂懂术数，请他与自己谈论《易经》。邓飏也在座，他对管辂说："你自己说懂《易经》，但你谈话当中并没有《易经》中的词句意义，这是为什么？"管辂回答说："真正懂《易经》的人是不轻易谈论《易经》的。"何晏笑着称赞他说："真可算是要言不烦啊。"趁机对管辂说："请为我占一卦，看我能不能升到三公？"又问道："我接连梦见几十只黑苍蝇聚集在我鼻子上，是什么原因？"管辂说："八元、八恺辅佐虞舜，周公旦辅佐周王，都因为温和贤惠、谦虚恭敬而享厚福。如今君侯您地位尊贵、权势显赫，而人民对

谈。"辂曰："老生者见不生,常谈者见不谈。"辂舅闻之,责其言太切。辂曰："与死人语,何所畏邪!"舅怒以为狂。至是,辂之舅谓辂曰："尔前何以知何、邓之败？"辂曰："邓之行步,筋不束骨,脉不制肉,起立倾倚,若无手足,此为鬼躁；何之视候,魂不守宅,血不华色,精爽烟浮,容若槁木,此为鬼幽：二者皆非遐福之象也。"

晏性自喜,粉白不去手,行步顾影。尤好老、庄书,与夏侯玄、荀粲、王弼之徒竞为清谈,祖尚虚无,谓《六经》为圣人之糟粕。由是天下士大夫慕效之,遂成风欲,不可复制。

【纲】魏以司马懿为丞相,加九锡,不受。

【纲】秋,姜维伐魏雍州,不克。

【纲】冬十二月,魏光禄大夫徐邈卒。【目】卢钦曰："徐公志高行洁,才博气猛,其施之也,高而不狷,洁而不介,博而守约,猛而能宽。"或问钦："徐公当武帝之时,人以为通；自为凉州刺史还,人以为介,何也？"钦曰："往者毛孝先、崔季珪用事,贵清素之士,时皆变易车服以求名,而徐公不改其常,故人以为通。比来天下奢靡相效,而徐公雅尚自若。故前日之通,乃今日之介也,是世人无常而徐公有常耳。"

【纲】庚午,十三年,秋,吴废其太子和,杀鲁王霸及将军朱

您感恩戴德的少，畏惧您威势的多，这恐怕不是小心求福的途经。希望君侯您减少现在多的、增加现在缺少的，不合礼的事情不要去做，这样以后，三公的官位可以得到，黑苍蝇也会消散。"邓飏说："这些都是老生常谈。"管辂说："老生的人能看见不生的人，常谈的人能看见不谈的人。"管辂的舅舅听说这事后，责备他言语太急切。管辂说："跟死人说话，有什么好怕的！"舅父很生气，认为他是发疯了。到后来，管辂的舅父问他："你先前怎么知道何晏、邓飏会败落？"管辂说："邓飏走路时，肌肉包不住骨头，脉络管不住肌肉，站立歪斜，坐下要倚靠，就像没有手脚，这叫'鬼躁'；何晏看人时，魂不守舍，面无血色，精神败坏，脸上像浮着一层烟气，好像一棵枯木，这叫'鬼幽'：两者都不是有福气的相貌。"

何晏是个自恋狂，经常用粉把手擦得白白的，走路时都要回头看自己的身影。他尤其喜好老子、庄子的书，与夏侯玄、荀粲、王弼这帮人竞相清谈，崇尚虚无，称《六经》为圣人的糟粕。因此，天下士大夫争相羡慕效仿他们，形成一种风气，再也无法制止。

【纲】魏国任命司马懿为丞相，加九锡，司马懿没有接受。

【纲】秋季，姜维讨伐魏国雍州（治长安，今陕西西安西北），没有攻克。

【纲】冬十二月，魏国光禄大夫徐邈去世。 【目】卢钦说："徐公志向高尚，品行廉洁，博学多才，气势雄猛，落实到行动上，高尚而不心胸狭窄，廉洁而不耿介，博学而能掌握要点，雄猛而能宽容。"有人问卢钦："徐公在魏武帝时，人们都认为他通达；但自从他当了凉州（治姑臧，今甘肃武威）刺史后回来，人们都认为他变得特别了，这是为什么？"卢钦回答说："从前，毛孝先（毛玠）、崔季珪（崔琰）当权，尊重崇尚清高朴素的士大夫，当时人都改变衣服车马，以求清高的名声，而徐公不改他日常服饰，所以人们认为他通达。后来天下争相效仿奢侈豪华，而徐公仍我行我素，不随波逐流。所以，过去的通达，变成了今日的孤独特别，其实，这是世人的认识变化无常，而徐公则始终是一致的。"

【纲】延熙十三年（庚午，250，魏嘉平二年，吴赤乌十三年），秋

据。冬十一月，立子亮为太子。 【目】初，潘夫人有宠于吴主权，生少子亮，权爱之。全公主与太子和有隙，欲豫自结，数称亮美。权以鲁王霸结朋党以害其兄，心亦恶之，谓侍中孙峻曰："子弟不睦，将有袁氏之败，为天下笑。若使一人立者，安得不乱乎！"遂有废和立亮之意，至是，乃幽太子和。将军朱据谏曰："太子，国之本根；加以雅性仁孝，天下归心。昔晋献用骊姬而申生不存，汉武信江充而戾太子冤死，臣窃惧太子不堪其忧，虽立思子之宫，无及矣！"不听。遂废和为庶人，赐霸死。据寻亦赐死。明年，立潘氏为后。

【纲】辛未，十四年，夏四月，魏司马懿杀王凌及楚王曹彪，遂置诸王公于邺。 【目】初，魏扬州都督王凌，与其甥兖州刺史令狐愚，并典重兵，阴谋以魏主制于强臣，楚王彪有智勇，欲共立之，迎都许昌；愚遣其将与楚王相闻。凌子广谏，凌不从，会愚病卒。至是，凌遣将军杨弘以废立事告兖州刺史黄华，华、弘连名以白司马懿。懿将中军乘水道讨凌，凌势穷，面缚水次，懿解其缚，送诣京师，道饮药死。懿至寿春，穷治其事，诸相连者悉夷三族。发凌、愚冢，剖棺暴尸；赐楚王彪死。尽录诸王公置邺，使有司察之，不得与人交关。

初，愚为白衣时，常有高志，众谓必兴令狐氏。族父邵独以为："愚性倜傥，不修德而愿大，必灭我宗。"愚甚不平。及愚仕进有名称，从容谓邵曰："先时闻大人谓愚为不继，今竟云何邪？"邵熟视

季，吴国废掉太子孙和，杀死鲁王孙霸以及将军朱据。冬十一月，立孙亮为太子。 【目】最初，潘夫人受到吴皇帝孙权的宠爱，生下小儿子孙亮，孙权很喜爱他。孙权的大女儿全公主与太子孙和有矛盾，她想自己预先了结这事，就不断在孙权面前称赞孙亮的美德。孙权对鲁王孙霸结交朋党、陷害兄长的做法，心里也已厌恶，他对侍中孙峻说："兄弟之间不和睦，就会有袁氏的失败，被天下人耻笑。如果让其中任何一个当皇帝，能够保证不生乱吗？"于是有了废孙和立孙亮为太子的心意。这时，就把太子孙和幽禁起来。将军朱据劝阻说："太子是国家的根本；加上孙和生性仁厚孝顺，人心都向着他。从前晋献公宠爱骊姬而申生就不得活，汉武帝宠信江充而戾太子冤屈而死。我内心害怕太子孙和不能承受这种忧愁，到时候，即使您兴建思子宫，也来不及了！"孙权根本不听。于是，孙和被废为庶人，赐孙霸自杀。朱据不久也被赐死。第二年，立潘氏为皇后。

【纲】延熙十四年（辛未，251，魏嘉平三年，吴大元元年），夏四月，魏国司马懿杀王凌及楚王曹彪，并把几位王公安置在邺地（魏置邺都，今河北临漳西南）。 【目】当初，魏国扬州都督王凌（魏扬州都督治历阳，今安徽和县），与他的外甥、兖州刺史令狐愚，共同掌握重兵，阴谋把皇帝置于强臣的控制之下，楚王曹彪智勇双全，王凌等想拥立他为皇帝，迎接到首都许昌；令狐愚派遣将军报告给楚王。王凌的儿子王广劝他不要这样做，王凌不听他的，这时正碰上令狐愚因病去世。王凌派遣将军杨弘把他的废立皇帝的计划告诉兖州刺史黄华，黄华、杨弘联名把这事报告给司马懿。司马懿率领中军从水路乘船讨伐王凌，王凌势单力薄，只好在水中把自己的双手捆在背后投降，司马懿解开他的绑绳，送他前往首都，途中，王凌喝毒药而死。司马懿一到洛阳，穷追猛究这件事，许多与此事有关联的人都被灭了三族。还挖开王凌、令狐愚的坟墓，劈开棺材，暴晒尸体；又赐楚王曹彪自杀。把所有的王公都安置到邺都，派有司监管他们，不让他们与人联系交往。

早先，令狐愚还是一介平民时，胸怀大志，大家都说他一定会使令狐家兴旺。唯独族父令狐邵认为："令狐愚虽然生得卓越超人，风流倜傥，但他不修练品德而志愿又太大，肯定会灭了我们家族。"令狐愚

而不答，私谓妻子曰："公冶性度，犹如故也。不知我当坐之不邪？必逮汝曹矣。"邵没十余年而愚灭族。

【纲】秋八月，魏太傅司马懿卒，以其子师为抚军大将军，录尚书事。

【纲】冬十一月，吴以诸葛恪为太子太傅，总统国事。　【目】时权颇寤太子和之无罪，十一月，祀南郊还，得风疾，欲召和还；全公主及侍中孙峻、中书令孙弘固争之，乃止。权以太子亮幼，议所付托，峻荐恪可付大事。权嫌其刚很自用，峻曰："朝臣才无及恪者。"乃召之。恪将行，吕岱戒之曰："世方多难，子每事必十思。"恪曰："昔季文子三思而后行，夫子曰：'再斯可矣。'今君令恪十思，明恪之劣也！"岱无以答，时咸谓之失言。恪至建业，见吴主于卧内，受诏床下，以大将军领太子太傅，孙弘领少傅；有司诸务，一统于恪。

【纲】费祎北屯汉寿，以陈祗守尚书令。

【纲】壬申，十五年，春正月，魏以司马师为大将军。

【纲】吴立故太子和为南阳王。　【目】吴主权复封和为南阳王，居长沙；奋为齐王，居武昌；休为琅邪王，居虎林。

【纲】夏四月，吴主权卒，太子亮立，以诸葛恪为太傅。

【纲】吴徙其齐王奋于豫章。　【目】诸葛恪不欲诸王处滨江兵马之地，乃徙齐王奋于豫章，琅邪王休于丹阳。奋不肯徙，恪遗之

听到后心中很不平。等令狐愚在仕途上有了名声之后，他从容地对令狐邵说："以前听说大人认为我不能继承令狐家族，今天你还能说什么呢？"令狐邵仔细地盯着他看，却不回答。他偷偷地对妻子说："公冶（令狐愚）的性情，仍与过去一样。不知我会不会被牵连进去？灾难肯定会落到你们的头上。"令狐邵死后十多年，令狐愚毁灭了令狐家族。

【纲】秋八月，魏国太傅司马懿去世，任命他的儿子司马师为抚军大将军、录尚书事。

【纲】冬十一月，吴国任命诸葛恪为太子太傅，总管国事。　【目】这时，孙权开始醒悟到太子孙和是无罪的，十一月，孙权从南郊祭祀回来，因中风得病，他想召孙和回来；全公主和侍中孙峻、中书令孙弘极力劝阻，只好作罢。孙权认为太子孙亮太小，与左右商议可以托付太子的人，孙峻推荐了诸葛恪，说他可以托付大事。孙权嫌他刚愎自用，孙峻说："本朝臣属中没有一个才能比得上诸葛恪了。"于是，孙权召见诸葛恪。诸葛恪临行时，吕岱告诫他说："目前世上多灾多难，你对每件事都要想十遍。"诸葛恪说："从前，季文子思考三遍而后才行动，孔夫子说：'思考两遍就行了。'现在您让我想十遍，是表明我很愚劣吧！"吕岱无言以对，当时大家都说他失言了。诸葛恪到达建业，在卧室里见到了吴皇帝，他在床前接受诏书，以大将军身份兼任太子太傅，孙弘任少傅；官吏的各种事务，全由诸葛恪统领。

【纲】费祎在北边屯守汉寿（今四川广元西南），任命陈祗守尚书令。

【纲】延熙十五年（壬申，252，魏嘉平四年，吴皇帝孙亮建兴元年），春正月，魏国任命司马师为大将军。

【纲】吴国立前太子孙和为南阳王。　【目】吴皇帝孙权又封孙和为南阳王，居住在长沙（今湖南长沙）；孙奋为齐王，居住在武昌；孙休为琅玡王，居住在虎林（即武林，今安徽省贵池西）。

【纲】夏四月，吴皇帝孙权逝世，太子孙亮登基，即皇帝位，任命诸葛恪为太傅。

【纲】吴国迁徙齐王孙奋到豫章郡（治南昌县，今江西南昌东）。【目】诸葛恪不愿让各亲王占据沿江军事基地，就把齐王孙奋迁移到

笺曰:"帝王之尊,与天同位,是以仇雠有善,不得不举,亲戚有恶,不得不诛,所以承天理物,先国后身,盖圣人立制,百代不易之道也。闻大王顷至武昌以来,多违诏敕,不循制度,擅发诸将,私杀左右,小大惊怪,莫不寒心。俚语曰:'明鉴所以照形,古事所以知今。'大王宜深以鲁王为戒,改易其行,若弃忘先帝法教,怀轻慢之心,臣下宁负大王,不敢负先帝遗诏。"奋惧,遂行。

【纲】冬十月,吴诸葛恪修东兴堤。十二月,魏人击之,恪与战于徐塘,魏人败走。

【纲】癸酉,十六年,春正月,盗杀大将军费祎。 【目】初,姜维攻魏西平,获中郎郭循,以为左将军。循欲刺帝,不得近,每因上寿,且拜且前,为左右所遏,事辄不果。至是,费祎与诸将大会于汉寿,欢饮沉醉,循刺杀之。祎泛爱不疑,待新附太过,张嶷尝与书,引岑彭、来歙为戒。祎不从,故及。

【纲】二月,吴诸葛恪击魏。
【纲】夏四月,姜维伐魏,围狄道。 【目】维负其才武,每欲大举,费祎常裁制不从,与兵不过万人,曰:"丞相犹不能定中夏,况吾等乎!不如保国治民,谨守社稷,如其功业,以俟能者;无为徼倖,决成败于一举。若不如志,悔之无及!"及祎死,维遂将数万人伐魏,围狄道。

【纲】吴师围魏新城,不克。

豫章,把琅玡王孙休迁移到丹阳。孙奋不肯迁移,诸葛恪就写信给他,说:"帝王的尊贵,与上天的地位相同,因此,仇人有善行,帝王不得不给予奖赏,亲戚犯了罪恶,帝王不得不加以诛杀,所以禀承天意,遵循事物规律,先国家后自身,这是圣人立下的制度,百代都不变的常理。我听说大王您到武昌不久,直到现在,做了许多违背诏令的事,不遵循制度,擅自调遣各路将领,自行诛杀左右随员,上下大小人员大为震骇,无不寒心。俗话说:'明镜可以用来照人的形象,古事可以帮助了解今天的事情。'大王应当把鲁王作为深刻的教训,改变自己的行为,如果抛弃忘记先帝的法规教训,怀着轻视满不在乎的心理,臣下我宁愿辜负大王您,也不敢违背先帝的遗诏。"孙奋这下害怕了,于是去了武昌。

【纲】冬十月,吴国诸葛恪修筑东兴堤(即东关,在今安徽含山西南濡须山上)。十二月,魏国进攻吴国,诸葛恪率军与魏军在徐塘交战,魏军败退。

【纲】延熙十六年(癸酉,253,魏嘉平五年,吴建兴二年),春正月,蜀国大将军费祎被刺杀。 【目】当初,姜维进攻魏国西平(今河南西平),俘获魏中郎郭循,任命他为蜀国左将军。郭循想刺杀蜀皇帝,却无法接近,每次借拜寿的机会,一边拜一边往前移动,但总是被左右卫士阻拦,事情不能成功。这时,费祎与众将领在汉寿聚会,大摆宴席,开怀畅饮,结果酩酊大醉,被郭循刺杀,费祎平时对任何人都很信任,从不怀疑,即使对待新投降的人也太过相信,张嶷曾写信给他,举岑彭、来歙为借鉴。费祎没有听从,终于被害。

【纲】二月,吴国诸葛恪进攻魏国。

【纲】夏四月,姜维讨伐魏国,包围了狄道(今甘肃临洮南)。【目】姜维很自负,认为自己智勇双全,每次想采取行动,费祎总是加以制止,不听从他的计划,即使给他兵力,也不超过万人,他说:"以丞相诸葛亮的才能尚且不能平定中原,何况我们呢!不如保国治民,谨慎地守卫疆土,至于功业,只好等待有能之人出现;不要抱着侥幸心理,试图通过一次战役就决定成败。如果不能如预想的那样成功,后悔也来不及了!"费祎死后,姜维就率领数万人讨伐魏国,包围了狄道。

【纲】吴国军队包围魏国新城(今湖北房县附近),但没有攻克。

【纲】冬十月，吴杀其太傅诸葛恪，以孙峻为丞相。 【目】恪还建业，陈兵入府，愈治威严，多所罪责。孙峻因民怨众嫌，构恪于吴主亮，云欲为变。遂与亮谋置酒请恪，伏兵杀之，以苇席裹尸，投之石子冈，并夷三族。初，恪少有盛名，大帝深器重之，而恪父瑾常以为戚，曰："非保家之子也。"陆逊常谓恪曰："在我前者，吾必奉之同升，在我下者，则扶接之；今君气陵其上，意蔑其下，非安德之基也。"至是果败。

吴群臣共推峻为太尉，滕胤为司徒。有媚峻者言："万机宜在公族。"乃表峻为丞相、大将军，都督中外诸军事。峻骄矜淫暴，国人侧目。

【纲】吴杀其南阳王和。 【目】和妃张氏，恪甥也，峻因此赐和死，张妃亦自杀。其妾何氏曰："若皆从死，谁当字孤！"遂抚育其子皓，及诸姬子德、谦、俊，皆赖以全。齐王奋亦坐废为庶人。

【纲】甲戌，十七年，春二月，魏司马师杀中书令李丰及太常夏侯玄、光禄大夫张缉，遂废其后张氏。 【目】初，李丰年十七、八，已有清名，其父恢不悦，敕使闭门断客。后司马师秉政，以丰为中书令。时太常夏侯玄有天下重名，以曹爽亲，故不得在势任，居常怏怏；张缉以后父家居，亦不得意；丰皆与亲善。虽为师所擢用，而心在玄。魏主芳又数独召丰语，师知其议己，诘之，不以实告；师怒，以刀镮筑杀之，遂收玄、缉下廷尉，皆夷三族，并废张后。

【纲】冬十月，吴国杀了太傅诸葛恪，任命孙峻为丞相。　【目】诸葛恪回师建业，命令士兵列队进入帅府，态度越加威严，对人经常怪罪责备。孙峻趁着人们对诸葛恪怨气冲天，非常厌嫌的时机，在吴皇帝孙亮跟前打小报告，说诸葛恪想要发动政变。于是他和孙亮谋划，安排酒席，请诸葛恪赴宴，埋伏下杀手，杀死诸葛恪，用草席裹住尸体，扔在石子冈（今江苏南京雨花台）上，并灭了诸葛恪三族。当年，诸葛恪少年就有盛名，大帝孙权非常器重他，而诸葛恪的父亲诸葛瑾却常常为此忧愁，他说："诸葛恪不是能保住我们家族的孩子。"陆逊曾经对诸葛恪说："在我前面的人，我一定扶着他一起往上升，在我下面的人，我一定弯腰拉他一把；现在您对上傲气凌人，对下轻蔑鄙视，这不是奠定恩德的基础。"到这时，诸葛恪果然败落。

吴国群臣共同推举孙峻为太尉，滕胤为司徒。有向孙峻献媚的人说："总理万机的大权应当在三公。"于是上表给皇帝，皇帝任命孙峻为丞相、大将军，都督中外所有军事。孙峻骄横矜伐，滥施暴力，全国人民为之侧目。

【纲】吴国杀死南阳王孙和。　【目】孙和的妃子张氏，是诸葛恪的外甥女，孙峻借此机会赐孙和自杀，张氏也自杀身亡。孙和的一个妾何氏说："如果都跟着他去死，谁来抚养这些孤儿呢？"于是，她担负起抚养儿子孙皓以及其他几个姬妾的儿子的责任，孙德、孙谦、孙俊都因此得以保全性命。齐王孙奋也受到牵连，被贬为平民。

【纲】延熙十七年（甲戌，254，魏皇帝曹髦正元元年，吴五凤元年），春二月，魏国司马师杀中书令李丰及太常夏侯玄、光禄大夫张缉，并废黜皇后张氏。　【目】当年，李丰才十七八岁时，已有清高的名声，他的父亲李恢不大高兴，命他闭门谢客。后来司马师执政，任命李丰为中书令。当时太常夏侯玄名震天下，但因跟曹爽是亲戚关系，所以不能当掌握实权的官，平日在家经常怏怏不乐。张缉虽然身为皇后的父亲，却在家闲居，也很不得志。李丰与他们都很友好。李丰虽被司马师提升为官，内心却向着夏侯玄。魏皇帝曹芳又几次召见他一个人谈话，司马师知道他们是在议论自己，追问谈话的内容，李丰又不如实相告；司马师大怒，用刀环把李丰捣死，并逮捕夏侯玄、张缉送交廷尉处理，灭了他

【纲】夏，姜维伐魏。

【纲】秋九月，魏司马师废其主芳为齐王，迁之河内。冬十月，迎高贵乡公髦立之。

【纲】乙亥，十八年，春正月，魏扬州都督毌丘俭、刺史文钦起兵讨司马师，师击败之，钦奔吴，俭走死。

【纲】魏大将军司马师卒，二月，师弟昭自为大将军，录尚书事。【目】师疾笃，还许昌，昭自洛阳往省之，师令总统诸军而卒。诏以昭为大将军、录尚书事。

【纲】秋八月，姜维伐魏，败其兵于洮西，遂围狄道；不克而还。

【纲】丙子，十九年，春正月，以姜维为大将军。

【纲】夏四月，魏司马昭始服衮冕、赤舄。

【纲】秋七月，姜维伐魏，与其将邓艾战，败绩。【目】秋，维复出祁山，闻邓艾有备，乃回，趣南安；艾与战于段谷，大破之。死者甚众，蜀人由是怨维。

【纲】八月，魏司马昭自为大都督，奏事不名，假黄钺。

【纲】吴孙峻卒，以其从弟綝为侍中，辅政。

【纲】吴大司马吕岱卒。【目】始岱亲近徐原，赐以巾褠，与共言论，后遂荐拔，官至侍御史。原好直言，岱有得失，辄谏诤，又公论之；或以告岱，岱叹曰："是我所以贵德渊者也！"及原死，哭之甚哀，曰："德渊，岱之益友，今不幸，岱复于何所闻过乎！"

【纲】冬十月，魏以卢毓为司空。【目】魏以卢毓为司空。毓固

们的三族，并废黜皇后张氏。

【纲】夏季，姜维讨伐魏国。

【纲】秋九月，魏国司马师废黜皇帝曹芳，贬他为齐王，把他迁徙到河内，冬十月，迎立高贵乡（属郯县，今山东郯城县）公曹髦为皇帝。

【纲】延熙十八年（乙亥，255，魏正元二年，吴五凤二年），春正月，魏国的扬州都督毌丘俭、刺史文钦起兵讨伐司马师，司马师领兵打败了他们，文钦逃奔吴国，毌丘俭在逃亡途中死去。

【纲】魏国大将军司马师去世，二月，司马师的弟弟司马昭自己当上大将军，录尚书事。　　【目】司马师病重，回到许昌，司马昭从洛阳前去看望他，司马师命令他总领各路大军，而后去世。皇帝下诏书，任命司马昭为大将军，录尚书事。

【纲】秋八月，姜维讨伐魏国，在洮水西岸打败魏军，于是包围了狄道，但没能攻克，只好回师。

【纲】延熙十九年（丙子，256，魏甘露元年，吴太平元年），春正月，蜀国任命姜维为大将军。

【纲】夏四月，魏国司马昭开始着龙袍、戴皇冠、穿红靴子。

【纲】秋七月，姜维讨伐魏国，与魏将邓艾交锋，战败。　　【目】秋季，姜维又出祁山，听说邓艾已有准备，就回师转奔南安郡（今甘肃陇西东北），邓艾与姜维在段谷（今甘肃天水东南）交战，大破姜维军，姜维军死伤惨重，蜀国百姓因此怨恨姜维。

【纲】八月，魏国司马昭自己当了大都督，向皇帝奏事不报自己的姓名，执掌起皇帝杀人时专用的黄钺。

【纲】吴国孙峻去世，任命他的堂弟孙琳为侍中，辅佐政权。

【纲】吴国大司马吕岱去世。　　【目】最初，吕岱亲近徐原，送给他衣服帽子，与他一起讨论问题，后来因吕岱的推荐，徐原升了官，当了侍御史。徐原喜欢直言，吕岱偶有过失，徐原就直言劝阻，而且公开评论。有人把这事告诉吕岱，吕岱叹息说："这正是我尊敬德渊（徐原）的原因啊！"徐原死后，吕岱痛哭流涕，非常悲哀，他说："德渊，我的好友，今天不幸去世，我吕岱再到哪里去听我的过错呢？"

【纲】冬十月，魏国任命卢毓为司空。　　【目】魏国任命卢毓为司

让司隶校尉王祥,诏不许。

祥至孝,继母朱氏遇之无道,祥愈恭谨。朱氏子览,年数岁,每见祥被箠,辄涕泣抱其母;母以非理使祥,览辄与俱。及长,娶妻,母虐使祥妻,览妻亦趋之,母为少止。祥渐有时誉,母深疾之,密使鸩祥。览径起取酒,祥不与,母夺而反之。后,母赐祥馔,览辄先尝,母惧,遂止。汉末遭乱,隐居三十余年,不应州郡之命。母终,毁瘁,杖而后起。徐州刺史吕虔檄为别驾,委以州事,政化大行,时人歌之曰:"海、沂之康,实赖王祥;邦国不空,别驾之功。"

【纲】丁丑,二十年,夏四月,吴主亮始亲政。 【目】吴主亮亲政事。大将军孙綝表奏,多见难问,数出中书视大帝时旧事,问左右侍臣曰:"先帝数有特制,今大将军问事,但令我书可邪?"尝食生梅,使黄门至中藏取蜜,蜜中有鼠矢;召问藏吏,藏吏叩头。亮曰:"黄门从尔求蜜邪?"吏曰:"向求,实不敢与。"黄门不服。亮令破鼠矢,矢中燥,因大笑谓左右曰:"若矢先在蜜中,中外俱湿;今外湿里燥,必黄门所为也。"诘之,果服;左右惊悚。

【纲】魏扬州都督诸葛诞起兵讨司马昭。六月,昭奉其主髦攻之,吴人救之,不克而还。

【纲】姜维伐魏。 【目】姜维闻魏分关中兵赴淮南,率数万人出骆谷。时长城积谷多而守兵少,魏都督司马望及邓艾进据之,以拒维。维数挑战,不应。

是时,维数出兵,蜀人愁苦,谯周作《仇国论》讽之,曰:"或

空。卢毓坚持要求让位给司隶校尉王祥,皇帝诏令不允许。

　　王祥极端孝顺,他的继母朱氏对他很苛刻,王祥却更加恭敬谨慎。朱氏的亲生儿子王览,年纪只有几岁,每次看到王祥被鞭打,总是哭着抱住母亲;继母派王祥去做危险的事情,王览就与他一起去。长大后,兄弟俩都娶了妻子,继母又虐待王祥的妻子,王览的妻子也去陪着承受,继母这才稍稍收敛。王祥逐渐赢得了声誉,继母非常嫉恨,就偷偷地把毒酒拿给王祥喝。王览起身直接拿起酒要喝,王祥不给他,继母忙夺了回去。后来每次继母做饭菜给王祥吃,王览总要先尝尝,继母害怕了,就不再这样做。东汉末年遭到大乱,王祥隐居三十多年,不接受州郡政府的任命。继母去世,王祥悲恸过度,卧病在床,要扶着拐杖才能起身。徐州刺史吕虔发出征召书,任命王祥为别驾,把州政府的事务委托给他处理,一时间,政令教化得以推行,当时人为此作歌谣说:"海沂地区的安康,实在依赖王祥;国库不空,别驾之功。"

　　【纲】延熙二十年(丁丑,257,魏甘露二年,吴太平二年),夏四月,吴皇帝孙亮开始亲,自执政。　【目】吴皇帝孙亮亲自执政。大将军孙綝的上表奏章,经常被责问。孙亮经常到中书省翻看大帝孙权时的旧档,他问左右侍臣:"先帝常有独特的诏制,如今大将军奏事,为什么只让我签字?"有一次,他吃生梅子,派黄门到中藏府去取蜂蜜,取来的蜜中有老鼠屎,召藏吏来询问,藏吏只是叩头。孙亮说:"黄门是向你要的蜂蜜吗?"藏吏说:"以前要过,但我不敢给他。"黄门不承认,孙亮命剖开老鼠屎,发现中间仍是干燥的,于是大笑,对左右官员说:"如果老鼠屎先在蜂蜜里,里外都应是湿的;现在外面湿而里面干,肯定是黄门干的。"追问黄门,果然如此,左右官员大为惊骇。

　　【纲】魏国扬州都督诸葛诞起兵讨伐司马昭。六月,司马昭奉皇帝曹髦令进攻诸葛诞,吴国士兵前往救援,没有成功,回师东吴。

　　【纲】姜维讨伐魏国。　【目】姜维听说魏国分出关中兵力奔赴淮南,就率领数万人出师骆谷。当时,在长城存粮很多而守军很少,魏国都督司马望及邓艾进据此地,以抵抗姜维。姜维屡次挑战,魏军都不应战。

　　这时,姜维多次出兵,蜀国百姓对此都很忧愁、苦闷,谯周作《仇

问:'往古能以弱胜强者,其术何如?'曰:'吾闻之,处大无患者常多慢,处小有忧者常思善;多慢则生乱,思善则生治,理之常也。故周文养民,以少取多,句践恤众,以弱毙强,此其术也。'或曰:'曩者项强汉弱,约分鸿沟,各归息民,张良以为民志既定,则难动也,率兵追羽,终毙项氏。岂必由文王之事乎?'曰:'商、周之际,王侯世尊,君臣久固,深根者难拔,据固者难迁。当此之时,虽汉祖安能杖剑鞭马取天下乎!及秦罢侯置守之后,民疲秦役,天下土崩,于是豪强并争,虎裂狼分,疾搏者获多,迟后者见吞。今我与彼皆传国易世矣,既非秦末鼎沸之时,实有六国并据之势,故可为文王,难为汉祖。'"

【纲】戊寅,景耀元年,春二月,魏司马昭拔寿春,杀诸葛诞。

【纲】姜维引兵还。【目】维闻诸葛诞死而还。

【纲】夏五月,魏司马昭自为相国,封晋公,加九锡,复辞不受。

【纲】秋九月,吴孙綝废其春主亮为会稽王。冬十月,迎立琅邪王休。休以綝为丞相,封兄子皓为乌程侯。

【纲】十二月,吴孙綝伏诛。

【纲】诏汉中兵屯汉寿,守汉、乐二城。

国论》来讽刺出兵之事,他写道:"有人问:'古代能够以弱胜强的人,用的什么战术?'回答:'我听说,处于强大地位而没有外患的国家,大多会松懈戒备,处于弱小地位而有忧患意识的国家,经常想振奋图强。戒备松懈,就会产生变乱,振奋图强就会出现太平,这是常理。所以周文王养护人民,以少胜多;勾践体恤民众,以弱胜强,这就是战术。'有人问:'先前,项羽强而刘邦(汉)弱,他们约定以鸿沟为界,各自回师,让人民休养生息,张良却认为,人民的心意已定,便很难动摇,就率领队伍追击项羽,最后消灭了项羽。难道一定要遵循周文王的故事吗?'回答:'商周交替之际,王侯世代尊贵,群臣关系长久稳固,树根深了就难拔,根据地坚固了就难移动。在那个时候,即使是汉高祖刘邦,又怎能挥剑策马,取得天下!到了秦国罢掉封侯,安置郡守之后,百姓不堪忍受秦政府的苦役,天下政权土崩瓦解,这时豪强同时争雄称霸,如同虎狼分裂食物,行动迅疾的获得就多,行动迟缓落后的则被吞并。目前我国与敌国的皇位都已传代易世,已不是秦朝末年鼎沸之时,而有战国时六国并据对峙的形势,所以可效法周文王,却难当汉高祖。'"

【纲】景耀元年(戊寅,258,魏甘露三年,吴景帝孙休永安元年),春二月,魏国司马昭攻克寿春(今安徽寿县),杀了诸葛诞。

【纲】姜维领兵撤退。【目】姜维听说诸葛诞已死,因而退军。

【纲】夏五月,魏国司马昭自己当上了相国,被封为晋公,加九锡;再三辞让,不肯接受。

【纲】秋九月,吴国孙綝废黜皇帝孙亮,把他贬为会稽王。冬季十月,迎立琅玡王孙休为皇帝。孙休任命孙綝为丞相,封哥哥的儿子孙皓为乌程侯。

【纲】十二月,吴国孙綝伏罪,被皇帝诛杀。

【纲】蜀皇帝下诏,命令汉中军队屯扎在汉寿,守卫汉城(今陕西沔县西南)和乐城(今陕西城固西北)。

纲鉴易知录卷二九

后汉纪

后皇帝

【纲】己卯，二年，春正月，黄龙二见魏宁陵井中。 【目】先是魏地井中，屡有龙见，群臣以为吉祥，魏主髦曰："龙者，君德也。上不在天，下不在田，而数屈于井，非嘉兆也。"作《潜龙诗》以自讽，司马昭见而恶之。

【纲】庚辰，三年，春正月朔，日食。

【纲】夏五月，魏司马昭弑其主髦于南阙下，尚书王经死之。【目】魏主髦见威权日去，不胜其忿，召侍中王沉、尚书王经、散骑常侍王业谓曰："司马昭之心，路人所知也。吾不能坐受废辱，今日当与卿自出讨之。"于是入白太后。沉、业奔走告昭，呼经欲与俱，经不从。髦遂拔剑升辇，率殿中宿卫苍头官僮鼓噪而出。中护军贾充入，与战南阙下。太子舍人成济问充曰："事急矣，当云何？"充曰："司马公畜养汝等，正为今日。今日之事，无所问也！"济即抽戈前刺髦，殒于车下。昭闻之，大惊，自投于地。太傅孚奔往，枕其股而哭甚哀，曰："杀陛下者，臣之罪也！"

昭入殿中，召群臣会议。尚书仆射陈泰不至，昭使其舅尚书荀𫖮召之。泰曰："论者以泰方舅，今舅不如泰也。"子弟逼之，乃入，见昭，悲恸，昭亦对之泣曰："玄伯，卿何以处我？"泰曰："独有斩贾充，少可以谢天下耳！"昭久之曰："更思其次。"泰曰："泰言惟有进于此者，不知其次。"昭乃不复言。以太后令，罪状髦，废为庶

后皇帝

【纲】景耀二年（己卯，259，魏甘露四年，吴永安二年），春正月，黄龙两次出现在魏国宁陵（今河南宁陵南）的水井中。 【目】在此之前，魏国的水井中，经常有龙出现，群臣认为这是吉祥的征兆，魏皇帝曹髦却说："龙是君王的象征。它既不在天上，也不在田地里，却总是在水井里，这并不是什么好兆头。"他作了一首《潜龙诗》以表达自己的看法，司马昭看见后非常厌恶。

【纲】景耀三年（庚辰，260，魏元帝曹奂景元元年，吴国永安三年），春正月初一，发生日食。

【纲】夏五月，魏国司马昭在皇宫前的南门下杀死皇帝曹髦，尚书王经也为之而死。 【目】魏国皇帝曹髦见自己的权威地位日渐消逝，非常忿怒，他召见侍中王沉、尚书王经、散骑常侍王业，对他们说："司马昭之心，路人皆知。我不能坐等被废黜的羞辱，今天要与你们一起出兵讨伐他。"于是进内宫禀告太后。王沉、王业赶紧跑去报告司马昭，他们叫王经和他们一起去，王经不肯去。曹髦拔出剑，坐上车，率领宫殿中的宿卫、苍头、官僮等叫喊着冲出来。中护军贾充进来，与皇帝等人在南楼台下打起来。太子舍人成济问贾充："事情紧急，该怎么办？"贾充说："司马公平日养着你们，正是为了今天。今天的事，没什么好问的！"成济立即挥戈向前刺杀皇帝曹髦，曹髦死于车下。司马昭听说后，大吃一惊，自己扑倒在地。太傅司马孚奔向皇帝，把曹髦的头枕在自己腿上，悲哀地哭诉说："陛下被杀，是我的罪过啊！"

司马昭走进宫殿，召集百官商议。尚书仆射陈泰没来，司马昭派陈泰的舅舅尚书荀顗去叫他。陈泰说："评论历史的人会把我与舅舅您相比，但今天舅舅您不如我。"他的子弟都逼着他去，他这才进殿，见到司马昭，悲恸万分；司马昭也对着他流泪，说："玄伯（陈泰），你打算怎么对待我？"陈泰说："只有杀掉贾充，才能稍稍向天下人谢罪！"司马昭沉吟很久才说："再想第二个办法。"陈泰说："我的话只是如此，不

人，葬以民礼。收王经及其家属付廷尉。经谢其母，母笑曰："人谁不死，正恐不得其所；以此并命，何恨之有！"及就诛，故吏向雄哭之，哀恸一市。王沉以功封安平侯。太傅孚等请以王礼葬髦，许之。昭言成济大逆不道，夷三族。

【纲】六月，魏主奂立。 【目】奂，燕王宇之子也。本名璜，封常道乡公，司马昭迎立之，更名奂，年十五矣。

【纲】辛巳，四年，冬，以董厥、诸葛瞻为将军，共平尚书事，樊建为尚书令。 【目】时中常侍黄皓用事，厥、瞻皆不能矫正，士大夫多附之，唯建不与皓往来。秘书令郤正久在内职，与皓比屋，周旋三十余年，澹然自守，以书自娱，既不为皓所爱，亦不为所憎，故官不过六百石，而亦不罹其祸。

【纲】壬午，五年，冬十月，姜维伐魏洮阳，不克。

【纲】魏司马昭杀中散大夫嵇康。 【目】康文辞壮丽，好言老、庄而尚奇任侠，与阮籍、籍兄子咸、山涛、向秀、王戎、刘伶相友善，号"竹林七贤"。皆崇尚虚无，轻蔑礼法，纵酒昏酣，遗落世事。

籍为步兵校尉，其母卒，方与人围棋，对者求止，籍留与决赌。既而饮酒二斗，举声一号，吐血数升，毁瘠骨立。居丧，饮酒无异平日。司隶何曾面质籍于司马昭座曰："卿纵情背礼，败俗之人，不可长也！"因谓昭曰："公方以孝治天下，而听籍以重哀饮酒食肉于公座，何以训人！宜摈之四裔，无令污染华夏。"昭爱籍才，常拥护之。

知道还有什么第二个办法。"司马昭于是不再说话。用太后名义下令，判曹髦有罪，废为平民，按照平民的规格埋葬。又逮捕王经及其家属交给廷尉，关进监狱。王经向母亲告别，母亲笑着说："人谁能不死，就怕死得不值得；因为跟随皇帝而去死，还有什么好遗憾的！"到赴刑场时，他们的老熟人、行刑官向雄为他们而哭，悲恸欲绝，感动全场的人。王沈因为有功，被封为安平侯。太傅司马孚等人请求按照君王的礼仪安葬曹髦，得到了准许。司马昭说成济大逆不道，杀了他家三族。

【纲】六月，魏国立曹奂为皇帝。　【目】曹奂是燕王曹宇的儿子，本名曹璜，封常道乡公，司马昭迎立他为皇帝，改名叫曹奂，当时十五岁。

【纲】景耀四年（辛巳，261，魏景元二年，吴永安四年），冬季，任命董厥、诸葛瞻为将军，共平尚书事，樊建为尚书令。　【目】当时是中常侍黄皓专权，董厥、诸葛瞻都不能矫正黄皓的决定，士大夫大多附和着黄皓，唯独樊建不和黄皓来往。秘书令郤正长久在官内任职，与黄皓的屋子相邻，与他打了三十多年交道，淡然自处，以看书为消遣，既不被黄皓喜爱，也不为他所憎恨，所以官俸不过六百石，也没有受牵连遭祸。

【纲】景耀五年（壬午，262，魏景元三年，吴永安五年）冬十月，姜维讨伐魏国的洮阳（今甘肃临潭西南），没有攻克。

【纲】魏国司马昭杀死中散大夫嵇康。　【目】嵇康的文章壮丽，喜欢谈论老、庄之学，崇尚奇异，结交志同道合者，与阮籍、阮籍哥哥的儿子阮咸、山涛、向秀、王戎、刘伶非常要好，号称"竹林七贤"。他们都崇尚虚无，蔑视礼法，酗酒昏醉，不问世事。

阮籍当时是步兵校尉，他母亲去世时，他正与人下棋，听到消息，对方要求停止下棋，阮籍不肯走，要与那人决个胜负。然后他喝了二斗酒，大叫一声，吐血好几升，变得瘦骨嶙峋。戴孝期内，阮籍跟平日一样饮酒不止。司隶何曾在司马昭座前，当面质问阮籍，说："你任意放纵自己，违背礼法，伤风败俗，你的日子不会长久！"又对司马昭说："您正用孝悌来治理天下，却听凭阮籍戴着重孝在您座前喝酒吃肉，您将用什么来训诫别人！应该把他赶到国外去，不要让他玷污华夏的民风。"司马昭因喜爱阮籍的才华，常护着他。

咸素幸姑婢；姑将婢去，咸方对客，遽借客马追之，累骑而还。

伶尤嗜酒，常乘鹿车，携一壶酒，使人荷锸随之，曰："死便埋我。"当时士大夫皆以为贤，争慕效之，谓之放达。

钟会闻康名，造之，康箕踞而锻，不为之礼。会将去，康曰："何所闻而来，何所见而去？"会曰："闻所闻而来，见所见而去！"遂深衔之。

涛为吏部郎，举康自代；康与涛书，自说不堪流俗，而非薄汤、武。昭闻而怒之。康与东平吕安亲善，安兄巽诬安不孝，康为证其不然。会因谮"康尝欲助毌丘俭，与安皆有盛名于世，而言论放荡，害时乱教，宜因此除之"。昭遂杀安及康。康尝诣隐者孙登，登曰："子才多识寡，难乎免于今之世矣！"

【纲】魏以钟会都督关中军事。 【目】魏司马昭患姜维数北伐，欲大举伐汉，朝臣多以为不可，独钟会劝之。昭谕众曰："自定寿春以来，息役六年，治兵缮甲以拟二虏。今吴地广大而下湿，攻之用力差难，不如先定巴、蜀；三年之后，因顺流之势，水陆并进，此灭虢取虞之势也。今绊姜维于沓中，使不得东顾，直指骆谷，出其空虚之地以袭汉中，以刘禅之暗，而边城外破，士女内震，其亡可知也。"乃以会为镇西将军，督关中。邓艾以蜀未有衅，屡陈异议；昭使人谕之，艾乃奉命。

姜维表遣左、右车骑张翼、廖化，督诸军分护阳安关口及阴平之桥头，以防未然。黄皓信巫鬼，谓敌终不自致，启帝寝其事，群臣

阮咸一直喜爱姑姑的婢女；姑姑带着婢女离开时，阮咸正在接待客人，他急忙借了客人的马去追，两人共骑一匹马回来。

刘伶特别喜欢喝酒，他经常乘坐小车，携带一壶酒，让人扛着铁锹跟着他，说："我死了就随地把我埋葬。"当时的士大夫都认为这就是贤人，争相效仿他，称之为"放达"。

钟会听说嵇康的名声，就前去拜访，嵇康伸着两条腿坐着自顾自炼铁，不向他施礼。钟会要离去，嵇康问："听见什么而来，看见什么而去？"钟会说："听到所听见的而来，见到所看见的而去！"于是对嵇康怀恨在心。

山涛是吏部郎，他推举嵇康来代替自己；嵇康写信给山涛，自称不忍混同于世俗，并菲薄汤、武革命。司马昭听说后对他很生气。嵇康与东平人吕安很好，吕安的哥哥吕巽诬陷吕安不孝，嵇康为他作证说其实不是这样。钟会趁机诬告："嵇康曾经想帮助毌丘俭，他与吕安都是天下闻名的人，却言论放荡，损害扰乱当今的民俗教化，应当借机除掉他。"司马昭于是杀了吕安和嵇康。嵇康生前曾拜访过一位隐士，名叫孙登，孙登说："你富于才华，见识却很少，在当今世界很难免祸！"

【纲】魏国任命钟会全权监督关中的军事。　【目】魏国司马昭对姜维屡次北伐非常担忧，准备大举进攻蜀汉，朝廷内的大臣多数都认为不可轻举妄动，唯独钟会支持他。司马昭晓喻众人说："自从平定寿春以来，已停战六年，我们训练军队，修缮武器，就是为了对付蜀、吴二国。现在吴国地域广大，气候潮湿，进攻吴国用力多而难度比较大，不如先平定巴蜀；三年之后，凭借江水顺流而下的气势，水路、陆路齐头并进，这就是古代灭虢国取虞国的气势。如今先把姜维困在沓中（今甘肃省舟曲以西、岷县以南地区），使他不能东顾，然后我军直指骆谷（在今陕西周至西南），从空虚之地出军袭击汉中，以刘禅的昏暗愚昧，一旦边关城池被攻破，士女们在内必将震惊骚动，他的灭亡是可想而知的了。"便任命钟会为镇西将军，监督关中。邓艾认为蜀国没有挑衅，几次向上陈述自己的不同看法；司马昭派人说服他，邓艾这才奉命行动。

姜维上表给皇帝，要求派遣左、右车骑张翼、廖化监督各路军队，分别守护阳安关口即阳平关（今陕西宁强西北）和阴平桥头（今甘

莫知。

【纲】癸未,炎兴元年,秋,魏遣邓艾、钟会将兵入寇,关口守将傅佥死之,姜维战败,还守剑阁。 【目】魏遣邓艾督三万余人自狄道、甘松、沓中以缀姜维。雍州刺史诸葛绪督三万余人自祁山趣武街桥头,绝维归路。钟会统十万余众,分从斜谷、骆谷、子午谷趣汉中。以卫瓘持节监军事,行镇西军司。

会过幽州刺史王戎,问计。戎曰:"道家有言,'为而不恃'。非成功难,保之难也。"或以问参相国军事刘寔曰:"钟、邓其平蜀乎?"寔曰:"破蜀必矣,而皆不还。"客问其故,寔笑而不答。

八月,军发洛阳,汉人遣廖化为姜维继援,张翼、董厥诣阳安关口为诸围外助。敕诸围不得战,退保汉、乐二城。会平行至汉中,使兵围二城,径趣阳安口。使护军胡烈为先锋,攻关口;守将傅佥拒守,其下蒋舒率众迎降,烈乘虚袭城,佥格斗而死。会遂长驱而前。

维闻会已入汉中,引兵还,艾遣兵追蹑于疆川口,大战,维败走。还至阴平,遇化、翼、厥等,合兵守剑阁以拒会。

【纲】冬十月,魏司马昭始称相国、晋公,受九锡。

【纲】卫将军诸葛瞻及邓艾战于绵竹,败绩,及其子尚皆死之。 【目】邓艾进至阴平,欲与诸葛绪自江油趋成都;绪以西行非本诏,遂引兵与钟会合。会欲专军势,密白绪畏懦不进,槛车征还,军悉属会。姜维列营守险,会攻之不能克,粮道险远,军食乏,欲引

肃省文县西北），以防患于未然。黄皓信鬼和巫术，认为敌人终究不会自己跑来，启告皇帝把这件事按下不提，所以群臣都不知道。

【纲】炎兴元年（癸未，263，魏景元四年，吴永安六年，这一年蜀汉灭亡），秋季魏国派遣邓艾、钟会率领军队进攻蜀国，守卫关口的将领傅佥战死，姜维战败，回师守卫剑阁（即剑门山，在今四川剑阁北）。　【目】魏国派遣邓艾监督三万多人从狄道、甘松岭（在今四川松潘西南）、沓中三路来阻击姜维。雍州（治长安县，今陕西西安西北）刺史诸葛绪监督三万余人从祁山奔赴武街（今甘肃徽成县西）桥头，断绝姜维的退路。钟会自己统帅十万余人，分路从斜谷（在今陕西眉县西南）、骆谷、子午谷（在今陕西安康）奔赴汉中，命卫瓘持节监督这次军事行动，担任镇西军司的职务。

钟会拜访幽州（治蓟县，今北京西南）刺史王戎，向他请教计策。王戎说："道家有句话，叫作'作育万物而不恃己能'。成功并不艰难，要保持住才艰难。"有人就此事请教参相国军事刘寔："钟会、邓艾能够平定蜀国吗？"刘寔说："攻破蜀国是肯定的，但他们都回不来了。"这人问其原因，刘寔只是笑笑，不做回答。

八月，魏军从洛阳出发，蜀汉派遣廖化作姜维的后援部队，张翼、董厥到阳安关口作为各路守军的外援。皇帝命令各路守军不得与魏军作战，退回来保卫汉、乐二城。钟会安然而进，到了汉中，派兵包围汉、乐二城，他自己直接奔赴阳安口。他派护军胡烈当先锋官，进攻关口；蜀军守将傅佥顽强抵抗，他的部下蒋舒率领部下向魏军投降，胡烈乘虚而入，袭击二城，傅佥力战而死。钟会率领魏军长驱前进。

姜维听到钟会已进入汉中的消息，就领兵回师。邓艾派兵跟踪追击，在疆川口与姜维军大战一场，姜维战败而逃。他回到阴平，遇到廖化、张翼、董厥等人，于是合兵一处，共同守卫剑阁，抵御钟会军。

【纲】冬十月，魏国司马昭开始称相国、封晋公，接受九锡。

【纲】蜀国的卫将军诸葛瞻与魏将邓艾在绵竹（今四川德阳北）交战，结果战败，与他的儿子诸葛尚都死于这次战争。　【目】邓艾进军到阴平，想与诸葛绪从江油奔赴成都；诸葛绪认为，向西进军不是原来的诏命，于是带兵与钟会会合。钟会想独专军权，就暗中报告说，诸葛绪

还。艾上言："贼已摧折，宜遂乘之。"遂自阴平行无人之地七百余里，凿山通道，造作桥阁。山高谷深，又粮运将匮，濒于危殆，艾以毡自裹，推转而下。将士皆攀木缘崖，鱼贯而进。先登至江油，守将马邈降。诸葛瞻督诸军拒艾，至涪不进。尚书郎黄崇屡劝瞻速行据险，无令敌得入平地，瞻不从。艾遂长驱而前，瞻退往绵竹。艾以书诱瞻曰："若降者，表为琅邪王。"瞻斩其使，列陈以待。艾大破之，斩瞻及崇。瞻子尚曰："父子荷国重恩，不早斩黄皓，使败国殄民，用生何为！"策马冒陈而死。

【纲】邓艾至成都，帝出降，皇子北地王谌死之，汉亡。【目】汉人不意魏兵卒至，不为城守调度；闻艾已入平地，帝使群臣会议，或劝奔吴，或劝入南中。谯周以为："自古无寄他国为天子者，魏能并吴，吴不能并魏。等为称臣，为小孰与为大，再辱何与一辱！若欲奔南，当早为计；今大敌已近，群心无可保者，恐发道之日，其变不测。"乃遣使奉玺绶，诣艾降。北地王谌怒曰："若理穷力屈，祸败将及，便当父子君臣背城一战，同死社稷，以见先帝可也，奈何降乎！"帝不听。谌哭于昭烈之庙，先杀妻子，而后自杀。帝别敕姜维使降。艾至成都城北，帝率群臣面缚舆榇，诣军门降。艾收黄皓，将杀之，皓赂左右以免。维等得敕，诣会降。

懦弱畏惧，停止不前，于是诸葛绪被囚车押送回国，他的部队全都归属钟会。姜维布置阵营，守卫险要之地，钟会攻了几次都没攻克，运粮的道路又很险远，军队缺乏粮食，他想领兵回国了。邓艾对他说："敌军已经受到了摧毁性打击，我们应当乘势前进。"于是，魏军在荒无人烟之地行进了七百多里，凿山开路，架设桥梁。山很高，谷很深，再加粮食运输跟不上，魏军面临严重危险。邓艾用毡子裹住自己的身体，滚下山去，在前面开路。将士们也都攀着树木，顺着山崖，鱼贯前进。先到了江油，守卫江油的蜀军将领马邈投降。诸葛瞻督促各路军队阻挡邓艾军，魏军到达涪县（今四川绵阳东），就不再前进了。尚书郎黄崇几次劝说诸葛瞻赶快行动，抢占险要地形，不要让敌军进入平原地区，诸葛瞻不听从他的意见。于是邓艾得以长驱而前，诸葛瞻只好退到绵竹。邓艾写信劝诱诸葛瞻，他说："如果你投降魏国，我就上表给皇帝，封你作琅邪王。"诸葛瞻杀了送信的使者，列阵以待魏军。邓艾大败蜀军，杀死诸葛瞻和黄崇。诸葛瞻的儿子诸葛尚说："我们诸葛父子身受蜀国重恩，没有及早杀了黄皓，致使今天国家衰败，人民遭受灭顶之灾，我还活着做什么！"于是，骑马扬鞭，冲向魏军，为国战死。

【纲】邓艾到达成都，蜀国皇帝刘禅出城投降，皇子北地王刘谌自杀，蜀汉灭亡。　【目】蜀汉百姓没想到魏军突然到来，还没来得及为守城而调兵遣将；听到邓艾军队已进入成都平原，皇帝让群臣一起商议，有人主张投奔吴国，有人主张进入南中地区。谯周认为："从古到今，没有寄身于他国而当皇帝的。魏国能够吞并吴国，吴国却不能吞并魏国。同样是向别国称臣，向小国称臣不如向大国称臣，两次受辱不如一次受辱！如果想投奔南方，应当早做准备；现在大敌已经迫近，从人心来说没有可依靠的，恐怕上路之日，就会发生变化。"于是派遣使者捧着玺印绶带，来到邓艾军前投降。北地王刘谌愤怒地说："如果我们是理屈力尽，灾难即将临头，便应当父子君臣背城一战，共同为保卫江山而死，这样才可以去见九泉之下的先帝，怎么可以就投降呢！"皇帝刘禅不肯听从。刘谌到昭烈庙（在今四川成都武侯祠内）大哭一场，先杀了妻子儿女，然后自杀。皇帝另外又命令姜维投降。邓艾到达成都城北面，皇帝率领群臣，自己在背后捆住手，抬着空棺材，来到军门前投降。

右后汉二帝共四十三年。合两汉二十六帝,共四百六十九年。

【纲】甲申,春正月,魏以槛车征邓艾。钟会谋反,伏诛。监军卫瓘袭艾,杀之。 【目】邓艾在成都,颇自矜伐,以书言于晋公昭曰:"兵有先声而后实者,今因平蜀之势以乘吴,吴必震恐,席卷之时也。然大举之后,将士疲劳,不可便用,宜留陇右及蜀兵煮盐兴冶,并作舟船,豫为顺流之事。且王刘禅以显归命之宠,如此则吴人畏威怀德,望风而后矣!"昭使卫瓘喻艾:"事当须报,不宜辄行。"艾曰:"《春秋》之义,'大夫出疆,有可以安社稷、利国家者,专之可也'。今吴人未宾,势与蜀连,不可拘常,以失事机,艾虽无古人之节,终不自嫌以损国家计也!"

钟会有异志,姜维知之,欲构成扰乱,乃说会曰:"君自淮南已来,算无遗策,今复定蜀,威德振世,欲以此安归乎!何不法陶朱公泛舟绝迹,全功保身邪!"会曰:"君言远矣,我不能行。"维曰:"其他则君智力之所能,无烦于老夫矣。"由是情好欢甚。因艾承制专事,乃与瓘密白艾有反状。诏以槛车征艾。昭恐艾不从命,敕会进军成都。会遣瓘先至成都收艾。瓘夜至成都,平旦,开门,瓘乘使者车径入;艾卧未起,遂执艾父子,置之于槛车。会至成都,送艾赴京师。

邓艾抓住黄皓，要杀他，黄皓赶紧贿赂邓艾左右的官员，才免于一死。姜维等人得到皇帝的命令，来到钟会军营投降。

以上是后汉二帝，共四十三年。总合两汉二十六个皇帝，共四百六十九年。

【纲】甲申（264，魏咸熙元年，吴皇帝孙皓元兴元年），春正月，魏国用囚车召回邓艾。钟会阴谋反叛，被杀。监军卫瓘袭击邓艾并杀死了他。 【目】邓艾在成都时，因有功非常骄傲，他写信给晋公司马昭说："军事上有一种战术，是先造声势，而后实际派兵。如今我们可以趁着削平蜀国的声势，乘胜进攻吴国，吴国必定震惊恐慌，这正好是我们席卷吴国的时机。然而，军事上大的行动之后，将士都很疲劳，不能马上就用他们，应当留下陇右地区及蜀国的士兵，让他们煮盐、冶炼，并制造舟船，为顺流而下进攻吴国做好预备工作。再者，给刘禅封王，可以向吴国显示归降魏国受到的宠爱，这样，吴国人民就会畏惧我国的威严而感念我国的恩德，就会纷纷归顺我国了！"司马昭让卫瓘告诉邓艾："有事一定要上报，不要马上行动。"邓艾说："《春秋》经上说，'大夫出了自己的国家，如果有安定江山、对国家有利的事，可以自己做出决定'。现在吴国没有臣服我国，形势仍与蜀国相连，我们不可以拘泥于常理，错过时机。邓艾我虽然没有古人的高尚气节，但还不致于做出损害国家利益的计划。"

钟会有异心，姜维知道后，想乘机扰乱魏国内部，就劝说钟会："您自从淮南事件以后，谋算从来没有漏洞，今天又平定了蜀国，威风恩德，振动人世，在这种情况下，以后您想怎么办呢？为什么不效法陶朱公，泛舟江湖，销声匿迹，以保全自己的功名和性命呢？"钟会说："您说得太远了，我做不到。"姜维说："其他的事才是您的智力所能够达到的，不用麻烦老夫我来说了。"从此，他们二人情投意合，关系很好。趁邓艾独断专行，钟会就与卫瓘暗中上表给皇帝，说邓艾有反叛的迹象。皇帝下诏，用囚车召回邓艾。司马昭怕邓艾不服从命令，就命钟会进军成都。钟会派卫瓘先到成都逮捕邓艾。卫瓘连夜赶到成都，天刚亮，城门一开，卫瓘就乘坐使者的车子，直接进城；邓艾还在床上躺着没起呢，卫瓘便抓住邓艾父子，把他们关进囚车。钟会随后到达成

会所惮惟艾，艾既就擒，遂决意谋反。会郭太后卒，会乃悉召诸将，为太后发哀，称遗诏，使起兵废司马昭。

维欲使会尽杀北来诸将，己因杀会，复立故汉帝。会护军胡烈绐言会欲尽坑外兵，一夜，转相告，皆遍。诸军鼓噪，争先赴城，斩会及维，死丧狼藉。瓘分部诸将，数日乃定。

艾本营将士，追出艾于槛车，迎还。瓘自以与会共陷艾，恐其为变，乃遣护军田续袭艾父子于绵竹西，斩之。艾之入江油也，续不进，艾欲斩续，既而舍之。及是，瓘谓曰："可以报江油之辱矣。"镇西长史杜预言于众曰："伯玉其不免乎！身为名士，位望已高，既无德音，又不御下以正，将何以堪其责乎！"瓘闻之，不候驾而谢预。艾余子在洛阳者悉被诛。

会功曹向雄收葬会尸，昭召而责之曰："往者王经之死，卿哭于东市而我不问。今会为叛逆，又辄收葬；若复相容，其如王法何！"雄曰："昔先王掩骼埋胔，仁流朽骨，当时岂卜其功罪而后收葬哉！今王诛既加，于法已备，雄感义收葬，教亦无阙。法立于上，教弘于下，以此训物，不亦可乎！"昭悦，与宴谈而遣之。

会之伐汉也，辛宪英谓其夫之从子羊祜曰："会在事纵恣，非持久处下之道，吾畏其有他志也。"会请其子琇为参军，宪英忧曰："他日吾为国忧，今日难至吾家矣。"琇固辞。不听。宪英谓曰："行矣，戒之，军旅之间，可以济者，其惟仁恕乎！"琇竟以全归。诏以琇

都,押送邓艾奔赴京师。

钟会所害怕的只有邓艾一人,既然邓艾已经被擒,他便决心谋反。正巧遇上郭太后逝世,钟会就召集全部将领,为太后举哀,声称太后有遗诏,让他起兵废除司马昭。

姜维想使钟会把北方来的各路将领全都杀掉,然后自己趁机杀掉钟会,再迎立前蜀国的汉皇帝。钟会的护军胡烈编造谎言说钟会要把外边的士兵全都活埋,这话在一夜之间被辗转相告,传遍了整个兵营。各路军队闹闹嚷嚷,争先恐后,奔赴城中,杀死了钟会和姜维,死伤无数,一片狼籍。卫瓘分派各路将领,几天以后才安定下来。

邓艾本营的将士,追上囚车,把邓艾救了出来,迎回本营。卫瓘自己认为与钟会共同陷害邓艾,怕邓艾报复,就派遣护军田续到绵竹西部袭击邓艾父子,并杀掉他们。邓艾刚进江油时,田续不前进,邓艾要杀田续,随后又放了他。这时,卫瓘说:"今天你可以为在江油受到的侮辱报仇了。"镇西长史杜预对众人说:"伯玉(卫瓘)恐怕不能免祸了吧!他身为名士,地位声望已经很高,既没有美誉,又不能引导部下走正道,将来怎么担当得起对他的责难呢?"卫瓘听到这话,急忙跑到杜预面前谢罪。邓艾其余的儿子在洛阳的全部被杀。

钟会的功曹向雄收葬了钟会的尸体,司马昭召他进殿,责问他说:"先前,王经死的时候,你在东市为他哭丧,我没过问。今天钟会作为叛逆被杀,你又去收尸埋葬。如果再容你这样做,把王法置于何地!"向雄说:"从前,先王掩埋枯骨腐肉,把自己的仁爱之心照顾到了朽骨上,当时难道也要他先推测腐尸的功过是非,然后才收葬吗?如今您既然已经杀死了他,在法律上已经完备了,我向雄出于义气收尸埋葬,在教化上也不缺什么。法立于上,教弘于下,用这种方法训诫万物,不也可以吗?"司马昭听后高兴起来,他请向雄喝酒聊天,然后送他回去。

钟会讨伐蜀汉时,辛宪英对他丈夫的养子羊祜说:"钟会做事情放纵恣肆,不是长久甘居人下的人,我怕他有异心。"钟会请辛宪英的儿子羊琇当参军,辛宪英非常忧虑,她说:"那天我是为国家担忧,今天大难落到我家了。"羊琇坚决推辞,钟会就是不准许。辛宪英无奈地对他说:"去吧,要记住,行军打仗之间,能够帮助你的,大概只有仁厚忠

尝谏会反，赐爵关内侯。

【纲】三月，魏晋公昭进爵为王。【目】太尉王祥、司徒何曾、司空荀顗共诣晋王，顗谓祥曰："相王尊重，何侯与朝臣皆已尽敬，今日便当相率而拜，无疑也。"祥曰："王、公相去一阶而已，安有天子三公可辄拜人者！君子爱人以礼，我不为也。"及入，顗拜而祥独长揖。昭谓祥曰："今日然后知君见顾之重也！"

【纲】魏封故汉帝禅为安乐公。【目】禅举家迁洛阳，大臣无从行者，惟秘书令郤正及殿中督张通舍妻子单身从行。正相导宜适，举动无阙，禅乃慨然叹息，恨知正之晚。

魏封禅为安乐公，他日与宴，为之作蜀技，旁人皆感怆，而禅喜笑自若。昭谓贾充曰："人之无情，乃至于是；虽使诸葛亮在，不能辅之久全，况姜维邪！"他日，问禅曰："颇思蜀否？"禅曰："此间乐，不思蜀也。"正闻之，谓曰："若王复问，宜泣而答曰：'先人坟墓，远在岷、蜀，乃心西悲，无日不思。'因闭其目。"会昭复问，禅对如前，昭曰："何乃似郤正语邪！"禅惊视曰："诚如尊命。"左右皆笑之。

【纲】秋七月，吴主休殂，乌程侯皓立。
【纲】八月，魏晋王昭以其子中抚军炎为副相国，冬十月，立为晋世子。【目】初，晋王昭娶王肃之女，生炎及攸，以攸继景王后。攸性孝友，多材艺，清和平允，名过于炎，昭爱之，常曰："天下者，景王之天下也，吾百年后，大业宜归攸。"炎立发委地，手垂过膝；

恕了!"后来羊琇居然完好无损地回来了。皇帝下诏:由于羊琇曾经劝阻过钟会的反叛,特向他赐爵,封为关内侯。

【纲】三月,魏国晋公司马昭进爵为王。 【目】太尉王祥、司徒何曾、司空荀𫖮三人一起要到晋王那里去,荀𫖮对王祥说:"相王尊贵重要,何侯(何曾)与全体朝廷官员都已向相王敬过礼,今日就应当相跟着拜见晋王,这是不用怀疑的了。"王祥说:"王、公虽然相差只有一个台阶而已,但哪里有天子的三公可以动辄拜人的道理!君子爱人应当遵循礼法,我不拜他。"等进了大殿,荀𫖮向司马昭拜了下去,唯独王祥只是作了一个长揖。司马昭对王祥说:"今天我才知道您对这些礼节看得如此之重!"

【纲】魏国封前蜀汉的皇帝刘禅为安乐公。 【目】刘禅全家迁到洛阳,蜀国大臣中没有随行迁移的。只有秘书令郤正和殿中督张通二人,舍妻抛子,单身跟随刘禅到洛阳。郤正言语导引适当,一举一动没有差错,刘禅于是感慨叹息,恨自己对郤正了解得太晚。

魏国封刘禅为安乐公后,有一天宴请刘禅,为他表演蜀国的音乐舞蹈,旁边的人都很感慨悲怆,而刘禅却喜笑颜开,神态自若。司马昭对贾充说:"人的无情,竟到了这个地步!即使是诸葛亮还活着,也不能辅佐刘禅长久保全蜀国,何况姜维呢!"又一天,司马昭问刘禅:"你很想念蜀国吗?"刘禅回答说:"这里很快乐,我不想念蜀国。"郤正听说这事,对刘禅说:"如果相王再问您,您应当流着泪回答他说:'先人的坟墓,远在岷山蜀水,我的心为西边而悲伤,没有一天不想念蜀国。'然后闭上自己的眼睛。"正巧那天司马昭又问起这话,刘禅照郤正教他的话做了回答,司马昭说:"怎么像是郤正说的话呢?"刘禅吃惊地看着司马昭说:"我确实是照着他教我的话说的。"左右人员都笑话他。

【纲】秋七月,吴国皇帝孙休去世,乌程侯孙皓继为皇帝。

【纲】八月,魏国晋王司马昭任命他的儿子中抚军司马炎为副相国,冬十月,立司马炎为晋世子。 【目】最初,晋司马昭娶王肃的女儿为妻,生下司马炎和司马攸,把司马攸过继给景王司马师做后代。司马攸天性孝顺友爱,多才多艺,清和平允,名声超过司马炎,司马昭很喜爱他,常说:"现在的天下,是景王的天下,我去世后,帝王大业应当归

羊琇又教以宜察时政所宜损益，豫记以备访问。昭欲以攸为世子，山涛曰："废长立少，违礼不祥。"贾充、何曾、裴秀曰："中抚军聪明神武，有超世之才，人望既茂，天表如此，固非人臣之相也。"乃立炎为世子。

属司马攸。"司马炎的头发很长，人直立着，头发可以垂到地面，胳膊也很长，手放下来超过膝盖；羊琇又教他观察当时的政策，哪些该增、哪些该减，都预先记在心里，以备晋王随时查问。司马昭想立司马攸为世子，山涛说："废掉长子立少子，这是违背礼法的做法，不祥。"贾充、何曾、裴秀都说："中抚军（司马炎）聪明过人，又精神威武，具有超世拔群的才智，人缘也好，天意如此，他本来就不是当人臣下的相貌。"于是立司马炎为世子。

晋纪

世祖武皇帝

【纲】乙酉,夏五月,魏晋王昭号其妃曰后,世子曰太子。

【纲】秋八月,魏晋王昭卒,太子炎嗣。

【纲】冬,吴迁都武昌。

【纲】十二月,晋王炎称皇帝,废魏主为陈留王。 【目】魏主禅位于晋;出舍金墉城。太傅司马孚拜辞,流涕嘘欷不自胜,曰:"臣死之日,固大魏之纯臣也。"晋王即皇帝位,奉魏主为陈留王。即宫于邺,追尊宣王、景王、文王为皇帝;尊王太后曰皇太后。时晋主承魏氏刻薄奢侈之后,欲矫以仁俭。将有事于太庙,有司言御牛青丝纼断,诏以青麻代之。

【纲】晋以傅玄、皇甫陶为谏官。

右魏五主,共四十六年。

【纲】丙戌,秋八月,晋主谒崇阳陵。 【目】文帝之丧,臣民皆从权制,三日除服。既葬,晋主亦除之;然犹素冠疏食,哀毁如居丧者。至是谒陵,诏以"衰绖从行,群臣自依旧制。"尚书令裴秀奏曰:"既除复服,义无所依。"遂止。中军将军羊祜谓傅玄曰:"三年之丧,虽贵遂服,礼也,而汉文除之,毁礼伤义。今主上至孝,虽夺其服,实行丧礼。若因此复先王之法,不亦善乎!"玄曰:"以日易月,已数百年,一旦复古,殆难行也。"祜曰:"不能使天下如礼,且使主上遂服,不犹愈乎!"玄曰:"主上不除而天下除之,此为有父子而无君臣也。"乃止。群臣请易服复膳,诏曰:"每念不得终苴绖之礼,以为沉痛。况食稻、衣锦乎!朕本诸生家,传礼来久,何至一旦易此

世祖武皇帝

【纲】晋世祖武皇帝司马炎泰始元年（乙酉，265，魏国咸熙二年，吴甘露元年。这一年魏国灭亡，晋国代魏），夏五月，魏国晋王司马昭给他的妃子封号为后，他的世子为太子。

【纲】秋八月，魏国晋王司马昭去世，太子司马炎继承晋王。

【纲】冬季，吴国把首都迁到武昌（今湖北鄂城）。

【纲】十二月，晋王司马炎称帝，废魏国皇帝为陈留王。　【目】魏皇帝把帝位禅让给晋王，自己搬出皇宫住到金墉城（在今河南洛阳东北）。太傅司马孚向他行礼告别，涕泪纵横，抽泣不止，他说："我死那天，也仍是大魏的忠臣。"晋王司马炎登皇帝宝座，奉魏皇帝为陈留王。就在邺都（今河北省临漳县西南邺镇东）筑宫居住，追尊宣王司马懿、景王司马师、文王司马昭为皇帝，尊奉王太后为皇太后。当时晋皇帝承继魏氏刻薄奢侈之后，想用仁爱俭朴来矫正世风。一次，皇帝要去太庙祭祀，有关官员说牵牛用的黑丝鼻绳断了，皇帝命令用黑麻绳代替。

【纲】晋国任命傅玄、皇甫陶为谏官。

以上是魏国五位皇帝，共四十六年。

【纲】泰始二年（丙戌，266，吴宝鼎元年），秋八月，晋皇帝司马炎拜谒司马昭墓崇阳陵。　【目】当魏文帝举丧时，官员百姓们都遵从当时政府的制度，三天后脱去了丧服。安葬以后，晋皇帝也脱了丧服；但仍然穿素服，吃蔬食，形容哀伤，就如同还在服丧一样。到拜谒崇阳陵时，晋皇帝下诏令说："丧服丧带从行，所有官员仍依照旧制行事。"尚书令裴秀上奏说："既然已经脱掉了丧服，现在又让穿上，在道义上没有依据。"于是停止实行。中军将军羊祜对傅玄说："三年的丧服，即使是贵如皇帝也一样要服，这是礼；而汉文帝却废除了它，败坏了礼，伤害了道义。如今的皇帝最孝顺，虽然脱去了丧服，实际仍然遵循丧礼。如果趁此机会恢复先王的法规，不也很好吗？"傅玄说："用日代替月，已经几百年了，一旦复古，恐怕很难实行。"羊祜说："如果不能使天下所有

情于所天！可试省孔子答宰我之言，无事纷纭也！"遂以疏素终三年。

【纲】吴以陆凯、万彧为左、右丞相。 【目】吴主居武昌，扬州之民溯流供给，甚苦之。凯上疏曰："武昌土地险瘠，非王者之都；且童谣云：'宁饮建业水，不食武昌鱼；宁还建业死，不止武昌居。'此足明民心与天意矣。"

【纲】冬十二月，吴还都建业。

【纲】丁亥，春正月，晋立子衷为太子。 【目】有司奏："东宫施敬二傅，其仪不同。"晋主曰："崇敬师傅，所以尊道、重教也，何言臣不臣乎！其令太子申拜礼。"

【纲】晋杀其故立进令刘友。 【目】司隶校尉李熹劾奏故立进令刘友及前尚书山涛、中山王睦、尚书仆射武陔各占官稻田。诏曰："友侵剥百姓，其考竟以惩邪佞。涛等不贰其过，皆勿问。熹亢志在公，当官而行，可谓邦之司直矣。其申敕群僚，各慎所司，宽宥之恩，不可数遇也！"

【纲】晋征犍为李密，不至。 【目】晋主征犍为李密为太子洗马，密以祖母老，固辞，许之。密与人交，每公议其得失而切责之，常言："吾独立于世，顾影无俦；然而不惧者，以无彼此于人故也。"

【纲】戊子，春三月，晋太后王氏殂。 【目】晋主居丧，一遵古

人都照礼去做,但只使皇帝这样做,不也更好吗?"傅玄说:"皇帝不脱丧服而天下百姓却都脱掉,这是有父子而没有君臣之分。"羊祜这才停止发问。群臣请求皇帝司马炎换下丧服,恢复正常饮食,皇帝下诏说:"我每次一想到不能自始至终实行穿麻戴孝的礼法,心里就很沉痛,更何况吃稻米、穿锦衣呢!我生在儒生之家,传礼已经很久了,怎么能一下子改变臣对君主的感情呢?可不可以试着省却孔子答宰我的话?真是无事生非!"于是,他坚持吃蔬食、穿素衣,直到三年丧期服满。

【纲】吴国任命陆凯、万彧为左、右丞相。 【目】吴国皇帝居住在武昌,扬州百姓为皇帝运送给养,需要逆流而上,对此非常痛苦。陆凯上疏给皇帝说:"武昌土地贫瘠,道路艰险,不是帝王建立首都的好地方;而且童谣说:'宁喝建业(今江苏南京)水,不吃武昌鱼;宁回建业死,不在武昌住。'这足以证明民心和天意了。"

【纲】冬十二月,吴国把首都迁回建业。

【纲】泰始三年(丁亥,267,吴宝鼎二年),春正月,晋皇帝立儿子司马衷为太子。 【目】有司上奏皇帝:"东宫(太子宫)向太傅少傅表示崇敬的礼仪各不相同。"晋皇帝说:"崇敬师傅,这是为了尊重道义、重视教养,说什么'臣不臣'的话!让太子重复拜礼的内容。"

【纲】晋国斩杀前立进县县令刘友。 【目】司隶校尉李熹上奏皇帝,弹劾立进县县令刘友及前尚书山涛、中山王司马睦、尚书仆射武陔各自占用国家的稻田。皇帝下诏:"刘友侵害剥削百姓,应当考问究竟,以惩戒邪恶之人。山涛等人不再犯第二次错,就都不再问了。李熹一心为公,意志刚强,当官就行使自己的职责,可称得上是国家的司直了。应当告诫所有官员们,要在各自所管的工作部门慎重行事,不要犯错误,宽恕的恩德,不是经常能遇到的!"

【纲】晋国征召犍为人李密做官,李密不应召。 【目】晋皇帝征召犍为人李密当太子洗马官,李密借口祖母年老,坚决推辞,上面也同意了。李密与人交往时,经常公开议论那人的得失,并深切地责问。他常说:"我独立在世,回头看我的影子,也是孤零零没有伴侣;然而,我之所以不畏惧,是因为我与人没有彼此之分。"

【纲】泰始四年(戊子,268,吴宝鼎三年),春三月,晋国皇太后王

礼。既葬，有司请除衰服。诏曰："受终身之爱而无数年之报，情所不忍也。"有司固请，诏曰："患在不能笃孝，勿以毁伤为忧。前代礼典，质文不同，何必限以近制，使达丧阙然乎！"群臣请不已，乃许之；然犹素服以终三年。

【纲】夏四月，晋太保王祥卒。【目】祥卒，门无杂吊之宾。其族孙戎叹曰："太保当正始之世，不在能言之流；及间与之言，理致清远，岂非以德掩其言乎！"

【纲】秋七月，众星西流如雨而陨。

【纲】己丑，春二月，晋以羊祜都督荆州军事。【目】晋主有灭吴之志，使祜都督荆州，镇襄阳；东莞王伷都督徐州，镇下邳。祜绥怀远近，甚得江、汉之心，与吴人开布大信，降者欲去，皆听之，减戍逻之卒，以垦田八百余顷。其始至也，军无百日之粮；及其季年，乃有十年之积。祜在军，常轻裘缓带，身不被甲，铃阁之下，侍卫不过十数人。

【纲】晋录用故汉名臣子孙。【目】济阴太守文立言："故蜀名臣子孙，宜量才叙用，以慰巴、蜀之心，倾吴人之望。"晋主从之。诏曰："诸葛亮在蜀，尽其心力，子瞻临难死义，其孙京宜随才署吏。蜀将傅佥父子死于其主，息著、募没入奚官，宜免为庶人。"又以立为散骑常侍。汉故尚书程琼雅有德业，与立深交，晋主闻其名，以问立。对曰："臣至知其人，但年垂八十，禀性谦退，无复当时之

氏去世。【目】晋皇帝为太后王氏服丧，完全遵守着古代的礼法。安葬太后以后，有司请求他脱去丧服。皇帝下诏说："我们受她终身之爱，却没有几年的报答，感情上不能忍受。"有司坚持请求，皇帝又下诏说："怕就怕不能坚定地尽孝，不用为身体受点苦而担忧。前代的礼典，有朴实和华美的不同，为什么一定要用近代的丧葬制度来限制，使得最完善的丧礼有缺陷呢？"群臣仍然不断请求除服，皇帝这才同意；但仍然坚持穿素色衣服，直到三年丧期满。

【纲】夏四月，晋国太保王祥去世。【目】王祥去世，门前没有几个来吊唁的宾客。他的族孙王戎叹息道："太保在魏国皇帝曹芳的正始年间，就不在能言会道者之列；偶尔有人与他谈话，他说理又极清高幽远，这难道不是以德行掩盖了言语吗？"

【纲】秋七月，天空中有许多流星向西坠落，就像下雨一样。

【纲】泰始五年（己丑，269，吴建衡元年），春二月，晋国任命羊祜监督荆州的军事。【目】晋皇帝有消灭吴国的意向，派羊祜监督荆州，镇守襄阳（晋初荆州治襄阳，今湖北襄阳县襄阳镇）。东莞王司马伷都督徐州（汉朝的城阳郡，晋朝改为东莞国，定都莒县，今山东莒县），镇守下邳（在今江苏睢宁西北）。羊祜在荆州采取安抚远近百姓的政策，很受长江、汉江流域百姓的欢迎。他对吴国百姓开诚布公，想投降吴国离开晋军的人，他都任凭他们离开；他减少了巡逻、守卫的士兵，让他们去开垦田地，得到农田八百多顷。他们刚到达这里的时候，军队没有够吃一百天的粮食；等到第三年，就有了够吃十年的粮食积蓄。羊祜在军队里，经常身穿轻软的裘皮衣服，衣带也不系紧，身上不披盔甲，都督府门里的侍卫人员，总共只有十几个人。

【纲】晋国录用前蜀汉国有名的臣属的子孙后代。【目】济阴太守文立建议："前蜀国名臣的子孙，我们应当量才使用，以安慰巴蜀人民的心，同时也可以使吴国人向我国倾心。"晋皇帝听从了他的意见，发布诏令说："诸葛亮在蜀国时，尽心尽力，他的儿子诸葛瞻面临危险时，为忠义而死，他的孙子诸葛京，可以根据才能当官吏。蜀国大将傅佥父子都为他们的皇帝而死，他们的后代傅著、傅募都被收入官府，充当奚奴，应当免除他们的奴仆身份，使他们成为平民。"又任命文立为散骑

望,故不以上闻耳。"琼闻之,曰:"广休可谓不党矣,此吾所以善夫人也。"

【纲】庚寅,夏四月,吴以陆抗都督诸军,治乐乡。

【纲】辛卯,春正月,吴主大举兵,游华里,不至而还。 【目】吴人刁玄诈增谶文云:"黄旗紫盖,见于东南,终有天下者,荆、扬之君。"吴主信之,大举兵出华里,载太后及后宫数千人,西上。行遇大雪,兵士寒冻殆死,皆曰:"若遇敌,便当倒戈。"吴主乃还。

【纲】冬十一月,晋安乐公刘禅卒。

【纲】壬辰,春二月,晋太子衷纳妃贾氏。 【目】晋主初欲为太子娶卫瓘女,贾充妻郭槐赂杨后左右,使后说纳其女。晋主曰:"卫公女有五可,贾公女有五不可;卫氏种贤而多子,美而长、白;贾氏种妒而少子,丑而短、黑。"后固以为请,至是,荀勖又与荀颢、冯紞皆称充女绝美,且有才德,晋主遂从之。贾妃年十五,长太子二岁,妒忌多权诈,太子嬖而畏之。

【纲】夏,晋益州杀其刺史,广汉太守王濬讨平之,以濬为益州刺史。 【目】时汶山白马胡掠诸种,益州刺史皇甫晏欲讨之。牙门张弘作乱,杀晏。广汉太守王濬发兵讨弘,斩之。诏以濬为益州刺史。

常侍。前蜀汉尚书程琼，一向是有德之士，与文立有深厚的交情，晋皇帝听说他的名字，就问文立。文立回答说："臣下对他的为人太了解了，但他年已八十，禀性谦虚退让，再没有当年的名望，所以我没向您提起他。"程琼听说这事后，说："广休（文立）真可称得上不为私利而结帮啊，这是我之所以与这个人友好的原因啊。"

【纲】泰始六年（庚寅，270，吴建衡二年），夏四月，吴国任命陆抗都督各路军队，管理乐乡（今湖北松滋东）。

【纲】泰始七年（辛卯，271，吴建衡三年），春正月，吴皇帝大举发兵，从华里（在今江苏南京西南）出发，没有到达目的地便回去了。
【目】吴国人刁玄假造了一条谶文，说："黄色的旗，紫色的车盖，出现在东南方，预示最终拥有天下的人，是荆州、扬州的君王。"吴皇帝听信了这话，大举发兵，出华里向西行进，并用车载了皇太后及后宫的几千人。途中遇到了大雪，士兵们冷得都快冻死了，他们都说："如果现在遇到敌人，我们就倒戈投降。"吴皇帝这才命令回师。

【纲】冬十一月，晋国安乐公刘禅逝世。

【纲】泰始八年（壬辰，272，吴凤凰元年），春二月，晋国皇太子司马衷纳贾氏为妃子。 【目】晋皇帝最初想让太子娶卫瓘的女儿，贾充的妻子郭槐贿赂杨皇后的左右侍从人员，请他们劝皇后说服皇帝接纳贾充的女儿；晋皇帝说："卫公的女儿有五条合宜的条件，贾公的女儿有五条不合宜的条件：卫氏家族好，子女多，长得又美又高又白；贾氏家族爱嫉妒，子女少，长得又丑又矮又黑。"皇后坚持请求娶贾家女，这时，荀勖又与荀颉、冯紞都来称赞贾充的女儿绝顶美貌，而且有才有德，晋皇帝于是听从了他们的话。贾妃那年十五岁，比太子大两岁，爱妒忌，善于运用权术欺诈，太子对她又宠爱又畏惧。

【纲】夏季，晋国益州（管辖犍为、蜀郡、汶山、汉嘉、江阳、朱提、越巂、牂柯八郡，治成都，今四川成都）有人杀死刺史，广汉汉郡（治广汉县，今四川广汉北）太守王濬讨伐平定了益州，晋皇帝于是任命王濬为益州刺史。 【目】当时，汶山的少数民族白马胡抢掠其他民族，益州刺史皇甫晏要去征讨。他手下的牙门张弘在此时作乱，杀害了皇甫晏。广汉太守王濬发兵讨伐张弘并杀了他。皇帝下诏任命王濬为益州刺史。

初，濬为羊祜参军，祜深知之。濬至益州，明立威信，蛮夷归附；俄迁大司农。时晋主与羊祜谋伐吴，祜以为宜藉上流之势，密表留濬，加龙骧将军，监梁、益军。诏使罢屯田兵，大作舟舰。时作船木柹，蔽江而下，吴建平太守吾彦，取以白吴主曰："晋必有攻吴之计，宜增建平兵以塞其冲。"吴主不从，彦乃为铁锁横断江路。

【纲】秋七月，晋以贾充为司空。

【纲】九月，吴步阐据西陵，叛降晋。

【纲】冬十一月，吴陆抗拔西陵，诛步阐；晋羊祜等救之，不及。【目】吴主既克西陵，志益张大，使术士尚广筮取天下，对曰："吉，庚子岁，青盖当入洛阳。"吴主喜，不修德政，专为兼并之计。

羊祜归自江陵，务修德信以怀吴人。每交兵，刻日方战，不为掩袭之计。将帅有欲进谲计者，辄饮以醇酒，使不得言。军行吴境，刈谷为粮，皆计所侵，送绢偿之。每游猎，常止晋地，所得禽兽或先为吴人所伤者，皆送还之。于是，吴边人皆悦服。祜与陆抗对境，使命常通：抗遗祜酒，祜饮之不疑；抗疾，祜与之成药，抗即服之。人多ji谏抗，抗曰："岂有鸩人羊叔子哉！"抗告其边戍曰："彼专为德，我专为暴，是不战而自服。各保分界而已，无求细利。"

当初，王濬当羊祜的参军，羊祜对他非常了解。王濬一到益州，明立威信，当地的少数民族都归附于他；不久，他升为大司农。当时晋皇帝正与羊祜计划讨伐吴国的事，羊祜认为应当借助（长江）上流的势力，就秘密上表给皇帝，要求留下王濬，给他加官为龙骧将军，监督梁州（治汉中，今陕西汉中）、益州的军事。皇帝下诏命令王濬停止用士兵垦田种地，改为大规模地制造作战用的船舰。当时做船时削下来的木片悄悄地沿着江水顺流而下，吴国建平郡太守吾彦，捡起木片报告吴皇帝说："晋国一定有进攻吴国的计划，应当增加建平郡的守兵，以堵塞首当其冲的地方。"吴皇帝没有听他的建议，吾彦就在江上横拉一条铁链，切断了水上通路。

【纲】秋七月，晋国任命贾充为司空。

【纲】九月，吴国的步阐占据西陵县（今湖北宜昌东），反叛投降到晋国。

【纲】冬十一月，吴国陆抗攻克西陵，杀死步阐；晋国羊祜前去救援，没来得及。【目】吴皇帝攻克西陵后，野心更加增大，他让术士尚广占卜问筮，看吴国能不能取得天下，尚广回答说："吉兆，庚子那年，青盖（皇帝）应当进入洛阳。"吴皇帝很高兴，从此不修德政，却整天计划着兼并天下的事。

羊祜从江陵回来后，致力于整治德信，用来感召吴国士兵。每次与吴军交战，都先约定时间才开战，从来不做偷袭的计划。将帅中如果有人要进献诡计，就用醇酒灌醉他，使他不能说话。军队行进在吴国境内时，割下稻谷充作军粮，都要记下稻谷的数量，然后给吴国送去相当的绢匹作为补偿。每次出去游猎，都只限于晋国地域，所得的猎物，如果先已被吴国士兵打伤了，都送还给吴人。于是，吴国边境的军民都心悦诚服。羊祜与陆抗在国境两边相对驻守，经常互通使命：陆抗赠酒给羊祜，羊祜坦然地喝下，一点也不怀疑；陆抗生病时，羊祜给他送去已经熬煮好的汤药，陆抗也马上就喝。很多人劝陆抗应该警惕，陆抗说："难道有个要用毒药杀人的羊叔子（羊祜）吗？"陆抗告诫他手下戍边的士兵说："他是专门为德信，我是专门为暴力，因此我们不用交战而自然安服。各自保卫国家的分界线而已，不求细小的利益。"

羊祜不附结中朝权贵，荀勖、冯紞之徒皆恶之。从甥王衍尝诣陈事，辞甚清辩；祜不然之，衍拂衣去。祜顾谓客曰："王夷甫方当以盛名处大位，然败俗伤化，必此人也。"及攻江陵，祜以军法将斩王戎。衍，戎之从弟也，故皆憾之。时人为之语曰："二王当国，羊公无德。"

【纲】晋免其国子祭酒庾纯官，寻复用之。 【目】贾充与朝士宴，河南尹庾纯醉，与充争言。充曰："父老，不归养，卿为无天地！"纯曰："高贵乡公何在？"充惭怒，上表解职；纯亦自劾。诏免纯官，仍下五府正其臧否。石苞以纯荣官忘亲，当除名；齐王攸以为纯于礼律未有违者；诏复以纯为祭酒。

【纲】癸巳，夏四月，晋以邓艾孙朗为郎中。 【目】初，邓艾之死，人皆冤之，而无为之辨者。及晋主即位，议郎段灼上疏谓："宜听艾归葬，还其田宅，继封定谥，则艾死无所恨，而天下徇名之士，思立功之臣，必投汤火，乐为陛下死矣！"晋主善其言而不能从也。至是，问给事中樊建以诸葛亮之治蜀，曰："吾独不得如亮者而臣之乎？"建稽首曰："陛下知邓艾之冤而不能直，虽得亮，得无如冯唐之言乎！"晋主笑曰："卿言起我意。"乃以朗为郎中。

【纲】甲午，秋七月，晋以山涛为吏部尚书。 【目】涛典选十余年，甄拔人物，各为题目而奏之，时称"山公启事"。

【纲】晋后杨氏殂。

羊祜不愿攀附结交朝廷中的权贵人士，荀勖、冯紞之流都讨厌他。他的从甥王衍曾到他那里说事情，措辞非常清晰明辨，而羊祜却不以为然，王衍很不高兴，拂袖而去。羊祜回头对宾客说："王夷甫（王衍）正当因盛名而位处高官之时，然而今后伤风败俗的，必定是这个人。"到进攻江陵时，羊祜按照军法要杀王戎。王衍是王戎的堂弟，所以大家都为王戎遗憾。当时有人总结说："二王当国，羊公无德。"

【纲】晋国免除国子监祭酒庾纯的官，不久又起用了他。【目】贾充与朝廷官员们出席宴会，河南的长官庾纯喝醉了酒，与贾充争论起来。贾充说："父亲年老，不回去供养，你是无天无地！"庾纯说："高贵乡公现在哪里？"贾充恼羞成怒，上表给皇帝，请求解除自己的官职；庾纯也上书弹劾自己。皇帝下诏免除庾纯官职，下放到五府去端正他的善恶观。石苞认为庾纯以做官为荣，忘了亲情，应当除名，齐王司马攸认为，庾纯在礼和法律上并没有违反什么。皇帝下诏书，又任命庾纯为国子祭酒。

【纲】泰始九年（癸巳，273，吴凤凰二年）夏四月，晋国任命邓艾的孙子邓朗为郎中。【目】当初，对邓艾的死，人们都觉得他冤枉，但没人出来为他辩护。等到晋皇帝即位，议郎段灼上奏皇帝说："应当听凭邓艾的尸体回来安葬，还给他家田亩住宅，继续给他的子弟封官爵，确定他的谥号，这样，邓艾在九泉之下也没什么好遗憾的了，而天下崇尚名声的人士，想立功的臣子，一定会赴汤蹈火，乐意为陛下去死了！"晋皇帝认为他说得很对，但是不能采纳。到这时，皇帝询问给事中樊建，当年诸葛亮是如何治理蜀国的，又说："难道我就不能得到像诸葛亮那样的臣子吗？"樊建跪下磕头，回答说："陛下知道邓艾的冤枉，却不能给他平反，即使得到诸葛亮那样的臣子，难道就不会像冯唐所说的那样，虽然得到也不能用吗？"晋皇帝笑着说："你的话让我下了决心。"于是，任命邓朗为郎中。

【纲】泰始十年（甲午，274，吴凤凰三年），秋七月，晋国任命山涛为吏部尚书。【目】山涛主持选官工作十几年，甄别选拔人物时，给每个人都立一题目，上奏给皇帝，当时人称之为"山公启事"。

【纲】晋国皇后杨氏去世。

【纲】晋以嵇绍为秘书丞。 【目】绍以父康得罪，屏居私门。至是，山涛荐征之，绍辞不就。涛谓曰："为君思之久矣，天地四时，犹有消息，况于人乎！"绍乃应命。

初，东关之败，文帝问寮属曰："近日之事，谁任其咎？"安东司马王仪对曰："责在元帅。"文帝怒曰："司马欲委罪于孤邪！"斩之。仪子裒痛父非命，隐居教授，三征七辟，皆不就。未尝西向而坐，庐于墓侧，旦夕攀柏悲号，涕泪着树，树为之枯。读诗至"哀哀父母，生我劬劳"，未尝不三复流涕，门人为之废《蓼莪》。

【纲】吴大司马、荆州牧陆抗卒。 【目】抗疾病，上疏曰："西陵、建平，国之蕃表，既处上流，受敌二境。若敌泛舟顺流，星奔雷迈，非可恃援他郡以救倒悬，此乃社稷安危之机也。臣父逊昔上言：'西陵，国之西门，虽云易守，亦复易失。若有不守，非但失一郡，荆州非吴有也。'臣死之后，乞以西方为属。"及卒，吴主使其子晏、景、玄、机、云分将其兵。机、云皆善属文，名重于世。

初，周魴之子处，膂力绝人，不修细行，乡里患之。处尝问父老曰："今时和岁丰而人不乐，何邪？"父老叹曰："三害不除，何乐之有！"处曰："何谓也？"曰："南山白额虎，长桥蛟，并子为三矣。"处曰："若所患止此，吾能除之。"乃射虎，杀蛟；遂从机、云受学。笃志读书，砥节砺行，比及期年，州府交辟。

【纲】晋国任命嵇绍为秘书丞。　　【目】嵇绍因为父亲嵇康得罪上面的缘故，便屏除外事，住在自己家里。这时，山涛向皇帝推荐征召他，嵇绍推辞不就。山涛对他说："我为你考虑了很久，天地四季，还有减少增长的时候，何况人呢！"嵇绍这才应召。

　　当初，对于魏国的东关之败，文帝司马昭问下属官僚们："最近这件事，谁应该承担责任？"安东司马王仪回答说："责任在元帅。"文帝生气地说："王司马是要归罪于我吗？"就把王仪给杀了。王仪的儿子王裒痛惜父亲死于非命，便隐居起来，只是教书育人，朝廷和地方官府几次三番征召他去当官，他都不去。因晋朝首都洛阳在他家西边，所以，他从不面向西坐。他在父亲的墓旁盖了一座小房子，早晚扶着柏树悲哀地哭号，眼泪鼻涕滴到树上，树因此而枯萎。每次读《诗经》，读到《蓼莪》篇中的"哀哀父母，生我劬劳"时，无不再三痛哭流涕，他的学生因此不再读《诗经·蓼莪》这首诗了。

　　【纲】吴国大司马、荆州州牧陆抗去世。　　【目】陆抗生病时，向皇帝上疏说："西陵、建平二地，是国家的屏障，又地处长江上游，两面受敌。如果敌人乘船顺流而下，便会像流星雷电一样快速，不是依赖其他郡县的援助就能解救倒悬之危的，这是关系到国家江山安危的关键。我父亲陆逊当年上书说：'西陵，是国家的西边门户，虽说容易守卫，但也容易失去。万一守不住，不但会失去一个郡，就连荆州也不归吴国所有了。'我死之后，请求把西方作为我的归属之地。"他死之后，吴皇帝派他的儿子陆晏、陆景、陆玄、陆机、陆云分别带领他们父亲的部队。陆机、陆云都善于写文章，在当时负有盛名。

　　当初，周鲂的儿子周处膂力过人，大大咧咧，在小事情上不注意检点自己，乡里百姓都怕他。周处有一次问父老乡亲："如今天时和、年岁丰，而百姓却不快乐，为什么？"父老叹息说："三害不除掉，能有什么快乐！"周处问："三害指什么？"回答说："南山的白额老虎、长桥的蛟龙，还有你，就是三害。"周处说："如果人们所怕的只是这三样，我能够除掉。"于是，他射死老虎，杀掉蛟龙，自己跟随陆机、陆云学习。他读书的意志非常坚定，刻苦磨炼自己的节操和行为，一年之后，州、府争相召他去当官。

【纲】晋邵陵公曹芳卒。　【目】初,芳之废也,太宰中郎陈留范粲素服拜送,哀动左右;遂称疾,阳狂不言,寝所乘车,足不履地。子乔等侍疾家庭,足不出邑里。及晋代魏,诏以二千石禄养病,加赐帛百匹,乔以父疾笃,辞不敢受。粲不言凡三十六年,年八十四,终于所寝之车。

【纲】丙申,秋八月,吴临平湖开,石印封发。　【目】吴人或言于吴主曰:"临平湖自汉末蕨塞,长老言:'湖塞,天下乱;湖开,天下太平。'近者无故忽开,此天下当太平,青盖入洛之祥也。"初,吴人掘地得银尺,上有刻文,吴主因改元天册。至是,或献小石刻"皇帝"字,又改元天玺。八月,历阳长又上言:"历阳山石印封发,俗谓当太平。"又改明年元曰天纪。

【纲】冬十月,晋加羊祜征南大将军。　【目】祜上疏请伐吴曰:"期运虽天所授,而功业必因人而成,不一大举扫灭,则兵役无时得息也。夫蜀之为国,皆云一夫荷戟,千人莫当。及进兵之日,曾无藩篱之限,乘胜席卷,径至成都。今江、淮之险,不如剑阁;孙皓之暴,过于刘禅;吴人之困,甚于巴、蜀;而大晋兵力盛于往时,而不于此际平一四海,而更阻兵相守,使天下困于征戍,经历盛衰,不可长久也。今若引梁、益之兵,水陆俱下,虽有智者不能为吴谋矣。"晋主深纳之。议者多有不同,贾充、荀勖、冯紞尤以为不可。祜叹曰:"天下不如意事,十常居八、九。天与不取,岂非更事者限于后时哉!"唯杜预及中书令张华与晋主意合,赞成其计。

【纲】晋国邵陵公曹芳去世。 【目】当初，曹芳被废时，太宰中郎、陈留人范粲穿着素色衣服向他拜礼送行，他的哀伤感动了左右；从此，范粲佯装发狂，不再说话，在家里也要坐车，脚不沾地。他的儿子范乔等在家里侍候他，脚没跨出过乡邑村里。到了晋国代替魏国，皇帝下诏，用二千石俸禄给范粲养病，并加赐帛一百匹，范乔借口父亲病重坚决辞谢，不敢接受。范粲不开口说话共达三十六年之久，八十四岁那年，死于他睡觉的车里。

【纲】晋国咸宁二年（丙申，276，吴天玺元年），秋八月，吴国临平湖（在今浙江省杭州市东北临平山下）开通，挖出石印封。 【目】吴国有人在皇帝面前说："临平湖从汉朝末年以来，一直荒芜堵塞，老人们说：ّ湖水堵塞，天下大乱；湖水开通，天下太平。ّ近来湖水无缘无故，忽然开通，这是天下应当太平，皇帝青盖进入洛阳的祥兆啊。"当初，吴国有人掘地时得到一根银尺，上面刻有文字，吴皇帝因此改元为天册。这时，有人献上一块小石头，上面刻着"皇帝"二字，于是，又改元为天玺。八月，历阳（今安徽和县）长官又上书给皇帝说："历阳山发掘出石印封，俗话说应当天下太平。"第二年又改元为天纪。

【纲】冬十月，晋国加羊祜为征南大将军。 【目】羊祜上疏给皇帝，请求讨伐吴国，他说："机会命运虽然是上天授予，而功业一定要靠人才能完成，不进行一次大规模的行动，扫灭敌对势力，那么就没有停止战争的时候。蜀国作为一个国家，都说是一人扛枪，千人都挡不住。但到我军进兵那天，几乎不受任何阻挡，我们乘胜前进，风卷残云一般，径直到达成都。如今长江、淮河的艰险，不如剑阁；孙皓的残暴，又在刘禅之上；吴国百姓的困窘，比巴、蜀百姓还厉害；而我们大晋的军事力量，又比以往任何时候都要强盛，如果不趁此时平定统一四海，却只是派兵力互相守卫对峙，使得天下人民一直被困在征战戍边之中，从青壮年一直战到衰老，这样是不能长久的。今天，如果率领梁州、益州的军队，从水路、陆路齐头并进，那么即使再聪明的人也不能为吴国参谋了。"晋皇帝非常同意并采纳了他的建议。但下面的议论却有很大不同，尤其是贾充、荀勖、冯紞三人，都认为不可以这样做。羊祜叹息说："天下不如意的事情，常占十分之八九。上天给予你的，你却不

【纲】晋立后杨氏，以后父骏为车骑将军。【目】晋主初聘后，后叔父珧上表曰："自古一门二后，未有能全其宗者，乞藏此表于宗庙，异日得以免祸。"晋主许之。竟立后，而以骏为将军，封侯。骏骄傲自得，镇军胡奋谓曰："卿恃女更益豪邪！历观前世，与天家婚，未有不灭门者，但早晚事耳！"

【纲】丁酉，春正月朔，日食。

【纲】秋七月，晋诏遣诸王就国，封功臣为公侯。【目】羊祜封南城郡侯，固辞不受。祜每拜官爵，多避让，诚心素著，故特见申于分列之外。历事二世，职典枢要，凡谋议皆焚其草，世莫得闻；所进达之人，皆不知所由。常曰："拜官公朝，谢恩私门，吾所不取也。"

【纲】戊戌，春正月朔，日食。

【纲】夏六月，晋羊祜入朝。【目】祜以病求入朝，既至，面陈伐吴之计，晋主善之。以祜病，不宜数入，更遣张华就问筹策。祜曰："孙皓暴虐已甚，于今可不战而克。若皓没更立令主，虽有百万之众，长江未可窥也。"华深然之。祜曰："成吾志者，子也。"晋主欲使祜卧护诸军，祜曰："取吴不必臣行，但既平之后，当劳圣虑耳。功名之际，臣不敢居；若事了，当有所付授，愿审择其人也。"

取，岂不是让人后悔遗憾吗？"只有杜预和中书令张华与晋皇帝的意思相合，赞成羊祜的计划。

【纲】晋国立杨氏为皇后，任命皇后的父亲杨骏为车骑将军。【目】晋皇帝当初娶皇后时，皇后的叔父杨珧上表给皇帝说："自古以来，一门出两位皇后的，没有一个能够保全她的宗族。我请求把此表藏在宗庙里，他日可以免遭祸害。"晋皇帝允许他这么做。终于立杨氏为皇后，任命杨骏为将军，封了侯，杨骏为此很骄傲自得，镇军胡奋对他说："你依靠女儿更增加了豪气吗？我看历史上，与皇帝家结亲，没有一个不被灭了宗族的，这只是早晚的事。"

【纲】咸宁三年（丁酉，277，吴天纪元年），春季正月初一，出现日食。

【纲】秋七月，晋皇帝下诏，派遣各位亲王到自己的封国就职，又封有功之臣为公侯。　　【目】羊祜被封为南城郡侯，他坚决推辞，不肯接受任命。羊祜每次遇到拜官封爵的事，都避开退让，他的诚心一向是很明白的，所以皇帝特别允许他申明自己的意见，退出封官的行列。羊祜一共事奉两世皇帝，掌管枢要工作，凡是他写的谋划、议论的草稿都被他烧掉，世上没有人知道；被他推荐而晋升当官的人，都不知道自己是怎么上去的。羊祜常说："国家给人拜官，却要向私人表示感谢，这是我不能赞成的。"

【纲】咸宁四年（戊戌，278，吴天纪二年），春季正月初一，出现日食。

【纲】夏六月，晋国羊祜进入朝廷。　　【目】羊祜因病请求入朝，一进朝廷，就向皇帝当面陈述讨伐吴国的计划。晋皇帝认为很好。因为羊祜生病，不适宜经常出入朝廷，就另派张华向羊祜询问筹划计策。羊祜说："孙皓残暴肆虐已到极点，如今我们可以不战而胜。如果孙皓死了，吴国另立新皇帝，那时，我们即使有百万大军，都不能看一看长江了。"张华非常同意他的话。羊祜说："能完成我志愿的人，只有你了。"晋皇帝想让羊祜躺着指挥，保护军队，羊祜说："取吴国不必我去，只是平定吴国之后，要多劳皇上您的思虑了。功名之间，我不敢居；如果事情完成，应当有可以托付授权的人，希望陛下审慎地选择这个人。"

【纲】秋，晋大水，螟。 【目】诏以水灾问主者："何以佐百姓？"杜预上疏，以为"今者水灾，东南尤剧，宜敕兖、豫等州，留汉氏旧陂，以畜水，余皆决沥，令饥者得鱼菜螺蚌之饶，此目下日给之益也。水去之后，填淤之田，亩取数钟，此又明年之益也。典牧种牛有四万五千余头，可给民，使耕种，责其租税，此又数年以后之益也。"晋主从之，民赖其利。预在尚书七年，损益庶政，不可胜数，时人谓之"杜武库"，言其无所不有也。

【纲】冬，晋以卫瓘为尚书令。 【目】是时，朝野咸知太子昏愚，不堪为嗣，瓘欲启而不敢；会侍宴凌云台，瓘阳醉，跪晋主前，欲言而止者三，因以手抚床，曰："此座可惜！"晋主意悟，因谬曰："公真大醉邪？"贾充密遣人语贾妃云："卫瓘老奴，几破汝家！"

【纲】十一月，晋诏毋得献奇技异服。 【目】晋太医司马程据献雉头裘，晋主焚之于殿前，因有是诏。

【纲】晋以杜预为镇南大将军，督荆州诸军事。钜平侯羊祜卒。 【目】祜疾笃，举预自代而卒。晋主哭之甚哀。南州民闻祜卒，罢市巷哭，吴守边将士亦为之泣。祜好游岘山，襄阳人建碑立庙于其地，岁时祭祀，望其碑者无不流涕，因谓之"堕泪碑"。

【纲】晋清泉侯傅玄卒。 【目】玄性峻急，为司隶，每有奏劾，或值日暮，捧白简，整簪带，竦诵不寐，坐而待旦；由是贵游震慑，台阁生风，卒谥曰刚。

【纲】秋季,晋国遭受大水灾,发生螟虫害。 【目】皇帝下诏询问主管人员有关水灾的情况:"用什么可以帮助百姓?"杜预上疏,认为:"今年的水灾,东南地区最厉害,应当整治兖州(治廪丘,今山东范县东南)、豫州(治所在项县,今河南项城东)等州,留下汉代旧的池塘,用来蓄水,其余的都决堤泄水,让饥饿的人民用鱼菜螺蚌充食,这是眼下每日可供给的好处。大水退去之后,田里填上淤泥,每亩可收几钟粮食,这又是明年的好处。掌管畜牧的部门有种牛四万五千多头,可以借给农民,让他们耕田种地,然后收取地租税,这又是几年以后的好处了。"晋皇帝同意他的建议,人民也靠他得到利益。杜预作尚书七年,增减民政,不可胜数,当时人们称他为"杜武库",是说他无所不有。

【纲】晋国任命卫瓘为尚书令。 【目】这时期,朝廷内外的人都知道皇太子昏庸愚昧,不能承当继嗣重任,卫瓘想告诉皇上,但又不敢;正巧碰上皇帝在凌云台设宴,卫瓘借侍候宴会的机会,佯装喝醉,跪在晋皇帝面前,欲言又止的样子重复了三次,然后用手抚摸皇帝坐着的床说:"这个座位可惜了!"晋皇帝领会了他的意思,故意岔开说:"你真的喝醉了吗?"贾充暗地里派人告诉贾妃:"卫瓘这个老奴,差点破了你家!"

【纲】十一月,晋国诏令不许进献奇技异服。 【目】晋国太医、司马程据进献一件用鸡头的毛织成的裘衣,晋皇帝在大殿前把它烧毁,因而有了这条诏令。

【纲】晋国任命杜预为镇南大将军,监督荆州军事。钜平侯羊祜去世。 【目】羊祜病重,推举杜预代替自己后去世。晋皇帝为他的死哭得非常悲哀,荆州的人民听说羊祜去世的消息后,纷纷罢市,大街小巷一片哭声,吴国守边的将士也都为他哭泣。羊祜喜欢游岘山(在今湖北襄阳南),襄阳人民就在岘山上建碑立庙,每年祭祀,看着碑文的人没有不流泪的,因而称之为"堕泪碑"。

【纲】晋国清泉侯傅玄去世。 【目】傅玄性情急躁,当司隶时,每当有奏折需要上报,有时正好是日落黄昏,他就会捧着白简,整好簪带,伸长脖子,提起脚跟站着诵读奏章,一夜不睡,坐而待旦。因此,贵游子弟都被他的行为震慑,台阁生风。他死后谥号"刚"。

【纲】己亥,春正月,树机能陷晋凉州,晋遣将军马隆讨之。

【纲】晋以匈奴刘渊为左部帅。 【目】渊,豹之子也,幼而俊异,师事上党崔游,博习经史。尝谓同门生曰:"吾常耻随、陆无武,绛、灌无文;随、陆遇高帝而不能建封侯之业,绛、灌遇文帝而不能兴庠序之教,岂不惜哉!"于是兼学武事。及长,猿臂善射,膂力过人,姿貌魁伟。为任子在洛阳,王浑及其子济皆重之,屡荐于晋主,晋主召与语,悦之。济曰:"渊有文武长才,陛下任以东南之事,吴不足平也。"孔恂、杨珧曰:"非我族类,其心必异。渊才器诚少比,然不可重任也。"及凉州覆没,晋主问将于李憙,对曰:"陛下诚能发匈奴五部之众,假渊一将军之号,使将之而西,树机能之首可指日而枭也。"恂曰:"渊果枭树机能,则凉州之患方更深耳。"晋主乃止。齐王攸言于晋主曰:"陛下不除刘渊,臣恐并州不得久安。"王浑曰:"大晋方以信怀殊俗,奈何以无形之疑杀人侍子乎?何德度之不弘也!"晋主然之。会豹卒,以渊代为左部帅。

【纲】冬十一月,晋大举兵分道伐吴。 【目】吴主每宴群臣,咸令沉醉。又置黄门郎十人为司过,宴罢之后,各奏阙失,或剥人面,或凿人眼。由是上下离心,莫为尽力。王濬上疏曰:"孙皓荒淫凶逆,宜速征伐。若皓死,更立贤王,则强敌也。臣作船七年,且有朽败,臣年七十,死亡无日。三者一乖,则难图矣。愿陛下无失事机。"晋主于是决意伐吴。会王浑言孙皓欲北上,边戍皆戒严,乃更议明

【纲】咸宁五年（己亥，279，吴天纪三年），春正月，鲜卑人秃发树机能攻陷凉州（治姑臧县，今甘肃武威），晋国派遣将军马隆前去讨伐。

【纲】晋国任命匈奴人刘渊为左部帅。 【目】刘渊是刘豹的儿子，幼年时就才智出众，他拜上党郡（治潞县，今山西长治潞城镇东北）人崔游为师博习经史。他曾对同学说："我经常为随何、陆贾二人不会武功，绛侯周勃、灌婴不懂文而羞耻；随何、陆贾遇到汉高帝却不能建立封侯事业，绛侯周勃、灌婴遇到汉文帝却不能兴办学校教育，岂不是可惜吗？"于是，他兼学武事。等长大后，他的两条胳膊长得像猿臂，膂力过人，善于射箭，又身材魁伟，相貌堂堂。他是作为人质住在洛阳的，王浑和儿子王济都很器重他，屡次在晋皇帝面前推荐他，晋皇帝召见了他，与他谈话后，也很喜欢。王济说："刘渊有文有武，是个全才，陛下可以把东南的事情交给他去办，吴国不够他平定的。"孔恂、杨珧说："他和我们不是一个民族，肯定有异心。刘渊的才能确实少有人能比得上，但不能让他担当重任。"到凉州覆灭时，晋皇帝向李憙询问谁能当将领，李憙回答说："陛下如果真的能调发匈奴五部的众人，借给刘渊一个将军的称号，让他率领这队人马向西进军，树机能的脑袋指日可枭了。"孔恂说："刘渊要真的杀了树机能，那么凉州的祸患将更加深重了。"晋皇帝于是不派刘渊去做这件事。齐王司马攸对晋帝说："陛下如果不除掉刘渊，我怕并州（治晋阳县，今山西太原）得不到长久的平安。"王浑说："大晋国正以信用安抚不同民族，怎么能根据无形的怀疑就杀人侍子呢？为什么道德气度那么不恢弘呢？"晋帝同意他的意见。这时正巧刘豹去世，便任命刘渊代为左部帅。

【纲】冬十一月，晋国大规模发兵，分几路进攻吴国。 【目】吴皇帝每次宴请群臣，都要他们大醉方休。又安排十个黄门郎当司过，在宴会结束后，让他们各自报告某人的过失，要么剥人的面皮，要么挖人的眼睛。因此，上下官吏都与皇帝离心，没有人肯为他尽力。王濬上疏给晋帝说："孙皓荒淫无度，凶狠异常，应当尽快征伐。如果孙皓死了，吴国另立贤明的皇帝，那吴国就成了强敌；臣下制造船舰已有七年，有的船已经朽坏；臣今年七十，离死亡也没有几天了。这三个条件只要有

年出师。杜预上表曰:"羊祜不博谋而与陛下计,故令朝臣多异同之议。凡事当以利害相校,今此举之利十有八九,而其害止于无功耳。自秋已来,讨贼之形颇露,今若又中止,孙皓怖而生计,徙都武昌,完修江南诸城,远其居民,城不可攻,野无所掠,则明年之计亦无及矣!"晋主方与张华围棋,预表适至,华推枰敛手曰:"陛下圣武,国富兵强,吴主淫虐,诛杀贤能,今讨之可不劳而定,愿勿以为疑!"晋主乃许之。山涛退而告人曰:"'自非圣人,外宁必有内忧。'今释吴为外惧,岂非算乎!"十一月,遣琅邪王伷、王浑、王戎、胡奋、杜预、王濬、唐彬分道伐吴,东西二十余万。

【纲】十二月,晋马隆破树机能,斩之;凉州平。

【纲】晋诏议省员吏。 【目】诏问朝臣以政之损益,司徒长史傅咸上书,以为:"公私不足,由设官太多。当今之急,在并官省役,务农而已。"遂议省州、郡、县半吏以赴农功。中书监荀勖以为"省吏不如省官,省官不如省事,省事不如清心。昔萧、曹相汉,载其清静,民以宁一,所谓清心也。抑浮说,简文案,略细苛,宥小失,变常以徼利者必诛,所谓省事也。以九寺并尚书,兰台付三府,所谓省官也。若直作大例,天下之吏悉省其半,恐郡国职业,剧易不同,不可以一概施之。"

【纲】庚子,晋世祖武皇帝太康元年,春,诸军并进,吴丞相张悌迎战,死之。三月,龙骧将军王濬以舟师入石头,吴主皓出降。

一个不协调,事情就难成功了。希望陛下不要失去这个机会。"晋帝便决定讨伐吴国。这时王浑报告说孙皓要北上,边界的戍卫都戒严了,于是改为第二年出兵。杜预上表说:"羊祜没有广泛地与其他朝廷官员商量,只与陛下一人秘密计划,所以朝廷官们有许多不同意见。凡事应当用利、害相比较,这次的行动,利占了十分之八九,而它的害处只限于无功而已。自入秋以来,讨伐敌人的形势已变得十分明显,今天如果又中止,万一孙皓因害怕而生出计谋,迁都到武昌,修缮长江以南的各个城市,疏散居民,那么,城不能攻,田野里又没什么可获取,明年进攻的计划也就无济于事了!"晋帝正与张华下围棋,杜预的上表正好这时送到,张华推开棋盘收住手说:"陛下圣武,所以国富兵强,吴皇帝荒淫暴虐,杀害贤能之人,如今讨伐他不用太费事就可平定,希望不要对此再有怀疑!"晋帝赞同他的话。山涛退朝后对人说:"'如果不是圣人,外部安定,内部就必然有忧患。'今天如果放掉吴国,把它作为外在的戒惧,难道这不是一种计划吗?"十一月,晋帝派遣琅邪王司马伷、王浑、王戎、胡奋、杜预、王濬、唐彬等,分路付伐吴国,东西两路共二十多万人马。

【纲】十二月,晋国马隆打败树机能,并杀了他;凉州被平定。

【纲】晋皇帝下诏讨论省并员吏的事。 【目】晋帝向朝廷官员询问政府机构增减之事,司徒长史傅咸上书认为:"政府资金不足,是由于设置官员太多。当务之急在于合并官员,减省力役,全力务农而已。"于是讨论减省合并州、郡、县一半的员吏,让他们从事农业劳动。中书监荀勖认为:"省吏不如省官,省官不如省事,省事不如清心。当年萧何、曹参做汉丞相,清静无为,人民百姓因安宁而统一,这就是所谓的清心。抑制浮夸之辞,精简文书案件,省略琐细苛刻的条款,宽恕小过失,对那些喜欢改变常规以谋求自己利益的人,一定要诛杀,这就是所谓的省事。把九寺并入尚书,兰台并入三府,这就是所谓的省官。如果把这个作为大例,那么,天下的吏员就可以省掉一半,不过恐怕郡、国的职业,难易程度不同,不可能一概而论,整齐划一地施行。"

【纲】太康元年(庚子,280),春,各路军向吴国一齐进攻,吴国丞相张悌迎战,被打死。三月,龙骧将军王濬率领船队进入石头城(在

【目】正月，王浑出横江，所向皆克。二月，王濬、唐彬击破丹阳监盛纪。吴人于江碛要害处，并以铁锁横截之；又作铁锥长丈余，暗置江中，逆拒舟舰。濬作大筏数十，方百余步，缚草为人，披甲持杖，令善水者以筏先行，遇铁锥，锥辄著筏而去。又作大炬，长十余丈，大数十围，灌以麻油，在船前，遇锁，燃炬烧之，须臾，融液断绝，于是船无所碍，遂克西陵、荆门、夷道。杜预遣牙门周旨等帅奇兵八百夜渡江，袭乐乡，多张旗帜，起火巴山。吴都督孙歆惧，与江陵督伍延书曰："北来诸军，乃飞渡江也。"预进克江陵，斩吴将伍延。于是沅、湘以南，接于交、广，州郡皆望风送印绶。王戎遣罗尚与濬合攻武昌，降之。预与众军会议，或曰："百年之寇，未可尽克，方春水生，难于久驻，宜俟来冬，更为大举。"预曰："今兵威已振，譬如破竹，数节之后，皆迎刃而解，无复着手处也。"遂指授群帅方略，径造建业。

吴丞相张悌督沈莹、诸葛靓帅众至牛渚。三月，渡江与晋扬州刺史周浚战，大败于板桥。靓欲遁去，使迎悌，悌不肯，靓自往牵之。悌垂涕曰："仲思，今日是我死日也！且我为儿童时，便为卿家丞相所识拔，常恐不得其死，负名贤知顾。今以身徇社稷，复何道邪！"靓流涕而去，悌遂为晋兵所杀，并斩莹等，吴人大震。

濬自武昌顺流而下；吴主遣将军张象帅舟师万人御之，望旗而

今江苏南京西清凉山上），吴皇帝孙皓出城投降。【目】正月，王浑杀出横江浦（在今安徽和县东南，与采石矶相对），所经之处，都被攻克。二月，王濬、唐彬打败丹阳监守盛纪，吴国士兵在长江有沙石的要害地段，全都用铁锁链横截起来，又锻造一丈多长的铁锥子，悄悄地放置江水中，用来阻击船舰。王濬做了几十只大竹筏，方圆有一百多步，捆绑了许多稻草人，给它们披上盔甲拿着木杖，命令水性好的士兵推着竹筏先行，遇到铁锥子，铁锥子就扎在竹筏上被带走了。又做了大火炬，长十多丈，大数十围，灌上麻油，放在船舰的前面，遇到铁锁链，就点燃火炬烧，一会儿，锁链被烧红，触到水就断了，于是晋军的船队没有了任何障碍，接连攻下了西陵、荆门、夷道（今湖北宜都西北）。杜预派遣牙门周旨等统率奇兵八百人，乘夜色渡过长江，袭击了乐乡，到处插起旗帜，火烧巴山（一名麻山，在今湖北松滋西）。吴国都督孙歆害怕了，写信给江陵督伍延说："从北方来的各路军队，好像是飞渡长江过来的。"杜预进军攻克了江陵，斩杀吴将伍延。于是，沅江、湘江以南，直到交州、广州（今广东、广西及越南北境等地），吴国的州郡都望风披靡，纷纷交出官府的印绶。王戎派罗尚与王濬合攻武昌，武昌投降。杜预与大军会合商议，有人说："历经百年的寇贼，不可能全部攻克，现在正当春天来临，水开始涨高，军队难以久驻，应当等到来年的冬天，再来取大规模的行动。"杜预说："如今我方军威已振，好比刀破竹子，劈开几节以后，全都迎刃而解，再没有费力的地方了。"于是向各路将领传授指挥作战方案，直奔建业。

吴国丞相张悌督促沈莹、诸葛靓统率大军到达牛渚山（在今安徽当涂西北长江边，山北名采石矶）。三月，渡过长江，与晋国的扬州刺史周浚作战，在板桥被打得大败。诸葛靓想要逃跑，派人去接张悌，张悌不肯来，诸葛靓亲自去拉他。张悌流着泪说："仲思（诸葛靓），今天是我的死日！当我还是儿童时，就被你家的丞相（诸葛恪）赏识提拔，我常恐死之不得其所，辜负了名人贤士的知遇照顾。今天我以身殉国，还有什么好说的！"诸葛靓流着泪离开，张悌遂为晋兵杀死，还有沈莹等人也都被杀，吴国百姓非常震惊。

王濬从武昌顺流而下，吴皇帝派遣将军张象率领船队一万人抵御

降。吴人大惧。时琅邪王伷亦临近境，吴主分遣使者奉书浑、濬请降，而送玺绶于伷。濬舟师过三山，浑遣信要与论事，濬举帆直指建业，报曰："风利，不得泊也。"是日，濬戎卒八万，方舟百里，鼓噪入于石头，吴主皓面缚舆榇，诣军门降。

朝廷闻吴已平，群臣皆贺上寿，帝执爵流涕曰："此羊太傅之功也。"票骑将军孙秀不贺，南向流涕曰："昔讨逆弱冠以一校尉创业，今后主举江南而弃之，悠悠苍天，此何人哉！"

右吴四主，共五十九年。
【纲】夏四月，赐孙皓爵归命侯。遣使行荆、扬，除吴苛政。
【目】赐孙皓爵归命侯。遣使分诣荆、扬抚慰牧、守已下，除其苛政，吴人大悦。

五月，皓至。帝临轩大会，引见皓。谓曰："朕设此座以待卿久矣。"皓曰："臣于南方，亦设此座以待陛下。"贾充谓皓曰："闻君在南方凿人目，剥人面，此何等刑也？"皓曰："人臣有弑其君及奸回不忠者，则加此刑耳。"充默然甚愧。

【纲】封拜平吴功臣。【目】王濬之入建业也，其明日，王浑乃济江，以濬不待己，意甚愧忿，将攻濬。濬参军何攀劝濬送皓与浑，由是事得解。

浑、濬争功，帝命廷尉刘颂校其事。进浑爵为公，以濬为辅国大将军，与杜预、王戎皆封县侯。濬自以功大，而为浑父子党与所

王濬，结果吴军一看见晋军的旗帜就投降了。吴国百姓非常害怕。当时琅邪王司马伷也来到吴国附近地区，吴皇帝分别派遣使者捧着投降书向王濬、王浑请求投降，而给司马伷送去了皇帝的玺印、绶带。王濬的船队过了三山（一名护国山，在今江苏南京西南长江边），王浑派使者邀请王濬讨论事情，王濬却扬帆直向建业，回报说："风大，船停不下来。"这一天，王濬带领武装士兵八万人，乘坐两船并行的方舟，连绵百里，击鼓呐喊，进入石头城，吴皇帝孙皓自己在背后捆住手，让人抬着棺材，来到晋军前投降。

晋国朝廷听到吴国已被平定的消息，群臣都敬酒祝贺，晋皇帝握着酒杯流着泪说："这是羊太傅（羊祜）的功劳啊！"骠骑将军孙秀没有祝贺，他面向南流泪说："当年讨逆将军（孙策）年纪轻轻，以一个校尉身份创下吴国的基业，今天后主却把整个江南给丢弃了，悠悠苍天，这是什么人啊！"

以上吴国四位皇帝，共五十九年。

【纲】夏四月，晋皇帝给孙皓赐爵为归命侯。派使者到荆州、扬州，除掉吴国的苛政。　【目】晋皇帝赐给前吴国皇帝孙皓爵位为归命侯。并派遣使者分别到荆州、扬州，抚慰州牧、郡守及其以下官吏，去掉原有的苛政，原吴国的百姓非常高兴。

五月，孙皓到达晋国首都，晋皇帝来到殿前屋檐下迎接他，大会宾客，并把孙皓引见给大家。晋皇帝说："我设置这个座位很久了，就等你来坐啊。"孙皓说："臣在南方，也设置了这个座位，等候陛下去坐。"贾充问孙皓："听说你在南方，挖人眼睛，剥人面皮，这是什么等级的刑罚？"孙皓说："作为臣子而杀君主以及奸邪不忠于本朝皇帝的人，就用这种刑罚。"贾充默然无语，面有愧色。

【纲】晋国为平定吴国的功臣封爵拜官。　【目】王濬进入建业的第二天，王浑才渡过长江，因为王濬不等自己，对王濬非常愧悔忿恨，要进攻王濬，王濬的参军何攀劝王濬把孙皓送给王浑，于是事情就解决了。

王浑、王濬二人在皇帝面前争功劳，皇帝命令廷尉刘颂核对这件事，结果王浑进爵为公，王濬被任命为辅国大将军，与杜预、王戎一样

抑，每进见陈说，或不胜忿愤，径出不辞。益州护军范通谓曰："卿功则美矣，然恨所以居美者未尽善也。卿旋旆之日，角巾私第，口不言平吴之事；若有问者，辄曰：'圣主之德，群帅之功，老夫何力之有！'此蔺生所以屈廉颇也。"濬曰："吾始惩邓艾之祸，不得无言；其终不能遣诸胸中，是吾偏也。"时人咸以濬功重报轻，为之愤邑，博士秦秀等上表讼之，帝乃迁濬镇军大将军。

杜预还襄阳，以为天下虽安，忘战必危，乃勤于讲武，申严戍守。预身不跨马，射不穿札，而用兵制胜，诸将莫及。在镇数饷遗洛中贵要，或问其故，预曰："吾但恐为患，不求益也。"

【纲】冬十月，诏罢州郡兵。

都被封为县侯。王濬自己认为功劳比王浑大，却受到王浑父子集团的压抑，因此，他每次进见皇帝，都要陈说道理，有时愤恨不平，情不自禁，未向皇帝告辞就径直出殿。益州护军范通对他说："您的功劳是尽美的了，然而遗憾的是您拥有美却不够尽善。如果您凯旋那天，穿戴普通衣帽，悄悄地回家，嘴里一点不说平定吴国的事情，要是有人问您，就回答他：'这是圣明君主的恩德，全体将领的功劳，老夫我出什么力了！'这就是当年蔺相如之所以让廉颇屈服的道理。"王濬说："我开始是要吸取邓艾被害的教训，所以不能不说；可是结果还是不能从胸中排遣出去，这是我气量狭小了。"当时人们都认为王濬的功劳大，得到的回报却太轻，替他愤愤不平，愁闷不安，博士秦秀等上表为他诉冤，皇帝又升迁王濬为镇军大将军。

杜预回到襄阳，认为天下虽然安定，但忘记战争必然是危险的，于是勤奋地讲习武事，宣布严格的戍守纪律。杜预虽然身不跨马，射箭穿不透铠甲，而用兵制胜，却没有一个将领能比得上他。杜预在镇里时，经常把军饷赠送给洛中地区的显贵要人，有人问他这样做的原因，他回答说："我只是害怕他们为害，并不求什么好处。"

【纲】冬十月，晋皇帝司马炎下诏，撤去州、郡的士兵。